北京市西城区图书馆
入藏地方文献目录提要
2016—2020

北京市西城区图书馆 编

学苑出版社

图书在版编目（CIP）数据

北京市西城区图书馆入藏地方文献目录提要：2016-2020 / 北京市西城区图书馆编. -- 北京：学苑出版社，2022.8

ISBN 978-7-5077-6471-0

Ⅰ.①北… Ⅱ.①北… Ⅲ.①地方文献—图书目录—西城区②地方文献—内容提要—西城区 Ⅳ.①Z812.213

中国版本图书馆CIP数据核字（2022）第136093号

特约编辑：	殷　芳
责任编辑：	李　媛　王见霞
出版发行：	学苑出版社
社　　址：	北京市丰台区南方庄2号院1号楼
邮政编码：	100079
网　　址：	www.book001.com
电子信箱：	xueyuanpress@163.com
联系电话：	010-67601101（销售部）、010-67603091（总编室）
印 刷 厂：	北京兰星球彩色印刷有限公司
开本尺寸：	710×1000　1/16
印　　张：	30.25
字　　数：	497千字
版　　次：	2022年8月第1版
印　　次：	2022年8月第1次印刷
定　　价：	198.00元

编委会

主　编： 樊亚玲

副主编： 崔月强

编　委：（按姓氏笔画排序）

马子彤　石　骆　刘　郑　陈　楠
林　毅　郝　昆　殷　芳　韩　芳

目 录

以"西城记忆"助力西城发展(序)/ 1
凡　例 / 5

南　馆

A　方志·概况 / 3
B　自然环境 / 26
C　人文地理 / 27
D　历史 / 79
E　人物 / 107
F　社会生活 / 114
G　政治·法律 / 132
H　经济管理 / 143
K　工业 / 146
M　城镇建设与管理 / 148
N　商业·服务业·旅游业 / 153
P　文化 / 162
Q　教育 / 172
R　体育 / 181
S　医药卫生 / 182
T　文学 / 184
X　艺术 / 200

北 馆

A 方志·概况 / 217
B 自然环境 / 222
C 人文地理 / 223
D 历史 / 261
E 人物 / 271
F 社会生活 / 275
G 政治·法律 / 284
H 经济管理 / 334
K 工业 / 345
M 城镇建设与管理 / 347
N 商业·服务业·旅游业 / 353
P 文化 / 355
Q 教育 / 367
R 体育 / 374
S 医药卫生 / 377
T 文学 / 381
X 艺术 / 383

文献题名汉语拼音索引 / 389
文献题名汉语笔画索引 / 430
后记 / 471

以"西城记忆"助力西城发展（序）

《北京市西城区图书馆入藏地方文献目录提要（2016—2020）》问世了。

有关一个城市的"记忆"，是这个城市悠久历史传统和深厚文化积淀的物化反映，是这个城市建立自身文化自觉和文化自信的基础，是这个城市借以展示自己性格的载体，也是这个城市从"昨天"经过"今天"走向"明天"的起点。地方文献着重记述一个地区的历史脉络和文化特质，是一个地方思想文化建设的结晶，是记忆浓郁乡愁的重要载体，是记载和再现往日辉煌的独特资源，是构成人类精神宝库的重要组成部分。

西城是北京营城建都肇始之地，是"四个中心"首都功能的主要承载地，是"四个服务"体现最鲜明的地区，是北京都市圈的核心地带，是"红墙意识"的诞生地。西城历史传承悠久，文化积淀深厚，政治环境优良，经济高度发达，社会事业发展显著，市民生活幸福美好，在物质文明、精神文明、政治文明、社会文明、生态文明领域都取得突出成就，是社会主义现代化发展最好的城区。西城是"首都文化"构成主体古都文化、红色文化、京味文化和创新文化的集中展示地，多种代表性文化形态基本具备、高度聚集、谱系完整，历史传承有序，演变脉络清晰，发展相对成熟，特征比较鲜明，功能发挥充分。

北京西城的地方文献来自区域内外各个方面，集中反映着这个地区物质文明和精神文明建设的丰硕成果，具有鲜明的地域特征和时代特征，内容丰富，形式多样，综合性与系统性较强，史料价值极高。

地方公共图书馆是社区的文化交流中心，是开展阅读推广活动的重要阵地，也是入藏地方文献的重要场所。应广大读者的要求，从2009年以来，北京市西城区图书馆坚持深化服务理念，积极拓展服务领域，不断探索提升公共图书馆服务质量的有效路径，围绕地区发展需要，系统梳理馆藏地方文献资源，连续编辑出版《北京市西城区图书馆入藏地方文献目录提要》。其主体内容，既包括"西城"文献即西城区有关部门编制的文献，又包括"文献"西城即其他方面编制的某一文献中全部或部分反映西城区事物的内容，还包括"西城人"文献即籍贯为西城区、出生于西城区或者主要活动、成果在西城区的各界人士的著作。收入的文献，涵盖西城区发展的方方面面，蔚为大观。

《北京市西城区图书馆入藏地方文献目录提要（2016—2020）》是由北京市西城区图书馆地方文献室编辑的第三部专著。在时间范围上，该书为2016—2020年间入藏的文献，更贴近当下广大读者的工作、学习、生活；在空间范围上，该书首次涵盖西城区图书馆北馆和南馆两个馆址入藏的地方文献，内容更加完整；在文献特点上，该书收入馆藏地方文献1739种、2131条，集中反映了西城区各个领域、各个方面的发展成果；在检索方式上，为便于不同读者使用，分别设置了按文献题名首字拼音字母音序排列和按文献题名首字笔画排列等多种途径。

作为今天西城区最为完整的公共图书馆地方文献工具书，《北京市西城区图书馆入藏地方文献目录提要（2016—2020）》必将在推动"书香西城"建设、助力西城科学发展中发挥重要作用。一是充实西城的精神宝库。西城历来为人文荟萃之地，各类文献中有关西城事物知识的记载十分丰富。该书可以帮助各界读者走进这个宝库，掌握历史留给后人的宝贵精神财富。二是提升西城研究的品质。这些文献充分展示出各个历史时期、各界人士从不同方面对"西城"进行研究的成果。该书可以帮助后来的研究者借力已有的成果，拓展自己的研究思路，在更高的层次上开展新的探索。三是激励西城人的自豪感。该书可以帮助读者进一步把握西城地方文献中蕴含的悠久历史传承和深厚文化积淀，促进区域认同，凝聚发展合力。四是抢救西城的文化遗产。新中国成立以来，首都北京的行政区划屡经调整，各个部门多有变化，散布各处的文献存在被人们遗忘的可能。该书的编辑出版，有助于逐步改变这种状况，加强西城地方文献的整理和推介，拓展西城地方文献的应用场景，惠及后人。

历史启示我们："城市记忆"是"记忆城市"的基础和前提，"记忆"历史是"传承"文化的基点和起点。随着"记忆"在名词和动词两种词性之间的转换，历史得到了延续，文化得到了升华，"西城人"找到了自己的"根"。

在新的历史发展时期，要以习近平新时代中国特色社会主义思想为指引，自觉服务于全国文化中心建设，以打造"书香西城"为目标，进一步强化文化自觉和文化自信，以更多方式加强对西城地方文献的整理和研究,深入探索在首都功能核心区以地方文化研究来挖掘优质文化资源、优化地区形象、提升发展软实力的有效路径,吸引更多的人走进西城、认识西城、爱上西城,进一步推动科学发展与社会和谐,在首都率先基本实现社会主义现代化的进程中做出西城人的新贡献。

编委会

2022年3月

凡　例

一、该书收录西城区图书馆（北馆）地方文献室2016年初至2020年底及西城区图书馆（南馆）地方文献室2020年以前入藏的中文图书、期刊、地图。

二、该书以《北京地方文献分类表》（首都图书馆编制，非正式出版物）为依据，对馆藏地方文献进行分类；以《西城区图书馆地方文献中文普通图书著录规则》为依据，对馆藏地方文献进行编目；以《西城区图书馆中文图书给号规则》为依据为馆藏地方文献编辑索取号。全书根据所收文献的具体情况与实际内容编制。

三、全书分为方志·概况、自然环境、人文地理、历史、人物、社会生活、政治·法律、经济管理、工业、城镇建设与管理、商业·服务业·旅游业、文化、教育、体育、医药卫生、文学、艺术17个大类，共收入馆藏地方文献1739种、目录2131条。

（一）目录总种数说明：同题名文献版次、册数不同的按一种统计；同题名期刊，期数不同的按一种统计。

（二）目录总条数说明：同题名文献，版次、出版年、册数等不同的，单独编制目录；同题名期刊，期数不同的，单独编制目录。

四、该书著录内容分为著录正文（包括索取号、序号、题名、责任者、版次、出版发行情况、页码、图、尺寸、丛书题名、国际标准书号、装帧形式、价格等）和内容提要（包括收录内容、文献价值等）两部分。

著录项目前的符号为该项目的前置（缀）符号。当著录项目需分段时，前置（缀）符号".—"省略；由于印刷、排版等原因需回行时，前置（缀）符号".—"省略，在前行末尾用下圆点"."代替。

（一）索取号，又称索书号、排架号，用来确定文献在书架上的排列位置。索取号由分类号和种次号组成，用正斜杠"/"隔开；分类号通常由一个字母加一段数字构成，采取等级层累制，揭示文献类目之间的逻辑关系；种次号即具有相同分类号的文献的次序号，多卷册书著录，在种次号后加"/."或"."后面加"分卷册号"以示区分。

例 1：M61/11

心系首都蓝天碧水 保护环境服务民生 /[北京市西城区环境保局编]

M61（分类号）/（正斜杠）11（种次号）

相关类目：

M 城镇建设与管理

M6 环境保护与环境卫生

M61 环境保护

例 2：D7/15/.13

宣武文史 . 第十三辑 / 北京市宣武区政协文史资料委员会编

D7（分类号）/（正斜杠）15（种次号）/.（正斜杠、圆点）13（分卷册号）

例 3：C1/33.1

宣南鸿雪图志 . 第一卷 / 王世仁主编

C1（分类号）/（正斜杠）33（种次号）.（圆点）1（分卷册号）

（二）序号：该书收录条目的顺序编号，全书连续排序。

（三）题名：包括题名、附题名，以及说明题名的文字。

（四）责任者：包括著者、译者以及点校者等。

（五）版次：无特殊情况第 1 版不标注，第 2 版或者第 3 版、第 4 版会标注。

（六）出版发行情况：出版时间一般按实物著录，不能明确的，该项不予著录；非正式出版物无出版者，可用编著者、印刷者等替代。

（七）图：包括照片、地图等。

（八）尺寸：一般著录该书实际的高度尺寸（厘米），高度小于宽度的，著录成"高 × 宽"格式。

（九）装帧形式：只著录平装以外的精装、线装等特殊形式。

（十）原书著录项目缺漏，由该书目录编者考证添加的著录内容，加方括号"[ ]"以示区别。

五、丛书一般按单册著录，期刊等连续出版物分期著录。

六、书后附两种题名索引，以备查检：一种是按文献题名的首字拼音字母音序排列；一种是按文献题名的首字笔画排列。题名后对应的数字为该文献在本书中的页码。

南馆

A 方志·概况

A1/1   0001

析津志辑佚/(元)熊梦祥著. —北京：北京古籍出版社，1983

262页；20cm

CNY 1.25

该书为元朝末期所作，记述了元大都有关官署、水道、坊巷、庙宇、古迹、风俗等资料，是现存最早的专写北京地方史的著作。

A1/1：1   0002

析津志辑佚/(元)熊梦祥著. —北京：北京古籍出版社，1983，2001重印

262页；20cm. —（北京古籍丛书）

ISBN 7-5300-0235-X

精装：CNY 22.00

该书为元朝末期所作，记述了元大都有关官署、水道、坊巷、庙宇、古迹、风俗等资料，是现存最早的专写北京地方史的著作。

A1/2/.1   0003

北京市志稿. 一，前事志 建置志/吴廷燮等纂. —北京：北京燕山出版社，1990

569页；20cm

ISBN 7-5402-0164-9；CNY 13.00

该书是民国时期官修的一部较为全面的北京地方史志，不仅广泛搜集了前代的文献资料，而且保存了大量民国时期史料，故在北京方志文献中占有非常重要的地位。该册侧重北京市的前事与建置。

A1/2/.2   0004

北京市志稿. 二，民政志/吴廷燮等纂. —北京：北京燕山出版社，1989

596页；20cm

ISBN 7-5402-0115-0

精装：CNY 12.50

该书是民国时期官修的一部较为全面的北京地方史志，不仅广泛搜集了前代的文献史料，而且保存了大量民国时期的资料，故在北京方志文献中占有非常重要的地位。该册侧重北京市的民政。

A1/2/.3   0005

北京市志稿. 三，度支志 货殖志/吴廷燮等纂. —北京：北京燕山出版社，1990

588页；20cm

ISBN 7-5402-0237-8；CNY 12.80

该书是民国时期官修的一部较为全面的北京地方史志，不仅广泛搜集了前代的文献资料，而且保存了大量的民国时期的资料，故在北京方志文献中占有非常重要的地位。该册侧重北京市的度支、货殖。

A1/2/.4   0006

北京市志稿. 四，文教志. 上册/吴廷燮等纂. —北京：北京燕山出版社，1990

494 页；20cm

ISBN 7-5402-0290-4；CNY 12.00

该书是民国时期官修的一部较为全面的北京地方史志。此书不仅广泛搜集了前代的文献资料，而且保存了大量的民国时期史料，故在北京方志文献中占有非常重要的地位。该册侧重北京市的文教。

A1/2：1/.1　　　　　0007

北京市志稿．一，前事志 建置志/吴廷燮等纂；于杰等点校．—北京：北京燕山出版社，1998

655 页；20cm

ISBN 7-5402-0933-X

精装：CNY 750.00（全 15 册）

该书是民国时期官修的一部较为全面的北京地方史志，不仅广泛搜集了前代的文献资料，而且保存了大量的民国时期史料，故在北京方志文献中占有非常重要的地位。该册侧重北京市的前事、建置。

A1/2：1/.2　　　　　0008

北京市志稿．二，民政志/吴廷燮总纂；于杰等点校．—北京：北京燕山出版社，1998

692 页；21cm

ISBN 7-5402-0933-X

精装：CNY 750.00（全 15 册）

该书是民国时期官修的一部较为全面的北京地方史志，不仅广泛搜集了前代的文献资料，而且保存了大量的民国时期史料，故在北京方志文献中占有非常重要的地位。该册侧重北京市的民政。

A1/2：1/.3　　　　　0009

北京市志稿．三，度支志 货殖志/吴廷燮总纂；于杰等点校．—北京：北京燕山出版社，1998

686 页；21cm

ISBN 7-5402-0933-X

精装：CNY 750.00（全 15 册）

该书是民国时期官修的一部较为全面的北京地方史志，不仅广泛搜集了前代的文献资料，而且保存了大量的民国时期史料，故在北京方志文献中占有非常重要的地位。该册侧重北京市的度支、货殖。

A1/2：1/.4　　　　　0010

北京市志稿．四，文教志．上/吴廷燮等纂；于杰等点校．—北京：北京燕山出版社，1998

616 页；20cm

ISBN 7-5402-0933-X

精装：CNY 750.00（全 15 册）

该书是民国时期官修的一部较为全面的北京地方史志，不仅广泛搜集了前代的文献资料，而且保存了大量的民国时期史料，故在北京方志文献中占有非常重要的地位。该册侧重北京市的文教。

A1/2：1/.5　　　　　0011

北京市志稿．五，文教志．中/吴廷燮等纂；于杰等点校．—北京：北京燕山出版社，1998

508 页；图；20cm

ISBN 7-5402-0933-X

精装：CNY 750.00（全 15 册）

该书是民国时期官修的一部较为全面的北京地方史志，不仅广泛搜集了前代的文献资料，而且保存了大量的民国时期史料，故在北京方志文献中占有非常重要的地位。该册侧重北京市的文教。

A1/2：1/.6　　　　　　　　0012

北京市志稿.六，文教志.下/吴廷燮总纂；于杰等点校.—北京：北京燕山出版社，1998

585页；21cm

ISBN　7-5402-0933-X

精装：CNY 750.00（全15册）

该书是民国时期官修的一部较为全面的北京地方史志，不仅广泛搜集了前代的文献资料，而且保存了大量的民国时期史料，故在北京方志文献中占有非常重要的地位。该册侧重北京市的文教。

A1/2：1/.7　　　　　　　　0013

北京市志稿.七，礼俗志/吴廷燮总纂；于杰等点校.—北京：北京燕山出版社，1998

433页；21cm

ISBN　7-5402-0933-X

精装：CNY 750.00（全15册）

该书是民国时期官修的一部较为全面的北京地方史志，不仅广泛搜集了前代的文献资料，而且保存了大量的民国时期史料，故在北京方志文献中占有非常重要的地位。该册侧重北京市的礼俗。

A1/2：1/.8　　　　　　　　0014

北京市志稿.八，宗教志 名跡志/吴廷燮总纂；于杰等点校.—北京：北京燕山出版社，1998

659页；21cm

ISBN　7-5402-0933-X

精装：CNY 750.00（全15册）

该书是民国时期官修的一部较为全面的北京地方史志，不仅广泛搜集了前代的文献资料，而且保存了大量的民国时期史料，故在北京方志文献中占有非常重要的地位。该册侧重北京市的宗教、名跡。

A1/2：1/.9　　　　　　　　0015

北京市志稿，金石志.九/吴廷燮等纂；于杰等点校.—北京：北京燕山出版社，1997

656页：照片；21cm

ISBN　7-5402-0933-X

精装：CNY 750.00（全15册）

该书是民国时期官修的一部较为全面的北京地方史志，不仅广泛搜集了前代的文献资料，而且保存了大量的民国时期史料，故在北京方志文献中占有非常重要的地位。该册侧重北京市的金石。

A1/2：1/.10　　　　　　　　0016

北京市志稿.十，艺文志 艺文志补/吴廷燮总纂；于杰等点校.—北京：北京燕山出版社，1998

725页；21cm

ISBN　7-5402-0933-X

精装：CNY 750.00（全15册）

该书是民国时期官修的一部较为全面的北京地方史志，不仅广泛搜集了前代的文献资料，而且保存了大量的民国时期史料，故在北京方志文献中占有非常重要的地位。该册侧重北京市的艺文。

A1/2：1/.11　　　　　　　　0017

北京市志稿.十一，人物志.上册/吴廷燮等纂；于杰等点校.—北京：北京燕山出版社，1998

483页；20cm

ISBN　7-5402-0933-X

精装：CNY 750.00（全15册）

该书是民国时期官修的一部较为全面的

北京地方史志，不仅广泛搜集了前代的文献资料，而且保存了大量的民国时期史料，故在北京方志文献中占有非常重要的地位。该册侧重北京市的人物。

A1/2：1/.12　　　　　　0018

北京市志稿.十二,人物志.下册/吴廷燮总纂；于杰等点校.—北京：北京燕山出版社,1998

447页；21cm

ISBN　7-5402-0933-X

精装：CNY 750.00（全15册）

该书是民国时期官修的一部较为全面的北京地方史志，不仅广泛搜集了前代的文献资料，而且保存了大量的民国时期史料，故在北京方志文献中占有非常重要的地位。该册侧重北京市的人物。

A1/2：1/.13　　　　　　0019

北京市志稿.十三,职官表/吴廷燮等纂；于杰等点校.—北京：北京燕山出版社,1997

791页：照片；21cm

ISBN　7-5402-0933-X

精装：CNY 750.00（全15册）

该书是民国时期官修的一部较为全面的北京地方史志，不仅广泛搜集了前代的文献资料，而且保存了大量的民国时期史料，故在北京方志文献中占有非常重要的地位。该册侧重北京市的职官表。

A1/2：1/.14　　　　　　0020

北京市志稿.十四,选举表.上/吴廷燮等纂；于杰等点校.—北京：北京燕山出版社,1998

698页：图；20cm

ISBN　7-5402-0933-X

精装：CNY 750.00（全15册）

该书是民国时期官修的一部较为全面的北京地方史志，不仅广泛搜集了前代的文献资料，而且保存了大量的民国时期史料，故在北京方志文献中占有非常重要的地位。该册侧重北京市的选举表。

A1/2：1/.15　　　　　　0021

北京市志稿.十五,选举表.下/吴廷燮等纂；于杰等点校.—北京：北京燕山出版社,1998

789页：图；20cm

ISBN　7-5402-0933-X

精装：CNY 750.00（全15册）

该书是民国时期官修的一部较为全面的北京地方史志，不仅广泛搜集了前代的文献资料，而且保存了大量的民国时期史料，故在北京方志文献中占有非常重要的地位。该册侧重北京市的选举表。

A1/3　　　　　　　　　0022

北京市宣武区志/林福临,王廷柱,邢丛罗主编；北京市宣武区地方志编纂委员会[编].—北京：北京出版社,2004

885页：照片,地图；27cm

ISBN　7-200-05937-4

精装：CNY 160.00

该志上限不限，下限截至1994年，真实记述了北京宣武区的建置、自然地理、人口、政府、人民团体等的历史沿革与现状。

A1/4/.1　　　　　　　　0023

光绪顺天府志.第一册/（清）周家楣,（清）缪荃孙等编纂.—北京：北京古籍出版

社，1987

278 页：图；21cm

ISBN　7-5300-0013-6

精装：CNY 99.00（全 16 册）

光绪初年，顺天府官方聘请名家周家楣、缪荃孙等修纂一部分量较大的顺天府志，就是《光绪顺天府志》。这部书的体例经精心筹划，内容经仔细选取，资料经多方核实，因而是一部较有价值的地方志。

A1/4/.2　　　　　　　　0024

光绪顺天府志.第二册/（清）周家楣，（清）缪荃孙编.—北京：北京古籍出版社，1987

279-602 页；21cm

ISBN　7-5300-0013-6

精装：CNY 99.00（全 16 册）

光绪初年，顺天府官方聘请名家周家楣、缪荃孙等修纂一部分量较大的顺天府志，就是《光绪顺天府志》。这部书的体例经精心筹划，内容经仔细选取，资料经多方核实，因而是一部较有价值的地方志。

A1/4/.3　　　　　　　　0025

光绪顺天府志.第三册/（清）周家楣，（清）缪荃孙编.—北京：北京古籍出版社，1987

603-889 页；21cm

ISBN　7-5300-0013-6

精装：CNY 99.00（全 16 册）

光绪初年，顺天府官方聘请名家周家楣、缪荃孙等修纂一部分量较大的顺天府志，就是《光绪顺天府志》。这部书的体例经精心筹划，内容经仔细选取，资料经多方核实，因而是一部较有价值的地方志。

A1/4/.4　　　　　　　　0026

光绪顺天府志.第四册/（清）周家楣，（清）缪荃孙编.—北京：北京古籍出版社，1987

890-1228 页；21cm

ISBN　7-5300-0013-6

精装：CNY 99.00（全 16 册）

光绪初年，顺天府官方聘请名家周家楣、缪荃孙等修纂一部分量较大的顺天府志，就是《光绪顺天府志》。这部书的体例经精心筹划，内容经仔细选取，资料经多方核实，因而是一部较有价值的地方志。

A1/4/.5　　　　　　　　0027

光绪顺天府志.第五册/（清）周家楣，（清）缪荃孙编.—北京：北京古籍出版社，1987

1229-1572 页；21cm

ISBN　7-5300-0013-6

精装：CNY 99.00（全 16 册）

光绪初年，顺天府官方聘请名家周家楣、缪荃孙等修纂一部分量较大的顺天府志，就是《光绪顺天府志》。这部书的体例经精心筹划，内容经仔细选取，资料经多方核实，因而是一部较有价值的地方志。

A1/4/.6　　　　　　　　0028

光绪顺天府志.第六册/（清）周家楣，（清）缪荃孙编.—北京：北京古籍出版社，1987

1573-1986 页；21cm

ISBN　7-5300-0013-6

精装：CNY 99.00（全 16 册）

光绪初年，顺天府官方聘请名家周家楣、缪荃孙等修纂一部分量较大的顺天府志,就是《光绪顺天府志》。这部书的体例经精心筹划,内容经仔细选取,资料经多方核实,因而是一部较有价值的地方志。

A1/4/.7　　　　　　　　　0029

光绪顺天府志.第七册/(清)周家楣,(清)缪荃孙编.—北京:北京古籍出版社,1987

1987-2461 页;21cm

ISBN　7-5300-0013-6

精装:CNY 99.00(全16册)

光绪初年,顺天府官方聘请名家周家楣、缪荃孙等修纂一部分量较大的顺天府志,就是《光绪顺天府志》。这部书的体例经精心筹划,内容经仔细选取,资料经多方核实,因而是一部较有价值的地方志。

A1/4/.8　　　　　　　　　0030

光绪顺天府志.第八册/(清)周家楣,(清)缪荃孙编.—北京:北京古籍出版社,1987

2463-2935 页;21cm

ISBN　7-5300-0013-6

精装:CNY 99.00(全16册)

光绪初年,顺天府官方聘请名家周家楣、缪荃孙等修纂一部分量较大的顺天府志,就是《光绪顺天府志》。这部书的体例经精心筹划,内容经仔细选取,资料经多方核实,因而是一部较有价值的地方志。

A1/4/.9　　　　　　　　　0031

光绪顺天府志.第九册/(清)周家楣,(清)缪荃孙编.—北京:北京古籍出版社,1987

2937-3329 页;21cm

ISBN　7-5300-0013-6

精装:CNY 99.00(全16册)

光绪初年,顺天府官方聘请名家周家楣、缪荃孙等修纂一部分量较大的顺天府志,就是《光绪顺天府志》。这部书的体例经精心筹划,内容经仔细选取,资料经多方核实,因而是一部较有价值的地方志。

A1/4/.10　　　　　　　　0032

光绪顺天府志.第十册/(清)周家楣,(清)缪荃孙编.—北京:北京古籍出版社,1987

3331-3882 页;21cm

ISBN　7-5300-0013-6

精装:CNY 99.00(全16册)

光绪初年,顺天府官方聘请名家周家楣、缪荃孙等修纂一部分量较大的顺天府志,就是《光绪顺天府志》。这部书的体例经精心筹划,内容经仔细选取,资料经多方核实,因而是一部较有价值的地方志。

A1/4/.11　　　　　　　　0033

光绪顺天府志.第十一册/(清)周家楣,(清)缪荃孙编.—北京:北京古籍出版社,1987

3883-4467 页;21cm

ISBN　7-5300-0013-6

精装:CNY 99.00(全16册)

光绪初年,顺天府官方聘请名家周家楣、缪荃孙等修纂一部分量较大的顺天府志,就是《光绪顺天府志》。这部书的体例经精心筹划,内容经仔细选取,资料经多方核实,因而是一部较有价值的地方志。

A1/4/.12　　　　　　　　0034

光绪顺天府志.第十二册/（清）周家楣,（清）缪荃孙编.—北京：北京古籍出版社，1987

4469-4931 页；21cm

ISBN　7-5300-0013-6

精装：CNY 99.00（全 16 册）

光绪初年，顺天府官方聘请名家周家楣、缪荃孙等修纂一部分量较大的顺天府志，就是《光绪顺天府志》。这部书的体例经精心筹划，内容经仔细选取，资料经多方核实，因而是一部较有价值的地方志。

A1/4/.13　　　　　　　　0035

光绪顺天府志.第十三册/（清）周家楣,（清）缪荃孙编.—北京：北京古籍出版社，1987

4933-5291 页；21cm

ISBN　7-5300-0013-6

精装：CNY 99.00（全 16 册）

光绪初年，顺天府官方聘请名家周家楣、缪荃孙等修纂一部分量较大的顺天府志，就是《光绪顺天府志》。这部书的体例经精心筹划，内容经仔细选取，资料经多方核实，因而是一部较有价值的地方志。

A1/4/.14　　　　　　　　0036

光绪顺天府志.第十四册/（清）周家楣,（清）缪荃孙编.—北京：北京古籍出版社，1987

5293-5862 页；21cm

ISBN　7-5300-0013-6

精装：CNY 99.00（全 16 册）

光绪初年，顺天府官方聘请名家周家楣、缪荃孙等修纂一部分量较大的顺天府志，就是《光绪顺天府志》。这部书的体例经精心筹划，内容经仔细选取，资料经多方核实，因而是一部较有价值的地方志。

A1/4/.15　　　　　　　　0037

光绪顺天府志.第十五册/（清）周家楣,（清）缪荃孙编.—北京：北京古籍出版社，1987

5863-6398 页；21cm

ISBN　7-5300-0013-6

精装：CNY 99.00（全 16 册）

光绪初年，顺天府官方聘请名家周家楣、缪荃孙等修纂一部分量较大的顺天府志，就是《光绪顺天府志》。这部书的体例经精心筹划，内容经仔细选取，资料经多方核实，因而是一部较有价值的地方志。

A1/4：2/1　　　　　　　　0038

光绪顺天府志.一/（清）周家楣,（清）缪荃孙等编纂.—北京：北京古籍出版社，1987，2000 重印

602 页：图；20cm.—（北京古籍丛书）

ISBN　7-5300-0243-0

精装：CNY 50.00（全 8 册）

光绪初年，顺天府官方聘请名家周家楣、缪荃孙等修纂一部分量较大的顺天府志，就是《光绪顺天府志》。这部书的体例经精心筹划，内容经仔细选取，资料经多方核实，因而是一部较有价值的地方志。

A1/4：2/2　　　　　　　　0039

光绪顺天府志.二/（清）周家楣,（清）缪荃孙等编纂.—北京：北京古籍出版社，1987，2000 重印

603-1228 页：图；20cm.—（北京古籍

丛书）

ISBN 7-5300-0243-0

精装：CNY 50.00（全 8 册）

光绪初年，顺天府官方聘请名家周家楣、缪荃孙等修纂一部分量较大的顺天府志，就是《光绪顺天府志》。这部书的体例经精心筹划，内容经仔细选取，资料经多方核实，因而是一部较有价值的地方志。

A1/4：2/3　　　　0040

光绪顺天府志．三／（清）周家楣，（清）缪荃孙等编纂．—北京：北京古籍出版社，1987，2000 重印

1229-1986 页；20cm．—（北京古籍丛书）

ISBN 7-5300-0243-0

精装：CNY 50.00（全 8 册）

光绪初年，顺天府官方聘请名家周家楣、缪荃孙等修纂一部分量较大的顺天府志，就是《光绪顺天府志》。这部书的体例经精心筹划，内容经仔细选取，资料经多方核实，因而是一部较有价值的地方志。

A1/4：2/4　　　　0041

光绪顺天府志．四／（清）周家楣，（清）缪荃孙等编纂．—北京：北京古籍出版社，1987，2000 重印

1987-2935 页；20cm．—（北京古籍丛书）

ISBN 7-5300-0243-0

精装：CNY 50.00（全 8 册）

光绪初年，顺天府官方聘请名家周家楣、缪荃孙等修纂一部分量较大的顺天府志，就是《光绪顺天府志》。这部书的体例经精心筹划，内容经仔细选取，资料经多方核实，因而是一部较有价值的地方志。

A1/4：2/5　　　　0042

光绪顺天府志．五／（清）周家楣，（清）缪荃孙等编纂．—北京：北京古籍出版社，1987，2000 重印

2937-3882 页；20cm．—（北京古籍丛书）

ISBN 7-5300-0243-0

精装：CNY 50.00（全 8 册）

光绪初年，顺天府官方聘请名家周家楣、缪荃孙等修纂一部分量较大的顺天府志，就是《光绪顺天府志》。这部书的体例经精心筹划，内容经仔细选取，资料经多方核实，因而是一部较有价值的地方志。

A1/4：2/6　　　　0043

光绪顺天府志．六／（清）周家楣，（清）缪荃孙等编纂．—北京：北京古籍出版社，1987，2000 重印

3883-4931 页；20cm．—（北京古籍丛书）

ISBN 7-5300-0243-0

精装：CNY 50.00（全 8 册）

光绪初年，顺天府官方聘请名家周家楣、缪荃孙等修纂一部分量较大的顺天府志，就是《光绪顺天府志》。这部书的体例经精心筹划，内容经仔细选取，资料经多方核实，因而是一部较有价值的地方志。

A1/4：2/7　　　　0044

光绪顺天府志．七／（清）周家楣，（清）缪荃孙等编纂．—北京：北京古籍出版社，1987，2000 重印

4933-5862 页：图；20cm．—（北京古籍丛书）

ISBN 7-5300-0243-0

精装：CNY 50.00（全 8 册）

光绪初年，顺天府官方聘请名家周家楣、缪荃孙等修纂一部分量较大的顺天府志，就是《光绪顺天府志》。这部书的体例经精心筹划，内容经仔细选取，资料经多方核实，因而是一部较有价值的地方志。

A1/4：2/8　　　　　　　　　0045

光绪顺天府志.八/（清）周家楣，（清）缪荃孙等编纂.—北京：北京古籍出版社，1987，2000重印

5863-6926；20cm.—（北京古籍丛书）

ISBN　7-5300-0243-0

精装：CNY 50.00（全8册）

光绪初年，顺天府官方修纂了一部分量较大的顺天府志，就是《光绪顺天府志》。这部书的体例经精心筹划，内容经仔细选取，资料经多方核实，因而是一部较有价值的地方志。

A1/5/.84　　　　　　　　　0046

北京志.84，旅游卷，旅游志/北京市地方志编纂委员会编.—北京：北京出版社，2006

717页：照片；27cm

ISBN　7-200-06349-5

精装：CNY 288.00

该志记述了北京市的旅游资源、旅游行业、市场开发、行业管理、城区旅游、近郊区旅游、远郊县旅游等情况。该书中《北京志》篇目和该书目录为中英文对照。

A1/5/.101　　　　　　　　　0047

北京志，新闻出版广播电视卷，出版志/北京市地方志编纂委员会编著.—北京：北京出版社，2005

842页：图，插图，表格；26cm

ISBN　7-200-06221-9

精装：CNY 190.00

该卷主要分"出版""图书""流通""管理"4个部分，记述了北京新闻广播电视出版的概况。

A1/7：1　　　　　　　　　0048

天府广记/（清）孙承泽纂.—北京：北京古籍出版社，1984，2001重印

788页；20cm.—（北京古籍丛书）

ISBN　7-5300-0240-6

精装：CNY 46.00

该书共44卷，全面地介绍了明代的京城——北京的建置历史、地理沿革和人物掌故，是研究明代北京史的重要资料。

A1/8　　　　　　　　　　0049

清末北京志资料/张宗平，吕永和译；吕永和，汤重南校；王国华审订.—北京：北京燕山出版社，1994

602页；20cm

ISBN　7-5402-0457-5；CNY 19.90

该书编辑的目的在于收罗有关北京清末之一切事项，以使读者能对北京有一般之认识。

A1/9　　　　　　　　　　0050

康熙顺天府志/（清）张吉午纂修；阎崇年校注.—北京：中华书局，2009

590页；21cm

ISBN　978-7-101-06532-9

精装：CNY 58.00

该志记载了明万历以来至成书之时，近百年北京地方的史实。原稿8卷，存2至8

卷。分为地理志、建置志、食货志、典礼志、政事志、人物志和艺文志，凡53目，每志有小序，概述编纂该类的宗旨、缘由及主要内容等。该志由国家古籍整理出版专项经费资助。

A1/11/.1　　　　　　　　　0051

中国地方志集成：北京府县志辑.第一册/上海书店出版社编.—上海：上海书店出版社，2002

723页：图；26cm

ISBN　7-80622-975-2

CNY 500.00（全7册）

该书为影印出版1949年以前各类旧志而编成。其中北京府县志辑共7册，第1册到第3册为"光绪顺天府志"。

A1/11/.2　　　　　　　　　0052

中国地方志集成：北京府县志辑.第二册/上海书店出版社编.—上海：上海书店出版社，2002

947页；26cm

ISBN　7-80622-975-2

CNY 500.00（全7册）

该书为影印出版1949年以前各类旧志而编成。其中北京府县志辑共7册，第1册到第3册为"光绪顺天府志"。

A1/11/.3　　　　　　　　　0053

中国地方志集成：北京府县志辑.第三册/上海书店出版社编.—上海：上海书店出版社，2002

839页；26cm

ISBN　7-80622-975-2

CNY 500.00（全7册）

该书为影印出版1949年以前各类旧志而编成。其中北京府县志辑共7册，第1册到第3册为"光绪顺天府志"。

A1/11/.4　　　　　　　　　0054

中国地方志集成：北京府县志辑.第四册/上海书店出版社编.—上海：上海书店出版社，2002

703页；26cm

ISBN　7-80622-975-2

CNY 500.00（全7册）

该书是北京府县志辑，收录了康熙昌平州志、光绪昌平州志、光绪昌平外志。

A1/11/.5　　　　　　　　　0055

中国地方志集成：北京府县志辑.第五册/上海书店出版社编.—上海：上海书店出版社，2002

689页；26cm

ISBN　7-80622-975-2

CNY 500.00（全7册）

该书是北京府县志辑，收录了康熙宛平县志、康熙延庆州志、光绪延庆州志、康熙怀柔县新志。

A1/11/.6　　　　　　　　　0056

中国地方志集成：北京府县志辑.第六册/上海书店出版社编.—上海：上海书店出版社，2002

759页；26cm

ISBN　7-80622-975-2

CNY 500.00（全7册）

该书是北京府县志辑，收录了民国密云县志、民国顺义县志、康熙通州志、民国通县志要。

A1/11/.7   0057

中国地方志集成：北京府县志辑．第七册/上海书店出版社编．—上海：上海书店出版社，2002

723 页；26cm

ISBN 7-80622-975-2

CNY 500.00（全 7 册）

该书是北京府县志辑，收录了民国平谷县志、康熙大兴县志、乾隆房山县志、民国房山县志、民国良乡县志。

A1/12   0058

北京方志概述/冯秉文主编；贾曼霞［等］编著．—长春：吉林省地方志编纂委员会：吉林省图书馆学会，1985

174 页；19cm．—（中国地方志详论丛书；1）

该书主要介绍北京方志的源流、编纂情况及其史料价值。全书共分 4 部分：（一）北京市概况及其建置沿革；（二）北京志书修纂史略；（三）府志概述；（四）县志分述（包括大兴县、宛平县、房山县、昌平县、通县、顺义县、怀柔县、密云县、延庆县、平谷县）。对京郊各县县志，又分述其概况、建置沿革、修志经过、县志概述等。

A1：23/1   0059

北京市崇文区志/潘非，宋演武主编；北京市崇文区地方志编纂委员会［编］．—北京：北京出版社，2004

965 页：地图，照片；27cm

ISBN 7-200-05183-7

精装：CNY 160.00

该志记述了崇文区境内自然和社会的历史与现状，突出区情特色和时代特征。记述上溯事物发端，下至 1993 年 12 月底。

A1：230/1   0060

前门街道简志/侯文君主笔；前门街道地方志编纂办公室编．—北京：前门街道地方志编纂办公室，1997

375 页：照片；26cm

精装

该志依次介绍前门街道的建置区划、人口、居民委员会、城市建设管理、街道经济、商业、饮食与服务业、革命烈士等内容。

A1：240/2   0061

广内街志/黄宝柱主笔．—北京：文源印刷厂，1996

385 页；20cm

精装

该志共 14 章，以丰富翔实的资料展现了广安门内地区历史与现状。广安门内街道是北京市宣武区所辖的行政街道，其境域属北京市建置最早的地区之一，悠久的历史可远溯到公元前 11 世纪的周初，具有十分丰富的历史文化。

A1：240/3   0062

大栅栏街道志/寇世和等著．—北京：机械工业出版社，1996

461 页：彩图；20cm

精装：CNY 40.00

该志共 24 章，每章内容依次是建置、人口、街道办事处、居民委员会、中国共产党等。大栅栏街道是北京市宣武区所辖的行政街道。

A1：240/4　　　　　　　0063

广安门外街道志 / 北京市宣武区广安门外街道志编纂委员会编．—[北京]：[北京国防印刷厂]，2002

413 页：图；21cm

该志记录了广安门外街道的自然地理、社会发展、现代历史、城市建设、区域经济、政治背景、文化、卫生体育事业等内容，客观地叙述了新中国成立前后，特别是改革开放以来广安门外街道的发展历程。

A1：240/5　　　　　　　0064

白纸坊街道志 / 北京市宣武区白纸坊街道编纂委员会编．—[北京]：[出版社不详]，1998

373 页：图；20cm

精装

该志坚持历史唯物主义的观点，客观而精炼地勾画了白纸坊的实貌，准确而系统地反映了这一地区随着时代变迁在自然地域、政治背景、经济状况、文化特色、名人古迹等方面翔实的发展脉络。

A1：240/6　　　　　　　0065

天桥街道资料汇编 / 北京市宣武区天桥街道地方志办公室编．—北京：北京市宣武区天桥街道地方志办公室，1994

148 页；26cm

该书反映了天桥这块以石桥而得名的方圆二里的地方，历经 700 余年沧桑，所发生的翻天覆地的变化。

A1：33/1　　　　　　　0066

北京市丰台区志 / 北京市丰台区地方志编纂委员会[编]．—北京：北京出版社，2001

813 页：彩照，地图；27cm

ISBN　7-200-04445-8

精装：CNY 138.00

该志上溯事物发端，下至 1990 年底，介绍了丰台区的概况、历史、地理等内容，并附有 1991 年至 1999 年丰台区区情概要，以记述新中国建立后的内容为主。

A2/1　　　　　　　0067

北京实用资料大全 / 北京人民广播电台编．—北京：改革出版社，1992

505 页；27cm

ISBN　7-80072-310-0

精装：CNY 29.00

全书共分 26 章，分别介绍了北京城的来历、变迁、兴衰及北京的地形、地貌、河流、气候和资源，还介绍了北京市历次扩界的情况和城郊 18 个区县的概貌，收集了从 1948 年 12 月至 1990 年底北京发生的各项重大事件。

A2/2　　　　　　　0068

华彩宣武 / 李德平主编；中共北京市宣武区委，北京市宣武区人民政府编．—北京：中国工人出版社，2003

309 页：照片，图；37cm

ISBN　7-5008-3254-0

精装：CNY 350.00

该画册多视角、全方位反映了宣武区的风采，是一部全面反映宣武区悠久历史、绚丽文化、蓬勃发展的大型画册。

A2/3　　　　　　　0069

宣武之最 / 王殿清编．—北京：宣武区

档案馆，2000

149页；21cm

该书依据报纸、杂志、文献资料、馆藏档案资料等编辑而成，说明宣武之最不仅属于宣武，而且属于北京乃至属于全国。

A2/4 0070

媒体眼中的宣武：2006 / 中共北京市宣武区委宣传部，宣武区新闻报道中心编．—北京：[中共北京市宣武区委宣传部]：[宣武区新闻报道中心]，2007

225页：图；30cm

该书以媒体的视角，以"时政新闻""经济新闻""社区新闻""文化新闻""电视报道"五大板块，展示2006年宣武区的发展成就及全区各族人民共同奋斗的点点滴滴。

A2/6 0071

宣武区情我知道 / [中共北京市宣武区委宣传部编]．—北京：中共北京市宣武区委宣传部，2003

60页：照片；21cm

该书以问答题的形式，介绍了宣武区的概况、宣武区"十五"计划的发展目标、宣武区2002年成就、社区管理、便民热线电话等内容。

A2/6/.2 0072

宣武区情我知道．二 / [中共北京市宣武区委宣传部编]．—北京：中共北京市宣武区委宣传部，2004

56页：照片；21cm

该书包括4个篇章："宣武区域发展篇"介绍1999年至2003年区域发展五年回顾、之后五年及2004年区域发展工作展望；"大事要闻宣传篇"介绍《中华人民共和国宪法修正案》等内容；"宣南文化篇"介绍宣南文化的历史、区域重点文物保护单位及宣武区爱国主义教育基地的基本情况；"便民热线电话篇"介绍与居民生活相关的热线电话内容。

A2/7 0073

京华谭史录 / 王国华著．—北京：北京出版社，2003

384页：照片；20cm

ISBN 7-200-04198-X；CNY 26.00

该书是原北京市档案局局长、北京市地方志编委会办公室主任王国华同志对北京史、北京档案资料研究的部分论文选编，涉及北京市、旧京建置的演变、北京的历史事件、文物古迹等内容。

A2/8 0074

北京宣武 / 北京市宣武区委等编．—北京：[出版社不详]，[出版日期不详]

60页；25cm

该书以图片的形式反映出宣武区的经济、城市建设、文化、教育民俗风貌等状况。

A2/9 0075

北京百科全书．总卷 / 《北京百科全书·总卷》编辑委员会编．—北京：奥林匹克出版社、北京出版社，2002

603页：图，地图，照片；27cm

ISBN 7-80067-396-0

精装：CNY 513.00

该书全面系统地介绍北京的历史、地理、行政区域（含重要地名）、政治、社会、经济和科技文化等方面的情况，重点是北京的历史文化和改革开放以来北京市取得的重大成就。

A2/9/.1　　　　　　　　　　　　0076

北京百科全书，东城卷/《北京百科全书·东城卷》编辑委员会编．—北京：奥林匹克出版社、北京出版社，2001

451页：照片，地图，图；27cm

ISBN　7-80067-401-0

精装：CNY 408.00

该书精心选配了相当数量的彩色插图和表格，为广大国内外读者了解、研究东城区，提供了一部便于检索和阅读的工具书。

A2/9/.2　　　　　　　　　　　　0077

北京百科全书，西城卷/《北京百科全书·西城卷》编辑委员会编．—北京：奥林匹克出版社、北京出版社，2000

419页：图表；26cm

ISBN　7-80067-395-2

精装：CNY 388.00

该书全面系统地介绍了西城区历史、地理、政治、经济和文化等方面的情况，重点是历史文化和改革开放以来所取得的成就。

A2/9/.3　　　　　　　　　　　　0078

北京百科全书，崇文卷/《北京百科全书·崇文卷》编辑委员会编．—北京：奥林匹克出版社、北京出版社，2001

431页：图表；26cm

ISBN　7-80067-399-5

精装：CNY 390.00

该书精心选配了相当数量的彩色插图和表格，为广大国内外读者了解、研究崇文区，提供了一部便于检索和阅读的工具书。

A2/9/.4　　　　　　　　　　　　0079

北京百科全书，宣武卷/《北京百科全书·宣武卷》编辑委员会编．—北京：奥林匹克出版社、北京出版社，2002

441页：图表；26cm

ISBN　7-80067-163-1

精装：CNY 395.00

该书全面系统地介绍了宣武地区历史、地理、政治、经济和文化等方面的情况，侧重历史文化和改革开放以来所取得的成就。

A2/9/.5　　　　　　　　　　　　0080

北京百科全书，朝阳卷/《北京百科全书·朝阳卷》编辑委员会编．—北京：奥林匹克出版社、北京出版社，2001

453页：照片，地图，图；27cm

ISBN　7-80067-240-9

精装：CNY 405.00

该书精心选配了相当数量的彩色插图和表格，为国内外读者了解、研究朝阳区，提供了一部便于检索和阅读的工具书。

A2/9/.6　　　　　　　　　　　　0081

北京百科全书，海淀卷/《北京百科全书·海淀卷》编辑委员会编．—北京：奥林匹克出版社、北京出版社，2001

416页：图表；26cm

ISBN　7-80067-386-3

精装：CNY 380.00

该书全面系统地介绍了海淀地区历史、地理、政治、经济和文化等方面的情况，侧重历史文化和改革开放以来所取得的成就。

A2/9/.7   0082

北京百科全书，丰台卷/《北京百科全书·丰台卷》编辑委员会编.—北京：奥林匹克出版社、北京出版社，2001

    465 页：图，照片，地图；27cm

    ISBN　7-80067-397-9

    精装：CNY 388.00

该书精心选配了相当数量的彩色插图和表格，为广大国内外读者了解、研究丰台区，提供了一部便于检索和阅读的工具书。

A2/9/.8   0083

北京百科全书，石景山卷/《北京百科全书·石景山卷》编辑委员会编.—北京：奥林匹克出版社、北京出版社，2001

    404 页：图表；26cm

    ISBN　7-80067-243-3

    精装：CNY 370.00

该书全面系统地介绍了石景山地区历史、地理、政治、经济和文化等方面的情况，侧重历史文化和改革开放以来所取得的成就。

A2/9/.9   0084

北京百科全书，门头沟卷/《北京百科全书·门头沟卷》编辑委员会编.—北京：奥林匹克出版社、北京出版社，2001

    428 页：图，地图，照片；27cm

    ISBN　7-80067-232-8

    精装：CNY 390.00

该书精心选配了相当数量的彩色插图和表格，为广大国内外读者了解、研究门头沟区，提供了一部便于检索和阅读的工具书。

A2/9/.10   0085

北京百科全书，房山卷/《北京百科全书·房山卷》编辑委员会编.—北京：奥林匹克出版社、北京出版社，2002

    445 页：图，照片，地图；27cm

    ISBN　7-80067-239-5

    精装：CNY 402.00

该书精心选配了相当数量的彩色插图和表格，为广大国内外读者了解、研究房山区，提供了一部便于检索和阅读的工具书。

A2/9/.11   0086

北京百科全书，昌平卷/《北京百科全书·昌平卷》编辑委员会编.—北京：奥林匹克出版社、北京出版社，2002

    446 页：图表；26cm

    ISBN　7-80067-234-4

    精装：CNY 399.00

该书全面系统地介绍了昌平区历史、地理、政治、经济和文化等方面的情况，重点反映昌平的历史文化和取得的巨大社会成就。

A2/9/.12   0087

北京百科全书，顺义卷/《北京百科全书·顺义卷》编辑委员会编.—北京：奥林匹克出版社、北京出版社，2001

    413 页：图，照片，地图；27cm

    ISBN　7-80067-384-7

    精装：CNY 375.00

该书精心选配了相当数量的彩色插图和表格，为广大国内外读者了解、研究顺义区，提供了一部便于检索和阅读的工具书。

A2/9/.13   0088

北京百科全书，通州卷/《北京百科全书·通州卷》编辑委员会编.—北京：奥林

匹克出版社、北京出版社,2001

414页:图表;26cm

ISBN 7-80067-385-5

精装:CNY 380.00

该书精心选配了相当数量的彩色插图和表格,为广大国内外读者了解、研究通州区,提供了一部便于检索和阅读的工具书。

A2/9/.14　　　　　　　　0089

北京百科全书,大兴卷/《北京百科全书·大兴卷》编辑委员会编. —北京:奥林匹克出版社、北京出版社,2001

462页:图,照片,地图;27cm

ISBN 7-80067-242-5

精装:CNY 412.00

该书精心选配了相当数量的彩色插图和表格,为广大国内外读者了解、研究大兴区,提供了一部便于检索和阅读的工具书。

A2/9/.15　　　　　　　　0090

北京百科全书,平谷卷/《北京百科全书·平谷卷》编辑委员会编. —北京:奥林匹克出版社、北京出版社,2002

419页:图,地图,照片;27cm

ISBN 7-80067-238-7

精装:CNY 380.00

该书精心选配了相当数量的彩色插图和表格,为广大国内外读者了解、研究平谷县,提供了一部便于检索和阅读的工具书。

A2/9/.16　　　　　　　　0091

北京百科全书,怀柔卷/《北京百科全书·怀柔卷》编辑委员会编. —北京:奥林匹克出版社、北京出版社,2001

465页:照片,地图;27cm

ISBN 7-80067-241-7

精装:CNY 410.00

该书精心选配了相当数量的彩色插图和表格,为广大国内外读者了解、研究怀柔县,提供了一部便于检索和阅读的工具书。

A2/9/.17　　　　　　　　0092

北京百科全书,密云卷/《北京百科全书·密云卷》编辑委员会编. —北京:奥林匹克出版社、北京出版社,2002

432页:图,照片,地图;27cm

ISBN 7-80067-235-2

精装:CNY 390.00

该书精心选配了相当数量的彩色插图和表格,为广大国内外读者了解、研究密云县,提供了一部便于检索和阅读的工具书。

A2/9/.18　　　　　　　　0093

北京百科全书,延庆卷/《北京百科全书》总编辑委员会编;《北京百科全书·延庆卷》编辑委员会编. —北京:奥林匹克出版社、北京出版社,2002

411页:彩照,地图;27cm

ISBN 7-80067-233-6

精装:CNY 396.00

该书全面系统地介绍了延庆县历史、地理、政治、经济和文化等方面的情况,重点反映延庆的历史文化和改革开放以来所取得的成就。

A2/9/.19　　　　　　　　0094

北京百科全书,地图卷/《北京百科全书·地图卷》编辑委员会编. —北京:奥林匹克出版社、北京出版社,2002

241页:图,地图;27cm

ISBN 7-80067-405-3

精装：CNY 550.00

该书从时间、空间两个方面，向读者展示一个历史悠久和向现代化国际大都市迈进的北京。

A2/10　　　　　　　　　　0095

北京百科全书：彩图、地图集/毛白鸽编．—北京：北京工艺美术出版社，1991

24 页；26cm

ISBN 7-80526-055-9；CNY 30.00

该书以图片的形式记述了北京的历史风貌、自然与人文景观。

A2/10：2　　　　　　　　0096

北京百科全书/《北京百科全书》编辑委员会编．—2版．—北京：中国奥林匹克出版社，1991

681 页：彩照，地图；26cm

ISBN 7-80067-002-3

精装：CNY 150.00

该书共收条目5019条，介绍了北京的地理、历史、名胜古迹、文化艺术、科学教育、体育卫生、交通通信、经济、政治、旅游等。

A2/11　　　　　　　　　　0097

北京宣武年鉴．2002/鲁勇主编；北京市宣武区地方志编纂委员会［编］．—北京：中国对外翻译出版公司，2002

388 页：地图，彩照；26cm

ISBN 7-5001-1099-5

精装：CNY 90.00

该年鉴设有综述、专文、大事记、政治经济和社会各业情况、统计资料等9个基本栏目，全面记述2001年度宣武区在各条战线、各个方面所发生的重大事件和新的情况。

A2/11　　　　　　　　　　0098

北京宣武年鉴．2003/武高山主编；北京市宣武区地方志编纂委员会［编］．—北京：海潮出版社，2003

434 页：彩照，地图；26cm

ISBN 7-80151-769-5

精装：CNY 90.00

该年鉴设有综述、专文、大事记、政治经济和社会各业情况、统计资料等9个基本栏目，全面记述2002年度北京市宣武区在各条战线、各个方面所发生的重大事件和新的情况。

A2/11　　　　　　　　　　0099

北京宣武年鉴．2004/武高山主编；北京市宣武区地方志编纂委员会编．—北京：中华书局，2004

490 页：照片，地图（折图）；27cm

ISBN 7-101-04509-X

精装：CNY 105.00

该年鉴设有综述、特载、专文、文件选编、大事记、党派、群众团体、综合经济管理、城市建设、附注等基本栏目，全面记述2003年度宣武区在各条战线、各个方面所发生的重大事件和新的情况。

A2/11　　　　　　　　　　0100

北京宣武年鉴．2005/武高山主编；北京市宣武区地方志编纂委员会编．—北京：中华书局，2006

483 页：照片，地图；26cm

ISBN 7-101-05018-2

精装：CNY 105.00

该年鉴讲述了"区情概况""2004年国民经济和社会发展""抓住机遇，开拓进取""以宣武区改革开放和现代化建设的新成就迎接党的十六大胜利召开"等内容。

A2/11　　　　　　　　　0101

北京宣武年鉴.2006 / 王刚主编；北京市宣武区地方志编纂委员会编 . —北京：中华书局，2006

483页：照片，地图；26cm

ISBN 7-101-05018-2

精装：CNY 105.00

该年鉴讲述了"区情概况""2005年国民经济和社会发展""2005年大事记"等内容，全面记述2005年度宣武区在各条战线、各个方面所发生的重大事件和新的情况。

A2/11　　　　　　　　　0102

北京宣武年鉴.2007 / 王刚主编；北京市宣武区地方志编纂委员会［编］. —北京：中华书局，2007

543页：地图；27cm

ISBN 978-7-101-05879-6

精装：CNY 105.00

该年鉴设有综述、专文、大事记、政治经济和社会各业情况、统计资料等9个基本栏目，全面记述2006年度北京市宣武区在各条战线、各个方面所发生的重大事件和新的情况。

A2/11　　　　　　　　　0103

北京宣武年鉴.2008 / 王刚主编；北京市宣武区地方志编纂委员会［编］. —北京：

中华书局，2009

452页：照片（26页），地图（折图）；27cm

ISBN 978-7-101-06534-3

精装：CNY 95.00

该年鉴设有综述、专文、大事记、政治经济和社会各业情况、统计资料等9个基本栏目，全面记述2007年度北京市宣武区在各条战线、各个方面所发生的重大事件和新的情况。

A2/11　　　　　　　　　0104

北京宣武年鉴.2009 / 王刚主编；北京市宣武区地方志编纂委员会［编］. —北京：中华书局，2010

401页：彩照，地图；27cm

ISBN 978-7-101-07344-7

精装：CNY 85.00

该年鉴设有综述、专文、大事记、政治经济和社会各业情况、统计资料等9个基本栏目，全面记述2008年度北京市宣武区在各条战线、各个方面所发生的重大事件和新的情况。

A2/11　　　　　　　　　0105

北京宣武年鉴.2010 / 张建东，王刚主编；北京市宣武区地方志编纂委员会办公室［编］. —北京：中华书局，2010

435页：彩照，地图；27cm

ISBN 978-7-101-07692-9

精装：CNY 105.00

该年鉴设有综述、专文、大事记、政治经济和社会各业情况、统计资料等9个基本栏目，全面记述2009年度北京市宣武区在各条战线、各个方面所发生的重大事件和新的情况。

A2/12　　　　　　　　　　　0106

北京宣武百科全书 /《北京宣武百科全书》编委会编著 . —北京：中国城市出版社，2002

614 页：图；30cm

ISBN　7-5074-1455-8

精装：CNY 486.00

该书是第一部全面反映宣武区的历史和发展现状的权威性工具书。在《北京百科全书·宣武卷》的基础上有所增加。其中大事年表始于西周，截至 2001 年。

A2/13　　　　　　　　　　　0107

城南史缀 / 张文海主编 . —北京：文化艺术出版社，1993

217 页：照片；19cm

ISBN　7-5039-1229-4；CNY 8.00

该书为《崇文纵横》的续编，前者以论今为主，该书重在说史，讲述北京城南的历史。

A2/16　　　　　　　　　　　0108

宣南文脉：一个街道主任眼中的城市性格 / 白杰著 . —北京：中国商业出版社，2005

340 页：照片，地图（折图）；21cm

ISBN　7-5044-5572-5；CNY 28.00

该书以清代宣南的核心区域为研究空间，时间跨越三千多载，从历史学、社会学角度全面揭示和阐发了宣南文化的发展脉络。

A2/19　　　　　　　　　　　0109

今日宣武 / 中共北京市宣武区委宣传部 [编] . —北京：中共北京市宣武区委宣传部，2010

78 页：照片；21cm

该书介绍宣武区悠久的历史文化和改革开放以来经济发展取得的进步，人民生活水平的显著提高。

A2/20　　　　　　　　　　　0110

北京西城：中英文本 / 刘洋主编；赵德春 [等] 摄影；中共北京市西城区委宣传部，北京市西城区人民政府新闻办公室 [编] . —北京：[中共北京市西城区委宣传部]：[北京市西城区人民政府新闻办公室]，[出版年不详]

95 页：照片；13×19cm

该册包括"剪影西城""活力西城""文化西城""和谐西城"4 部分。西城区凭借独特的区域资源优势，彰显古都历史文化魅力，丰富城市建设内涵，提升北京文化影响力。

A2/21　　　　　　　　　　　0111

北京西城历史文化概要 / 刘洋主编 . —北京：北京燕山出版社，2010

418 页：图，照片；23cm

ISBN　978-7-5402-2516-2；CNY 48.00

该书从西城文化地理、宫苑建筑与府第衙署、街巷民居与都市园林、皇家文化与士绅文化、祭祀与宗教文化等方面，着重对整个西城区域文化的发展脉络、内容特征、表现形式等进行了研究。

A2/22　　　　　　　　　　　0112

激情宣武：凝眸 2009 / 北京市宣武区新闻中心编 . —[北京]：[出版社不详]，[2010]

302 页：照片；24cm

该书是一部回顾 2009 年宣武区同志激情奋斗的书，从各个角度再现全区各条战线的感人事迹和激情影像。

A2/24   0113

北京西城年鉴.2011/张建东,王少峰主编;北京市西城区地方志办公室编.—北京:北京出版社,2011

577页:照片,地图;26cm

ISBN 978-7-200-08990-5

精装:CNY 180.00

该书全面记述了2010年度西城区在各条战线、各个方面所发生的重大事件和新的情况。

A2/24   0114

北京西城年鉴.2012/王少峰主编;北京市西城区地方志编纂委员会办公室编.—北京:北京出版社,2012

592页:照片,地图;26cm

ISBN 978-7-200-09437-4

精装:CNY 180.00

该书全面记述了2011年度西城区在各条战线、各个方面所发生的重大事件和新的情况等。

A2/24   0115

北京西城年鉴.2013/北京市西城区地方志编纂委员会办公室编.—北京:中华书局,2013

476页:照片;30cm

ISBN 978-7-101-09800-6

精装:CNY 180.00

该书全面记述了2012年度西城区在各条战线、各个方面所发生的重大事件和新的情况等。

A2/24   0116

北京西城年鉴.2014/北京市西城区地方志编纂委员会办公室编.—北京:中华书局,2014

443页:地图,彩照(28页);29cm

ISBN 978-7-101-10443-1

精装:CNY 180.00

该年鉴全面记述了2013年度西城区在各条战线、各个方面所发生的重大事件和新的情况,系统汇集重要文献。书中设有特载、专文、大事记、党派、群众团体、政法军事、综合经济管理、工业商务、金融、城市建设、科技教育、文化旅游 体育卫生、社会生活等21个栏目。

A2/25   0117

北京·西城:[中英文本]/《北京·西城》编委会.—北京:北京市西城区人民政府新闻办公室,2012

75页:照片;17×18cm

该书从"京华之地 古韵新风""兼容并包 文脉所钟""春盈四海 百业兴旺""现代西城 活力无限""宜居家园 和谐民生"等几方面介绍西城区的概况。

A2/26   0118

西城概况:[中英文本]/孙劲松主编.—北京:北京市西城区人民政府新闻办公室,2011

45页:照片;21cm

该书从"剪影西城""活力西城""宜居西城""魅力西城""和谐西城"等方面介绍北京市西城区的概况。

A2/27   0119

古韵今风新西城:[中英文本]/刘洋主编.—北京:中共北京市西城区委宣传部、

北京市西城区人民政府新闻办公室,[出版年不详]

156页:照片;24×27cm

介绍原西城区与原宣武区合并后的新西城区及其历史、经济、文化、社会发展等各方面情况。

A2/30　　　　　　　　　　　　0120

我与"西城之最"读书征文活动获奖文集/[北京市西城区社会科学界联合会,北京市西城区第一图书馆,北京市西城区第二图书馆编].—北京:北京市西城区社会科学界联合会、北京市西城区第一图书馆、北京市西城区第二图书馆,2013

157页;21cm

该书是一本围绕"西城之最"展开的读书征文集,收录获奖作品35篇。这些征文记载了读者的心声,体现了广大群众对西城的关注、对历史的自豪、对未来的期待。《西城之最》是一部全面梳理西城优秀历史文化资源和展示西城人创新精神的文化力作。

A2/31　　　　　　　　　　　　0121

魅力西城[画册]:[中英文本]/北京市西城区商务局编.—北京:北京市西城区商务局,[出版年不详]

140页;27×29cm

精装

该画册是介绍西城区概况的画册,以摄影图片为主,辅以文字说明,介绍西城区经济、文化、环境等情况。

A3/1　　　　　　　　　　　　0122

北京前事今声/冯大彪主编.—上海:上海三联书店,2007

192页:图,照片;24cm

ISBN　978-7-5426-2453-6;CNY 29.80

该书详细介绍了"老北京小吃""老北京交通""老北京住房""老北京评书、京戏""老北京金融业""老北京行当""老北京的阴暗面"等诸多内容,图文并茂,资料翔实,多角度、全方位地展现了老北京的社会百态。

A3/2　　　　　　　　　　　　0123

杂谈老北京/王永斌著.—北京:中国城市出版社,1996

457页;19cm

ISBN　7-5074-0856-6;CNY 17.50

该书涉及北京的历史、地理、经济、文化等多方面,内容丰富,史料翔实,是一部了解北京历史变迁、研究北京民俗风情的通俗读物。

A3/2:2　　　　　　　　　　　0124

杂谈老北京/王永斌著.—2版.—北京:中国城市出版社,1999

457页:图;21cm.—(21世纪城市人文库.北京史话;6)

ISBN　7-5074-0856-6;CNY 24.00

该书涉及北京的历史、地理、经济、文化等多方面,内容丰富,史料翔实,是一部了解北京历史变迁,研究北京民俗风情的通俗读物。

A3/3　　　　　　　　　　　　0125

茶余饭后话北京.2006年版/边建主编.—北京:中国档案出版社,2006

268页:照片;23cm

ISBN　7-80166-652-6;CNY 36.00

该书汇集了2005年北京城市服务管理广播《茶余饭后话北京》播出节目的精华，分为"话说京师""名胜探幽""佚闻典故""商贾片羽""人物空间""民俗风情""燕京传奇"和"民艺精粹"8部分，涵盖了关于北京史地民俗的多方面内容。

A3/4　　　　　　　　　　　0126

北京A to Z：26个字母里的城市体验/洪烛，李阳泉著.—北京：当代中国出版社，2004

305页：照片，地图；23cm. —（中国城市随笔系列. 北京）

ISBN　7-80170-341-3；CNY 38.00

该书采用词典体例的编排方式，选词按英文字母顺序排列，对北京的名胜古迹、风情景物、历史渊源等进行了解读。

A3/5　　　　　　　　　　　0127

漫步北京历史长河：首图讲坛·北京历史文化科普讲座/北京市社会科学界联合会，首都图书馆编.—北京：中国书店，2004

429页：图，照片；20cm

ISBN　7-80663-194-1；CNY 24.00

该书汇集了26篇有关北京历史文化的讲座。如王玲的"北京历史文化的总体特点"、王岗的"元大都的多元文化及其遗迹"、尹钧科的"北京的母亲河——永定河"等。

A3/6　　　　　　　　　　　0128

带一本书去北京/高昌编著；侯钦孟，张菱摄影；魏献峰插图.—北京：科学技术文献出版社，2005

303页：图，照片；21cm. —（名城之恋系列）

ISBN　7-5023-4541-8；CNY 27.80

该书分为7章，着重介绍了风景背后的文化和故事，还对饮食、购物和时尚消费等进行了介绍。

A3/7　　　　　　　　　　　0129

这里是北京. 第一辑/张妍执行主编.—2版.—北京：华艺出版社，2007

192页：图，照片，地图；23cm

ISBN　7-80142-759-9；CNY 28.00

该地图是一张翔实、生动、图文并茂的文化旅游地图，介绍了北京一百多家博物馆的看点以及相关服务信息，探索了北京城鲜为人知的文物古迹。

A3/7/.2　　　　　　　　　　0130

这里是北京. 第二辑/李欣主编.—北京：华艺出版社，2007

190页：图，照片；23cm

ISBN　978-7-80142-881-3；CNY 36.00

该地图是一张翔实、生动、图文并茂的文化旅游地图，介绍了北京一百多家博物馆的看点以及相关服务信息，探索了北京城鲜为人知的文物古迹。

A3/8　　　　　　　　　　　0131

北京市非物质文化遗产普查项目汇编：宣武卷/宣武区非物质文化遗产普查工作小组编.—北京：[出版社不详]，2006

356页：照片；31cm

该汇编收集了涉及非物质文化遗产保护工作方面的项目内容，展示了宣武区两年多来普查工作所取得的丰硕成果。

A3/10　　　　　　　　　　0132

民间瑰宝耀京华：西城区非物质文化遗

产保护成果概览 / 北京市西城区文化委员会编 . —北京：[北京市西城区文化委员会]，[2011]

208 页：照片；29cm

该书图文并茂地介绍了北京市西城区的国家级、市级和区级非物质文化遗产项目。

A3/11 0133

宣南文化 / 李金龙主编；中共北京市宣武区委宣传部，北京市宣武区文化委员会，北京市宣武区档案馆［编］. —北京：[出版社不详]，2003

147 页：图，地图，照片；29cm

该书介绍了宣南地区的文化。历史上的宣南主要指原宣武区的管辖范围。宣南地区没有北京皇城内雄伟的宫殿、辉煌的楼阁，但却由于荟萃了大批历代的文化精英，留下了许多可资观览、纪念的种种痕迹，如会馆、庙宇、戏院、园林等古迹胜景。

A91/1 0134

水乡北京 / 王同祯著 . —北京：团结出版社，2004

177 页：图，照片；24cm

ISBN 7-80130-746-1；CNY 36.00

该书以文图的形式追述历史上曾经"江湖纵横、清泉四溢"酷似江南水乡的古都北京，从养源、整治等角度呼吁重现北京水乡美景。

B 自然环境

（该类暂未收录相关文献）

C 人文地理

C1/1　　　　　　　　　0135

旧都文物略 / 汤用彬，彭一卣，陈声聪编著；钟少华点校 . —北京：书目文献出版社，1986

288 页：照片；19cm. —（文献百科知识丛书）

CNY 1.60

该书根据北平市政府 1935 年本影印，介绍了北京古都的风貌和文化传统。全书分 12 篇：城垣略、宫殿略、坛庙略、园囿略、坊巷略、陵墓略、名迹略上、名迹略下、河渠关隘略、金石略、技艺略、杂事略。

C1/1：1　　　　　　　　0136

旧都文物略 / 汤用彬，陈声聪，彭一卣编著；钟少华点校 . —2 版 . —北京：华文出版社，2004

295 页：图，地图；23cm

ISBN　7-5075-1563-X；CNY 38.00

该书根据北平市政府 1935 年本影印，介绍了北京古都的风貌和文化传统。全书分 12 篇：城垣略、宫殿略、坛庙略、园囿略、坊巷略、陵墓略、名迹略上、名迹略下、河渠关隘略、金石略、技艺略、杂事略。

C1/1：2　　　　　　　　0137

旧都文物略 / 原北平市政府秘书处编 . 北京：中国建筑工业出版社，2005

266 页：图；36cm

ISBN　7-112-07305-7

精装：CNY 108.00

该书根据北平市政府 1935 年本影印，介绍了北京古都的风貌和文化传统。全书分 12 篇：城垣略、宫殿略、坛庙略、园囿略、坊巷略、陵墓略、名迹略上、名迹略下、河渠关隘略、金石略、技艺略、杂事略。

C1/2　　　　　　　　　0138

在北京生存的 100 个理由 / 尹丽川等著 . 沈阳：辽宁教育出版社，2006

336 页：图；26cm

ISBN　7-5382-7832-X；CNY 60.00

该书介绍了北京的景点与热门的吃喝玩乐场所，但它同时也描述了北京近年来快速发展的变化。在变与不变里，既有对胡同、四合院、老北京生活方式迅速褪失的哀哀之情，也抓住了北京几百年来从未改变的自在宽容的城市氛围。

C1/3　　　　　　　　　0139

古今北京 / 周沙尘编著 . —北京：中国展望出版社，1982

407 页：照片，图；19cm

CNY 1.50

该书主要介绍北京的历史变迁及其当今概貌，分"中轴线集锦""名园处处""古迹长存""文明含粹""公用事业新篇""巧夺天工""古今万象喜逢春"等8章。

C1/4　　　　　　　　　　0140

天咫偶闻 /（清）震钧著 . —北京：北京古籍出版社，1982

224页；20cm

CNY 0.90

该书共10卷，是一部记述北京地区政治、文化、典章制度和风土人情的书。全书按皇城、南城、东城、北城、西城、外城东、外城西、郊坰等地区分卷，分记北京皇宫、官廨、大臣府第、园林、寺庙及诸名胜建置沿革与景观。每涉一处，兼述有关掌故风俗。

C1/5　　　　　　　　　　0141

北京城市历史地理 / 侯仁之主编 . —北京：北京燕山出版社，2000

539页；20cm

ISBN　7-5402-1248-9

精装：CNY 36.00

该书是一部从历史地理学的角度系统研究北京城的著作。一方面对长期研究讨论的重要问题进行了汇总，另一方面对过去尚未系统研究的现有北京城市历史地理著述中未能充分说明的问题进行研究。该书是北京市哲学社会科学"九五"规划精品工程项目成果。

C1/6　　　　　　　　　　0142

燕都说故 / 胡玉远主编 . —北京：燕山出版社，1996

604页；20cm. —（北京旧闻丛书）

ISBN　7-5402-0763-9；CNY 25.60

全书共分9个专题，反映了老北京的街巷、古建、民俗、寺庙、陵墓等各方面的内容，以此献给北京市第五次文物工作会议。

C1/7　　　　　　　　　　0143

老街漫步・北京 / 成善卿著；陈永领摄 . 北京：中国工人出版社，2002.1

161页：图；21cm

ISBN　7-5008-2572-2；CNY 29.80

老北京人有句俗话："大胡同三千六，小胡同如牛毛。"这话虽有点儿夸张，但若按行政区划四处寻觅老街的方位并一睹其风貌，恐怕也要踏破铁鞋。至于老街那些千奇百怪的名字，则更是令人如堕五里雾中。

C1/8/.1　　　　　　　　　0144

北京地理，传世字号，民生 / 新京报编 . 北京：中国旅游出版社，2007

231页：照片；21cm. —（新京报丛书；020）

ISBN　978-7-5032-3054-7；CNY 34.00

该书以图文并茂的形式，介绍了一家家耳熟能详、至今正常营业的老字号店。这些老字号有东来顺、全聚德、便宜坊、烤肉苑、都一处、张一元、吴裕泰等。

C1/8/.2　　　　　　　　　0145

北京地理，传世字号，餐饮 / 新京报编 . 北京：中国旅游出版社，2007

223页：照片，图；21cm. —（新京报丛书；019）

ISBN　978-7-5032-3053-0；CNY 34.00

该书精选京城最具代表性的餐饮老字号，通过记者实地考察、专家访谈与民间记忆，发掘其历史与人文价值，关注其保护现状与未来命运。

C1/9   0146

北京 / 王均，孙冬虎编著． —上海：中华地图学社，2005

134 页；图，地图，照片；21×19cm． —（中华故都丛书）

ISBN 7-80031-225-9；CNY 26.80

该书包括"北京的历史变迁""北京的历史遗迹和旅游景点""旧京遗韵"三个部分，对北京的文化历史及景观进行了介绍。

C1/10/.1   0147

日下旧闻考．一 /（清）于敏中等编纂．北京：北京出版社，2015

269 页；21cm． —（北京古籍集成；13）

ISBN 978-7-200-10454-7

精装：CNY 122.50

该书共分为 18 门，依次为：星土、世纪、形胜、国朝宫室、宫室、京城总记、皇城、城市、官署、国朝苑囿、郊坰、京畿（京畿附编）、户版、风俗、物产、边障、存疑及杂缀。

C1/10/.2   0148

日下旧闻考．二 /（清）于敏中等编纂．北京：北京出版社，2015

270-635 页；21cm． —（北京古籍集成；14）

ISBN 978-7-200-10454-7

精装：CNY 122.50

该书共分为 18 门，依次为：星土、世纪、形胜、国朝宫室、宫室、京城总记、皇城、城市、官署、国朝苑囿、郊坰、京畿（京畿附编）、户版、风俗、物产、边障、存疑及杂缀。

C1/10/.3   0149

日下旧闻考．三 /（清）于敏中等编纂．北京：北京出版社，2015

636-995 页；21cm． —（北京古籍集成；15）

ISBN 978-7-200-10454-7

精装：CNY 122.50

该书共分为 18 门，依次为：星土、世纪、形胜、国朝宫室、宫室、京城总记、皇城、城市、官署、国朝苑囿、郊坰、京畿（京畿附编）、户版、风俗、物产、边障、存疑及杂缀。

C1/10/.4   0150

日下旧闻考．四 /（清）于敏中等编纂．北京：北京出版社，2015

996-1340 页；21cm． —（北京古籍集成；16）

ISBN 978-7-200-10454-7

精装：CNY 122.50

该书共分为 18 门，依次为：星土、世纪、形胜、国朝宫室、宫室、京城总记、皇城、城市、官署、国朝苑囿、郊坰、京畿（京畿附编）、户版、风俗、物产、边障、存疑及杂缀。

C1/11   0151

宸垣识略 /（清）吴长元辑． —北京：北京出版社，2015

305 页；21cm． —（北京古籍集成；12）

ISBN 978-7-200-10454-7

精装：CNY 122.50

该书记述了北京的史地沿革和名胜古迹，内容包括天文、水利、建置、大内、皇城、内城、外域、苑囿、郊垌等，还介绍了辽、金、明、清各朝对北京的建设。

C1/12　　　　　　　　　　　　0152

长安客话/（明）蒋一葵. 酌中志/（明）刘若愚著. —北京：北京古籍出版社，1994，2001重印

221页；20cm. —（北京古籍丛书）

ISBN　7-5300-0081-0

精装：CNY 28.00

该书记述的内容遍及今天的九县一市，可以供我们研究北京地方历史和地理沿革做参考。

C1/13　　　　　　　　　　　　0153

宣南鸿雪图志/王世仁主编；北京市宣武区建设管理委员会，北京市古代建筑研究所合编. —北京：中国建筑工业出版社，1997

539页；36cm

ISBN　7-112-03247-4；CNY 160.00

该书以它鲜明的体例、翔实的史料、准确的线图，对北京旧城区的城市规划、开发建设、文化遗产保护、宣南文化研究起到了推动作用。

C1/14　　　　　　　　　　　　0154

旧京史照：中英文对照/胡丕运主编；傅公钺编撰；北京市正阳门管理处编. —北京：北京出版社，1996

308页；29cm. —（正阳门丛书）

ISBN　7-200-02792-8

精装：CNY 150.00

该书将700多幅珍贵历史照片，配以中、英文，分为城池、风俗、名胜、文化、街巷、宗教、商工、人物八个方面做出介绍，是一本有收藏价值的资料书。西城地域的内容占有很大比重。

C1/15　　　　　　　　　　　　0155

人文北京 Cultural Beijing：千年古都的城市地图/邱阳著. —北京：中国旅游出版社，2006

237页：照片；22cm

ISBN　7-5032-2819-9；CNY 38.00

该书详细介绍了北京的市井、旧景、名门和胜迹，包括5个京郊古道上的重要坐标、10座历史悠久的寺庙、10所难以忘怀的名人故居等。

C1/16　　　　　　　　　　　　0156

辉煌的北京：中国在七个世纪里的景观/林语堂著；赵沛林，张钧等译. —西安：陕西师范大学出版社，2003

352页：图，照片；21cm. —（林语堂文集；05）

ISBN　7-5613-2538-X；CNY 21.00

该书分"老北京的精神""四季""城市""古老的辉煌""皇宫和御苑""民众生活""北京的艺术"等11章。

C1/17　　　　　　　　　　　　0157

北京的宫殿、坛庙与胡同/朱耀廷，崔学谙主编；肖飞，龙霄飞编著. —北京：光明日报出版社，2004

229页：图，照片；21cm. —（北京文物古迹旅游丛书）

ISBN　7-80145-812-5

CNY 180.00（全套10册）

该书从不同的角度、不同的侧面对北京

的宫殿、祭坛、寺庙、胡同等名胜古迹进行了论述。其中包括宫殿建筑艺术、北京古代祭坛概览、寺庙说略、胡同的形成等内容。该书是北京市教委人文科学研究计划项目成果。

C1/19：1　　　　　　　　　　0158

燕都丛考/陈宗蕃编著. —北京：北京古籍出版社，1991，2001重印

689页；21cm. —（北京古籍丛书）

ISBN　7-5300-0052-7

精装：CNY 41.00

该书记述了北京城区宫殿苑囿、坛庙衙署的建置沿革，重点记述了近四千条街巷胡同的变迁，包括它们的名称、位置，其中重要的衙署、王府、名人故居、祠庙、会馆、古迹及有关的轶闻掌故等。

C1/21　　　　　　　　　　0159

宣南之旅：[中英文本]/许立仁总策划. —北京：北京市宣武区旅游局，[出版年不详]

78页：照片；25×26cm

该书介绍了宣武区的旅游资源，以"游""逛""赏"为关键词，介绍了古迹新园、老街老店、京腔绝技等旅游项目。

C1/22　　　　　　　　　　0160

旧京鸿影：百年珍稀影集《北京大观》选萃/[陈飞主编]. —北京：[出版社不详]，2014

87页：照片；21×20cm

该摄影集收录了百年来珍稀照片资料，包括官署机构、古建胜迹、阛阓百业、现代新风、田园风光等部分。其中北京城门、陶然亭与法源寺、天宁寺与白云观、胡同牌坊与什刹海、烟铺与茶庄、火车与火车站等属西城区。

C2/1　　　　　　　　　　0161

北京城的起源与变迁/侯仁之，邓辉著. 北京：北京燕山出版社，1997

181页：照片，地图；20cm. —（京华博览丛书）

ISBN　7-5402-0949-6；CNY 8.00

该书以活泼的文字、全新的视角介绍了北京城的历史沿革和悠久的文明。在论述北京城的发展脉络中，将地理环境的影响融入论述之中，使读者从北京的生态变化和历史地理的角度去重新认识北京。

C2/1：1　　　　　　　　　　0162

北京城的起源与变迁/侯仁之，邓辉著. 北京：中国书店，2001

163页：照片，图；21cm. —（京华博览丛书）

ISBN　7-80568-946-6；CNY 9.00

该书以活泼的文字、全新的视角介绍了北京城的历史沿革和悠久的文明。在论述北京城的发展脉络中，将地理环境的影响融入论述之中，使读者从北京的生态变化和历史地理的角度去重新认识北京。

C2/3　　　　　　　　　　0163

北京城演进的轨迹/朱祖希编著. —北京：光明日报出版社，2004

197页：照片；21cm. —（北京文物古迹旅游丛书；A）

ISBN　7-80145-812-5；CNY 17.00

该书内容包括北京城原始城址的确立、

演进的轨迹、城墙和城门、平面格局以及北京城的中轴线等。该书是北京市教委人文社会科学研究计划项目成果。

C2/4　　　　　　　　　　0164

漫话北京城 / 高巍等著. —北京：学苑出版社，2003

392页：地图，照片；21cm. —（兔儿爷老北京史地民俗丛书）

ISBN　7-5077-2084-5；CNY 22.00

该书以城市规划为切入点，展现了北京传统文化的丰富形式和深刻内涵。内容包括浅说城市、坛庙山陵、凤楼宫阙等。

C2/5　　　　　　　　　　0165

祝勇文化笔记：北京：中轴线上的都城 / 祝勇著. —沈阳：辽宁教育出版社，2006

180页：图；23cm

ISBN　7-5382-7782-X；CNY 29.00

该书作者以极其个性化的文笔，融哲学、美学、历史学、人类学、社会学、地理学、建筑学、宗教学、民俗学为一炉，通俗而生动、贯通而细腻地从中轴线入手，燃一盏心灯，给我们照亮了解读北京的路径。

C2/7　　　　　　　　　　0166

皇都与市井 / 王世仁著. —天津：百花文艺出版社，2006

153页：照片；24cm. —（建筑师文萃）

ISBN　7-5306-4446-7；CNY 19.00

该书包括"皇都的城门与城楼""遗痕七纪志皇都""雪泥鸿爪话宣南"三部分。其内容是关于北京宣武区、东城区文化史迹的综述。

C2/8　　　　　　　　　　0167

北京城——营国之最 / 朱祖希著. —北京：中国城市经济社会出版社，1990

180页；20cm. —（北京旅游文化丛书）

ISBN　7-5074-0447-1；CNY 2.60

该书记载了北京城建城、城墙、格局、新城改建及燕山长城的历史。

C2/8：3　　　　　　　　　0168

北京城——营国之最 / 朱祖希编著. —3版. —北京：中国城市出版社，1999

183页；20cm

ISBN　7-5074-0836-1；CNY 10.00

该书记载了北京城建城、城墙、格局、新城改建及燕山长城的历史。再版时，增补了"京城第一要津——卢沟渡口"一节。

C2/9　　　　　　　　　　0169

琉璃厂：[中英文本] / 孙冬虎撰文；项玫，卢伟英文翻译. —北京：北京出版社，2005.1

93页：图；25cm. —（《历史文化名城北京》系列丛书）

ISBN　7-200-05763-0

CNY 50.00（全9册）

该书讲述了琉璃厂的历史，包括"京华书肆何处盛　首推宣南海王村""书贾分南北　同祀文昌君""新春庙会闹厂甸　空竹声里放风筝"等内容。本丛书由北京市规划委员会、北京市城市规划设计研究院、北京东易和文化交流中心联合主持。

C2/10　　　　　　　　　　0170

东交民巷 / 张宗平，高巍撰文；蔡正，卢伟英文翻译. —北京：北京出版社，2005.1

93 页；25cm. —(《历史文化名城北京》系列丛书)

ISBN 7-200-05763-0

CNY 50.00(全9册)

该书讲述了东交民巷的历史概貌,内容包括"一条贯通中外的长街""王府遗梦""风起云涌义和团""一座石牌坊的传奇"等。本丛书由北京市规划委员会、北京市城市规划设计研究院、北京东易和文化交流中心联合主持。

C2/11   0171

什刹海/吴文涛撰文；张俊芳,卢伟英文翻译.—北京：北京出版社,2005

93 页；25cm. —(《历史文化名城北京》系列丛书)

ISBN 7-200-05763-0

CNY 50.00(全9册)

该书内容包括"'三海'沧桑""王府云集地 繁华忆旧年""水滨灵秀地 名人聚此居""京师齐政 暮鼓晨钟"等。本丛书由北京市规划委员会、北京市城市规划设计研究院、北京东易和文化交流中心联合主持。

C2/12   0172

明清皇城/王岗撰文；万心强,卢伟英文翻译.—北京：北京出版社,2005

93 页；地图；25cm. —(《历史文化名城北京》系列丛书)

ISBN 7-200-05763-0

CNY 50.00(全9册)

该书内容分为"皇城揽胜概"和"华街觅旧迹"两篇,介绍皇城概况。本丛书由北京市规划委员会、北京市城市规划设计研究院、北京东易和文化交流中心联合主持。

C2/13   0173

国子监·雍和宫·白塔寺/林崇诚撰文；万心强,卢伟英文翻译.—北京：北京出版社,2005

97 页；25cm. —(《历史文化名城北京》系列丛书)

ISBN 7-200-05763-0

CNY 50.00(全9册)

该书内容包括"学海渊薮在太学——国子监""雪域佛光耀京华——雍和宫""京师古刹——柏林寺""千古兴亡任评说——历代帝王庙"等。本丛书由北京市规划委员会、北京市城市规划设计研究院、北京东易和文化交流中心联合主持。

C2/14   0174

宣南·法源寺：[图集]/孙冬虎撰文；卢伟英文翻译.—北京：北京出版社,2005

97 页；25cm. —(《历史文化名城北京》系列丛书)

ISBN 7-200-05763-0

CNY 50.00(全9册)

该书介绍了湖广会馆、南海会馆、湖南会馆、绍兴会馆、宣南的梨园、菜馆、名刹、禅林等。本丛书由北京市规划委员会、北京市城市规划设计研究院、北京东易和文化交流中心联合主持。

C2/15   0175

胡同·四合院/尹钧科,高巍撰文；万心强,卢伟英文翻译.—北京：北京出版社,2005

93 页；25cm. —(《历史文化名城北京》系列丛书)

ISBN 7-200-05763-0

CNY 50.00（全9册）

该书内容分为上下两篇，上篇讲述了北京城的城徽——四合院；下篇介绍了西四、东四、南北锣鼓巷、张自忠路的历史文化保护区概况。本丛书由北京市规划委员会、北京市城市规划设计研究院、北京东易和文化交流中心联合主持。

C2/16　　　　　　　　　　0176

北京城/尹钧科，高巍撰文；万心强，卢伟英文翻译.—北京：北京出版社，2005

97页；25cm.—（《历史文化名城北京》系列丛书）

ISBN 7-200-05763-0

CNY 50.00（全9册）

该书分为"依山襟海帝王都"和"古风尚存广厦间"两部分，介绍了北京城悠久的历史和古老的文明。本丛书由北京市规划委员会、北京市城市规划设计研究院、北京东易和文化交流中心联合主持。

C2/17　　　　　　　　　　0177

前门·大栅栏/孙冬虎撰文；卢伟英文翻译.—北京：北京出版社，2005

93页；25cm.—（《历史文化名城北京》系列丛书）

ISBN 7-200-05763-0

CNY 50.00（全9册）

该书介绍了以商业经营为特色的前门地区的历史发展，内容包括"烟花灯彩大栅栏""打磨厂溯往""名扬京城的八大祥"等。本丛书由北京市规划委员会、北京市城市规划设计研究院、北京东易和文化交流中心联合主持。

C2/18　　　　　　　　　　0178

千年古都话沧桑：北京城的演进 桥梁 长城/朱祖希，张宝秀编著.—北京：光明日报出版社，2006

300页：图；20cm.—（北京人文古迹旅游丛书）

ISBN 7-80206-219-5；CNY 36.00

该书从千年古都的沧桑变化，精彩地介绍了北京城的历史沿革和3000余年的建城史，850余年的建都史，直至元、明、清三代作为全国首都的城建规划、历史遗留，包括城墙、城门以及长城、桥梁等公共建筑内容。该书还从历史沿革的角度分析了北京得天独厚、不可取代的历史地位。

C2/19　　　　　　　　　　0179

故都变迁记略/余棨昌著；陈克明校勘；黄利人标点整理.—北京：北京燕山出版社，2000

202页；20cm.—（旧京景物笔记丛书）

ISBN 7-5402-1033-8；CNY 12.00

该书共有10卷，包括名称、城垣、旧皇城、大内、西苑、内城、外城、郊坰。该书以故都的变迁为主，主要从城垣、内城、外城等方面记录了从1900年至1937年这一时期北京变迁的历史。

C2/20　　　　　　　　　　0180

京华集/赵其昌著.—北京：文物出版社，2008

349页：地图，照片；23cm.—（首都博物馆书库）

ISBN 978-7-5010-2486-5；CNY 98.00

该书内容包括北京历史沿革、宣武区历

史沿革、蓟门辨、蓟城的探索、唐幽州村乡再探、辽代玉河县考、古北口的杨业祠等。

C2/21   0181

我与中轴线 / 杨柳荫，牛青山，孔繁峙主编；《我与中轴线》编委会编 . —北京：中国出版社，2012

250 页：图；24cm

ISBN 978-7-200-09307-0；CNY 48.00

该书是一部新老北京人讲述自己亲身经历的故事书，包括"老北京中轴线与元大都的格局尺度""中正安和：中轴线的主旋律""曾外祖父冯恕结缘龙脉""中轴线咏叹调""我家四代的'龙脉'"等文章。

C2/22   0182

什刹海的变迁 / 宋夫让著 . —北京：北京联合出版公司，2013

170 页：图；21cm. —（什刹海小丛书）

ISBN 978-7-5502-1266-4；CNY 20.00

该书对什刹海的形成、变迁、演变及中华人民共和国成立以来保护、建设、发展的过程进行了系统介绍。读者阅读该书对了解什刹海的历史文化和民俗风情、游览观光有一定的指导作用。

C2/23   0183

魅力北京中轴线 / 李建平著 . —北京：文化艺术出版社，2012

267 页：图，照片；24cm

ISBN 978-7-5039-5282-1；CNY 36.00

该书通过大量的历史照片，讲述了北京城中轴线的建设历史及变迁，并结合北京奥运会和北京城市总体规划，阐述了中轴线延长线的建设理念及建设情况，使广大宣传干部对北京城市整体规划，特别是对天坛文化圈建设及其内涵有了更加深刻了解。

C2/24   0184

城市记忆：镜头中的老北京 / 赵梦文，赵梦武著 . —北京：中国建筑工业出版社，2008

331 页：照片；29cm

ISBN 978-7-112-10241-9

CNY 150.00

该书作者经过筛选分类，以影像资料记录了大量寺庙、店铺、街名、匾额以及楹联的现状，并对所收照片附以简单说明，力图为城市文脉的延续和城市历史文化的传承，奉献所有的温情。

C3/1   0185

琉璃厂小志 / 孙殿起辑 . —北京：北京古籍出版社，1982

524 页：照片；20cm

CNY 2.00

该书除包括有关琉璃厂书业情况和变迁、厂甸风光及当时文人故居等资料外，还有关于慈仁寺、隆福寺等处书店的记载。书中绝大多数诗文是写于清代的。

C3/1：1   0186

琉璃厂小志 / 孙殿起辑 . —北京：北京古籍出版社，1982，1998 重印

524 页：图；20cm

ISBN 7-5300-0244-9；CNY 2.00

该书是作者在琉璃厂的随见随录、零星抄存，设有"概述""时代风尚""书肆变迁记""贩书传薪记""文昌馆及火神庙""学人遗事"6 章，另设有编纂凡例、琉璃厂示意图、附录等。

C3/2：3　　　　　　　　0187

胡同壹佰零壹像［中英文本］/ 徐勇著 . — 3 版 . — 杭州：浙江摄影出版社，1999.5

101 页；28×29cm

ISBN　7-80536-560-1

精装：CNY 175.00

该书反映的是 20 世纪 80 年代北京胡同的面貌，表现的是那时作者对北京特有的文化及其氛围的感觉。

C3/3　　　　　　　　0188

北京琉璃厂 / 叶祖孚著 . — 北京：北京燕山出版社，1997

180 页：图；20cm. —（京华博览丛书）

ISBN　7-5402-0950-X；CNY 12.00

该书共 12 章，从辽金时代的一个村落即海王村写起，梳理了琉璃厂的发展脉络，介绍了琉璃厂的店铺与文化特色。

C3/4　　　　　　　　0189

街巷雅趣 / 董梦知著 . — 北京：文物出版社，2003

232 页：照片；18cm. —（文化百科丛书）

ISBN　7-5010-1553-8；CNY 15.00

该书介绍北京城区和城郊的名街名巷，还有与名人、名胜古迹有关的街巷胡同里的雅闻趣事、文物古迹、传说、名人事迹、歌谣典故等。

C3/5　　　　　　　　0190

北京的胡同 / 翁立著 . — 北京：北京图书馆出版社，2003

291 页：照片；23cm

ISBN　7-5013-2117-5；CNY 28.00

该书选配了近 200 幅照片和地图，其中既有珍贵的历史照片与老地图，也有精美的胡同的艺术照片，可算作城市自助旅游指南。该书附北京旧城地图 1 张。

C3/6　　　　　　　　0191

北京老街 Old Streets in Beijing：中英对照彩绘本 / 陈永祥绘；浩力著；索毕成，史宝辉译 . — 北京：社会科学文献出版社，2006

130 页；23cm

ISBN　7-80190-910-0；CNY 38.00

该书收录作者 100 余幅画作，以中英文对照和彩色图片的形式介绍了老北京城的建筑物。

C3/7　　　　　　　　0192

北京街巷胡同分类图志 / 白宝泉，白鹤群著；北京市西城区档案馆编 . — 北京：金城出版社，2006

342 页：照片；23cm

ISBN　7-80084-730-6；CNY 39.00

该书内容包括北京城概况、北京的街道、内城和外城街道胡同命名的特点、街道胡同的道路和四合院、北京城内街道胡同的数目和名称变革等。

C3/8　　　　　　　　0193

北京胡同旅游手册：［中英文本］/ 赵祯永，李明德著；唐洪磊译 . — 北京：中国旅游出版，2001

128 页；20cm

ISBN　7-5032-1771-5；CNY 10.00

该书内容包括胡同的起源与变迁、胡同里的四合院门楼、胡同建筑造型艺术、四合院的居民生活、北京胡同故事与传说等。

C3/9　　　　　　　　　　0194

北京街巷图志 / 王彬, 徐秀珊著. —北京: 作家出版社, 2004

327 页; 23cm

ISBN　7-5063-2829-1; CNY 45.00

该书介绍了北京城里的街道及胡同在西周、战国至唐、辽、金、元、明、清、民国、当代等时期里的发展和变化。

C3/10　　　　　　　　　　0195

皇都京韵: 走进北京城 / 李建平著. —北京: 北京燕山出版社, 2005

265 页: 图; 23cm

ISBN　7-5402-1697-2; CNY 29.80

该书是李建平先生对北京历史文化研究的部分成果的汇集,包括学术论文、科普讲座文稿,如中轴线、民居、天安门与皇城文化、北京的城墙与城门等。

C3/11　　　　　　　　　　0196

前门·大栅栏 / 罗保平, 张惠岐著. —北京: 北京出版社, 2006

170 页: 图, 照片; 23cm. —(北京地方志·风物图志丛书)

ISBN　7-200-06346-0; CNY 22.00

该书包括"前门大栅栏商业街区的形成""前门大栅栏的商业""前门大栅栏的文化演出业""前门大栅栏的服务业""前门大栅栏的金融业""前门大栅栏的沧桑岁月"等 7 部分内容。

C3/12:1　　　　　　　　　0197

北京街巷名称史话 / 张清常著; 张晓华整理. —修订本. —北京: 北京语言文化大学出版社, 2004

320 页: 照片, 折图; 24cm

ISBN　7-5619-1271-4; CNY 42.00

该书从语言学的角度,对北京城区街巷名称进行分析研究,主要包括"北京这个名称的来历及变化""北京区县名称的来历及演变""北京街巷名称的语言结构""北京地物名称的命名"等内容。其中介绍了北京两个太平湖之一的积水潭(西城区境内)。

C3/13　　　　　　　　　　0198

北京街巷地名趣谈 / 施连方著. —北京: 中国国际广播出版社, 1992

276 页; 19cm

ISBN　7-5078-0318-X; CNY 4.90

该书归纳出北京街巷命名的规律性,介绍中国特有的风土民情及趣事,让读者从中了解古人生活的智慧。北京街巷地名与自然界、动植物、生活饮食、服饰用品、方位数目、人体等密切相关。

C3/14　　　　　　　　　　0199

实用北京街巷指南 / 王彬主编. —北京: 北京燕山出版社, 1987

527 页; 19cm

ISBN　7-5402-0036-7; CNY 4.20

该书采取套层结构,以区为单元,以办事处(即地区)为小节,层层递进追溯了街道的方向与起止段落,对北京的街巷进行了详细的介绍。

C3/15　　　　　　　　　　0200

北京地名典 / 王彬, 徐秀珊主编. —北京: 中国文联出版, 2001

687 页；20cm

ISBN 7-5059-3757-X；CNY 29.80

该书以北京 18 个区县为纲，介绍了众多的道路、大街、胡同、小巷、居民区等位置、特点，具有工具书性质。据统计，北京约有两万个地名。

C3/16　　　　　　　　　　　0201

北京地名漫谈 / 北京市地名办公室，北京史地民俗学会编．—北京：北京出版社，1990

187 页；19cm

ISBN 7-200-01224-6；CNY 2.55

该书里的 64 篇文章，作者为王铭珍、王晓芳、金人、魏平安、王会常等，内容涉及北京的道路、胡同、街巷、河流、湖泊、山、钟楼、古考场等地名的历史、传说、文化等。

C3/17　　　　　　　　　　　0202

北京地名志 /〔日〕多田贞一著；张紫晨译；陈秋帆校．—北京：书目文献出版社，1986

187 页：折图；19cm

CNY 1.10

该书分为北京的概观、北京的地名、地名的解释、北京内外城各区说明等部分，对北京地名的发生、各街道胡同的意义及地名的更易、变迁、分类等，都有较详细的阐述和说明。作者多田贞一，在中国生活多年，对新中国成立前的老北京曾做过多方面的调查。

C3/18　　　　　　　　　　　0203

前门史话 / 王永斌著；北京市崇文区地方志办公室编．—北京：中华书局，2006

206 页：照片；20cm. —（崇文史地文化丛书；第 2 辑）

ISBN 7-101-05397-1

CNY 78.00（全 3 册）

该书将前门城楼的建筑特色和重要作用，经历的辉煌与耻辱，还有市容街景、传统老店铺、名闻遐迩的花市等都进行了描述。

C3/19　　　　　　　　　　　0204

北京市街巷名称录 / 严肃编．—北京：群众出版社，1986

513 页：图及地图；19cm

CNY 4.00

该地图以北京市 1982 年的街巷名称为基础，参照新中国成立以后出版的各种北京市街巷名称录编辑而成。书中收录北京市 4 个城区（包括宣武）和 4 个近郊区的街巷或村庄名称，并附有"城区街巷图"。

C3/20　　　　　　　　　　　0205

1950·北京市街道详图：复制版 / 郑奇影，杨柏如制．—北京：中国地图出版社，2004，2005 重印

1 幅：彩色；77×53cm 折成 19×13cm

ISBN 7-5031-3530-1；CNY 9.00

这是一张完整的地图。这里，街道、建筑物、机关单位都忠实地保留了新中国成立初年的老北京旧貌，在文史上有参考价值。

C3/21　　　　　　　　　　　0206

胡同及其他 / 张清常著；张小华整理．—增订本．—北京：北京语言文化大学出版社，2004

258 页：照片；24cm

ISBN 7-5619-1272-2；CNY 34.00

该书从语言学的角度，对于北京城区街巷名称进行观察，主要以北京街巷、胡同名称为资料，探索汉语本身的问题，研究语言与历史、地理、民族、文化等方面的关系，以推动社会语言学的深入研究。

C3/22　　　　　　　　　　0207

老北京街巷图志 / 张洪著 . —济南：山东画报出版社，2004

324 页：图；21cm

ISBN 7-80603-452-8；CNY 22.80

该书从城市规划与城市建设角度讨论北京街巷的兴替，对北京街巷的演变做出简略探索。同时为了解决读文的枯燥，配上与之相吻合的若干图片。

C3/23　　　　　　　　　　0208

京师五城坊巷胡同集 /（明）张爵著 . 京师坊巷志稿 /（清）朱一新著 . —北京：北京古籍出版社，1982，2000 重印

278 页；20cm. —（北京古籍丛书）

ISBN 7-5300-0237-6

精装：CNY 22.00

这部书记述了明代北京中城、东城、西城、南城、北城三十三坊的名称、方位，同时还附载了京师八景、山川、公署、学校、苑囿、仓场、寺观、寺庙、坛墓等名称。

C3/24　　　　　　　　　　0209

名街踏迹 / 文安主编 . —北京：中国文史出版社，2005

198 页；20cm. —（中国百年百部文史珍品书系）

ISBN 7-5034-1583-5；CNY 17.00

该书介绍了北京街道里巷地名、王府井大街今昔、昔日的东交民巷、漫画后门大街、天桥等。

C3/25　　　　　　　　　　0210

话说前门 / 王永斌著；北京市崇文区档案局编 . —2 版 . —北京：北京燕山出版社，1996，1997 重印

156 页；20cm. —（北京旧闻丛书）

ISBN 7-5402-0782-5；CNY 7.80

该书介绍了北京前门的历史、会馆、戏园、交通等，重点介绍了前门的老字号与店铺。多少年来，前门就是北京的象征。

C3/26　　　　　　　　　　0211

胡同与门楼 / 王彬，徐秀珊著 . —北京：中国文联出版社，2002

229 页：彩照；24cm. —（品味北京丛书）

ISBN 7-5059-4156-9；CNY 76.00

该书作者费时多年，对北京的胡同与门楼做了大量的实地考察、拍摄，从中撷取最具文化内涵和审美价值的胡同、门楼照片114 幅，每幅图片均配以简洁的解说文字，对其由来及典故予以生动的解读。

C3/27　　　　　　　　　　0212

皇城根儿，胡同从这里出发：游走北京的 111 个古老地标 / 邱阳著 . —北京：中国旅游出版社，2005

221 页：图；19cm

ISBN 7-5032-2510-6；CNY 28.00

该书分为"从什刹海出发""从王府井出发""从琉璃厂出发"三大部分，介绍了大大小小、长长短短的北京胡同，编织了一幅生动的市井风情画。

C3/28　　　　　　　　　　0213

街巷·戏园/王瑞年编著.—北京：北京图书馆出版社，1998

151页：照片；19cm.—（京城琐谈.第1辑）

ISBN　7-5013-1475-6；CNY 8.30

该丛书共4册，收录了北京人民广播电台文艺台"闲话京城"栏目的广播内容。第1辑介绍北京城的街巷和戏园，展示了北京悠久的历史和浓厚的文化氛围。

C3/29：2　　　　　　　　　0214

北京胡同 Hutong of Beijing/刘建斌等编.2版.—北京：中国旅游出版社，2005

93页：图；25×26cm

ISBN　7-5032-1996-3；CNY 60.00

该书通过图片和文字，介绍了北京胡同的传统建筑格局、文化背景以及北京人的风土人情及胡同名称的来历等。

C3/31　　　　　　　　　　0215

北京老街巷/傅公钺编著.—北京：北京美术摄影出版社，2005

144页；25×26cm.—（北京系列画册）

ISBN　7-80501-301-2；CNY 56.00

该摄影集的编撰，参阅了数十种古今专著和各种有关北京的地图，如《析津志辑佚》《南村辍耕录》等，内容涉及明、清、民国时期城墙内的街巷。

C3/32/.1　　　　　　　　　0216

流年No.1，古城，不能忘却的纪念/邱阳主编.—北京：北京图书馆出版社，2005

187页：照片；21cm.—（城市地标·流年书坊）

ISBN　7-5013-2780-7；CNY 25.00

该书主要包括史料和遗迹的整理发掘、对历史的反思及对自然风物的追怀等，以当今的视角去回顾历史，以纪录的文字去记录时代的进程，以极具震撼力的图片去见证往日的发生，为的是"追忆我们的逝水光阴"。

C3/32/.2　　　　　　　　　0217

流年No.2，帝都，行将消失的古韵/邱阳主编.—北京：北京图书馆出版社，2005.3

187页：照片；21cm.—（城市地标·流年书坊）

ISBN　7-5013-3145-6；CNY 25.00

该书主要包括史料和遗迹的整理发掘、对历史的反思及对自然风物的追怀等，以当今的视角去回顾历史，以纪录的文字去记录时代的进程，以极具震撼力的图片去见证往日的发生，为的是"追忆我们的逝水光阴"。

C3/33　　　　　　　　　　0218

流年影像No.1，绝版古城记忆/邱阳主编；吴惟著文、摄影.—北京：北京图书馆出版社，2005

153页：照片；21cm.—（城市地标·流年书坊）

ISBN　7-5013-2769-6；CNY 28.00

该书是一部中国现代摄影集，介绍了"梦里依稀的古城映像""停留在八十年代的图影瞬间""残片里的依稀古城""青春坐标的地理际会""复活平民百姓的历史"等内容，目的在于"追忆我们的逝水光阴"。

C3/34　　　　　　　　　　0219

胡同的记忆/王文波摄影.—北京：中国民族摄影艺术出版社，2006

141页：彩照；25×26cm

ISBN　7-80069-709-6

精装：CNY 120.00

该书拍摄的是北京城中的大马路，小胡同，构成胡同的最基本元素四合院，大小院落（大宅门、大杂院、三合院等）。作者历时30余年拍摄数百条胡同的倩影，记下了历史的变迁和时代的风貌。

C3/36　　　　　　　　　　　0220

琉璃厂史画/沈念乐主编．—北京：文化艺术出版社，2001

120页；22×21cm

ISBN　7-5039-2030-0；CNY 38.00

该书分"名街溯源""书业春秋""古玩珍藏""荣宝异彩""梨园觅踪"和"厂甸风情"6部分，记叙了北京古老的文化街琉璃厂的历史和琉璃厂对祖国文化、艺术的贡献。

C3/37　　　　　　　　　　　0221

京城胡同留真：［摄影集］：［中英文本］/沈延太编；王长青，沈延太［摄影］．—北京：外文出版社，1997

190页；26×23cm

ISBN　7-119-01917-1

精装：CNY 128.00

该摄影集以摄影纪实手法将胡同文化的面貌"留真"下来，留下胡同天地里的百姓世相，展示了京味京韵的民俗风情和市井生活文化。

C3/38　　　　　　　　　　　0222

寻找老北京城：［画册］/杨茵，旅舜主编．—北京：中国民族摄影艺术出版社，

2005.7

167页：照片；25×27cm

ISBN　7-80069-667-7

精装：CNY 150.00

该画册用图文并茂的形式展示了老北京城的历史、城墙、水系、街道、建筑等。其内容跨度一个世纪，包括了清末、民国、中华人民共和国成立后一直到20世纪90年代。

C3/39/.1　　　　　　　　　　0223

北京胡同志．上册/段炳仁主编．—北京：北京出版社，2007

548页：彩图，地图；29cm

ISBN　978-7-200-06730-9

精装：CNY 490.00（全2册）

该书记述北京（包括18个城区和郊区县）胡同的起源和发展、构建特征、历史变迁、历史文化、民俗文化及其现状，并收录了大量有关北京建筑、历史人文景观、传统民俗及胡同的照片。

C3/39/.2　　　　　　　　　　0224

北京胡同志．下册/段炳仁主编．—北京：北京出版社，2007

549-1062页：彩图，地图；29cm

ISBN　978-7-200-06730-9

精装：CNY 490.00（全2册）

该书记述北京（包括18个城区和郊区县）胡同的起源和发展、构建特征、历史变迁、历史文化、民俗文化及其现状，并收录了大量有关北京建筑、历史人文景观、传统民俗及胡同的照片。

C3/40/.1　　　　　　　　　　0225

中华人民共和国地名大词典．第一卷/

崔乃夫主编 .—北京：商务印书馆，1998

2184 页：彩照及地图；27cm

ISBN 7-100-01836-6

精装：CNY 220.00

该词典采收的地名，分政区与居民点、自然实体、交通、科教文卫体和服务业、工矿企业、农业与水利设施、名胜古迹和纪念地、地域名及简名和旧名 8 大类。时间截至 1994 年 12 月 31 日。第 1 卷有北京地名。

C3/41　　　　　　　　　0226

细说北京街巷地名 / 高桂莲，施连芳编著 .—北京：九州出版社，2007

233 页：照片，图；24cm. —（人文北京丛书）

ISBN 7-80195-522-6；CNY 25.00

该书将北京比较有代表性的地名和典故一一道来，含有北京逸闻趣事、历史典故和人文地理等。

C3/43　　　　　　　　　0227

城市及其周边：旧日中国影像 / 方霖，锐明编著 .—济南：山东画报出版社，2003

120 页：照片；21×28cm. —（老照片专辑）

ISBN 7-80603-774-8；CNY 45.00

该册里的照片是方霖的收藏，大多出自当年来华的外国摄影家之手。这些老照片真实地再现了当时中国一些城市（包括北京）及其周边的景观。

C3/44　　　　　　　　　0228

北京市宣武区地名志 / 宣武区地名志编辑委员会［编］.—北京：北京出版社，1993

569 页：照片，地图；27cm

ISBN 7-200-01988-7

精装：CNY 70.00

该书详细记录了宣武区的历史、地理、风俗、人物、文教、物产等，是青少年、海外游子了解与建设家乡、传承历史文明的重要载体和平台的专书。

C3/45　　　　　　　　　0229

皇城古道：北京前门大街 / 李金龙著 .—北京：解放军文艺出版社，2000

351 页：照片；20cm. —（中华名街系列丛书）

ISBN 7-5033-1200-9；CNY 18.00

该书介绍了前门大街的历史、商业、梨园、会馆、胡同、民俗文化等。作者李金龙，原宣武区图书馆馆长，宣南文化研究专家。

C3/46　　　　　　　　　0230

北京市宣武区地名录：1982 / 北京市宣武区人民政府编 .—北京：［出版社不详］，1982

198 页；19×26cm

该书是在本区地名普查基础上编辑而成的。内容包括宣武区概况、街巷名称录、名胜古迹名称录、地理实体、主要人工建筑名称录等部分，其中主体部分是"街巷名称录"。

C3/47　　　　　　　　　0231

北京市崇文区地名录：1982 / 北京市崇文区人民政府编 .—北京：［出版社不详］，1982

198 页；19×26cm

该书基本以街巷名称首字笔画为序，收录了崇文区街巷、名胜古迹、重要单位等的名称，以表格的形式呈现。该书是查找、了解和校核本区地名的工具书。

C3/48　　　　　　　　　0232

胡同面孔：古都北京的人文旅行地图 / 邱阳著 . —桂林：广西师范大学出版社，2004

282 页：图，照片；22cm

ISBN　7-5633-4576-0；CNY 39.00

该书作者穿梭于北京的胡同之间，用相机和纸笔描述了真实的"胡同面孔"，记录了自己复杂的心境，并从建筑和文本史料中寻找出了逐渐模糊的胡同往事与名人踪迹。

C3/52　　　　　　　　　0233

旧京街巷 / 王彬著 . —天津：百花文艺出版社，2002

134 页：照片；21cm

ISBN　7-5306-3340-6；CNY 11.00

该书按照西周、战国至唐、辽、金、元、明、清、民国的历史顺序，介绍了旧北京街巷的发展变迁。

C3/53　　　　　　　　　0234

琉璃厂 / 马建农著 . —北京：北京出版社，2006

232 页；23cm. —（北京地方志·风物图志丛书）

ISBN　7-200-06118-2；CNY 28.00

该书从北京历史的整体环境和文化背景的大视角来研究北京琉璃厂，一方面记述琉璃厂文化街的演变过程，另一方面也总结这个文化经营行业的行业传统和经营特点。

C3/54　　　　　　　　　0235

百年琉璃厂 / 胡金兆著 . —北京：当代中国出版社，2006

332 页：图，照片；23cm. —（百年文化中国丛书）

ISBN　7-80170-482-7；CNY 34.00

该书内容包括古旧书、古玩业、新书业、南纸业、笔墨乐器、历史风情等，展现琉璃厂乃至中国文化的深厚内涵。

C3/57　　　　　　　　　0236

魅力前门 Charm of Qianmen/ 业祖润主编；《建筑创作》杂志社编 . —天津：天津大学出版社，2009

231 页：图，地图；21cm. —（人文奥运·文化北京建筑旅游丛书；8）

ISBN　978-7-5618-2857-1；CNY 46.00

该书以前门地区鲜鱼口和大栅栏两片北京市旧城保护区为对象，以简练的短文和图片，辑录了前门生长发展历史和深厚独特的前门京韵文化。

C3/58/.1　　　　　　　　0237

北京旧城胡同现状与历史变迁调查研究 . 上册 / 北京市测绘设计研究院 [等] 编著 . —北京：北京市测绘设计研究院：北京市规划委员会：北京城市科学研究会：北京市地方志编委会办公室，2005

271 页：折图；30cm

（全套 2 册）

该书内容包括"北京旧城胡同状况一览表（1949—2003 年）""北京旧城街巷胡同系列图""北京旧城著名胡同简介"三部分。其中，"北京旧城街巷胡同系列图"包括"北京旧城街巷胡同图""北京旧城胡同变迁图""北京旧城著名胡同分布图""北京历史文化保护区内外胡同分布图"。

C3/58/.2　　　　　　　　0238

北京旧城胡同现状与历史变迁调查研究.下册/北京市测绘设计研究院[等]编著.—北京：北京市测绘设计研究院：北京市规划委员会：北京城市科学研究会：北京市地方志编委会办公室，2005

275-500页：折图；30cm

（全套2册）

该书内容包括"北京旧城胡同状况一览表（1949—2003年）""北京旧城街巷胡同系列图""北京旧城著名胡同简介"三部分。其中，"北京旧城街巷胡同系列图"包括"北京旧城街巷胡同图""北京旧城胡同变迁图""北京旧城著名胡同分布图""北京历史文化保护区内外胡同分布图"。

C3/59　　　　　　　　0239

蓦然回首，北京街巷胡同趣闻/张淑媛等著.—北京：民族出版社，2003

417页：照片；21cm

ISBN　7-105-05675-4；CNY 22.80

该书收录了关于北京街巷的轶闻与趣事，故事有李大钊被捕在东交民巷、火烧赵家楼、文丞相胡同、国子监街古建等。

C3/60　　　　　　　　0240

胡同春秋/中国人民政治协商会议北京市西城区委员会文史资料委员会编.—北京：中国文史出版社，2002

489页：插图；20cm

ISBN　7-5034-1311-5；CNY 36.80

该书从文史研究的角度，介绍北京市西城区区域内主要胡同的位置、由来、命名、古迹遗存、居住过的名人、发生过的历史事件等。

C3/61　　　　　　　　0241

胡同寻故/骆玉兰编著.—北京：北京出版社，2010

250页：彩图，地图；24cm

ISBN　978-7-200-08352-1；CNY 36.80

该书不仅有方成、李滨声、赵大年、邓友梅、汪国真等人的生花妙笔，更有诸多普通老北京市民的珍贵记忆，让那些已被岁月湮没的胡同变成了一篇篇情景并茂的文章，使定格在老地图上的胡同"活"了起来。

C3/62　　　　　　　　0242

北京旧城胡同实录/施卫良，杜立群，马良伟主编；北京市规划委员会，北京市城市规划设计研究院，北京建筑工程学院[编].—北京：中国建筑工业出版社，2008

422页：图；29cm

ISBN　978-7-112-09974-0

CNY 159.00

该书通过考证调研，明确了胡同的概念，梳理了胡同形成、演变的脉络。该书以文字、图纸、图像的形式翔实记录了北京胡同的保护与发展现状，还对现阶段胡同真实状况做了总结，为今后胡同研究提供了较为完整的资料。

C3/64　　　　　　　　0243

崇宣旧迹：南城/陈溥，陈晴编著.—北京：中国社会出版社，2010

302页：图；23cm.—（扫描北京）

ISBN　978-7-5087-2478-2；CNY 32.00

该书以一个个街区的地理变迁为依托，将北京南城这一街区的所有历史遗存，包括街道、胡同、河湖、桥梁、王府、寺庙、会馆、名校、老字号、名人故居等逐一阐释。

这些阐释涉及北京的历史、地理、社会、民俗、宗教、建筑等诸多方面。

C3/65　　　　　　　　　　　　0244

走街串巷品文化：大栅栏胡同游/芦秀荣主编．—北京：中共西城区大栅栏街道工委：西城区人民政府大栅栏街道办事处，[出版年不详]

158页：图，照片；24cm

该书对大栅栏街道所辖114条街巷进行系统梳理，突显其历史沿革及文化符号，旨在传承复兴这个地区的历史文化、地域文化，让文化的魅力在新时期得以彰显。书中穿插大量胡同照片及素描作品，图文并茂。

C3/66　　　　　　　　　　　　0245

前门和前门的传说/杨建业著．—北京：中国社会出版社，2011

188页：图；21cm

ISBN　978-7-5087-3681-5；CNY 24.80

该书将非物质文化遗产的历史传说用通俗、生动、有趣的语言形式表达出来，向广大读者介绍其起源、历史演变及文化内涵等。

C3/68　　　　　　　　　　　　0246

前门传说/杨建业编著．—北京：北京美术摄影出版社，2012

142页：图；25cm．—（非物质文化遗产丛书）

ISBN　978-7-80501-459-3；CNY 58.00

该书共分为"前门传说滋生的土壤""前门传说的传承""前门楼子和胡同街巷的传说""前门老字号的传说"等五章，内容包括"北京城与'八臂哪吒城'""徐达一箭射出中轴线""刘伯温修正阳门"等。

C3/69　　　　　　　　　　　　0247

皇城遗韵：西城/陈溥，陈晴编著．—北京：中国社会科学出版社，2009

286页：图，地图；23cm．—（扫描北京）

ISBN　978-7-5087-2476-8；CNY 32.00

该书从一个独特的视角，以一个个街区的地理变迁为依托，将这一街区的历史遗存，包括街道、胡同、河湖、桥梁、王府、寺庙、会所、名校、老字号、名人故居等逐一阐释。

C3/70　　　　　　　　　　　　0248

大栅栏故事——红色足迹/田静，陈振海主编．—北京：中共北京市西城区委大栅栏街道工委：北京市西城区人民政府大栅栏街道办事处，2014

106页：照片，图；23cm

CNY 25.00

该书叙述了辛亥革命以来大栅栏的革命斗争和中国共产党诞生以来烈士们的优秀事迹。其中多数资料由撰稿人王克昌用40年时间收集的，他曾居住大栅栏地区。

C3/71　　　　　　　　　　　　0249

坊间珍闻：什刹海访谈录/西城区文物保护研究所，西城区文物保护协会编．—北京：北京出版社，2015

449页：照片；24cm．—（西城文研）

ISBN　978-7-200-11015-9；CNY 58.00

该书作者姚华容、张亚群等利用大量的业余时间，走进胡同、走进院落、走进百姓人家，记述了什刹海一带胡同的各种传说、逸闻，展现了皇家文化、王府文化、宗教文化、名人文化、商业文化等。

C3/72　　　　　　　　0250

牛街琐忆 / 陈春喜著 . —北京：北京燕山出版社，2014

162 页：图，照片；24cm. —（燕都书丛）

ISBN 978-7-5402-3556-7；CNY 32.00

该书分上下两辑，收录了作者 50 篇散文，包括"城南旧事""难忘儿时夏夜晚""忆南来顺小吃店""把握青春""好一场春雨"等，回忆自己在牛街的童年生活。

C3/73　　　　　　　　0251

琉璃厂史话 / 陈重远著 . —北京：北京出版社，2015

191 页：图，照片；23cm —（陈重远说琉璃厂）

ISBN 978-7-200-11112-5；CNY 48.00

该书作者目睹了琉璃厂近一个世纪的起起落落，更因为个人机缘与志趣的关系，费尽心力采访了大量琉璃厂老掌柜、老伙计，记录下了琉璃厂的故人及其故事。

C3/74　　　　　　　　0252

我们的牛街：网络文章下载集萃 . —[出版地不详]：[出版社不详]，[2015]

296 页：照片图；24cm

该书收集了网络上有关"牛街"的文章，其中以"柳河村"改敬礼先生博客文章为主。作者家住牛街西里。

C3/75　　　　　　　　0253

烟袋斜街：老北京风情典藏：[中英文本] / 什刹海风景区管理处，什刹海研究会编 . —北京：当代中国出版社，2008

51 页；26cm

ISBN 978-7-80170-756-7

精装：CNY 50.00

该书以图片为主、配以中英文说明的形式，记录了修复与新生的烟袋斜街。烟袋斜街位于什刹海前海和后海的连接处，是著名燕京小八景"银锭观山"所在地。

C4/1　　　　　　　　0254

北京地理：古都城门 / 新京报编 . —北京：中国旅游出版社，2007

211 页：照片；21cm. —（新京报丛书；021）

ISBN 978-7-5032-3055-4；CNY 32.00

该书以图文并茂的形式，对正阳门、崇文门、朝阳门、东直门、安定门、德胜门、西直门等 24 座北京城门进行了介绍。

C4/2　　　　　　　　0255

北京名匾 / 齐心主编；赵迅，常胜凯摄影 . —北京：北京美术摄影出版社，1996

200 页；25cm

ISBN 7-80501-181-8；CNY 180.00

该书从历史、书法和文学角度介绍了北京城中 370 多方历代的园林名胜、宫阙王府、名人宅第、关隘城堡、陵墓祠寝、坛观寺庙和店铺商号等建筑物上的匾额，图文并茂。

C4/3　　　　　　　　0256

中国文化与自然遗产精华 / 关越主编 . —郑州：大象出版社，2005

285 页：彩图；23×25cm. —（透过镜头）

ISBN 7-5347-3643-9

精装：CNY 79.00

该画册涉及 30 处遗产，包括北京的长

城、故宫、天坛、颐和园等，其中的照片是百年来摄影艺术的生动文献记录。

C4/4　　　　　　　　　　0257

中国古代建筑精华 / 罗哲文主编；姚天新，尹楠，李少白图片摄影 . —郑州：大象出版社，2005

287 页：彩照；23×24cm. —（透过镜头）

ISBN　7-5347-3645-5

精装：CNY 79.00

该书图文并茂地介绍了中国古代的有名建筑 76 处，例如秦始皇陵及兵马俑、楼兰古城、黄鹤楼、镇江金山寺、莫高窟、龙门石窟等。

C4/5.5　　　　　　　　　0258

中国古代建筑史 . 第五卷，清代建筑 / 孙大章主编 . —北京：中国建筑工业出版社，2002

566 页：照片，图；29cm

ISBN　7-112-03125-7

精装：CNY 93.00

该书主要介绍了清代建筑发展概况，城市及集镇建设，还有清代的宫殿、园林、陵墓、宗教建筑、各地民居、建筑艺术、工程技术等内容。其中包括牛街清真寺、湖广会馆等。

C4/9　　　　　　　　　　0259

中国名胜词典：精编本 / 国家文物局主编 . —上海：上海辞书出版社，2001

1451 页：图；21cm

ISBN　7-5326-0710-0

精装：CNY 72.00

该书约计有 5000 条，内容涵盖全国，包括北京原西城区与宣武区的名胜，如牛街清真寺、湖广会馆、天宁寺塔等。

C4/10　　　　　　　　　0260

北京古迹传闻 / 曹景洲著 . —北京：北京燕山出版社，2004

398 页：照片；21cm

ISBN　7-5402-1610-7；CNY 25.00

该书围绕著名景观和区域取材，包括趣闻轶事、旧闻掌故、神话传说、文物遗址等，再现了京城久远的风貌神韵。如位于北京市原宣武区的陶然亭公园。

C4/11　　　　　　　　　0261

北京名胜古迹辞典 / 北京市文物事业管理局编 . —北京：北京燕山出版社，1989

645 页；20cm

ISBN　7-5402-0181-9

精装：CNY 16.50

该字典收入名胜古迹条目 1260 余条，照片 300 多幅，介绍北京地区名胜古迹的历史沿革、文物价值和保存现状，包括北京原西城区与宣武区的名胜。

C4/12　　　　　　　　　0262

古都北京 / 马玉强著 . —北京：中国市场出版社，2004

242 页：图，照片；19cm

ISBN　7-80155-724-7；CNY 16.00

该书结合大量图片介绍北京概况，论述了北京远古时期的历史文化，燕国的都城及历代建都情况，北京历代修建的皇家殿宇、古老店铺，及北京的风物民情等。该书为旅游用书。

C4/13　　　　　　　　　　0263

京韵西风：北京历史文化与法国人笔下的中国 / 何岩巍著 . —北京：中国线装书局，2006

161 页；21cm

ISBN　7-80106-589-1；CNY 18.00

该书内容有"金中都寺庙社会功能及地理分布简论""自元至清北京东城区范围内寺庙历史发展概论""北京东城区寺庙社会功能略论""略述明代北京外城寺庙""清末至民国初年北京外城寺庙的变化"等。

C4/14　　　　　　　　　　0264

帝京景物略 /（明）刘侗,（明）于奕正著 . —北京：北京古籍出版社，1983，2001 重印

379 页；20cm. —（北京古籍丛书）

ISBN　7-5300-0062-4

精装：CNY 27.00

该书详细描述了北京的香山寺、卧佛寺等名胜园林，南城的长椿寺、悯忠寺等寺庙，海淀的李园、米园等明代王侯贵宅的园林等景观。

C4/14：1　　　　　　　　0265

帝京景物略 /（明）刘侗,（明）于奕正著；孙小力校注 . —上海：上海古籍出版社，2001

554 页；21cm. —（明清小品丛刊）

ISBN　978-7-5325-2902-5；CNY 39.00

该书详细介绍了明代北京各地的寺庙祠堂、山川风物、名胜古迹、园林景观，甚至河流桥梁，使读者能从该书探寻到它们的渊源所自、本来状貌、风格特征和历史变迁，其中包括南城的长椿寺、悯忠寺等。该书共8卷，列目129，每篇末都附有景物诗。

C4/16　　　　　　　　　　0266

趣谈老北京古建筑 / 施连芳，上官文轩编著 . —北京：知识产权出版社，2006

263 页；20cm

ISBN　7-80198-044-1；CNY 18.00

该书精心挑选了一些具有代表性的古建筑，从多角度描述了建筑物的建筑风格和悠久的历史文化。例如京城"内九""外七"等 16 座城门以及雄伟的天安门及精美壮观的紫禁城、皇家园林颐和园等。

C4/17　　　　　　　　　　0267

七字经趣谈老北京 / 施连芳，高桂莲编著 . —北京：中国林业出版社，2005

252 页；21cm

ISBN　7-5038-3948-1；CNY 12.00

该书包括"老北京的内城""皇城""皇宫紫禁城""京都""老北京的外城""著名风味饮食""颐和园""居庸关和慕田峪长城""著名的'燕京八景'"等 10 部分内容。

C4/18　　　　　　　　　　0268

京华古迹寻踪 / 北京燕山出版社编 . —北京：北京燕山出版社，1996

479 页；21cm. —（北京旧闻丛书）

ISBN　7-5402-0366-8；CNY 19.80

该书内容与古都北京的古迹历史文化有关，如"昔日陶然亭""北京湖广会馆"等。

C4/19　　　　　　　　　　0269

觅踪之旅，北京篇 / 邹朝霞编著 . —北京：中国旅游出版社，2006

188 页：图，照片；23cm

ISBN　7-5032-2781-8；CNY 30.00

该书介绍了北京的故宫、见证中国成长

的天安门、中山公园、颐和园、北海、天坛天路、钟鼓楼、陶然亭等18个景点，让读者沿着历史的印记去探求景点背后的故事、品味蕴藏的文化内涵。

C4/20　　　　　　　　　　　0270

地上北京：彩图版 / 秦人编著 . —北京：中国书籍出版社，2004

211页：图；23cm. —（彩色人文北京系列）

ISBN　7-5068-1266-5；CNY 34.00

该书详细介绍了北京的地理环境、宫殿园林、寺庙建筑、胡同、四合院、百年老字号、名人故居等，精彩展示北京城博大精深的物质文化，并深入开掘这些物质文化所蕴含的人文内涵与精神力量，使读者在感受北京磅礴大气的同时，获得更多的审美体验、想象空间和更为广阔的文化视野。

C4/21　　　　　　　　　　　0271

北京主要景点介绍 / 北京市旅游局编写 . 北京：中国旅游出版社，2002

94页；21cm

ISBN　7-5032-1938-6；CNY 10.00

该书对北京六大景点——天安门及其广场、故宫、天坛、颐和园、八达岭长城、明十三陵的知识进行了归纳、整理。该书是导游人员资格考试口试指定参考书。

C4/22　　　　　　　　　　　0272

张恨水·北京 / 张恨水等著 . —长春：吉林美术出版社，2004

173页：彩照；21cm. —（名人与名城的前世今生 . 第一辑）

ISBN　7-5386-1594-6；CNY 35.00

该书以彩色图文形式，收录著名作家张恨水关于北京古老城市风景的文章，介绍北京的山水胜景、历史人文，展示了"北京的春、四合院、北平旧岁"等知识。

C4/23　　　　　　　　　　　0273

燕京八景 / 高巍，孙建华等著 . —北京：学苑出版社，2002

324页：图，地图；20cm. —（兔儿爷老北京史地民俗丛书）

ISBN　7-5077-1820-4；CNY 19.00

该书从历史传统文化的层面，挖掘了旧北京"燕京八景"的人文文化内涵，讲述了其由来、发展变化与传统文化、园林艺术的联系，揭示了中国人传统的园林审美情趣。其中包括"法源砖塔"等原宣武区景点。

C4/24　　　　　　　　　　　0274

北京文物旅游景点大观 / 苏宝敦编著 . —北京：中国人事出版社，1995

341页：照片；20cm

ISBN　7-80076-685-3；CNY 14.50

该书对北京名胜古迹的分布、建筑形式、历史沿革和其价值等，进行了系统的整理和深入的研究。其中包括法源寺和天宁寺塔等名胜古迹。

C4/25　　　　　　　　　　　0275

中国名胜——寺塔桥亭 / 罗哲文主编 . —北京：机械工业出版社，2006

468页：图；21cm

ISBN　7-111-18153-0；CNY 48.00

该书图文并茂地讲解了中国著名的寺、塔、桥、亭的建造时间、历史沿革、文化典故、著名事件等，也介绍了建筑本身独特的建筑艺术及寺院或塔中文物的历史地位、文化价值。寺如北京法源寺、牛街礼拜寺。

C4/26　　　　　　　　　　0276

北京风物佚闻录 / 宋经伦编著 . —北京：中国戏剧出版社，2000

277 页：照片，地图；20cm. —（古迹传说）

ISBN　7-104-01008-4；CNY 19.00

该书作者搜集了大量的民间故事传说，又参考了许多古文献资料，形成这本介绍北京名胜古迹及其历史渊源、民间传说的集子。

C4/27　　　　　　　　　　0277

京都胜迹 / 胡玉远主编；胡春焕，白鹤群副主编 . —北京：北京燕山出版社，1996

379 页；20cm. —（北京旧闻丛书）

ISBN　7-5402-0 031-6；CNY 16.3

该书各章节均属描述北京史地、文物古迹、社会风俗的优秀作品。其中，"也谈什刹海之得名""牤牛桥的传说""积水潭的传说"故事都发生在西城。

C4/28　　　　　　　　　　0278

北京新名胜 / 李佐贤，曲印宽，晓都编著 . —北京：中国国际广播出版社，1986

118 页：折图；19cm

CNY 1.10

该书主要介绍自1980年以来新开发、整修的名胜古迹、园林风景、名人故居、著名寺观、革命遗址、游乐场所等59处，位于西城的有白云观、法源寺、大观园等。

C4/29/.1　　　　　　　　　0279

山水中国，北京卷 . 上 / 段宝林，江溶主编；谷声应等卷撰稿；罗哲文卷摄影 . —北京：北京大学出版社，2005

266 页：照片，图；23cm. —（博雅悦读时光）

ISBN　7-301-08249-5；CNY 30.00

该书围绕"山水故事"和"山水情怀"，介绍了北京的名胜古迹、京都风景等，如位于原宣武区的法源寺、陶然亭公园。

C4/29/.2　　　　　　　　　0280

山水中国，北京卷 . 下 / 段宝林，江溶主编；邵永海等卷撰稿 . —北京：北京大学出版社，2005

222 页：图，照片；23cm. —（博雅悦读时光）

ISBN　7-301-08535-4；CNY 25.00

该书围绕"山水故事"和"山水情怀"，介绍了北京的名胜古迹、京都风景等，如位于原宣武区的法源寺、陶然亭公园。

C4/30　　　　　　　　　　0281

北京名胜趣闻 / 陈飞编写 . —太原：山西人民出版社，2003

298 页：照片；21cm

ISBN　7-203-04753-9；CNY 18.00

该书讲述北京名胜的趣闻传说，有七大部分100多篇短文，包括皇帝与皇后、明清社会百态等内容。

C4/31　　　　　　　　　　0282

北京园林名胜 / 北京市园林局，北京美术摄影出版社编辑 . —北京：北京美术摄影出版社，1984

1 册；26×23cm

CNY 10.00

该画册展示了北京的古典园林和现代园林，其中包括位于原宣武区的陶然亭公园。

C4/32　　　　　　　　　　0283

北京古建筑掠影 / 北京古代建筑工程公司，北京美术摄影出版社编辑 . —北京：北京美术摄影出版社，1984

1 册：图；25×23cm

CNY 10.00

该书介绍了八达岭长城、德胜门箭楼等古代建筑，还有位于原宣武区的法源寺、牛街礼拜寺。

C4/33　　　　　　　　　　0284

北京风光 / 北京出版社编 . —北京：北京出版社，1978

80 页；25×26cm

CNY 18.00

该画册配以中英文图片说明，展示了北京的风景名胜，包括长桥、亭阁、古塔、寺庙、长城、运河、明陵、故宫等，还有位于原宣武区的陶然亭公园。

C4/34　　　　　　　　　　0285

京城景观：[中英文本] / 宗仁，高歌编 . 北京：今日中国出版社，1997

158 页：图；29cm

ISBN　7-5072-0903-2；CNY 95.00

该画册配以中英文图片说明，展示了北京的风景名胜与文化内涵，其中包括牛街清真寺。

C4/35　　　　　　　　　　0286

紫气东来筑辉煌：皇家园林　文化遗址　帝王陵墓 / 张勃 [等] 编著 . —北京：光明日报出版社，2006

302 页：照片，图，地图；21cm . —（北京人文古迹旅游丛书）

ISBN　7-80206-219-5；CNY 36.00

该书以图文并茂的形式介绍了北京的皇家园林、文化遗址、帝王陵墓。

C4/36　　　　　　　　　　0287

帝都赫赫人神居：宫殿　坛庙　胡同　王府　四合院 / 顾军，龙霄飞，肖飞编著 . —北京：光明日报出版社，2006

212 页：照片，图；21cm . —（北京人文古迹旅游丛书）

ISBN　7-80206-219-5；CNY 36.00

该书对北京的皇家建筑、宫殿坛庙及存留至今的王府、官邸、名人故居与民居四合院进行了详细介绍，充分显示了它们作为赫赫帝都的人神安居的独特魅力。

C4/37　　　　　　　　　　0288

永诀的建筑：[摄影集] / 罗哲文，杨永生著 . —天津：百花文艺出版社，2005

120 页；23cm

ISBN　7-5306-4093-3；CNY 19.00

该书按城郭及钟鼓楼、牌楼、园林、宗教、桥梁等进行分门别类的编排，采用图文并茂的形式使广大读者看到了从未见到过的、失去的古建筑倩影。

C4/38　　　　　　　　　　0289

文物古迹览胜：西城区各级文物保护单位名录 / 北京市西城区文化委员会编 . —北京：[北京市西城区文化委员会]，[2011]

274 页：彩照，地图；29cm

北京市西城区共有三级以上文物保护单

位184处，其中区级78处。该书收集内容主要是这78处区级文物保护单位的图片和文字资料。

C4/39/.2　　　　　　　　　　0290

北京风物散记.第二集/胡乃光等主编.北京：科学普及出版社，1985

206页；19cm

CNY 0.88

该书以旅游文学的形式，描写了北京市30多处文物古迹、风景名胜、科普园地和民俗风情，是了解和游览北京的通俗读物。其中有"牛街礼拜寺""春到陶然亭"等，跟原宣武区相关。

C4/40/.1　　　　　　　　　　0291

中国名胜古迹概览.上/程裕祯等编著.北京：中国旅游出版社，1982

373页；20cm

CNY 1.60

该书编入全国各地名胜古迹近两千个，内容包括革命旧址、名山胜水、园林宫殿、城台桥堡、碑塔寺观、祠庙陵寝和其它文化遗址，其中包括位于原宣武区的法源寺、牛街清真寺、陶然亭公园。

C4/41/.1　　　　　　　　　　0292

游北京逛西城.上卷，漫步/王建平主编.—北京：[北京市西城区旅游局]，[出版年不详]

157页：图；24cm

该书简介了皇城、阜景文化街、西长安街、什刹海、钟鼓楼、护国寺街、西外大街、西单、胡同等人文景物，介绍了其宗教、文博休闲、美食文化等，宣传西城区特色旅游资源。

C4/41/.2　　　　　　　　　　0293

游北京逛西城.下卷，发现/王建平主编.—北京：[北京市西城区旅游局]，[出版年不详]

157页：图；24cm

该书简介了皇城、阜景文化街、西长安街、什刹海、钟鼓楼、护国寺街、西外大街、西单、胡同等人文景物，介绍了其宗教、文博休闲、美食文化等，宣传西城区特色旅游资源。

C4/43/.1　　　　　　　　　　0294

北京秘境 Inside Beijing Ⅰ：52段重新发现北京的旅程/牛文怡编.—桂林：广西师范大学出版社，2013

282页：彩照，地图；24cm.—（理想国）

ISBN　978-7-5495-2665-9

CNY 48.00（全2册）

该书精选了52处北京的秘境，包括"西什库教堂：福音绕城三百年""东交民巷：西洋景里的中国事儿""东岳庙：众神狂欢的'非常道'""西河沿：老'金融街'的繁华旧梦"等。

C4/43/.2　　　　　　　　　　0295

北京秘境 Inside Beijing Ⅱ：52段重新发现北京的旅程/牛文怡编.—桂林：广西师范大学出版社，2013

282页：彩照，地图；24cm.—（理想国）

ISBN　978-7-5495-2665-9

CNY 48.00（全2册）

该书精选了52处北京的秘境，包括"西什库教堂：福音绕城三百年""东交民巷：

西洋景里的中国事儿""东岳庙：众神狂欢的'非常道'""西河沿：老'金融街'的繁华旧梦"等。

C4/44.1.1 0296

北京西城文物史迹.第一辑.上/刘季人编撰；北京市西城区文化委员会编.—北京：北京燕山出版社，2011

357页：图，照片；30cm

ISBN 978-7-5402-2758-6

精装：CNY 440.00（全2册）

该书分上下册。上册为文物卷，收录北京市西城区的历史文化保护区与文物保护单位。

C4/44.1.2 0297

北京西城文物史迹.第一辑.下/刘季人编撰；北京市西城区文化委员会编.—北京：北京燕山出版社，2011

345页：图，照片；30cm

ISBN 978-7-5402-2758-6

精装：CNY 440.00（全2册）

该书为上下两册。下册为史迹卷，收录西城区未列入文物保护单位的历史遗迹和进步爱国革命史迹，西城区历史上的文物保护机构作为附录。

C4/45 0298

图说北京皇家文化/董雁编著.—北京：中国旅游出版社，2009

177页；22cm.—（北京文化图说丛书）

ISBN 978-7-5032-3516-0；CNY 32.00

该书介绍了北京的皇族贵胄文化，分为北京的紫禁城、北京的城垣、北京的坛庙、北京的皇家园林、北京的皇家陵寝、北京的帝王6个章节。

C41/2 0299

红色寻踪：北京革命纪念地指南/中共北京市委党史研究室，北京市文物局［编］.北京：中共党史出版社，2004

169页：照片；21cm

ISBN 7-80199-094-3；CNY 26.00

该书从北京市革命纪念地中选取了102处，按北京市区（县）排列顺序编辑，也收录了其他政党、团体和著名人物在反帝、反封建和抵抗外来侵略的革命活动中留下的遗址、遗迹等。

C42/1/.1 0300

名城史话.上/武复兴等著.—北京：中华书局，1984

275页：图，地图；21cm.—（中国历史小丛书合订本）

CNY 1.45（全2册）

该书介绍了11座古代名城（包括北京）的历史概况和沧桑变化，并向读者展现了与之相联系的更为广阔的历史画卷。

C42/1/.2 0301

名城史话.下/武复兴等著.—北京：中华书局，1984

279-544页：图，地图；21cm.—（中国历史小丛书订本）

CNY 1.45（全2册）

该书介绍了11座古代名城（包括北京）的历史概况和沧桑变化，并向读者展现了与之相联系的更为广阔的历史画卷。

C42/2　　　　　　　　　　0302

北京的城墙和城门 / [瑞典] 奥斯伍尔德·喜仁龙（Osvald Siren）著；许永全译 . —北京：北京燕山出版社，1985

193 页：图；19cm

CNY 2.00

该书据伦敦 1924 年第一版译出，是一本介绍北京城墙与城门的文化随笔。全书共分 8 章，不仅从整体概述了背景的城墙与城门，更有对每一段城墙修筑年代、用料、砌筑特点等的详细考证。全书配有照片 128 张，测绘线图 53 幅，可谓迄今关于北京城墙与城门最为翔实的作品。

C42/3　　　　　　　　　　0303

北京老城门：[中英文本] / 傅公钺编著 . —北京：北京美术摄影出版社，2002

123 页：图，照片；25×26cm

ISBN　7-80501-237-7；CNY 60.00

该书共分城门、角楼、城墙、护城河四部分。首幅插图是北京老城门示意图，标出了故宫、皇城、"内九外七"城门的具体位置。在第一部分"城门"中，有拍摄于 1900 年八国联军入侵之劫后西安门（西城区境内）老图片。

C42/4　　　　　　　　　　0304

明清北京城垣和城门：[摄影集] / 张先得编著 . —石家庄：河北教育出版社，2003

320 页；29cm

ISBN　7-5434-4921-8；CNY 58.00

该书通过收录的多幅北京各个城门的照片及各城楼、箭楼、角楼的水彩画作品，介绍了北京明清时代的城垣、城门的始建年代、命名含义、建筑结构等内容。该书目次与序言为中英文对照。

C42/5　　　　　　　　　　0305

帝京旧影 / 紫禁城出版社编辑 . —北京：紫禁城出版社，1994

301 页；28cm

ISBN　7-80047-176-4

该书收有 20 世纪初拍摄的故宫、圆明园、北海及王府等帝王处所照片 294 幅。朱家溍撰写序文，朱传荣撰写《编后记》。

C42/6　　　　　　　　　　0306

北京城墙存废记：一个老地方志工作者的资料辑存 / 王国华编著 . —北京：北京出版社，2007

211 页：图，照片；21cm

ISBN　978-7-200-06674-6；CNY 18.00

该书对北京城墙资料进行了广泛的发掘并进行梳理，以原始资料的形式将所有关于北京城墙的资料进行归类。其中既有历史文献档案资料，也有今人对北京城墙研究的观点汇集。

C43/1　　　　　　　　　　0307

北京名园趣谈 / 陈文良，魏开肇，李学文编著 . —北京：中国建筑工业出版社，1983

387 页：照片；20cm

CNY 1.00

该书介绍了明清两代的北京名园。它对于我们了解清代帝后的生活细节，熟悉老北京的风土民俗是较有价值的。另外，作者还搜集了一些明清时期保留下来的图画和照片，提供了认识明、清社会有趣而又有益的形象资料。

C43/4　　　　　　　　　　0308

景山寿皇殿历史文化研究 / 张富强著 . 北京：金城出版社，2012

343 页：图；24cm

ISBN 978-7-5155-0476-6；CNY 48.00

该书对景山寿皇殿建筑群的历史文化进行了深入细致的研究，全面展示了寿皇殿的建筑特色、历史沿革、人文趣事及今日风貌。

C43/5　　　　　　　　　　0309

景山：皇城宫苑 / 沈方，张富强著 . 北京：中国档案出版社，2009

210 页：照片；24cm

ISBN 978-7-5105-0008-4；CNY 38.00

该书将关于景山的一些鲜为人知的事情和研究成果以图文并茂的形式介绍给读者，包括景山的历史渊源和奇妙景观等内容。

C44/1　　　　　　　　　　0310

北京先农坛史料选编 / 陈旭，董纪平主编；《北京先农坛史料选编》编纂组编 . —北京：学苑出版社，2007

364 页：图；24cm

ISBN 978-7-5077-2843-9；CNY 46.00

该书是讲述明清北京皇家坛庙史志的类书，涉及明清、民国史籍百余种。除文字之外，还配有诸多黑白历史照片、黑白线图和图表，时间涵盖明、清两代至民国。

C44/2　　　　　　　　　　0311

古刹寻踪 / 文安主编 . —北京：中国文史出版社，2005

200 页；20cm. — （中国百年百部文史珍品书系）

ISBN 7-5034-1583-5；CNY 17.00

该书介绍了北京的古刹，包括护国寺、报国寺、广化寺、隆福寺等寺庙，介绍其历史沿革、僧侣及其建筑造像、文物等内容。

C44/3　　　　　　　　　　0312

漫谈寺院文化：游览寺庙指南 / 傅润三编 . 北京：宗教文化出版社，1999，2003 重印

213 页：图；20cm

ISBN 7-80123-224-0；CNY 9.00

该书是关于佛寺院文化知识的读物，介绍了一些佛教典故、传说及殿宇建筑平面组合等方面的知识，汇集了作者多年游历大江南北名山名寺所收集的资料和照片。

C44/4　　　　　　　　　　0313

中国名寺观赏 / 荣宪宾编 . —北京：金盾出版社，2003

272 页：照片；19cm. — （中国名胜观赏丛书）

ISBN 7-5082-2636-4；CNY 12.50

该书以简略的文字介绍、配合部分彩图选择介绍了中国各地著名寺院100处，介绍了寺院修建的历史沿革情况及其蕴含的佛教文化。

C44/5　　　　　　　　　　0314

北京宗教 文物 古迹 / 佟洵等编著 . —北京：光明日报出版社，2004

252 页：照片；21cm. — （北京文物古迹旅游丛书）

ISBN 7-80145-812-5

CNY 180.00（全10册）

该书共5章，包括北京的天主教及其教堂、北京的东正教、北京的基督教、北京的

伊斯兰教等内容，其中包括位于原宣武区的牛街礼拜寺（伊斯兰教礼拜场所）。

C44/6　　　　　　　　　　　　0315

祭坛 / 姚安著 . —北京：北京出版社，2006

180 页；23cm. —（北京地方志·风物图志丛书）

ISBN　7-200-05835-1；CNY 23.00

该书介绍了祭坛的溯源和北京祭坛的演变、开放、建筑等，包括祭坛故事、建筑景观、祀典仪礼与乐舞、祀典陈设、古树名木、专题展馆、保护利用 7 部分及两个附录。该书是北京市哲学社会科学"十五"规划项目成果。

C44/7　　　　　　　　　　　　0316

宣南寺庙志略 / 孙兴亚辑 . —北京：宣武区档案馆，2001

158 页：照片，图；21cm

该书依据原宣武区所辖办事处的辖界辑录，介绍了可考和不可考的寺庙 300 多处，附有图片。

C44/8　　　　　　　　　　　　0317

北京的坛庙文化 / 刘祚臣著 . —北京：北京出版社，2000

123 页；20cm. —（北京历史丛书）

ISBN　7-200-03791-5；CNY 8.00

该书介绍了北京坛庙溯源、沿革、祭祀礼仪与陈设等，其中包括先农坛。

C44/9　　　　　　　　　　　　0318

中华寺庙 / 李少林主编 . —呼和浩特：内蒙古人民出版社，2006.12

201 页：图；21cm. —（中华民俗文化）

ISBN　7-204-08722-4；CNY 28.00

该书介绍了寺院建筑、佛塔建筑、石窟建筑、菩萨塑像、罗汉造像、恶魔造像、天神造像、北京雍和宫、北京大钟寺、北京广济寺等。

C44/10　　　　　　　　　　　　0319

法源寺 / 吕铁钢，黄春和著 . —北京：华文出版社，2006

400 页：图；20cm. —（北京名寺丛书）

ISBN　7-5075-1944-9；CNY 26.00

该书主要叙述法源寺的历史沿革、建筑格局、历代高僧在法源寺的一些经历和故事。它对研究法源寺历史、北京古代史、中国佛教史及中国古代文化艺术的人具有十分广泛的意义。

C44/11　　　　　　　　　　　　0320

北京的佛寺与佛塔 / 张连城，孙学雷编著 . —北京：光明日报出版社，2004

295 页：照片；21cm. —（北京文物古迹旅游丛书）

ISBN　7-80145-812-5

CNY 180.00（全 10 册）

该书包括"北京地区佛教寺院文化特征与区域划分""城区东线佛教寺塔名胜""城区西线佛教寺塔名胜"等 7 章内容。

C44/12　　　　　　　　　　　　0321

中华古庙：名人庙·祖宗庙·神灵庙 / 曹雷，晓章编著 . —天津：天津古籍出版社，2005

242 页：图，彩照；21cm. —（传统文化丛书）

ISBN　7-80696-117-8；CNY 25.00

该书详细介绍了中国古代到现代的著名庙的所在地、建筑时间和朝代、建筑背景和文化，其中包括北京的孔庙、南岳王庙等。

C44/14　　　　　　　　　　0322

北京寺庙历史资料 / 北京市档案馆编 . —北京：档案出版社，1997

737 页：照片；21cm

ISBN　7-80019-747-6

精装：CNY 50.00

该书从"1929 年北平市政府为抄发寺庙管理条例致社会局训令"开始，把历届市政当局关于寺庙登记的材料汇编成册，并标注了档案号。

C44/15　　　　　　　　　　0323

先农坛史话 / 陈旭主编 . —香港：银河出版社，2006

174 页：照片；24cm

ISBN　962-475-170-0；CNY 15.00

该书收集了关爱先农坛、研究先农坛的各界人士撰写的多篇文章，从不同角度、不同方面介绍了先农坛的历史沿革、古建筑、景观、京都民俗等内容。

C44/16.2　　　　　　　　　0324

中国名园 . 下卷 / 韩欣主编 . —北京：东方出版社，2006

310-625 页：彩图；29cm. —（旅游百科）

ISBN　7-5060-2501-9

精装：CNY 380.00（全 2 卷）

该书系统地介绍了中国园林的悠久历史和独具特色的造园艺术，共收集了中国 70 多处名园，分门别类地向读者做了详细的介绍，还配有大量的精美插图。其中包括位于原宣武区的北京法源寺。

C44/17　　　　　　　　　　0325

天坛广记 / 徐志长著；北京市崇文区地方志办公室编 . —北京：中华书局，2007

220 页：照片，图；20cm. —（崇文史地文化丛书；第 2 辑）

ISBN　978-7-101-05775-1；CNY 26.00

该书从不同角度写出了天坛特殊的选位、形制、祭天礼仪及与天坛有关的名人逸事等。

C44/18　　　　　　　　　　0326

花落的声音：法源寺散记 / 明洁著 . —北京：当代中国出版社，2006

146 页：照片；23cm

ISBN　978-7-80170-546-4；CNY 21.00

该书作者以优美的文字把法源寺重现在读者的面前，和读者一起回顾它的过往历史，感受它清静幽远的氛围，体味佛学的宽容博大。

C44/19　　　　　　　　　　0327

先农神坛 / 董绍鹏，潘奇燕，李莹著 . —北京：学苑出版社，2010

211 页：图；23cm

ISBN　978-7-5077-3664-9；CNY 30.00

该书以图文并茂的形式，叙述了我国古代祭祀先农及相关神灵活动的产生、发展历程，明、清、近现代北京先农坛的沧桑变化。

C44/20/.1　　　　　　　　　0328

北京宣南寺庙文化通考 . 上 / 李金龙，孙兴亚主编 . —北京：学苑出版社，2009

488 页：照片，图；26cm

ISBN 978-7-5077-3359-4

精装：CNY 590.00（全2册）

该书收录自西晋至1948年12月宣南所建寺庙共计460处。所录寺庙资料包括寺庙名称、历史名称、兴建时间、寺庙地址、变迁等。

C44/20/.2　　　　　　　　0329

北京宣南寺庙文化通考．下 / 李金龙，孙兴亚主编．—北京：学苑出版社，2009

489-1071页：图；26cm

ISBN 978-7-5077-3359-4

精装：CNY 590.00（全2册）

该书收录自西晋至1948年12月宣南所建寺庙共计460处。所录寺庙资料包括寺庙名称、历史名称、兴建时间、寺庙地址、变迁等。

C44/21　　　　　　　　0330

报国寺 / 金开诚主编；喻淑珊编著．—长春：吉林出版集团有限责任公司、吉林文史出版社，2010

120页：照片；23cm.

ISBN 978-7-5463-1273-6；CNY 14.80

该书全面、翔尽地记载了分布在北京、四川、江苏、上海等地的报国寺，书中文字优美，图片繁多，以图文并茂的形式带领读者领略古老而神秘的佛教文化。北京报国寺位于西城区牛街西北，历经近千年沧桑，有着深厚的文化底蕴。该书为"中国文化知识读本"。

C44/22　　　　　　　　0331

漫谈清真寺 / 杨永昌著．—银川：宁夏人民出版社，1981

81页：照片；20cm

CNY 0.52

该书分4大部分，前有10多幅清真寺照片。正文介绍了清真寺和伊斯兰教的基本知识，还介绍了中国著名的几座古寺，其中包括牛街礼拜寺。

C44/23　　　　　　　　0332

北京先农坛 / 董绍鹏，潘奇燕，李莹著．北京：学苑出版社，2013

331页：图，照片；23cm

ISBN 978-7-5077-4257-2；CNY 48.00

该书以北京先农坛为主轴线，全方位地详述了先农坛的来龙去脉、建筑文化、先农崇拜文化及相关神祇的信仰、崇拜文化等内容。

C44/24　　　　　　　　0333

什刹海的寺庙 / 王铭珍著；北京市西城区什刹海研究会，北京市西城区什刹海街道办事处，北京市西城区什刹海风景区管理处编．—北京：当代中国出版社，2008

132页：地图，图；21cm. —（什刹海小丛书）

ISBN 978-7-80170-678-2；CNY 18.00

该书选取什刹海历史文化保护区地域内庙宇数十处，介绍其所在位置、历史沿革、活动特色、目前状况。

C47/1　　　　　　　　0334

北京名人故居 / 陈英主编；北京市文物保护协会编．—北京：北京燕山出版社，1994

235页：照片；20cm

ISBN 7-5402-0825-2；CNY 11.00

该书以名人最后居住处为主,展开叙述名人一生中的经历、政治活动、著述、贡献和成就,其中包括位于原宣武区的杨椒山祠等。

C47/2　　　　　　　　　　**0335**

京师梨园故居 / 刘嵩崑著. —南昌:江西美术出版社, 2007

338 页:照片, 肖像; 23cm. —(京师梨园丛书)

ISBN 978-7-80749-099-9; CNY 38.00

该书选取了 100 位梨园名伶的故居, 详述了故居的概况及主人不平凡的经历。后附有宣武区、崇文区、东城区、西城区 300 条街巷名伶故居表。

C47/3　　　　　　　　　　**0336**

京华名人踪迹录:与女儿一道寻访:[摄影集] / 高星著. —北京:中国摄影出版社, 2001

311 页; 29cm

ISBN 7-80007-464-1

精装:CNY 119.00

该摄影集通过摄影图片介绍了北京市的文化名人及其故居, 其中包括曹雪芹与小石虎胡同 33 号、荆轲与丰台、郦道元与高粱桥、李白与什刹海等。

C47/4/.1　　　　　　　　　**0337**

北京会馆资料集成. 上册 / 李金龙, 孙兴亚主编; 北京市宣武区图书馆等编. —北京:学苑出版社, 2007

450 页:照片; 32cm

ISBN 978-7-5077-2836-1

CNY 260.00(全 3 册)

该书收录自明永乐十三年(1415)至 1949 年 12 月北京所建会馆共计 647 处, 按各会馆所在省籍排列。所列会馆资料包括会馆曾用名(或又称)、所属省籍、会馆性质、兴建时间、历史曾用地址名称、文献资料、碑文拓片、楹联、新旧照片等。

C47/4/.2　　　　　　　　　**0338**

北京会馆资料集成. 中册 / 李金龙, 孙兴亚主编; 北京市宣武区图书馆等编. —北京:学苑出版社, 2007

450 页:照片; 32cm

ISBN 978-7-5077-2836-1

CNY 260.00(全 3 册)

该书收录自明永乐十三年(1415)至 1949 年 12 月北京所建会馆共计 647 处, 按各会馆所在省籍排列。所列会馆资料包括会馆曾用名(或又称)、所属省籍、会馆性质、兴建时间、历史曾用地址名称、文献资料、碑文拓片、楹联、新旧照片等。

C47/4/.3　　　　　　　　　**0339**

北京会馆资料集成. 下册 / 李金龙, 孙兴亚主编; 北京市宣武区图书馆等编. —北京:学苑出版社, 2007

450 页:照片; 32cm

ISBN 978-7-5077-2836-1

CNY 260.00(全 3 册)

该书收录自明永乐十三年(1415)至 1949 年 12 月北京所建会馆共计 647 处, 按各会馆所在省籍排列。所列会馆资料包括会馆曾用名(或又称)、所属省籍、会馆性质、兴建时间、历史曾用地址名称、文献资料、碑文拓片、楹联、新旧照片等。

C47/5　　　　　　　　　　0340

北京地理，名家宅院 / 新京报编 . —北京：当代中国出版社，2005

209 页：照片；21cm. —（新京报丛书；005）

ISBN　7-80170-417-7；CNY 26.00

该书对杨椒山、施愚山、纪晓岚、完颜麟庆、龚自珍、沈家本、珍妃、梁启超等名人的故居进行了简单介绍。

C47/6/.1　　　　　　　　0341

世纪留念：北京·名人·故居·旧宅院 . 上册 / 赵宝成摄影 . —北京：地震出版社，2003

269 页；21cm

ISBN　7-5028-2204-6

CNY 80.00（全 2 册）

该摄影集以摄影图片为主，附有中英文文字说明，综合介绍在北京居住的 55 位历史名人住所。如杨椒山、洪承畴、祖大寿、朱彝尊等原宣武名人。

C47/6/.2　　　　　　　　0342

世纪留念：北京·名人·故居·旧宅院 . 下册 / 赵宝成摄影 . —北京：地震出版社，2003

271 页；21cm

ISBN　7-5028-2204-6

CNY 80.00（全 2 册）

该摄影集以摄影图片为主，附有中英文文字说明，综合介绍在北京居住的 55 位历史名人住所。如杨椒山、洪承畴、祖大寿、朱彝尊等原宣武名人。

C47/7/.1　　　　　　　　0343

风景：京城名人故居与轶事 .1 / 陈光中著 . —北京：新世界出版社，2003

157 页：照片；23cm. —（故园风景丛书）

ISBN　7-80005-665-1；CNY 34.00

该书以风景照片与文本的形式，介绍了冰心、冯友兰、司徒雷登等名人的故居，结合多幅实景照片与图片资料，涉及人物介绍、府邸宅第格局、周围坊巷胡同特色及有关的地方文献、掌故传说等。

C47/7/.2　　　　　　　　0344

风景：京城名人故居与轶事 .2 / 陈光中著 . —北京：新世界出版社，2003

161 页：照片；23cm. —（故园风景丛书）

ISBN　7-80005-666-X；CNY 34.00

该书以风景照片与文本的形式，介绍了冰心、冯友兰、司徒雷登等名人的故居，结合多幅实景照片与图片资料，涉及人物介绍、府邸宅第格局、周围坊巷胡同特色及有关的地方文献、掌故传说等。

C47/7/.3　　　　　　　　0345

风景：京城名人故居与轶事 .3 / 陈光中著 . —北京：新世界出版社，2003

159 页：照片；23cm. —（故园风景丛书）

ISBN　7-80005-667-8；CNY 34.00

该书以风景照片与文本的形式，介绍了冰心、冯友兰、司徒雷登等名人的故居，结合多幅实景照片与图片资料，涉及人物介绍、府邸宅第格局、周围坊巷胡同特色及有关的地方文献、掌故传说等。

C47/7/.4　　　　　　　　　0346

风景：京城名人故居与轶事．4 / 陈光中著．—北京：新世界出版社，2002

149 页：照片，图；23cm. —（故园风景丛书）

ISBN　7-80005-779-8；CNY 34.00

该书以风景照片与文本的形式，介绍了冰心、冯友兰、司徒雷登等名人的故居，结合多幅实景照片与图片资料，涉及人物介绍、府邸宅第格局、周围坊巷胡同特色及有关的地方文献、掌故传说等。

C47/7/.5　　　　　　　　　0347

风景：京城名人故居与轶事．5 / 陈光中著．—北京：新世界出版社，2002

161 页：照片，图；23cm. —（故园风景丛书）

ISBN　7-80005-780-1；CNY 34.00

该书以风景照片与文本的形式，介绍了冰心、冯友兰、司徒雷登等名人的故居，结合多幅实景照片与图片资料，涉及人物介绍、府邸宅第格局、周围坊巷胡同特色及有关的地方文献、掌故传说等。

C47/7/.6　　　　　　　　　0348

风景：京城名人故居与轶事．6 / 陈光中著．—北京：新世界出版社，2003

157 页：照片，图；23cm. —（故园风景丛书）

ISBN　7-80187-000-X；CNY 34.00

该书以风景照片与文本的形式，介绍了冰心、冯友兰、司徒雷登等名人的故居，结合多幅实景照片与图片资料，涉及人物介绍、府邸宅第格局、周围坊巷胡同特色及有关的地方文献、掌故传说等。

C47/7/.7　　　　　　　　　0349

风景：京城名人故居与轶事．7 / 陈光中著．—北京：新世界出版社，2003

153 页：照片，图；23cm. —（故园风景丛书）

ISBN　7-80187-001-8；CNY 34.00

该书以风景照片与文本的形式，介绍了冰心、冯友兰、司徒雷登等名人的故居，结合多幅实景照片与图片资料，涉及人物介绍、府邸宅第格局、周围坊巷胡同特色及有关的地方文献、掌故传说等。

C47/7/.8　　　　　　　　　0350

风景：京城名人故居与轶事．8 / 陈光中著．—北京：新世界出版社，2003

149 页：照片，图；23cm. —（故园风景丛书）

ISBN　7-80187-002-6；CNY 34.00

该书以风景照片与文本的形式，介绍了冰心、冯友兰、司徒雷登等名人的故居，结合多幅实景照片与图片资料，涉及人物介绍、府邸宅第格局、周围坊巷胡同特色及有关的地方文献、掌故传说等。

C47/8　　　　　　　　　　0351

北京会馆档案史料 / 方旭主编；北京市档案馆编．—北京：北京出版社，1997

1417 页：照片；20cm

ISBN　7-200-03367-7

精装：CNY 98.00

该书分会馆法令、会馆管理、会馆财产、会馆调查、工作报告、会馆碑记、会馆楹联等 7 部分。该书是北京市哲学社会科学"九五"规划项目成果。

C47/9　　　　　　　　　　0352

名人与老房子 / 北京市政协文史资料委员会编. —北京：北京出版社，2004重印

346页：图，照片；24cm

ISBN　7-200-05175-6；CNY 38.00

该书是一本名人故居简介，内容包括"王国维：清华西院""邓拓：遂安伯胡同"等，用43篇文章和100幅照片把北京历史上的部分名人事迹和旧居风貌展现了出来。

C47/10　　　　　　　　　0353

北京名居：[摄影集]：[中英文本] / 张展编著；张岩摄影；于芩翻译. —北京：北京古籍出版社，2005

132页：地图（折图）；25×26cm

ISBN　7-5300-0291-0；CNY 78.00

该摄影集介绍了北京的元、明、清三代建筑遗存及近现代人文遗存，包括名人故居、普通四合院类民居、私家花园、王府类民居、民国初年西洋别墅群共5个部分。该书附有"北京民居分布图"。

C47/11　　　　　　　　　0354

名家斋号趣谈 / 崔普权著. —南昌：江西美术出版社，2003

274页：图；21cm

ISBN　7-80690-139-6；CNY 30.00

该书是一本中国现代名人书房简介，其中有画家、书法家、作家、文艺家、学者、收藏家等。

C47/12　　　　　　　　　0355

名家斋号趣谈：续编 / 朱亚夫编著. —南昌：江西美术出版社，2005

277页：照片，图；21cm

ISBN　7-80690-699-1；CNY 30.00

该书收录近200位名家斋号，撰写对象含有画家、书法家、作家、文艺家、学者、收藏家等，并附有斋额、相关印章、图片等资料。其中王雪涛等与原宣武区相关。

C47/13　　　　　　　　　0356

中国名人故居游学馆，北京卷：胡同氤氲 / 张文彦撰文；潘达摄影. —北京：中国画报出版社，2005

279页：图；23cm. —（读图时代）

ISBN　7-80024-878-X；CNY 29.50

该书介绍了宋庆龄故居、张之洞故居、郭沫若故居、溥仪故居、李大钊故居、鲁迅故居、沈从文故居、冰心故居、齐白石故居等，包括位于原宣武区的康有为、谭嗣同、纪晓岚等名人故居。

C47/14　　　　　　　　　0357

北京的会馆 / 胡春焕，白鹤群著. —北京：中国经济出版社，1994

386页：肖像；19cm

ISBN　7-5017-3171-3；CNY 10.00

该书包括"北京的会馆综述""会馆在各区县的分布""各省在京会馆简述""工商会馆简介""北京诸会馆对联辑选"等7部分内容，其中包括位于宣武区的许多会馆。

C47/15　　　　　　　　　0358

北京的会馆 / 汤锦程著. —北京：中国轻工业出版社，1994

175页：照片；19cm

ISBN　7-5019-1617-9；CNY 5.00

该书介绍了会馆的兴衰和对社会的贡献以及祭神敬贤的宗法制度、戊戌变法、新文

化运动与会馆的关系等。附有会馆表。

C47/16　　　　　　　　　0359

北京名人故居/冯小川主编.—北京：人民日报出版社，2002

458页：照片；20cm.—（中华名人故居系列丛书）

ISBN　7-80153-382-8

精装：CNY 120.00

该书介绍了左宗棠故居、吴佩孚故居、老舍故居、鲁迅故居、李大钊故居、纪晓岚故居、康有为故居等近百位名人的北京故居，比较全面地反映北京独特的人文景观。

C47/17　　　　　　　　　0360

名人与故居：北京的老房子/北京市政协文史资料委员会编.—西安：陕西师范大学出版社，2004

346页：照片；25cm

ISBN　7-5613-2836-2；CNY 46.80

该书是文史资料性书籍，用44篇文章和100幅照片展示北京历史上的部分名人事迹和旧居风貌，涉及70余位人物。其中包括北总布胡同24号（旧门牌3号）"太太客厅"在内的名人故居。

C47/18　　　　　　　　　0361

北京安徽会馆志稿/王灿炽纂；北京市宣武区档案馆编.—北京：北京燕山出版社，2001

488页：照片；21cm

ISBN　7-5402-1377-9；CNY 30.00

该书分为8卷，介绍了北京安徽会馆的沿革、馆舍、房产、经费、规章、古物、石刻、古迹。安徽会馆是旧京著名会馆，位于北京市宣武区后孙公园胡同。该书由北京市社会科学理论著作出版基金资助出版。

C47/20　　　　　　　　　0362

会馆/王熹，杨帆著.—北京：北京出版社，2006

194页；23cm.—（北京地方志·风物图志丛书）

ISBN　7-200-06426-2；CNY 24.00

该书介绍了会馆的起源，会馆的类型，会馆与科举、政治、经济、社会、文化及现状的关系。该书是北京市哲学社会科学"十五"规划项目成果。

C47/23　　　　　　　　　0363

大观园/顾平旦编.—修订本.—北京：华夏出版社，1990

495页：图及照片；20cm

ISBN　7-80053-631-9；CNY 7.80

该书汇编了有关大观园布局结构、园林建筑、艺术描写的文章，诗词笔记文和绘画、照片的资料，还有恭王府历史、建筑、园林的文章，书末附有"文章索引"。

C47/24　　　　　　　　　0364

北京湖广会馆志稿/北京市对外文化交流协会，北京市宣武区地方志编纂委员会编.—北京：北京燕山出版社，1994

270页：图，照片；20cm

ISBN　7-5402-0828-7；CNY 11.80

该书除了前序和后记外，还包括"北京湖广会馆纪略""北京湖广会馆沿革述略""孙中山与北京湖广会馆""北平湖广会馆志略""湖广会馆董事会文件一斑"等内容。

C47/25　　　　　　　　　0365

北京宣南会馆拾遗 / 白继增著 . —北京：中国档案出版社，2011

456 页：照片，表，地图；24cm

ISBN　978-7-5105-0179-1；CNY 68.00

该书以北京宣南为地域空间，以各省会馆为研究客体，详细记述北京宣南会馆的发展历程和存续脉络。白继增先生居住在陶然亭街道地区，有四十年在宣南的生活积累。

C47/27　　　　　　　　　0366

如梦如烟恭王府 / 京梅著 . —北京：人民文学出版社，2002

316 页：照片；21cm

ISBN　7-02-003727-5；CNY 25.00

该书全面介绍了恭王府的历史渊源、建筑特色、人物传奇及一些鲜为人知的神秘故事，同时涉及了不少当今红学界"此地是否大观园"的精彩论战，具有很强的可读性和一定的学术价值。

C47/28　　　　　　　　　0367

恭王府 / 张艾，侯芳编著 . —北京：中国戏剧出版社，2008

148 页：地图，图；21cm. —（恭王府系列丛书）

ISBN　978-7-104-02738-6；CNY 28.00

该书主要内容有"概述""恭王府的历史沿革""恭王府导览"等，并有照片和附录，展示了恭王府历史文化的研究成果。

C490/1　　　　　　　　　0368

北京古狮 Old Stone Lions of Beijing / 梁欣立著 . —北京：北京图书馆出版社，2007

355 页：照片；21×21cm

ISBN　978-7-5013-3433-9；CNY 35.80

该书是梁欣立先生对北京古狮的研究专著，根据古狮的摆放地，按皇宫、王府、林园、寺观、墓地、望柱等分类。每一尊古狮作者都亲自考察过，因此书中有对每一只古狮的细致描写，还有不同角度拍摄的图片与文字相互印证。

C490/2　　　　　　　　　0369

北京古桥 / 梁欣立著 . —北京：北京图书馆出版社，2007

383 页：图，照片；21×21cm

ISBN　978-7-5013-3359-2；CNY 39.80

该书收集了 230 座现存的古桥和古桥址的资料，包括照片和文字资料；另外介绍有文字记载现今已消失的古桥 500 多座，将北京地区的古代桥梁历史基本情况介绍给读者。

C490/3　　　　　　　　　0370

北京的塔 / 薛增起，薛楠编著 . —北京：北京出版社，2002

376 页；20cm

ISBN　7-200-04249-8；CNY 22.00

该书图文并茂地介绍了北京地区的塔名、塔址、类型、建年、特点及有关传说，同时附有塔照 308 幅，并把今已残损或次要者列入附录。

C490/4　　　　　　　　　0371

老戏台 / 喻学才主编 . —北京：人民美术出版社，2003

211 页：图；26cm. —（古风：中国古代建筑艺术）

ISBN　7-102-02921-7；CNY 95.00

该书精心于照片的拍摄，展示戏台之绚丽。着力从景象中摄取内在的意境，又刻意用细节放大历史的辉煌。并用精炼的文字阐述，发掘出建筑文化的深度。

C490/5 0372

卢沟桥 / 孙涛主编 . —北京：文化艺术出版社，2002

153 页：地图，彩照；21cm. —（卢沟桥文化旅游丛书）

ISBN 7-5039-2180-3；CNY 30.00

该书是一部普及卢沟桥知识的小型画册。卢沟桥是一座科学、历史、文化艺术的宝库，是中华民族抗击外来侵略的不屈精神的象征。

C490/6 0373

北京的古塔 / 汪建民，侯伟著 . —北京：学苑出版社，2003

294 页：图；23cm. —（北京旧闻故影书系；5）

ISBN 978-7-5077-2171-3；CNY 38.00

该书以图文并茂的形式介绍古塔的历史，包括北京保存至今的楼阁式、亭阁式、花式、金刚宝座式等近 300 座古塔，如位于宣武区的唐塔、法源寺景泰蓝三塔、天宁寺塔等。

C490/7 0374

北京的牌楼牌坊 / 马欣，曹立君著 . —北京：北京美术摄影出版社，2005

95 页：图；25×26cm. —（名城古韵）

ISBN 7-80501-302-0；CNY 55.00

该书主要介绍了坛庙坊、陵墓坊、园林坊、寺观坊、桥道坊等，如先农坛石牌坊、牛街清真寺木牌楼等。

C490/8 0375

什刹海文化研究：2004—2008/ 杨胜博主编；北京市西城区什刹海研究会编 . —北京：北京市西城区什刹海研究会，2008

464 页：图，地图；23cm

该书汇集了从 2004 年以来对什刹海文化研究的主要成果，包括历次学术研讨会上的领导讲话、研究报告、专项课题研究、专项策划方案等内容。

C490/9 0376

北京什刹海：中国最美的城区之一 / 傅华主编；北京市西城区什刹海街道工委、办事处编著 . —北京：当代中国出版社，2008

136 页：照片；27×26cm

ISBN 978-7-80170-757-4

精装：CNY 298.00

该画册以拍摄的图片为主、配以中英文介绍，分为"赏""忆""品""悦"4 部分，展示了什刹海美景、古韵、民俗民风、新风尚等内容。

C490/10 0377

什刹海与京杭大运河 / 尹钧科著；北京市西城区什刹海研究会，北京市西城区什刹海街道办事处，北京市西城区什刹海风景区管理处编 . —北京：当代中国出版社，2014

211 页：图，地图；21cm. —（什刹海历史文化丛书）

ISBN 978-7-5154-0417-2；CNY 25.00

该书介绍了北京城市发展史，京杭大运河开通及漕运史，北京著名风景区什刹海与京杭大运河的历史关联，新中国成立后人民政府对什刹海地区保护、建设、管理的成效。

C490/11　　　　　　　　　0378

什刹海与北京城的中轴线 / 于永昌著 . 北京：当代中国出版社，2013

215 页：图，地图；21cm. —（什刹海历史文化丛书）

ISBN　978-7-5154-0198-0；CNY 25.00

该书介绍了北京著名风景区什刹海与北京城中轴线形成和演变的关系、中轴线上什刹海建筑景观的修缮保护，中轴线"申遗"与什刹海风景区保护和发展的关系，梳理出了什刹海与中轴线的历史文化联系脉络。

C490/21　　　　　　　　　0379

北京的桥 / 王同祯著 . —北京：北京燕山出版社，2000

157 页：照片，图；20cm

ISBN　7-5402-1337-X；CNY 18.00

该书主要按照二环路上的桥、二环路以内的桥、三环路上的桥及其它地方的桥的结构路线，系统地介绍了北京桥梁的位置、功能、形态、规模、历史和传说。

C490/23　　　　　　　　　0380

卢沟桥的传说 / 孙涛主编 . —北京：文化艺术出版社，2002

164 页；20cm. —（卢沟桥文化旅游丛书）

ISBN　7-5039-2226-5；CNY 10.00

该书收集整理了 42 篇有关卢沟桥的民间传说，显示了卢沟桥 800 多年的历史文化。

C490/24　　　　　　　　　0381

北京的牌楼 / 韩昌凯著 . —北京：学苑出版社，2002

231 页：图；21cm

ISBN　7-5077-2024-1；CNY 29.00

该书主要介绍了傲然屹立在北京城的牌楼，它们像颗颗明珠点缀在京城各地，它们凝聚了中国古代建筑艺术的精华，也体现了建筑者的技术水平和文化素质。

C72/1　　　　　　　　　0382

老北京旅行指南 / 马芷庠著；张恨水审定 . 重排本 . —北京：北京燕山出版社，1997.7

413 页：图；20cm

ISBN　7-5402-0970-4；CNY 36.80

该书是一部通俗性的介绍当时旅游知识的专书，文字通畅，内容较《旧都文物略》更为丰富。读者不但可以从中了解到许多北京文物的知识，还可以了解到许多其它书中未记载的乡土风情、遗文逸事。

C72/2　　　　　　　　　0383

北京实用导游 Beijing Practical Tourist Guied / 刘锋主编 . —最新版 . —北京：中国旅游出版社，2005

548 页：地图；21cm

ISBN　7-5032-2598-X；CNY 32.00

该书分类介绍了北京概况、市区名胜、郊野风光、祭坛寺庙、博展馆所、新兴游乐园地、古今名胜综述、民俗文化、风物趣闻掌故、北京周边游指南、吃住行游购娱指南等，还收录地标性图片与示意图。该书是旅客观光指南与导游培训用书

C72/4　　　　　　　　　0384

北京 / 王仁定主编 . —北京：中国旅游出版社，2002

175 页：图，地图；21cm. —（大雅中国旅行图鉴）

ISBN 7-5032-1933-5；CNY 29.00

该书从认识北京、分区导览、旅行资讯、日常咨询等4个部分进行详尽描述，查索简便，充分将北京的人文景观与自然景观展现出来。

C72/5：2   0385

北京导游基础 / 李登科编著．—2版．—北京：社会科学文献出版社，1998，2000重印

689页：图；21cm

ISBN 7-80050-381-X；CNY 38.00

该书分为"城区变迁""地理概况""京华揽胜""风物民俗"四大部分，是一本旅游、北京风光方面的普及读物，是北京导游基础知识培训教材。

C72/6.1   0386

中国导游十万个为什么，北京．一 / 木杉等文字；武冀平等摄影．—北京：中国旅游出版社，2003

336页：照片；20cm

ISBN 7-5032-2067-8；CNY 22.00

该书介绍了北京的旅游景点及相关问题，包括天安门及其广场、劳动人民文化宫、中山公园、北海、天坛、恭王府及花园等。

C72/6.2   0387

中国导游十万个为什么，北京．二 / 耿刘等文字；武冀平等摄影．—北京：中国旅游出版社，2003

513页：照片；20cm

ISBN 7-5032-2224-7；CNY 26.00

该书以问答的形式，解答了关于颐和园、长城、十三陵、雍和宫、圆明园遗址等各景区的概况、历史等诸多方面的问题。

C72/7   0388

看北京 / 燕民编著．—济南：山东画报出版社，2003

480页：照片；21cm．—（魅力中国；1）

ISBN 7-80603-758-6；CNY 28.00

该书以图文并茂的形式，介绍了北京各区景点交通示意图与诸多景点，其中第106页至127页是介绍宣武区的旅游经典与文化。

C72/8   0389

带您逛北京：新世纪旅游景观指南 / 燕民编著．—北京：蓝天出版社，2000

487页：照片；20cm

ISBN 7-80158-027-3；CNY 26.00

该书全面介绍了北京18个区县共915个景观，收集了1430多幅图片，包括大量鲜为人知的山水人文胜迹，是一本全面反映北京旅游景观详细资讯的图书。

C72/9   0390

最新北京实用导游 / 刘锋，苏珎，江山编著．—北京：社会科学文献出版社，1997

445页：折图；19cm

ISBN 7-80050-820-X；CNY 22.00

该书按北京概况、市区风景名胜、市郊旅游观光等不同内容进行分类编著，介绍了北京的壮丽景观、宫廷轶事、趣闻典故、现代风貌、对外交往等。该书含津、冀、鲁、晋、内蒙古旅游指南。

C72/10   0391

古都北京的民俗与旅游 / 刘宁波，常人春编著．—北京：旅游教育出版社，1996，1998重印

300页：地图；20cm.—（中国民俗·旅游丛书.北京卷）

ISBN 7-5637-0646-1；CNY 13.00

该书分为北京旅游纵览、城垣建制、名园古今、祭坛寺庙、西山胜景、城郊野趣、市树市花等15个部分。

C72/11　　　　　　　　　　0392

北京/刘岳编著.—北京：中国旅游出版社，2005

139页：照片，地图；21cm.—（红色名城旅游指南系列丛书）

ISBN 7-5032-2632-3；CNY 16.00

该书以革命纪念地、纪念物、历史人物及所承载的革命精神为内涵，展示了北京及其周边地区的红色旅游资源。

C72/12　　　　　　　　　　0393

漫步北京/孙建华主编.—北京：中国社会科学出版社，2004

480页：彩图，地图；18cm.—（漫步中国指南丛书；4）

ISBN 7-5004-4349-8；CNY 48.00

该书是图文并茂形式呈现的现代北京旅游指南，结合大量插图、线路图，提供了北京的历史文化景观、人文、民俗、美食等的全方位旅游指导。

C72/13　　　　　　　　　　0394

窥视紫禁城/〔俄〕叶·科瓦列夫斯基著；阎国栋等译.—北京：北京图书馆出版社，2004

272页：肖像，图；20cm.—（亲历中国丛书）

ISBN 7-5013-2448-4；CNY 25.00

该书分为"集结出境""涉谷越岭""牧人本色""库伦见闻""蒙古今昔""穿越戈壁""草原风情""宗教习俗"等29章内容。作者以一个外国人的视角对第一次鸦片战争后的中国社会进行了深入细致的观察，对道光末年的京城生活百态进行了惟妙惟肖的描绘。

C72/14　　　　　　　　　　0395

北京宣南文化游/李金龙主编.—北京：中国旅游出版社，2004

162页：彩照，地图；24cm

ISBN 7-5032-2540-8；CNY 30.00

该书包括"话说名园""古寺寻踪""会馆故居特色街区""梨园之乡""胡同古韵"等六部分，介绍了宣武区的旅游文化特色与景观。

C72/15　　　　　　　　　　0396

格调·北京/孙知著.—重庆：重庆出版社，2004

186页：图，照片；20cm.—（大脚丫系列）

ISBN 7-5366-6581-4；CNY 26.00

该书以图文并茂的形式，以独特味道的笔触，带你趣游北京。全书主要内容有"准备出发""在北京玩""在北京吃""在北京血拼""要回家了""对了，是谁写这该书的？"等。

C72/16　　　　　　　　　　0397

乘公交游北京 Enjoy Beijing by Bus/郝福玲，贺长文，孟广遐编著.—北京：中国水利水电出版社，2007

246页：地图，照片；20cm

ISBN 978-7-5084-4499-4；CNY 15.00

该书提供了北京各类景点的基本资料，如简介、地点、开放时间、票价及到达景点的公交线路等，后附有六环示意图。

C72/17　　　　　　　　　　0398

我爱北京 / 李红帆主编 . —北京：中国青年出版社，2005

247 页：照片，图；23cm

ISBN 7-5006-6007-3；CNY 48.00

该书以图文并茂的形式描绘了北京城市新貌，全书分为赤色激情、迷幻新城、旧京寻梦、购物街区、京城美食、北京之夜、文化之都、风景名胜等部分。

C72/18　　　　　　　　　　0399

北京逛街地图：2007—2008 最新全彩版 / 《北京逛街地图》编辑部编著 . —桂林：广西师范大学出版社，2007

257 页：照片，地图；23cm

ISBN 978-7-5633-6424-4；CNY 38.00

该书介绍了 25 条北京逛街路线和 169 个逛街地点，包括著名商业街、皇城、古迹、胡同、名人故居、美食街、休闲之地、时尚地带、淘宝之所，配有图片、文字、乘车路线等详细信息。

C72/19　　　　　　　　　　0400

北京逛街地图 / Yan&Coco 文；黄仁达摄影 . —北京：新星出版社，2005

218 页：图，地图；22cm

ISBN 7-80148-752-4；CNY 43.00

该书是一本有关北京的购物指南，主要介绍了北京胡同、庭院、四合院、公园、餐厅、夜市等地的游览、购物、用餐场所，附有地图和照片。

C72/20　　　　　　　　　　0401

我在街头等你：北京时尚逛街地图 / 吉尔·印象文 / 图 . —北京：中国青年出版社，2005

223 页：图，地图；24cm. — （爱情背包族）

ISBN 7-5006-6138-X；CNY 35.00

该书以图文并茂的形式，以优美的散文笔法，讲述北京 40 条独具特色的街道上的音乐爱情旅行，主要内容包括"情'色'北京""所'味'街道""'听'说爱情""时尚街'魅'""'忘'情街头"等。

C72/21　　　　　　　　　　0402

北京旅游百科全书 / 段柄仁主编；《北京旅游百科全书》编辑部编 . —北京：京华出版社，2005

642 页：照片，地图；26cm

ISBN 7-80600-860-8

精装：CNY 518.00

该书以北京历史文化为背景，多视角、多层次、多形式、全方位地介绍北京旅游资源及各类旅游服务设施，是介绍北京旅游资源及各类旅游服务设施的权威性工具书，也是中国第一部全彩色印刷的地域旅游百科全书。

C72/22　　　　　　　　　　0403

京华红色游 / 中共北京市委党史研究室，北京市旅游局编 . —北京：中国旅游出版社，2005

182 页：图，地图；21cm

ISBN 7-5032-2604-8；CNY 32.00

该书通过对北大红楼新文化、万安公墓悼大钊、烽火卢沟宛平城等景区的介绍,充分加强对党员、团员和青少年的革命传统教育,认识今天幸福生活。

C72/24　　　　　　　　0404

寻梦古都北京 / 郑小英主编 . —北京:中国地图出版社,2007

279 页:图,照片,地图;22cm

ISBN 978-7-5031-4382-3;CNY 29.60

该书图文并茂地介绍了北京的长城、宫府苑坛、城楼街市、名人故居、寺庙教堂、行署学府、会馆戏园、桥塔碑祠墓及老字号民俗等历史文化遗存。

C72/25　　　　　　　　0405

北京西城旅游一册通 A Tour of Beijing, A Discovery of Xicheng : 2010 年版 / 北京市西城区旅游局,一图通[编] . —北京:市西城区旅游局会,2010

260 页:照片,图;21cm

该书根据西城区旅游资源特点,以历史概括、发现引导的介绍形式,将西城旅游全方位、立体地展现出来。全书分为"古韵"与"时尚"两大部分,"古韵"部分包括游王府、逛老街、访古刹等,"时尚"部分包括都市风貌、博物殿堂、视听盛宴等。

C8/1　　　　　　　　0406

北京的前世今生 / 洪烛,邱华栋著 . —北京:中国文联出版社,2002

347 页:照片;24cm. —(品味北京丛书)

ISBN 7-5059-4049-X;CNY 38.00

该书介绍了北京的一些建筑和小吃、北京的前世今生,着重强调北京的新旧对比,法源寺、陶然亭书中都有提及。

C8/2　　　　　　　　0407

细说北京往事 / 树军编著 . —北京:九州出版社,2006

340 页:照片,图;24cm. —(人文北京丛书)

ISBN 7-80195-451-3;CNY 35.00

该书细说了北京的谜事、秘事、怪事、婚事、丧事、幸事、憾事和耻事共 113 则,并配有老照片等插图 90 余幅。

C8/3.1　　　　　　　　0408

燕京风土录 . 上 / 王彬,崔国政辑 . —北京:光明日报出版社,2000

354 页;20cm

ISBN 7-80145-291-7

CNY 39.00(全 2 册)

该书较为系统地介绍民国时期北京的风土、街巷、寺庙、经济、文化、屑琐谈资。诸如竖子城头的五虎杆、王府门前的辖和木、白云观的铜骡、宏庙的无梁殿、丧仪中的灵人、雪柳、松狮等。

C8/3.2　　　　　　　　0409

燕京风土录 . 下 / 王彬,崔国政辑 . —北京:光明日报出版社,2000

358-740 页;20cm

ISBN 7-80145-291-7

CNY 39.00(全 2 册)

该书较为系统地介绍民国时期北京的风土、街巷、寺庙、经济、文化、屑琐谈资。诸如竖子城头的五虎杆、王府门前的辖和木、白云观的铜骡、宏庙的无梁殿、丧仪中的灵人、雪柳、松狮等。

C8/4　　　　　　　　　　0410

趣谈老北京/施连方，施枫编著．—北京：中国旅游出版社，2001

350页：照片，图表；21cm

ISBN　7-5032-1831-2；CNY 22.00

该书有正史也有传说，介绍了老北京的城门、紫禁城、先农坛、颐和园、古庙、古桥、古牌坊、古塔、古碑刻、名吃、燕京八景等史料。

C8/5　　　　　　　　　　0411

文人笔下的旧京风情/于润琦编著．—北京：中国文联出版社，2003

253页：图；24cm．—（品味北京丛书）

ISBN　7-5059-4214-X；CNY 36.00

该书将名家描写分类汇编成一幅旧京的清明上河图，并随文附有百余幅老照片。鲁迅、梁实秋、胡适、周作人、张恨水、沈从文等名家各以其清新、平实的笔墨，向我们描述了一幅幅清丽隽永的旧京风情。

C8/6　　　　　　　　　　0412

京韵杂述/崔金生著．—北京：文物出版社，2003

262页：照片；19cm．—（文化百科丛书）

ISBN　7-5010-1447-7；CNY 15.00

该书用通俗的语言、翔实的史料，讲述了北京的城垣街巷、亭塔湖桥、商贾饮食及平民百姓日常生活的变化。如大栅栏今昔、琉璃厂文化街、纪晓岚故居的变迁等。

C8/7　　　　　　　　　　0413

京华漫忆/胡玉远主编．—北京：中国致公出版社，2002

528页；20cm

ISBN　7-80096-965-7；CNY 29.80

该书是从《北京文物报》中精选文章汇编而成，内容是反应老北京的历史、文物、名胜古迹、古都风貌、风土人情等方面的知识。

C8/8　　　　　　　　　　0414

北京风物志/［北京旅游出版社编］．—北京：北京旅游出版社，1984

321页：照片，图；20cm．—（中国风物志丛书）

CNY 1.80

该书共分为地理概貌、历史沿革、天安门广场、文化与纪念场所、名胜古迹等14类。书中概述从远古居民、幽燕重镇到辽、金、元、明、清的都城，直至今天人民首都北京的历史变迁和现状。

C8/9：2　　　　　　　　　0415

北京趣闻1000题/王伟杰编著．—2版．北京：中国旅游出版社，2002

293页；21cm

ISBN　7-5032-2065-1；CNY 18.00

该书共分风物、动物、植物、寺庙、园林、山水、王府、胡同、皇陵等9个部分。每部分又分为若干小节，每小节一般200字到300字，各小节之间先后次序没有必然联系。

C8/10　　　　　　　　　　0416

日下回眸：老北京的史地民俗/胡玉远主编．—北京：学苑出版社，2001

423页；20cm．—（兔儿爷老北京史地民俗丛书）

ISBN　7-5077-1828-x；CNY 24.00

该书是由《北京文物报》第115—139期中精选的部分文章及一部分《北京文物报》未发表的文章组合而成,分为清宫琐记、文史春秋、街巷拾珠、郊坰寻古、寺庙塔冢、碑碣集锦、岁时杂谈、京味余香八类,共290篇。

C8/11　　　　　　　　　　　0417

紫禁城内外:皇朝·关帝·驴窝子/张淑媛,张淑新著.—北京:中国城市出版社,1996

294页;19cm

ISBN　7-5074-0803-5;CNY 11.80

该书收录了58篇文章,讲述了北京的城门、形形色色的北京寺庙、叫花子的祖师爷和节日、名声赫赫的八大胡同等正史和传说故事。

C8/12　　　　　　　　　　　0418

掌故北京/常林,白鹤群著.—北京:旅游教育出版社,2005.1

250页:图,照片;21cm.—(文化北京丛书)

ISBN　7-5637-1202-X;CNY 18.00

该书选取了北京的自然与人文环境、城市历史、城垣建筑、寺庙、园林、碑碣、古塔、古桥、会馆等掌故,介绍了北京文化的独特魅力。

C8/13　　　　　　　　　　　0419

北京的金粉遗事/洪烛著.—天津:百花文艺出版社,2004

266页:图;21cm

ISBN　7-5306-3854-8;CNY 18.00

该书以散文的笔触,为历史上充满了"逐鹿问鼎的金戈铁马"的北京画像,记述北京逾800年建都史以来的"帝王将相",北京富含丰厚历史文化底蕴的风物人文及北京八百年来的权势过客和历代名人文士等。

C8/14　　　　　　　　　　　0420

趣谈老北京/施连芳,高桂莲编著.—2版.—北京:中国旅游出版社,2006

263页:照片,图;22cm

ISBN　7-5032-2881-4;CNY 35.00

该书以紫禁城为北京全城的中心,讲述东西两侧建筑,如9座城门、钟鼓楼、古钟、古桥等的背景、风格和建筑缘由。

C8/15　　　　　　　　　　　0421

春明叙旧/胡玉远主编.—北京:北京燕山出版社,1999

593页;20cm.—(北京旧闻丛书)

ISBN　7-5402-1207-1;CNY 25.00

该书主要精选《北京文物报》第88—114期的文章,从13个方面反映北京的文物历史、名胜古迹、风土民情。

C8/16　　　　　　　　　　　0422

永远的北京/洪烛著.—北京:中国社会出版社,2005

276页:照片;23cm

ISBN　7-5087-0652-8;CNY 23.00

该书分为"旧时王府堂前燕""人·岁月·生活""月光照耀北京城"三部分,收录了"王府井变迁""中南海与钓鱼台""纪晓岚的阅微草堂"等38篇文章。

C8/18　　　　　　　　　　　0423

叶祖孚讲北京/叶祖孚著;秦薇选编.

—北京：北京出版社，2005

155 页：照片，图；24cm.—（北京通丛书）

ISBN 7-200-05798-3；CNY 25.00

该书以散文笔法、图文并茂的形式，在翔实的史料基础上，讲述了北京的民俗风情史，包括民居、园林、饮食、名胜古迹等内容，共 42 篇文章。

C8/19　　　　　　　　　　　　　　0424

邓云乡讲北京 / 邓云乡著；谢其章选编．北京：北京出版社，2005

155 页：照片，图；24cm.—（北京通丛书）

ISBN 7-200-05796-7；CNY 25.00

该书图文并茂地对北京的历史进行讲述，包括国立图书馆、学校图书馆、老北京的四合院、八道湾老屋、南长街住宅、北京胡同等，共 19 篇文章。

C8/20　　　　　　　　　　　　　　0425

赵洛讲北京 / 赵洛选编．—北京：北京出版社，2005

155 页：照片，图；24cm.—（北京通丛书）

ISBN 7-200-05799-1；CNY 25.00

该书选用珍贵的历史图片，讲述了老北京的文化历史，包括"古都风貌""文化踪迹""胜地一览""园林游记"四个部分，共 32 篇文章。

C8/21　　　　　　　　　　　　　　0426

刘叶秋讲北京 / 刘叶秋著；刘闻选编．北京：北京出版社，2005

155 页：照片，图；24cm.—（北京通丛书）

ISBN 7-200-05797-5；CNY 25.00

该书图文并茂地对北京的历史进行讲述，介绍了老北京的饭馆、致美斋、荷花市场、城南游艺园、纪晓岚阅微草堂、姜妙香的绘画等，有 26 篇文章。

C8/22　　　　　　　　　　　　　　0427

张中行讲北京 / 张中行著；陆昕选编．北京：北京出版社，2005

155 页：照片，图；24cm.—（北京通丛书）

ISBN 7-200-05794-0；CNY 25.00

该书图文并茂地对北京的历史进行讲述，内容包括红楼、旧迹、饮食、戏剧、市井、寺庙等 6 大部分，共 27 篇文章。

C8/23　　　　　　　　　　　　　　0428

京城憾事 / 树军编著．—北京：九州图书出版社，1997

146 页；19cm.—（话说北京城丛书）

ISBN 7-80114-173-3；CNY 6.00

该书采用历史与现实相结合、时间与空间相交叉的写法，介绍了圆明园被烧毁、《永乐大典》难复全、京都城墙的消失、京城会馆何处寻等京城 20 个令人感到遗憾的典型事件。

C8/24　　　　　　　　　　　　　　0429

京城幸事 / 树军编著．—北京：九洲出版社，1997.4

145 页；18×11cm.—（话说北京丛书）

ISBN 7-80114-172-5；CNY 6.00

该书采用历史与现实相结合、时间与空间相交叉的写法，介绍了北平和平解放、平民百姓登天安门城楼、文化古街琉璃厂、湖广会馆重现风采等 20 个令人感到幸运的典型事件。

C8/25　　　　　　　　0430

旧京述闻 / 姜纬堂著 . —太原：山西人民出版社，2002

166 页：图；20cm. —（学人心语丛书）

ISBN　7-203-04479-3；CNY 10.00

该书分为"谈故""述人"两大部分，收录了"牛街并非起于'榴街'""'海王村'非辽始有""宣南与清代文化""戚继光镇守蓟门"等 82 篇文章。

C8/26　　　　　　　　0431

多少风物烟雨中：北京的古迹与风俗 / 洪烛著 . —上海：上海书店出版社，2005

217 页：照片；21cm. —（解读北京）

ISBN　7-80678-341-5；CNY 18.00

该书分上下篇，由 30 多篇散见于各种媒体的散文组成，每一篇都代表了北京某个时代的记忆。作者用兼具理性和诗意的笔触，淡淡地向人们诉说着老北京的古迹和风俗以及那些逐渐远去的故事。

C8/27　　　　　　　　0432

市井 / 周时奋著 . —济南：山东画报出版社，2003

145 页：彩图；24cm. —（雅俗中国丛书）

ISBN　7-80603-730-6；CNY 26.00

该书以图文并茂的形式，深刻探究了市井、市井文化的形成与发展，并从历史的角度刻画了各个时期各个阶层、各色成员的形象。

C8/28　　　　　　　　0433

旧京遗事 /（明）史玄撰 . —北京：北京古籍出版社，1986

138 页；20cm

该书是一本笔记小说，以明末北京生活习俗为背景，叙述宫中遗事轶闻及民间生活习俗。该书约于崇祯年间成书，1300 余字。

C8/29　　　　　　　　0434

北京风情杂谈 / 叶祖孚著 . —2 版 . —北京：中国城市出版社，1999

258 页；20cm. —（21 世纪城市人文库 . 北京史话；3）

ISBN　7-5074-0720-9；CNY 13.80

该书分为史林纵横、往事漫拾、风物小品、人物剪影（一）（二）共 5 个部分，收录了"北京城内一些地名的来历""中山公园的唐花坞""丰台芍药的历史""侯宝林先生的客气""溥杰先生的随和和自律""邵飘萍夫人的执着"等近百篇小文。

C8/30　　　　　　　　0435

回望老北京 / 杨澄著；盛锡珊绘 . —北京：中国对外翻译出版公司，2008

371 页：图；25cm

ISBN　978-7-5001-1857-2；CNY 187.00

该书以精练活泼的文字和精彩美妙的图画，选取了"当事人"的角度，围绕"老北京"这个主题，介绍了北京的老城圈儿、老街市、胡同四合院、老学校、老戏园子、老风俗、老字号、老行业与老北京人等。

C8/31　　　　　　　　0436

老北京皇都风貌 / 曲小月编著 . —北京：北京燕山出版社，2008

276 页：图，照片；21cm. —（老北京丛书）

ISBN　978-7-5402-1974-1；CNY 25.00

该书共分5章，介绍了北京城的皇都风貌，包括胡同与四合院、城门与城墙、商业街与老字号、北京牌楼等，后附有参考文献。

C8/32　　　　　　　　　　　　0437

沐浴书香·品鉴西城：2011年读者主题征文活动征文集/李金龙，阎峥主编.—北京：北京市西城区图书馆：北京市西城区宣武图书馆，2011

184页：图；23cm

该书是2011年为庆祝中国共产党成立90周年而编成的书，收录了"沐浴书香·品鉴西城"读书活动的获奖征文51篇。西城区40个单位参与该读书活动，共收到稿件251篇，最终评出一等奖6篇、二等奖15篇、三等奖30篇、优秀奖95篇。

C8/33　　　　　　　　　　　　0438

走读京城角落/陈光中著.—北京：生活·读书·新知三联书店，2013

261页：图；22cm

ISBN　978-7-108-04342-9；CNY 38.00

该书讲述隐藏在京城犄角旮旯里的故事13个，图208幅。如"从白塔寺到法源寺：寻找海云禅师""故宫：御花园'火车'之谜""菜市口：会馆与名人"等。

C9/1　　　　　　　　　　　　0439

北京历史地图集.二集/侯仁之主编；北京历史地图集二集编辑委员会编制.—北京：北京出版社，1997

80页：彩色；36×27cm

ISBN　7-200-03141-0

精装：CNY 480.00

该书共3集。第2集结合自然环境的演变过程，展示北京地区的地图、遗址、挖掘的文物等，内容分为序图、总图（一）、旧石器时代、新石器时代、总图（二）共5大部分。该书目录和前言为中英文对照。

C9/2　　　　　　　　　　　　0440

实用北京街巷地图集/王彬主编.—北京：北京燕山出版社，1989

64页：地图，折图；18×26cm

ISBN　7-5402-0129-0；CNY 2.20

该书原为《实用北京街巷指南》的附图，绘制的时间、范围都受到原书宗旨的影响，内容主要分为东城区、西城区、崇文区、宣武区、朝阳区、海淀区6大部分。

C9/3　　　　　　　　　　　　0441

老地图老北京/冯小思编著.—北京：北京燕山出版社，2005

245页：照片，地图，图；23cm.—（天下美景·老地图）

ISBN　7-5402-0897-X；CNY 38.00

该书分为"风景这边独好""悠悠3000年""恢弘庄严四重城""皇城根下的风流"4个部分，内有地形图、位置图、示意图、路线图、文物古迹照片等各类图片。

C9/4/.1　　　　　　　　　　　0442

北京历史舆图集.第一卷/李诚主编.—北京：外文出版社，2005

154页：图，地图；36cm

ISBN　7-119-03882-6

精装：CNY 950.00（全4卷）

该套书收录了众多的北京古旧地图，最早为宋代地图。这些古旧地图承载了大量北京历史上的自然、社会和人文信息，直观描述了这些信息在特定时间内的空间分布。

C9/4/.2   0443

北京历史舆图集.第二卷/王炜主编.—北京：外文出版社，2005

142页：图，地图；36cm

ISBN　7-119-03882-6

精装：CNY 950.00（全4卷）

该套书收录了众多的北京古旧地图，最早为宋代地图。这些古旧地图承载了大量北京历史上的自然、社会和人文信息，直观描述了这些信息在特定时间内的空间分布。

C9/4/.3   0444

北京历史舆图集.第三卷/王自强主编.—北京：外文出版社，2005

132页：图，地图；36cm

ISBN　7-119-03882-6

精装：CNY 950.00（全4卷）

该套书收录了众多的北京古旧地图，最早为宋代地图。这些古旧地图承载了大量北京历史上的自然、社会和人文信息，直观描述了这些信息在特定时间内的空间分布。

C9/4/.4   0445

北京历史舆图集.第四卷/李冠南主编.—北京：外文出版社，2005

146页：图，地图；36cm

ISBN　7-119-03882-6

精装：CNY 950.00（全4卷）

该套书收录了众多的北京古旧地图，最早为宋代地图。这些古旧地图承载了大量北京历史上的自然、社会和人文信息，直观描述了这些信息在特定时间内的空间分布。

C9/5   0446

北京九门深处/杨信编著.—北京：电子工业出版社，2004

1袋；15×21cm.—（印——图游中国手绘系列）

ISBN　7-5053-9566-1；CNY 8.00

该书是"印"工作室图游中国手绘系列的第一个产品，一整张图片。作者都是生活在北京当地的旅行者，主要为背包客定制。

C9/6   0447

明清北京城图/徐苹芳编著；中国社会科学院考古研究所编辑.—北京：地图出版社，1986

1册；28×21cm+图2张；CNY 23.50

该图以1937年初出版的万分之一《实测北平市内外城地形图》为底本，并根据清乾隆间绘制的《京城全图》中的街巷，按比例改缩而成。

C9/7   0448

新测北京内外城全图：民国时期老地图.—北京：中国地图出版社，2006

1张：地图；62×82cm.—（京都古地图库）

ISBN　7-5031-4126-3；CNY 13.00

此图为1921年12月出版的再版图，记录了20世纪20年代北京城的现状。此图比例尺为1：15000，尺寸为61.5×82.1cm。

C9/8   0449

北平市城郊地图：民国时期老地图.—北京：中国地图出版社，2006

1张：图.—（京都古地图库）

ISBN　7-5031-4125-5；CNY 13.00

该图是 1947 年 12 月出版的再版图，反映了 20 世纪 40 年代后期北平市的状况及长安街沿线规划图迹。该图比例尺为 1∶5 万，北平市政府工务局绘制，立生图书社印刷发行。

C9/9　　　　　　　　　　　0450

北京地图：民国时期老地图．—北京：中国地图出版社，2006

1 张：图．—（京都古地图库）

ISBN　7-5031-4127-1；CNY 13.00

该地图比例尺为 1∶15850，尺寸为 51×73cm，成图时间考证为民国初年。绘制地图采用西法，在城门、寺庙等多处还注有外文。图下方附有各省会馆驻址，是民国建立时的历史写照。

C9/10　　　　　　　　　　　0451

北平市全图：民国时期老地图．—北京：中国地图出版社，2006

1 张：图．—（京都古地图库）

ISBN　7-5031-4122-0；CNY 13.00

该册包括民国地图全图，原图中一方格代表一华方里，苏甲荣编制，日新舆地学社出版。此图绘制大量街道胡同，插图有"平津保一带全图""颐和园""西山名胜图"等。此图缺出版时间与图例。

C9/13　　　　　　　　　　　0452

老北京风俗地图：1936：［中英文本］/Frank Dorn 绘；学苑编辑作坊编辑．—北京：学苑出版社，2004

1 幅（卷）：彩色，图；64×55cm 于 82×7×7cm 函套内

ISBN　7-5077-2241-4；CNY 10.00

该图根据首都图书馆藏 1936 年 Frank Dorn（国籍不详）绘制的北京图，内容包括北京城的建设历史、北京市的旅游景点图等，配注了中文编辑。原图绘制于民国二十五年（1936）。

C9/14　　　　　　　　　　　0453

北京宣南历史地图集/侯仁之，岳升阳主编．—北京：学苑出版社，2008

208 页；38cm

ISBN　978-7-5077-3181-1

精装：CNY 850.00

该书成书历时 8 年之久。编者广泛调查了古籍中的记载，再通过实地考察、寻访，将确切位置在地图上标示，辅以翔实的文字介绍，将这一北京城独特地域 2000 多年的历史尽展眼前。

C9/15/.1　　　　　　　　　　0454

北京历史地图．元，元大都城：至正年间/北京老城风情文化传播有限责任公司制作．—北京：北京燕山出版社，2006

1 幅；68×48cm

ISBN　7-5402-1789-8

CNY 50.00（全套 5 张）

该册呈现元至正年间北京即元大都城市、交通、建筑的彩色地图，开本 787×1092mm，对开版 5 印张。内有元大都城与设计、修建者刘秉忠的文字介绍。

C9/15/.2　　　　　　　　　　0455

北京历史地图．明，明代北京城：万历至崇祯年间/北京老城风情文化传播有限责任公司制作．—北京：北京燕山出版社，2006

1 幅；68×48cm

ISBN 7-5402-1789-8

CNY 50.00（全套5张）

该册呈现明朝万历至崇祯年间北京的城市、交通、建筑的彩色地图，开本787×1092mm，对开版5印张。内有明朝北京城的文字介绍。

C9/15/.3   0456

北京历史地图．清，清代北京城：乾隆十五年／北京老城风情文化传播有限责任公司制作．—北京：北京燕山出版社，2006

1 幅；68×48cm

ISBN 7-5402-1789-8

CNY 50.00（全套5张）

该图呈现清朝乾隆十五年（1750）北京的城市、交通、建筑的彩色地图，开本787×1092mm，对开版5印张。内有清朝北京城的文字介绍。

C9/16   0457

北京地图：民国时期老地图：民国初年．—复制本．—北京：中国地图出版社，2008

1 幅：彩色；51×73cm 折成 26×20cm.（京都古地图库）

ISBN 978-7-5031-4127-0；CNY 13.00

该图为民国初年绘制的《北京地图》的复制本，比例尺为 1∶15850，尺寸为51×73cm，放大了1.25倍。绘制地图采用西法，在城门、寺庙等多处还注有外文。图下方附有各省会馆驻址。

C9/17   0458

北京古地图集 Beijing in Ancient Maps／苏品红主编；中国国家图书馆，测绘出版社编著．—北京：测绘出版社，2010

349 页；38cm

ISBN 978-7-5030-2016-2

精装：CNY 1800.00

该书是从国家图书馆地图专藏和书型古籍中遴选出的58种108幅有关北京的中外古旧地图，按成图（书）或出版的时间先后编排而成，展现古代北京在全国的空间位置、所属所管沿革以及城市空间布局、市政建设等发展变化，配以中英文介绍。

C9/18   0459

品味北京西城／北京市西城区旅游局策划．—北京：[北京市西城区旅游局]，[出版年不详]

1 幅：彩色；76×52cm 折成 19×13cm

该地图分两面：正面为手工绘制图，标明名人故居、清真寺、酒店、著名景点等；背面以文字为主，包括逛老街、赏京粹、观故居、访古刹、淘老店、尝家宴等。

C9/20   0460

北平市全图：民国时期老地图·民国三十年／苏甲荣编制；日新舆地学社编制．—复制本．—北京：中国地图出版社，1941，2008重印

1 幅：彩色；98×69cm 折成 27×21cm.（京都古地图库）

ISBN 978-7-5031-4122-5；CNY 13.00

该地图原图由苏甲荣编制、日新舆地学社出版，绘制了大量街道胡同，还有插图。这一版比原图放大了1.3倍，附有北海公园图、故宫博物院图、颐和园图和山西名胜图等。

D 历史

D1/1　　　　　　　　　　0461

北京历史纪年 / 北京市社会科学研究所《北京历史纪年》编写组编 . —北京：北京出版社，1984

368 页；20cm

CNY 1.50

该书是一部编年体北京简史。记述的时间，从"北京人"活动的约 70 万年前起至 1949 年中华人民共和国成立止。凡在北京地区发生过的重大历史事件、重要历史人物及其主要事迹和代表著述等，均择要选收。

D1/2/.1　　　　　　　　　0462

档案与北京史国际学术讨论会论文集 . 上册 / 北京市档案馆编 . —北京：中国档案出版社，2003

659 页；20cm

ISBN　7-80166-169-9

精装：CNY 160.00（全 2 册）

该书收录的 95 篇论文涉及史料、政治、经济、城市建设、教育文化、社会民俗、宗教与中西文化交流 7 个研究领域。1999 年 8 月 16 日至 19 日，"档案与北京史国际学术讨论会"在北京召开。

D1/2/.2　　　　　　　　　0463

档案与北京史国际学术讨论会论文集 . 下册 / 北京市档案馆编 . —北京：中国档案出版社，2003

567 页；20cm

ISBN　7-80166-169-9

精装：CNY 160.00（全 2 册）

该书收录的 95 篇论文涉及史料、政治、经济、城市建设、教育文化、社会民俗、宗教与中西文化交流 7 个研究领域。1999 年 8 月 16 日至 19 日，"档案与北京史国际学术讨论会"在北京召开。

D1/3　　　　　　　　　　0464

北京历史文化 / 罗哲文等著 . —北京：北京大学出版社，2004

332 页：图，照片；21cm

ISBN　7-301-07615-0；CNY 18.00

该书共有 14 讲，由郄志群、罗哲文、李建平、韩朴等撰写。每讲标题为"掀开北京历史第一页的先民们""北京湾里诞生的早期国家和城市""屏障中原的军事重镇"等，将北京几十万年的沧桑和积淀展现在各位读者面前。该书为北京高等教育精品教材。

D1/4　　　　　　　　　　0465

北京史话 / 侯仁之，金涛著 . —上海：上海人民出版社，1980

258 页：肖像，图及照片；18cm

CNY 0.65

该书分 8 个部分，按照历史顺序，从 50

万年前的北京写起,到蓟城、军事重镇与贸易中心向全国政治中心过渡、元明清的都城,再到"黎明前夕的北京"即1949年新中国成立。

D1/5:2　　　　　　　　　　0466

北京史/北京大学历史系《北京史》编写组编.—增订版.—北京:北京出版社,1999

455页:图及照片;20cm

ISBN　7-200-03508-4;CNY 25.00

该书是1985年出版的《北京史》的增订版,是北京大学历史系许多教授多年研究和编写的成果。全书自远古写到1949年新中国成立之时,对明清时期的北京增订较多,又增写了"民国时期的北京"一章及其他部分章节(包括革命内容)。

D1/6　　　　　　　　　　0467

北京史/北京大学历史系《北京史》编写组编.—北京:北京出版社,1985

380页;20cm

ISBN　7-200-01082-0;CNY 5.15

该书追述了北京从远古到五四前夕北京政治、经济、建筑、民俗、外交等方面的内容。

D1/7/.1　　　　　　　　　0468

北京通史.第一卷/曹子西主编;曹子西,王彩梅,于德源撰著.—北京:中国书店,1994

394页:照片,图;20cm

ISBN　7-80568-639-6

精装:CNY 60(全套10册)

该书是一部系统记述北京历史的多卷本学术专著,分编10卷,各卷内容包括建置沿革、政区城区、政治军事、城市建设、经济贸易、文化教育、民族宗教、社会生活等方面。第1卷为"远古至魏晋北朝卷"。

D1/7/.2　　　　　　　　　0469

北京通史.第二卷/曹子西主编;向燕生撰著.—北京:中国书店,1994

352页:照片,图;20cm

ISBN　7-80568-639-6

精装:CNY 60(全套10册)

该书是一部系统记述北京历史的多卷本学术专著,分编10卷,各卷内容包括建置沿革、政区城区、政治军事、城市建设、经济贸易、文化教育、民族宗教、社会生活等方面。第2卷为"隋唐五代卷"。

D1/7/.3　　　　　　　　　0470

北京通史.第三卷/曹子西主编;王玲撰著.—北京:中国书店,1994

374页:照片,图;20cm

ISBN　7-80568-639-6

精装:CNY 60(全套10册)

该书是一部系统记述北京历史的多卷本学术专著,分编10卷,各卷内容包括建置沿革、政区城区、政治军事、城市建设、经济贸易、文化教育、民族宗教、社会生活等方面。第3卷为"辽代卷"。

D1/7/.4　　　　　　　　　0471

北京通史.第四卷/曹子西主编;于光度,常润华撰著.—北京:中国书店,1994

384页:照片,图;20cm

ISBN　7-80568-639-6

精装:CNY 60(全套10册)

该书是一部系统记述北京历史的多卷本学术专著,分编10卷,各卷内容包括建置沿革、政区城区、政治军事、城市建设、经济贸易、文化教育、民族宗教、社会生活等方面。第 4 卷为"金代卷"。

D1/7/.5 0472

北京通史. 第五卷 / 曹子西主编；王岗撰著. —北京：中国书店，1994

421 页：照片，图；20cm

ISBN 7-80568-639-6

精装：CNY 60（全套 10 册）

该书是一部系统记述北京历史的多卷本学术专著，分编 10 卷，各卷内容包括建置沿革、政区城区、政治军事、城市建设、经济贸易、文化教育、民族宗教、社会生活等方面。第 5 卷为"元代卷"。

D1/7/.6 0473

北京通史. 第六卷 / 曹子西主编；贺树德撰著. —北京：中国书店，1994

509 页：照片，图；20cm

ISBN 7-80568-639-6

精装：CNY 34.00

该书是一部系统记述北京历史的多卷本学术专著，分编 10 卷，各卷内容包括建置沿革、政区城区、政治军事、城市建设、经济贸易、文化教育、民族宗教、社会生活等方面。第 6 卷为"明代卷"。

D1/7/.7 0474

北京通史. 第七卷 / 曹子西主编；吴建雍撰著. —北京：中国书店，1994

486 页：照片，图；20cm

ISBN 7-80568-639-6

精装：CNY 60（全套 10 册）

该书是一部系统记述北京历史的多卷本学术专著，分编 10 卷，各卷内容包括建置沿革、政区城区、政治军事、城市建设、经济贸易、文化教育、民族宗教、社会生活等方面。第 7 卷为"清代（1644—1840）卷上"。

D1/7/.8 0475

北京通史. 第八卷 / 曹子西主编；魏开肇，赵惠蓉撰著. —北京：中国书店，1994

486 页：照片，图；20cm

ISBN 7-80568-639-6

精装：CNY 34.00

该书是一部系统记述北京历史的多卷本学术专著，分编 10 卷，各卷内容包括建置沿革、政区城区、政治军事、城市建设、经济贸易、文化教育、民族宗教、社会生活等方面。第 8 卷为"清代（1840—1911）卷下"。

D1/7/.9 0476

北京通史. 第九卷 / 曹子西主编；习五一，邓艺兵撰著. —北京：中国书店，1994

470 页：照片，图；20cm

ISBN 7-80568-639-6

精装：CNY 60（全套 10 册）

该书是一部系统记述北京历史的多卷本学术专著，分编 10 卷，各卷内容包括建置沿革、政区城区、政治军事、城市建设、经济贸易、文化教育、民族宗教、社会生活等方面。第 9 卷为"民国卷（1911—1949）"。

D1/7/.10 0477

北京通史. 第十卷 / 曹子西主编；曹子西，于光度撰著. —北京：中国书店，1994

516 页：照片，图；20cm

ISBN 7-80568-639-6

精装：CNY 60（全套 10 册）

该书是一部系统记述北京历史的多卷本学术专著，分编10卷，各卷内容包括建置沿革、政区城区、政治军事、城市建设、经济贸易、文化教育、民族宗教、社会生活等方面。第10卷为"当代卷（1949—1992）"。

D1/8/.1　　　　　　　　　　0478

北京通史 .1, 远古至魏晋北朝卷 / 曹子西主编；王玲著 . —北京：北京燕山出版社，1989

417 页；20cm

ISBN　7-5402-0191-6；CNY 7.50

该书准确把握北京历史发展的主要线索和脉络，真实展现了远古至魏晋北朝时期北京的历史全貌和基本特征。

D1/8/.3　　　　　　　　　　0479

北京通史 .3, 辽代卷 / 曹子西主编；王玲著 . —北京：北京燕山出版社，1990

373 页；20cm

ISBN　7-5402-0191-6；CNY 7.50

该书准确把握北京历史发展的主要线索和脉络，真实展现了辽金时期北京的历史全貌和基本特征。

D1/9　　　　　　　　　　　0480

北京地方文献报刊资料索引：历史部分 / 首都图书馆北京地方文献部，北京市哲学社会科学规划领导小组办公室编 . —，1988

362 页；26cm

CNY 4.80

该书是首都图书馆1961年开始组织人力从北京图书馆、北京大学图书馆、清华大学图书馆等单位及本馆所藏2000余种报刊中检索编制而成的卡片式索引，收录清末至今有关北京地方的论文、资料，此次仅将其中历史部分编印成书本式索引。

D1/10　　　　　　　　　　0481

北京西城文化史 / 傅华主编 . —北京：北京燕山出版社，2007，2009重印）

427 页：图，地图；23cm

ISBN　978-7-5402-1923-9；CNY 39.00

该书主要从文化特征与历史脉络的内在联系上，选取了西城文化中的典型元素如文化地理、皇家文化、缙绅文化等，充分挖掘了西城历史文化资源，全方位展示了地区文化底蕴。

D1/11　　　　　　　　　　0482

暮鼓晨钟：西城历史文化述要 / 程刚著 . 北京：地质出版社，2012

172 页：图，照片；21cm

ISBN　978-7-116-07712-6

精装：CNY 26.00

该书收录"诗及思想的历史性变局""历代帝王庙与嘉靖年间"等西城历史文化札记12篇，示之想象，显之风格，期盼读者能感受到西城历史文化中的浓郁诗意。

D2/1　　　　　　　　　　　0483

通往首都的历程 / 王岗著 . —北京：北京出版社，2000

152 页；20cm. —（北京历史丛书）

ISBN　7-200-03791-5；CNY 8.00

该书叙述北京在辽、宋、金、元时期，经历的一个从地方军事重镇向陪都、再向首都发展的重要转折时期。特别强调了北方少数民族如契丹、女真、蒙古族等在这一历史时期所起的重要作用。

D21/1　　　　　　　　0484

幽燕都会 / 余念慈著. —北京：北京出版社，2000

158 页：图；20cm. —（北京历史丛书）

ISBN　7-200-03791-5；CNY 8.00

该书记述了北京城兴起、成长、发展的历史，重点记述 3000 多年前幽州城在政治、军事、文化各方面地位不断上升，相继成为都会的历史。

D21/2　　　　　　　　0485

燕国简史 / 王彩梅著. —北京：紫禁城出版社，2001

297 页：地图，图；21cm

ISBN　7-80047-328-7；CNY 15.00

该书内容包括燕国建立以前幽燕地区经济与文化的发展、燕史述略、燕国史研究中的几个问题、燕国经济、燕国文化与民族融合等，内有插图 86 幅，后附有"燕地古代物产小记"。

D21/3　　　　　　　　0486

燕国风云八百年 / 陈平著. —北京：北京出版社，2000

183 页：图；20cm. —（北京历史丛书）

ISBN　7-200-03791-5；CNY 8.00

该书共分 11 部分，从"燕国的开国封君——召公奭"开始写起，按历史顺序叙述燕侯克、燕侯旨、燕桓侯、燕惠公、燕王哙、燕昭王、燕惠王、燕王喜等及其相关的历史事件。

D21/4　　　　　　　　0487

北京史资料长编：辽金部分 / 于杰编撰. 北京：北京燕山出版社，1986

92 页；26cm

CNY 1.20

该书采用编年史书体例。内容包括辽、金两代王朝时期北京地区的政治、经济、军事活动，民生、文化活动，地震、水、旱灾等自然现象，生产活动，宗教活动，城池、宫阙、庙塔寺院等古建沿革，地下考古、河道变迁等资料。

D24/1　　　　　　　　0488

北京城的明朝往事 / 万明，张兆裕等著. 济南：山东画报出版社，2008

215 页：照片，图；23cm. —（古城觅踪书系）

ISBN　978-7-80713-569-2；CNY 18.00

该书共 36 篇，从北京城遗存的角度钩沉文物背后的历史人文，把那些往来于历史深处的人物集中起来，将北京城的明朝往事讲述给大家听。

D24/2/.1　　　　　　　　0489

明实录北京史料. 一 / 赵其昌主编. —北京：北京古籍出版社，1995

567 页；21cm

ISBN　7-5300-0099-3

精装：CNY 135.00（全 4 册）

该书摘录了《明实录》中有关北京地区的各种史料，包括建制、宫、室、城坊、帝王的活动、国家的政令、民众的生活、政治、经济、军事、文化、外交等各个方面。

D24/2/.2　　　　　　　　0490

明实录北京史料. 二 / 赵其昌主编. —北京：北京古籍出版社，1995

692 页；21cm

ISBN 7-5300-0099-3

精装：CNY 135.00（全4册）

该书摘录了《明实录》中有关北京地区的各种史料，包括建制、宫、室、城坊、帝王的活动、国家的政令、民众的生活、政治、经济、军事、文化、外交等各个方面。

D24/2/.3　　　　　　　　0491

明实录北京史料．三/赵其昌主编．—北京：北京古籍出版社，1995

649页；21cm

ISBN 7-5300-0099-3

精装：CNY 135.00（全4册）

该书摘录了《明实录》中有关北京地区的各种史料，包括建制、宫、室、城坊、帝王的活动、国家的政令、民众的生活、政治、经济、军事、文化、外交等各个方面。

D24/2/.4　　　　　　　　0492

明实录北京史料．四/赵其昌主编．—北京：北京古籍出版社，1995

784页；21cm

ISBN 7-5300-0099-3

精装：CNY 135.00（全4册）

该书摘录了《明实录》中有关北京地区的各种史料，包括建制、宫、室、城坊、帝王的活动、国家的政令、民众的生活、政治、经济、军事、文化、外交等各个方面。

D25/1　　　　　　　　　0493

近代北京的市民生活/袁熹著．—北京：北京出版社，2000

144页；20cm．—（北京历史丛书）

ISBN 7-200-03791-5；CNY 8.00

该书分3大部分，介绍了近代北京社会各个阶层的社会状况和生活特点，以及人们的衣、食、住、行及精神生活、文化生活、人际关系等方面的变化。

D25/2　　　　　　　　　0494

康乾时期北京人的社会生活/富丽著．北京：北京出版社，2000

145页；20cm．—（北京历史丛书）

ISBN 7-200-03791-5；CNY 8.00

该书介绍了清朝康熙、雍正、乾隆3位皇帝统治的134年间北京的政治、经济、文化生活以及北京在全国的重要地位。

D25/3　　　　　　　　　0495

北京市西城区宣武图书馆馆藏文献辛亥革命资料选编/［北京市西城区宣武图书馆编］．北京：北京市西城区宣武图书馆，2011

200页：图；24cm

该书为纪念辛亥革命100周年而编成。西城区宣武图书馆资料阅览部广泛收集、整理馆藏、地方报纸上有关辛亥革命的文献资料汇集成书，配有图片。

D25/4　　　　　　　　　0496

西城史迹：辛亥前后30年/北京市西城区文史学会，北京市西城区政协文史学习委员会编．—北京：团结出版社，2011

19，385页：照片；24cm

ISBN 978-7-5126-0649-4；CNY 40.00

该书由"晚清板荡""中山进京""北洋时局""曙光初晖"四大板块组成，记录了从1894年到1925年30年间北京的历史变革，详细描述了民主革命先行者孙中山先生于1894年、1912年、1925年三次来京经历及与西城区的渊源。

D25/5　　　　　　　　　　0497

辛亥革命与北京西城：[画册] / 李茂福，吕燕裙主编；中共北京市西城区委宣传部，中共北京市西城区委统战部，北京市西城区档案馆编 . —北京：中共北京市西城区委宣传部：中共北京市西城区委统战部：北京市西城区档案馆，[2011]

70页；28×28cm

该画册为纪念辛亥革命100周年而编成，按照历史顺序，从大量照片中精选出近200张反映辛亥革命前后30年发生在西城的重大事件和主要人物的历史图片，如孙中山先后三次到京、蔡锷与蔡锷故居、第一次国共合作等。

D25/6　　　　　　　　　　0498

宣南：清代京师士人聚居区研究 / 岳升阳，黄宗汉，魏泉著 . —北京：北京燕山出版社，2012

350页：图，地图；23cm

ISBN 978-7-5402-2782-1；CNY 36.00

该书试图通过宣南这个具体区域的研究，探讨清代士人在京师文化空间中的文化运作，考察士人文化与京师文化的关系，论述京师士人文化与其他区域士人文化之间的互动关系，研究京师文化在清代文化史中的作用。该书是国家社会科学基金资助项目成果。

D25/7　　　　　　　　　　0499

晚清京师南城政治文化研究 / 赵雅丽著 . 南京：凤凰出版社，2011

597页；24cm

ISBN 978-7-5506-0797-2；CNY 68.00

该书采取将晚清士大夫文化和京师南城（主要是宣南）社会环境相结合的方法，以同光清流派为中心，分析南城以中下层京官为主体的政治文化模式及其流变。

D3/1　　　　　　　　　　0500

见证北京：1919—2004 / 中共北京市委党史研究室[编] . —北京：北京燕山出版社，2004

261页：照片；23cm

ISBN 7-5402-1635-2；CNY 32.00

该书主要循着中共党史和人民革命、建设的历史线索展开，以生动典型的事件、故事或人物勾勒历史的过程。全书共35章，内有图片和相关内容的"链接"。

D3/2　　　　　　　　　　0501

北京西城革命史词典 / 中共北京市西城区委党史工作办公室编 . —北京：中央文献出版社，2014

330页；21cm

ISBN 978-7-5073-4166-9

精装：CNY 58.00

该书收录了北京市西城区域内新民主主义革命时期的历史资料，包括运动·事件·会议、团体·组织、人物、遗迹·旧址、报刊·文献、综合6大部分，共收列词目429条。

D33/1　　　　　　　　　　0502

西城追忆·抗战西城 / 中共北京市西城区委宣传部，北京西城区档案局（馆），北京市西城区新闻中心编著 . —北京：北京时代华文书局，2015

355页：图，照片；26cm

ISBN 978-7-5699-0450-5；CNY 46.00

该书分为烽火西城、沦陷岁月、奋勇

抗争、英雄人物、往事追忆共5部分，收录"'八·一五'北京街头一瞥""'一二·九'运动与西城""九·一八事变后的北平东北学校""平西抗日根据地设在西城的秘密交通站"等49篇文章。

D4/1　　　　　　　　　　0503

当代北京简史/周一兴主编.—北京：当代中国出版社，1999

408页；20cm.—（中华人民共和国地方简史丛书）

ISBN　7-80092-837-3；CNY 18.00

该书是一部以马克思列宁主义、毛泽东思想、邓小平理论为指导，全面反映当代北京革命和建设进程的史论结合的专著，共4编11章。

D6/1　　　　　　　　　　0504

我的上世纪：一个北京平民的私人生活绘本：［画册］/关庚文/图.—北京：中国青年出版社，2007

321页：图；24cm.—（我的私人绘本系列）

ISBN　978-7-5006-7182-4；CNY 38.00

该画册作者以一个亲历者的平民身份，通过500余篇短文和600余幅绘图，表现人生感悟与细察世情百俗的画册。

D6/2　　　　　　　　　　0505

难忘的岁月：宣武区老干部回忆录/中共宣武区委党史办公室，中共宣武区委老干部局编.—河北：河北省地矿局测绘制印中心，1995

239页：照片；19cm

该书收录了宣武区离休老干部撰写的革命回忆录31篇，将老同志们的革命斗争经历和实际感受真实地记录下来。这对于广大群众特别是年轻一代了解党的历史，增强爱国之情，坚定建设有中国特色社会主义的信念，将会起到很好的作用。

D6/2.2　　　　　　　　　　0506

难忘的岁月：宣武区老干部庆祝建国50周年征文选.二/中共宣武区委老干部局，中共宣武区委党史办公室编.—北京：北京市友谊印刷经营公司，1999

333页：图；20cm

该书作者大都是在宣武区奋斗多年的老同志，他们对宣武区这块热土感情至深，以一种强烈的愿望和极高的热情回忆自己的往事。在这字里行间，我们可以看到老同志真实的昨天与今天，看到老同志崇高的思想境界和精神风貌。

D6/4　　　　　　　　　　0507

见闻北京七十年琐记/胡金兆著.—北京：学苑出版社，2007

344页：图，照片；23cm

ISBN　978-7-5077-2867-5；CNY 39.80

该书主要讲述了从作者3岁经历"七七事变"，一直到73岁付梓出书，整整70年，发生在作者身边的大小事，具体包括"三岁孩童看到的'七七事变'""第一舞台着大火与民间消防组织'水会'""琉璃厂黄韩两家的精美的大四合院"等故事。

D6/5　　　　　　　　　　0508

老北京轶闻趣事/严锴编著.—北京：北京燕山出版社，2008

272页：图，照片；21cm.—（老北京

丛书）

ISBN 978-7-5402-1974-1；CNY 25.00

该书叙述了老北京的名胜趣事、地名典故、名人轶事、百姓传说、梨园夜话、民间趣闻等。全书共有73篇文章，如"'都一处'招牌的来历""酒仙桥的传说""康熙私访蜜仙居"等。

D6/6 0509

峥嵘岁月：北京西城老同志的回忆/张国玉，朱秉春主编；中共北京市委西城区委组织部等编．—北京：中央文献出版社，2001

483页：照片；21cm

ISBN 7-5073-1039-6；CNY 30.00

该书共收录曾在西城区工作或生活过的老同志撰写或已发表的87篇文章，内容上大致分两部分：第一部分是老同志回忆发生在西城区范围内的事件，第二部分是回忆发生在西城区外的事件。

D7/1 0510

北京史地风物书录/王灿炽编．—北京：北京出版社，1985

352页；26cm

CNY 3.70

该书分为历史、地理、风物三大类，是研究北京地方史志及研究辽、金、元、明、清各代历史的重要工具书。收录期限一般截至1981年12月。共著录北京地方文献6300余种，每种都有书名、著者、出版年月、版本、册数、提要和收藏单位。

D7：22/1 0511

北京西城史话/王都伟主编．—北京：北京联合出版公司，2016

156页：图；21cm

ISBN 978-7-5502-8508-8；CNY 25.00

该书分为西城概况、史海钩沉、特色文化、时代新貌4部分，内容包括中轴线以西的北京传统城区、社会发展状况、西城文化概论、西城文化的主要内容等。

D7/2/.2 0512

北京文史资料精华，商海沉浮/北京市政协文史资料委员会选编．—北京：北京出版社，2000

601页；20cm

ISBN 7-200-03996-9；CNY 25.00

该书主要收录北京地区上起1898年戊戌变法，下至1949年中华人民共和国成立时段的工商经济史有关史料。

D7/2/.3 0513

北京文史资料精华丛书，风俗趣闻/北京市政协文史资料委员会选编．—北京：北京出版社，2000

586页；20cm

ISBN 7-200-03992-6；CNY 25.00

该书是北京市政协文史资料委员会近20年来编辑出版的文史资料精选，内容涉及政治军事、文化科技、教育医卫、工商经济、社会生活、文学艺术、名胜园林等诸方面。

D7/2/.4 0514

北京文史资料精华，艺林沧桑/北京市政协文史资料委员会选编．—北京：北京出版社，2000

576页；20cm

ISBN 7-200-03995-0；CNY 25.00

该书主要收录北京地区上起1898年戊

戌变法，下至 1949 年中华人民共和国成立时段的文学艺术史方面的有关史料。

D7/2/.5　　　　　　　0515

北京文史资料精华，杏坛忆旧 / 北京市政协文史资料委员会选编 . —北京：北京出版社，2000

567 页；20cm

ISBN　7-200-03994-2；CNY 25.00

该书主要收录北京地区上起 1898 年戊戌变法、下至 1949 年中华人民共和国成立时段的教育及医药卫生方面的有关史料。

D7/2/.6　　　　　　　0516

北京文史资料精华丛书，梨园往事 / 北京市政协文史资料委员会选编 . —北京：北京出版社，2000

610 页；20cm

ISBN　7-200-03993-4；CNY 25.00

该书由北京市政协文史资料委员会近 20 年来编辑出版的文史资料精选而成，主要收录北京地区上起 1898 年戊戌变法、下至 1949 年中华人民共和国成立时段的有关戏曲方面的史料。

D7/2/.7　　　　　　　0517

北京文史资料精华，文苑撷英 / 北京市政协文史资料委员会选编 . —北京：北京出版社，2000

562 页；20cm

ISBN　7-200-03991-8；CNY 25.00

主要收录北京地区上起 1898 年戊戌变法、下至 1949 年中华人民共和国建立时段的文化方面的有关史料。

D7/2/.8　　　　　　　0518

北京文史资料精华丛书，府园名址 / 北京市政协文史资料委员会选编 . —北京：北京出版社，2000

580 页；20cm

ISBN　7-200-03997-7；CNY 25.00

该书是北京市政协文史资料委员会近 20 年来编辑出版的文史资料精选，主要收录北京地区上起 1898 年戊戌变法、下至 1949 年中华人民共和国建立时段的名胜园林方面的有关史料。

D7/3　　　　　　　　0519

北京：都市想象与文化记忆 / 陈平原，王德威编 . —北京：北京大学出版社，2005

561 页；23cm . —（学术史丛书）

ISBN　7-301-09003-X；CNY 45.00

该书是 2003 年 11 月北京大学召开的国际学术研讨会中论文的结集。28 篇论文采取不同的角度和方法，讨论对象包括北京的文学、艺术、教育、传媒、宗教、建筑、生活环境、民族意识等，如"'宣南诗社'与嘉道之际的士风""沈从文与北京——现代性及其危机"等。本丛书为"十五"国家重点图书出版规划项目成果。

D7/4　　　　　　　　0520

京都忆往：北京文史集萃 / 杨遇泰主编；北京市文史研究馆编 . —北京：北京出版社，2006

467 页：照片；24cm

ISBN　7-200-06600-1；CNY 60.00

该书是从《北京文史》杂志的文章中选出 120 余篇编辑而成，分为"人物春秋""艺苑漫步""燕京话旧"3 大部分，收录了"高君宇与石评梅""漫话戏台""北京的茶馆"等120余篇文章。

D7/5/.4　　　　　　　　　　0521

中国文化杂说．四，北京文化卷/关立勋主编；臧嵘，史明迅本卷主编．—北京：北京燕山出版社，1997

580页：图；26cm

ISBN　7-5402-0770-1

精装：CNY 998.00（全10册）

该书从自然景观、建筑风貌、人文色彩等角度，介绍北京的中轴线、胡同漫话、寺庙、古塔、名桥、历史上的文化名人、宅院与故居、会馆、老字号墓葬、文物杂说这等12项的内容。

D7/5/.6　　　　　　　　　　0522

中国文化杂说．六，宗教文化卷/关立勋主编；于友西，李瑜增本卷主编．—北京：北京燕山出版社，1997

559页；26cm

ISBN　7-5402-0770-1

精装：CNY 998.00（全10册）

该书收录了"中国古代的外来宗教""佛教诸神与中国传统文化""中国四大佛山""中国的佛塔""千古文化的百科全书""北京的敦煌""中国穆斯林与中国文化"（涉及西城牛街）等12篇文章。

D7/5/.8　　　　　　　　　　0523

中国文化杂说．八，艺术文化卷/关立勋主编；顾云，滕振才本卷主编．—北京：北京燕山出版社，1997

551页：图；26cm

ISBN　7-5402-0770-1

精装：CNY 998.00（全10册）

该书介绍了书法、古代雕塑、印章、古今画家、玉文化、漆器艺术史、风筝、文苑源流、古代杂技、京剧、梨园、诗歌文化等内容，共14篇文章。

D7/6　　　　　　　　　　　0524

寻思集/黄宗汉著．—北京：北京市宣武区档案馆，2005

173页：照片；20cm

该书是曾在宣武区工作多年的黄宗汉所作，他将改革开放以来自己参与经济、文艺和学术领域的实践活动思考成文，汇集成书。该书分"弄潮经济改革""开发文化产业""跻身学术研究"三篇。其中下篇包括"法源寺与唐幽州""宣南文化研究概说""清代京师宣南士人会馆论说"等文章。

D7/9/.57　　　　　　　　　0525

北京文史资料．第57辑/北京市政协文史资料委员会编．—北京：北京出版社，1998

305页；20cm

ISBN　7-200-03393-6；CNY 15.00

该书收录24篇文章，分为"共和国脚步""'文革'史料""人物春秋""校园风云""梨园诗话""古迹名园"6大部分。涉及原宣武区的史料有"关于牛街礼拜寺的'白匾'""话说莲花池"等。

D7/10　　　　　　　　　　0526

北京历史上的今天/董志新主编．—北京：北京出版社，1991

372页；20cm

ISBN　7-200-01213-0；CNY 4.80

该书所收 365 篇文章是从《北京日报》已发刊的 2000 余篇文章中精选出的，按日编排，每日一事一文。该书是化历史为新闻的尝试，颇具知识性和趣味性。该书内容选自《北京日报》该专栏。

D7/12　　　　　　　　　　0527

白塔寺地区 / 王彬主编；北京市西城区政协文史和学习委员会编. —北京：中国文史出版社，2011

502 页：照片；24cm

ISBN　978-7-5034-3098-5；CNY 49.80

该书收集了北京市西城区白塔寺地区有关街巷沿革、宗教、府邸、学校、医院、商号、机构、市井掌故、今昔人物等诸多史料。西城区南北两个图书馆都参与编辑、整理。

D7/13（1986—1997）　　　0528

北京档案史料目录索引：1986—1997 /《北京档案史料》编辑部编. —北京：新华出版社，1998

329 页：照片；21cm

ISBN　7-5011-3999-7；CNY 65.00

该索引所收条目，均为《北京档案史料》1986—1997 年 12 年间共 52 期所发表的全部史料、文章及照片，分为专稿、档案史料、专论、人物研究等 23 大类的条目，并附有目录和内容提要等。该书是"庆祝北京市档案馆建馆四十周年"专辑。

D7/13（1990—1991）　　　0529

北京档案史料.1990—1991 年：合订本 / 王国华主编；《北京档案史料》编辑部编辑. —北京：新华出版社，1990

1 册：照片；26cm

精装

该书收录了从 1990 年第 1 期到 1991 年第 4 期北京档案史料中的有关内容，包括"政德会史料"等。合订本保持期刊的原来样式，且附有全年的目录索引。

D7/13（1992—1993）　　　0530

北京档案史料.1992—1993 年：合订本 /《北京档案史料》编辑部编辑. —北京：新华出版社，1992

1 册：照片；26cm

精装

该书收录了从 1992 年第 1 期到 1993 年第 4 期关于北京档案史料的内容，包括"五大民族共和联合会章程""北平特别市公用局 1929 年度施政大纲"等档案史料。

D7/13（1994—1995）　　　0531

北京档案史料.1994—1995 年：合订本 /《北京档案史料》编辑部编辑. —北京：新华出版社，1994

1 册：照片；26cm

精装

该书收录了从 1994 年第 1 期到 1995 年第 4 期关于北京档案史料的内容，包括"清代北京颜料行会馆碑刻""神州女界协济社章程及神州女报简章"等档案史料。

D7/13（1996）　　　　　　0532

北京档案史料.1996 年：合订本 /《北京档案史料》编辑部编辑. —北京：新华出版社，1996

1 册：照片；26cm

精装

该书收录了 1996 年关于北京档案史料

的内容，包括专论、人物研究、历史沿革、馆藏介绍、档案馆介绍、出访观感、公文讲座等档案史料。

D7/13（1997）　　　　0533

北京档案史料.1997年：合订本 /《北京档案史料》编辑部编辑 .—北京：新华出版社，1997

1 册：照片；26cm

精装

该书收录了 1997 年关于北京档案史料的内容，包括专论、人物研究、读档随笔、译文、史料便览、档案馆介绍、编研知识讲座、大事记等档案史料。

D7/13（1998）　　　　0534

北京档案史料.1998年：合订本 /《北京档案史料》编辑部编辑 .—北京：新华出版社，1998

1 册：照片；26cm

精装

该书收录了 1998 年关于北京档案史料的内容，包括专论、人物研究、读档随笔、译文、史料便览、档案馆介绍、编研知识讲座、大事记等档案史料。

D7/13 /（1999）.1　　　　0535

北京档案史料.1999.1 / 徐俊德主编；北京市档案馆编 .—北京：新华出版社，1999

298 页：照片；20cm

ISBN　7-5011-4390-0；CNY 18.00

该书收录了"北京律师公会创建及早期活动史料一组""1919—1928 年北平长途汽车路史料""三一八烈士公墓建立史料"等档案史料。

D7/13/（1999）.2　　　　0536

北京档案史料.1999.2 / 徐俊德主编；北京市档案馆编 .—北京：新华出版社，1999

323 页：照片，图；20cm

ISBN　7-5011-4486-9；CNY 18.00

该书收录了"1912—1918 年北京政府整理私塾史料一组""三十年代初河北高等法院有关司法官吏任用回避史实一组""北平市市民小本借贷处史料选"等档案史料。

D7/13/（1999）.3　　　　0537

北京档案史料.1999.3 / 徐俊德主编；北京市档案馆编 .—北京：新华出版社，1999

279 页：照片；20cm

ISBN　7-5011-4604-7；CNY 18.00

该书收录了"光绪末年规划改建什刹海为公园史料""1928—1936 年北平行政区域边界勘划史料（一）""三十年代北平市政建设规划史料"等档案史料。

D7/13/（1999）.4　　　　0538

北京档案史料.1999.4 / 徐俊德主编；北京市档案馆编 .—北京：新华出版社，1999

285 页；20cm

ISBN　7-5011-4758-2；CNY 18.00

该书收录了"1928—1936 年北平行政区域边界勘划史料""1929—1937 年北平市政府施行义务教育史料一组""日伪统治时期北都市建设概况"等档案史料。

D7/13/（2000）.1　　　　0539

北京档案史料.2000.1 / 徐俊德主编；北京市档案馆编 .—北京：新华出版社，2000

328 页；20cm

ISBN　7-5011-4814-7；CNY 18.00

该书收录了"民国时期北平推行国语教育史料""中南海公园史料（一）""1935年北平市改造烟毒犯史料"等档案史料。

D7/13/（2000）.2　　　　0540

北京档案史料.2000.2/徐俊德主编；北京市档案馆编.—北京：新华出版社，2000

306页：照片；21cm

ISBN　7-5011-4910-0；CNY 18.00

该书发掘、整理北京的档案史料（包含珍贵史料），分为档案原件内容整理与文史专家根据参考文献独立撰写两大部分内容等。该书目录为中英文对照。

D7/13/（2000）.3　　　　0541

北京档案史料.2000.3/徐俊德主编；北京市档案馆编.—北京：新华出版社，2000

309页；20cm

ISBN　7-5011-4985-2；CNY 18.00

该书收录了"清末京师教育史料""三十年代前半期北平地方法院所属看守所""监狱囚犯状况史料（二）"等档案史料。

D7/13/（2000）.4　　　　0542

北京档案史料.2000.4/徐俊德主编；北京市档案馆编.—北京：新华出版社，2000

282页：图；20cm

ISBN　7-5011-5124-5；CNY 18.00

该书收录了"1946年新华通讯社北平分社、《解放报》成立及被查封史料""北平儿童急救工作审议委员会创建及活动情况史料一组（二）"等档案史料。

D7/13/（2002）.1　　　　0543

北京档案史料.2001.1/王芸主编；北京市档案馆编.—北京：新华出版社，2001

322页：图；21cm

ISBN　7-5011-5220-9；CNY 18.00

该辑包括"北平市国术馆史料一组""北洋时期北京市内街巷道路及路幅名称""日伪经济后期北京市各区工厂调查表"等档案史料。

D7/13/（2001）.2　　　　0544

北京档案史料.2001.2/王芸主编；北京市档案馆编.—北京：新华出版社，2001

336页：图；20cm

ISBN　7-5011-5265-9；CNY 18.00

该辑包括"清升平署时期的宫廷戏剧""试论袁世凯政府运作失灵的主客观因素""国子监与外国留学生"等档案史料。

D7/13/（2001）.3　　　　0545

北京档案史料.2001.3/王芸主编；北京市档案馆编.—北京：新华出版社，2001

359页；21cm

ISBN　7-5011-5400-7；CNY 18.00

该辑包括"民国初年京师地方检察厅及其所属机构变动情况史料""双桥无线电台建造史料（一）""北洋时期北京市内街巷道路等级及路幅名称（续完）""1934年审讯燕子李三史料"等档案史料。

D7/13/（2001）.4　　　　0546

北京档案史料.2001.4/王芸主编；北京市档案馆编.—北京：新华出版社，2001

381页；21cm

ISBN　7-5011-5502-X；CNY 18.00

该辑包括"北洋时期北京内外城区各街巷新旧名称对照""双桥无线电台建造史料

(二)""1962年北京市文化局关于曹雪芹生平的调查报告""北京市重要文献选"等档案史料。

D7/13/（2002）.1　　　　0547

北京档案史料.2002.1 / 王芸主编；北京市档案馆编.—北京：新华出版社，2002

377页；20cm

ISBN　7-5011-5652-2；CNY 18.00

该辑包括"双桥无线电台建造史料""沦陷期间北平故宫博物院工作概况史料""天桥街头艺人身份的建构与获得"等档案史料。

D7/13/（2002）.2　　　　0548

北京档案史料.2002.2 / 王芸主编；北京市档案馆编.—北京：新华出版社，2002

330页；21cm

ISBN　7-5011-5782-0；CNY 18.00

该书收录了"二次革命中四川民军总司令张百祥讨袁檄文""双桥无线电台建设史料""洋务思潮中的荒政近代化构想及其历史地位"等档案史料。

D7/13/（2002）.3　　　　0549

北京档案史料.2002.3 / 王芸主编；北京市档案馆编.—北京：新华出版社，2002

302页：照片；20cm

ISBN　7-5011-5972-6；CNY 18.00

该书收录了"纪念彭真诞辰100周年""北平特别市成立初期法规选""北京市重要文献选""蔡元培先生与新文学革命"等档案史料。

D7/13/（2002）.4　　　　0550

北京档案史料.2002.4 / 王芸主编；北京市档案馆编.—北京：新华出版社，2002

309页：照片；21cm

ISBN　7-5011-6010-4；CNY 18.00

该书收录了"1930年中国司法官赴任期限表""1941年顺义地区气象史料""北京市重要文献选""京郊清墓探寻"等档案史料。

D7/13/（2003）.1　　　　0551

北京档案史料.2003.1 / 王芸主编；北京市档案馆编.—北京：新华出版社，2003

307页：照片；20cm

ISBN　7-5011-6141-0；CNY 18.00

该书是一本关于北京史料的档案集，内容包括"民国初期筹备参加西湖博览会史料""1944年顺义县田房价格调查表""抗战胜利后韩国光复军在北平活动史料"等档案史料。

D7/13/（2003）.2　　　　0552

北京档案史料.2003.2 / 王芸主编.—北京：新华出版社，2003

372页：图，照片；21cm

ISBN　7-5011-6226-3；CNY 18.00

该书分为"直面瘟疫·历史回顾"史料与"北京市重要文献选"两大部分，有16组档案，收录了"新中国成立后北京市的清洁防疫工作和爱国卫生运动""清代会馆祭祀制度研究"等档案史料。

D7/13/（2003）.3　　　　0553

北京档案史料.2003.3 / 王芸主编；北京市档案馆编.—北京：新华出版社，2003

384页：照片；20cm

ISBN　7-5011-6317-0；CNY 18.00

该书有16组档案，分别是"1917—

1925年顺义县地方教育史料一组（下）"《申报》载1894年香港疫情及应对措施摘要""1928年北平坛庙状况史料"等档案史料。

D7/13/（2003）.4　　　0554

北京档案史料.2003.4/王芸主编；北京市档案馆编.—北京：新华出版社，2003

347页：图表；20cm

ISBN　7-5011-6448-7；CNY 18.00

该书有13组档案，分为某方面史料与"北京市重要文献选"两大部分，收录了"1919年京师学务局选派留日学生史料""近代北京商业格局及商业设施变迁研究"等档案史料。

D7/13/（2004）.1　　　0555

北京档案史料.2004.1/王芸主编；北京市档案馆编.—北京：新华出版社，2004

344页；20cm

ISBN　7-5011-6615-3；CNY 18.00

该书有11组档案，收录了"清末民初京师初等工业学堂史料""1937年北平市立各级教育机构教职员薪金一览""档案所见1932年弘慈广济寺火灾"等档案史料。

D7/13/（2004）.2　　　0556

北京档案史料.2004.2/王芸主编；北京市档案馆编.—北京：新华出版社，2004

263页；20cm

ISBN　7-5011-6702-8；CNY 18.00

该书有12组档案，收录了"1961年邓小平同志在顺义县进行农业问题调查史料选""栅栏墓地墓志铭文""李大钊三则便笺的重新解读"等档案史料。

D7/13/（2004）.3　　　0557

北京档案史料.2004.3/王芸主编；北京市档案馆编.—北京：新华出版社，2004

333页：照片；20cm

ISBN　7-5011-6805-9；CNY 18.00

该书有12组档案，收录了"1949年北平市军管会接管北平文化机构史料选""难忘的激情岁月——亲历北平和平解放"等档案史料。

D7/13/（2004）.4　　　0558

北京档案史料.2004.4/王芸主编；北京市档案馆编.—北京：新华出版社，2004

263页：照片；20cm

ISBN　7-5011-6927-6；CNY 18.00

该书有12组档案，分为某方面史料与"北京市重要文献选"两大部分，收录了"1953年首都古文物建筑问题座谈会史料""北京'江南城隍庙'考述（其中一座在原宣武区南横街）"等档案史料。

D7/13/（2005）.1　　　0559

北京档案史料.2005.1/王芸主编；北京市档案馆编.—北京：新华出版社，2005

259页：照片；20cm

ISBN　7-5011-7046-0；CNY 18.00

该书有12组档案，分为某方面史料与文史专家整理撰写两大部分，收录了"新中国成立后北京市行政区域变动史料选""北京庙会民间游艺溯源"等档案史料。该书目录为中英文对照。

D7/13/（2005）.2　　　0560

北京档案史料.2005.2/王芸主编；北京市档案馆编.—北京：新华出版社，2005

283 页：图；20cm

ISBN 7-5011-7146-7；CNY 18.00

该书有 17 组档案，分为某方面史料与文史专家整理撰写两大部分，收录了"国民革命军第十八集团军总司令部及野战政治部布告""《卢沟桥歌》的发现与利用"等档案史料。该书目录为中英文对照。

D7/13/（2005）.3　　　　0561

北京档案史料 .2005.3 / 陈乐人主编；北京市档案馆编 . —北京：新华出版社，2005

332 页：图；20cm

ISBN 7-5011-7213-7；CNY 18.00

该书有 12 组档案，分为某方面史料与文史专家整理撰写两大部分，收录了"九·一八事变后国民政府教育部对日交涉教育问题史料选""近代北京医疗卫生事业与市民健康"等档案史料。该书目录为中英文对照。

D7/13/（2005）.4　　　　0562

北京档案史料 .2005.4 / 陈乐人主编；北京市档案馆编 . —北京：新华出版社，2005

245 页：照片；20cm

ISBN 7-5011-7333-8；CNY 18.00

该书有 13 组档案，分为某方面史料与文史专家整理撰写两大部分，收录了"北平和平解放后接管电车公司史料选""近代北京的庙会集市""清代九九消寒图述略"等档案史料。该书目录为中英文对照。

D7/13/（2006）.1　　　　0563

北京档案史料 .2006.1 / 陈乐人主编；北京市档案馆编 . —北京：新华出版社，2006

332 页；20cm

ISBN 7-5011-7453-9；CNY 18.00

该书有 20 组档案，与原宣武区有关的史料有"1961 年北京市手工业管理局关于琉璃厂文化街调整恢复方案及调查报告""天桥艺人及其生活——王学智先生访谈录"等。该书目录为中英文对照。

D7/13/（2006）.2　　　　0564

北京档案史料 .2006.2 / 陈乐人主编；北京市档案馆编 . —北京：新华出版社，2006

309 页：照片；20cm

ISBN 7-5011-7579-9；CNY 18.00

该书有 13 组档案，包括《北京档案史料》创办 20 周年相关资料、北京历史档案与整理等内容，如王汝丰的"特色鲜明成绩斐然——《北京档案史料》创办 20 周年学术讨论会发言提要"。该书目录为中英文对照。

D7/13/（2006）.3　　　　0565

北京档案史料 .2006.3/ 陈乐人主编；北京市档案馆编 . —北京：新华出版社，2006

313 页；20cm

ISBN 7-5011-7642-6；CNY 18.00

该书有 15 组档案，收录了"1946 年修缮北平市公共体育场史料""《历史档案》所刊北京地方史料述要""新中国成立前后的北京火柴厂"等档案史料。该书目录为中英文对照。

D7/13/（2006）.4　　　　0566

北京档案史料 .2006.4 / 陈乐人主编；北京市档案馆编 . —北京：新华出版社，2006

316 页；20cm

ISBN 7-5011-7743-0；CNY 18.00

该书有 12 组档案，分为某方面史料与

文史专家整理撰写两大部分，收录了"民国时期香厂新世界商场筹建与修缮史料""五十年代十大建筑考证""京郊清代墓碑（续六）"等档案史料。该书目录为中英文对照。

D7/13/（2007）.1　　　0567

北京档案史料.2007.1 / 陈乐人主编.—北京：新华出版社，2007

300页：照片；21cm

ISBN　978-7-5011-7925-1；CNY 18.00

该书有14组档案，收录了"抗战胜利后北平市兴修整治市区重要沟渠史料选""清代捐纳制度研究""京城的王公府第概述"等档案史料。

D7/13/（2007）.2　　　0568

北京档案史料.2007.2 / 陈乐人主编；北京市档案馆编.—北京：新华出版社，2007

267页：图；20cm

ISBN　978-7-5011-7993-0；CNY 18.00

该书有14组档案，分为史料选编与文史专家整理撰写两大部分，收录了"1934年北平市筹备栽植行道树史料""档案揭秘60年前的一场防疫战""天桥这地方，真养穷人——朱国良先生访谈录"等档案史料。该书目录为中英文对照。

D7/13/（2007）.3　　　0569

北京档案史料.2007.3 / 陈乐人主编；北京市档案馆编.—北京：新华出版社，2007

332页；21cm

ISBN　978-7-5011-8115-5；CNY 18.00

该书有18组档案，分为史料选编、文史专家整理撰写两大部分，收录了"1934年北平市整顿公厕史料""谢振平史料一组""著名戏剧艺术家欧阳山尊（上）"等档案史料。该书目录为中英文对照。

D7/13/（2007）.4　　　0570

北京档案史料.2007.4 / 陈乐人主编.—北京：新华出版社，2007

354页：图；21cm

ISBN　978-7-5011-8209-1；CNY 18.00

该书有15组档案，收录了"1929年顺义县重要工作报告（上）""1936年北平市粪商粪夫登记史料""抗战胜利后北平市办理救济史料""新中国成立初期北京市实行免费医疗史料""1952年北京市救济失业工人和贫民史料"等档案史料。

D7/13/（2008）.1　　　0571

北京档案史料.2008.1 / 陈乐人主编；北京市档案馆编.—北京：新华出版社，2008

274页：照片；20cm

ISBN　978-7-5011-8325-8；CNY 22.00

该书有10组档案，分为史料选编与文史专家整理撰写两大部分，收录了"1929年顺义县重要工作报告（下）""民国时期北京'非律师'活动初探"等档案史料。

D7/13/（2008）.2　　　0572

北京档案史料.2008.2 / 陈乐人主编；北京市档案馆编.—北京：新华出版社，2008

291页：图；20cm

ISBN　978-7-5011-8419-4；CNY 22.00

该书有8组档案，收录了"1976年唐山地震后北京市开展抗争救灾史料"等地震史料，"老北京天桥的传说、历史及其他"等北京地方文化史料。该书目录为中英文对照。

D7/13/（2008）.3　　　　　　0573

北京档案史料.2008.3 / 陈乐人主编．——北京：新华出版社，2008

285页：图表；21cm

ISBN 978-7-5011-8489-7；CNY 22.00

该书有10组档案，收录了"北京市1977年职工生活调查""1978年北京市城镇居民生活消费值调查""1983年北京市郊区农村文化建设情况调查"等档案史料。

D7/13/（2008）.4　　　　　　0574

北京档案史料.2008.4 / 陈乐人主编；北京市档案馆编．——北京：新华出版社，2008

293页：图；21cm

ISBN 978-7-5011-8657-0；CNY 22.00

该书有15组档案，收录了"北京市档案馆整理公布的有关北平和平解放和平接管史料概览（纪念北平和平解放60周年）""实行改革开放前北京市城市社会结构状况"等档案史料。

D7/13/（2009）.1　　　　　　0575

北京档案史料.2009.1 / 陈乐人主编；北京市档案馆编．——北京：新华出版社，2009

290页：图；21cm

ISBN 978-7-5011-8736-2；CNY 22.00

该书有13组档案，分为史料选编与文史专家整理撰写两大部分，收录了"1956年北京市手工业合作化的情况、问题和意见""二十世纪五十年代北京绿化造林""改革开放初期北京市解决群众看病难，住院难状况"等档案史料。

D7/13/（2009）.2　　　　　　0576

北京档案史料.2009.2，档案中的北京五四 / 陈乐人主编；北京市档案馆编．——北京：新华出版社，2009

348页：图；21cm

ISBN 978-7-5011-8839-0；CNY 22.00

该书有20组档案，收录了"五四爱国学生许德珩等被捕斗争情况""关于火烧曹宅痛打张宗祥的调查""五四文电录要和五四运动中京师学务局应对北京中等学校学生罢课"等五四运动史料。

D7/13/（2009）.3　　　　　　0577

北京档案史料.2009.3，庆祝中华人民共和国成立60周年专辑 / 陈乐人主编；北京市档案馆编．——北京：新华出版社，2009

353页：图；20cm

ISBN 978-7-5011-8966-3；CNY 22.00

该书有14组档案，收录了"开国大典宣传工作计划及总结""1959年国庆工程建设史料""1959年首都国庆工程情况介绍""人民大会堂工程建设史料""民族文化宫和民族饭店工程建设史料"等档案史料。

D7/13/（2009）.4　　　　　　0578

北京档案史料.2009.4 / 陈乐人主编；北京市档案馆编．——北京：新华出版社，2009

311页：照片；21cm

ISBN 978-7-5011-9072-0；CNY 22.00

该书有13组档案，分为史料选编与文史专家整理撰写两大部分，收录了"1935年北平市重修明长陵史料""高君宇、石评梅墓碑迁移始末"等档案史料。

D7/13/（2010）.2　　　　　　0579

北京档案史料.2010.2 / 北京市档案馆编．——北京：新华出版社，2010

337页；21cm

ISBN 978-7-5011-9279-3；CNY 22.00

该书有12组档案，分为史料选编、文史专家整理撰写两大部分，收录了"1954年北京市饮食、旅店、浴池、理发、照像业调查史料""1955年北京市河湖状况""新中国成立十年来北京市劳动保护工作成就"等档案史料。

D7/13/（2010）.4　　　　0580

北京档案史料.2010.4 / 陈乐人主编；北京市档案馆编.—北京：新华出版社，2010

345页：照片；21cm

ISBN 978-7-5011-9454-4；CNY 22.00

该书有12组档案，分为史料选编、文史专家整理撰写两大部分，收录了巴拿马太平洋万国博览会出品分类纲目""1963年北京市遭受特大洪涝灾害史料""国子监与清代官学教育之浅谈"等档案史料。

D7/13/（2011）.2　　　　0581

北京档案史料.2011.2，档案中的北京党史与党建 / 陈乐人主编；北京市档案馆编.—北京：新华出版社，2011

714页；24cm

ISBN 978-7-5011-9645-6；CNY 64.50

该书分为史料篇、文件篇两部分，收录了"五四时期陈独秀被捕档案选""北京各界团体声援五卅运动""在北京市党的代表会议上的报告（1950年2月14日）"等党史党建史料。

D7/13/（2011）.4　　　　0582

北京档案史料.2011.4 / 陈乐人主编；北京市档案馆编.—北京：新华出版社，2011

262页：图；24cm

ISBN 978-7-5011-9797-2；CNY 28.00

该书有14组档案，分为史料选编与文史专家整理撰写两大部分，收录了"1956年上海市服务业名店迁京史料""20世纪60年代初北京市关于防止矽尘危害工作史料""20世纪80年代中期北京市整顿交通安全史料"等。

D7/13/（2012）.1　　　　0583

北京档案史料.2012.1 / 吕和顺主编；北京市档案馆编.—北京：新华出版社，2012

278页：图；24cm

ISBN 978-7-5011-9922-8；CNY 35.00

该书有11组档案，分为史料选编、文史专家整理撰写两大部分，收录了"1953-1955年北京市取缔无照摊商史料一组""20世纪50年代中后期北京市前门地区商业网调整史料""1971年首都举行庆祝'五一'国际劳动节活动史料"等档案史料。

D7/13/（2012）.3　　　　0584

北京档案史料.2012.3，北京文化叙事 / 吕和顺主编.—北京：新华出版社，2012

317页：照片；24cm

ISBN 978-7-5166-0103-7；CNY 35.00

该书有24组档案，收录了"庚子年之后北京的多重文化图景""北方左联：北方左翼文化运动的旗手""新中国成立后首都京剧工作回眸""范源廉与北洋政府时期的教育界"等文化史料。

D7/14　　　　0586

宣南士乡 / 吴建雍，赫晓琳著.—北京：北京出版社，2000

103页：图；20cm. —（北京历史丛书）

ISBN 7-200-03791-5.CNY 8.00

该书分"宣南士乡的形成和演变""宣南士人的生活""儒风士俗""宣南士子与朝鲜文人"四部分，描述了士文化的特色。

D7/15/.1　　　　　　　　　　0586

宣武文史.第一辑/北京市宣武区政协文史资料委员会编.—[出版地不详]：[出版社不详]，1993

283页：照片；20cm

CNY 4.00

该书选辑了宣武文史资料46篇，从不同角度反映了宣武区政治、经济、文化的历史发展情况。如"宣武说古""周恩来与广德楼戏园""长椿寺与浙寺"等。

D7/15/.2　　　　　　　　　　0587

宣武文史.第二辑/北京市宣武区政协文史资料委员会编.—北京：北京市宣武区政协文史资料委员会，1993

291页；19cm

CNY 4.00

该书收录了46篇文章，反映天桥的风土人情和历史面貌，多数是作者的亲身经历。如"天桥话旧""天桥戏园知多少""天桥的评书""天桥市场""天桥的小吃"等。

D7/15/.3　　　　　　　　　　0588

宣武文史.第三辑/北京市宣武区政协文史资料委员会编.—北京：北京市宣武区政协文史资料委员会，1994

254页；21cm

CNY 4.00

该书选辑了宣武文史资料42篇，从不同角度反映了宣武区政治、经济、文化的历史发展情况。如"北京印钞厂八十五年变迁""梅兰芳在北京的故居及生活""牛街礼拜寺的明朝碑"等。

D7/15/.4　　　　　　　　　　0589

宣武文史.第四辑，纪念中国人民抗日战争胜利五十周年专辑：1945—1995/中国人民政治协商会议北京市宣武区委员会文史资料委员会编.—北京：中国人民政治协商会议北京市宣武区委员会文史资料委员会，1995

322页：照片；20cm

CNY 10.00

该书收录了40篇文章，揭露了日本军国主义侵华罪行，反映了中国共产党及其领导下的抗日军民为抗战胜利所发挥的作用。如"抗战年代话牛街""在太行山的日子里"等。

D7/15/.5　　　　　　　　　　0590

宣武文史.第五辑/中国人民政治协商会议北京市宣武区委员会文史资料委员会编.[出版地不详]：[出版社不详]，1996

267页：照片；20cm

CNY 15.00

该书收录了33篇文章，从不同角度介绍了宣武区的街巷、店铺发展、名人故居等内容。如"宣南街巷发展史略""民国初年的香厂地区京城老店馥顺斋""宣武成人教育溯源""周恩来与陶然亭"等。

D7/15/.6　　　　　　　　　　0591

宣武文史.第六辑，梨园专辑/宣武区政协文史资料委员会编.—北京：政协宣武区委员会文史资料委员会，1997

254 页：照片，图；21cm

CNY 12.00

该书收录了不同作者整理撰写的 20 篇文章，介绍宣武区这个梨园之乡的班社、戏园与戏楼、戏剧名家等。如"谭门七代献艺梨园""名伶故居谈""宣南的梨园班社""梨园行的附设业"等。

D7/15/.7　　　　　　　　0592

宣武文史．第七辑，纪念戊戌变法 100 周年专辑：1898—1998 / 政协宣武区委员会文史资料委员会编．—北京：政协宣武区委员会文史资料委员会，1998

262 页：照片，折图；20cm

CNY 12.00

该书搜集了有关康有为、梁启超等维新人士的资料，也搜集了有关清廷官员及其他人士参与、支持变法的资料。本辑是戊戌变法 100 周年专辑，共收录了 43 篇文章。

D7/15/.8　　　　　　　　0593

宣武文史．第八辑，庆祝中华人民共和国成立五十周年专辑：1949—1999 / 中国人民政治协商会议北京市宣武区委员会文史资料委员会编．—北京：中国人民政治协商会议北京市宣武区委员会文史资料委员会，1999

335 页：照片；20cm

CNY 15.00

该辑是国庆 50 周年专辑，收录了 36 篇文章，从经济、城建、文化、教育、民族、宗教、统一战线等不同角度反映了宣武区 50 年来翻天覆地的变化。

D7/15/.9　　　　　　　　0594

宣武文史．第九辑，宣南文化专辑——宝地宣南 / 赵洛著；中国人民政治协商会议北京市宣武区委员会文史资料委员会编．—[出版地不详]：[出版社不详]，2002

241 页：照片；20cm

该书将赵洛先生的《宝地宣南》一书作为《宣武文史》第九辑出版。分为"宣南杂写""宣南诗话"两大部分，50 篇文章。前有袁鹰撰写的《宣南文气》为代序，后有刘向勃撰写的《宣南名士多》为代跋。

D7/15/.10　　　　　　　0595

宣武文史．第十辑，宣南园林 / 中国人民政治协商会议北京市宣武区委员会文史资料委员会编．—[出版地不详]：[出版社不详]，2003

233 页：照片；20cm

该书记述了宣南园林的发展，记录了曾在宣南这块土地上有过的皇家园林的宏大气魄和坛寺园林、会馆园林、宅第园林。

D7/15/.11　　　　　　　0596

宣武文史．第十一辑，菊坛拾零 / 中国人民政治协商会议北京市宣武区委员会文史资料委员会编．—[出版地不详]：[出版社不详]，2004

260 页：照片；21cm

该书收录了 24 篇文章，既有梨园后人对先人的追忆，也有剧坛名宿对从艺生涯的回顾；既有京剧爱好者的辛勤踏访所得，也有专业人士的各种史料论述。如"诸腔竞奏在宣南""谭富英谈戏及其他"等。

D7/15/.12　　　　　　　0597

宣武文史．第十二辑 / 中国人民政治协商会议北京市宣武区委员会文史资料委员会

编 . —北京：[出版社不详]，2005

258 页：照片；21cm

该书收录了 35 篇文章，分为"纪念抗日战争胜利六十周年""旧闻新读""书肆报坊""京城百业""名厂名店""城南寻旧""宣南文化""名人自述""故时风物"这 9 个部分。

D7/15/.13   0598

宣武文史 . 第十三辑 / 北京市宣武区政协文史资料委员会编 . —北京：[出版社不详]，2007

252 页：照片；20cm

该书收录了 51 篇有关宣南地区非物质文化遗产的文史资料，京味作家刘一达为之作序。其中有原宣武区图书馆工作人员整理的文章，如馆长李金龙的"内联升手工布鞋"、李延的"鹤年堂 600 年的养生文化"等。

D7/15/.14   0599

宣武文史 . 第十四辑 / 北京市宣武区政协文史资料委员会编 . —北京：[出版社不详]，2008

401 页：照片；20cm

该书为纪念关汉卿戏剧创作 750 周年而作，收录了 77 篇文章。作者多为宣武区人，其中包括原馆长李金龙的"关汉卿的戏剧精神"、老天桥人姚振声的"品张蕴华《拷红》赞王实甫《西厢记》"。

D7/15/.15   0600

宣武文史 . 第十五辑，纪念改革开放三十周年 / 中国人民政治协商会议北京市宣武区委员会文史资料委员会编 . —北京：中国人民政治协商会议北京市宣武区委员会文化文史委员会，2009

232 页；24cm

该书收录了 62 篇文章，从不同角度反映宣武区改革开放和现代化建设的情况，以此纪念改革开放 30 周年。其中包括原图书馆馆长李金龙的"宣南文化的研究与弘扬"。

D7/16/.1   0601

北京史苑 .（第一辑）/ 北京市社会科学研究所《北京史苑》编辑部编 . —北京：北京出版社，1983

362 页；20cm

CNY 1.60

该书首篇为"巨大的支持 英明的预见——重读马克思、恩格斯关于中国革命的教导"，以此纪念伟大导师马克思逝世 100 周年。其余内容分为"燕京春秋""史学论丛""人物传记""宗教研究""经济史话""宫苑逸史"等共 16 个部分、44 篇文章。

D7/16/.4   0602

北京史苑 . 第四辑 / 北京市社会科学院《北京史苑》编辑部编 . —北京：北京出版社，1988

344 页；20cm

ISBN 7-200-00323-9；CNY 2.75

该书分为"燕京春秋""史学论丛""京华人物""坛庙寺观""王府与园林""经济史话""文化史话""水利史话""北京风俗"共 9 个部分、31 篇文章，后有附录"《北京史苑》《史苑》目录索引（1982—1985 年）"。

D7/17/.1   0603

史苑 . 第一辑 / 北京市社会科学研究所《史苑》编辑部编 . —北京：文化艺术出版

社，1982

128页；19cm

CNY 0.45

该书分为宫廷史话、北京宗教史、历史地理、北京掌故、北京科技史、胡同杂谈、北京人物、水利人物、北京祠堂、经济史话、北京寺观、北京园林、读书札记、建制沿革等几个部分。

D7/17/.2　　　　　　　　0604

史苑.第二辑/北京市社会科学研究所《史苑》编辑部编.—北京：文化艺术出版社，1983

245页；19cm

CNY 0.80

该书分为人物传记、古都研究、经济史话、文物考古、文化史话、历史地理、坛庙寺观、胡同丛谈、风景名胜、掌故漫谈、北京博物、论述北京历史等几个部分。

D7/18/.1　　　　　　　　0605

北京文史资料精选，宣武卷/何卓新主编；北京市政协文史资料委员会编；张文华［卷］主编.—北京：北京出版社，2006

348页：图，照片；24cm

ISBN　7-200-06536-6

CNY 38.00（全18册）

这套丛书主要收录1898—1966年之间的史料，内容涉及政治军事、文化教育、卫生体育、文物古迹、民俗风情、社会生活等方面。尹钧科撰写各个区县的历史沿革，置于分卷卷首。

D7/18/.2　　　　　　　　0606

北京文史资料精选，崇文卷/何卓新主编；北京市政协文史资料委员会编；张湘［卷］主编.—北京：北京出版社，2006

314页：照片；24cm

ISBN　7-200-06536-6

CNY 38.00（全18册）

该书收集的资料涉及政治、经济、教育、卫生和文化、文物等各方面，多数为亲历者撰写，主要讲述了北京崇文区的近现代历史。

D7/18/.3　　　　　　　　0607

北京文史资料精选，丰台卷/何卓新主编；北京市政协文史资料委员会编；初建华［卷］主编.—北京：北京出版社，2006

323页：照片；24cm

ISBN　7-200-06536-6

CNY 38.00（全18册）

该书收集的资料涉及政治、经济、教育、卫生和文化、文物等各方面，多数为亲历者撰写，主要讲述了北京丰台区的近现代历史，反映了丰台区的历史概貌。

D7/19/.1　　　　　　　　0608

北京文史：宣南文化研究专刊/杨遇泰，朱仲玉主编.—（北京：鑫富华彩色印刷有限公司，2002

72页：图；26cm

该刊特选登有关宣南文化各个方面的代表性论述，分为"历史综述""士人文化""胜迹遗韵""调查研究"4个栏目。内容有"牛街礼拜寺""开发宣南文化资源的新举措"等。该刊为北京文史2002年第1期。

D7/21　　　　　　　　　0609

西城回眸：北京西城老同志回忆/赵兵

主编；中共北京市西城区委党史资料征集办公室编 . —北京：中共党史出版社，2011

364 页：照片；24cm

ISBN 978-7-5098-1526-7；CNY 38.00

该书共收录文章 95 篇，图片 103 幅。所记内容从抗日战争时期到社会主义建设和改革开放，时间跨越了 70 余年。收录有"鲜为人知的北京特科""在迎接北平和平解放的日子里""回忆在北平第二区的工作"等文章。

D7/22　　　　　　　　　　　0610

宣武文史集萃 / 中国人民政治协商会议北京市宣武区委员会文史资料委员会编 . —北京：中国文史出版社，2000

613 页：照片，图；21cm

ISBN 7-5034-1111-2

精装：CNY 50.00

该书分"文人荟萃""梨园之乡""会馆云集""街巷纵横""千年古道""古寺园林""教卫史苑""英烈踪迹"等方面，记述了宣武区的地方史。

D7/23　　　　　　　　　　　0611

宣南忆旧 / 孙兴亚著；宣武区建设管理委员会，宣武区档案馆编 . —［北京］：［出版社不详］，2000

323 页；21cm

该书介绍宣南地域内的历史变迁及作者在宣武区工作生活的回忆。作者孙兴亚，长期在宣武区从事民政、城建、城管工作，亲身经历了宣武区 50 年的变化，积累了宣武区的文史资料。

D7/23/.2　　　　　　　　　0612

宣南忆旧 . 续集 / 孙兴亚著 . —北京：［出版社不详］，2012

296 页；29cm

该书分为"街道变迁""坛庙风云""名人故居""往事勾陈""随笔五十则""打油诗十二首""人生旅途"共 7 个部分，介绍宣南地域内的历史变迁及作者在宣武区工作生活的回忆。

D7/24/.7　　　　　　　　　0613

北京西城往事 .7 / 北京市西城区档案局（馆）编 . —北京：北京市西城区档案局（馆），2014

329 页：照片；25cm

该书是《西城追忆》（2014 年）总第 51—54 期的精粹，收录了 57 篇文章。内容有黄德芬的"何鲁丽住官园胡同 5 号楼期间"、谢景懿的"平汉铁路工人破坏队秘密办公点"、王克昌的"北京历史最久的恤孤单位在龙泉寺"等。

D7/25　　　　　　　　　　　0614

西城故事与中国梦 / 王都伟主编；中共北京市西城区委宣传部，北京市西城区社会科学界联合会编 . —北京：首都师范大学出版社，2013

225 页：照片，图；19cm

该书分为"寻求救国之梦""实践改革之梦""见证百姓之梦""创新发展之梦" 4 章，收录了"革新更法的初探者龚自珍""力推维新变法的谭嗣同""发展中的北京金融街""代表的责任"等 32 篇文章。

D7/25：1　　　　　　　　　0615

西城故事与中国梦 / 王都伟主编；中共北京市西城区委宣传部，北京市西城区社会

科学界联合会编 . —北京：首都师范大学出版社，2014

210 页：照片，图；24cm

ISBN 978-7-5656-1726-3；CNY 32.00

该书分为"寻求救国之梦""实践改革之梦""见证百姓之梦""创新发展之梦"4章，收录了"革新更法的初探者龚自珍""力推维新变法的谭嗣同""发展中的北京金融街""代表的责任"等 32 篇文章。

D8/1　　　　　　　　　　　　　0616

文物话春秋，琉璃厂 / 陈重远著 . —北京：北京出版社，1996，2001 重印

483 页；20cm. —（文玩鉴赏丛书）

ISBN 7-200-02827-4；CNY 23.00

该书主要介绍老北京的文物三条街和街上著名的老字号及鉴定经营古玩、珠宝玉器的老行家，有人、有物、有故事、有史实。

D8/2　　　　　　　　　　　　　0617

京都古迹大观：北京市全国重点文物保护单位 / 单霁翔主编 . —北京：北京燕山出版社，1996

103 页：照片；21cm

ISBN 7-5402-0763-9；CNY 24.00

该书对北京市现有 35 处全国重点文物保护单位做了科学而又生动的简述。如五四运动的摇篮北京大学红楼"京城最大的清真寺牛街礼拜寺"等与宣南地区相关。

D8/3　　　　　　　　　　　　　0618

北京石刻撷英 / 肖纪龙，韩永编著 . —北京：中国书店，2002

218 页；20cm. —（京华博览丛书）

ISBN 7-80568-988-1；CNY 14.00

该书意在通过点面结合的方式，力图向读者展示北京石刻文化发展的画卷；用综合论述、个体剖析的方法将北京历史长河中石刻文化这一独特的文化样式展示给读者。

D81/1　　　　　　　　　　　　　0619

北京辽金文物研究 / 北京辽金城垣博物馆编 . —北京：北京燕山出版社，2005

389 页：地图，图；29cm

ISBN 7-5402-1677-8；CNY 98.00

该书是一部以北京历年出土的辽金文物为主要研究对象的文章专集，收入各类研究文章 60 篇，展示了辽、金历史文化的辉煌。该书为纪念北京辽金城垣博物馆建馆十周年而编。

D81/3/.1　　　　　　　　　　　　0620

北京辽金史迹图志：幽燕千古帝王州 . 上册 / 梅宁华主编 . —北京：北京燕山出版社，2003

305 页；29cm

ISBN 7-5402-1558-5

CNY 400.00（全 2 册）

该书收录北京地区辽、金两代的史迹，包括建筑遗址、桥梁、塔、碑、墓志、摩崖等。

D81/3/.2　　　　　　　　　　　　0621

北京辽金史迹图志：幽燕千古帝王州 . 下册 / 梅宁华主编 . —北京：北京燕山出版社，2003

316 页；29cm

ISBN 7-5402-1558-5

CNY 400.00（全 2 册）

该书收录北京地区辽、金两代的史迹，

包括建筑遗址、桥梁、塔、碑、墓志、摩崖等。

D81/4   0622

骨董说奇珍 / 陈重远著．—北京：北京出版社，1998，2001重印

408页：照片，图；20cm．—（文玩鉴赏丛书）

ISBN 7-200-03255-7；CNY 20.00

该书分为"金石""珍珠""宝石""钻石""翡翠和玉雕"5个部分。以作者1942年至1948年的所见所闻为线索，结合老北京的历史演变、街市变迁、民间情况，采用行家闲聊对话的形式，写奇珍异宝与文物市场故事等。

D81/5   0623

鉴赏述往事 / 陈重远著．—北京：北京出版社，1999

480页：照片；20cm．—（文玩鉴赏丛书）

ISBN 7-200-03798-2；CNY 24.00

该书介绍了北京古玩业的发展、演化，古玩行的行规、字号、门系和风云人物，披露了古玩收藏、交易中鲜为人知的经验、趣事，讲解了文物鉴识及收藏的常识和"秘诀"。该书原名"古玩史话与鉴赏"，1990年由国际文化出版公司出版。

D81/8   0624

西城追忆：文物保护专辑 / 北京市西城区文物保护研究所，北京市西城区档案局（馆）编．—北京：中国发展出版社，2015

411页：照片，图；26cm

ISBN 978-7-5177-0299-3；CNY 68.00

该书从2001年创刊至今的54期《西城追忆》中摘取了81篇有关文保方面的文章，分"西城史略""府邸宅院""坛庙春秋""衙署会馆""园林景观""百年沧桑""历史名人"共7章，详细介绍了西城区文物的历史、名人往事、地名趣闻。

D81/9   0625

京城古玩行 / 陈重远著．—北京：北京出版社，2015

440页：图，照片；23cm．—（陈重远说琉璃厂）

ISBN 978-7-200-11108-8；CNY 68.00

该书记录了老北京古玩商们一个世纪的生活与命运及他们各自独特有趣的禀性，介绍了北京老古玩行经营活动的状况、交易的形式、计价与分账的方式，以及鉴别辨识字画等各类古玩的知识、方法和技术。

D81/10   0626

琉璃厂文物地图 / 陈重远著．—北京：北京出版社，2015

235页：照片；23cm．—（陈重远说琉璃厂）

ISBN 78-7-200-11114-9；CNY 48.00

该书通过讲故事的方式，介绍了近百年古玩、珠宝、玉器行老行家们鉴定经营文物的经验和复制、整修文物的一些绝技，真实趣闻、历史掌故和名人轶事荟萃其间。

D81/11   0627

金石谈旧 / 陈重远著．—北京：北京出版社，2015

246页：图，照片；23cm．—（陈重远说琉璃厂）

ISBN 978-7-200-11113-2；CNY 48.00

该书分为上、下两编，由陈重远旧作《古玩谈旧闻》中关于金石的文章及《古董说珍奇》里关于金石的全部文章合并而成，用讲故事的方式展现了老北京古玩商的个人风采，读来有如在眼前之感。

D81/12　　　　　　　　　　0628

瓷器春秋 / 陈重远著 . —北京：北京出版社，2015

300 页：图，照片；23cm. —（陈重远说琉璃厂）

ISBN 978-7-200-11111-8；CNY 58.00

该书通过一个个故事，详细记录了老北京古玩行经营状况、交易形式等，以及鉴别瓷器的知识、方法和造假的技术，特别是首次披露了鉴别明清官窑瓷器中的赝品和后挂彩的诀窍，可说是老北京古玩行的一幅精彩纷呈、独一无二的画卷。

D82/1　　　　　　　　　　0629

地下北京 / 秦人编著 . —北京：中国书籍出版社，2005

212 页；23cm. —（彩色人文北京系列）

ISBN 7-5068-1304-1；CNY 34.00

该书精选近 200 幅精美图片，以生动幽默的语言、简洁开放的版式，详尽介绍有关北京远古到清代的考古经过及丰硕成果，勾勒出历史文化名城北京的发展沿革。

D82/2　　　　　　　　　　0630

北京考古四十年 / 北京市文物研究所编 . —北京：北京燕山出版社，1990

221 页：图版；26cm

ISBN 7-5402-0156-8；CNY 41.00

该书以图文并茂的形式，讲述了新中国诞生 40 年来北京地区的考古发现。该书按照历史顺序分为"石器时代""青铜时代""汉—唐时代""辽、金、元、明、清时代" 4 编，每编若干章。后附有英文提要与英文目录。

E 人物

E1/1　　　　　　　　　　0631

十个人的北京城 / 田茜，张学军等编著 . 北京：华夏出版社，2003

225 页；21cm

ISBN　7-5080-3195-4；CNY 22.00

该书以报告文学的形式记述了 10 位与北京息息相关的名人故事，有康有为的失落、蔡元培的宽容、陈独秀的坎坷、鲁迅的悲哀，以及胡适、朱自清等人。

E1/2　　　　　　　　　　0632

中国名人地图 / 吕东亮，姚晓华编著 . 北京：光明日报出版社，2005

257 页：彩图，彩照，地图；25cm. （中国文化地图系列丛书）

ISBN　7-80145-914-8；CNY 29.80

该书从地域范围来关注中国名人，解读人与地的关系，以名人的"功名、事业、文章"为经，以文化景点为纬，勾画出一卷名人与地域、文化、历史交相辉映、绚丽多彩的名人地图。

E1/3　　　　　　　　　　0633

风流不见使人愁：北京的名人与往事 / 洪烛著 . —上海：上海书店出版社，2005

226 页：照片；21cm. —（解读北京）

ISBN　7-80678-360-1；CNY 18.00

该书作者用兼具理性和诗意的笔触，描摹着北京这座迷人城市值得缅怀和追忆的名人与往事。如"纪晓岚：铁齿铜牙居草堂""城南旧事"等。

E1/5/.1　　　　　　　　　0634

中共北京党史人物传 . 第一卷 / 中共北京市委党史研究室编 . —北京：中共党史资料出版社，1994

314 页；20cm

ISBN　7-80023-788-5；CNY 8.80

该书记述北京革命和建设中重要领导人和其他有关重要人物的活动。收录范围是从中国共产党的创建开始，在北京党史上有较大影响的人物。

E1/5/.2　　　　　　　　　0635

中共北京党史人物传 . 第二卷 / 中共北京市委党史研究室编 . —北京：中共党史资料出版社，1994

321 页；20cm

ISBN　7-80023-788-5；CNY 9.80

该书记述北京革命和建设中重要领导人和其他有关重要人物的活动。收录范围是从中国共产党的创建开始，在北京党史上有较大影响的人物。

E15/1　　　　　　　　　　0636

清代宣南人物事略初编 / 王汝丰主编；

北京市宣武区档案馆编.—北京：北京燕山出版社，2006

669页；21cm

ISBN 7-5402-1723-5；CNY 40.00

该书以清代宣南社会为背景，以100多位清代在宣南生活居住的知名人物的活动为主线，记述了构成宣南文化主题的士人们的故事。范围包括有较大影响的部院大臣、地方督抚、大小京官，以及著名的政治家、思想家、文学家、诗人、艺术家（含著名民间艺人）等。

E17/1　　　　　　　　　　0637

陶然记忆 / 王克昌编著.—北京：[出版社不详]，2015

206页：图；21cm

该书以陶然亭方寸之地为点，考据了周边的人文历史，收集了若干资料，并以通俗的文字记述了与各个历史人物有关的历史事件。

E21/1　　　　　　　　　　0638

宣武区人民满意的公务员事迹汇编 / 中共宣武区委宣传部，宣武区人事局，宣武区档案馆编.—北京：中共宣武区委宣传部，1999

101页：照片；21cm

该书记述了1998年被市区表彰的12名"人民满意的公务员"的无私奉献、廉洁奉公、勤政为民的先进典型事迹，赞美了他们敬业乐业的精神。

E21/2　　　　　　　　　　0639

文才驰天下：纪晓岚的"风流"人生 / 陈连营，方瑞丽著.—北京：北京古籍出版社，2004

344页；21cm.—（智慧人生丛书）

ISBN 7-5300-0287-2；CNY 18.00

该书是写纪晓岚的传记。纪晓岚主纂的《四库丛书》是旷古的巨型文化工程；他一手删定的《四库丛书总目提要》是中国古代目录学业的发轫巨著；他晚年精心编撰的《阅微草堂笔记》是清代家置一编的必读书，被后人认为是与《聊斋志异》异曲同工的两大绝调。

E21/3　　　　　　　　　　0640

孙中山与北京 / 黄宗汉，王灿炽编著.北京：人民出版社，1996

608页：照片，肖像；20cm

ISBN 7-01-002454-5

精装：CNY 48.50

该书以记述孙中山先生三次北京之行为主，兼收与此活动相关的资料。孙中山逝世后的治丧及送殡等有关资料，也酌情收录。所据资料，均详细注明出处。

E21/4　　　　　　　　　　0641

纪连海新解乾隆朝三大名臣 / 纪连海著.北京：光明日报出版社，2006

217页；21cm

ISBN 7-80206-243-8；CNY 25.00

该书是纪连海先生在中央电视台《百家讲坛》中"正说清代名臣"之刘墉篇、纪晓岚篇、和珅篇的集结。聪明诡谲的刘罗锅、铁齿铜牙的纪晓岚、狡猾贪婪的和珅，都是那个时代的风云人物。

E21/5/.1　　　　　　　　0642

北京烈士传.第一辑 / 中共北京市委党

史资料征集委员会编.—北京：北京出版社，1988

253页；20cm

ISBN 7-200-00398-0；CNY 2.90

该书选收了新民主主义革命时期为民族解放和共产主义事业而英勇献身的37位烈士的传记，以葛树贵、吴祯、刘和珍、杨德群等烈士牺牲先后为序加以编排。

E23/1　　　　　　　　　　0643

餐饮奇才陈连生：跟您聊聊买卖经/郭庆瑞著.—北京：北京燕山出版社，2011

194页：照片；21cm

ISBN 978-7-5402-2720-3

精装：CNY 35.00

该书介绍了餐饮业商人陈连生的生平，分为"成长经历篇""北京小吃篇""经营管理篇"3部分。内容包括"幼年失学出身苦 学徒艰辛不怕难""奋发学习有觉悟 紧跟党走永向前""钟情小吃六十年 一生投入不解缘""美味绝佳飘香久 北京小吃继世长"等。

E23/2　　　　　　　　　　0644

陈连生——经营餐饮事业的一生/马宁，赵天泽材料整理.—[出版地不详]：[出版社不详]，2007

122页：图，照片；28cm.—（美食人文风味）

该书主要记录了陈连生在餐饮行业里所做出的成绩，经营吐鲁番餐厅等工作中总结的先进经验，以及为整个餐饮行业的发展所做出的贡献。

E24/1　　　　　　　　　　0645

乱世飘萍：邵飘萍和他的时代/散木著.—广州：南方日报出版社，2006

527页：照片；24cm

ISBN 7-80652-502-5；CNY 55.00

该书将报人邵飘萍与中国近代历史、与中国新闻史紧密衔接并打通，从个案到宏大叙事，彼此穿梭，以便仔细观照已逝去的历史岁月。

E24/2　　　　　　　　　　0646

京城玩主——张伯驹/张庆军，潘千叶编著.—北京：中国社会科学出版社，2004

294页：照片；20cm

ISBN 7-5004-4340-4；CNY 20.00

该书分"翩翩浊世佳公子""最后的名士圈""红袖添香夜读书""为伊消得人憔悴""千金散尽为收藏"等8章，记录了张伯驹的传奇故事。

E24/3　　　　　　　　　　0647

棠阴坞撷华：孙幼铭先生纪念文集/孙崇菀编著.—北京：宗教文化出版社，2013

224页：照片，肖像，图；24cm

ISBN 978-7-80254-675-2；CNY 78.00

该书采集了中国伊斯兰教的学术性刊物《月华》旬刊的创始人之一孙幼铭先生的日记、著作、遗稿和墨迹中的精华部分，以寄托对他的深切怀念之情。

E24/4/1　　　　　　　　　0648

棠阴坞撷华续编.一，孙幼铭先生纪念文集/孙崇菀编著.—北京：现代教育出版社，2015

431页：图，照片；24cm

ISBN 978-7-5106-3329-4；CNY 70.00

该书分为"棠阴坞撷华""历代书家征

略""棠阴坞书法""棠阴坞賸墨"等内容，将孙幼铭先生在报刊上发表过的文章和未曾出版的作品一并集录其中。

E24/5　　　　　　　　　0649

邵飘萍与《京报》/ 林溪声，张耐冬著. — 北京：中华书局，2008

246 页：照片，图；23cm. —（报人时代）

ISBN　978-7-101-06143-7；CNY 28.00

该书讲述了邵飘萍与《京报》的风雨历程。邵飘萍怀抱理想主义情怀，呼唤新闻自由，反对专权压制，并为之付出了生命的代价。他的追求与悲怆、奋斗与激昂仍感召着后人。邵飘萍们的背影已经渐行渐远，我们有必要拂拭去漫长岁月层积的尘埃，再次走近邵飘萍和他主持的报纸。

E247/1　　　　　　　　0650

京城玩家 / 刘一达著. — 北京：经济日报出版社，2004

303 页：图，照片，肖像；24cm

ISBN　7-80180-268-3；CNY 35.00

该书分设"物我乾坤""眼端天空""篋中旷韵" 3 辑，介绍 20 余位北京的"玩家"（收藏家）的独特爱好和技能以及他们"玩"出的文化品位。

E256/1　　　　　　　　0651

鲁迅与北京风土 / 邓云乡［著］. — 石家庄：河北教育出版社，2004

264 页；20cm. —（邓云乡集）

ISBN　7-5434-5326-6；CNY 14.00

该书以随笔漫谈的形式，结合鲁迅先生的信件、生平、著作等，阐述老北京的传统文化、民俗、饮馔风貌，以及关于名胜的散记等。

E26/1.2　　　　　　　　0652

我的父亲梅兰芳，续集 / 梅绍武著. — 天津：百花文艺出版社，2004

305 页：图，照片；21cm

ISBN　7-5306-3786-X；CNY 20.00

该书收录了作者关于父亲梅兰芳先生的多篇文章，包括"《梅兰芳和高尔基》补遗""梅兰芳和斯坦斯拉夫斯基"等近 30 篇，从多个方面和角度讲述了梅兰芳先生的生平事迹。

E26/2　　　　　　　　　0653

伶人往事：写给不看戏的人看 / 章诒和著. — 长沙：湖南文艺出版社，2006

360 页：照片；23cm

ISBN　7-5404-3817-7；CNY 38.00

该书以感性的笔触，记录了尚小云、言慧珠、杨宝忠、叶盛兰、叶盛长、奚啸伯、马连良、程砚秋 8 位伶人的前尘往事。书内所述的人和事是纪录性的，是写给不看戏的人看，故着墨指出"在于人，而非戏"。

E26/3　　　　　　　　　0654

京师梨园轶事 / 刘嵩崑著. — 南昌：江西美术出版社，2007

318 页：图，照片；23cm. —（京师梨园丛书）

ISBN　978-7-80749-100-2；CNY 38.00

该书记述了京师梨园从 19 世纪中叶到新中国成立后，活跃于京剧舞台的名伶们的生活情景和艺术活动。其中包含了他们的人生经历、艺术造诣、为人性情及鲜为人知的轶事趣闻，并配以珍贵的影像资料。

E26/4/.1　　　　　　　　0655

京师梨园世家.上册/刘嵩崑著.—南昌：江西美术出版社，2007

297页：图，照片；24cm.—（京师梨园丛书）

ISBN 978-7-80749-098-2；CNY 36.00

该书记录了150个梨园家族的详细情况，诸如历代成员生辰、乳名、原名、别名、艺名、民族、籍贯、婚姻子女、登台时间、补习兼习等。

E26/4/.2　　　　　　　　0656

京师梨园世家.下册/刘嵩崑著.—南昌：江西美术出版社，2007

299-609页：图，照片，肖像；24cm.（京师梨园丛书）

ISBN 978-7-80749-098-2；CNY 36.00

该书记录了150个梨园家族的详细情况，诸如历代成员生辰、乳名、原名、别名、艺名、民族、籍贯、婚姻子女、登台时间、补习兼习等。

E26/5　　　　　　　　　0657

粉墨生涯六十年/赵荣琛著.—北京：当代中国出版社，2006

304页：照片；23cm.—（百年文化中国丛书）

ISBN 7-80170-513-0；CNY 32.00

该书原名是"宦门之后梨园游"，介绍了著名京剧大师赵荣琛回首粉墨生涯60年亲历往事，披露了大量鲜为人知的史实逸事，再现了半个多世纪以来诸多政要及文化名人的活动踪影，折射了中国社会变迁的痕迹。

E26/6　　　　　　　　　0658

梅兰芳画传：[摄影集]/成喻言著.—北京：团结出版社，2004

186页：肖像，照片；23cm+光盘1片.（《画传》书系）

ISBN 7-80130-795-X；CNY 36.00

该摄影集记述了发展提高京剧旦角表演艺术、向海外传播京剧艺术的先驱者的生平，记述了出身于艺术世家的梅兰芳的学艺经历、梅派艺术的形成、先生的经典剧目等。

E26/7　　　　　　　　　0659

十全大净金少山/徐世光，卢子明编著.北京：中国广播电视出版社，2004

213页：图，照片；21cm

ISBN 7-5043-4222-X；CNY 18.00

该书介绍京剧演员金少山的艺术人生，并以较大篇幅说明了金派的几出代表剧目的演技演法（包括剧照、脸谱、戏装等）。

E26/8　　　　　　　　　0660

大武生：侯少奎昆曲五十年/侯少奎，胡明明著.—北京：文化艺术出版社，2007

414页：照片，彩图；23cm.—（昆曲艺术家传记文献丛书）

ISBN 7-5039-3119-1；CNY 46.00

该书分为"家""戏""艺""文"四章，主要介绍了新中国培养起来的一代昆曲艺术家侯少奎的生平事迹和艺术生涯。"昆曲艺术家传记文献丛书"为国家昆曲艺术抢救保护和扶持工程成果。

E26/9　　　　　　　　　0661

京剧大师裘盛戎/谭星宇著.—北京：中国国际广播音像出版社，2005

1光盘（CD）：有声，彩色；12cm+配套图书（244页；25cm）

CNY 90.00

该书分为"幼承庭训""科班生活""初出茅庐""《姚期》初唱""开宗立派""裘派经典""幸福十年""人生落幕"共8个章节，记录了裘盛戎创立裘派艺术的艰难历程、一些经典剧目的创作过程与成绩、裘盛戎为人处事对朋友和弟子的影响等内容。

E26/10　　　　　　　　　0662

启功杂忆/鲍文清著．—北京：中国青年出版社，2005

171页：肖像，照片，图；23cm

ISBN　7-5006-5892-3；CNY 19.00

该书根据作者亲自采访启功而写成的，介绍了她亲眼所见的启功鲜为人知的一面，内有60余幅珍贵照片。全书以朴实的文字，真实自然地记录了启功的家世、恩师、贤妻，他的劫难、病痛以及为人处事的特点。

E26/11　　　　　　　　　0663

相声名家张寿臣传/张立林著．—北京：文化艺术出版社，2005

320页：图；21cm

ISBN　7-5039-2800-X；CNY 20.00

该书是张寿臣的长子张立林撰写的。作者以亲身所历所闻概述了相声艺术家张寿臣先生的艺术人生，内容丰富多彩，史料真实可信。

E26/12　　　　　　　　　0664

袁世海全传：1916—1949/袁世海口述；袁菁整理．—北京：中国青年出版社，2007

502页：照片；25cm

ISBN　978-7-5006-7229-6

精装：CNY 49.00

该书是由袁世海先生口述、其女公子袁菁执笔的一部长篇传记，其中许多精彩的故事属独家披露。京剧表演艺术家袁世海是中国京剧界承前启后的旗帜性人物，人称"活曹操"。

E26/13　　　　　　　　　0665

程砚秋全传/李伶伶著．—北京：中国青年出版社，2007

647页：照片；21cm

ISBN　978-7-5006-7204-3；CNY 70.00

该书描写程砚秋的人生经历。他如何通过刻苦与勤奋，从一个苦孩子渐入艺术堂奥，最终到达辉煌顶峰；如何以过人的胆略和勇气，应对人生的痛苦与波折。

E26/14　　　　　　　　　0666

老天桥说杂技人生/金业勤著．—北京：金盾出版社，2009

344页：照片；23cm

ISBN　978-7-5082-6030-3；CNY 38.00

作者以其京味十足的语言和真实的事例，讲述了金业勤从旧社会在天桥卖艺谋生到成为新中国杂技团演员80多年的人生经历。内有许多老照片。

E26/15　　　　　　　　　0667

一代相声名师王长友/姚振声编著．—北京：学苑出版社，2012

254页：照片；23cm+1光盘

ISBN　978-7-5077-4146-9；CNY 56.00

该书分为"历尽沧桑 以艺为生""传艺解惑 诲人不倦""众家评说 享誉艺坛"3个

部分，介绍了一代相声名家王长友的从艺经历、艺术成就和教学经验，以及师友、后辈对王长友的评价。

E27/1　　　　　　　　　　　0668

京都奇叟：京味文化的发现与收藏 / 黄殿琴著．—北京：中国文史出版社，2005

243 页：照片，肖像；21cm

ISBN　7-5034-1600-9；CNY 23.50

该书讲的是至今还健在的北京老人，他们是：走出紫禁城的皇亲国戚郭布罗·润麟、被誉为"神针王"的满医传人王修身、600 年 14 代古建世家的哲匠马旭初、在茶文化中浸润了 60 年的一级茶叶技师石拯。

E27/2　　　　　　　　　　　0669

马明道阿訇纪念文集 / 马希桂编．—香港：蓝月出版社，2011

471 页：照片；23cm

ISBN　978-988-19659-1-2；CNY 38.00

该书介绍了马明道阿訇生平及其从事的活动。马明道阿訇，出生于北京牛街阿訇世家，祖父马玉山、父亲马星泉（字魁邻）都是当地著名的阿訇。编者马希桂是马明道之子。

E29/1　　　　　　　　　　　0670

赛金花本事 / 刘半农等著；吴德铎等整理．—长沙：岳麓书社，1985

278 页：图；19cm．—（近世文史资料）

CNY 1.40

该书是关于一代名妓赛金花的资料汇编，汇集了同时代人对她进行采访和追忆的第一手资料，以及当时报纸上的相关报道，尤其以刘半农、商鸿逵师生采访晚年赛金花后所写的传记最具史料价值。

E29/2　　　　　　　　　　　0671

追思改敬礼：来自北京、来自牛街、来自海内外 / 马名峻编．—北京：[出版社不详]，2015

57 页：照片；21cm

该书是各方相关人士为悼念生活在牛街的人物改敬礼写的致辞集合。改敬礼编辑出版了《话说北京牛街》一书，自建的"柳河村人的博客"致力于牛街回族文化的挖掘与整理。

E43/1　　　　　　　　　　　0672

皇裔沉浮：北京的完颜氏 / 景爱著．—北京：学苑出版社，2002

142 页：图；20cm

ISBN　7-5077-1981-2；CNY 10.00

该书以翔实的史料，记述金朝皇裔完颜守祥一支从国破家亡，一直到现在的种种遭遇。

F 社会生活

F1/1　　　　　　　　　　0673

北京老天桥：[摄影集] / 北京市对外文化交流协会，北京市宣武区《北京老天桥》画册编委会编 . —北京：北京出版社，1990

152 页；25×26cm

ISBN　7-200-01208-4；CNY 41.00

该摄影集是一部对于研究北京的民俗和北京民间文艺发展历史很有参考价值的书，汇集了一些拍摄于 1949 年前的老照片，又以画、文充实，堪称洋洋大观。

F1/2　　　　　　　　　　0674

北京城与北京人：[摄影集] / 兰佩瑾执行编辑 . —北京：外文出版社，2005

233 页；24cm. —（全景中国：北京）

ISBN　7-119-04037-5；CNY 68.00

该书通过丰富的图片和翔实的文字，采用对比的编辑手法，将百年前"北京城与北京人"与经历了百年变迁并加速向现代化迈进的今日北京进行对比，以北京城的历史来写国家的历史。

F1/3　　　　　　　　　　0675

天桥 / 刘仲孝著 . —北京：北京出版社，2005

240 页：照片，图；23cm. —（北京地方志·风物图志丛书）

ISBN　7-200-06029-1；CNY 29.00

该书介绍的天桥位于北京城南，历经 700 余年沧桑，至民国初年达到鼎盛，成为五方杂处的闹市、民间贸易与艺术的中心，成为旧日平民游览和娱乐的特殊历史街区。该书是北京市哲学社会科学"十五"规划项目成果。

F1/4　　　　　　　　　　0676

民国社会群像 /《〈纵横〉精品丛书》编委会编 . —北京：中国文史出版社，2004

557 页；20cm. —（《纵横》精品丛书）

ISBN　7-5034-1258-5；CNY 36.00

该书里的文章来自《纵横》杂志。主要内容有"闻名遐迩的老字号""来势汹汹的国外烟草公司""动荡中崛起的典当业、茶楼业、保镖业""困境中畸形发展的保险业、出版业""巨变中风光不再的轿行、古玩行""早期电影人的筚路蓝缕之功"等。

F1/5　　　　　　　　　　0677

实录北京：八十年代印象 / 钱瑜摄影；李健鸣文 . —上海：上海文艺出版社，2004

167 页：照片；19cm

ISBN　7-5321-2733-8；CNY 24.00

该摄影集的照片拍摄日期始于 1970 年代后期，止于 1980 年代后期。钱瑜先生作为一个摄影爱好者，在专注于拍摄北京市民在公共空间中的日常生活之时，摄影中的人

（摄影的、被摄影的、从旁观看摄影的）集中地出现在他的照片里。

F1/6　0678

北京的性格 / 中国城市活力研究组主编. —北京：中国经济出版社，2005

305 页；23cm. —（中国最具活力城市精彩解读. 第一辑）

ISBN　7-5017-6763-7；CNY 32.00

该书分为"人文环境篇""文化习俗篇""城市发展篇""居民消费篇""行业发展篇""奥运经济篇""投资机会篇""中关村沉浮篇"8 篇。摆在北京面前的选择是：政治和经济双中心的伦敦模式和政治中心华盛顿模式。

F1/7　0679

北京市民生活年鉴.2005（创刊号）/ 王铁鹏主编；北京年鉴社编. —北京：方志出版社，2005

316 页：图表；20cm

ISBN　7-80192-486-X；CNY 25.00

该书内容涉及了社会保障、医疗保险、劳动就业、权益保护、公共安全等方面的政策规章和有关百姓生活方方面面的信息。收录资料的起止时间为 2004 年 1 月至 2004 年 12 月 31 日。

F1/8　0680

北京通 / 李宏主编；金受申著. —北京：大众文艺出版社，1999

631 页；20cm

ISBN　7-80094-657-6；CNY 26.50

该书从多个方面描述了人们常说的"京味儿"文化的由来，既有北京的文艺、风俗、行业等描写，也有旧京积弊的描写。

F1/9　0681

旧京醒世画报：晚清市井百态 / 杨炳延主编. —北京：中国文联出版公司，2003

347 页；23cm. —（品味北京丛书. 旧京遗珍画卷）

ISBN　7-5059-4195-X；CNY 50.00

该书所载清代《旧京醒世画报》乃中国仅存（现藏于国家图书馆）的珍贵孤本，它是创刊于清宣统元年（1909）风行京城的画报日刊，仅出版过 60 期即告停刊。它以生动传神的图画、口语化的文字和嬉笑怒骂的风格，展示了清末民初的市井新闻和官场百态。

F1/10　0682

老北京：帝都遗韵 / 徐城北著文. —南京：江苏美术出版社，1998

240 页：照片；21cm. —（老城市系列丛书）

ISBN　7-5344-0872-5；CNY 23.00

该书围绕"帝都"这一老北京的关键词，以一个"老北京"的视角和口吻，讲述了天子、权臣、仕女、富户等各个阶层的人物与事迹，内有 300 百余幅珍贵历史老照片。该书中国照片档案馆中国第二历史档案馆供稿。

F1/11　0683

老北京，皇城民风 / 徐城北著. —南京：江苏美术出版社，1999，2005 重印

219 页：照片；23cm. —（老城市系列）

ISBN　7-5344-0971-3；CNY 28.00

该书侧重描绘下层，把一个完整的老北

京分解成20多个单项,很有点"庖丁解牛"的意思。旧京文化是一条超大的"牛",分解首先力求准确,然后才能追求生动。

F1/12　　　　　　　　　0684

绝版天桥/李景汉主编;汤静编著.—北京:中国旅游出版社,2005

169页:照片;23cm.—(行走与停留丛书)

ISBN　7-5032-2543-2;CNY 28.00

该书分为"天桥'八大怪'之奇闻逸事""天桥技艺之登堂入室""天桥社会之平视""天桥与名人""天桥地理位置之历史变迁"共5章,表达对天桥逝去的东西的怀恋之情。

F1/13　　　　　　　　　0685

天桥丛谈/张次溪编著.—北京:中国人民大学出版社,2006

297页:照片,图;23cm.—(朗朗书房)

ISBN　7-300-07468-5;CNY 29.80

该书以北京之天桥为背景,叙述了明清600年来天桥的历史变迁及学者、诗人眼中的天桥;以美妙的笔触描摹了天桥初期的游乐及曲艺杂技的演变,再现了天桥热闹的场景及丰富的历史内涵。

F1/14　　　　　　　　　0686

旧京人物与风情/北京燕山出版社编.—北京:北京燕山出版社,1996

600页;20cm.—(北京旧闻丛书)

ISBN　7-5402-0424-9;CNY 24.90

该书从北京的方方面面、北京人生活的点点滴滴追忆老北京的悠悠历史,寻找老北京的历史痕迹。主要内容有"元朝皇帝与吐蕃喇嘛""'阿合马案'始末""明穆宗宫廷生活秘闻""明嘉靖帝三位皇后的际遇"等。

F1/15　　　　　　　　　0687

古都艺海撷英/北京燕山出版社编.—北京:北京燕山出版社,1996

592页;20cm.—(北京旧闻丛书)

ISBN　7-5402-0422-2;CNY 24.70

该书主要内容有"大礼堂前的红玫瑰""满文和北京满文书院""北京戏剧教育的一页""北京国子监""北京的书院""鲁迅在北京任教过的学校"等。

F1/16　　　　　　　　　0688

清末杂相/文安主编.—北京:中国文史出版社,2004

323页;20cm.—(清末民初系列丛书)

ISBN　7-5034-1437-5;CNY 18.00

该书针对清王朝走向败亡之际的社会百态,讲述了"走江湖的形形色色""江湖生意的四大门和其他""北京的书馆"等内容。

F1/17　　　　　　　　　0689

北京往事谈/中国人民政治协商会议北京市委员会文史资料研究委员会编.—北京:北京出版社,1988,1990重印

427页:照片;21cm

ISBN　7-200-00144-9;CNY 6.80

该书各篇作者以自己亲历、亲见、亲闻的史实,记述了清末民初以来北京社会生活的各个方面,包括饮食、交通、特种行业及市井生活等。

F1/18/.1　　　　　　　　　0690

京城旧影.上册/高巍编著.—沈阳:辽

宁美术出版社,1999

281 页：图；20cm

ISBN 7-5314-2006-6；CNY 19.00

该书分上、下两册，精选自照相术进入京城以后到1949年期间，举凡北京发生的政治、经济、文化、民俗诸方面的历史照片逾千幅。内容生动、形象，有利于读者直观地了解北京的历史，领略六朝古都的风采。

F1/19/.2   **0691**

回忆旧北京/刘叶秋，金云臻著.—2版.—北京：北京燕山出版社，1996

131 页；20cm.—（北京旧闻丛书）

ISBN 7-5402-0280-7；CNY 9.80

该书追忆了旧北京的社会习俗、生活方式与人际关系等，包括过新年、逛厂甸儿、小游白云观、陶然亭、城南游艺园、明湖春与惠中饭店、纪晓岚阅微草堂、致美斋话旧等内容，让读者从中了解到北京的历史与地域文化。

F1/20   **0692**

天桥往事录/黄宗汉主编；北京市对外文化交流协会，北京市宣武区《天桥往事录》编辑委员会编.—北京：北京出版社，1995

299 页：照片，地图；20cm

ISBN 7-200-02796-0；CNY 13.80

该书是一本研究天桥历史的资料集。近200篇短文，荟萃了旧京老天桥的碎景杂事，再现了那个斑驳杂陈的民俗世界。

F1/21   **0693**

都市里的杂巴地：中国传统闹市扫描/齐守成著.—沈阳：辽宁人民出版社，2000

292 页：照片；20cm.—（"花喜鹊"民俗文库.第一辑）

ISBN 7-205-04667-X；CNY 15.00

该书除描述江湖黑社会现象之外，主要是社会民俗事象的展现，涉及"杂巴地儿"形形色色的人和事。"杂巴地儿"是昔日江湖中人经常流散出没之地，亦是市井民众光顾的场所。

F1/24   **0694**

大前门外：中英文对照/杨信[绘].—北京：新华出版社，2003

256 页：彩图，照片；21×21cm.—（老北京风情系列彩铅画；4）

ISBN 7-5011-6080-5；CNY 56.00

该书是杨信的画集，用画笔描绘的老北京，主要描绘了旧京南城天桥、大栅栏地区的风貌和文化。

F1/25   **0695**

天桥旧话/北京市崇文区地方志办公室编.—北京：中华书局，2007

206 页：照片，图；20cm.—（崇文史地文化丛书；第2辑）

ISBN 978-7-101-05775-1；CNY 20.00

该书描述了天桥东市场和三大舞台，再现了当时老天桥的繁华景象，写出了老天桥市场"土""俗"等特点和旧社会艺人的艰辛。

F1/27   **0696**

老北京杂吧地：天桥的记忆与诠释/岳永逸著.—北京：三联书店，2011

505 页：图；23cm

ISBN 978-7-108-03582-0；CNY 49.00

该书分为"养穷人：口述的天桥""杂吧地：学术写作中的天桥"两部分，讲述了在北京天桥发生的故事。

F1/28　　　　　　　　　0697

大前门：王永斌口述老北京生活 / 王永斌口述；王炜，郭辇整理 . —北京：学苑出版社，2009

247 页：照片，地图；23cm. —（北京旧闻故影书系；15）

ISBN　978-7-5077-3186-6；CNY 36.00

该书从生活、民俗、工商 3 个方面讲述了老北京的历史。王永斌这位历经沧桑的老人讲述了前门外胡同里的百姓人家、大栅栏里的五行八作、天桥里的百态人生、庙会上的目不暇接、老北京街头巷尾的吹拉弹唱等。

F2/2.1　　　　　　　　　0698

北京城区角落调查 .No.1 / 朱明德主编；北京市社会科学院"北京城区角落调查"课题组著 . —北京：社会科学文献出版社，2005

313 页：照片；24cm. —（北京城区角落丛书）

ISBN　7-80190-639-X；CNY 35.00

该书明确提出了"城区角落"的概念，划分了北京"城区角落"的 7 种类型，深入描述了城区角落存在的问题，提出了不少有价值的对策建议。该书包括"北京城区角落调查报告""西城区几个城区角落的调查报告""城乡交界——八家村"等 30 多个调查报告。

F2/3　　　　　　　　　0699

北京人什么样 / 刘晓春著 . —北京：学苑出版社，2003

273 页；20cm

ISBN　7-5077-2069-1；CNY 15.00

该书力图在历史与现状的相互参照下，全方位地把握北京人，更多地从深层文化及时代变迁入手，比较注重探讨北京独特的历史地位对北京人的熏陶与造就。

F3/1　　　　　　　　　0700

老北京的街头巷尾 / 翟鸿起著 . —北京：中国书店，1997

173 页；19cm

ISBN　7-80568-843-5；CNY 9.80

该书是一本描写老北京胡同风情的小册子。内容包括"浪迹街头的艺人""街巷京味小吃""沿街叫卖的小贩""走街串户的工匠""街市星、相、卜、算""沿街讨要的乞丐"等。

F3/2　　　　　　　　　0701

老北京人的生活 / 华孟阳，张洪杰编著 . —济南：山东画报出版社，2000

233 页：照片；20cm

ISBN　7-80603-452-8；CNY 14.60

该书围绕着照片介绍了 20 世纪上半叶北京人们的衣着打扮、音容笑貌，社会各阶层的情状。诸如小贩的伶俐、车夫的辛劳、艺人的敏捷、店主的机巧、王公的奢华等，构成了一幅老北京市井社会的风俗画。

F3/2：1　　　　　　　　　0702

老北京人的生活 / 华孟阳，张洪杰编著 . —济南：山东画报出版社，2004

251 页：图；20cm

ISBN　7-80603-452-8；CNY 18.80

该书围绕着照片介绍了 20 世纪上半叶

北京人们的衣着打扮、音容笑貌，社会各阶层的情状。诸如小贩的伶俐、车夫的辛劳、艺人的敏捷、店主的机巧、王公的奢华等，构成了一幅老北京市井社会的风俗画。该书为第6次印刷版。

F32/1 0703

旧都百行／常人春，高巍著．—北京：文物出版社，2003

197页：照片；19cm．—（文化百科丛书）

ISBN 7-5010-1518-X；CNY 14.00

该书介绍了明清以来北京城存在过的与日常生活密切相关的各行各业的情况。如油盐店、羊肉床子、切面铺、蒸锅铺、饽饽铺等行业。

F32/2 0704

旧都三百六十行／王隐菊，田光运，金应元编著．—北京：北京旅游出版社，1986

211页：图；19cm

CNY 1.15

该书记述旧北京底层市民经营的210个行业，分工匠、搬运、修理、服务、小商贩、主副食品、小吃、干鲜果品、文化娱乐、什样杂耍、节令商品和其它等12类行业。将所谓"贩夫走卒""三教九流"等全包罗在内。

F32/11 0705

老北京的三百六十行 360 Jobs in Old Beijing／李德生著．—太原：山西古籍出版社，2006

349页：图；26cm

ISBN 7-80598-733-5；CNY 85.00

该书从林林总总的行业当中，选出了200个最具有老北京特色的老行当，分为衣、食、住、行、农、工、育、乐、卫、杂10大类，并配有500余幅旧图，为广大读者展开了一幅百年前老北京的"清明上河图"式的巨幅长卷，重现了当年的市井生活和世情百态。

F38/1 0706

八大胡同捌章／肖复兴著．—北京：作家出版社，2007

285页：照片，图；21cm

ISBN 978-7-5063-3905-6；CNY 28.00

该书包括"八大胡同的前生今世""八大胡同鼎盛时期的流金溢彩""清末的八大胡同：还原赛金花""民国初年的八大胡同：传奇小凤仙""民国时期八大胡同的命运沧桑""解放前后八大胡同里交错的光影""八大胡同的惯性和余波荡漾""八大胡同的最新地图"8章内容。

F38/2 0707

旧中国的下九流／侯杰，秦方著．—天津：天津人民出版社，2004

231页：图；20cm．—（世象百态）

ISBN 7-201-04706-X；CNY 18.00

该书以下层社会中较具代表性的人群的生活常态为切入点，进入他们的世界，了解他们的悲欢离合、喜怒哀乐，反映他们的群体文化生活。旧中国的社会边缘群体即所谓下九流者的生活，堪称一道独特的社会风景。

F38/3 0708

八大胡同里的尘缘旧事／张金起著．—郑州：郑州大学出版社，2005

314页：图，照片；23cm

ISBN 7-81106-073-6；CNY 26.80

该书记述北京八大胡同自金代至1949年前发生的故事，包括"八大胡同自古名""销金窝里无道德""存留两难只因耻"等7章内容。

F4/1　　　　　　　　　　0709

北京市人口和计划生育工作成就与展望，宣武卷 / 邓行舟总主编；李晶[卷]主编 . —北京：中国人口出版社，2006

380页：彩照，图；21cm

ISBN 7-80202-437-4；CNY 36.00

该书回顾了北京市宣武区人口和计划生育工作的实践历程，对宣武区人口和计划生育工作成果和业绩进行一次全面展示、总结。

F42/1　　　　　　　　　　0710

甜蜜：我说我家优秀征文选编 / 李晶主编 . —北京：北京市宣武区人口和计划生育委员会，[2004]

153页；20cm

该书选录了部分征文稿件。北京市人口计生委和北京人民广播电台连续三年在《计划生育大家谈》专栏中举办"我说我家"系列有奖征文活动。

F5/1：2　　　　　　　　　0711

北京俚语俗谚趣谈 / 刘建斌著 . —2版 . —北京：中国城市出版社，1999

165页：图；19cm. —（21世纪城市人文库 . 北京史话；5）

ISBN 7-5074-0766-7；CNY 10.00

该书是对北京俚语俗谚的诠释，也记录了与其有关的传说和趣闻，还有少量描述北京风情的联语和特定语。内容涉及西城的有白云观庙会等。

F5/2　　　　　　　　　　0712

唐辽宋金北京地区韵部演变研究 / 丁治民著 . —合肥：黄山书社，2006

178页；21cm

ISBN 7-80707-370-5；CNY 20.00

该书以唐、辽、宋、金时期北京地区的用韵作为研究对象，将现存的唐初至金末的诗文全部搜集在一起，对其用韵进行了穷尽式的、系统而全面的研究，从而将北京话的历史前推了六七百年。

F5/3　　　　　　　　　　0713

北京话词语 / 傅民，高艾军编 . —北京：北京大学出版社，1986

306页；20cm

CNY 3.40

该书只从书面上搜集北京方言词语，所有例句都注明出处，从例句看词语的意义和用法，书面未见的词语或义项一律不收。

F5/4　　　　　　　　　　0714

北京话初探 / 胡明扬著 . —北京：商务印书馆，1987

164页；18cm

CNY 0.84

该书收录了一些有关北京话的小论文，内容有"北京、北京人、北京话""普通话和北京话""北京话社会调查（1981）""北京话的语气助词和叹词""北京话的称谓系统""北京话形容词的再分类"等，并设有附录。

F　社会生活

F5/5　　　　　　　　　　　0715

北京话语词汇释 / 宋孝才编著 . —北京：北京语言学院出版社，1987

857 页；20cm

精装：CNY 5.50

该书所选条目，一般在语义及表达方式上都力求照顾到地方性和地区社会性的特点。对那些在当今文学艺术作品或北京人口头语言中已不再使用的某些方言、土语，一般则不收；对北京地区近些年来产生的新语汇，则做了大量的搜集、整理工作。

F5/6　　　　　　　　　　　0716

北京方言词典 / 陈刚主编 . —北京：商务印书馆，1985

346 页；19cm

CNY 1.80

该词典是以北京土话为代表的河北次方言词典，还包括北京地区的一些社会方言。这里所收的词语多是口头听到而积累下来的。

F5/7　　　　　　　　　　　0717

北京口语语法：词法卷 / 周一民著 . —北京：语文出版社，1998

312 页；19cm

ISBN　7-80126-384-7；CNY 15.00

该书从词法角度对北京口语语法做了比较细致全面的研究，词法有名词、动词、形容词、数词、量词、代词、副词、介词、连词、助词、语气词、叹词、拟声词共 13 个词类。该书为北京市哲学社会科学"八五"规划项目成果。

F5/8　　　　　　　　　　　0718

北京土语辞典 / 徐世荣编 . —北京：北京出版社，1990

599 页：照片；20cm

ISBN　7-200-00921-0

精装：CNY 14.20

该词典是一部著录北京土语资料的专辑，分正编和副编两部分：正编系当代生活日常用语，称"常用土语"；副编系清末至解放前用语，称"旧京土语"。

F5/10　　　　　　　　　　　0719

老北京方言土语 / 王子光，王薇编著 . —北京：北京燕山出版社，2008

291 页；21cm. —（老北京丛书）

ISBN　978-7-5402-1974-1；CNY 25.00

该书采用了"连缀解"方式，将几百个小小故事片段连缀成书，构成一部土语杂记，兼辞书与故事书两者之长。老北京的很多土话对于当今时代来说，虽然陈旧，但有的仍在沿用，它们当中不少反映了老北京特有的文化，颇有史料价值。

F6/1.1　　　　　　　　　　　0720

中国民俗文化志，北京·宣武区卷 / 刘铁梁主编 . —北京：中央编译出版社，2006

395 页：照片，图；24cm. —（中国民间文化遗产抢救工程）

ISBN　7-80109-947-8；CNY 58.00

该书涉及北京宣武区的民俗文化，具体包括"胡同春秋""繁华市井大栅栏""新春正月逛厂甸""平民市场老天桥""牛街的回回""联乡谊的会馆"等 8 章内容。该书为国家社科基金项目（批准号 05BSH030）、北京市文学艺术界联合会"北京民俗普查"项目成果。

F6/2　　　　　　　　　0721

老北京的风俗 / 常人春著 . —北京：北京燕山出版社，1990，1993 重印

356 页；19cm

ISBN　7-5402-0192-4；CNY 5.95

该册共分为庙会、传统节年、喜庆、丧葬 4 部分，其中有西城境内的白塔寺庙会、护国寺庙会、白云观庙会等。

F6/3　　　　　　　　　0722

老北京的风情 / 常人春著 . —北京：北京出版社，2001

396 页：图；21cm

ISBN　7-200-04251-X；CNY 20.00

该书分为地名篇、寺庙篇、行业篇、食品篇、民俗篇、娱乐篇共 6 部分，以多样的风格记述了清末至民国期间北京的掌故、轶闻、古建文物、五行八作、风味饮食、岁时年节、宗教信仰、文化娱乐、民间艺术等。

F6/4　　　　　　　　　0723

画说北京风情 / 关宏，马海方编绘 . —北京：人民美术出版社，2002

103 页；19×21cm

ISBN　7-102-02482-7；CNY 30.00

该书收集 20 世纪上半叶香烟盒内的"洋画儿"，描绘清末儿童的球毽类、投掷类、生活游戏类等活动，体现了那个时代儿童的稚趣。所谓"画说"就是用画儿来讲述老北京的人和事，讲述老北京的风情。

F6/5　　　　　　　　　0724

中国民俗史话 / 郭立诚著 . —天津：百花文艺出版社，2005

270 页：图；20cm

ISBN　7-5306-4085-2；CNY 16.00

该书以"岁时漫谈""礼俗溯源""禁忌与迷信""传说与神话""民间信仰" 5 辑文章，介绍了中国民俗，特别是北方地区（包括北京）风土人情的发展演变。

F6/6　　　　　　　　　0725

北京传统节令风俗和歌舞 / 孙景琛，刘恩伯编 . —北京：文化艺术出版社，1986

163 页：照片；19 厘米 . —（中国民族民间舞蹈资料丛书）

CNY 1.60

此书分为上、下两编。上编为节令风俗，依月令顺序辑录元旦、立春、元宵、燕九、清明、端午、中元、庙会等有关风俗活动；下编为歌舞技艺，依次辑录走会、太平鼓、五虎棍、中幡等 33 种歌舞技艺。

F6/7　　　　　　　　　0726

老北京的玩乐 / 崔普权著 . —北京：北京燕山出版社，1999

303 页：插图；20cm. —（老北京丛书）

ISBN　7-5402-1216-0；CNY 13.00

该书着重描写玩的乐趣、内幕和名人参与其中的趣闻轶事。多数章节未见有人涉及。该书按照尊重史实的原则，对书画作伪、鸦片屋、赌场及八大胡同等社会中的丑恶行为和场所也略述一笔。

F6/8　　　　　　　　　0727

老北京的生活 / 金受申著；北京市政协文史资料研究委员会，东城区政协文史资料征集委员会编 . —北京：北京出版社，1989

424 页：插图；20cm

ISBN　7-200-00775-7

精装：CNY 9.90

该书收集金受申先生在《立言画刊》专栏"北京通"发表的文章，分为"四季时令""婚丧礼俗""吃喝忆旧""消遣娱乐""旧京百业""下层剪影"等栏目，又分为春、夏、秋、冬、婚俗、丧仪、祀祖、过年、茶馆、家常菜、养鸟、果行、玉器行、口子攒儿、小市等37个题目，120多篇文章。

F6/9　　　　　　　　　　0728

京都礼俗/文安主编．—北京：中国文史出版社，2005

206页；20cm．—（中国百年百部文史珍品书系）

ISBN　7-5034-1583-5；CNY 17.00

该书介绍了清宫的风俗习惯、旧北京婚俗、丧葬风俗、护国寺庙会、盂兰盆会及民俗等内容。

F6/10　　　　　　　　　　0729

旧时明月：老北京的风土人情/赵鸿明，汪萍著．—北京：当代世界出版社，2004

232页：图；20cm

ISBN　7-80115-745-1；CNY 20.00

该书主要讲解的是老北京的风土人情，老北京人的衣、食、住、行、玩等，配有百余幅相关的插图，生动而全面，是怀旧人士的良伴。

F6/11　　　　　　　　　　0730

北京话旧/翁偶虹著．—天津：百花文艺出版社，2004

188页：照片；21cm

ISBN　7-5306-3875-0；CNY 14.00

该书12篇文章，以回忆往事的形式，将老北京的风土民情、市井文化、乡土艺术等，如数家珍般地奉献于读者。文字古朴，语言形象，颇具功力。

F6/12：2　　　　　　　　0731

老北京的风俗/常人春著．—2版．—北京：北京燕山出版社，1996

282页；20cm．—（北京旧闻丛书）

ISBN　7-5402-0192-4；CNY 12.00

该书主要是反映清末民初北京地区满、汉两族人民的风俗和习俗。同时，鉴于民俗的群众性，故侧重于民间风俗的撰写，对于历代皇室习俗则予从略。

F6/13　　　　　　　　　　0732

寻梦老北京/李书良著．—北京：西苑出版社，2003

194页：图；21cm

ISBN　7-80108-662-7；CNY 17.00

该书收录了记述北京民俗的文章约60篇。其中有"我住过的四合院""北京人爱说'您'""北京的山东馒头铺""北京人的窝头""小金鱼给生活增添了色彩"等。

F6/14　　　　　　　　　　0733

民俗北京/宋卫忠著．—北京：旅游教育出版社，2005

213页：图；20cm．—（文化北京丛书）

ISBN　7-5637-1204-6；CNY 18.00

该书翔实地记载了北京昔时的乡土风俗。包括老北京的饮食、老北京的服饰文化、老北京的居住、老北京人的人生礼俗、老北京的庙会、老北京的娱乐休闲等。

F6/15　　　　　　　　　　0734

远去的乡情：正在消失的民俗 / 齐东野，鲁贤文文；赵姝，罗晓梅图 . —北京：中华工商联合出版社，2003

203 页：插图；21cm. —（古时代图文系列：历史的细节丛书）

ISBN　7-80100-954-1；CNY 15.00

该书一图一文，介绍中国的风俗习惯百余种，如春节、门神、年画、守岁、灯会、赛龙舟、赏月、生肖、迎亲等。

F6/16　　　　　　　　　　0735

醒俗画报精选：清末民初社会风情 / 侯杰，王昆江编著 . —天津：天津人民出版社，2005

281 页：图；23cm

ISBN　7-201-04799-X；CNY 38.00

该书保留了清末民初社会生活真实生动的历史细节。《醒俗画报》是 1907 年 3 月社会活动家温世霖等人发起创办的，以"唤醒国民、校正陋俗"为宗旨，报道点评了当时社会各种新奇事物、习俗风尚、市井民情等。

F6/17　　　　　　　　　　0736

京都叫卖图 / 〔英〕萨莫尔·维克多·康斯坦（Samuel Victor Constant）著；陶立译；陶尚义绘 . —北京：北京图书馆出版社，1994

152 页；17×19cm

ISBN　7-5013-1014-9；CNY 12.00

该书以图、文、声并茂的形式，再现了清末民初北京街头的风土人情。该书文笔通俗流畅，幽默风趣，大量典故考证翔实；书中插图系参考原图和有关资料，用白描重新认真绘制，并附有部分珍贵的历史照片；每种叫卖均有具体声调，有的还用五线谱录下了当时特殊的曲调。

F6/18　　　　　　　　　　0737

老舍画说北京 / 老舍著；舒乙编 . —北京：北京出版社，2005

204 页；26cm. —（古城铭经）

ISBN　7-200-05818-1；CNY 25.00

该书包含"北京的气候""节日""地方""习俗和玩意儿""人们"共 5 小辑，范围是 7 种以北京为地理背景的老舍小说《老张的哲学》《赵子曰》《离婚》《骆驼祥子》《我这一辈子》《四世同堂》《正红旗下》。

F6/21　　　　　　　　　　0738

北京民间生活百图：[画册] /（清）佚名绘 . —影印本 . —北京：北京图书馆出版社，2001

100 页；35×42cm

ISBN　7-5013-1852-2

（线装）：CNY 225.00

该图册收录手绘彩色图共百幅，所绘内容均为清末北京风俗，按行业单独图解，配有半白话文的简略说明文字。这些彩图属于中国传统绘画中的风俗画类，极可能是 1902—1910 年间所绘。

F6/22　　　　　　　　　　0739

北京风俗图 / 陈师曾绘画 . —北京：北京古籍出版社，1986

1 册：图；32×19cm

CNY 12.00

该画册所绘街巷、人物、风俗 34 幅，用写意手法，着墨不多而神态宛然。图画约画于 1915 年冬至以前，是研究民国初期北京民俗的重要资料。

F6/23　　　　　　　　　　　　0740

晚清民风百俗：图文本 / 王稼句编著．— 南京：江苏人民出版社，2006

303 页；19×21cm．—（"晚清写照"丛书）

ISBN　7-214-04213-4；CNY 28.00

该书图文并茂，从晚清时期《点石斋画报》中选出的关于当时风俗的图片，客观介绍了晚清时期的风俗，如"龟子报春""太岁被打""掉元宝""画鸡馀韵"等。

F6/24　　　　　　　　　　　　0741

吃喝玩乐 / 赵华川，赵成伟绘；高芮森文．— 北京：中国戏剧出版社，2000

200 页：图；20cm．—（旧时风情系列丛书；1）

ISBN　7-104-01210-9；CNY 19.80

该书介绍老北京的民俗风情，有"年夜饭""豆腐脑挑子""中秋赏月""养鸽子""放风筝"和"单弦"等。100 幅画都配有文字介绍。

F6/28/.1　　　　　　　　　　　0742

增补燕京乡土记．上册 / 邓云乡著．— 北京：中华书局，1998

429 页：照片；20cm

ISBN　7-101-01540-9

CNY 37.00（全 2 册）

该书是在《燕京乡土记》的基础上修改、增加、补充而写成的，从北京的传统节日、名胜、民俗、饮食多个方面追忆京味十足的老北京。

F6/28/.2　　　　　　　　　　　0743

增补燕京乡土记．下册 / 邓云乡著．— 北京：中华书局，1998

432-813 页：照片；20cm

ISBN　7-101-01540-9

CNY 37.00（全 2 册）

该书是在《燕京乡土记》的基础上修改、增加、补充而写成的，从北京的传统节日、名胜、民俗、饮食多个方面追忆京味十足的老北京。

F6/30/.1　　　　　　　　　　　0744

北平风俗类徵．上 / 李家瑞编；李诚，董洁整理．— 北京：北京出版社，2010

380 页；21cm．—（北京古籍丛书）

ISBN　978-7-200-08347-7

精装：CNY 98.00（全 2 册）

该书在"岁时""婚丧""职业""饮食"等 13 个类别下，汇集了大量珍贵的历史文献资料。这些文献囊括了史传、笔记、文集、诗词曲乃至报刊等各类史料，涵盖了自先秦至民国的历史，包含了北京各阶层人士的衣食住行、文化观念。该书得到国家古籍整理出版专项经费资助。

F6/30/.2　　　　　　　　　　　0745

北平风俗类徵．下 / 李家瑞编；李诚，董洁整理．— 北京：北京出版社，2010

381-735 页；21cm．—（北京古籍丛书）

ISBN　978-7-200-08347-7

精装：CNY 98.00（全 2 册）

该书在"岁时""婚丧""职业""饮食"等 13 个类别下，汇集了大量珍贵的历史文献资料。这些文献囊括了史传、笔记、文集、诗词曲乃至报刊等各类史料，涵盖了自先秦至民国的历史,包含了北京各阶层人士的衣食住行、文化观念。该书得到国家古籍整理出版专项经费资助。

F6/31　　　　　　　　　　0746

陋巷人物志:旧北京民俗诗画/邓海帆绘图撰文.—北京:北京图书馆出版社,1998

[109×2]页;26cm

ISBN　7-5013-1271-0

精装:CNY 280.00

该画册以工笔人物画的手法,反映出旧北京人民困苦无告的生涯和今日已经泯失的风俗、技艺,渲染出那一时代的里巷生活气氛。作者邓海帆,曾任师大附中(北京师范大学附属中学)美术老师,自幼住在西城柳巷(此为画册命名"陋巷"之由来),从未迁居。

F6/32　　　　　　　　　　0747

老北京民风习俗/晋化编著.—北京:北京燕山出版社,2008

276页:图,照片;21cm.—(老北京丛书)

ISBN　978-7-5402-1974-1;CNY 25.00

该书分为"人生礼俗""岁月年节""饮食大观""传统服饰""交通出行""庙会香会"6章,讲述了民俗是历史积淀的时尚。探究老北京的悠久历史、寻揽古都浓郁的民俗风韵,则是现代人对这个城市的亲切"阅读"。

F61/1　　　　　　　　　　0748

岁时节令·传说/高虹,董梦知等编著.—北京:北京图书馆出版社,1998

151页;19cm.—(京城琐谈.第一辑)

ISBN　7-5013-1475-6;CNY 7.70

该丛书是北京人民广播电台文艺台《闲话京城》栏目广播内容,从不同侧面展示了北京悠久的历史和深厚的文化积淀。该册内容包括传统岁时节令、岁时节令传说、京城传说。

F61/2　　　　　　　　　　0749

帝京岁时纪胜/(清)潘荣陛著.—北京:北京古籍出版社,1981

273页;20厘米.—(北京古籍丛书)

ISBN　7-5300-0239-2

精装:CNY 22.00

该书记载的东西,关于隆福寺、花市、什刹海等名胜古迹,关于烟火、溜冰、放河灯等,给研究北京历史的同志和有关部门提供了一些参考资料。该书与清朝时期《燕京岁时记》(富察敦崇著)、《人海记》(查慎行著)、《京都风俗志》(让廉著)合订。

F63/1　　　　　　　　　　0750

趣谈老北京文化/施连芳,上官文轩编著.—北京:知识产权出版社,2006

197页;20cm

ISBN　7-80198-042-5;CNY 15.00

该书包括饮食文化篇和街巷地名篇两部分:第一部分介绍了著名的北京烤鸭、涮羊肉、烤小猪以及北京"南宛北季"等风味食品;第二部分精心挑选了一些最有代表性的街巷地名,介绍了它们与自然界、动植物、生活饮食、服饰用品、方位、数目、人体等关系。

F63/2　　　　　　　　　　0751

京城杂吃/徐城北著.—北京:人民文学出版社,2002

305页：图；21cm

ISBN 7-02-003508-6；CNY 18.00

该书收录了徐城北围绕北京的杂吃而撰写的随笔作品，分为"吃的小传""吃的海洋""吃进人文深处""吃在文化多元""吃的轨迹"等10个栏目。

F63/3   0752

北京小吃/陈连生，朱锡彭著．—北京：北京图书馆出版社，1998

139页：彩照；19cm．—（京城琐谈．第1辑）

ISBN 7-5013-1475-6；CNY 8.30

该丛书是北京人民广播电台文艺台《闲话京城》栏目广播内容，从不同侧面展示了北京悠久的历史和深厚的文化积淀。该册内容包括北京的烧饼与火烧、北京风味小吃中的年糕等。

F63/4   0753

闾巷话蔬食：老北京民俗饮食大观/李春方，樊国忠著．—北京：北京燕山出版社，1997

467页；20cm．—（北京旧闻丛书）

ISBN 7-5402-0968-2；CNY 19.80

该书是介绍老北京家庭闾巷面食糕点、日常菜蔬、乡谣俚语、名人轶事等的通俗读物，以区别于美味佳肴、名庖名厨、宫廷御宴的专门论著。

F63/6   0754

宣南饮食文化/朱锡彭，陈连生编著．北京：华龄出版社，2006

206页：图，照片；23cm

ISBN 7-80178-397-2；CNY 28.00

全书分为七个章节，从历史到现状、从经济到文化、从名店到名厨、从菜点到典故，注重挖掘历史细节、古籍典故和传说逸事，写出宣南乃至全北京的饮食文化。

F63/7   0755

老饕说吃/翟鸿起等著．—北京：文物出版社，2003

185页：照片；19cm．—（文化百科丛书）

ISBN 7-5010-1465-5；CNY 13.00

该书是对老北京的吃食聊作忆旧的口头会餐。几位老北京定期聚在一起聊天，说的是人约黄昏后，桑榆暮年；话京都谈地说天，海子、城门、骆驼、象、大塔和旗杆；东单、西四、天桥、鼓楼前……

F64/1   0756

北京四合院/王其明著．—北京：中国书店，1999

137页：图表；20cm．—（京华博览丛书）

ISBN 7-80568-933-4；CNY 7.50

该书介绍了北京四合院的历史、形成与发展、单体建筑、类型、绿化与花园、设计与施工及使用，引起人们关于北京四合院如何有效保存、继续发展的思考。

F64/2   0757

北京老宅院门楼/周贵生编著．—北京：中国旅游出版社，2006

142页：图，照片；21cm．—（探寻文明古都）

ISBN 7-5032-2780-X；CNY 25.00

该书是作者几十年来走遍北京的大街小巷，拍摄了数千张胡同、老宅院、门楼照片，展示了北京民居建筑的风貌，弘扬了北京建筑文化和民俗文化。

F64/3　　　　　　　　　　0758

中国民居与传统文化 / 易涛著 . —成都：四川人民出版社，2005

155 页：图，彩照；24cm

ISBN　7-220-06891-3；CNY 29.00

该书以图片为主、文字为辅的形式，以依附于建筑的文化背景、文化理念和时代审美观为依托，从生存文化、商贾文化和祈盼文化 3 方面论述了中国民居建筑与中国传统文化的关系。

F64/4　　　　　　　　　　0759

老北京的居住 / 白鹤群著 . —北京：北京燕山出版社，1999

267 页：插图；20cm. —（老北京丛书）

ISBN　7-5402-1218-7；CNY 13.00

该书描写了北京人居住地点的变迁，北京人口的三次聚集，北京人居住的四合院、三合院、小院、大杂院和其他居住形式。时间范围为清朝末年到新中国成立初期。

F64/5　　　　　　　　　　0760

老房子：北京四合院：[摄影集] / 李玉祥，王其钧编 . —南京：江苏美术出版社，1999

639 页；21cm

ISBN　7-5344-0885-7

精装：CNY 95.00

该摄影集按胡同、大街、四合院、王府及这些建筑的细部等篇章，对北京四合院这一天下闻名的传统民居做了详尽的展示。"老房子"是老百姓对祖祖辈辈居住的古老民居的称呼。

F64/6　　　　　　　　　　0761

北京四合院 / 邓云乡著 . —北京：人民日报出版社，1990，1992 重印

182 页；19cm. —（万象丛书）

ISBN　7-80002-209-9；CNY 2.70

该书介绍了北京四合院的历史与格局，四合院和文学、艺术的关系，以及有名的四合院等。

F65/1　　　　　　　　　　0762

老北京的穿戴 / 常人春著 . —北京：北京燕山出版社，1999

265 页：插图；20cm. —（老北京丛书）

ISBN　7-5402-1214-4；CNY 13.00

该书集中反映老北京人的"穿文化"，包括不同身份的人、不同场合的人的服饰的特点和讲究。时间范围为清朝末年到新中国成立初期。

F66/1　　　　　　　　　　0763

北京殡葬史话 / 周吉平著 . —北京：北京燕山出版社，2002

402 页：照片；20cm

ISBN　7-5402-1249-7；CNY 22.00

该书分丧俗篇、火葬篇、行业篇、墓葬篇、名人丧事篇等 5 部分，从不同侧面记述了北京殡葬的历史。

F68/1　　　　　　　　　　0764

市井风情：京城庙会与厂甸 / 郭子升著 . —沈阳：辽海出版社，1997

236 页：图；21cm. —（清代社会文化丛书 . 风俗卷）

ISBN　7-80638-365-4；CNY 15.70

该书介绍了京城庙多、庙会种种、都土地庙、丰台花乡、棚铺与棚匠、纸扎铺、花儿市卖京花等 40 多种京城风俗。

F68/2　　　　　　　　　　0765

北京厂甸 / 张文华主编 . —北京：[出版社不详]，2002

92 页：照片，图；28cm

该书是一部展示北京民俗风情和宣南文化风采的画册。厂甸庙会是北京明清文化的缩影，不仅是平民文化的展示，也是士人文化的体现，还是宣南文化的重要组成部分。

F68/3　　　　　　　　　　0766

北京厂甸庙会论证报告 / 北京市宣武区文化委员会 . —北京：[出版地不详]，2005.6

14 页：图；28cm

该书是一本只有 14 页的宣传小册。为使"厂甸庙会"这一文化品牌能够得到更加有效的保护、开发和利用，为 2008 年奥运会服务，提议将其列入国家级民族民间文化保护项目，从三大方面进行论证。

F68/4　　　　　　　　　　0767

老北京庙会 / 赵兴华编著 . —北京：中国城市出版社，1999

292 页；20cm. —（21 世纪城市人文库 . 北京史话；2）

ISBN　7-5074-1118-4；CNY 16.00

该书介绍了大钟寺庙会、白云观"会神仙"、都城隍庙市、财神庙借元宝、黄寺"打鬼"、什刹海荷花市场、妙峰山庙会等内容，从中可以领略老北京的风土人情，体会老北京的文化品位。

F68/5　　　　　　　　　　0768

庙会 / 李鸿斌著 . —北京：北京出版社，2005

137 页；23cm. —（北京地方志·风物图志丛书）

ISBN　7-200-05834-3；CNY 17.00

该书介绍了"庙会释义""庙会说古""定期庙会""节日庙会""妙峰山庙会""春节庙会""无庙的庙会""庙会分析""由盛及衰""当代庙会"共十章。该书为北京市哲学社会科学"十五"规划项目成果。

F68/6　　　　　　　　　　0769

中国庙会：[图集]：[英文版] / 廖频撰文；丛国玲，黄友义翻译；孙树明等摄影 . 北京：外文出版社，2004

99 页；21×21cm

ISBN　7-119-03642-4；CNY 80.00

该图集介绍了中国庙会文化的起源、形成、发展和兴盛，重点介绍了几处历史悠久、今天仍保持着独特魅力的传统庙会，并配有大量的彩色图片。

F68/7　　　　　　　　　　0770

老北京的庙会：[画册]：[中英文本]：东岳庙庙会　蟠桃宫庙会　白云观庙会 / 林岩，范纬著 . —北京：文物出版社，2004

189 页：照片；19cm

ISBN　7-5010-1591-0；CNY 32.00

该书以图文形式介绍了北京的雍和宫庙会、白塔寺庙会的风俗习惯。北京有寺庙近千座，这些庙会不仅是人们进行宗教活动的去处，也是老北京民间商业集市和大众娱乐的场所。

F68/8　　　　　　　　　　0771

老北京的庙会：[画册]：[中英文本]，隆福寺庙会　护国寺庙会　财神庙庙会 / 张铁伟著 . —北京：文物出版社，2004

129页；照片；19cm

ISBN 7-5010-1590-2；CNY 28.00

该书以图文形式介绍了北京的隆福寺庙会、护国寺庙会、财神庙会的风俗习惯。北京有寺庙近千座，这些庙会不仅是人们进行宗教活动的去处，也是老北京民间商业集市和大众娱乐的场所。

F68/9　　　　　　　　　　0772

京都香会话春秋 / 隋少甫，王作楫著．— 北京：北京燕山出版社，2004

306页：图，照片；20cm．—（北京旧闻丛书）

ISBN 7-5402-1611-5；CNY 18.00

该书的内容包括"香会的起源、发展和形成""香会的会规和走会通例""老北京的香会""文武各会祖师爷""老北京的庙会与香会"等9章。该书得到北京市社会科学理论著作出版基金资助。

F68/10　　　　　　　　　　0773

北京庙会史料通考 / 北京市东城区园林局汇纂．— 北京：北京燕山出版社，2002

413页；21cm

ISBN 7-5402-1464-3；CNY 28.00

该书引用从元代至中华人民共和国成立初期的方志、笔记、类书、专集和报刊近百种，记述庙会50处。地域范围以明清京城及大兴、宛平两县为限，相当于旧志所说的城市和郊垌。

F68/11　　　　　　　　　　0774

北京庙会旧俗 / 郭子昇著．— 北京：中国华侨出版公司，1989

127页；照片；19cm．—（中华本土文化丛书）

ISBN 7-80074-191-5；CNY 2.50

该书详细阐述了北京庙会的历史沿革、活动内容、文化、经济形态，还记述了大量老北京的风俗习惯。如土地庙的花市、隆福寺的小吃、厂甸琉璃厂的文化街、高粱桥踏青、什刹海盂兰盆会、二闸荡舟等。

F68/12　　　　　　　　　　0775

北京的庙会民俗 / 习五一著．— 北京：北京出版社，2000

159页；20cm．—（北京历史丛书）

ISBN 7-200-03791-5；CNY 8.00

该书内容包括"古都庙会的千年源流""京都庙会的模式""帝都庙会的宗教祭祀""京城庙会集市的繁盛""京师庙会民间游艺的风韵""古曲新韵"等。

F7/1　　　　　　　　　　0776

老北京与满族 / 爱新觉罗·瀛生著．— 北京：学苑出版社，2005

302页：照片；22cm

ISBN 7-5077-2470-0；CNY 35.00

该书介绍了满族在北京200余年活动中对北京文化的影响，介绍了老北京的衣、食、住、行及满族的习俗。

F7/3　　　　　　　　　　0777

北京牛街：[摄影集]：民族团结进步工作纪实 / 史占清，宋林旺等摄影．— 北京：[出版社不详]，2001

52页；28×28cm

该宣传画册用大量珍贵的资料照片，从概况、关怀鼓励、党的领导、社区工作、民族宗教、双拥共建、牛街新貌等方面，重点介绍了多年来牛街民族团结工作的历程与业绩。

F8/1　　　　　　　　　　　　0778

超越禁城的神圣：原始宗教 道教 佛教 基督教 伊斯兰教 / 佟洵, 张连城, 孙学雷编著. —北京：光明日报出版社, 2006

284 页：照片, 图；21cm. —（北京人文古迹旅游丛书）

ISBN　7-80206-219-5；CNY 36.00

该书系统地介绍了北京地区宗教传播和建筑的情况, 包括"北京原始宗教与遗迹""北京的道教与道观""北京的基督教与教堂""北京伊斯兰教与清真寺""北京的佛教与寺塔"等。

F8/2　　　　　　　　　　　　0779

宗教·北京 / 佟洵著. —北京：旅游教育出版社, 2006

214 页：图；21cm. —（文化北京丛书）

ISBN　7-5637-1279-8；CNY 18.00

该书共分 7 部分, 内容包括"走进北京宗教""北京宗教精粹""谈天说地话根由""洞天福地溯本源""教堂巡礼烟云忆""清真古寺道沧桑"等, 从一个侧面展示了北京历史文化的历史和北京风貌。

F81/2　　　　　　　　　　　　0780

2010—2011 年度徐悲鸿中学初中部宣传报道集锦. —[北京]：[出版社不详], [2011]

47 页：照片；29cm

该书汇集了北京市徐悲鸿中学 2010—2011 年度各类通讯报道及相关照片资料, 包括媒体、时间、版面、主题、通讯员、内容等信息。

F83/1　　　　　　　　　　　　0781

中华回族 / 阿里·李贵华主编. —北京：民族出版社, 2006

179 页：照片；29×30cm

ISBN　7-105-07845-6

精装：CNY 280.00

该画册是一部描写回族的图书, 以图文并茂的方式介绍了清真寺建筑、生产生活、文化艺术等内容。图片全部来源于回族作者李贵华在全国各地拍摄的第一手资料。

F83/2　　　　　　　　　　　　0782

牛街礼拜寺：[摄影集]：北京牛街礼拜寺创建一千年纪念：996—1996 / 赵洪光等主编. —北京：今日中国出版社, 1996

61 页；21×29cm

ISBN　7-5072-0867-2；CNY 43.00

该画册是为纪念牛街礼拜寺创建 1000 年而作, 分"牛街礼拜寺寺史与建筑""伊斯兰教善功与宗教生活""牛街礼拜寺与世界穆斯林及各国朋友的友好往来""寺藏文物"4 个部分, 介绍了礼拜寺的建筑和穆斯林的宗教生活。

F83/3　　　　　　　　　　　　0783

回族知识概要 / 全国部分回民中学校际协作体《回族知识概要》编写组编. —北京：北京回民学校印刷厂, 1990

119 页；18cm

该书介绍了回族知识, 其内容有"回族的形成过程""回族对中华民族的伟大贡献""党的民族政策和回族的发展""回族的风俗习惯和生活习惯"。

G 政治·法律

G0/1　　　　　　　　0784

北京市宣武区重要会议资料集：1949—1994 / 李德平，王俊珍主编 . —北京：中共宣武区委党史办公室，宣武区政协文史资料委员会，北京市宣武区档案馆，1995

404 页；21cm

该资料收入范围为 1949 年 2 月—1994 年 3 月期间，宣武区召开的历届党代会、人代会、政协会等会议资料，包括各届领导人姓名、简介等。

G0/2　　　　　　　　0785

北京市宣武区重要会议资料汇编：1949—2010 / 中共北京市西城区委党史工作办公室编 . —北京：中共北京市西城区委党史工作办公室，2013

639 页：图；27cm

精装

该书记录了 1949 年 10 月新中国成立至 2010 年 6 月期间宣武区历次（届）党代会、人代会、政协会的重要会议史料，客观反映了原宣武地方党组织领导全区人民进行社会主义革命、建设和改革开放的历史。

G12/1　　　　　　　　0786

宣武区教育系统优秀基层党组织 / 曹寿延，高子忠主编 . —北京：中共北京市宣武区委教育工作委员会，2003

170 页：照片；20cm

该书记载宣武区教育系统各基层党组织实施"增三力达标创优工程"的工作成果，凝聚着广大干部、党员教书育人的辛勤汗水和崇高精神。

G12/2　　　　　　　　0787

宣武区教育系统优秀共产党员 / 曹寿延，高子忠主编 . —北京：中共北京市宣武区委教育工作委员会，2003

311 页：照片；20cm

该书记载宣武区教育系统各基层党组织实施"增三力达标创优工程"的工作中的宝贵经验和优秀事迹，凝聚着广大干部、党员教书育人的辛勤汗水和崇高精神。

G12/3　　　　　　　　0788

宣武区教育系统优秀党支部书记 / 曹寿延，高子忠主编 . —北京：中共北京市宣武区委教育工作委员会，2003

176 页：照片；20cm

该书记载宣武区教育系统各基层党组织实施"增三力达标创优工程"的工作中的宝贵经验和优秀事迹，凝聚着广大干部、党员教书育人的辛勤汗水和崇高精神。

G12/4　　　　　　　　0789

时代先锋：宣武区保持共产党员先进性

教育活动辅助读本 / 中共北京市宣武区委保持共产党员先进性教育活动领导小组编．—北京：[出版社不详]，2005

248页：照片；23cm

该书是宣武区开展共产党员先进性教育活动的辅导读物，立足宣武区情，主要包括方向篇、英烈篇、榜样篇三部分内容。

G19/1　　　　　　　　　　0790

中共宣武地区地下组织和革命活动 / 李德平主编．—北京：[出版社不详]，2001

345页；20cm

该书是一部反映新民主主义革命时期宣武地区中共地下组织状况和革命斗争情况的史料书。全书分为"党的地下组织与革命活动"和回忆文章两部分，共四章：第一章，党的创建和第一次大革命时期；第二章，土地革命战争时期；第三章，抗日战争时期；第四章，全国解放战争时期。

G19/2　　　　　　　　　　0791

宣武党史专题文选 / 中共北京市宣武区委党史办公室编．—北京：[出版社不详]，2001

292页；20cm

该书收入专题文章30篇，反映了宣武区社会主义时期党史上的一些重要问题、重大事件和重要工作。该书是近年来在广泛征集资料的基础上，进行专题研究所取得的部分成果。

G19/3.9　　　　　　　　　0792

宣武党史．第九期 / 李德平主编．—北京：中共北京市宣武区委党史办公室，2004

48页：图；28cm

该刊在开展党史宣传教育，推动宣武区党史工作方面发挥了积极作用，受到全区各级党组织以及广大党员、干部和各界人士的普遍欢迎。本期宣南文化刊载黄宗汉的文章《让京师宣南文化重现光彩》。

G19/3.10　　　　　　　　0793

宣武党史．第十期 / 李德平主编．—北京：中共北京市宣武区委党史办公室，2004

48页：图；28cm

该刊在开展党史宣传教育，推动宣武区党史工作方面发挥了积极作用，受到全区各级党组织以及广大党员、干部和各界人士的普遍欢迎。本期目录有"纪念中国共产党建党八十四周年专栏"等。

G19/4　　　　　　　　　　0794

宣武党史通讯 / 李德平责任编辑．—北京：中共北京市宣武区委党史办公室，1997.12

48页：图；26cm

该刊是一本党内刊物，它主要提供历史资料、反映研究成果、交流动态信息、推动党史工作。本期目录有"宣武区商业服务业的建立、发展和改革""简述解放前中共在宣武地区的地下组织与活动"等。

G19/5　　　　　　　　　　0795

中国共产党北京市宣武区组织史资料：1949—1987 / 张心涛，梁敬主编．—北京：[中共北京市宣武区委组织部]，1989

304页：折图；26cm

该书收录了1949年2月至1987年10月期间宣武区辖区范围内，在不同阶段上存在过的各区党组织以及政权、地方军事、统一战线、群众团体系统组织机构沿革和领导人名录。领导人目录包括职务、姓名、任职起始时间等项目。

G19/6　　　　　　　　　　0796

中国共产党北京市组织史资料，宣武卷：1987—2010 / 王力军主编；中共北京市西城区委组织部，中共北京市西城区委党史资料征集办公室，北京市西城区档案局（馆）编 . —北京：中央文献出版社，2011

390 页：地图；27cm. — （中国共产党北京市组织史资料丛书）

ISBN　978-7-5073-3260-5

精装：CNY 155.00（全 18 册）

该书收 1920 年 10 月中国共产党北京早期组织的建立至 1987 年 10 月中国共产党第十三次全国代表大会召开期间的中共北京市地方党组织，以及政权、军事、统战、群团系统的组织机构沿革领导人名录和党组织、党员、干部等统计资料。

G19/7　　　　　　　　　　0797

红色足迹 Red Foot Print：纪念中国共产党建党 90 周年 / 北京市西城区档案局（馆）编 . 北京：北京市西城区档案局（馆），2011

41 页：照片；21×23cm

2011 年是中国共产党成立 90 周年，许多党的历史事件发生在西城，党的重要人物曾居住和工作在西城。西城区档案馆以《西城追忆》特刊形式，揭示西城与中国共产党的历史渊源，以此纪念党的 90 华诞。

G21/1　　　　　　　　　　0798

青年宣武：［画册］：跨越世纪的宣武共青团 / 艾丽主编 . —北京：［共青团北京市宣武区委员会］，2001

52 页；29cm

该画册以大量图片展示了宣武区团组织围绕中心工作带领青年投身宣武建设的各项事业，成为宣武两个文明建设的一支重要力量。

G21/2　　　　　　　　　　0799

青春的力量城市的记忆：宣武共青团抗击"非典"纪实 / 中共北京市宣武区委组织部，共青团北京市宣武区委员会编 . —北京：中共北京市宣武区委组织部：共青团北京市宣武区委员会，2003

33 页：图；21cm

该书内容有"响应党支部的号召　共青团奏响冲锋的号角""见证青年责任　时代青年搏击在主战场""感动天使职责　共青团与你们同心同行"，记载下一个个舍生忘死的青年先锋，谱写出一曲曲拼搏奉献的青春之歌。

G24/1　　　　　　　　　　0800

永远的青春年华：宣武青年运动文史资料辑 / 阎满成主编；中共北京市宣武区委宣传部［等］编 . —北京：中共北京市宣武区委宣传部［等］，［2000］

214 页：照片；20cm

该书为宣武青年运动文史资料的辑录。宣武区青年运动 50 年来所走过的光辉发展历程，就是共青团组织不断带领广大团员青年坚定地跟党走的历程，就是不同时代的青年人在各条战线上充当生力军和突击队的过程，就是广大青少年不断地在团组织的熔炉中受到培养、锻炼、被造就成为国家和人民有用人才的过程。

G24/2　　　　　　　　　　0801

人文宣武现代青年 / 白杰主编 . —北京：中国青年出版社，2003

490 页；20cm

ISBN　7-5006-5154-6；CNY 25.00

该书弘扬了宣武厚重淳朴的历史文化和展示青年昂扬向上的精神风采。书中提出"立志、修诚、笃学、进步"的宣武青年精神，准确表述宣武区团员青年的风采。

G24/3　　　　　　　　　　0802

我们播种希望：宣武区实施《儿童工作"九五"发展规划》剪影：[摄影集] / 王永新主编 . —北京：北京市宣武区儿童工作委员会，2000

46 页；26cm

该书记录了宣武区儿童工作五年来取得的丰硕成果，对如何依法保护儿童的合法权益、教育他们树立正确的人生观、促进他们健康成长等问题进行了探讨。

G25/1　　　　　　　　　　0803

春花·秋实：宣武区实施《"九五"妇女发展规划》剪影：[摄影集] / 蒋德忠主编 . 北京：[出版社不详]，2000

48 页；26cm

该摄影集分为"参政议政""文化教育""劳动保护""卫生保健""权益保护""巾帼风采"六个专辑，介绍宣武区妇女事业取得的成果。

G417/1.1　　　　　　　　　0804

北京市宣武区大事记 . 第一卷 / 中共宣武区委组织部[等]编 . —北京：中共党史出版社，1996

280 页：照片，折图；20cm

ISBN　7-80136-039-7；CNY 16.00

该书以北京市宣武区委的活动为主线，同时反映区政府、区武装部、统战组织和群众团体的主要活动，史料翔实，记述准确。该书能够帮助读者扼要地了解宣武区的发展历程，并为研究宣武区历史的人们提供一些史料和线索。

G417/2　　　　　　　　　　0805

北京市宣武区一九九六年度优秀调研成果汇编：1996 / 中共北京市宣武区委研究室编 . —北京：[出版社不详]，1997

246 页；20cm

该书由中共北京市宣武区委研究室编，收录了 35 篇优秀调研成果，主要围绕宣武区 1995 年中经济建设和体制改革、城市建设与管理、教育、人才、科技、卫生、党建和组织人事工作、精神文明建设、思想政治工作和其他各方面展开。

G417/3　　　　　　　　　　0806

北京改革开放简史 / 谢荫明，陈煦，温卫东著 . —北京：中央文献出版社，2008

300 页；24cm. —（北京改革开放 30 年）

ISBN　978-7-5073-2657-4

CNY 960.00（全 20 册）

该书内容包括"改革开放的起步""改革开放的渐次实践""改革开放全面展开""改革开放在探索中前进""初步建立社会主义市场经济体系"等，介绍了北京市改革开放的情况。

G417/4　　　　　　　　　　0807

北京改革开放大事记 / 中共北京市委党史

研究室编.—北京：中央文献出版社，2008

451 页；24cm.—（北京改革开放 30 年）

ISBN 978-7-5073-2657-4

CNY 48.00（全 20 册）

该书分"改革开放的起步""改革开放的全面展开""改革开放的系统推进""改革开放新的历史起点"四部分，对北京改革开放以来的主要事件进行回顾。该书为全国纪念改革开放 30 年百种重点选题成果。

G417/5　　　　　　　　0808

宣武改革开放 30 年 / 中共北京市委党史研究室，中共北京市宣武区委党史资料征集办公室编.—北京：中央文献出版社，2008

528 页：照片，图表；24cm.—（北京改革开放 30 年）

ISBN 978-7-5073-2657-4

CNY 48.00（全 20 册）

该书由图片、综述、专题文章和统计图表四部分组成，涵盖了宣武区经济、政治、文化、社会、城市建设与管理等方面内容。

G417/6.1　　　　　　　　0809

北京宣武改革开放 30 年专题文集. 上卷 / 中共北京市宣武区委党史资料征集办公室编.—北京：中央文献出版社，2008

535 页：彩照；24cm

ISBN 978-7-5073-2711-3

CNY 98.00（全 2 册）

该书内容包括"改革开放 30 年数说宣武""科学制定和落实区国民经济与社会发展规划""宣武区财政体制改革 30 年回顾"等，叙述了宣武区改革开放 30 年的情况。

G417/6.2　　　　　　　　0810

北京宣武改革开放 30 年专题文集. 下卷 / 中共北京市宣武区委党史资料征集办公室编.—北京：中央文献出版社，2008

537-1054 页；24cm

ISBN 978-7-5073-2711-3

CNY 98.00（全 2 册）

该书内容包括"改革开放 30 年数说宣武""科学制定和落实区国民经济与社会发展规划""宣武区财政体制改革 30 年回顾"等，叙述了宣武区改革开放 30 年的情况。

G417/7　　　　　　　　0811

智汇宣武·博士论坛：暨高校博士、青年干部挂职工作总结会议调研成果汇编 / [宣武区人才工作领导小组编].—北京：宣武区人才工作领导小组，2010

232 页：照片，图；24cm

该书是调研成果汇编。宣武区启动"高层次人才集聚计划"，汇集 9 所首都高校的 20 名博士、青年干部在宣武区开展为期半年的挂职锻炼，在此基础上形成调研成果。

G417/19　　　　　　　　0812

华彩宣武六十年 / 王学习主编；中共北京市宣武区委老干部局［编］.—北京：中共北京市宣武区委老干部局，2009

323 页：照片；23cm

该书选编了宣武区离退休干部的优秀征文，分为"政治建设日臻完善""经济建设快速发展""城市建设日新月异""文化建设成绩斐然""社会建设国泰民安"五个部分。

G417/21　　　　　　　　0813

宣武改革开放二十年 / 阎满成主编.—

北京：[出版社不详]，1998

258页：照片；20cm

该书讲述宣武区改革开放20年来社会发展所取得的成就，收录了"改革为国有企业带来了生机和活力""京城黄金第一家""改革促发展 阔步二十年""与改革同行 以业绩增辉"等27篇文章。

G417/22　　　　　　　　　　0814

北京市西城区民主党派二〇一二年度调研成果汇编/中共北京市西城区委统一战线工作部[编].—北京：中共北京市西城区委统一战线工作部，2013

431页：图；24cm

该书收录了"北京旧城中轴线北段保护利用研究""关于西城区小微企业发展及税收情况的调研报告"等27篇文章，为西城发展建言献策。

G417/23　　　　　　　　　　0815

智汇西城：西城"百名英才"建言区域科学发展文集/西城区人才工作领导小组[编].—北京：西城区人才工作领导小组，2012

363页：彩照；24cm

该书汇聚了在西城区经济和社会发展中具有引领示范带动作用的百位英才，为西城区科学发展建言献策，奉献智慧。内容分为"杰出人才""突出贡献人才""优秀青年人才"三个部分。其中"杰出人才"有王功伟、李烈、林义相、赵志良。

G417/24　　　　　　　　　　0816

西城区直机关首届文化节：[画册]/西城区直机关工委[编].—北京：西城区直机关工委，2013

135页：照片，图；28cm

该画册展示了西城区直机关文化建设成果，充分展现区直机关文化建设的生动实践和显著成效。其中包括丁香诗会暨首届机关文化节开幕式。

G417/25　　　　　　　　　　0817

宣武报：缩印汇编/中共北京市宣武区委宣传部主办.—No.1（1995）.—北京：[中共北京市宣武区委宣传部]，1995

照片，肖像，图；28cm

该书将《宣武报》2008年第746—800期报纸缩印成册，是记载这一时期宣武政治、经济、文化等地方重大事项的珍贵资料，多次涉及2008年奥运会相关事宜。《宣武报》1995-1997年为半月报，1997-1999为旬报，1999-2008年为周报。

G417：22/1　　　　　　　　　0818

西城改革开放30年/中共北京市委党史研究室，中共北京市西城区委党史资料征集办公室编.—北京：中央文献出版社，2008

360页：照片，图表；24cm.—（北京改革开放30年）

ISBN　978-7-5073-2657-4

CNY 48.00（全20册）

该书记述西城区改革开放30年所取得的成绩，包括历史回眸、亮点聚焦、数据采集三部分，真实反映了西城区政治、经济、文化、社会等方面的发展历程。

G42/1　　　　　　　　　　0819

真情共育民族花：第八届民族团结进步表彰会先进事迹摘编/中共北京市宣武区委

牛街街道工委，北京市宣武区人民政府牛街街道办事处［编］．—北京：［出版社不详］，2005

80页；21cm

该书包括几篇先进事迹介绍和附录2部分。附录部分列出先进集体名单101个、先进楼门（院）34个、先进个人124人等。其中宣武区图书馆被评为先进集体。

G42/2　　　　　　　　　　0820

宣武区牛街街道公民道德先进人物事迹材料／陆惠民，范宝［编］．—北京：中共北京市宣武区委牛街街道工委：北京市宣武区人民政府牛街街道办事处，2002

96页；20cm

该书内容包括"牛街街道公民道德十佳标兵名单""牛街街道公民道德百颗星名单""牛街街道特色队伍（集体）名单"及先进事迹材料，收录了"心系百姓奉献社区——春风社区居委会主任回娟"等16篇先进事迹。

G42/3　　　　　　　　　　0821

走进新牛街．—北京：牛街街道精神文明建设委员会，［出版年不详］

52页：图，照片；25×28cm

该书分为"建设篇""团结篇""奉献篇"3个部分，是贯彻落实党的十六大精神和民族宗教政策、加强民族团结进步工作、结合牛街街道第七届民族团结进步总结表彰大会编写。

G42/4　　　　　　　　　　0822

北京宣武·广外／中共北京市宣武区委广外街道工委，北京市宣武区人民政府广外街道办事处编．—北京：［出版社不详］，2003

1册：图；28cm

该画册介绍西城区广外街道。今天的广外，经济发展、商业繁荣、生活方便、环境优美、秩序良好、人际关系和谐。作为伟大祖国首都的一部分，广外正伴随着北京迈向现代化的坚实步伐，驰骋在新世纪的大道上。

G42/5　　　　　　　　　　0823

发展中的白纸坊社区／北京市宣武区白纸坊街道办事处编．—北京：［出版社不详］，2001

44页：图；26cm

该书从白纸坊概况、领导视察、区域经济、社区党建、城市建设与管理、社区治安、社区建设、精神文明建设、机关和居（家）委会自身建设、近年来获得的部分荣誉称号这10个部分介绍了发展中的白纸坊。

G42/6　　　　　　　　　　0824

椿树街道／单彩芝，韦洪波主编．—北京：［出版社不详］，2001

48页：图；28cm

该画册介绍西城区椿树街道的位置、面积、人口等。椿树地区的街巷胡同，历史悠久，据记载明代就有香炉营、椿树胡同、厂甸、琉璃厂更是享有盛誉。

G42/7　　　　　　　　　　0825

北京大栅栏／赵玉山，宋伟主编．—北京：［出版社不详］，2004

42页：图；28cm

该画册介绍西城区大栅栏街道的位置、

面积等。大栅栏街道是北京"宣南文化"最具有特征的街区之一，是北京市井风貌、史迹文物保存最完整的地区之一。

G42/8   **0826**

平凡的奉献者/仲兆军．—北京：中共北京市宣武区委宣传部，2005

121页；20cm

该书收入23篇先进事迹文章，每一篇都是平凡人无私奉献的动人故事。为弘扬全心全意为人民服务、敬业爱岗、无私奉献的崇高精神，区委宣传部编辑出版此书。

G42/9   **0827**

新牛街/陆惠民，范宝编．—北京：[出版社不详]，2004

53页：图，照片；25cm

该宣传画册介绍牛街街道，分为"全面贯彻落实党的民族宗教政策""广泛开展民族团结创建活动""民族团结进步奔小康"三部分。

G42/10   **0828**

北京市宣武区广外街道社区建设资料汇编/中共北京市宣武区广外街道工委，宣武区人民政府广外街道办事处编．—北京：中共北京市宣武区广外街道工委，宣武区人民政府广外街道办事处，2001

193页：图；20cm

该汇编主要反映和记载了广外街道认真贯彻中央23号文件和北京市第三次城市管理工作会议精神，积极推进社区党建、社区自治组织和社区中介组织建设的思路、做法和成果。

G42/11   **0829**

双拥共建情深民族团结进步：[摄影集]/杨文伯，范宝主编．—[北京：中共宣武区委牛街街道工委：宣武区人民政府牛街街道办事处，2003]

41页：图；28cm

该摄影集分为"前言""组织领导坚强有力 双拥共建制度完善""强化双拥共建意识 增强全民国防观念"等七个部分。牛街街道双拥共建工作，凝聚了牛街5.5万各族群众和共建部队官兵的深情厚意。

G42/12   **0830**

牛街双拥共建掠影/北京市宣武区牛街街道精神文明建设委员会编．—北京：[出版社不详]，2003

28页：照片；29cm

该宣传册是牛街街道双拥共建工作在军地双方的共同努力下取得的丰硕成果，由"组织领导坚强有力 双拥共建制度完善""强化双拥共建意识 增强全民国防观念"等主题构成。

G42/13   **0831**

鱼水情深：北京宣武广外地区双拥共建工作掠影/王希福主编．—北京：[出版社不详]，2003

1册：图；28cm

该摄影集分为"共话鱼水情""共同献爱心""共建新社区""共育军地人""共结文明果"五部分，介绍了广外街道双拥共建工作。广外地区先后获得全国军民共建社会主义精神文明先进单位、首都军（警）民共建标兵单位、北京市基层双拥工作先进单位和宣武区双拥工作先进单位等荣誉称号。

G42/14　　　　　　　　　　0832

宣武广内：摄影集 / 广内街道办事处工委编 . —北京：[出版社不详]：[出版日期不详]

65 页：图；28cm

该摄影集记述广内街道发展状况，内容包括"古曲新韵""与时俱进""社区党建"等，图片配有中英文字介绍。

G42/16　　　　　　　　　　0833

牛街街道政务服务大厅工作手册 / 牛街街道办事处编 . —北京：[出版社不详]，2004

1 册：图；29cm

该书内容有"牛街街道政务服务大厅简介""国家公务员行为规范""党政机关工作人员行为规范"等八项内容，介绍了牛街街道政务服务工作。

G44/1　　　　　　　　　　0834

京城镖行 / 方彪著 . —北京：学苑出版社，2004

309 页；21cm. —（兔儿爷老北京史地民俗丛书）

ISBN　7-5077-2333-X；CNY 20.00

该书介绍老北京保镖事业的历史，阐述镖行的起源与发展，介绍老北京主要镖户与镖局、镖界杰出人物等。

G44/2　　　　　　　　　　0835

牛街故事的背后：北京市公安局牛街派出所优良作风传承启示 / 徐雅雅主编；陈岩明等编写 . —北京：北京出版社，2000

219 页：彩照；20cm. —（北京市思想道德建设创新实践丛书）

ISBN　7-200-04087-8；CNY 16.00

该书以牛街派出所几代民警的故事为线索，总结了在不同历史时期，特别是在社会主义市场经济条件下，党的为人民服务的宗旨是如何得到坚持和发扬的。

G5（8）/1.3　　　　　　　　0836

中国人民政治协商会议北京市宣武区第八届委员会第三次会议以来有关材料汇编 / [政协北京市宣武区委员会办公室]编 . —北京：[出版社不详]，1993

129 页；20cm

该汇编收录了中国人民政治协商会议北京市宣武区第九届委员会第三次会议以来有关资料，内容包括开幕词、常务委员会工作报告、提案审查情况的报告、会议决议等。后附有列席人员名单、分组名单等。

G5（9）/1.1　　　　　　　　0837

中国人民政治协商会议北京市宣武区第九届委员会第一次会议以来有关材料汇编 / [政协北京市宣武区委员会办公室]编 . —北京：[出版社不详]，1995

133 页；20cm

该汇编收录了中国人民政治协商会议北京市宣武区第九届委员会第一次会议以来有关资料，内容包括"第九届委员会常务委员会 1994 年度工作要点""各部门委员会 1994 年度工作计划"等。

G5（9）/1.2　　　　　　　　0838

中国人民政治协商会议北京市宣武区第九届委员会第二次会议以来有关材料汇编 / [政协北京市宣武区委员会办公室]编 . —北京：[出版社不详]，1995

83 页；20cm

该汇编收录了中国人民政治协商会议

北京市宣武区第九届委员会第二次会议的资料，内容包括开幕词、工作报告、提案工作情况报告、委员经验交流材料等。后附有列席人员名单、分组名单等。

G5（10）/1.1　　　　　　0839

中国人民政治协商会议北京市宣武区第十届委员会资料汇编．上册／政协北京市宣武区委员会办公室编．—北京：政协北京市宣武区委员会办公室，2003

651页；20cm

该汇编收录了中国人民政治协商会议北京市宣武区第十届委员会的资料，内容有政协北京市宣武区第十届委员会期间宣武区委关于区政协工作的文件和区政协常务委员会通过的文件、主席会议通过的文件等。

G5（10）/1.2　　　　　　0840

中国人民政治协商会议北京市宣武区第十届委员会资料汇编．下册／政协北京市宣武区委员会办公室编．—北京：政协北京市宣武区委员会办公室，2003

652-1144页；20cm

该汇编收录了中国人民政治协商会议北京市宣武区第十届委员会的资料，内容有政协北京市宣武区第十届委员会期间宣武区委关于区政协工作的文件和区政协常务委员会通过的文件、主席会议通过的文件等。

G5：24（12）/1　　　　　0841

中国人民政治协商会议北京市宣武区第十二届委员会第二次会议大会发言材料汇编．[北京]：[出版社不详]，2008

53页；29m

该汇编包括"抓住机遇发展琉璃厂文化创意产业园区（民革宣武区工委）""关于改善宣武区历史文化保护区居民生活条件的建议（民盟宣武区工委）"等。

G74/1　　　　　　　　　0842

与时俱进　乘势而上　开创21世纪首都校外教育工作新局面／北京市青少年学生校外教育工作联席会议办公室编．—北京：[出版社不详]，2002.10

91页：图；20cm

该书总结北京市青少年学生校外教育工作的经验，明确下一阶段全市青少年学生校外教育的工作思路、工作目标与任务，表彰在青少年学生校外教育工作中做出突出贡献、取得优异成绩的先进集体和个人，为开创首都新世纪校外教育工作新局面奠定了良好的基础。该书为北京市校外教育工作会议资料汇编。

G74/2　　　　　　　　　0843

学习与探索：宣武区局处级党委（党组）理论学习中心组学习文章汇编／中共北京市宣武区委宣传部编．—北京：[中共北京市宣武区委宣传部]，2005

200页；21cm

该汇编立足落实党的十六届四中全会和胡锦涛总书记在同北京基层班干部座谈时的重要讲话精神，汇集了宣武区关于"树立和落实科学发展观"和"加强党的执政能力建设"的部分学习实践成果。

G74/3　　　　　　　　　0844

宣武党政干部论坛／中共北京市宣武区委党校编著．—北京：[出版地不详]，2002

46页；28cm

该刊为宣武区党政领导干部提供一块理论学习与实践、工作交流与探索的阵地,推动宣武党校教育教学的不断发展,服务于宣武区经济建设与改革开放的大局。

G74/4　　　　　　　　　　　0845

文明铸就辉煌　创建助推梦想:西城区文明单位创建活动观摩交流/北京市西城区精神文明建设委员会办公室[编].—[北京]:[出版社不详],2014

132页:图,照片;28cm

该书是西城区精神文明建设委员会办公室为充分展示创建工作成果,进一步发挥先进典型的创建示范引领作用,推动区域群众性精神文明创建活动迈上新台阶,将各级文明单位的创建亮点及经验做法整理、汇编成册。

G82/1　　　　　　　　　　　0846

法制新闻作品精选/霍建立主编.—北京:北京宣武区人民法院,2005

574页;21cm

该书所选的法制新闻作品分为刑事篇、民商事篇、行政篇、执行篇、纪实文学、言论及其他,取材于该法院审理的典型案例,真实、可读,富有教育意义。

G87/1　　　　　　　　　　　0847

案例分析选/霍建立主编.—北京:北京宣武区人民法院,2005

376页;21cm

该书所选的案例分为刑事篇、民商事篇、行政篇、执行篇,选编了宣武区法院审理的一些案件,对审判人员、对读者具有一定的参考价值。

H 经济管理

H1/1 0848

北京五十年纪实 / 周一兴主编；当代北京史研究会，当代中国的北京编辑部编 . —北京：同心出版社，1999

400 页：照片；20cm. —（当代北京史研究丛书）

ISBN 7-80593-380-4；CNY 20.00

该书收录了历史、实录、传记、回忆、文献以至个人的日记、信札等文章，从工业、农业、城建、商贸、科教、文卫、社会生活等不同侧面记述了北京 50 年的重大变化。

H1/2 0849

跨世纪的北京，城建卷 / 张选国主编；新华社北京分社编 . —北京：新华出版社，1996

192 页；29cm

ISBN 7-5011-3678-5

精装：CNY 100.00

该书图文并茂地叙述了"八五"期间北京市城建方面的工作成果，总结了经验，展望了"九五"目标，有 70 多篇等专题报道。

H1/3 0850

广外街道发展区域经济专刊 / 宣武区广外街道办事处编 . —北京：宣武区广外街道办事处，2003

20 页：图；28cm

该书记录了广外地区的经济情况，分为"创刊词""中共广外街道工委书记张炳田为该刊创刊题词""努力开创区域经济工作新局面""广外街道 2000 年发展区域经济思路""京闽茶城简介"等 17 个方面的内容。

H1/4 0851

宣武广外区域经济发展指南 / 北京市宣武区广外街道编 . —北京：[北京市宣武区广外街道]，2003

28 页：图；28cm

该书是广安门外街道经济发展指南，介绍了两区一街、大力扶植三业、重点建设五大工程、服务措施等基本内容。

H1/5 0852

北京市宣武区"十一五"期间国民经济和社会发展规划汇编 / 王佐主编；北京市宣武区发展和改革委员会编 . —北京：经济管理出版社，2006

277 页；26cm

ISBN 7-80207-711-7；CNY 48.00

该书收入了宣武区"十一五"期间国民经济和社会发展规划纲要的报告、宣武区"十一五"期间中小企业发展促进规划、宣武区"十一五"期间教育发展规划等内容。

H1/7 0853

西城区特色功能区经济社会发展解析 /

颜华[等]主编；北京市西城区统计局，北京市西城区经济社会调查队[编].—北京：北京市西城区统计局：北京市西城区经济社会调查队，[2011]

　　78页：图；26cm

　　该书分为"综合数据篇""功能街区监测篇""功能街区企业需求报告篇"三大部分，其中包括天桥演艺区、大栅栏传统商业区、马连道茶叶特色商业区等内容。

H1/14　　　　　　　　　　　0854

北京市宣武区"十五"期间国民经济和社会发展规划汇编 / 北京市宣武区计划委员会编.—北京：[北京市宣武区计划委员会]，2001

　　244页：图表；21cm

　　该汇编编制了宣武区"十五"期间城市建设发展计划、商业服务业发展计划等21项专项计划，区委书记赵久合、区长唐大生做序。

H1/16　　　　　　　　　　　0855

新西城·新气象·新发展：西城区重点功能区发展情况：2006—2010年 / 颜华，郭启兴，许晓红主编.—北京：北京市西城区统计局：北京市西城区经济社会调查队，[2010]

　　[4]页；30cm

　　（经折装）

　　这是一张4折页的大图，分为"2006-2009年西城区重点功能区发展情况""2010年第三季度西城区重点功能区发展情况等"两大方面。

H31/1　　　　　　　　　　　0856

北京区域统计年鉴.2002 / 北京市统计局编.—北京：同心出版社，2002

　　197页：彩图，地图；29cm

　　ISBN　7-80593-654-4；CNY 98.00

　　该年鉴依据2001年区县资料统计，内容包括北京地区概览、北京区县概览、北京特色经济区域、环渤海地区概览等。

H31/1　　　　　　　　　　　0857

北京区域统计年鉴.2003 / 北京市统计局编.—北京：同心出版社，2004

　　249页：地图，彩图；29cm

　　ISBN　7-80593-727-3；CNY 150.00

　　该年鉴收载资料时限为2002年，主要包括北京地区概览、北京区县概览、北京特色经济区域、环渤海地区概览、中国内地沿海三大开放区概览等内容。

H31/1　　　　　　　　　　　0858

北京区域统计年鉴.2004 / 北京市统计局编.—北京：同心出版社，2004

　　277页：地图，彩图；29cm

　　ISBN　7-80593-989-6；CNY 150.00

　　该年鉴收载资料时限为2003年，主要包括北京概览、北京区县概览、北京特色经济区域、四大直辖市经济社会发展比较、三大都市经济区发展比较等。

H31/1　　　　　　　　　　　0859

北京区域统计年鉴.2005—2006 / 于秀琴主编；北京市统计局，国家统计局北京调查总队编.—北京：同心出版社，2006

　　200页：地图，照片；29cm

　　ISBN　7-80716-287-2；CNY 150.00

　　该年鉴共9篇，分别是：北京概览，北京区县概览，北京市四大功能区及北京经济技术开放区概览，北京市山区概览，北京特色经济区域，华北五省（区、市）经济社会发展比较，四大直辖市经济社会发展比较，三大都市区发展比较，北京市在全国的位置。

H311/1　　　　　　　　　　0860

携手共进：国家统计局直属北京三支调查队发展回顾：[画册] / 北京统计局，国家统计局北京调查总队编．—北京：中国统计出版社，2006

248页：照片；30cm

ISBN　7-5037-4855-9

精装：CNY 260.00

这本大型纪念画册图文并茂、生动活泼地回眸了北京市三支调查队的风雨历程和辉煌历史。遍览全书，行间字里洋溢着奋斗的艰辛与光荣、汗水与智慧，而且具有"读史使人明智"的特殊意义。

H39/1　　　　　　　　　　0861

浴火重生：透视中华老字号的经营之道 / 郭会斌著．—北京：企业管理出版社，2005

421页；23cm

ISBN　7-80197-304-6；CNY 34.00

该书内容立足于分析中华老字号的短板，去比较西方某一名企业或品牌的长板，去把脉老字号曾经的、未来的发展。

H39/2　　　　　　　　　　0862

商业 / 时影编著．—北京：团结出版社，2005

222页：照片；23cm．—（民国万象；6）

ISBN　7-80130-801-8；CNY 28.00

该书内容包括"十里洋场""民国实业家""商业广告""东方华尔街""中华老字号"，内联升、瑞蚨祥、大栅栏等北京老字号商铺均有介绍。

H41/1　　　　　　　　　　0863

民国时期北平市工商税收：档案史料选编 / 北京市档案馆编．—北京：中国档案出版社，1998

1296页；20cm

ISBN　7-80019-771-9

精装：CNY 90.00

该书收录了民国时期北平地方历届财税机构沿革嬗递的资料，还按税种分成流转税、直接税、财产行为税、特定目的税及其他捐税等20个税种、9种捐费，详细记述了税种设置的沿革变化情况。

H41/2　　　　　　　　　　0864

城区财政 / 蒋德忠著．—北京：北京市宣武区作家协会，2002

184页：照片；21cm

该书收集的文章是宣武区十年来财政改革实践的缩影，也是作者蒋德忠与他的同事们团结奋斗的一个侧面。作者蒋德忠从事经济工作30多年。

K 工业

K892.4/1001　　　　　　　　0865

老北京民俗风情画 / 何大齐著 . —北京：中国水利水电出版社，2006

211 页：图；24cm

ISBN　7-5084-3103-0；CNY 38.00

该书图文并茂地介绍了老北京的风土人情。作者以精湛的画艺为我们再现了老北京街头巷尾的一个个场景，并以诙谐的文字帮助我们了解图中所表现的老北京的风俗习惯。

K892.41/1013　　　　　　　　0866

老北京那些事儿 / 邓向东，刘辉著；王永潮绘 . —北京：当代中国出版社，2010

183 页：图；24cm

ISBN　978-7-80170-873-1；CNY 39.00

该书用妙趣横生的京韵京味语言，讲述老北京独具特色的趣事闲闻、风土民情，并从从诗、文、画三个视角复原老北京独特的历史文化符号。

K954/1　　　　　　　　0867

北京印刷志 / 陈升贵主编 . —北京：中国科学技术出版社，2001

594 页：彩照；26cm

ISBN　7-5046-2850-6

精装：CNY 140.00

该书以生产和行业的发展为主线，以新中国成立后近 50 年的发展历程为重点，记述有实物和文献资料可考的 1000 余年来北京地区印刷业发展的历史。

K954/2　　　　　　　　0868

回忆京华印书局 / [《回忆京华印书局》筹备组编] . —北京：[出版社不详]，2010

196 页：照片，图；24cm

该书是京华印书局老职工们撰写的回忆录，有"写在前面的话""百年老厂——京华印书局简介""五十年京华印书局的回忆"等文章。京华印书局原址在宣武区虎坊桥乐平会馆及会馆后身一带。

K954/3　　　　　　　　0869

北京印钞厂：图集 / 蔡秀园主编 . —北京：[出版社不详]，1993

100 页：照片；25cm

该书是北京印钞厂 1905 年建厂到 1983 年共 85 周年纪念图集，叙述了北京印钞厂历史沿革，以生产为主线，多层次、多方面地反映北京印钞厂辉煌的历史，是研究我国印钞事业的重要文献资料。

K954/4　　　　　　　　0870

北京印钞厂志：1991—2000 / 赵国旗主编；《北京印钞厂志》编纂委员会编 . —北京：中国金融出版社，2002

404页：彩照，地图；26cm.—（中国印钞造币志丛书）

ISBN 7-5049-2779-1

精装：CNY 272.00

该志上限1991年，下限截至2000年年底，由述、记、志、传、图、表、录等部分组成，反映北京印钞厂的发展历程。

K954/5　　　　　　　　　　0871

《回忆京华印书局》读后集锦.—北京：[出版社不详]，2011

78页：照片，图；24cm

该书汇集了老职工对《回忆京华印书局》一书的感想。京华印书局原址在宣武区虎坊桥乐平会馆及会馆后身一带。

M 城镇建设与管理

M1/1　　　　　　　　　0872

古代北京城市管理 / 尹钧科等著. —北京：同心出版社，2002

648 页；21cm

ISBN　7-80593-584-X；CNY 38.00

该书内容包括"城市规划""市政管理""户籍、人口和民政管理""工商税务管理""社会治安管理""教育文化管理"等。该书为国家自然科学基金资助项目成果。

M1/2　　　　　　　　　0873

清末北京城市管理法规 / 田涛，郭成伟整理. —影印本. —北京：北京燕山出版社，1996

522 页；26cm

ISBN　7-5402-0767-1；CNY 98.00

该书是 20 世纪初清政府实行新政之后于 1906—1910 年间制定出的有关首都城市管理方面的一批法规，首次整理影印。

M2/1　　　　　　　　　0874

北京古都风貌与时代气息研讨会论文集 / 朱明德主编. —北京：北京燕山出版社，2003

640 页；21cm

ISBN　7-5402-1537-2；CNY 30.00

该书收录的相关学术论文有"历史文化名城保护与国际化大都市发展战略""古都风貌与现代交通""古都风貌的现代价值"等。该书为北京市社会科学院 2002 年度"北京史研究与国际化大都市发展战略"课题成果。

M2/2　　　　　　　　　0875

北京历史文化名城的保护与发展 / 汪光焘著. —北京：五洲传播出版社，2005

329 页：地图，图；21cm

ISBN　7-5085-0730-4；CNY 99.00

该书记述了近年来北京城市规划建设中的重要事件，从河湖水系的整治到生态环境的改善、从古城风貌的保护到历史街区的更新建设等都记述在其中。

M2/3　　　　　　　　　0876

城记 / 王军著. —北京：生活·读书·新知三联书店，2003

358 页：图，照片；24cm

ISBN　7-108-01816-0；CNY 58.00

该书通过 300 余帧照片，将全书分为十章，从北京的现实入手，以 50 多年来北京城营建史中的历次论争为主线展开叙述，其中又以 20 世纪五六十年代为重点，将梁思成、林徽因、陈占祥、华揽洪等一批建筑师、规划师的人生故事穿插期间。

M2/4　　　　　　　　　0877

北京规划建设五十年 / 张敬淦著. —北京：中国书店，2001

316 页：图；20cm. —（京华博览丛书）

ISBN 7-80568-947-4；CNY 16.00

该书详细介绍了北京市城市总体规划的设想、规划设计思路，重点阐述了北京规划建设在北京的政治、文化活动、经济发展、居民小区、基础设施、旧城的保护与改造等方面发挥的作用以及互动关系等内容。

M2/5　　　　　　　　　　0878

营国匠意：古都北京的规划建设及其文化渊源 / 朱祖希著 .—北京：中华书局，2007

335 页：图，照片；24cm.—（北京文化史）

ISBN 978-7-101-05451-4；CNY 40.00

该书分营国篇和溯源篇，介绍了"北京城萌生的历史地理背景""北京最早的城邑""明清北京城规划建设的特色""古都北京规划建设匠意的本源、基石、依据""北京城郭规制探源"等内容。该书为北京市哲学社会科学"十五"重点规划项目北京市属市管高校人才强教行动计划项目成果。

M2/6　　　　　　　　　　0879

北京胡同保护方案：[中英文本] / [德]安德烈·亚历山大 Andre Alexander 等著 .—北京：北京广播学院，2004

61 页：照片，图；21×29cm

ISBN 7-81085-347-3；CNY 50.00

该书是北京具有重要保护价值的胡同保护方案，包括项目的目标、北京旧城概述、旧城目前状态、社会调研、修复四合院与保护胡同社区的试点项目等。

M2/7　　　　　　　　　　0880

城市主题：寻找老北京城 / 邱阳主编 .—北京：中国旅游出版社，2006

206 页：照片；22cm

ISBN 7-5032-2936-5；CNY 28.00

该书介绍了部分即将消失和残存的老北京的影像、地标、文化、文本、记忆、声音、民间和图景等。

M2/8　　　　　　　　　　0881

北京中轴线城市设计：创造北京未来的城市形象：[图集] / 魏成林主编；水润宇翻译；北京市规划委员会主编 .—北京：机械工业出版社，2005.2

194 页；29×30cm+ 光盘 1 片

ISBN 7-111-15901-2；CNY 238.00

该书将北京中轴线城市设计竞赛方案综合、剪辑，展现在读者面前，对形成更具新意的城市总体规划设想、对今后的控制性详细规划，对当前的城市建设，特别是中轴线的建设提供了极具价值的参考。

M2/10　　　　　　　　　0882

建国以来的北京城市建设 / 佟铮主编；北京建设史书编辑委员会编 .—北京：[出版社不详]，1986

391 页：图，照片；26cm

该书内容包括新中国成立前的城市建设、总体规划、房屋建筑、基础设施、环境建设等，还搜集了如"毛泽东、周恩来等中央领导领导同志审定天安门广场规划方案（一九五八）"等许多珍贵照片。

M3/1：2　　　　　　　　0883

北京园林史话 / 赵兴华编著 .—2 版 .—北京：中国林业出版社，2000

306 页：图；23cm

ISBN 7-5038-2428-X；CNY 45.00

该书比较详尽地记载了北京地区从战国

时代台观宫苑，到元、明、清历代北京园林发展的历史，还有新中国成立后北京40多年来园林绿化进程，并进行了详细的论述。

M3/2　　　　　　　　　　0884

北京市宣武区园林市政管理局养路队/北京市宣武区园林市政管理局养路队编.—北京：[出版社不详]，2004

6页：图；26cm

该宣传册记述了北京市宣武区园林市政管理局养路队的情况。该队自1953年5月3日经批准成立至今已45周年。在45年来的发展和探险索中，在不断开拓的同时，我们也不断拓宽了为群众服务的渠道，如洗衣店、花前食品店、雅洁酒家、副食基地已在运作中。

M3/3　　　　　　　　　　0885

北京市西城区园林绿化志.1949.01—2010.06/北京市西城区园林绿化局史志编委会编.—北京：北京市西城区园林绿化局史志编委会，2015

235页：照片；26cm

该志以西城区域的几十年历史沿革概述统括全书，分为园林、绿化、管理、科技等数篇。前有照片、概述、大事记，后有附篇。

M3/4　　　　　　　　　　0886

北京市宣武区园林绿化志.2001.01—2010.06/北京市宣武区园林绿化局史志编委会［编］.—北京：北京市宣武区园林绿化局史志编委会，2015

272页：图，照片；26cm

该志以宣武区域近十年历史沿革概述统括全书，分为园林、绿化、管理、科技等数篇。前有照片、概述、大事记，后有附篇。

M31/1　　　　　　　　　0887

京华园林寻踪/赵兴华著.—北京：中国城市出版社，1999

293页；20cm.—（21世纪城市人文库.北京史话；1）

ISBN　7-5074-1021-8；CNY 16.00

该书介绍了清代北京皇家园林、第宅园林、寺庙园林、陵寝园林及公共游娱园林，讲述它们的历史变迁、沿革、典故、趣闻，读者可从中窥见200年前北京园林的概貌。

M31/2　　　　　　　　　0888

京华园林丛考/北京市园林局史志办公室编.—北京：北京科学技术，1996

487页；20cm

ISBN　7-5304-1841-6；CNY 20.00

该书内容包括"述史争鸣""史事钩沉""古迹说略""文物考源""国耻不忘""林苑琐谈"共六个方面。其中有关于天坛、陶然亭等园林的记述。

M31/3　　　　　　　　　0889

北京园林优秀设计集锦/刘少宗主编；北京市园林局编.—北京：中国建筑工业出版社，1996，2000重印

260页：图；28cm

ISBN　7-112-02687-3

精装：CNY 60.00

该书收录了北京市自20世纪80年代以来已经建成的、具有代表性的61项园林设计作品，内容包括街道广场绿化、公园绿地、公共建筑庭园、居住区绿化、园林服务性建筑等五个方面。

M31/4/.2　　　　　　　0890

宣武园林.第二期/北京市宣武园林学会编.—北京：北京市宣武区园林市政管理局，1985

38页；26cm

该刊内容包括"五讲四美结硕果 共建文明北京城""谈宣武区三十五年来园林绿化建设""谈白广路大街绿化建设""北京友谊医院的绿化情况""北京市宣武区第一批重点文物保护单位名单"等。

M31/4/.3　　　　　　　0891

宣武园林.第三期/王殿清编.—北京：北京市宣武区园林市政管理局，1991

73页；26cm

该刊回顾宣武区在国家第七个五年计划期间绿化美化建设情况，内容包括"众手描绘宣武绿""宣武青翠""迎亚运旧貌换新颜""北京大观园创一流服务更添红楼特色"等。

M31/4/.4　　　　　　　0892

宣武园林.第四辑/王殿清编.—北京：北京市宣武区园林市政管理局，1992

84页；26cm

该刊记录了1991年宣武区园林市政管理局在市、区政府领导下，在首都绿化办和园林局指导下，认真贯彻执行了北京市提出"巩固、完善、提高、发展"的园林绿化八字方针，团结拼搏，艰苦奋斗，克服困难，较好地完成了上级下达的各项任务。

M31/5　　　　　　　　0893

宣武园林年鉴：1990年园林大事记/王殿清编.—北京：北京市宣武区园林市政管理局，1991

111页；26cm

该年鉴反映了宣武区园林系统在安全祥和的形势下迎亚运、庆国庆的具体状况，内容包括"先农坛沿革与绿化""莲花河一平方公里综合治理""红楼文化艺术展纪实""和平彩门简介"等。

M31/6　　　　　　　　0894

北京市宣武区园林绿化年鉴：1991/王殿清编.—北京：北京市宣武区园林市政管理局，1992

118页；26cm

该年鉴内容包括"白广路'黄土不露天'初见成效""南滨河绿化景更美""椿树街道绿化管理有成效"等，为"八五"规划后四年的绿化美化工作奠定了基础。

M31/7　　　　　　　　0895

陶然亭公园志/王子，司光中主编；陶然亭公园志编纂委员会编.—北京：中国林业出版社，1999

286页：照片，图；26cm

ISBN 7-5038-2460-3

精装：CNY 110.00

该志分序言、凡例、概述、大事记、园林景观、革命纪念地、名胜古迹、绿化美化、公园管理、人物、艺文等内容，较为全面地介绍了陶然亭公园。

M31/8　　　　　　　　0896

北京市宣武区园林绿化志/李秀朋主编；宣武区园林市政管理局文史编委会[编].—[北京]：[宣武区园林市政管理局文史编委会]，2006

443 页：地图，图；26cm

CNY 120.00

该书分为"园林""绿化""管理"等数篇，系统地、完整地、科学地记述了宣武区自有文字记载以来园林绿化建设、发展过程，着重叙述了新中国成立至 2000 年底宣武区园林绿化事业的宏观史。

M32/1　　　　　　　　　　0897

绿满京城：北京的园林绿化 / 李临淮著．北京：中国书店，2001

212 页：照片；20cm．—（京华博览丛书）

ISBN　7-80663-046-5；CNY 11.00

该书共分 9 章，内容包括公园绿地、风景名胜、公共建筑绿化、居住区绿化、大环境绿化、树木花卉、全民义务植树等。

M61/1　　　　　　　　　　0898

北京市宣武区"十一五"期间节能规划 /［北京市宣武区规划局编］．—北京：［出版社不详］，2008

22 页；26cm

该规划结合首都功能核心区发展定位和全区经济社会发展特点，阐述 2006—2010 年"十一五"期间宣武区节能工作的主要目标、发展重点和保障措施。

M63/1　　　　　　　　　　0899

北京历史灾荒灾害纪年：公元前 80 年—公元 1948 年 / 于德源编著．—北京：学苑出版社，2004

218 页；25cm

ISBN　7-5077-2390-9；CNY 35.00

该书辑录、考证北京及周边地区历史灾荒、灾害资料，始自西汉元凤元年（公元前 80 年），止于民国三十七年（1948 年）。资料取自二十四史"本纪""传""五行志"和明、清实录，旁搜县志、金石等以为补阙。

M7/1　　　　　　　　　　0900

老北京的出行 / 齐鸿浩，袁树森著．—北京：北京燕山出版社，1999

287 页：插图；20cm．—（老北京丛书）

ISBN　7-5402-1217-9；CNY 13.00

该书介绍了从清朝末年到"文革"之前这百余年间北京交通的发展和演变过程，介绍了北京地区的各种道路及其发展状况，各种交通工具使用和演变的情况。

M72/1　　　　　　　　　　0901

北京立交桥行车图册 / 李任创，何英慧编著．—北京：北京科学技术出版社，1998

184 页；20cm

ISBN　7-5304-2066-6；CNY 19.00

这本图册为北京市每一座互通式立交桥绘制了机动车行车图，用白色箭头表示机动车正确的行驶路线。有些立交桥还附有从高空拍摄的照片，供司机对照参考。

M73/1　　　　　　　　　　0902

广安门站志：1906—1991 / 王开利主编．北京：新华出版社，1991

215 页：照片，图表；25cm

ISBN　7-5011-1344-0

精装：CNY 60.00

该书是一部全面反映广安门站自 1906 年建站以来的现状、沿革和变化的资料工具书，共 11 篇。

N 商业·服务业·旅游业

N1/1　　　　　　　　　0903

北京老字号/侯式亨编著.—北京：中国环境科学出版社，1991

434页；20cm

ISBN　7-80010-765-5；CNY 8.50

该书收录了北京近130家老字号，包括餐馆、作坊、企业、戏院等，从其开业年代、历史沿革、经营范围、传统特色、掌故轶闻等做了介绍。

N1/2　　　　　　　　　0904

北京的老字商号/尹庆民著.—北京：光明日报出版社，2004

214页：照片；21cm.—（北京文物古迹旅游丛书）

ISBN　7-80145-812-5

CNY 180.00（全10册）

该书介绍北京的老字商号，分"药店、茶庄""饭馆、小吃""食品、百货""文化娱乐"四章。

N1/3　　　　　　　　　0905

北京驰名老字号/李顺利主编.—北京：北京经济学院出版社，1998

246页：照片；20cm

ISBN　7-5638-0042-5；CNY 20.00

该书内容包括饭庄、药店、茶庄、食品店、商店、理发店。其中"商店篇"收录有"中国名牌亨得利""湖笔徽墨戴月轩"等南城老字号。

N1/4　　　　　　　　　0906

老字号/王红著.—北京：北京出版社，2006

204页；23cm.—（北京地方志·风物图志丛书）

ISBN　7-200-06425-4；CNY 25.00

该书讲述了分布于京城各个商圈的餐馆、饭店、食品店，丝绸、布帛、鞋帽店，茶记、药铺、戏园子，书籍、文房、古玩店等行业老字号的兴衰沉浮，从一个侧面体现了古都北京传统商业文化的发展和演变。该书为北京市哲学社会科学"十五"规划项目成果。

N1/5.2　　　　　　　　　0907

中华老字号.第二册/《中华老字号》编委会编著.—北京：中国轻工业出，1996

554页；20cm

ISBN　7-5019-1844-9；CNY 48.00

该册是北京、天津、沈阳、浙江、湖南省老字号专辑（共出版六册）。西城老字号有名扬京都的烤肉宛饭庄、湖笔争传"一品王"、北京六大菜市的菜市口菜市场、独具民族特色的北京戴月轩等。

N1/6　　　　　　　　　　0908

老字号 / 李文滨著 . —济南：山东画报出版社，2004

300 页：图；20cm

ISBN　7-80603-453-6；CNY 18.80

该书内容包括"源头说起""前门一瞥""南城风景""南风北渐""遗韵绵长"五个部分，其中"南城风景"收录了丰泽园、一得阁、琉璃厂、湖广会馆等。

N1/7　　　　　　　　　　0909

商贾北京 / 王永斌著 . —北京：旅游教育出版社，2005

227 页：照片，图；21cm. —（文化北京丛书）

ISBN　7-5637-1166-X；CNY 18.00

该书的内容包括北京的商业与儒学、宗教、民俗、会馆的关系，其中包括"北京商业的东、伙和经营形式""北京繁华的商业街区""北京的商业集市"等。

N1/8　　　　　　　　　　0910

北京的商业街和老字号 / 王永斌著 . —北京：北京燕山出版社，1999

442 页；20cm. —（北京旧闻丛书）

ISBN　7-5402-1146-6；CNY 22.00

该书不仅描述商业街和老字号繁荣发展的现象，又着重描写其发展繁荣的内在原因。内容既涵盖今天尚在的老字号，也包括已不存在的老字号，力图为北京地方社会经济发展繁荣，为各行各业企业家经营好各自企业，为热爱北京的人服务。

N1/9　　　　　　　　　　0911

花雨纷披老字号 / 徐城北著 . —北京：中国社会科学出版社，2003

256 页：图，照片；20cm

ISBN　7-5004-3909-1；CNY 38.00

该书分为"自序""源头说起""前门一瞥""南城风景""南风北渐""遗韵绵长""后记"7 个部分，其中"南城风景"介绍了湖广会馆、一得阁、琉璃厂等。

N1/10.1　　　　　　　　0912

中国的老字号 . 上册 / 谢牧，吴永良［编］. —北京：经济日报出版社，1988

352 页；19cm

ISBN　7-80036-009-1；CNY 3.50

该册内容包括纸墨飘香荣宝斋、来熏阁今昔、湖笔老店王一品、老胡开文徽墨等，还介绍了同仁堂、东来顺、北京的回民饮食等南城老字号。

N1/10.2　　　　　　　　0913

中国的老字号 . 下册 / 谢牧，吴永良［编］. —北京：经济日报出版社，1988

236 页；18cm

ISBN　7-80036-167-5；CNY 2.70

该册内容包括北京的"玉作"及其著名艺人、天津古玩业的兴衰、山西票号的生财之道、驰名中外的民生公司等，还介绍了瑞蚨祥、六必居、全聚德等南城老字号。

N1/11　　　　　　　　　0914

北京商业纪事 / 齐大芝，任安泰著 . —北京：北京出版社，2000

125 页；20cm. —（北京历史丛书）

ISBN　7-200-03791-5；CNY 8.00

该书将自战国时期至 1949 年前的北京地区的商业出现、发展、商民的生活和市井风貌进行了描述，内容有北方都邑的商业掠影、商业繁盛的东方大都等。

N1/12　　　　　　　　　　0915

老北京的商市/张双林著.—北京：北京燕山出版社，1999

250页；18×11cm.—（老北京丛书）

ISBN 7-5402-1215-5；CNY 13.00

该书详细介绍了老北京"商市"的状况、历史沿革和轶闻趣事。内容包括有趣的北京商俗、丰富多彩的北京商业文化、百家行当汇京城、燕市杂拾等。

N1/13　　　　　　　　　　0916

北京的关厢乡镇和老字号/王永斌著.北京：东方出版社，2003

476页：照片；20cm

ISBN 7-5060-1601-X；CNY 29.50

该书介绍了德胜门、安定门、东直门、西直门、朝阳门、安定门、清河镇、通州等地方关厢和乡镇形成、发展的历史，以及老字号的店史。

N1/14　　　　　　　　　　0917

老字号财智传奇/张建安编著.—天津：百花文艺出版社，2005

231页：图；21cm

ISBN 7-5306-3989-7；CNY 18.00

该书从两方面介绍我国一些知名的传统老字号，一是从"财"即经营之道的商业文化角度来总结兴衰之本，二是从"智"即人文智慧的一些传奇掌故来揭示其百年老店的文化传承。

N1/15　　　　　　　　　　0918

驰名京华的老字号/北京市政协文史资料研究委员会编.—北京：文史资料出版社，1986

351页：照片；20cm

CNY 2.00

该书收入44篇文章，记述老字号的创建历史、经营管理、生产工序、风味特点等。书中所记大部分是作者的亲身经历，翔实可信，对研究北京经济史，有重要的史料价值。

N1/16.1　　　　　　　　　0919

中华老字号.第一册/张庶平，张之君主编.—北京：中国轻工业出版社，1993

569页：彩照；20cm

ISBN 7-5019-1371-4；CNY 36.00

该书介绍上海268家"老字号"的历史典故、服务特色、生活知识等，如"湖水名笔"、张小泉、曹素功等老字号。

N1/17　　　　　　　　　　0920

老字号的文化底蕴/曹源著.—北京：中国时代经济出版社，2003

344页；21cm

ISBN 7-80169-062-1；CNY 24.00

该书收集了中国老字号品牌，如茅台酒、同仁堂、荣宝斋、全聚德等12个老字号，介绍它们的起源、发展、辉煌成名的经过。

N1/18　　　　　　　　　　0921

城南老字号/梁金生主编.—北京：奥林匹克出版社，2000

299页：照片；21cm.—（地情丛书）

ISBN 7-80067-325-1；CNY 23.00

该书收录86篇有关老字号的文章，涉

及百货、饮食、服务、五金、文化、体育用品、工艺美术等行业。

N1/19　　　　　　　　　　0922

北京的老字号 Time-honored Brands in Beijing：[中英文本] / 丁维峻主编 . —北京：人民日报出版社，2009

247 页：照片；35cm

ISBN　978-7-5115-0008-3

精装：CNY 280.00

该画册收集、整理了大量历史文字资料和珍贵照片，记录了老一辈党和国家领导人关心、支持老字号的相关活动和教诲，展示了各行业老字号的历史旧貌和当代新颜。

N1/20　　　　　　　　　　0923

西单 / 寻竹生著 . —北京：北京出版社，2015

210 页：图，照片；23cm. —（北京地方志·风物图志丛书）

ISBN　978-7-200-11180-4；CNY 42.00

该书从前朝掌故、老字号、新潮名店、美食美味、文化底蕴、红色故事等方面，为读者娓娓道出西单北大街的历史与发展、昨天与今天。

N1/21　　　　　　　　　　0924

北京西城老字号传承故事集锦 / 王长征著 . —北京：学苑出版社，2016

153 页：图；24cm

ISBN　978-7-5077-5063-8；CNY 28.00

该书搜集整理北京西城区近 30 家老字号的故事，相关内容已通过老字号传承人审核，较为准确，与根据现成材料东拼西凑者不同。北京西城区的老字号，数量几乎占到了北京老字号的三分之一。

N2/1　　　　　　　　　　0925

告诉你一个真实的同仁堂 / 鲁波，许珖著 . —郑州：中州古籍出版社，2006

261 页：照片；25cm. —（博雅书坊·点石成金系列）

ISBN　7-5348-2547-4；CNY 23.00

该书内容包括沿革篇、经营篇和启示篇，涉及迁居北京、创立同仁堂、在困难的岁月里、在皇权的保护下、同业竞争、一篇调查报告的分析等内容。

N2/2　　　　　　　　　　0926

宣南老字号：摄影集 / 李岩主编 . —[出版地不详]：[出版社不详]，2007

107 页：照片；20cm

该书涉及荣宝斋、张一元、内联升、瑞蚨祥、同仁堂、全聚德、戴月轩、一得阁、清秘阁、谦祥益、马聚源、步瀛斋、德寿堂、鹤年堂等宣南老字号。宣南地区，商业繁华，老字号发展的历史就是一部老北京的商业史。

N21/1　　　　　　　　　0927

北京特味食品老店 / 北京市第二商业局教育处编 . —北京：中国食品出版社，1987

126 页：图；19cm

ISBN　7-80044-000-1；CNY 1.70

该书介绍了天源、全素斋、天福号等 12 家特味食品老店的历史沿革、经营方式及名牌产品的特色和工艺流程。

N21/2　　　　　　　　　0928

北京同仁堂史 / 张培玉，孙璠主编；中

国北京同仁堂集团公司北京同仁堂史编委会编．—北京：人民日报出版社，1993

190页：照片；20cm

ISBN 7-80002-537-3；CNY 13.40

该书内容包括：创业伊始、供奉御药、皇封特权、中期历史变迁、新中国成立后三十年的发展、再度腾飞、制药特色、发展中的同仁堂、中国北京同仁堂集团成立。

N21/3 0929

国宝同仁堂／张友新著．—北京：中国商业出版社，2001

148页：照片；20cm．—（世纪之光丛书）

ISBN 7-5044-4312-3；CNY 18.00

该书内容有"人类的金矿""乐家从风雨中走来""供奉御药""摧不倒的老树"等，意在展示同仁堂的风貌及其背景，在一些新老材料及新近采访的基础上写成的。

N219/1 0930

历史的对接：同仁堂传统文化与现代文明相融合的实践／于亮，金永年主编；王静萱等编写．—北京：北京出版社，2000

210页：照片；20cm．—（北京市思想道德建设创新实践丛书）

ISBN 7-200-04087-8；CNY 16.00

该书总结了同仁堂老字号在新的历史条件下，汲取传统文化精髓，不断注入新的活力，永葆百年老店青春的经验。

N4/1 0931

清真菜谱／杨国桐主编．—北京：金盾出版社，1991，1995印

173页：彩照；19cm

ISBN 7-80022-363-9；CNY 5.00

该书详细地介绍了300多种清真菜的特色、用料和制作方法，对某些传统名菜还介绍了名称由来、创制过程等典故。

N4/2 0932

京清真菜点集锦／南来顺饭庄编写组编．北京：北京科学技术出版社，1985

242页：图；18cm

CNY 1.50

该书对精选的300多种北京清真菜点，从原料、调料、制作、特点、关键等方面逐一做了详细的介绍。清真南来顺饭庄的几位退休老厨师在有生之年，以口述的形式，总结他们数十年的技艺和经验。

N4/3 0933

老舍茶馆／《老舍茶馆》编写组编．—北京：[出版社不详]，2002

64页；21cm

CNY 38.00

该画册图文并茂地介绍了老舍茶馆。老舍茶馆是以人民艺术家老舍先生及其名剧命名的茶馆，位于北京前门箭楼以西繁华的商业区，集品茶、饮食、赏戏表演等经营内容为一身。

N4/4 0934

老舍茶馆／读图时代著．—北京：中国轻工业出版社，2006

129页：图；21×17cm．—（读图时代．品茶馆）

ISBN 7-5019-5097-0；CNY 28.00

该书介绍了老舍茶馆的故事。老舍茶馆享有"城市名片"的美誉，原因在于：一是

它由二分钱一碗的大碗茶起家，是改革开放以后，京城开的第一家新式茶馆；二是茶馆以"老舍"命名，老舍先生是京味文化的代表之一。

N4/5　　　　　　　　　　　0935

味蕾的舞蹈：[画册]：北京餐饮印象/晓翼著；红绫摄影 . —北京：中国宇航出版社，2005

114 页；19×21cm. —（北京趣生活系）

ISBN　7-80144-897-9；CNY 20.00

该画册内容包括"在坚硬里张开嘴""吞咽缠绵悱恻""缤纷的美色""窗棂的符号""老北京故事""老爵士""收留不归人的心"等。其中"老北京故事"中介绍了"北平楼""京味面大王""利群烤鸭"等餐厅。

N4/6　　　　　　　　　　　0936

吃茶去：京城特色茶馆掠影：[画册]/李娇龙，陈刚，杨贵山著 . —济南：山东画报出版社，2005

124 页：照片；19cm×21cm

ISBN　7-80603-983-X；CNY 29.00

该书视角新颖，图片精美，介绍了北京特色茶馆，包括"雅与俗""古典""现代""享人工之美景""得自然之妙趣""天地人合一"等六部分。书后附有京城茶艺馆向导。

N4/7　　　　　　　　　　　0937

食为天：北京饮食指南：[画册]/永乐编著 . —北京：五洲传播出版社，2004

169 页：地图，照片；21cm

ISBN　7-5085-0556-5；CNY 28.00

该书以图文并茂的形式介绍北京的饮食时尚，阐述各种地方菜和世界各地的特色风味，荟萃了现代北京的名店与名食。

N4/8　　　　　　　　　　　0938

全聚德史话/邢渤涛著 . —北京：中国商业出版社，1984

144 页：照片；19cm

CNY 0.55

该书描述了全聚德自创建开始是一个小摊位，经过漫长的成长岁月，发展壮大为一个"天下美味数第一"的历史。

N4/9　　　　　　　　　　　0939

北京的茶馆 会馆 书院 学堂/方彪编著 . —北京：光明日报出版社，2004

275 页：图；21cm. —（北京文物古迹旅游丛书）

ISBN　7-80145-812-5；CNY 18.00

该书分四章介绍了北京的茶馆、会馆、书院、学堂。北京的茶楼会馆既是市俗文化，也是帝都文化的重要组成部分，是饮食文化和商业发展的结果，与科举士子、商人及全国各地人民进京有很大关系。

N4/10　　　　　　　　　　0940

吃在北京/《吃在北京》编辑部编 . —北京：中国轻工业出版社，2002

161 页：彩图；20cm. —（吃在中国）

ISBN　7-5019-3559-9；CNY 28.00

该书主要介绍了北京地区的著名饭店、饭馆、饭庄以及外国风味餐厅和饮品店，并配以图片，最大限度地呈现出其色彩、造型的美感，可满足食客们多元化消费要求。

N4/12　　　　　　　　　　0941

便宜坊六十个故事/王东，李金龙，马

铁汉等编 . —北京：［出版社不详］，2009

64 页；18cm

该书内容包括地理沿革篇、菜系故事篇、名人与便宜坊、创新篇四部分。位于北京南城的便宜坊，是济南最正宗的锅贴老字号，成立于1932年，至今延续着"方便又便宜"的经营理念。

N4/13　　　　　　　　　　**0942**

老舍茶馆 / 木霁弘总主编 . —北京：北京出版社，2004

190 页：照片；28cm. —（读图时代 . 茶说典藏；6）

ISBN　7-200-05692-8

线装：CNY 98.00

该书分为"前门之源""创业之路""雷锋之义""曲艺之汇""民族之韵""中华之魅""茶艺之味""茶墨之缘""理茶之道"共九章，从中可以了解老舍茶馆享有"城市名片"的美誉及其原因。

N4/14　　　　　　　　　　**0943**

"大碗茶"传奇 / 李林栋，刘莉莉，顾兰英［等］编 . —北京：昆仑出版社，1988

215 页：照片；21cm

ISBN　7-80040-110-3；CNY 2.50

该书记述了尹胜喜带领 20 个待业青年，从卖 2 分钱大碗茶开始，一路创业，逐渐发展为"北京大碗茶商贸集团公司"的过程。

N5/1　　　　　　　　　　**0944**

北京婚庆行业地图 / I DO I DO · 我愿意结婚网编著 . —北京：中国轻工业出版社，2007

157 页：图；21cm. —（悠生活时尚生活秀）

ISBN　978-7-5019-5871-9；CNY 15.80

该书提供了北京主要的婚纱摄影、婚礼服饰、婚礼场地、婚庆公司、司仪督导、婚礼跟拍、新娘化妆、戒指首饰、鲜花花艺、婚礼蛋糕、新房装饰、美容健身、蜜月旅行的行业名录，为即将步入婚姻圣殿的新人们提供实用的信息服务和消费指南。

N5/2　　　　　　　　　　**0945**

北京东方饭店九十年：［1918—2008］/ 佘小殷总编 . —北京：［北京东方饭店］，2008

75 页：照片；33cm

主要讲述北京东方饭店创店 90 年来兴衰变迁和发展。北京东方饭店是与北京饭店、六国饭店齐名的京城三大饭店之一，还是五四新文化运动的一个重要平台，见证了民国政治、经济、军事、文化、市政建设等各个方面的许多重大事件。

N6/1　　　　　　　　　　**0946**

北京市各区县旅游发展规划汇编 / 于长江主编；北京市旅游事业管理局编 . —北京：中国旅游出版社，1999

776 页：图表；29cm

ISBN　7-5032-1604-2；CNY 80.00

该汇编分为"区县规划编""目的地规划实例编""资料编"三个部分，较全面、翔实地反映 18 个区县旅游产业发展思路的全貌。

N64/1　　　　　　　　　　**0947**

北京大观园 / 林宽，周颖著 . —北京：北京美术摄影出版社，2002

116 页：图；21cm. —（北京览胜丛书 .

二辑）

ISBN 7-80501-240-7；CNY 9.50

该书内容包括"游园导读""名著园林""红楼梦文化艺术展"三部分。大观园坐落于宣武区南菜园，是中国电视剧制作中心为拍摄电视连续剧《红楼梦》而建。

N64/2　　　　　　　　0948

北京大观园：[中英文本]/周颖撰文；徐菊英[等]摄影.—北京：北京美术摄影出版社，2004

45页：图；14×14cm.—（北京风光）

ISBN 7-80501-281-4；CNY 9.00

该宣传图册以图片配以中英文字的形式，介绍了大观园的景观。大观园依据名著《红楼梦》而建造，是一座主题类人造景观，被称为中国"名著园"。

N64/3　　　　　　　　0949

北京大观园/[大观园编].—北京：[出版社不详]，2003

22页：图；14cm

该画册图文并茂并配有英文介绍。大观园是京华一处极富特色的古典文化园林，也是电视连续剧《红楼梦》等上百部影片的实拍场地。

N64/4　　　　　　　　0950

北京大观园/[大观园公园编].—北京：[出版社不详]，2003

图；14cm

该书是16开的宣传折页图，内容包括：北京大观园红楼文化艺术博物馆简介，栊翠庵、滴翠亭、藕香榭、暖水坞等30多个著名景点中英文介绍。

N69/1　　　　　　　　0951

北京特产风味指南/北京旅游出版社编辑.—北京：北京旅游出版社，1985

125页：图；20cm.—（中国特产风味指南丛书）

CNY 2.30

该书分为特产和风味两部分，主要介绍北京地区的特种工艺美术、文物复制品、传统轻工业和手工业产品、土产、食品、名药、传统老店、北京五大名菜、风味小吃、名酒、著名餐厅、饭庄等。它既是旅游者购物、品尝风味的向导，也是了解北京传统文化的读物之一。

N69/2　　　　　　　　0952

独步中国，北京：[画册]/高云，张润生主编；北京大益孚惠生活信息咨询服务有限公司编.—北京：中国旅游出版社，2004

201页：彩照，地图；26cm

ISBN 7-5032-2260-3；CNY 35.00

该画册是一本北京旅游指南，全面介绍了北京的地理、历史、社会与文化，提供了"10大特色旅游"景观，并提供了经典路线。

N69/3　　　　　　　　0953

北京/杨晓娟编著.—北京：旅游教育出版社，2001

457页：照片；20cm.—（华夏之旅丛书）

ISBN 7-5637-0912-6；CNY 36.00

该册包括"北京概况""古都风貌京城游""别有洞天京郊游""四通八达行北京""宾至如归住北京""八方美食在京华"等9章内容。

N7/1　　　　　　　　　　0954

老北京的招幌：[画册]：[中英文本] / 范纬著 . —北京：文物出版社，2004

129 页；19cm

ISBN　7-5010-1589-9；CNY 28.00

该书以图文形式介绍了老北京从清代至民国时期的各商业行业的招牌、幌子。该书收录的照片，拍摄于 20 世纪三四十年代。这一时期北京的招牌、幌子，仍沿袭了明清时期北京店铺招幌的形制，如清慎斋裱画店用的竖招。

N7/2　　　　　　　　　　0955

中国招幌与招徕市声：传统广告艺术史略 / 曲彦斌著 . —沈阳：辽宁人民出版社，2000

329 页：彩图；20cm. —（"花喜鹊"民俗文库 . 第一辑）

ISBN　7-205-04587-8；CNY 24.00

该书分"中国招幌""中国招徕市声"两部分，具体内容包括招幌概说、招幌类型、招幌文化论、招徕"市声"辨析、口头招徕市声的发生与流变、器乐招徕市声源流等。

N7/3　　　　　　　　　　0956

北京新老字号名匾荟萃 / 杜连成主编；《百图艺术画册》编辑部编 . —北京：中国文联出版公司，1990

100 页：图；26cm

ISBN　7-5059-1409-X

精装：CNY 200.00

该书收录了宝古斋、六必居、鹤年堂、北京市百货大楼、文盛斋、古籍书店等 236 个新老字号名匾，并附有老字号经营文字介绍。

N7/6　　　　　　　　　　0957

吆喝与招幌 / 王文宝编著 . —北京：同心出版社，2002

255 页：图；20cm+ 光盘 1 片 . —（北京民俗系列丛书）

ISBN　7-80593-594-7；CNY 22.00

该书收录吆喝 350 多种、响器 50 余种、招幌 170 多种（有的一种之内含数种）。吆喝声，按衣、食、用、服务等事项为序；招幌，按食、衣、住、行、用、服务等事项为序。

P 文化

P1/1.10　　　　　　　　0958

中国非物质文化遗产．第十辑 / 叶春生主编；中山大学中国非物质文化遗产研究中心编．—广州：中山大学出版社，2006

319 页：图；29cm

ISBN　7-306-02722-0；CNY 60.00

该刊由"纪念王季思、董每戡百年诞辰暨中国传统戏曲国际学术研讨会专辑""区域民俗""民间传说""民间传说与信仰研究""民俗文化保护与开发""学术与文化短波"等栏目组成。

P1/2　　　　　　　　0959

北京文化综览 / 丁守和主编．—北京：北京师范学院出版社，1990

514 页；20cm

ISBN　7-81014-434-0；CNY 10.00

该书力图对北京文化的各个方面、各个领域（包括图书馆）做出比较完整系统的阐述和解释，以便读者能够从中得到关于北京文化的知识。时限上起远古，下讫近代，至 1949 年中华人民共和国成立。

P1/3　　　　　　　　0960

光荣册 / 北京市文化局[编]．—北京：北京市文化局，2004

36 页；29cm

该册是北京市文化局对 2004 年度群众文化工作中获奖作品及先进单位、优秀个人予以的表彰。其中在"2004 年全民读书活动奖励名单"内，有西城区图书馆与宣武区图书馆。

P1/4　　　　　　　　0961

北京文化艺术年鉴．2005 /《北京文化艺术年鉴》编辑部编．—北京：方志出版社，2006

301 页：照片（96 页）；27cm

ISBN　7-80192-721-4

精装：CNY 150.00

该书是一部大型文化艺术类资料工具书和史料文献，包括法规规章规范性文件目录、大事记、文学、戏剧和书法等内容，反映 2004 年度北京地区文化艺术的客观情况。

P1/4　　　　　　　　0962

北京文化艺术年鉴．2006 /《北京文化艺术年鉴》编辑部编．—北京：方志出版社，2007

364 页：照片；27cm

ISBN　978-7-80192-996-9

精装：CNY 150.00

该书反映 2005 年度北京地区文化艺术的客观情况。内容包括法律法规规范性文件目录、大事记、综合、文学、戏剧、曲艺、杂技魔术、电影、音乐、舞蹈、美术、书法篆刻、摄影、图书馆、群众文化和区县文情，共 16 个部类。

P1/4　　　　　　　　　　0963

北京文化艺术年鉴.2007/《北京文化艺术年鉴》编辑部编.—北京：方志出版社，2008

362页：照片（96页）；26cm

ISBN 978-7-80238-263-3

精装：CNY 150.00

该书反映2006年度北京地区文化艺术的客观情况。内容包括法律法规规范性文件目录、大事记、综合、文学、戏剧、曲艺、杂技魔术、电影、音乐、舞蹈、美术、书法篆刻、摄影、图书馆、群众文化和区县文情，共16个部类。

P1/4　　　　　　　　　　0964

北京文化艺术年鉴.2008/《北京文化艺术年鉴》编辑部编.—北京：方志出版社，2009

368页：彩照；26cm

ISBN 978-7-80238-502-3

精装：CNY 150.00（赠送）

该书反映2007年度北京地区文化艺术的客观情况。内容包括法律法规规范性文件目录、大事记、综合、文学、戏剧、曲艺、杂技魔术、电影、音乐、舞蹈、美术、书法篆刻、摄影、图书馆、群众文化和区县文情，共16个部类。

P1/5　　　　　　　　　　0965

2003—2004年北京文化发展报告/陈文博，郑师渠主编.—北京：北京出版社出版集团：北京出版社，2005

420页：图表；29cm

ISBN 7-200-06010-0；CNY 58.00

该年度报告对2004年北京文化各个领域的当前状态、发展态势进行分析和预测，以客观、科学的资讯对北京文化的成就和问题进行准确反映和客观描述，突出年度北京文化中的热点和难点问题，展示年度北京文化各个层面的发展动向。

P1/5　　　　　　　　　　0966

2005年北京文化发展报告/刘川生博，郑师渠主编.—北京：同心出版社，2006

424页；28cm

ISBN 7-80716-175-2；CNY 58.00

该年度报告对2005年北京文化建设中的重点和难点问题进行了切实深入的调研，系统展示了北京文化发展的独特性和闪光点，也对当前北京文化发展存在的问题进行了认真的探讨和思考。该书为北京市哲学社会科学"十五"规划重点项目成果。

P1/5　　　　　　　　　　0967

2007—2008年北京文化发展报告/刘川生，宋贵伦主编.—北京：北京出版社，2008

520页；29cm

ISBN 978-7-5309-3582-4；CNY 80.00

该年度报告对2007—2008年北京文化建设中的诸多问题进行了认真深入研究，也对当前北京文化存在的问题进行了认真探讨，力图为北京市委和市政府的文化决策提供行之有效的发展思路。该书为北京市哲学社会科学"十五"规划重点项目成果。

P1/6：1　　　　　　　　　0968

城市季风：北京和上海的文化精神/杨东平著.—封面题：修订本.—北京：新星出版社，2006

453页：照片，图；25cm

ISBN 7-80225-026-9；CNY 38.00

该书以上海和北京这两个城市为研究对

象，从城市、文化、人三个维度，在大约一个世纪的时间跨度内，以当代为主，探讨了"京派文化"和"海派文化"的异同。

P1/7　　　　　　　　　　0969

宣南文化便览 / 郑文奇主编 . —北京：文化艺术出版社，2002

299 页：照片；21cm

ISBN　7-5039-2165-X；CNY 20.00

该书介绍了宣南地区驰名中外的琉璃厂、令人驻足的名胜古迹、引人高歌的戏曲梨园、民俗之极的老天桥、使人垂涎的北京小吃、大栅栏商业街等文化景观。

P1/8　　　　　　　　　　0970

北京市宣武区"十一五"时期文化创意产业发展规划 . —北京：[出版社不详]，2007

38 页：图；26cm

CNY 25.00

该规划明确宣武区"十一五"时期文化创意产业发展的战略目标、工作重点和支撑体系，是"十一五"时期全区文化创意产业发展的行动纲领。

P1/9.1　　　　　　　　　0971

宣文动态：2003 / 北京市宣武区文化良员会编 . —北京：北京市宣武区文化委员会，2004

171 页；28cm

该刊是北京市宣武区文化委员会（旅游局）2003 年 1—12 月的工作简报，其中有防治"非典"专刊 7 期。

P1/9.2　　　　　　　　　0972

宣文动态：2005 / 北京市宣武区文化委员会编 . —北京：[出版社不详]，2005

213 页；28cm

该刊是北京市宣武区文化委员会（旅游局）2005 年 1 月至 2005 年 12 月的工作简报，其中第 22 期登载了第四届丁香诗会与宣武区图书馆组织的活动。

P1/10　　　　　　　　　0973

中国非物质文化遗产 .2006 / 郭沫勤，孙若风编 . —北京：中国文联出版社，2007

495 页：图；30cm

ISBN　978-7-5059-5578-3

精装：CNY 468.00

该书全面展示我国非物质文化遗产保护现状，囊括了中国非物质文化遗产的现有信息，展示了我国入选联合国教科文组织"人类口头和非物质遗产代表作"和第一批国家级非物质文化遗产名录推荐项目。

P1/11　　　　　　　　　0974

宣武区文化基础数据手册 .2007 / 丁力主编 . —北京：[出版社不详]，2007

99 页；20×11cm

该书综合反映宣武区区情、文化资源和文化创意产业整体概况，以期实现文化工作的数据化管理，为各级领导决策提供依据，促进宣武区文化工作的发展。

P1/12.8　　　　　　　　0975

文化大视野：全国群众文化、图书、博物论文集 . 第八卷 / 张旭主编 . —北京：中央文献出版社，2006

1176 页；26cm

ISBN　7-5073-2154-1

精装：CNY 300.00

该书分"市场经济与群众文化""群众

文化纵横谈""文化产业与群众文化""农村文化现状与发展"共四部分内容，对群众文化实践经验进行了总结及理论探讨。

P1/13　　　　　　　　　　　　　0976

宣南文化/李金龙主编；中共北京市宣武区委宣传部，北京市宣武区文化委员会，北京市宣武区档案馆［编］．—北京：［出版社不详］，2003

147页：图，地图，照片；29cm

该画册介绍了宣南地区的历史与文化。历史上的宣南文化，主要指原宣武区的管辖范围。宣南地区没有北京皇城内巍峨的宫殿、辉煌的楼阁，但却由于荟萃了大批历代的文化精英，留下了许多可资观览、可资纪念的种种痕迹，如会馆、庙宇、戏院、园林等古迹胜景。

P1/14　　　　　　　　　　　　　0977

宣武区文化创意产业高级研修班论文集/［宣武区文化委员会］编．—北京：［出版社不详］，2008

73页；23cm

该书围绕琉璃厂文化创意产业园区历史价值、现状与发展前景这一主题，收录了从政府公共服务管理体系的搭建、琉璃厂的规划、重点文化创意企业发展的不同角度进行探讨的优秀论文集。

P1/17　　　　　　　　　　　　　0978

文化西城创意之都/腾修展，孙劲松主编．—北京：中共北京市西城区委员会：北京市西城区人民政府，［出版年不详］

64页：照片，图；26cm

该书介绍了西城区文化创意产业的发展情况。西城区作为北京古都的发祥地，有着深厚的文化底蕴和历史积淀，也延续了发达的商业和繁荣的文化，更孕育了独具特色的文化。

P1/18　　　　　　　　　　　　　0979

什刹海的学校 医院 文化场所/于永昌著；北京市西城区什刹海研究会，北京市西城区什刹海街道办事处，北京市西城区什刹海风景区管理处编．—北京：当代中国出版社，2010

224页：图，照片，画像；21cm．—（什刹海小丛书）

ISBN　978-7-80170-884-7；CNY 24.00

该书选取了什刹海历史文化保护区地域内的学校、医院、各类文化场所数十处，分为五部分介绍其位置、历史沿革变迁及其相关的人与事。

P2/1　　　　　　　　　　　　　0980

开发建设中的国际传媒大道．—北京：［出版地不详］，2003

31页：图；28cm+光盘1片

该书分九篇介绍了宣武区建设国际传媒大道的原因、具体做法、目标、平面示意图等，后附有光盘。2001年10月，宣武区政府提出开发建设"国际传媒大道"，并在2002年5月的北京第五届"国际科技产业博览会"上全方位推出国际传媒大道品牌之后，立即赢得了社会各界广泛关注。

P21/2　　　　　　　　　　　　　0981

中国报刊图史/李焱胜著．—武汉：湖北人民出版社，2005

226页；23cm

ISBN 7-216-04227-1；CNY 36.00

该书较为系统地介绍了中国报刊的发展史，并配有丰富的图片，其中不少种类难得一见。该书分为"报刊溯源""清末报刊""北京军阀统治时期的报刊"等8个部分，其中包括许多在北京地区办的报刊如《京话日报》《新文化》等。

P21/3　　　　　　　　　　0982

讯海撷英：宣武报创刊八周年作品精选 / 阎满成主编；中共北京市宣武区委宣传部，宣武报社编．—北京：中共北京市宣武区委宣传部：宣武报社，2003

409页；21cm

该书汇集了《宣武报》自1995年8月创刊8年来刊载的部分佳作，反映了宣武区各项建设事业发展的真实历史。该书分为"消息篇""通讯篇""言论篇""特写篇""文学篇"五大部分，共177篇文章。

P21/4　　　　　　　　　　0983

邵飘萍新闻学论集 / 邵飘萍著；肖东发，邓绍根编．—北京：北京大学出版社，2008

272页：照片；23cm．—（北京大学新闻学研究会丛书）

ISBN 978-7-301-14342-1；CNY 39.00

全书共分4部分，选编的内容包括邵飘萍撰写的新闻学著述和论文、邵飘萍先生逝世后的纪念文章。邵飘萍，1916年住在宣武区骡马市大街魏染胡同30号，主办《京报》。

P24/1　　　　　　　　　　0984

我与中国书店 / 周岩著．—石家庄：河北教育出版社，2004

236页：照片；24cm．—（书林清话文库）

ISBN 7-5434-5657-5；CNY 27.20

该书反映了北京中国书店的变迁，介绍了北京古旧书业的历史及社会主义改造之得失、中国书店的业务活动和抢救中华文化之贡献等内容。作者周岩是中国书店的前任领导，中国书店位于原宣武区琉璃厂。

P24/2　　　　　　　　　　0985

中国旧书业百年 / 徐雁著．—北京：科学出版社，2005

853页：照片；24cm．—（华夏英才基金学术文库）

ISBN 7-03-014082-6；CNY 98.00

该书以中国古旧书业史为背景，依次叙述了百余年来燕京旧书业和江南旧书业的风貌，略述了北京、南京、扬州、苏州、杭州、上海等历史文化名城的旧书业风情和旧书市场。

P24/3　　　　　　　　　　0986

回忆中华书局 / 中华书局编辑部［编］．北京：中华书局，1987，2001重印

290页；20cm

ISBN 7-101-03165-X；CNY 26.00

该书分为两部分：上编收入42篇文章，从不同侧面勾画出中华书局自1912年成立到新中国成立前夕的概貌；下编收入37篇文章，回顾新中国成立后直至1987年中华书局的历史。

P3/1　　　　　　　　　　0987

北京各类型图书馆志 / 张树华主编．—北京：北京燕山出版社，1993

813页；20cm

ISBN 7-5402-0089-8；CNY 3.00

该书内容包括图书馆的历史沿革、公共图书馆、高等院校图书馆、中国科学院北京地区图书情报系统、工厂图书馆、中学图书馆（室）等情况。

P3/2 0988

北京地区图书馆大事记.1949—2006 / 倪晓建主编 .—北京：北京图书馆出版社，2007

244 页；21cm

ISBN 978-7-5013-3431-5；CNY 38.00

该书全面系统地记载了58年来北京地区图书馆大事，简介了北京地区公共图书馆的沿革，提供了部分团体名称索引和人物索引。其中包括西城区图书馆。

P32/1 0989

首都图书馆同人文选 / 首都图书馆编 .北京：学苑出版社，2003

471 页；21cm

ISBN 7-80060-154-4；CNY 38.00

该书为庆祝首都图书馆建馆90周年而编成，分为"图书馆事业""文献研究""工作研究""现代化建设""读者工作""地方文献"6大部分，收录了首都图书馆工作人员撰写的文章51余篇。

P32/2 0990

宣武区图书馆论文集 / 宣武区图书馆宣传辅导部编 .—北京：北京博丰印务有限公司，2003

106 页：图；20cm

该论文汇集了宣武区图书馆和各街道、学校、医院等图书馆工作者的论文。在《北京市图书馆条例》实施的第一年，宣武区图书馆工作人员在热情为广大读者服务的同时，结合工作实践，撰写论文。

P32/3 0991

宣武区图书馆读者征文集 / 北京市宣武区图书馆编 .—北京：北京博丰印务公司，2003

124 页：照片；20cm

该书收录了三类主题征文23篇，即"代表先进文化前进方向的中国共产党"专题征文、北京市公共图书馆系统《公民道德建设实施纲要》征文、宣武区图书馆"我与宣武区图书馆"与"我喜欢的一本书"专题征文。

P35/1 0992

北京市西城区图书馆藏地方文献目录提要 / 阎峥主编；北京市西城区图书馆编 .—北京：华艺出版社，2013

290 页；26cm

ISBN 978-7-80252-434-7；CNY 86.00

该书收录西城区图书馆2009年前入藏的图书、期刊、地图等文献目录1643条。每条目录均著录版本形态描述和内容提要两个部分，便于读者查找地方文献。

P4/1 0993

走进知识殿堂：北京百家博物馆 / 侯志云，郑明光编著 .—北京：专利文献出版社，2000

391 页：照片；20cm

ISBN 7-80011-469-4；CNY 22.00

该书介绍北京的遗址博物馆、综合与专题博物馆、民族民俗博物馆与寺庙、革命纪念馆、自然科学博物馆、文学艺术与体育博物馆、名人故居与纪念馆和地志博物馆等各类博物馆100余家。

P4/2　　　　　　　　　　0994

访问北京 / 马希桂，刘一达主编 . —北京：紫禁城出版社，2005

243 页：图，地图；21cm. —（北京文化之旅 . 博物馆卷）

ISBN　7-80047-499-2；CNY 25.00

该书是一部详细介绍北京市各区县博物馆的著作，内容包括故宫博物院、中国国家博物馆、正阳门、北京皇城艺术馆、北京鲁迅博物馆、北京天文馆等。该书附"北京地区博物馆分布示意图"。

P4/3　　　　　　　　　　0995

2008 北京地区博物馆展讯 Exhibition Information of Museums in Beijing / 舒小峰主编；北京市文物局编 . —北京：中国商业出版社，2008

197 页；21cm

ISBN　978-7-5044-6207-7；CNY 28.00

该书是 2008 年北京地区博物馆的展讯，包括保利艺术博物馆、北京艺术美术博物馆、北京百年世界老电话博物馆、北京鲁迅博物馆、北京东韵民族艺术博物馆、北京航空馆、北京市门头沟区博物馆等博物馆的展览信息。

P5/1　　　　　　　　　　0996

北京市档案馆指南 / 北京市档案馆编 . —北京：中国档案出版社，1996

583 页：彩图；20cm. —（中国档案馆指南丛书）

ISBN　7-80019-623-2；CNY 38.00

该书是一本简要介绍北京市档案馆馆藏档案和资料内容的工具书，分为明清代档案、民国时期档案、日伪时期档案、中华人民共和国建立后档案、中国共产党在北平等地区活动的档案、专题档案共 6 部分。

P5/2/.2　　　　　　　　0997

宣武区档案学术论文汇编 . 二 / 北京市宣武区档案局，北京市宣武区档案馆，北京市宣武区档案学会编 . —北京：北京市宣武区档案局，北京市宣武区档案馆，北京市宣武区档案学会，2005

259 页；21cm

该书收录 1997 年以来宣武区档案学术论文和研究档案业务工作的文章 29 篇。其中包括在北京市档案系统获奖的论文 12 篇、在《中国档案》《北京档案》等专业报刊发表的文章 15 篇、获奖科研课题的研究报告 2 篇。该书为北京市宣武区档案局建局 20 周年、北京市宣武区档案馆建馆 25 周年而编。

P81/1　　　　　　　　　0998

北京老戏园子 / 侯希三著 . —北京：中国城市出版社，1996

355 页：图；21cm

ISBN　7-5074-0802-7；CNY 12.80

该书从不同历史时期中选择出具有典型意义的演出场所，按开业的年代顺序排列，从建筑、设备、经营方式、名伶演出、天灾人祸及历史沿革等方面繁简不一地加以阐述和探讨。

P81/1：2　　　　　　　0999

北京老戏园子 / 侯希三著 . —2 版 . —北京：中国城市出版社，1999

355 页：图；20cm. —（21 世纪城市人文库 . 北京史话，4）

ISBN　7-5074-0802-7；CNY 18.50

该书按开业的年代顺序排列，重点介绍清代中叶以后戏园的建筑、设备、经营方式、名伶演出等情况以及天灾人祸所致变迁沿革，配有珍贵的历史照片。

P81/2　　　　　　　　　　1000

艺术盛宴：北京艺术生活地图 / 谢燕辰，巩志君编著；范元喜摄影. —北京：中国宇航出版社，2005

126 页：彩照，图；19×21cm. —（北京趣生活书系）

ISBN　7-80144-912-6；CNY 22.00

该书内容包括"戏楼、茶罐篇""剧院篇""画廊篇""艺术场馆篇""新型艺术区篇""酒吧篇"共 6 篇，附有北京最知名的五大专业艺术院校介绍。

P81/3　　　　　　　　　　1001

清代以来的北京剧场 / 李畅著. —北京：北京燕山出版社，1998

268 页：照片，图表；20cm. —（京华博览丛书）

ISBN　7-5402-0955-0；CNY 14.00

该书分为"清代剧场""1912 年至 1949 年之北京剧场""中华人民共和国时期北京剧场"共 3 编、14 章、若干节，专述各种演出正式戏剧的剧场。

P82/1　　　　　　　　　　1002

从传统消遣到现代娱乐 / 刘建美编著. 成都：四川人民出版社，2003

236 页：图，照片；24cm

ISBN　7-220-06191-9；CNY 38.00

该书介绍了国人娱乐方式的嬗变，包括传统娱乐的"雅"与"俗"、"洋"风吹进、民国消遣方式、革命年代的乐趣等 7 个专题。

P82/2　　　　　　　　　　1003

霓裳新步丽宣南：[画册] / 许立仁主编. 北京：中共宣武区委宣传部：北京市宣武区文化委员会，2006

39 页；28cm

该书以彩图、摄影图片的形式介绍了宣武区新秧歌表演团在"中法文化年北京文化周""你好，汉城节"和银屏上的出色表演风采，以及他们在舞蹈比赛中的优异成绩。

P83/1　　　　　　　　　　1004

故纸堆金：旧书报刊的收藏投资 / 沈泓著. —上海：上海科技教育出版社，2004

246 页：图；23cm

ISBN　7-5428-3650-1；CNY 82.00

该书是全面介绍旧书报刊收藏知识和投资指南的书，对投资者来说有着切实的可操作性。全书以投资指南为主，侧重于方法和技巧，兼顾知识性与可读性。

P83/2　　　　　　　　　　1005

收藏讲史话 / 陈重远著. —北京：北京出版社，2000，2001 重印

504 页：彩照；20cm

ISBN　7-200-04095-9；CNY 24.00

该书集诸多史实、资料、传奇、旧日逸闻及各种文玩的鉴赏知识于一书，考据、讲古、说故事、忆故人，将北京老古玩行的全貌展现给读者。

P83/3　　　　　　　　　　1006

故纸遗音：早期报刊收藏 / 李润波著. 杭州：浙江大学出版社，2004

175 页：彩图；21cm

ISBN 7-308-03505-0；CNY 46.00

该书以老报刊在中国的起源和发展脉络为主线，介绍了北京早期报刊如"戊戌变法名刊——《时务报》与《昌言报》""抗日根据地报刊举谈""民国女性期刊掠影"等内容，内有彩色图片。

P83/4　　　　　　　　　　1007

北京市西城区集邮协会年鉴.2014/北京市西城区集邮协会[编].—北京市：北京市西城区集邮协会，2014

226 页：照片，图；26cm

该书记述了北京市西城区集邮协会2013年的情况，设有文献、会务简报、工作与活动、友好交往、文摘、统计资料、人物志、大事记、附录共9个栏目。

P83/5　　　　　　　　　　1008

宣武集邮年鉴.2011—2012/罗贻声主编；北京市西城区集邮协会编.—北京：北京市西城区集邮学会，2014

110 页：图；26cm

该书记述了2011年1月1日至2012年12月31日期间集邮协会的情况。该协会先后名称为"北京宣南集邮协会""北京市宣武集邮协会"，2013年更名为"北京宣南集邮协会"。

P83/6　　　　　　　　　　1009

琉璃厂老掌柜/陈重远著.—北京：北京出版社，2015

208 页：图，照片；23cm.—（陈重远说琉璃厂）

ISBN 978-7-200-11107-1；CNY 48.00

该书通过讲故事的方式，介绍了近百年活跃于琉璃厂的老掌柜，他们超凡的眼力与鉴定技巧，真实趣闻、历史掌故和名人轶事荟萃其间。

P83/7　　　　　　　　　　1010

收藏逸话/陈重远著.—北京：北京出版社，2015

240 页：图；23cm.—（陈重远说琉璃厂）

ISBN 978-7-200-11109-5；CNY 48.00

该书以讲故事的方式向读者介绍了老北京古玩行百余年来的变迁与逸闻趣事，还原了100年前的大量掌故，为读者全面认识古玩收藏与鉴赏提供了独特的文化视角和丰富的文物市场史料，在一定程度上填补了中国文物收藏史的空白。

P83/8　　　　　　　　　　1011

藏宝絮语/陈重远著.—北京：北京出版社，2015

354 页：图，照片；23cm.—（陈重远说琉璃厂）

ISBN 978-7-200-11110-1；CNY 58.00

该书记录了老北京古玩商们一个世纪的生活与命运，以及他们各自独特有趣的脾气禀性，介绍了北京老古玩行经营活动的状况、交易的形式、计价与分账的方式，以及鉴别辨识字画等各类古玩的知识、方法和造假的技术。

P83/9　　　　　　　　　　1012

我们走过三十年：北京市西城区集邮协会建会30周年纪念.—[北京]：[北京市西城区集邮协会]，[2015]

180 页：照片，图；28cm

该书是为纪念协会宣传推广集邮文化30周年而印发的纪念册，收录了30年间各种照片、文本等资料。北京市西城区集邮协会创建于1985年9月8日，时名"北京市宣武区集邮协会"，是北京市城区的第一个区级集邮组织，2013年更名为"北京市西城区集邮协会"。

Q 教育

Q1/1　　　　　　　　1013

北京回民教育史略 / 刘东声著 . —北京：北京市回民学校，1999

192 页；20cm

该书分为"新式学校出现以前的概述""小学""中学""成达示范学校""回民学院"5 个部分，以文史资料的笔法，真实地记述了北京回民教育的历史情况。作者刘东声出生于北京牛街回族聚居区，长期在宣武区工作。

Q1/2　　　　　　　　1014

宣武区普通教育志 / 宣武区教育志编委会［编］. —北京：北京出版社，2001

466 页：彩照，地图；21cm—（北京市区县教育志丛书）

ISBN 7-200-04444-X

精装：CNY 43.00

该志主要记述宣武区普通教育系统的幼儿、小学、中学、职业、师范特殊及校外等教育，时间界限为辽、金时期至 1990 年。

Q1/3　　　　　　　　1015

宣武教育 / 万福主编 . —北京：《宣武教育》编辑部，2003

46 页：图；26cm

该刊是宣武区教委主管反映本区教育情况的刊物，分为"宣武一校""课程改革""教学案例""校长论坛""教学研究""国内外教育文摘""我区教育动态"共 7 个栏目。

Q1/4/.1　　　　　　　　1016

非常考验：宣武区教育系统抗击非典记事 / 曹寿延，高子忠主编 . —北京：北京市印刷学校三元诚信印刷厂，2003

160 页：图；28cm

该书收录了宣武区教育系统关于抗击非典的工作小组名单、各项通知、致学生家长的信、表彰名单、宣传报道等内容。书的前面部分有活动照片。

Q1/4/.2　　　　　　　　1017

非常考验：宣武区教育系统共产党员抗击非典记事 / 曹寿延，高子忠主编 . —北京：北京市印刷学校三元诚信印刷厂，2003

133 页：图；28cm

该书收录了记述教育系统共产党员抗击非典先进事迹的文章 66 篇。如"为党的形象增光彩——记北京市第十四中学夏树铭""在非典时期努力做好本职工作"等。书的前面部分有题词。

Q1/4/.3　　　　　　　　1018

非常考验：宣武区教育系统基层党组织抗击非典记事 / 曹寿延，高子忠主编 . —北京：北京市印刷学校三元诚信印刷厂，2003

114页：图；28cm

该书收录了记述教育系统基层党组织抗击非典先进事迹的文章35篇。如"能打硬仗的十四中学党总支""从容战非典党旗更生辉——北京市第十五中学党总支"等。书的前面部分有题词和活动照片。

Q1/4/.4　　　　　　　　　　1019

非常考验：宣武区2003年高考纪实/曹寿延，高子忠主编.—北京：北京印刷学校三元诚信印刷厂，2003

117页：图；28cm

该书描写了2003年春在非典疫情突然袭击北京的危难时刻，全区广大教职人员为全区5000余名考生铸起了一道生命防线，宣武人民将永远铭记他们为2003年高考工作所做出的特殊贡献。

Q1/6　　　　　　　　　　1020

原来他们这样做校长：北京西城智慧校长访谈录/徐云知著.—北京：教育科学出版社，2012

279页：照片；24cm.—（校长书架）

ISBN 978-7-5041-6031-7；CNY 39.80

该书记录了作者访谈19位西城具有代表性的校长（园长）——从中小幼到职教、特教，从条件一般的普通校到北京四中这样的名校。访谈内容有对校长角色的理解、治校理念、校长的心路历程，还有教师的成长、学生的发展到校园文化的建设。

Q31/1/.1　　　　　　　　　　1021

发展学生主体性 提高课堂教学效益，求索篇/郝心鹏，赵玉琦主编.—北京：[出版社不详]，2001

157页；20cm

该课题研究是对课堂教学中发展学生主体性的有益的、创新性的探索，具有重要的研究价值和实践意义，对于推动宣武区的教学改革，创建新的教学模式起到促进作用。该书为宣武区"九五"规划科研课题成果。

Q31/1/.2　　　　　　　　　　1022

发展学生主体性 提高课堂教学效益，探索篇/郝心鹏，赵玉琦主编.—北京：[出版社不详]，2004

243页；20cm

该课题研究是对课堂教学中发展学生主体性的有益的、创新性的探索，具有重要的研究价值和实践意义，对于推动宣武区的教学改革，创建新的教学模式起到促进作用。该书为宣武区"九五"规划科研课题成果。

Q31/1/.3　　　　　　　　　　1023

发展学生主体性 提高课堂教学效益，实践篇/郝心鹏，赵玉琦主编.—北京：[出版社不详]，2001

284页；20cm

该课题研究是对课堂教学中发展学生主体性的有益的、创新性的探索，具有重要的研究价值和实践意义，对于推动宣武区的教学改革，创建新的教学模式起到促进作用。该书为宣武区"九五"规划科研课题成果。

Q31/1/.4　　　　　　　　　　1024

发展学生主体性 提高课堂教学效益，研究篇/郝心鹏，赵玉琦主编.—北京：[出版社不详]，2001

93页；20cm

该书是陶然亭小学1997—2001年开展

"发展学生主体性 提高课堂教学效益"课题的展示,收录了学校总课题组撰写的课题研究方案、开题论证报告、实验研究报告、实验工作报告共4大篇。该书为宣武区"九五"规划科研课题成果。

Q31/2　　　　　　　　　　1025

让我们远离烟草/陈茹俊主编.—北京:北京市新星快速印刷服务部,2000

102页;20cm

北京市宣武区爱国卫生运动委员会、教育委员会在全区中小学开展了主题为"让我们远离烟草"的征文活动,评出一等奖10篇、二等文20篇、三等文60篇、组织奖24所学校。该书收录了48篇征文。

Q31/3　　　　　　　　　　1026

健康的童年——在红莲/该书编写组编.北京:[出版社不详],2001

86页;20cm

该书是"健康 促进"项目总结,将教师的体会、案例或经验编辑成册,旨在加强教师间的交流与探讨,激发教师们对"健康 促进"工作的热爱,促进该项目的开展。

Q31/4　　　　　　　　　　1027

兰汀回声:宣武区回民小学校长米君兰办学思想与实践文集/米君兰著.—北京:首都师范大学出版社,2006

374页:照片;20cm.—(良好个性教育系列文集)

ISBN　7-81064-505-6;CNY 40.00

该书分为"我的办学思想与实践综述""为民族教育的发展擎旗""鲜明共产党个性形象""努力构建学习型校园文化"等十章内容。米校长的办学思想共有3个组成部分:一是"人和"管理思想,二是"个性"发展思想,三是"精品"打造思想。

Q31/5　　　　　　　　　　1028

心育的旋律/王军艳,康婕主编.—北京:首都师范大学出版社,2006

390页:照片;24cm.—(良好个性教育系列文集)

ISBN　7-81064-505-6;CNY 43.00

该书分为"乐反求发展""爱润心田""让特殊的不再特殊""文明校园""育人以微"5个部分,收录了回民小学教职工撰写的论文或案例约160篇。

Q31/6　　　　　　　　　　1029

课程改革案例专集/田国丽,杨家禹主编.—北京:首都师范大学出版社,2004

299页:照片;24cm.—(良好个性教育系列文集)

ISBN　7-81064-505-6;CNY 33.00

该书收录了小学课程教学改革案例107篇,反映了宣武区回民小学在课程改革中研究进取的风貌。

Q31/7　　　　　　　　　　1030

美韵清风/王爱东著.—北京:首都师范大学出版社,2007

257页:照片;24cm.—(良好个性教育系列文集)

ISBN　7-81064-505-6;CNY 23.00

该书分为"倾情沃土""研究荟萃""教坛札记""学习感悟""同行悦纳"5个部分,收录了回民小学中教高级教师有关美术教育教学的文章70余篇。

Q32/1　　　　　　　　　　1031

主渠道育新集：宣武区回民小学"个性发展"模式教学研究文集 / 米君兰，刘宝才主编 . —北京：首都师范大学出版社，2002

339 页：照片；21cm. —（杏坛育苗系列丛书 . 小学卷）

ISBN　7-81064-403-3

CNY 144.00（全 8 册）

该书分为"尊重与信任""自主探究式学习""感悟发现式教学""情景探究式教学"4 个部分，展示了宣武区回民小学教师通过课堂教学主渠道促进学生个性发展、培养学生创新能力的科研成果。

Q41/1.1　　　　　　　　　1032

宣武区名校长办学思想与实践 . 第一集 . 上册 / 中共宣武区委教育工作委员会，宣武区教育委员会编 . —北京：北京市印刷学校三元诚信印刷厂，2003

331 页：图；20cm

该书收录了宣武区 20 余位校长的典型经验，融入了他们在学校工作中的教育理念、治学策略。该书是全区教育系统校长们在长期实践中辛勤努力、创造性工作的集中展示。

Q41/1.2　　　　　　　　　1033

宣武区名校长办学思想与实践 . 第一集 . 下册 / 中共宣武区委教育工作委员会，宣武区教育委员会编 . —北京：北京市印刷学校三元诚信印刷厂，2003

332-622 页：图；20cm

该书收录了宣武区 20 余位校长的典型经验，融入了他们在学校工作中的教育理念、治学策略。该书是全区教育系统校长们在长期实践中辛勤努力、创造性工作的集中展示。

Q42/1　　　　　　　　　　1034

北京市回民学校建校五十周年纪念：1949—1999 / 北京市回民学校编 . —北京：北京市回民学校，1999

72 页：肖像，照片；29cm

该书分为"领导关怀""往日辉煌""今日风采""桃李芬芳""恭贺华诞"5 个部分，以图片的形式，介绍了回民中学的概况。

Q42/2　　　　　　　　　　1035

北京市回民学校简史：1925—2005 / 刘东声等执笔；北京市回民学校校史编写组编 . 北京：北京市回民学校，2005

281 页；21cm

该书按照时间顺序，记述了回民学校 80 年的发展历程，包括历史沿革、创业时期、黄金时期、分校时期、发展时期、新中国成立后校领导与职工名册等 6 个部分的内容。

Q42/3　　　　　　　　　　1036

北京市第十四中学 /［北京市第十四中学编］. —北京：北京市第十四中学，2004.1

折页：图；26cm

该书以图片的形式介绍了北京市第十四中学，内容有领导关怀、优美的校园环境、完备的教学设施、良好的师资条件、深化教育改革全面实施素质教育等。

Q42/4　　　　　　　　　　1037

百年师大附中：1901—2001 / 北京师范大学附属中学编 . —北京：北京师范大学出版社，2001

101 页：照片；25cm

ISBN　7-303-05957-1；CNY 80.00

该书用图片配以中英文说明的形式，介绍了"从五城学堂到师大附中""新中国新附中""新时期新发展""人生基石""名师荟萃""新世纪新机遇""人才摇篮"等内容，展示了百年师大附中的光荣传统与人文底蕴。

Q42/5　　　　　　　　　　　1038

民族教育的一朵奇葩：北京回民学校的办学特色 / 于洪武著．—北京：北京回民学校，1999

253 页；20cm

该书介绍了回民学校的发展历程，内容包括与中华人民共和国同龄的第一所民族学校——回民学校在改革开放中办出特色、民族教育花盛开等。

Q42/6　　　　　　　　　　　1039

前行者的足迹：北京市回民学校建校八十周年 / 王静主编．—北京：北京市回民学校，[2005]

334 页；21cm

该书汇集了北京市回民学校校友的征集文章 67 篇，从民族教育发展史的角度叙述了"成达师范篇""西北中学篇""燕山中学篇""回民中学篇""六十八中学篇""回民学校篇""181 中学篇"等内容。

Q42/7　　　　　　　　　　　1040

耕耘者的探索：北京市回民学校建校八十周年 / 王静主编．—北京：北京市回民学校，[2005]

276 页：肖像；21cm

该书为北京市回民学校教师撰写的教育论文、教案汇编及优秀教师介绍，分为"学科教学带头人""骨干教师""青年教师希望之星""优秀论文""优秀教案"5 个部分。

Q42/8　　　　　　　　　　　1041

求知者的篇章：北京市回民学校建校八十周年 / 王静主编．—北京：北京市回民学校，2005

219 页：照片，图表；21cm

该书涵盖了北京市回民学校从初一到高三共 6 个年级、所有学科的学生作品，既有散文、叙事文、英语习作，还有实践的研究性学习报告。

Q42/9　　　　　　　　　　　1042

蓬勃发展的北京回民学校 / 于洪武著．—北京：北京教育出版社，2000

201 页；20cm．—（北京教育丛书）

ISBN　7-5303-2105-6；CNY 9.50

该书介绍了与中华人民共和国同龄的北京回民学校的建立和改革开放以来的发展，探讨并总结了民族学校的办学特色和教育教学的规律。

Q42/10　　　　　　　　　　　1043

发展构想 / 王静主编．—北京：北京市回民学校，2004

190 页：照片；20cm

该书分为理论篇、教学篇、教育篇、行政篇、管理篇，介绍了回民学校未来的发展建设方略。

Q42/11　　　　　　　　　　　1044

红橙黄绿 / 荣培云主编．—北京：作家

出版社，2001

389 页：图；21cm. —（中国校园文学丛书．第 2 辑）

ISBN　7-5063-2123-8；CNY 25.00

该书收集了北京市第十四中学的学生文章 200 多篇（以高中生为主），还有教师笔记 19 篇。北京市第十四中学是一所有着近百年悠久历史和光荣传统的学校，也是一所办学成绩卓著、声誉很高的学校。从这些作品里，就能看到同学们的校园生活确实"红橙黄绿"，绚丽多彩。

Q42/12　　　　　　　　　　1045

北京师大附中/北京师大附中编．—北京：人民教育出版社，2000

532 页；20cm. —（中国名校丛书）

ISBN　7-107-13577-5；CNY 30.80

该书介绍北京师范大学附属中学的历史沿革、办学经验和特点。北京师范大学附属中学的前身是五城学堂，成立于 1901 年 11 月 2 日（清光绪二十七年九月二十二日），是我国近代开办最早的公立中学之一。

Q42/13.1　　　　　　　　　1046

在附中的日子：校友回忆录．上册/北京师大附中编．—北京：京华出版社，2001

336 页：照片；20cm. —（北京师大附中百年校庆丛书）

ISBN　7-80600-626-5

CNY 30.00（全 2 册）

全书分上下两册，共收录了 159 篇文章。内容多为回忆校园生活、名师风采、校风校纪及课外活动、社会革命活动等。各篇文章后附有"作者介绍"。

Q42/13.2　　　　　　　　　1047

在附中的日子：校友回忆录．下册/北京师大附中编．—北京：京华出版社，2001

374 页：照片；20cm. —（北京师大附中百年校庆丛书）

ISBN　7-80600-626-5

CNY 30.00（全 2 册）

全书分上下两册，共收录了 159 篇文章。内容多为回忆校园生活、名师风采、校风校纪及课外活动、社会革命活动等。各篇文章后附有"作者介绍"。

Q42/14　　　　　　　　　　1048

学校整体改革初探：北京回民学校改革五年的回顾．—北京：[出版社不详]，1997

100 页；20cm

该书是北京市回民学校 1993 年以来学校内部整体改革的实践总结，包括改革方案、评价体系、探索等，有"回民学校整体改革总结""学校要以教学为中心"等 11 篇文章。

Q42/15　　　　　　　　　　1049

教育教学论文集/北京第十五中学科研室编区．—北京：北京燕山出版社，1997

360 页；20cm

ISBN　7-5402-0474-5；CNY 18.20

该书收录论文集 33 篇，分为上下编：上编汇集在省、市级以上专业报刊及学术刊物上公开发表过的文章，下编收系在全国、北京市、宣武区（区级二等以上）教育系统内经评选获奖的论文。

Q42/16　　　　　　　　　　1050

北京市回民学校简史：1949—1999/曹

尔驹，马捷执笔；北京市回民学校校史编写组编．—北京：北京市回民学校，1999

117页；20cm

该书按照时间顺序，记述了北京市回民学校50年的发展历程，分为"回民学校的历史沿革""原篇""续篇""附件：校领导教职工名册"4个部分。

Q42/17　　　　　　　　1051

革命摇篮育英才：与新中国同龄的一所少数民族学校的创建与发展：北京回民中学简史．1949—1984 / 曹尔驹执笔．—石家庄：河北省新城县书刊商标印刷厂，1986

78页：图，照片；18cm

该书按照历史顺序，介绍北京市回民中学这所与新中国同龄的少数民族学校的创建与发展历史，并设有附录"建校以来大事志"。

Q42/18　　　　　　　　1052

星河放歌：北京十五中优秀作文集 / 高子忠主编．—北京：中国物资出版社，2002

655页；20cm．—（北京市第十五中学校校园文化丛书）

ISBN　7-5047-1896-3；CNY 38.00

该书为庆祝该校建校50周年而编成，汇集了学生优秀作文200多篇，每篇后面附有学生自己创作的"后记"或者教师的"点评"。

Q42/19　　　　　　　　1053

多彩的青春：北京市回民学校学生教育活动集 / 于洪武，曹晓东主编．—北京：[出版社不详]，1996

58页：照片；28cm

该书通过那些弥足珍贵的片断来展现回民学校学生青春、健康、蓬勃的风采。回首回民学校走过的几十年风雨历程，最大的收获就是桃李满天下。在这片培养英才的沃土中，丰富多彩的校内外活动成为不可或缺的肥料。

Q42/20　　　　　　　　1054

40年辉煌历程：北京市和平门中学建校四十周年．1963—2003 / 许秀敬，桑春茂编委．北京：北京市和平门中学，2003

76页：图；26cm

该宣传册展示了北京市和平门中学历届校长、建筑设施、教师队伍、社会实践、主题活动、学生头像等图片，还附有"校友录"。和平门中学建于1963年，是一所完全中学，坐落于宣武区南街新华街15号，北临前门西大街，南接琉璃厂文化街。

Q42/21　　　　　　　　1055

敬礼，五星红旗！国旗下的讲话百篇：1996 / 北京市第十四中学．—北京：北京市第十四中学，1996

144页；19cm

该书是北京市第十四中学每周国旗下讲话中精选出来的近百篇讲话稿编辑而成的。该书分为"热爱祖国""继承和发扬中华民族的传统美德""做跨世纪一代优秀人才""育人为本培养健全人格""做首都文明中学生"五个系列。

Q42/22　　　　　　　　1056

敬礼，五星红旗！国旗下的讲话百篇：1999 / 北京市第十四中学编．—北京：北京市第十四中学，1999

137 页；18cm

该书是北京市第十四中学每周国旗下讲话中精选出来的近百篇讲话稿编辑而成的。愿这部集子成为对学生进行爱国主义教育、培养 21 世纪合格接班人的一本生动材料，成为启迪一届届踏入十四中大门学生心智，激发他们爱国之情，激励他们为祖国繁荣昌盛而发奋学习，做顶天立地中国人的好教材。

Q42/23　　　　　　　　　　1057

学海溯源：北京第十五中教师优秀论文集 / 高子忠主编 . —北京：中国物资出版社，2002

567 页；20cm. —（北京市第十五中学校文化丛书）

ISBN　7-5047-1896-3；CNY 8.00

该学术论文集展示老师们诲人不倦，笔耕不辍的业绩，标示老师们"立德、立功、立言"贤者气象。杏坛金秋，泮池泉涌，北京市第十五中走过了 50 载风雨历程。

Q42/24　　　　　　　　　　1058

发展构想 / 王静主编 . —北京：北京市回民学校，2004

190 页：照片；20cm

该书分为理论篇、教学篇、教育篇、行政篇、管理篇，介绍了回民学校未来的发展建设方略。

Q72/1　　　　　　　　　　1059

宣武区成人教育志 / 宣武区成人教育志编委会编著 . —北京：北京出版社，2008

339 页；20cm

ISBN　978-7-200-06804-7

精装：CNY 45.00

该书全面系统地记述了北京市宣武区成人教育的历史现状、时代性和专业特点，客观反映了在中国共产党领导下宣武区成人教育的发展轨迹。

Q74/1　　　　　　　　　　1060

宣武社区教育 / 周英芳，伍玉成主编 . 北京：北京市印刷学校，1999

317 页；20cm

该书在一定程度上反映了宣武区社区教育工作者的辛勤探索，是对宣武区社区教育工作的总结和资料的积累。社区教育是社区精神文明建设中不可缺少的重要内容，它有利于提高社区成员的素质和生活质量，有利于提高城市的文明程度，也有利于营造良好的社会环境，促进学校实施素质教育。

Q74/2　　　　　　　　　　1061

宣武少年宫论文集 / 北京市宣武少年宫教研室编 . —北京：[出版社不详]，2001

125 页；25cm

该论文集涉及少年宫教育、教学、学校管理的各个方面，反映了干部、教师们在教育教学及管理各个方面的实践与研究成果。

Q74/3　　　　　　　　　　1062

北京市宣武少年宫建宫 45 周年纪念册：1956—2001 / 陈俊良责任编辑 . —北京：[出版社不详]，2001

60 页：图；26cm

该书分为"领导关怀""队伍建设""金色摇篮""多彩活动""名人指导""外事交流""桃李芬芳""春华秋实"等部分，记载了少年宫走过 45 周年的历程。

Q8/1　　　　　　　　　1063

书院北京 / 俞启定编著 . —北京：旅游教育出版社，2005

222 页：图，照片；20cm. —（文化北京丛书）

ISBN　7-5637-1238-0；CNY 18.00

该书的内容包括"最高学府——北京国子监（太学）""具有民族特色和特权的八旗学校""发达的北京地方官学""各类专门人才学校""书院与乡里教化""选拔人才的中心"等。

R 体育

R22/1　　　　　　　　　　1064

京跤史话/苏学良，李宝如著.—北京：新华出版社，2004

273页：照片；20cm

ISBN　7-5011-6387-1；CNY 22.00

该书是一本关于北京摔跤运动的历史，展现了自清及今的跤坛风云录。作者从风俗规矩、组织结构到训练手段、比赛状况，以及技术与行话的介绍，使人对中国式摔跤有较全面的了解。

R22/2　　　　　　　　　　1065

金牌跤师教柔道/王德英，王洪哉著.—北京：北京体育大学出版社，2014

273页：照片；24cm

ISBN　978-7-5644-1520-4；CNY 30.00

该书分别介绍了柔道的历史，柔道的道级、场地，柔道的礼节，主要讲解了柔道的技术——投技、舍身技、寝技等，并进行了科学的分析。

S 医药卫生

S1/2　　　　　　　　1066

1958—2008首都医科大学宣武医院50年简史/［宣武医院《院史》编委会］编．—北京：［出版社不详］，2008

238页：照片；28cm

该书记录了首都医科大学宣武医院经过50年的顽强拼搏和不懈努力，锻造出综合实力、国内一流、享誉海内外的大型三级甲等综合医院的历史。

S1/3　　　　　　　　1067

1958—2008首都医科大学宣武医院50华诞感言录/［《首都医科大学宣武医院50华诞感言录》编委会］编．—北京：［出版社不详］，2008

285页：照片；28cm

该书记录了首都医科大学宣武医院经过50年的顽强拼搏和不懈努力，锻造出综合实力、国内一流、享誉海内外的大型三级甲等综合医院的历史。

S1/4　　　　　　　　1068

1958—2008首都医科大学宣武医院50周年论文题录集/［宣武医院《院史》编委会］编．—北京：［出版社不详］，2008

282页；28cm

该书收录了宣武医院1958年至2007年发表的论文题录共计6803篇，每篇列出文章题目、作者、所发表的文献年月（期刊号）与页码信息。

S2/2　　　　　　　　1069

计生卫生相联手　优质服务在社区/北京市宣武区计生委，北京市宣武区计生协编．—北京：［出版社不详］，2003

32页：图；28cm

该宣传册内容有"宣武区概况""领导的关怀与支持""人口出生金字塔与病残儿出生情况"等。在发展经济的同时，宣武区人口再生产类型也发生了根本性的变化，从20世纪90年代初宣武区人口增长模式开始进入了低出生、低死亡、低自然增长的新阶段。

S2/3　　　　　　　　1070

众志成城：［画册］/中共北京市宣武区委宣传部编．—北京：北京出版社，2003

88页；29×28cm

ISBN　7-200-03698-6；CNY 180.00

该书是一本介绍53万宣武人民抗击非典的画册，分为"沉着应对 靠前指挥""科学救治 爱在人间""群防群控 众志成城""和衷共济 携手同心""迎难而上 英雄辈出""坚定信心 誓夺全胜"6个部分。

S2/4　　　　　　　　1071

风雨心路：抗击SARS论文集/齐家纯主编．—北京：北京市西城区卫生局：北京市西城区医学会，2003

206页；29cm

该书收集了西城区20个医疗机构不同岗位的医护人员撰写的学术论文、心得感受、经验教训等100多篇。北京市西城区医学会于2003年6月27日至7月15日分别召开9个学组抗击SARS研讨会，对研讨会内容整理成这本特殊的"纪念册"。

S4/1　　　　　　　　　　　　1072

城南医药业/梁金生主编；刘汉富，李文华，张之淮编辑；北京市崇文区地方志办公室编．—北京：科学普及出版社，2002

262页：照片；20cm．—（地情丛书）

ISBN　7-110-05255-9；CNY 30.00

该书记录了崇文区医药事业发展现状，包括崇文区医疗卫生综述、卫生防疫站、体育馆路医院、儿童医院、卫生学校等内容。

S4/2　　　　　　　　　　　　1073

北京名医/徐国桓主编．—北京：中国大百科全书出版社，1995

406页；20cm

ISBN　7-5000-5442-4；CNY 15.00

该书介绍北京地区的大型医院60多个，各医院中的医生1500多名，并介绍医院的院址、邮编、电话、交通情况、附近旅馆及名医应诊时间等。

S4/2：2　　　　　　　　　　1074

北京名医/徐国桓主编．—2版，修订版．北京：中国大百科全书出版社，1999

447页；20cm

ISBN　7-5000-5442-4；CNY 19.00

该书介绍北京地区的大型医院60多个，各医院中的医生1500多名，并介绍医院的院址、邮编、电话、交通情况、附近旅馆及名医应诊时间等。

S4/3　　　　　　　　　　　　1075

椿树医院抗击非典纪实/马新云，郑添工主编．—北京：[出版社不详]，2003

151页；21cm

该书讲述了椿树医院职工在抗击非典斗争中一个个感人的故事，表现出了人民群众与党和政府一心抗非典的精神风貌。

S4/4　　　　　　　　　　　　1076

北京市宣武区中医医院院志：1968—1996/程振明编．—北京：北京市宣武区中医医院，1997

133页：图；26cm

该书介绍了北京市宣武区中医医院的历史沿革、历届领导人名录、建筑规模、科室设置、病房建设、职工队伍临床医疗专业业务、保健康复等内容。北京市宣武区中医医院是一所集医疗、科研、教学、预防保健和康复为一体的三级乙等中医医院。院址前身为京都仁民医院，建于民国4年（1915）。

S4/6　　　　　　　　　　　　1077

英雄的女儿非凡的壮举：2003：厂桥医院抗击"非典"征文选编/[北京市西城区厂桥医院，北京市西城区老年病防治中心编]．—北京：北京市西城区厂桥医院：北京市西城区老年病防治中心，2003

220页：照片；26cm．—（医院文化建设·思想教育系列；4）

该书是"医院文化建设·思想教育系列"之四。开头部分是纪录性的照片，文章是全院300余篇征文中选出的100篇优秀之作。厂桥医院位于西城区。

T 文学

T2/1　　　　　　　　　　1078

京味文学散论 / 甘海岚，张丽妩主编 . 北京：北京燕山出版社，1997

300 页；20cm. —（京华博览丛书）

ISBN　7-5402-0952-6；CNY 16.00

该书按照北京城发展演变的历程，记录下京味文学孕生演化的轨迹，介绍京味小说、散文、诗歌、话剧、电影、语言、文学评价等内容。

T2/3　　　　　　　　　　1079

北京文学地域特色研究 / 甘海岚主编 . 北京：北京燕山出版社，1990

254 页；19cm

ISBN　7-5402-0276-9；CNY 4.10

该书是北京市哲学社会科学"七五"规划研究项目《北京文学研究》的阶段性成果。北京市社会科学院文学研究所于1988年组建课题组，研究北京地域文学的特色和有关问题。

T2/4　　　　　　　　　　1080

京派海派综论：图志本 / 杨义著；郭晓鸿辑图 . —北京：中国社会科学出版社，2003

554 页；24cm

ISBN　7-5004-3737-4；CNY 55.00

该书分为上下两编：上编主要从理论上分析了京派与海派的文化因缘及审美形态，下编主要收集20世纪三四十年代北京、上海两地出版的刊物上刊载的400余幅漫画来展示北京上海人生色彩。

T2/5　　　　　　　　　　1081

名家眼中的大观园 / 俞平伯等著 . —北京：文化艺术出版社，2005

260 页：图；23cm

ISBN　7-5039-2712-7；CNY 32.00

该书摘选了百余年来纵论大观园的一些代表性的文章10篇，增配了一些插图，后有附录"大观园风景建筑名录""大观园诗词笔记文辑录"。

T2/6　　　　　　　　　　1082

士林交游与风气变迁：19世纪宣南的文人群体研究 / 魏泉著 . —北京：北京大学出版社，2008

289 页；23cm. —（都市想象与文化记忆丛书）

ISBN　978-7-301-14124-3；CNY 33.00

该书以19世纪京城文人聚会酬唱为中心线索展开，内容包括"宣南人文环境的形成""文人交游的传统与空间""翁方纲发起的'为东坡寿'与嘉道以降的宗宋诗风""'宣南诗社'再研究""'小秀野草堂'与陈衍的学人之师说"等。

T3/1　　　　　　　　　　1083

遛弯儿/韩少华著.—北京：北京燕山出版，1997

421页；20cm.—（京味文学丛书）

ISBN 7-5402-1067-2；CNY 20.00

该书编选和整理了原北京市第二中学语文教师韩少华的小说、散文、报告文学等多篇，如小说《红点颏儿》，报告文学《勇士：历史的新时期需要你》。

T3/2.1　　　　　　　　　1084

林白水文集.上册/林伟功主编.—福州：福州市新闻出版局，2006

562页：图；26cm.—（福建省历史名人研究会林白水分会学术丛书；1）

该书搜集了林白水先生在各个时期、各报刊所发表的具有代表性、有价值的名篇佳作及相关图片资料，以纪念和弘扬其进步思想和革命精神。林白水是中国报界先驱、民主革命斗士、近代启蒙教育家、历史文化名人，其故居位于原宣武区棉花头条。

T3/2.2　　　　　　　　　1085

林白水文集.下册/林伟功主编.—福州：福州市新闻出版局，2006

563-1182页：图；26cm.—（福建省历史名人研究会林白水分会学术丛书；1）

该书搜集了林白水先生在各个时期、各报刊所发表的具有代表性、有价值的名篇佳作及相关图片资料，以纪念和弘扬其进步思想和革命精神。林白水是中国报界先驱、民主革命斗士、近代启蒙教育家、历史文化名人，其故居位于原宣武区棉花头条。

T3/3　　　　　　　　　　1086

松风聆韵：赵文山诗文集/赵文山著.北京：大众文艺出版社，2008

164页：照片；21cm.—（大观园丛书）

ISBN 978-7-80240-215-7；CNY 24.00

该书收录了赵文山先生的230多首新旧诗词及部分讲稿、科普论文等。赵文山，1943年生，中医师，曾供职于宣武区陶然亭医院。

T3/4　　　　　　　　　　1087

李大钊遗文补编/李大钊著；姚维斗，杨芹编注.—哈尔滨：黑龙江人民出版社，1989

179页：图及肖像；21cm

ISBN 7-207-01139-3

精装：CNY 4.80

该书收录了李大钊的遗文76篇，分为文章、书信、联合署名文稿、题词·铭文·警语、启事·布告、译文等6部分，有必要的题解和注释。

T4/1　　　　　　　　　　1088

龙树寺与宣南诗社/李明哲，李珂著；北京市宣武区档案馆编.—北京：北京燕山出版社，2003

227页；20cm

ISBN 7-5402-1502-X；CNY 25.00

该书以《龙树寺宴集图》为切入点依次展开，对清代嘉道年间宣南名胜龙树寺、陶然亭的历史沿革，尤其对宣南诗社多年活动的来龙去脉，以及鸦片战争前后社会思潮动态等均做了研究。

T4/2　　　　　　　　　　1089

清代宣南诗词选 / 段天顺主编；北京诗词学会，北京市宣武区档案馆编 . —北京：北京出版社，2005

485 页：照片；21cm

ISBN　7-200-03494-0；CNY 48.00

该书选收 300 余位曾经在宣南寓居的清代著名学者、诗人、理论家、思想家、官宦的诗、词、曲、竹枝词 1200 百余首，内容丰富，生动反映了宣南文化鼎盛时期宣南诗人的情致，描写了宣南的景物和社会生活，是一部宣南士人的史诗。

T4/3　　　　　　　　　　1090

历代咏北京诗词选 / 张还吾主编 . —北京：北京出版社，1996

273 页；20cm

ISBN　7-200-02869-X；CNY 1..50

该书选录上自西周、下至清末的咏北京历史、地理、风土人情的诗、词、曲共 316 首，如陆游的《军中杂歌》《塞下曲》等。

T4/4　　　　　　　　　　1091

桑榆诗情：闪世昌诗集 / 闪世昌著 . —北京：中央民族大学出版社，1998

192 页；20cm

ISBN　7-81056-190-1；CNY 12.00

该诗集正是以作者之诗，言"礼赞炎黄""心系热土""钟情校园"之志。开篇诗是："今夕非除夕，确是通宵夕。午夜飞礼花，零点升国旗。"

T4/5　　　　　　　　　　1092

新乐府：2004.11 / 丁慨然主编 . —北京：中国国际广播出版社，2004

112 页：图；21cm

ISBN　7-5078-1316-9；CNY 12.00

该期是《新国风》诗刊联合月刊总第 44 期，分为"本期特稿""新乐府诗""新体国风""新乐府评论"等 9 个栏目。该刊由中国萧军研究会主办、丁慨然创办。其中，编委与作者大多是宣武作家协会的会员。

T4/6　　　　　　　　　　1093

新华诗：2005.5 / 丁慨然主编 . —北京：中国国际广播出版社，2005

113 页；18cm

ISBN　7-5078-1316-9；CNY 12.00

该期是《新国风》诗刊联合月刊总第 48 期，分为"本期特稿""摄影诗""老百姓新诗""苔花集""古诗今风"等 11 个栏目。该刊由新华诗书画摄影艺术委员会主办、丁慨然创建。其中，编委与作者大多是宣武作家协会的会员。

T4/7　　　　　　　　　　1094

新国风诗丛：2004.9 / 丁慨然主编 . —北京：中国国际广播出版社，2004.9

111 页：图；21cm

ISBN　7-5078-1318-5；CNY 13.00

该书是 2004 年北京国风诗人端午节大会专辑。其中，编委与作者大多是宣武作家协会的会员。

T4/8　　　　　　　　　　1095

祝福 / 许焕英著 . —北京：大众文艺出版社，2008

174 页；21cm. —（大观园丛书）

ISBN　978-7-80240-215-7；CNY 16.00

该书是北京青年女诗人许焕英创作的一

首长篇叙事诗（约4000行），塑造了波儿这个善良的女性形象。

T4/9　　　　　　　　　　1096

老树新花/吴安俭著. —北京：大众文艺出版社，2008

163页：照片；21cm. —（大观园丛书）

ISBN　978-7-80240-215-7；CNY 22.00

该书是吴安俭75岁时出版的诗集。吴安俭，1932年生，宣武作家协会会员，曾任《宣南诗刊》主编，住在宣武区法源寺。

T4/10　　　　　　　　　　1097

勿忘草/林贵著. —北京：大众文艺出版社，2008

295页：照片；21cm. —（大观园丛书）

ISBN　978-7-80240-215-7；CNY 28.00

该诗集收录了"工人诗人"林贵1963—2008年创作发表的近200首诗歌。"大观园丛书"主编丁慨然是宣武作家协会的顾问，他和林贵分别是《新国风》诗刊的主编与副主编。

T4/11（2018）　　　　　　1098

诗行皇城根：诗人眼中的北京西城/黄殿琴，王建平主编；北京市西城区旅游局，北京市西城区旅游行业协会编. —北京：团结出版社，2009

84页：图；23cm

ISBN　978-7-80214-755-3；CNY 25.00

该书分为"品味皇城遗韵""感受紧邻中南海的时尚""漫步西长安街"3大部分、35首诗歌，每首诗都配有摄影照片。

T4/12　　　　　　　　　　1099

老北京遗韵/关续文选注. —香港：香港银河出版社，2002

385页：照片；21cm. —（北京史地民俗丛书；2）

ISBN　962-475-018-1；CNY 29.80

该书收录了140余位著名诗人的383首诗词曲佳作，按"史地轶吟""胜迹风情""寺观况味""玩物记趣"等分类详注，图文并茂。

T4/13/.3　　　　　　　　1100

陶然亭端午诗歌. [3]/[北京市陶然亭公园管理处]编. —北京：北京市陶然亭公园管理处，2009

106页：照片；24cm

该书为第三届陶然亭诗会获奖优秀诗歌选集。此次征集诗词活动共收到236名作者寄送的诗作357首，经过专家评审，135首获优秀作品奖，其中一、二、三等奖分别为5首、10首和20首。

T4/13/.4　　　　　　　　1101

陶然亭端午诗歌. [4]/[北京市陶然亭公园管理处]编. —北京：北京市陶然亭公园管理处，2010

84页：照片，图；24cm

该书为第四届陶然亭诗会获奖优秀诗歌选集，收录了88首获得优秀作品奖的诗歌，其中一、二、三等奖分别为5首、10首和20首。

T4/13/.5　　　　　　　　1102

陶然亭端午诗歌. [5]/[北京市陶然亭公园管理处]编. —北京：北京市陶然亭公园管理处，2011

135页：照片，图；24cm

该书为第五届陶然亭诗会获奖优秀诗歌选集，收录了112首获得优秀作品奖的诗歌。本届诗会以"北京园林"为主旋律，并将非遗文化与端午诗会相结合。

T4/14　　　　　　　　1103

循踪喻怀：古诗文名篇选读/孙炳林选译．—北京：北京十五中学术委员会，[出版年不详]

222 页；24cm．—（北京十五中）

该书为北京市第十五中学高级教师孙炳林对我国一些著名古诗文的翻译解读。此书出版时孙炳林近70岁。

T4/15　　　　　　　　1104

丁香四月天/李金龙主编．—北京：中国楹联出版社，2011

276 页：图；23cm

ISBN　978-988-19997-9-5；CNY 58.00

该书是北京法源寺丁香诗会十年作品选辑，精选了112位诗人的诗歌作品，包括2008年"走进北京奥运的丁香诗会高层论坛"中的两篇论稿，并插入摄影图片。北京法源寺丁香诗会自2001年恢复，至2011年已经举办十届。

T57/1　　　　　　　　1105

郭德纲话说北京/郭德纲编著．—北京：中国城市出版社，2006

355 页；24cm+1 光盘

ISBN　7-5074-1742-5；CNY 28.00

该书以单口相声的手法，介绍了有关老北京的历史故事和传说，如"砂锅居与天坛祭天""天桥艺人"等。郭德纲创建的德云社，总部位于宣武区的天桥剧场。

T58/1　　　　　　　　1106

大栅栏/朱晓平编剧；傅靖生，鲁歧改编．—2版．—沈阳：辽宁人民出版社，2001

501 页：彩照；20cm

ISBN　7-205-05072-3；CNY 29.80

该书故事以老北京的商业区大栅栏为背景，以罗仇两家的世代恩怨为线索，展现了上至光绪皇帝下至妓女、车夫的一段沧桑历史。同时通过官与商、上与下的矛盾与事件，描述当时工业革命后中国的社会状况。

T61/1　　　　　　　　1107

大栅栏演义/蒋寒中著．—北京：北京燕山出版社，1991

395 页：图；20cm．—（俗文学丛书）

ISBN　7-5402-0266-1；CNY 9.15

这部30多万字的长篇小说，写出了"九·一八"事变之后到"卢沟桥事变"之前的大栅栏生意经和众生相，围绕着明争暗斗的商战展开五花八门的情节。

T61/2　　　　　　　　1108

天桥演义/蒋寒中著．—北京：紫禁城出版社，1987

925 页：插图；20cm

ISBN　7-80047-011-3；CNY 7.50

这部长达70多万字的长篇章回体小说，描写的是天桥的艺人故事。小说以新中国成立前北平天桥地区为背景，展示了一家家劳动人民的血泪史；同时描述了民国时期老北京的社会生活风貌，尤其是天桥地区的婚丧嫁娶、饮食娱乐、五行八作等重要的历史文化信息。

T62/1　　　　　　　　　　1109

典身 / 沈家和著. —北京：北京出版社：北京十月文艺出版社，1999

490 页：插图；21cm. —（正阳门外：京味长篇小说系列）

ISBN　7-5302-0562-5；CNY 22.00

该书上承《鼓妞》，下接《坤伶》，以民间艺人穷不怕的孙女儿齐忠翠为主线，讲述了有事实依据的"下九流"的群体故事。作者沈家和曾在天桥信托商店、宣武区百货公司、政府机关工作。

T62/2　　　　　　　　　　1110

大栅栏：长篇小说 / 朱晓平著. —北京：中国青年出版社，2001

422 页；19cm

ISBN　7-5006-4519-8；CNY 24.00

该书故事以老北京的商业区大栅栏为背景，以罗仇两家的世代恩怨为线索，展现了上至光绪皇帝下至妓女、车夫的一段沧桑历史。同时通过官与商、上与下的矛盾与事件，描述当时工业革命后中国的社会状况。

T62/3　　　　　　　　　　1111

我的先祖纪晓岚：长篇纪实历史小说 / 柳溪著. —北京：大众文艺出版社，2001

402 页；21cm

ISBN　7-80094-964-8；CNY 19.80

该书是纪晓岚第六世女孙柳溪（纪清佚）创作的一部长篇历史纪实小说，记述了清朝第一才子纪晓岚的一生，包括"出世传奇""火精落宅""家世传说"等99章内容。

T62/4　　　　　　　　　　1112

中华神相张铁嘴 / 许金焰著. —北京：中国华侨出版社，2007

474 页；25cm. —（紫砂壶长篇小说书系；3）

ISBN　7-80222-214-1；CNY 34.80

该书讲述了一个妙语连珠的小乞丐的故事。他凭天生的侠义之心救下江湖蒙难高手，遂遁入紫极山门苦研"字"经，再下山来，声名鹊起，横扫京城，解字说祸福，惩恶扬善，暖慰民心，终至掀起狂风巨浪，几乎改写了旧中国的那段历史。

T62/5　　　　　　　　　　1113

古街：首届老舍文学奖获奖作品 / 刘育新著. —修订版. —北京：华艺出版社，2005

411 页：图，照片；25cm

ISBN　7-80142-704-1；CNY 35.00

该书以琉璃厂为舞台，撰写一出出惊世骇俗的故事，介绍了丰富的文物知识，生动揭开了历史的惨烈、文化的醇厚和人性的复杂。

T62/5：1　　　　　　　　　1114

古街：最新修订版 / 刘育新著；于水绘. 北京：金城出版社，2011

324 页：图；24cm

ISBN　978-7-80251-676-2；CNY 48.00

该书以民国时代为背景，以百年琉璃厂为舞台，摹写了一群古玩商人的颠沛际遇，苦辣人生。随着清王朝的崩溃，本来由贵族集团独霸的珍贵文物流入民间，造成北京琉璃厂古玩市场的畸形繁荣；同时，也造就了一批独具慧眼的古玩商人，使古玩业行业成为旧京特有的文化景观和传统文化的精英。该书是首届老舍文学奖获奖作品。

T62/6　　　　　　　　　　1115

北京老字号传奇/白仲俭著.—北京：中国旅游出版社，1993

250页；19cm

ISBN 7-5032-0887-2；CNY 5.80

该书将本事与传奇结合起来，介绍了全聚德、东来顺、谭家菜、西鹤年堂、京水春秋等老字号的传奇故事。

T62/7　　　　　　　　　　1116

城南旧事/林海音著；沈继光摄影.—北京：当代中国出版社，2004，2006重印

217页：照片；23cm.—（名家与故乡）

ISBN 7-80170-307-3；CNY 25.00

该书收录的作品有"冬阳童年骆驼队""惠安馆""我们看海去""兰姨娘""驴打滚儿""爸爸的花儿落了"等。

T62/8　　　　　　　　　　1117

鼓妞/沈家和著.—北京：北京十月文艺出版社：北京出版社，1999

487页：插图；20cm.—（正阳门外：京味长篇小说系列）

ISBN 7-5302-0561-7；CNY 22.00

该书下接《典身》，刻画了旧京南城中下层人物的众生相。作者沈家和曾在天桥信托商店、宣武区百货公司、政府机关工作过。

T62/9　　　　　　　　　　1118

风流大前门/李金龙，倪勤著.—北京：中国戏剧出版社，1997

359页；20cm

ISBN 7-104-00836-5；CNY 16.80

该书叙述了20世纪30年代初，坐落在前门大街上的两家老字号，因旧日积怨所展开的一场旷日持久的水火拼争。两家老字号的东家，本是同族、同姓、同一辈人，他们在自己熟悉的土地上长大，虽近在咫尺，但经历却大不相同。由于30年前的那个神秘而恐怖的夜晚，使得二人成为不共戴天的仇敌，同时又戏剧性地成为两家两代人之间的命运纠葛与冲突。

T62/10　　　　　　　　　　1119

北京法源寺/李敖著.—北京：中国友谊出版公司，2000

294页；20cm

ISBN 7-5057-1548-8；CNY 18.00

该书以北京宣武区的法源寺为故事背景，描述了从戊戌变法到辛亥革命前后，康有为、梁启超、谭嗣同、大刀王五等一批中国志士为中国的振兴所做出的努力和活动。

T62/11　　　　　　　　　　1120

李金龙作品选/李金龙著.—北京：大众文艺出版社，2008

326页；21cm.—（大观园丛书）

ISBN 978-7-80240-215-7；CNY 30.00

该书收录了李金龙1990年代公开发表的中篇与短篇共8篇文章，篇章内容均以宣南文化历史为背景。李金龙是宣武区图书馆馆长，是宣南文化研究专家。

T64/1　　　　　　　　　　1121

阅微草堂笔记/（清）纪昀著；邵海清译.—上海：上海古籍出版社，1995

758页；19cm.—（十大文言短篇小说今译丛书）

ISBN 7-80518-391-0

精装：CNY 14.80

该书涉及明朝末年及清代康熙、雍正、乾隆、嘉庆四个朝代的政治、经济、文化、军事、民俗等方面的内容。

T64/1：1   **1122**

阅微草堂笔记 /（清）纪昀著；吴敢，韦如之校点 .—杭州：浙江古籍出版社，1997

418 页；19cm.—（百部中国古典名著）

ISBN 7-80518-391-0

精装：CNY 14.80

该书涉及明朝末年及清代康熙、雍正、乾隆、嘉庆 4 个朝代的政治、经济、文化、军事、民俗等方面的内容。

T64/1：2   **1123**

阅微草堂笔记 /（清）纪昀著 .—上海：上海古籍出版社，1980，1982 重印

568 页；18cm

CNY 1.45

该书涉及明朝末年及清代康熙、雍正、乾隆、嘉庆 4 个朝代的政治、经济、文化、军事、民俗等方面的内容。该书据民国初年中华图书馆石印本重印。

T69/1   **1124**

京城故事 / 树军编著 .—北京：西苑出版社，2005

420 页：图；21cm

ISBN 7-80108-944-8；CNY 28.00

该书由"京城谜事""京城怪事""京城丧事""京城憾事""京城婚事"5 部分组成，记述了北京的历史、文化、民风民俗等，后附有参考书目。

T7/1   **1125**

坛根儿 / 刘一达著 .—北京：中国工人出版社，2002

245 页：照片；21cm.—（寻思北京系列）

ISBN 7-5008-2694-X；CNY 16.80

该书由"胡同记者"刘一达为您讲述北京的故事，以报告文学的形式介绍了北京的皇城、京城老字号与名医、北京旗业等。

T7/2   **1126**

皇天后土 / 刘一达著 .—北京：中国社会出版社，1998

453 页：照片；20cm.—（北京眼系列丛书）

ISBN 7-80146-003-0；CNY 23.00

该书是国内第一部用纪实手法全面展示北京风貌的书籍，分两辑 37 章。内容涉及北京城逸闻掌故、市井民情、京腔京味、千年史话、古都新风，还有记者眼里的社会和作家笔下的京城。

T7/2：2   **1127**

皇天后土 / 刘一达著 .—2 版 .—北京：中国社会出版社，2005

453 页；20cm.—（北京眼系列丛书）

ISBN 7-80146-003-0；CNY 25.00

该书是国内第一部用纪实手法全面展示北京风貌的书籍，分两辑 37 章。内容涉及北京城逸闻掌故、市井民情、京腔京味、千年史话、古都新风，还有记者眼里的社会和作家笔下的京城。

T7/3   **1128**

从大碗茶到老舍茶馆：1979—1998 年改

革风云 / 李武魁，张艾薇著 . —北京：新华出版社，1996，1998重印

114页；照片；19cm

ISBN 7-5011-3352-2；CNY 9.20

该书算是《大碗茶传奇》的续集，以章回体的形式，讲述尹盛喜带领回城知青，在前门箭楼附近卖大碗茶起家的故事，内有图片。

T7/3：1　　　　　　　　　　1129

从大碗茶到老舍茶馆：1979—1998年改革风云 / 李武魁，张艾薇著 . —北京：新华出版社，1996，1998重印

254页：照片；20cm

ISBN 7-5011-3352-2；CNY 9.20

该书算是《大碗茶传奇》的续集，以章回体的形式，讲述尹盛喜带领回城知青在前门箭楼附近卖大碗茶起家的故事，内有图片。

T7/4　　　　　　　　　　1130

老铺底子 / 刘一达著 . —北京：北京出版社，2004

248页：照片，图；23cm. —（刘一达京味儿系列）

ISBN 7-200-05159-4；CNY 27.00

该书分为"物华天宝""玩艺绝活"两大部分，叙述了京城的商业、胡同、民间工艺等方面的历史文化，如"抢救'宣南文化'""探寻老北京会馆"等。

T7/5　　　　　　　　　　1131

老根儿人家 / 刘一达著 . —北京：北京出版社，2004

258页：照片，图；23cm. —（刘一达京味儿系列）

ISBN 7-200-05158-6；CNY 28.00

该书以随笔的形式记录了生活在北京的名人与普通人的日常，作者的笔下有纪晓岚、梨园谭门、吴景舟、金志扬、常氏世家、吴良镛等人。

T7/6　　　　　　　　　　1132

有鼻子有眼儿 / 刘一达著 . —北京：北京出版社，2004

230页：照片，图；23cm. —（刘一达京味儿系列）

ISBN 7-200-05160-8；CNY 26.00

该书以报告文学的形式描写了北京人的"爷文化"、礼数与习惯。饮食、性情以及北京的字号文化等，文章朴实平和、具有浓郁的北京特色。

T7/7　　　　　　　　　　1133

家居北京五十年 / 京华出版社编 . —北京：京华出版社，1999

714页：照片；20cm

ISBN 7-80600-430-0；CNY 39.90

该书按作者的年龄顺序排序，收集了112篇回忆文章。作者有卞之琳、周振甫、吴文藻、叶志善、吴冠中、赵大年、韩少华、舒乙等许多名家。

T7/8：2　　　　　　　　　　1134

凭市临风 / 刘一达著 . —2版 . —北京：中国社会出版社，2005

314页：图；23cm. —（北京眼系列丛书）

ISBN 7-80146-004-9；CNY 25.00

该书内容包括"北京的茶馆""天桥有个小酒馆""京城理发行""澡塘子兴衰""北

京'板爷'""在北京坐公共汽车""北京修汽车的"等章节。本丛书是国内第一部用纪实手法全面展示北京风情风貌的系列丛书。

T7/9   1135

皇都市井：刘一达京味作品选/刘一达著．—北京：世界知识出版社，2000

312页：照片，图；20cm．—（胡同风系列）

ISBN 7-5012-1239-2；CNY 18.50

该书以京味儿语言介绍北京风土人情，包括"北京打听道儿""京城的庙会""感慨年货"等29个内容。书中大部分文章是在《北京晚报》上发表过的。

T7/11   1136

八大胡同——旧北京时代的"红灯区"/李金龙著．—郑州：中原农民出版社，2000

322页：地图，照片；20cm

ISBN 7-80641-333-2；CNY 16.50

该书以纪实的手法，真实地再现了八大胡同的历史风情，以玉堂春、赛金花、小凤仙的历史传奇，再现了历代名妓的艳丽风采。

T7/12   1137

2011徐悲鸿中学初中部宣传报道集锦．北京：[出版社不详]，[2012]

67页：照片；26cm

该书汇集了北京市徐悲鸿中学2011年度各类通讯报道及相关照片资料。徐悲鸿中学初中部位于北京市西城区永安路寿长街1号。

T7/13   1138

与时代同行：[画册]：北京市佛教协会成立30周年纪念册/胡新民[等]主编．北京：北京市佛教协会，2011

224页；30cm

精装

该画册分8章，后附有北京市佛教协会历任会长名单、大事记等内容。北京市佛教协会成立于1981年，所在地是广化寺，位于西城区鼓楼西大街鸦儿胡同31号。

T8/1   1139

人海栖迟/白化文著．—北京：北京燕山出版社，2005

286页：照片，图；23cm

ISBN 7-5402-1694-8；CNY 28.00

该书分上、中、下三篇，包括《人海》《记1947年北平秋季运动会》《记老北大出版部》《北京大学图书馆纪念先贤铸像铭文》《选堂先生米寿献辞》等文章。

T81   1140

老行当 老规矩/夏宏编选．—武汉：长江文艺出版社，2001

390页：图；21cm．—（怀旧丛书）

ISBN 7-5354-2233-0；CNY 19.00

该书收录了《私塾先生》《算命先生》《江湖医生》《巡捕》《邮差》《民间艺人》《小贩》等散文作品。

T81/2   1141

抚摸北京：当代作家笔下的北京/邹仲之编．—北京：生活·读书·新知三联书店，2005

345页；20cm．—（闲趣坊）

ISBN 7-108-02255-9；CNY 18.50

该书精选34位当代作家、学人言说北京的散文、随笔42篇，分7辑，或谈论北京整体风貌的历史变迁，或述说局部区域的印象感受，或感叹胡同、寺庙等人文景观的日渐消逝等。

T81/3   1142

胡同九十九 / 程小玲主编 . —北京：北京出版社，1996

99 页；25×26cm

ISBN 7-200-03070-8

精装：CNY 180.00

该书收录徐勇 99 幅北京胡同景物的摄影作品，并请 99 位作家写 99 篇关于北京胡同的抒情散文。这些胡同包括南城的胡同，如李龙云的"南城轶事"。

T81/4   1143

故都尘梦 / 段绳凤著 . —北京：北京燕山出版社，2000

254 页；21cm

ISBN 7-5402-1037-0；CNY 15.00

该书是由"邮局散记""校园生活""旧京杂景""散文·杂文""影剧观感"5 部分组成，收入了作者多年来发表的一些散文。

T81/5/.1   1144

北京乎 . 上 / 姜德明编 . —北京：生活·读书·新知三联书店，1992

416 页；19cm

ISBN 7-108-00051-2

CNY 14.80（全 2 册）

该书收入李大钊、陈独秀、周作人、鲁迅等 74 位现代著名学者、作家的 121 篇散文，从一个侧面描画出 1919—1949 年间的北京。每位作家最多选取 4 篇。

T81/5/.2   1145

北京乎 . 下 / 姜德明编 . —北京：生活·读书·新知三联书店，1992

417-846 页；19cm

ISBN 7-108-00051-2

CNY 29.60（全 2 册）

该书收入李大钊、陈独秀、周作人、鲁迅等 74 位现代著名学者、作家的 121 篇散文，从一个侧面描画出 1919—1949 年间的北京。每位作家最多选取 4 篇。

T81/6   1146

老古董 / 唐鲁孙著 . —桂林：广西师范大学出版社，2004

196 页；22cm. —（唐鲁孙系列）

ISBN 7-5633-4544-2；CNY 22.00

该书多是作者回忆清朝末年北京旧闻逸事的散文，详细描述了清末的服饰、手艺、年俗、名人轶事等，多数文章记述的事物距今年代较远。唐鲁孙出生在北京，后到台湾。

T81/7   1147

老舍的北京：［摄影集］/ 老舍著；王陪元编选；沈继光摄 . —北京：当代中国出版社，2004

167 页；23cm

ISBN 7-80170-304-9；CNY 25.00

该书借用摄影师沈继光的镜头，配上老舍先生的文章，勾勒出老北京的古都风貌和独有的风情习俗。老舍的文章有《想北平》《我的母亲》《北京的春节》等。

T81/8   1148

榖外谭屑：近五十年闻见撷忆 / 赵珩著 . 北京：三联书店，2006

263 页：照片，图；23cm

ISBN 7-108-02541-8；CNY 24.80

该书是作者在《老饕漫笔》之后又一部社会生活的随笔杂记。赵珩捡拾人生经历中的片断印象和见闻感受，以亲历者的视角，将那些飘逝的礼俗风物、旧时人物、琴棋书画、饮食游乐，娓娓道来。

T81/9　　　　　　　　　　1149

北平怀旧 / 齐如山著 . —沈阳：辽宁教育出版社，2006

362 页；21cm. —（花生文库. 齐如山作品系列）

ISBN 7-5382-7846-X；CNY 29.00

该书为齐如山移居台湾后怀想北平之作，多是散文。内容涉及北平的地理、建筑、饮食、庙堂掌故、民俗沿革、市井玩乐等。

T81/10　　　　　　　　　　1150

老北京的小胡同 / 萧乾著 . —上海：上海三联书店，2007

360 页：照片，图；24cm

ISBN 978-7-5426-2454-3；CNY 29.80

该书收录了萧乾 20 多篇散文，围绕北京的胡同，记录了与之相关的四合院、饮食小吃、布局和街名、自选市场等，展现了北京的历史与风土人情，用的是原汁原味的北京腔。

T81/11　　　　　　　　　　1151

民谣中的城市 / 杨东平著 . —上海：上海人民出版社，2007

286 页：图，照片；23cm

ISBN 978-7-208-06566-6；CNY 30.00

该书分"古都风情""城市笔记""文化观潮""绿色视野"4 部分，汇集了作者对城市、城市文化、环境和人生的一些感言和体悟。

T81/12　　　　　　　　　　1152

虎坊桥随笔 / 肖黎著 . —兰州：兰州大学出版社，2003

350 页；21cm. —（常青藤文丛）

ISBN 7-311-02169-3；CNY 23.00

该书从"目尽青天怀今古""乱后篇章感慨多""一枝一叶总关情""同来望月人何在？"等 5 部分，收录了作品近 100 篇，对当前的社会现象进行了历史的思考、提出了有关史学问题的看法。

T81/13　　　　　　　　　　1153

读城：大师眼中的北京 / 刘一达主编 . —北京：中国华侨出版社，2006

290 页：照片；23cm

ISBN 7-80222-139-0；CNY 28.00

该书收集了 20 世纪以来文学大师写的北京各景点的散文 70 多篇，配以精美的老照片。如张恨水的《陶然亭》《天桥》、俞平伯的《陶然亭的雪》等。

T81/14　　　　　　　　　　1154

旧时宣武门前燕 / 维一著 . —北京：中国城市出版社，2001

308 页：图；20cm

ISBN 7-5074-1310-1；CNY 16.80

该书分上、下两篇，是作者对往事的记述。维一幼年居住在宣武门内，后定居美国。该书以老北京的范儿重点写北京的人和事，也写作者在国外的生活与思考。

T81/15　　　　　　　　　　1155

往事悠悠/林海音［著］；［傅光明编］．—北京：北京燕山出版社，1997

455页：照片；20cm．—（京味文学丛书）

ISBN　7-5402-1064-8；CNY 21.00

该书收录了林海音的小说和散文。小说如《城南旧事》《婚姻的故事》，散文如《虎坊桥》《天桥上当记》等。

T81/16　　　　　　　　　　1156

小说杂拌/邓友梅著．—北京：北京燕山出版社，1997

466页：照片；20cm．—（京味文学丛书）

ISBN　7-5402-1066-4；CNY 21.00

该书收录了邓友梅的小说与散文随笔。小说如《话说陶然亭》《双猫图》，散文如《漫画北京》《闲话北京的"南城文化"》。

T81/17　　　　　　　　　　1157

旧京散记/邓云乡著；金本元编．—南京：江苏文艺出版社，2006

340页：照片；21cm．—（大家散文文存）

ISBN　7-5399-2404-7；CNY 20.00

该书分为"京都文脉""茶楼食肆""帝京胜迹""故都风俗""风物相思""红楼杂识""人物风流"7个部分近60篇散文。文章如《广和居与会贤堂》《城南胜迹多》《黄仲则与宣南》等，都与宣南文化相关。

T81/18　　　　　　　　　　1158

绿了芭蕉/张恨水著；裴善明编．—南京：江苏文艺出版社，2006

290页：照片；21cm

ISBN　7-5399-2129-3；CNY 20.00

该书将收录的散文分为"两都散记""山窗读画""展痕踪影""广幽梦影""旅京札记""信口开河""煮字生涯"七辑。文章如《陶然亭》等与宣南文化相关。

T81/19　　　　　　　　　　1159

旧时书坊/秋禾，少莉编．—北京：生活·读书·新知三联书店，2005

421页；21cm．—（闲趣坊；7）

ISBN　7-108-02359-8；CNY 20.00

该书从学人、文士眼里的书坊、心中的坊友以及坊友自身的作为等角度选编文章63篇，分为"坊间旧影""书友漫志""贩书偶记"三辑。文章如《琉璃厂的古旧书店》《琉璃厂今昔》等，与宣南地区琉璃厂相关。

T81/20　　　　　　　　　　1160

汪曾祺说戏/汪曾祺著；段春娟编．—济南：山东画报出版社，2006

227页：图；23cm

ISBN　7-80713-329-5；CNY 18.00

该书所选都是与戏曲有关的话题，是汪曾祺做编剧20余年的所见、所闻、所思、所感。内容有"'样板戏'谈往""名优逸事""戏曲与文学的关系""习剧札记"等，都创作于20世纪八九十年代。

T81/21　　　　　　　　　　1161

私人行走/蔡锴晔编．—西安：陕西人民出版社，2003

291页：图；23cm．—（清韵书系）

ISBN　7-224-06492-0；CNY 30.00

该书分为"上路""吴""湘""滇""古都""徽州""蜀道""岭南""塞外""散墨"10个部分，其中"古都"部分指的是行走北京。

T81/22　　　　　　　　1162

京城看望 / 乔福山，彭程主编 . —桂林：广西师范大学出版社，2006

211 页；24cm

ISBN　7-5633-5809-9；CNY 25.00

该书收录了《西子湖头有我师》《万事开头易》《往事》等作品。作者都是知名的作家或学者，作品或抒写生命感悟，或探究自然奥义，或描摹现实波澜。

T81/23　　　　　　　　1163

老北京写照 / 张遇，王娟主编 . —合肥：安徽文艺出版社，1999

283 页：照片；21cm

ISBN　7-5396-1777-2；CNY 13.80

该书收入了梁实秋、许地山、郁达夫、丰子恺等写的有关北京的名胜古迹、民俗风情、逸闻趣事等文章。如《天桥八大怪》《谭嗣同与北京》《豆腐一声天下白》等。

T81/24　　　　　　　　1164

随笔 / 许焕英著 . —北京：大众文艺出版社，2008

184 页；21cm. —（大观园丛书）

ISBN　978-7-80240-215-7；CNY 18.00

该书收录了许焕英创作的散文、诗歌、杂文近 80 篇（首），内容分为"敞开心扉""茶后闲谈""蕴藉说梦"等 6 个部分。

T81/25　　　　　　　　1165

那城：文化名人眼中的中国名城 / 邓云乡，朱光潜等著；周星主编 . —北京：中国华侨出版社，2007

320 页；23cm

ISBN　978-7-80222-310-3；CNY 28.00

该书从文化名人的各异视角去透视著名城市的风味与特质。写北京的有：邓云乡的《老北京的四合院》、邓友梅的《四合院》、许钦文的《菜市口》等。

T81/28　　　　　　　　1166

九门深处轶闻多：同祯博客文集 / 王同祯著 . —北京：北京燕山出版社，2015

273 页：图，地图；24cm. —（燕都书丛）

ISBN　978-7-5402-3715-8；CNY 45.00

该书分为"揭秘老北京""社会与观察""感悟生活"3 大部分，共有 100 多篇文章。作者王同祯，曾出版过《老北京城》《北京的桥》《水乡北京》等。该书代序为傅公钺在京师南城凉水河畔所写。

T82/1　　　　　　　　1167

藤阴杂记 /（清）戴璐著 . —北京：北京古籍出版社，1982

118 页；20cm

CNY 0.55

该书是一部记载清代北京的掌故旧闻、名胜古迹、风土习俗的笔记。全书共 12 卷，成书用时达数十年，还录存了诸多当时名家诗词题咏。

T82/3　　　　　　　　1168

文化古城旧事 / 邓云乡著 . —北京：中华书局，1995，1997 重印

459 页：图；20cm

ISBN　7-101-04196-2；CNY 21.00

该书作者根据历史资料和个人回忆，记

述了当时北京的文教情况和沦陷前后的社会经济情况。全书分9大类，内容涉及北京大学、清华大学、燕京大学等高等学府，琉璃厂、隆福寺的书铺，书画、古玩的鉴别以及名医佚事、教授学人生活等社会文化诸方面。

T82/3：1　　　　　　　　　1169

文化古城旧事 / 邓云乡著 . —石家庄：河北教育出版社，2004

480页；21cm. —（邓云乡集）

ISBN　7-5434-5329-0；CNY 26.00

该书作者根据历史资料和个人回忆，记述了当时北京的文教情况和沦陷前后的社会经济情况。全书分9大类，内容涉及北京大学、清华大学、燕京大学等高等学府，琉璃厂、隆福寺的书铺，书画、古玩的鉴别以及名医佚事、教授学人生活等社会文化诸方面。

T82/4　　　　　　　　　　1170

宣南秉烛谭 / 邓云乡著 . —石家庄：河北教育出版社，2004

481页；20cm. —（邓云乡集）

ISBN　7-5434-5330-4；CNY 25.80

该书收有钦差大臣的旅程、黄仲则与宣南、潘家曲子、漫谈咸丰、皇上过年、圆明园与李鸿章、谭家菜与谭家词、风俗画小议、名人与名伶、城南情调等120余篇作品。宣武门外在明清一代便是人文荟萃的所在，邓云乡先生曾住右安门里仁街，认为自己的确是个宣南人。

T89/1　　　　　　　　　　1171

北京老门联：[图集] / 苏建华主编 . —南京：凤凰出版社，2010

108页；24cm. —（北京风俗）

ISBN　978-7-80729-875-5；CNY 25.00

该书收集胡同门联照片49幅，特邀当代著名书法家重新书写老门联，并增添书法家的艺术简历、与门联相对应的胡同简介及其研究性文字。主编苏建华，是宣武区文化馆美术干部。首篇《门联之美》是由时任宣武区图书馆馆长李金龙撰写。

T91/4　　　　　　　　　　1172

北京精神新民谣 / 李金龙主编 . —北京：经济日报出版社，2012

216页：照片，图；23cm

ISBN　978-7-80257-461-8；CNY 28.00

该书是为弘扬与践行北京精神而编成的，配有图片。西城区宣武图书馆组织热爱北京文化的作者创作民谣60多首，内容围绕"爱国""创新""包容""厚德"而展开。

T92/1　　　　　　　　　　1173

燕京传说 / 王瑞年主编 . —北京：农村读物出版社，2001

325页：插图；20cm

ISBN　7-5048-3432-7；CNY 16.00

该书收录了有关北京的美丽动人的风物传说，耐人寻味的乡风土俗，曲折玄妙的民间传奇，以及引人入胜的人物传说。如"钓鱼台的传说""日晒齐滑王""严嵩的传说"等。

T92/2　　　　　　　　　　1174

中国民间故事集成，北京卷 /《中国民间文学集成》全国编辑委员会,《中国民间文学集成·北京卷》编辑委员会［编］. —

北京：中国 ISBN 中心，1998

16，22，919 页：照片，地图；27cm

ISBN　7-5076-0158-7

精装：CNY 157.00

该卷是根据《中国民间文学集成》总编委会制定的编纂方案及有关文件精神选编而成，计 105 万字。所收作品主要选自 1985 年以来，在北京 18 个区县进行民间文学普查的基础上编印的区县资料本。637 篇文章分神话、传说、故事 3 大类，下分若干小类，并有附记、注释、异文、图片等。

T92/3　　　　　　　　　　　　1175

话说北京 / 郭德刚编著. —北京：中国城市出版社，1998

370 页；20cm

ISBN　7-5074-1063-3；CNY 19.80

该书是一本戏剧类图书，既有正史记载、史料流传，也有掌故轶闻、家长里短，上自帝王将相、改朝换代，下至街巷传说、俚语俗谚。其中 60 篇文章，以单口相声的手法，讲述了北京的民间故事与传统相声。

X 艺术

X1/1　　　　　　　　　　1176

生命的赞歌 / 许立仁主编 . —北京：[出版社不详]，2003

104页：图；21cm

该书收录的歌曲、曲艺、诗歌、美术作品，就是宣武区广大干部职工以特有的视角和艺术的形式所讲述的抗击非典一线许许多多普通人的故事。实际上，正是千千万万个普通人勇敢地手拉起手，筑成了防治非典的钢铁长城，创造了战胜非典的生命奇迹。

X1/2　　　　　　　　　　1177

历史的记忆　难忘的春天：北京市抗击"非典"群众文艺作品集 / 石振怀主编 . —北京：[出版社不详]，2003

170页：图；26cm

该书收集的作品从一个侧面反映了北京市群众文化系统工作人员积极参与抗击非典斗争、进行群众文艺创作的成果，它将为这段历史留下十分珍贵的印记。

X1/3　　　　　　　　　　1178

多彩的风景线：北京市宣武区少年宫学员艺术作品集 / 王平，史泽霖编委 . —北京：[出版社不详]，2003

96页：图；28cm

该画册展示宣武少年宫学员的艺术作品。宣武区少年宫1956年成立，坐落在陶然亭公园西侧，现开设文艺类、美术类、体育类近20个培训项目。宣武少年宫是联合国科教文组织俱乐部协会的成员单位。

X1/4　　　　　　　　　　1179

抗击非典 / 许立仁主编 . —北京：[出版社不详]，2003

66页：图，照片；28cm

此文集是思考的结晶，是收获的升华。在抗击非典斗争中形成的这种巨大精神财富，将激励、鼓舞着文化委全体同志战胜前进道路上的任何困难，为宣武区的经济建设和社会全面进步做出新的贡献。

X1/6　　　　　　　　　　1180

宣武区文化馆抗击非典文艺作品创作征文选辑 / 李金龙主编 . —北京：[出版社不详]，2003

48页；28cm

该书分为"诗歌""散文、特写、报告文学、通讯""歌曲""美术作品"4大类，是宣武区文化馆和宣武区作家协会为纪念2003年抗击非典而编成的征文集。

X2/1.9　　　　　　　　　1181

荣宝斋：大型艺术双月刊 . 2001.3 第2期总第9期 / 荣宝斋期刊编辑部编 . —北京：中国美术出版总社，2001

280 页；20cm. —（古今艺术博览）

CNY 28.00

该书是一本大型艺术双月刊，以"古今艺术博览"为专题，分为"物华天宝""艺术论坛""画苑""民间采风""鉴赏与收藏"等 11 个栏目。荣宝斋坐落在北京市和平门外琉璃厂西街，有 300 余年的历史。

X2/2   1182

宣南艺苑三人行：[画册] / 许立仁主编. —北京：北京市宣武区文化委员会：北京市宣武区旅游局，2005

127 页；28cm

该书集宣南人马铁汉的书法作品、于德祥的美术作品以及赵德春的摄影作品于一册，反映了宣南文化的深厚底蕴和独特魅力。

X21/1   1183

老北京城城门水彩画集 / 张先得编绘. —北京：北京燕山出版社，1990

64 页；23×27 厘米. —（北京正阳门管理处丛书）

ISBN 7-5402-0247-5

精装：CNY 60.00

该画册如实显示了北京旧城城市建设的最大特色，这足以启发我们进一步认识到对于历史古迹进行保护的重要意义。张先得自 20 世纪 50 年代起就潜心于北京城城门、城墙史料的搜集整理，写生描绘了北京那一座座城门、箭楼和角楼的春夏秋冬景色。

X21/2   1184

陈志农画说老北京 / 巴义尔，陈沛箴编. —北京：民族出版社，2003

299 页：照片，图；20cm. —（蒙古写意系列丛书. 人物传记卷）

ISBN 7-105-05418-2；CNY 28.00

该书收录了陈志农先生的关于老北京的速写、剪纸、连载漫画、汉画像、国画等作品，同时对陈志农先生的艺术人生作了简短的介绍。

X21/3   1185

年画 / 王树村，王海霞著. —杭州：浙江人民出版社，2005

211 页：图，照片；25cm. —（人类口头与非物质文化遗产丛书）

ISBN 7-213-02959-2；CNY 45.00

该书对汉代以前、两晋至唐五代、宋金元时期、明清时期年画的不断发展和不同特点进行了研究，阐述了年画的艺术与文化价值。

X21/4   1186

老北京·市井风情画：[德汉对照] / 盛锡珊绘画. —北京：外文出版社，1999

239 页：图；25×23cm

ISBN 7-119-02180-X

精装：CNY 228.00

该图册是从画家盛锡珊先生 500 余幅描绘老北京的系列作品之中精选出来的。画家从街巷市容、商贾小贩、世象风俗等不同角度上再现了 20 世纪 30 年代老北京人衣、食、住、行的方方面面。

X21/5   1187

趣画北京 / 岳峰绘；王波海撰文. —广州：岭南美术出版社，2007

71 页：图；19×19cm

ISBN 978-7-5362-3606-6；CNY 38.00

该书将北京的一些既熟识又陌生的"人

文景观"和"京味文化",通过"轻松活泼的画风"和"生动调侃的语言"来传达北京的昨天、今天、明天。

X21/6　　　　　　　　　　1188

旧京环顾图 / 王大观绘. —昆明:云南人民出版社,1995

78页:肖像;29×29cm

ISBN　7-222-01926-X

精装:CNY 350.00

该书是一本描绘20世纪30年代北京整体的全卷画册,附有作者介绍等资料。图中有几千种不同的人物,风格迥异的房子、院落,恢宏的古建筑,还有旧式店铺、招牌、货架、店员的服饰、车辆、赶庙会等。

X21/7　　　　　　　　　　1189

捧读胡同儿:[英汉对照] / 杨信绘. —北京:经济日报出版社,2001

167页:图;23cm

ISBN　7-80127-850-X;CNY 28.00

该书作者怀着极大兴趣将自己记忆中的生活场景画了下来,从他的儿童时代一直画到20世纪90年代。以往的生活场景,是快乐还是苦涩,都牵动人们的情丝,尤其是孩提时代的记忆,想忘也忘不掉。

X21/8　　　　　　　　　　1190

燕京画旧 / 李滨声著. —北京:人民美术出版社,2005

138页:图;21cm

ISBN　7-102-01238-1;CNY 37.00

该书收录了作者150幅漫画作品,反映了20世纪初至20世纪40年代末古老的北京城市一般情况与世相民俗。全书分"民国初年""三十年代世相"和"诗书继世 传统教育"3部分内容。该书受华夏英才基金资助出版。

X21/9　　　　　　　　　　1191

京城老行当:[中英文本] / 杨信[绘]. —北京:新华出版社,2002

244页;19×21cm

ISBN　7-5011-5521-6;CNY 38.00

该书作者采用独特的"京味绘画"技法,记录和再现了老北京市种种令人难以忘怀的风情和习俗,仿佛把人们又带到那个已经消失了的老北京人生活的年代。

X21/10　　　　　　　　　1192

古都旧景精品集:[画册]:[中英日文本] / 汪尧民图文. —北京:新世界出版社,2002

266页:肖像,图;25×26cm

ISBN　7-80005-789-5;CNY 80.00

该书精选古都旧景(包括老胡同、老街、四合院民居)108幅,展示古都北京的历史和风貌。每幅作品配有作者亲写的短文,以中、英、日3种文字对照出版。这些绘画有大栅栏·瑞蚨祥、钱市胡同、纪晓岚与阅微草堂等。

X21/11　　　　　　　　　1193

天衢丹阙:老北京风物图卷 / 刘洪宽绘. —北京:荣宝斋出版社,2004

1册:图;19×27cm

CNY 98.00

该图是一幅国画长卷,沿老北京中轴线依次画起,依次是天坛、先农坛、天桥、大栅栏等,涉及人物、城楼宫阙、坛庙寺观、教堂牌坊、桥梁店铺、车马民居等。

X21/12   1194

北京风俗：[画册]/陈师曾画.—北京：北京出版社，2003

92页；25×26cm

ISBN 7-200-04709-0；CNY 68.00

该画册采用文人画的形式，以34幅水墨人物画配合题写的古体诗词，描绘出了收破烂、货郎、磨石的、卖烤白薯的、赶大车的、说书的等一系列人物组成的老北京风俗。

X21/13   1195

旧北京风情：陈志农旧京街头速写集/[陈志农绘]；中国人民政治协商会议北京市委员会文史资料委员会编.—北京：北京出版社，1994

125页：图，照片；25×26cm

ISBN 7-200-02208-X；CNY 28.00

该书是陈志农20世纪30年代在老北京街巷庙绘画的速写集，共200余幅。画的是当年北平街头的人和事，如串街小贩、耍手艺卖苦力的、乞丐贫民与史迹街景等。

X21/14   1196

军民共建文明社区漫画集/陆惠民，范宝主编.—北京：牛街街道精神文明建设委员会，2003

29页：图；19cm

该画册收录了牛街街道地区部分中小学生创作的漫画集锦，以此形式歌颂抗击非典工作中的各种好人好事。2003年4月，一场突如其来的非典疫情肆虐北京，牛街街道各族群众和共建部队的武警战士同心协力抗击非典。

X21/15   1197

旧京百影：速写剪纸/陈志农.—北京：北京出版社，2003

134页：图，照片；19×22cm

ISBN 7-200-04670-1；CNY 20.00

该书以速写图画与剪纸的形式，介绍了新中国成立前北京的行当生活，内容包括串接小贩、食摊茶棚、作坊苦力、集市庙会、民情世俗等。

X22/1   1198

北京地书作品集/康国庆，李民主编.—北京：北京市宣武区文化馆，2008

107页：照片；19cm

该书为北京市西城区宣武文化馆主办的"北京地书作品展"参赛作品纪念册。107幅地书作品旁有作者小照和姓名。十年来，中国地书爱好者云集，手提肩扛，挥毫泼墨，形成了北京公园中极具特色的人文景观。

X23/1   1199

寸舞天心：邢冬方篆刻选/邢冬方篆刻并编著.—北京：北京十五中学术委员会，2011

96页：图；24cm.—（北京十五中）

该书为北京市第十五中学教师邢冬方篆刻作品集，包括诗句、成语名句、藏书用印、姓名印、生肖等篆刻作品。

X3/2   1200

旧京返照集/北京市文物工作队，首都博物馆编.—北京：人民美术出版社，1987

1册；26×26cm

CNY 7.70

该书收录的是旧北京的照片，时间范围大致是清末民初到抗日战争时期。内容包括北京城垣、中轴线上的主要建筑、西苑三海、主要庙宇、郊外风景、城区大街、前门内外、厂甸等。

X3/3　　　　　　　　　　1201

北京旧影：[中英日文本]/傅功钺编写；林文碧，史东昇编辑.—北京：人民美术出版社，1989，1990重印

1册；25×26cm

ISBN　7-102-01104-0；CNY 25.00

该书记录从清末民初到抗日战争时期拍摄的作品，内容包括北京城垣、城市中轴线、城区街巷、城内外风景区、庙宇和教堂、厂甸与天桥、店铺商贩与手工业、婚丧礼仪及民俗。

X3/4　　　　　　　　　　1202

北京/曹子西，沈鹏主编；北京市社会科学院，人民美术出版社合编.—北京：人民美术出版社，1990

240页：彩图；34cm

ISBN　7-102-00370-6

精装：CNY 200.00

该画册通过精选的摄影艺术作品和散文创作，展现北京的古都风貌和现代建设成就，反映改革开放形势下北京人的生活情趣和憧憬愿望。

X3/5　　　　　　　　　　1203

旧京大观：[中英文本]/傅公钺编撰.—北京：人民中国出版社，1992

315页；29cm

ISBN　7-80065-092-8

精装：CNY 200.00

该书图录采用了600多幅照片，从不同角度反映了清末到20世纪40年代初，近百年历史间北京的方方面面、风风雨雨。读者可以从中领略名胜古迹和风土人情，察觉到今天北京所发生的巨大变化。

X3/6　　　　　　　　　　1204

北京宣武/仲兆军，丁力主编.—北京：北京创意时空有限公司，2004

99页：图；25cm

该书分4个部分介绍了宣武区在发扬、继承历史文化特色基础上，承上启下，再创辉煌的情况。老街老店继承传统，新城新貌推陈出新，人民生活稳步提高。该书精装一册、简装二册。

X3/7　　　　　　　　　　1205

心灵牧场：摄影镜头下的心感意动/阮其红摄影并编著.—北京：北京十五中学术委员会，[出版年不详]

158页：照片；24cm.—（北京十五中）

该书为北京市第十五中学教师阮其红的摄影作品集，分为"游走天下心自翔""万物灵长心相惜""别样幸福心自宁""花间物语心怡然""方寸天地心所依"5部分。

X3/8/.1　　　　　　　　　1206

农民工肖像摄影集：向伟大的城市志愿者致敬.第一集/马肃摄影.—北京：[出版社不详]，2009

67页：照片；29cm

该书收录了摄影师马肃在2009年宣武区农民工肖像摄影展展出的全部作品，以建筑工地农民工的生存状态为切入点，倾情关注城市建设者中的农民工。摄影师马肃为广外医院工会主席。

X3/8/.2　　　　　　　　　1207

农民工肖像摄影集：向伟大的城市志愿者致敬 . 第三集 / 苏建华摄影 . —北京：[出版社不详]，2009

63 页：照片；29cm

该书收录了摄影师苏建华在 2009 年宣武区农民工肖像摄影展的全部作品，以建筑工地农民工的生存状态为切入点，倾情关注城市建设者中的农民工。摄影师苏建华为宣武区文化馆美术部主任。

X3/8/.3　　　　　　　　　1208

农民工肖像摄影集：向伟大的城市志愿者致敬 . 第二集 / 赵德春摄影 . —北京：[出版社不详]，2009

86 页：照片；29cm

该书收录了摄影师赵德春在 2009 年宣武区农民工肖像摄影展的全部作品，以建筑工地农民工的生存状态为切入点，倾情关注城市建设者中的农民工。摄影师赵德春为原宣武区文化委员会执法队队长。

X3/9　　　　　　　　　　1209

张弛大栅栏胡同摄影集 / 张弛摄影 . —[北京]：特产世界出版社，2008

177 页：照片；21×28cm

CNY 260.00

该书作者用摄影镜头记录了大栅栏一带古老的胡同和民国时期修建的房屋，时间为 2006 年 11 月至 2007 年 4 月期间，照片都是黑白照，传达出一种萧条凄凉感。张驰家住南城。

X4/1　　　　　　　　　　1210

城南工艺美术 / 梁金生主编；北京市崇文区地方志办公室编 . —北京：科学普及出版社，2001

190 页：彩图；26cm. —（地情丛书）

ISBN　7-110-05172-2；CNY 70.00

该书主要记述了崇文区工艺美术业的历史、发展和现状，内容涉及工艺美术十几个行业的历史沿革、兴衰史、行业组织形式、传统工艺、现代工艺等。

X5/1.1　　　　　　　　　1211

老京城建筑，门窗 / 田旭桐，侯芳著 . 南宁：广西美术出版社，2003

137 页：图；17×19cm. —（京城图案遗韵丛书）

ISBN　7-80674-278-6；CNY 55.00

该书分为"老京城建筑·门窗"文章与摄影照片两部分：第一部分介绍了北京城建筑的历史、特点、门、门扇、影壁、窗等建筑样式与装饰物等；第二部分展示了抱鼓石、门、门铍、木窗、石狮子等各式各样的照片。

X5/2　　　　　　　　　　1212

旧京残片：沈继光摄影集 / 沈继光摄 . 北京：人民美术出版社，2002

185 页；26×23cm

ISBN　7-102-02193-3；CNY 88.00

该书内容包括：序、残片古城、思古幽情温故知新、书前絮语、摄影作品、艺术简历。其中摄影作品又分为 5 卷：追寻朴素的原初、流连深意的情趣、包容大千的印痕、充亘天地的气格、绝唱古城的余音。该书序文为中英文对照。

X5/3　　　　　　　　　　1213

巍巍帝都：北京历代建筑 / 萧默编著 . 北京：清华大学出版社，2006

326页：照片，图；24cm

ISBN 7-302-12290-3；CNY 49.00

该书首先分时代介绍了史前至唐、辽、金、元、明、清时期北京的建筑，然后重点介绍了紫禁城、坛庙、皇家园林、陵墓、宗教建筑、王府与民居、会馆和长城。该书附"北京历史大事记"。

X5/4　　　　　　　　　1214

北京建筑图说：北京20世纪的100座建筑 /《建筑创作》杂志社编．—北京：中国城市出版社，2004

210页；22cm．—（《建筑创作》设计文化丛书；4）

ISBN 7-5074-1632-1；CNY 68.00

该书通过对1901—2000年这100年间北京100座建筑作品建设年代、位置、形式及其文化影响力等方面的介绍，向国内外展示了北京建筑在20世纪的发展史。

X5/5　　　　　　　　　1215

四合院：砖瓦建成的北京文化 / 高巍等著．—北京：学苑出版社，2003

299页：照片；20cm．—（兔儿爷老北京史地民俗丛书）

ISBN 7-5077-1827-1；CNY 18.00

该书集前人研究成果之精华，尤其注重四合院这种建筑形式与传统文化的渊源，以小见大，不放过每一个细节和生活场景，搜集了数百幅图片将这种文化展现出来。

X5/6　　　　　　　　　1216

京华遗韵：[图册] / 淡欣著．—上海：上海古籍出版社，2004

234页；28cm

ISBN 7-5325-3756-0

精装：CNY 260.00

该画册以北京胡同内的市井建筑为主，介绍了街门、铺面房、内外装修、砖雕建筑精品等屋宇构件，反映了1994—2000年间北京的胡同状况，可为关注北京胡同变迁的人士提供参考依据。

X5/7　　　　　　　　　1217

北京中轴线建筑实测图典：故宫前朝左祖右社钟鼓楼 / 马国馨主编；孙任先总撰稿；北京市建筑设计研究院《建筑创作》杂志社主编．—北京：机械工业出版社，2005

332页；26×36cm

ISBN 7-111-15685-4；CNY 248.00

该书全部测绘图完成于20世纪40年代，系统地把北京中轴线上的建筑从南到北逐一测绘下来，每个单体建筑绘制出平面、立面、剖面和大样图等。

X5/8.1　　　　　　　　1218

中国古建筑图典：珍本．第一卷 / 林洙编；梁思成等摄．—北京：北京出版社，1999

240页；38×27cm

ISBN 7-200-03695-1

精装：CNY 840.00（全4册）

该套书介绍了中国古建筑图典，介绍了许许多多传世的宫殿、陵墓、庙宇、园林、民宅等。1932—1940年期间，梁思成与刘敦桢率领中国营造学社的其他成员，足迹踏及16省、200余县，涉及2000余建筑文物、城乡民居及历史城市，拍摄、测绘了大量建筑资料。该书即是此次调研所拍摄下来的照片及测绘资料的汇编。

X5/8.2　　　　　　　　　　1219

中国古建筑图典：珍本．第二卷/林洙编；梁思成等摄．—北京：北京出版社，1999

242-498 页：照片；37cm

ISBN　7-200-03695-1

精装：CNY 840.00（全 4 册）

该套书介绍了中国古建筑图典，介绍了许许多多传世的宫殿、陵墓、庙宇、园林、民宅等。1932—1940 年期间，梁思成与刘敦桢率领中国营造学社的其他成员，足迹踏及 16 省、200 余县，涉及 2000 余建筑文物、城乡民居及历史城市，拍摄、测绘了大量建筑资料。该书即是此次调研所拍摄下来的照片及测绘资料的汇编。

X5/8.3　　　　　　　　　　1220

中国古建筑图典：珍本．第三卷/林洙编；梁思成等摄．—北京：北京出版社，1999

500-716 页；38×27cm

ISBN　7-200-03695-1

精装：CNY 840.00（全 4 册）

该套书介绍了中国古建筑图典，介绍了许许多多传世的宫殿、陵墓、庙宇、园林、民宅等。1932—1940 年期间，梁思成与刘敦桢率领中国营造学社的其他成员，足迹踏及 16 省、200 余县，涉及 200 余建筑文物、城乡民居及历史城市，拍摄、测绘了大量建筑资料。该书即是此次调研所拍摄下来的照片及测绘资料的汇编。

X5/8.4　　　　　　　　　　1221

中国古建筑图典：珍本．第四卷/林洙编；梁思成等摄．—北京：北京出版社，1999

718-958 页；37cm

ISBN　7-200-03695-1

精装：CNY 840.00（全 4 册）

该套书介绍了中国古建筑图典，介绍了许许多多传世的宫殿、陵墓、庙宇、园林、民宅等。1932—1940 年期间，梁思成与刘敦桢率领中国营造学社的其他成员，足迹踏及 16 省、200 余县，涉猎 2000 余建筑文物、城乡民居及历史城市，拍摄、测绘了大量建筑资料。该书即是此次调研所拍摄下来的照片及测绘资料的汇编。

X61/1　　　　　　　　　　1222

中华民间歌曲集成：北京卷/《中国民间歌曲集成》全国编辑委员会，《中国民间歌曲集成·北京卷》编辑委员会编．—北京：中国 ISBN 中心，1994

957 页：照片；26cm

ISBN　7-5076-0067-X

（精）：CNY 124.00

该卷收民间歌曲共 516 首，其中汉族民间歌曲 511 首、满族民间歌曲 3 首、回族民间歌曲 2 首。该书为国家艺术科研重点项目成果。

X62/1　　　　　　　　　　1223

中国民族民间舞蹈集成，北京卷/贾作光本卷主编；《中国民族民间舞蹈集成》编辑部编．—北京：中国 ISBN 中心，1992

1023 页：照片，图；26cm

ISBN　7-5076-0005-X

精装：CNY 80.00

该书基本概括了北京民间舞蹈的全貌，并展示其风采特色。全书按我国现行政区域划分省（市、自治区）卷，各卷按民族分别介绍当地流传的民间舞蹈。该书为国家艺术科研重点项目成果。

X7/1　　　　　　　　　　1224

北京戏剧文化史 / 李真瑜著 . —太原：北岳文艺出版社，2004

445 页：照片，图；20cm

ISBN　7-5378-2366-9；CNY 28.00

该书包括"杂剧为主，院本为辅——金元时期北京的戏剧文化""南北消长，昆弋同台——明至清初北京的戏剧文化""花部争胜，京剧独尊——清中期至清末北京的戏剧文化"3 编内容。

X7/2　　　　　　　　　　1225

戏剧北京 / 薛晓金著 . —北京：旅游教育出版社，2005

235 页：图，照片；20cm. —（文化北京丛书）

ISBN　7-5637-1169-4；CNY 18.00

该书的内容包括"北京演剧的第一个黄金岁月——元杂剧""北京的昆曲""中国戏曲集大成者——京剧""外来的戏剧——话剧"四部分，力图从戏剧演出的角度追溯近千年的北京戏剧史，重点介绍每一种戏剧形式的存在形态。

X7/3.1　　　　　　　　　1226

清代燕都梨园史料：正续编 . 上册 / 张次溪编纂 . —北京：中国戏剧出版社，1988，1991 重印

626 页；20cm

ISBN　7-104-00084-4

CNY 18.00（全 2 册）

该书收录了有关清代北京戏曲活动、表演艺术、班社沿革、名优传记及梨园轶闻掌故的杂著 51 种，具有丰富的史料价值。

X7/3.2　　　　　　　　　1227

清代燕都梨园史料：正续编 . 下册 / 张次溪编纂 . —北京：中国戏剧出版社，1988，1991 重印

626-1253 页；20cm

ISBN　7-104-00084-4

CNY 18.00（全 2 册）

该书收录了有关清代北京戏曲活动、表演艺术、班社沿革、名优传记以及梨园轶闻掌故的杂著 51 种，具有丰富的史料价值。

X7/4　　　　　　　　　　1228

清代戏剧文化史论 / 王政尧著 . —北京：北京大学出版社，2005

295 页；23cm. —（北京大学明清研究丛书）

ISBN　7-301-08959-7；CNY 26.00

该书收录了作者多年来关于清代戏剧文化的研究成果，内容分为"清朝不同时期戏剧文化发展的状况、清政府的戏剧政策和影响""清代戏剧界的一些著名演员、艺术大师的生平事迹、从艺历程""当时的一些外国人在中国看戏的文字记录"3 类。

X7/5　　　　　　　　　　1229

戏院聆赏 / 黎先耀主编；黄宗汉等选编 . 北京：经济日报出版社，2001

410 页：彩照；20cm. —（文化游学丛书）

ISBN　7-80127-766-X；CNY 25.00

该书分"走进大剧院""轻歌妙舞送黄昏""西方名剧内幕""戏院春秋""戏坛奇葩""旧戏新谈""诀窍自己找""人生悲喜剧"8 部分。

X7/6　　　　　　　　　1230

清代内廷演戏史话 / 丁汝芹著 . —北京：紫禁城出版社，1999

289 页：图；19cm. —（紫禁城丛书）

ISBN　7-80047-293-0；CNY 20.00

该书分上下编：上编"清宫戏剧综述"，介绍清宫演戏形式、主要演出剧目、清宫戏台、戏装与切末、太监伶人、内廷演戏的民间艺人等基本情况；下编介绍自顺治至宣统各朝演戏史事。

X7/7　　　　　　　　　1231

清代内廷演剧始末考 / 朱家溍，丁汝芹著 . —北京：中国书店，2007

490 页：照片，图；21cm

ISBN　7-80663-006-6；CNY 40.00

该书汇集了关于清宫演剧的官书、档案及清人笔记等翔实的史料，从中可以折射出清代各时期的社会现实，实为政治、经济、文化等诸方面历史的综合和浓缩。清代，中华民族传统的戏曲艺术长期盛行于内廷。

X7/8　　　　　　　　　1232

旧戏新谈 / 黄裳著 . —北京：北京出版社，2003

207 页；20cm. —（大家小书 . 第二辑）

ISBN　7-200-04737-6；CNY 12.00

该书所选文章共分 5 辑，50 余篇文章论戏、论史、论政，于议论中抒发种种见解。其中第 5 辑所收几乎已非谈戏而是杂文了。

X7/9/.1　　　　　　　　1233

中国戏曲志，北京卷 . 上册 / 张庚主编；金和增本卷主编；《中国戏曲志》编辑委员会，《中国戏曲志·北京卷》编辑委员会编 . 北京：中国 ISBN 中心，1999

796 页：图，照片；26cm

ISBN　7-5076-0152-8

精装：CNY 284.00（全 2 册）

该书的主旨在于记述中国新戏曲的历史和现状，是为了系统地记录、整理各地区、各民族的戏曲资料，概括戏曲革命工作的经验教训，促进社会主义戏曲事业的繁荣，也为今后保留一部分比较完善的戏曲文献。

X7/9/.2　　　　　　　　1234

中国戏曲志，北京卷 . 下册 / 张庚主编；金和增本卷主编；《中国戏曲志》编辑委员会，《中国戏曲志·北京卷》编辑委员会编 . 北京：中国 ISBN 中心，1999

797-1682 页：图，照片；26cm

ISBN　7-5076-0152-8

精装：CNY 284.00（全 2 册）

该书的主旨在于记述中国新戏曲的历史和现状，是为了系统地记录、整理各地区、各民族的戏曲资料，概括戏曲革命工作的经验教训，促进社会主义戏曲事业的繁荣，也为今后保留一部分比较完善的戏曲文献。

X7/10　　　　　　　　　1235

北京的古典戏曲与戏楼 / 王珏主编；北京市文化局编 . —北京：北京出版社，2006

107 页：彩图；25cm

ISBN　7-200-06219-7；CNY 68.00

该书介绍了北京的古典戏曲的起源、剧种和元素，概述了北京戏楼情况，具体介绍了北京宫廷戏楼、北京王府花园戏台、北京会馆戏楼、北京茶园戏楼等戏楼。

X7/11/.1　　　　　　　　1236

中国戏曲音乐集成．北京卷．上册 /《中国戏曲音乐集成》编辑委员会，《中国戏曲音乐集成·北京卷》编辑委员会编 . —北京：北京出版社，1992

871 页：照片；27cm

ISBN　7-200-01764-7

精装：CNY 160.00（全 2 册）

该书以京剧、北方昆曲、河北梆子、评剧、北京曲剧的系统内容，分门别类、科学、全面地评价北京地区戏曲音乐、唱腔艺术的特点和演员流派的风格等。该书为国家艺术科研重点项目成果。

X7/11/.2　　　　　　　　1237

中国戏曲音乐集成．北京卷．下册 /《中国戏曲音乐集成》编辑委员会，《中国戏曲音乐集成·北京卷》编辑委员会编 . —北京：北京出版社，1992

873-1730 页：照片；27cm

ISBN　7-200-01764-7

精装：CNY 160.00（全 2 册）

该书以京剧、北方昆曲、河北梆子、评剧、北京曲剧的系统内容，分门别类、科学、全面地评价北京地区戏曲音乐、唱腔艺术的特点和演员流派的风格等。该书为国家艺术科研重点项目成果。

X71/1　　　　　　　　1238

燕都梨园 / 赵蕙蓉著 . —北京：北京出版社，2000

155 页：图；20cm. —（北京历史丛书）

ISBN　7-200-03791-5；CNY 8.00

该书分为"京剧的发祥地""从成熟走向兴盛""繁荣期的各种演出""著名演员小传（上、下）"共 5 个部分，记录了燕都梨园发展的历史和诸多流派、名家的艺术风貌。

X71/2　　　　　　　　1239

富连成三十年史 / 唐伯弢编著；白化文修订 . —修订版 . —北京：同心出版社，2000

264 页：照片；20cm

ISBN　7-80593-414-2；CNY 25.00

该书为研究富连成的历史提供了许多宝贵的资料，其中的大量珍贵老照片、老剧照已成为绝版。"富连成"是中国京剧发展史上的一个里程碑，为我们的国粹京剧培养了许多人才。

X71/3　　　　　　　　1240

旧京老戏单：从宣统到民国 / 杜广沛收藏；娄悦撰文 . —北京：中国文联出版社，2004

162 页：照片；24cm. —（品味北京丛书）

ISBN　7-5059-4565-3；CNY 60.00

该书收入了京城各大戏园的 130 余张精品老戏单，展示了诸多京剧名角的丰富剧目，是历代演员舞台实践的真实写照，亦是中国戏曲史的重要内容。

X71/4　　　　　　　　1241

中国京剧 / 徐城北著 . —北京：五洲传播出版社，2003

128 页：图；23cm. —（人文中国书系）

ISBN　7-5085-0161-6；CNY 28.00

该书以图文并茂的形式介绍中国京剧，从中国京戏脸谱入手来阐述京剧诞生的历史，介绍京剧舞台与道具、经典剧目、名角及表演艺术等。

X71/5　　　　　　　　　　1242

梅兰芳表演艺术图影 / 梅兰芳纪念馆编 . —北京：外文出版社，2002

148 页；21cm

ISBN　7-119-03074-4；CNY 50.00

该书收录了大量梅兰芳的照片、演出剧照，作者用图片展示与文字叙述相结合的方式对梅兰芳艺术生平进行了简介，重点对他精湛的京剧表演艺术进行了描述。

X71/6　　　　　　　　　　1243

梨园旧影：[图集] / 昌平编 . —上海：上海画报出版社，2000

138 页；21cm

ISBN　7-80530-605-2；CNY 14.00

该书分为"北平精忠庙梨园会所壁画""戏台、塑像、绘画""升平署扮像谱""缀玉轩藏画""戏装""旧影荟萃""票友"7 部分，是京剧艺术宝贵的史料。

X71/7　　　　　　　　　　1244

京剧：京城戏曲文化的整合 / 吴毓华，宋波著 . —北京：中国书店，2002

227 页：图，照片；21cm. —（京华博览丛书）

ISBN　7-80568-987-3；CNY 13.00

该书着重于描绘京剧艺术在北京地区的形成发展的历程和盛况，向青年们介绍了欣赏京剧的知识，并试图从文化学、美学的角度，对京剧的艺术内蕴和价值做了探讨。

X71/8　　　　　　　　　　1245

古中国的歌：叶秀山论京剧 / 叶秀山著 . —北京：中国人民大学出版社，2007

495 页；23cm. —（朗朗书房）

ISBN　978-7-300-07895-3；CNY 36.80

全书以作者的名著《京剧流派欣赏》和《古中国的歌——京剧演唱艺术赏析》为主体，部分京剧论文和随笔也收录其中。书中或谈对京剧的品味和欣赏，或谈京剧的意义和趣味，或抒写京剧人物的精神境界，令人耳目一新。

X71/9　　　　　　　　　　1246

梨园外纪 / 徐慕云著 . —北京：三联书店，2006

182 页：图，照片；23cm

ISBN　7-108-02489-6；CNY 28.00

该书记述了 20 世纪初期活跃于京剧舞台的京剧名伶生活和艺术活动。他们的艺术造诣、成名经过、为人处世的态度、当时的社会舆论以及鲜为人知的轶事，以一系列生动图景成为中国京剧发展历史的形象映照。

X71/10　　　　　　　　　　1247

坐在台阶上看戏 / 徐城北著 . —北京：中国书店，1997

156 页：图；19cm. —（梨园文化雅俗谈. 风之集；3）

ISBN　7-80568-799-4；CNY 12.50

该书一开头简述了一连串关于演员的谜，有技巧上的，有艺术上的，也有文化上的。梨园泰斗和他的学生，刚刚结束精湛的劳动，戏在掌声中延续，戏在心潮里飞进，但还有别开生面的另一种。

X71/11　　　　　　　　　　1248

寻找风景 / 徐城北著 . —北京：中国书店，1997

172 页；19cm. —（梨园文化雅俗谈. 风

之集；1）

ISBN 7-80568-803-6；CNY 14.00

该书历数了以往的京剧风景，谈到了目前痛苦中的京剧风景，探讨京剧的本体艺术特征。这里的"风景"，既有自然界的，也有精神世界的。

X71/12/.1　　　　　　　　1249

中国京剧编年史．上册/王芷章著．—北京：中国戏剧出版社，2003

690 页：照片；20cm

ISBN 7-104-01542-6

CNY 80.00（全 2 册）

该书编年上溯自清乾隆年间北京成立三庆徽班，止于 1919 年五四运动的京剧改良运动，翔实地记述了京剧艺术自孕育、形成、演变直到鼎盛时期 130 年间的历史发展过程。

X71/12/.2　　　　　　　　1250

中国京剧编年史．下册/王芷章著．—北京：中国戏剧出版社，2002

691-1483 页：照片；20cm

ISBN 7-104-01542-6

CNY 80.00（全 2 册）

该书编年上溯自清乾隆年间北京成立三庆徽班，止于 1919 年五四运动的京剧改良运动，翔实地记述了京剧艺术自孕育、形成、演变直到鼎盛时期 130 年间的历史发展过程。

X71/13　　　　　　　　　1251

京剧与中国文化/徐城北著．—北京：人民出版社，1999

745 页：折图；20cm．—（中国文化新论丛书）

ISBN 7-01-002941-5

精装：CNY 49.20

该书分为 4 章，依次是"京剧艺术特征中的文化因子""京剧原理法则的基本归纳""京剧与其他古典艺术的规则对比""京剧行进轨迹的文化探讨"。

X71/14：2/.1　　　　　　1252

京剧常识手册．上册/涂沛，苏移等著．—2 版．—北京：中国戏剧出版社，2003

400 页；20cm

ISBN 7-104-00925-6

CNY 49.80（全 2 册）

该书主要内容包括"京剧简史""京胡伴奏""京剧表演""京剧行当""戏曲龙套艺术""京剧化装""戏曲砌末""舞台装置"7 部分。

X71/14：2/.2　　　　　　1253

京剧常识手册．下册/涂沛，苏移等著．—2 版．—北京：中国戏剧出版社，2003

383 页：图；20cm

ISBN 7-104-00925-6

CNY 49.80（全 2 册）

该书主要内容包括"京剧简史""京胡伴奏""京剧表演""京剧行当""戏曲龙套艺术""京剧化装""戏曲砌末""舞台装置"7 部分。

X71/15　　　　　　　　　1254

马连良艺术评论集/吴晓玲，马崇仁编．北京：中国文联出版，2001

496 页：照片；20cm

ISBN 7-5059-3824-X；CNY 32.80

该书是为纪念马连良先生 100 寿辰而编写，内容分为两部分：一部分是马连良先生的撰作，以他论述自己的表演艺术为主，还有一些他谈及戏曲问题的文章；另一部分是专家们和他的弟子们对于他和他的表演艺术的研究文章。

X71/16　　　　　　　　　　　　1255

中国京剧艺术/张庚，余从主编；中国艺术研究院戏曲研究所编．—北京：京华出版社，1996

321页：图；29cm

ISBN　7-80600-180-8

精装：CNY 450.00

该书分为"京剧的历史""京剧的剧目""京剧的行当、演员与流派""京剧的乐队与乐师""京剧的剧场与造型""京剧的传播与影响"共6个部分，以图片的形式介绍京剧历史与现状。

X71/17　　　　　　　　　　　　1256

梨园快语/周桓著．—北京：文物出版社，2004

274页：照片；18cm．—（文化百科丛书）

ISBN　7-5010-1562-7；CNY 18.00

该书是作者的戏剧艺术评论作品集，文章有《临场救戏佳话》《进戏才能演好戏》《戏曲改革与饮食》《戏剧名家扬长避短》等。

X71/18　　　　　　　　　　　　1257

传承与发展：第四届中国京剧艺术节研讨会论文集/毛时安，蔺永钧主编；第四届中国京剧艺术节组委会研讨部编．—上海：上海社会科学院出版社，2005

528页；21cm．—（海上风艺术文丛）

ISBN　7-80681-674-7；CNY 30.00

该书为第四届中国京剧艺术节研讨会论文集，收有《认识京剧的现代化》《增强京剧艺术的亲和力》《麒派艺术的审美观》《在开放中坚守和强化民族文化品格》等论文。

X71/19　　　　　　　　　　　　1258

京剧老生流派综说/吴小如著．—北京：中华书局，1986，2004重印

282页；20cm

ISBN　7-101-00649-3；CNY 20.00

该书综合介绍了京剧老生的各个艺术流派，表明京剧评论家吴小如对谭派、余派、言派、高派、马派的看法。该书还附录了几篇谈戏曲的文章。

X71/20　　　　　　　　　　　　1259

京剧谈往录续编/中国人民政治协商会议北京市委员会文史资料研究委员会编．—北京：北京出版社，1988，1996重印

529页：照片；20cm

ISBN　7-200-00285-2；CNY 16.00

该书是一本关于京剧史料和探索京剧艺术发展规律的专书，分别介绍了梅兰芳、谭鑫培、王瑶卿等20多位京剧艺术家的艺术生涯和艺术特点，着重介绍了京剧艺术家们对待艺术精益求精的态度、各个流派形成的经过及其特色。

X71/21　　　　　　　　　　　　1260

梨园轶闻/刘嵩崐著．—北京：北京燕山出版社，1998

390页；20cm．—（北京旧闻丛书）

ISBN　7-5402-1148-2；CNY 19.00

该书收录了"京剧的'第一'""同名演员与科班""行百条街巷看梨园之乡""谭门七代献艺梨园"等55篇文章。

X71/22　　　　　　　　1261

梅兰芳艺术谭 / 徐城北著. —南京：江苏教育出版社，2006

351 页：照片；23cm

ISBN　7-5343-6901-0；CNY 34.80

该书是著名京剧剧作家徐城北对一代京剧大师梅兰芳艺术人生的介绍和研究，分为3编18章，展现了大师的志向、奋斗、社会交往、悲欢离合及成为中华文明瑰宝的梅兰芳文化现象。

X75/1　　　　　　　　1262

曲苑杂谈 / 崔琦著. —北京：中国城市出版社，2001

205 页：彩照；20cm

ISBN　7-5074-1236-9；CNY 13.80

该书收有曲艺界行内趣闻、轶事、名段赏析、人物随笔以及短评、杂感等。作者崔琦是曲艺界著名的节目主持人。他将自己几十年来与曲艺界名人的交往、所见所闻、体会、感想及对曲艺的研究写成一篇篇短小精悍的文章，即为此书。

X75/2　　　　　　　　1263

江湖行当 / 连阔如著. —北京：当代中国出版社，2007

214 页：插图；23cm

ISBN　978-7-80170-576-1；CNY 24.00

该书反映江湖内幕以及江湖行当和艺人的生活，分为"江湖规矩""保镖卖艺""杂技戏法""评书流派""相声口技""大鼓竹板"6章。

X75/3　　　　　　　　1264

江湖丛谈，江湖黑幕 / 连阔如著. —北京：当代中国出版社，2007

253 页：图；23cm

ISBN　978-7-80170-575-4；CNY 27.00

该书分为"算卦相面""挑方卖药""坑蒙拐骗"3章，记述和揭露了清末民初各种江湖行当的内幕和骗术。20世纪30年代，北平《时言报》发表长篇连载《江湖丛谈》，作者是以"云游客"为笔名的连阔如，内有李滨声所画的60幅插图。

X75/4　　　　　　　　1265

北京抖空竹 / 白杰，杨维民主编；北京市宣武区人民政府广安门内街道办事处编. —北京：北京市青少年音像出版社，2009.3

136 页：照片；20cm

该书是宣武区广安门内街道办事处对北京空竹文化的发掘、整理、保护、传承工作和对自身区域文化的研究积累和总结，介绍了"空竹概说""空竹价值与保护""空竹制作与收藏""空竹技艺与表演""空竹文化"等内容。

X75/6　　　　　　　　1266

北平俗曲略 / 李家瑞编. —北京：中国曲艺出版社，1988

215 页；21cm. —（中国曲艺研究资料丛书）

ISBN　7-80008-010-2；CNY 2.50

该书以20世纪30年代流行于北京的"俗曲"为研究对象，并将这些俗曲分成说书、戏剧、杂曲、杂耍、徒歌5个种属。作者以文论引证和实地调查相结合，评价了各种"俗曲"的沿革、特色与流布情况，并附各种"俗曲"的词文与工尺谱示例。

北馆

A 方志·概况

A1/6.101　　　　　　　　　0001

北京志.101,新闻出版广播电视卷,出版志/张明义,王立行,段柄仁主编;田耕卷主编;北京市地方志编纂委员会[编].——北京:北京出版社,2005

842页:照片,图;26cm

ISBN 7-200-06221-9

精装:CNY190.00

该志分为出版、图书、流通、管理4个部分,按照科学分类和社会分工设置篇目,力求突出首都特点和时代信特色。记述范围下限是北京市行政区辖域范围,体例包含述、记、志、传、图、表、录等,以志为主体。

A1/11（2015）.3　　　　　0002.

北京地方志.2015年第3期（总第73期）/谭烈飞主编.——北京:[北京市地方志编纂委员会办公室],2015

64页:照片;29cm

该刊由北京市地方志学会主办,一般包括特载、修志文件、志鉴论坛、专稿选登、史志杂瓣、工作交流等栏目,及时反映北京市各行各业的史志工作动态。本期收录了《地方志编纂要把握好两个基本要素》《志书资料收集整理的点滴体会》等文章。

A1/11（2015）.4　　　　　0003

北京地方志.2015年第4期（总第74期）/谭烈飞主编.——北京:[北京市地方志编纂委员会办公室],2015

64页:照片;29cm

该刊由北京市地方志学会主办,一般包括特载、修志文件、志鉴论坛、专稿选登、史志杂瓣、工作交流等栏目,及时反映北京市各行各业的史志工作动态。本期收录了《主编应准确掌握志书的质量标准》《地方志记述要符合法律规定》等文章。

A1/11（2016）.1　　　　　0004

北京地方志.2016年第1期（总第75期）/谭烈飞主编.——北京:[北京市地方志编纂委员会办公室],2016

88页:照片;29cm

该刊由北京市地方志学会主办,一般包括特载、修志文件、志鉴论坛、专稿选登、史志杂瓣、工作交流等栏目,及时反映北京市各行各业的史志工作动态。本期收录了《方志知识体系初探》《保护好北京这座历史文化名城》等文章。

A1/11（2016）.2　　　　　0005

北京地方志.2015年第2期（总第76期）/谭烈飞主编.——北京:[北京市地方志编纂委员会办公室],2016

88页:照片;29cm

该刊由北京市地方志学会主办,一般

包括特载、修志文件、志鉴论坛、专稿选登、史志杂瓣、工作交流等栏目,及时反映北京市各行各业的史志工作动态。本期收录了《北京市地方志编纂委员会扩大会议上的讲话》《浅谈第二轮志书的继承和创新》等文章。

A1/12　　　　　　　　　　0006.

北京地情概览 / 北京市方志馆编著. — 北京:科学出版社,2016

155 页:图,地图;24cm

ISBN　978-7-03-047531-2

该书以北京市方志馆主办的"北京地情展"为基础,从自然环境、城市变迁、建制沿革、人口、经济发展、文化事业以及方志编修七个方面介绍了北京城市的风物地情,展现了北京这一伟大城市的历史沧桑和时代新貌。

A1/13.1　　　　　　　　　0007

北京市情研究与地方志文献资料整理与研究. 上卷. 北京地方志文献综录 / 中共北京市委党校图书馆,北京行政学院图书馆,北京市市情研究中心[编]. — 北京:中共北京市委党校图书馆 北京行政学院图书馆 北京市市情研究中心,2015

286 页;24cm

全书从不同领域、不同视角收集整理了北京研究与地方志文献资料,目的在于为从事北京市情研究的人员提供便捷的信息服务和专题文献导览。

A1/13.2　　　　　　　　　0008

北京市情研究与地方志文献资料整理与研究. 下卷. 北京地方志文献综录 / 中共北京市委党校图书馆,北京行政学院图书馆,北京市市情研究中心[编]. — 北京:中共北京市委党校图书馆 北京行政学院图书馆 北京市市情研究中心,2015

207 页;24cm

全书从不同领域、不同视角收集整理了北京研究与地方志文献资料,目的在于为从事北京市情研究的人员提供便捷的信息服务和专题文献导览。

A1/14　　　　　　　　　　0009

北京 / 丸山昏迷著;卢茂君译. —北京:北京联合出版公司,2016

385 页:地图,图;23cm. —(日本北京文史资料翻译丛刊)

ISBN　978-7-5502-7080-0;CNY 58.00

书中资料调查翔实,内容简明扼要,大致分为 18 部分,包括北京概况、西城、北京的风俗等,以介绍现代北京为主,名胜古迹等的考证从略,记述顺序由东及西,在向读者介绍说明北京历史、自然等各方面情况的同时,以日本为参考,从各个角度将北京和日本进行比较,并对两种文化进行了评价。

A2/2　　　　　　　　　　0010

北京市情数据手册. 2016 / 中共北京市委党校[编]. — 北京:中共北京市委党校,2016

142 页:图;19cm

该书是一本工作中常用的工具书,其提供的数字是反映北京市经济、社会等方面主要情况的基本指标,展示了北京市经济、社会发展的总体概况,具有框架清晰、内容简洁、易于查询、携带方便、实用性强的特点。

A2：22/3 0011

品四十载改革芳华 鉴新西城辉煌巨变 / 北京市西城区统计局，北京市西城区经济社会调查队［编］．— 北京：北京市西城区统计局：北京市西城区经济社会调查队，［2018］

68 页：图；21cm

该书为北京市西城区统计局与北京市西城区经济社会调查队联合编著，以图片和文字、数据、表格的形式介绍北京市西城的改革发展成就。

A2：22/（2015）6 0012

北京西城年鉴．2015 / 北京市西城区地方志编纂委员会办公室编．— 北京：中华书局，2015

478 页：彩照（24 页）；29cm

ISBN 978-7-101-11377-8

精装：CNY180.00

该年鉴是一部综合性资料工具，以条目为主体，用语体文记述，直陈其事。设有特载、专文、大事记、党派、群众团体、政法军事、综合经济管理、工业商务、金融、城市建设、科技教育、文化旅游体育卫生、社会生活等类目。全面记述了 2014 年度西城区在各条战线、各个方面所发生的重大事件和新的情况。

A2：22/（2016）6 0013

北京西城年鉴．2016 / 北京市西城区地方志编纂委员会办公室编．— 北京：中华书局，2016

510 页：照片，地图；29cm

ISBN 978-7-101-12164-3

精装：CNY180.00

该年鉴是一部综合性资料性工具书，以条目为主体，用语体文记述，直陈其事。记述的是 2015 年度西城区经济、社会发展的基本情况。

A2：22/（2017）6 0014

北京西城年鉴．2017 / 北京市西城区地方志编纂委员会办公室编．— 北京：中华书局，2017

522 页：地图，彩照（32 页）；29cm

ISBN 978-7-101-12986-1

精装：CNY180.00

该年鉴是一部综合性资料工具书，以条目为主体，用语体文记述，直陈其事。设有特载、专文、大事记、党派、政权·政协、群众团体、政法·军事、重大改革·功能街区建设·重大项目建设、综合经济管理、工业·商贸、金融、城市管理、科技·教育、社会生活、街道、人物等类目。记述了 2016 年度西城区经济、社会发展的基本情况。

A2：22/28 0015

西城区情．2012 / 北京市西城区统计局，北京市西城区经济社会调查队［编］．— 北京：［北京市西城区统计局］：［北京市西城区经济社会调查队］，［2013］

120 页；20cm

（活页装）

该资料由区统计局、区经济社会调查队编制，收集 2012 年统计公报、年度资料、月度资料、季度资料以及统计常识五部分内容供参考，以便掌握全区经济社会主要指标完成情况，并对以往统计资料进行核实修正。

A2：22/29　　　　　　　　0016

北京西城：中英文本 / 刘洋主编；赵德春［等］摄影；中共北京市西城区委宣传部，北京市西城区人民政府新闻办公室［编］. — 北京：［中共北京市西城区委宣传部］：［北京市西城区人民政府新闻办公室］，［出版年不详］

95 页：照片；13×19cm

西城区凭借独特的区域资源优势，彰显古都历史文化魅力，丰富城市建设内涵，提升北京文化影响力。该册包括剪影西城、活力西城、文化西城、和谐西城 4 部分。

A2：22/34　　　　　　　　0017

印象西城：庆祝《北京西城报》创刊 1000 期 / 北京市西城区新闻中心编. — 北京：［北京市西城区新闻中心］，2010

90 页：照片；26×27cm

该画册精选《北京西城报》从创刊到第 1000 期的 100 余张新闻图片，分经济印象、文化印象、环境印象和重大事件 4 个方面，介绍了西城区的发展历程，也为《北京西城报》的广大通讯员和读者提供了一个学习交流的平台。

A2：220/4　　　　　　　　0018

展览路记忆 / 寇艳华，刘淑华，周海南主编. — 北京：西城区档案局（馆）：西城区展览路街道办事处：西城区展览路街道工委，［2013］

142 页：图，地图；29cm

CNY［75.00］

该书分为历史沿革、街巷胡同村庄、历史古迹、交通、商业、文教卫生几个方面，介绍了展览路地区的历史、地理变迁。

A2：330/1　　　　　　　　0019

北京市丰台区街乡概况 / 吉泰主编；丰台区地方志办公室编. — 北京：知识出版社，1994

275 页：地图，照片；20cm

ISBN　7-5015-1105-5；CNY 15.00

该书介绍了丰台区 14 个街道、6 个乡的地情，还包含了一幅丰台区简图，使读者更好地了解丰台区全貌。全书各篇记述内容，上限追溯到有文字记载的时代起，下限一般延至 1992 年底。

A3/1　　　　　　　　　　0020

西城区非物质文化遗产保护项目概览 / 北京市西城区文化委员会［编］. — 北京：［北京市西城区文化委员会］，［2018］

239 页：图，照片；29cm

该书由西城区文化委员会编著，总结整理西城区非物质文化遗产名录，包括民间文学类、传统音乐类、传统舞蹈类、传统戏剧类、曲艺类、传统体育、游艺与杂技类、传统美术类、传统技艺类、传统医药类和民俗类名录。全书附有图文并以中英文逐一介绍。

A3/28.2　　　　　　　　0021

民间瑰宝耀京华，西城区非物质文化遗产保护项目 西城区家庭艺术馆简介：［中英文本］/ 北京市西城区文化委员会编. — 北京：中国民族摄影艺术出版社，［出版年不详］

63 页：照片；29cm

该书介绍了西城区的一些非物质文化遗产保护项目，例如：北京宫毯织造技艺、天福号酱肘子制作技艺、烤肉季烤羊肉制作技艺、鸿宾楼全羊席制作技艺等。

A3/（2013—2014）37　　　0022

方志北京：京华讲坛文集（2013—2014）/北京市方志馆编. — 北京：中国书店，2015

188页：图，照片；24cm

ISBN 978-7-5149-1389-7.CNY 36.00

该书为《京华讲坛》中的讲课稿合集，共15篇文章，内容围绕北京文化展开，涉及北京城市的发展变迁、定都建设、名称由来、近现代著名文化人物等，语言明白晓畅，通俗易懂，讲解深入浅出，生动活泼，具有较强的知识性和趣味性。

A3/（2015）37　　　0023

方志北京：京华讲坛文集（2015）/北京市方志馆编. — 北京：中国书店，2016

277页：图；24cm

ISBN 978-7-5149-1465-8；CNY 36.00

该书收录了《清代皇室礼仪拾零》《雍正继位之谜》《乾隆皇帝的家庭生活》《北京地区的壁画墓》《北京历史上的首都圈》等文章。

B 自然环境

（该类暂未收录相关文献）

C 人文地理

C1/1　　　　　　　　　　　　0024

跟着大使看世界 / 樊亚玲，阎峥，甄建国主编 . — 北京：朝华出版社，2017

213 页：照片；24cm

ISBN 978-7-5054-3994-8；CNY 58.00

该书收录了北京市西城区第一图书馆近年举办的 10 余场"外交官带你看世界"系列公益讲座资料，演讲人均曾为我国驻外大使。他们结合亲身经历，生动、鲜活地讲述了驻在国的地理环境、风土人情、历史文化、与我国友好交往合作以及友好人士的故事等。该书希望通过"跟着大使看世界"这个窗口，让读者领略世界的丰富多彩，认识各国人民的前世今生，感受异域文化的无穷魅力，借以促进中外各国人民的友好往来，助力"一带一路"国家战略。

C1/33.1　　　　　　　　　　0025

宣南鸿雪图志 . 第一卷 / 王世仁主编 . — 增订 . — 北京：中国建筑工业出版社，2015

611 页：地图，图，照片；29cm

ISBN 978-7-112-18215-2

精装：CNY588.00（全 3 册）

该图志为增订版，在 1997 版基础上增补和勘正而成，内容更加丰富与准确，通过对现存历史文化资源的收集、整理、归纳，为记录和弘扬宣南地区的建筑、历史与文化做出了贡献。全书 3 卷，包括文萃志、总图志、遗迹志、测绘志、影像志、附录 6 部分。

C1/33.2　　　　　　　　　　0026

宣南鸿雪图志 . 第二卷 / 王世仁主编 . — 增订 . — 北京：中国建筑工业出版社，2015

623-1227 页：地图，图，照片；29cm

ISBN 978-7-112-18215-2

精装：CNY588.00（全 3 册）

该图志为增订版，在 1997 版基础上增补和勘正而成，内容更加丰富与准确，通过对现存历史文化资源的收集、整理、归纳，为记录和弘扬宣南地区的建筑、历史与文化做出了贡献。全书 3 卷，包括文萃志、总图志、遗迹志、测绘、影像志、附录 6 部分。

C1/33.3　　　　　　　　　　0027

宣南鸿雪图志 . 第三卷 / 王世仁主编 . — 增订 . — 北京：中国建筑工业出版社，2015

1243-1567 页：照片；29cm

ISBN 978-7-112-18215-2

精装：CNY588.00（全 3 册）

该图志为增订版，在 1997 版基础上增补和勘正而成，内容更加丰富与准确，通过对现存历史文化资源的收集、整理、归纳，为记录和弘扬宣南地区的建筑、历史与文化做出了贡献。全书 3 卷，包括文萃志、总图志、遗迹志、测绘志、影像志、附录 6 部分。

C1/37.1　　　　　　　　　　0028

一九四九年前北京城市发展史上的重大建设项目 / 刘瑞玲撰稿 . —[北京]：[北京市城市建设档案馆]，2008.

203 页：图；29cm

精装：198.00（全 2 册）

该书基于《当代中国城市发展·北京卷》部分章节的编写组织工作，以现有文稿为基础，配套拍摄相应的照片，编制成画册，图文并茂，更好地发挥研究成果的价值，该书分为两侧，该册以文字为主。

C1/37.2　　　　　　　　　　0029

一九四九年前北京城市发展史上的重大建设项目：图集 / 北京市城市建设档案馆 [编] . — 北京：北京市城市建设档案馆，[2008]

189 页；29cm

精装：CNY300.00（全 2 册）

该书基于《当代中国城市发展·北京卷》部分章节的编写组织工作，以现有文稿为基础，配套拍摄相应的照片，编制成画册，图文并茂，更好地发挥研究成果的价值，该书分为两侧，该册以图片为主。

C2/4　　　　　　　　　　0030

金中都 / 吴文涛等著；北京市文史研究馆编著 . — 北京：北京出版社，2018

305 页：彩图；24cm. —（北京文史历史文化专辑 . 定都北京系列）

ISBN　978-7-200-14346-1

精装：CNY128.00

该书讲述了在金、元、明、清 800 多年的历史进程中，发生在北京的许多重大历史事件，以丰富的历史资料和文化成果来展示中华文明，凸显出北京历史文化的整体价值。

C2/33　　　　　　　　　　0031

古都变迁说北京：北京蓟辽金元明清古都发展轨迹扫描 / 陈平著；北京市西城区文史学会编 . — 北京：华艺出版社，2013

252 页：图，照片；24cm

ISBN　978-7-80252-459-0；CNY 48.00

该书对北京城从商代末年的古蓟城到辽南京的发展历程略做回顾梳理，对北京城从金中都经元大都到明、清北京城这四朝皇都的变迁脉络，做了探究盘点。

C3/4　　　　　　　　　　0032

大栅栏历史文化辞典 / 北京市西城区文物保护研究所编著 . — 北京：北京出版社，2018

491 页；24cm

ISBN　978-7-200-14180-1.CNY 98.00

该书由街巷胡同，市井阛阓，会馆，寺庙宫观，故居、遗址、逸事，历史文献 6 部分组成，所述地域范围大体以今西城区大栅栏街道办事处辖区为主。

C3/86　　　　　　　　　　0033

北京的胡同四合院：展览画册 / 北京市档案局（馆）编 . — 北京：[北京市档案局（馆）]，[2013]

176 页：照片；30cm + 1 光盘

展览首次将档案与文物整合在一起，互为补充、相互印证，132 组件文物，500 余件档案，100 余张图片，跨越时空，图文并茂与多媒体手段相结合，展示北京胡同四合院的丰富内容和视听效果。展览内容分为胡同、四合院、人家 3 大部分。

C3/91　　　　　　　　　　0034

大栅栏胡同记忆 / 芦秀荣，罗光辉主编 . 北京：［大栅栏街道工委］：［大栅栏街道办事处］：［北京市徐悲鸿中学初中部］，［出版年不详］

71 页：图；29×21cm

该画册由大栅栏街道与徐悲鸿中学联合编印。大栅栏是老北京最古老城市肌理的文脉遗存，学生们用黑白画笔手绘而成的胡同画面，既是历史的图景，也是他们对历史的追忆和思考。

C3/93　　　　　　　　　　0035

我爱北京：大栅栏地区第二届我爱北京国际影展 / 北京市西城区人民政府大栅栏街道办事处，北京市长城摄影协会主办 . — 北京：［北京市西城区人民政府大栅栏街道办事处］：［北京市长城摄影协会］，[2011]

21 页：图；29cm

该画册集锦了"大栅栏地区第二届我爱北京国际影展"活动中，8 名摄影师参展的110 余幅作品，展现大栅栏地区历史风貌和生活发展变迁以及北京旧城时建筑、民俗文化和城市品格等，用中英双语的形式对摄影师进行了简介。

C3/94.2　　　　　　　　　0036

胡同记忆 . — 北京：中共北京市西城区委大栅栏街道工委：北京市西城区人民政府大栅栏街道办事处，2013

158 页：照片；23cm

该书共收录街巷胡同 32 条，讲述故事54 个，以胡同历史变化为主线，充分展示了大栅栏胡同的悠久历史和文化魅力。

C3/95　　　　　　　　　　0037

当代北京胡同史话 / 于永昌著；当代北京编辑部编 . — 北京：当代中国出版社，2016

170 页：照片；23cm. —（《当代北京史话》丛书）

ISBN　978-7-5154-0665-7.CNY 32.00

该书共分 4 章，分别为北京胡同的形成和文化内涵、新中国成立后北京胡同的变化、改革开放后对胡同的拆建、精心规划对胡同修缮开发。作为北京街巷概称的胡同，不仅是居民生息的活动场所和出行的通道，构成了城市的交通网络，还是都市生活的依托，从而成为北京历史文化发展演化的舞台。胡同中蕴藏着太多的历史文化，自古至今的北京胡同，所涉及的历史文化内涵，极其丰富浩渺，洋洋大观。该书试图对北京的胡同历史做一梳理，读来颇有趣味。

C3/96　　　　　　　　　　0038

当代北京长安街史话 / 于永昌著；当代北京编辑部编 . — 北京：当代中国出版社，2015

179 页：图；23cm. —（《当代北京史话》丛书）

ISBN　978-7-5154-0589-6.CNY 32.00

该书以史话的形式，记述和反映新中国成立以来北京长安街发展变化情况。内容包括：长安街的形成和众多景观、新中国成立后长安街的建设变化、长安街改革开放创辉煌、长安街今日的状美景观等。

C3/97　　　　　　　　　　0039

泉源：大栅栏街道"综合包户"志愿服务 30 年 / 该书编委会 ［编］. — 北京：人民

出版社，2015

166 页：照片（18 页）；23cm

ISBN 978-7-01-014532-7.CNY 30.00

该书介绍了"综合包户"的起源与开端、发展和创新，志愿服务的组织架构和管理模式，以及 30 多年来大栅栏地区涌现出的志愿服务先进人物和典型事迹。

C4/4   0040

文物古迹览胜：西城区各级文物保护单位名录 / 北京市西城区文物保护研究所编 . — 北京：北京联合出版公司，2016

332 页：图；29cm

ISBN 978-7-5502-7183-8

精装：CNY128.00

该书收集整理了西城区三级文物保护单位的图片和文字资料，介绍了其各自的历史沿革、建筑形式和保存现状等情况。

C4/65   0041

走进西城：北京市西城区地方实验教材 / 齐渝华主编；北京市西城区《走进西城》编写组编著 . — 北京：北京出版社，2012

154 页：照片，地图；26cm

ISBN 978-7-200-08898-4；CNY 10.30

主要讲述西城区的地理环境、历史发展、民俗民居、商贸金融、文化艺术、城市建设、文化遗产保护等内容。

C41/4   0042

北京红色旅游故事 Beijing Red Tourism Story / 中共北京市委党史研究室，北京市旅游发展委员会［编］. — 北京：中国工商出版社，2015

201 页：图，照片；22cm

ISBN 978-7-80215-811-5；CNY 45.00

该书以故事的形式深度再现了革命先烈和志士仁人为民族解放斗智斗勇的光辉历程。

C431/14   0043

北海：［摄影集］：［中英文本］/ 北海景山公园管理处编 . — 北京：中国世界语出版社，1994

78 页；26cm

ISBN 7-5052-0224-3；CNY 30.00

该画册介绍北海公园的历史沿革、文物古迹和湖光山色。

C431/15   0044

北京市北海公园管理处安全生产标准化文件汇编 / 北京市北海公园管理处［编］. — 北京：［北京市北海公园管理处］，2016

262 页；30cm

该书由北京市北海公园管理处编，内容包括安全生产管理制度和安全生产应急预案。

C441.9/7   0045

北京先蚕坛 / 董绍鹏，刘文丰著 . — 北京：学苑出版社，2014

178 页：图，照片，地图；24cm

ISBN 978-7-5077-4694-5.CNY 48.00

该书共 4 章，内容包括：蚕与先蚕之神、亲桑享先蚕：先蚕之神的国家祭祀、先蚕坛的建筑、民间的蚕神信仰。

C441.9/10   0046

先农神坛 / 董绍鹏，潘奇燕，李莹著 . 北京：学苑出版社，2010

211 页：图；23cm

ISBN 978-7-5077-3664-9.CNY 30.00

该书以图文并茂的形式，叙述了我国古代祭祀先农及相关神灵活动的产生、发展历程，明、清、近现代北京先农坛的沧桑。

C441.9/12   **0047**

历代帝王庙100问/北京历代帝王庙保护利用促进会编.—北京：科学出版社，2008

175页：图，照片；26cm

ISBN 978-7-03-022392-0；CNY 38.00

该书共分4篇，内容包括：历史篇、人物篇、建筑篇、礼仪篇，介绍了与古代帝王寺庙相关的基本知识。

C490/2   **0048**

品味什刹海：第三届什刹海文化旅游节/北京市委宣传部［等编］.—北京：［北京市委宣传部］，［2004］

1册：图；21×30cm

该书是第三届什刹海文化旅游节活动宣传册，主要包括：什刹海旅游区域SWOT分析、活动攻略、特色新设置、宣传攻略、礼品攻略、精彩留存等。

C490/9.1   **0049**

北京什刹海文化专题文献资料汇编：总目录.第一册/首都图书馆北京地方文献中心［编］.—北京：首都图书馆北京地方文献中心，2009

1册；30cm

该套书分3册，是《北京什刹海文化专题文献资料汇编》（134册）的总目录，供读者方便查询。该书为第1册。

C490/9.2   **0050**

北京什刹海文化专题文献资料汇编：总目录.第二册/首都图书馆北京地方文献中心［编］.—北京：首都图书馆北京地方文献中心，2009

1册；30cm

该套书分3册，是《北京什刹海文化专题文献资料汇编》（134册）的总目录，供读者方便查询。该书为第2册。

C490/9.3   **0051**

北京什刹海文化专题文献资料汇编：总目录.第三册/首都图书馆北京地方文献中心［编］.—北京：首都图书馆北京地方文献中心，2009

1册；30cm

该套书分3册，是《北京什刹海文化专题文献资料汇编》（134册）的总目录，供读者方便查询。该书为第3册。

C490/14.1   **0052**

北京什刹海文化专题文献资料汇编.第一册/首都图书馆北京地方文献中心［编］.［影印本］.—北京：首都图书馆北京地方文献中心，2009

1册：图；30cm

什刹海地区历史文化积淀深厚，为世人留下了很多珍贵的文献。本套书分134册，通过影印本的影印的方式，记录了多个历史与人文专题。该册为第1册，记录了什刹海地区的综述及水利开发、漕运，为研究什刹海地区的学者或对什刹海地区感兴趣的普通百姓提供了一份宝贵的历史文献。

C490/14.2   **0053**

北京什刹海文化专题文献资料汇编.第二册/首都图书馆北京地方文献中心［编］.

[影印本]．— 北京：首都图书馆北京地方文献中心，2009

1 册：图；30cm

什刹海地区历史文化积淀深厚，为世人留下了很多珍贵的文献。本套书分134册，通过影印的方式，记录了多个历史与人文专题。该册为第2册，记录了什刹海地区的综述及水利开发、漕运，为研究什刹海地区的学者或对什刹海地区感兴趣的普通百姓提供了一份宝贵的历史文献。

C490/14.3　　　　　　　0054

北京什刹海文化专题文献资料汇编．第三册 / 首都图书馆北京地方文献中心［编］．[影印本]．— 北京：首都图书馆北京地方文献中心，2009

1 册：图；30cm

什刹海地区历史文化积淀深厚，为世人留下了很多珍贵的文献。本套书分134册，通过影印的方式，记录了多个历史与人文专题。该册为第3册，记录了什刹海地区的综述及水利开发、漕运，为研究什刹海地区的学者或对什刹海地区感兴趣的普通百姓提供了一份宝贵的历史文献。

C490/14.4　　　　　　　0055

北京什刹海文化专题文献资料汇编．第四册 / 首都图书馆北京地方文献中心［编］．[影印本]．— 北京：首都图书馆北京地方文献中心，2009

1 册：图；30cm

什刹海地区历史文化积淀深厚，为世人留下了很多珍贵的文献。本套书分134册，通过影印的方式，记录了多个历史与人文专题。该册为第4册，记录了金代以前和金代的什刹海地区及水系、元代的什刹海地区及水系，为研究什刹海地区的学者或对什刹海地区感兴趣的普通百姓提供了一份宝贵的历史文献。

C490/14.5　　　　　　　0056

北京什刹海文化专题文献资料汇编．第五册 / 首都图书馆北京地方文献中心［编］．[影印本]．— 北京：首都图书馆北京地方文献中心，2009

1 册：图；30cm

什刹海地区历史文化积淀深厚，为世人留下了很多珍贵的文献。本套书分134册，通过影印的方式，记录了多个历史与人文专题。该册为第5册，记录了金代以前和金代的什刹海地区及水系、元代的什刹海地区及水系、明代的什刹海地区及水系，为研究什刹海地区的学者或对什刹海地区感兴趣的普通百姓提供了一份宝贵的历史文献。

C490/14.6　　　　　　　0057

北京什刹海文化专题文献资料汇编．第六册 / 首都图书馆北京地方文献中心［编］．[影印本]．— 北京：首都图书馆北京地方文献中心，2009

1 册：图；30cm

什刹海地区历史文化积淀深厚，为世人留下了很多珍贵的文献。本套书分134册，通过影印的方式，记录了多个历史与人文专题。该册为第6册，记录了清代的什刹海地区及水系，为研究什刹海地区的学者或对什刹海地区感兴趣的普通百姓提供了一份宝贵的历史文献。

C490/14.7　　　　　　　0058

北京什刹海文化专题文献资料汇编．第

七册 / 首都图书馆北京地方文献中心［编］. ［影印本］. — 北京：首都图书馆北京地方文献中心, 2009

1 册：图；30cm

什刹海地区历史文化积淀深厚，为世人留下了很多珍贵的文献。本套书分 134 册，通过影印的方式，记录了多个历史与人文专题。该册为第 7 册，记录了民国时期什刹海地区及水系、新中国成立后的什刹海地区及水系，为研究什刹海地区的学者或对什刹海地区感兴趣的普通百姓提供了一份宝贵的历史文献。

C490/14.8 0059

北京什刹海文化专题文献资料汇编. 第八册 / 首都图书馆北京地方文献中心［编］. ［影印本］. — 北京：首都图书馆北京地方文献中心, 2009

1 册：图；30cm

什刹海地区历史文化积淀深厚，为世人留下了很多珍贵的文献。本套书分 134 册，通过影印的方式，记录了多个历史与人文专题。该册为第 8 册，记录了新中国成立后的什刹海地区及水系、历史上的什刹海水工建筑物，为研究什刹海地区的学者或对什刹海地区感兴趣的普通百姓提供了一份宝贵的历史文献。

C490/14.9 0060

北京什刹海文化专题文献资料汇编. 第九册 / 首都图书馆北京地方文献中心［编］. ［影印本］. — 北京：首都图书馆北京地方文献中心, 2009

1 册：图；30cm

什刹海地区历史文化积淀深厚，为世人留下了很多珍贵的文献。本套书分 134 册，通过影印的方式，记录了多个历史与人文专题。该册为第 9 册，记录了什刹海的街巷胡同，为研究什刹海地区的学者或对什刹海地区感兴趣的普通百姓提供了一份宝贵的历史文献。

C490/14.10 0061

北京什刹海文化专题文献资料汇编. 第十一册 / 首都图书馆北京地方文献中心［编］. —［影印本］. — 北京：首都图书馆北京地方文献中心, 2009

1 册：图；30cm

什刹海地区历史文化积淀深厚，为世人留下了很多珍贵的文献。本套书分 134 册，通过影印的方式，记录了多个历史与人文专题。该册为第 10 册，记录了什刹海的街巷胡同，为研究什刹海地区的学者或对什刹海地区感兴趣的普通百姓提供了一份宝贵的历史文献。

C490/14.11 0062

北京什刹海文化专题文献资料汇编. 第十一册 / 首都图书馆北京地方文献中心［编］. —［影印本］. — 北京：首都图书馆北京地方文献中心, 2009

1 册：图；30cm

什刹海地区历史文化积淀深厚，为世人留下了很多珍贵的文献。本套书分 134 册，通过影印的方式，记录了多个历史与人文专题。该册为第 11 册，记录了什刹海的街巷胡同，为研究什刹海地区的学者或对什刹海地区感兴趣的普通百姓提供了一份宝贵的历史文献。

C490/14.12　　　　　　　　0063

北京什刹海文化专题文献资料汇编．第十二册 / 首都图书馆北京地方文献中心〔编〕．—〔影印本〕．— 北京：首都图书馆北京地方文献中心，2009

1册：图；30cm

什刹海地区历史文化积淀深厚，为世人留下了很多珍贵的文献。本套书分134册，通过影印的方式，记录了多个历史与人文专题。该册为第12册，记录了什刹海的街巷胡同，为研究什刹海地区的学者或对什刹海地区感兴趣的普通百姓提供了一份宝贵的历史文献。

C490/14.13　　　　　　　　0064

北京什刹海文化专题文献资料汇编．第十三册 / 首都图书馆北京地方文献中心〔编〕．—〔影印本〕．— 北京：首都图书馆北京地方文献中心，2009

1册：图；30cm

什刹海地区历史文化积淀深厚，为世人留下了很多珍贵的文献。本套书分134册，通过影印的方式，记录了多个历史与人文专题。该册为第13册，记录了什刹海的街巷胡同，为研究什刹海地区的学者或对什刹海地区感兴趣的普通百姓提供了一份宝贵的历史文献。

C490/14.14　　　　　　　　0065

北京什刹海文化专题文献资料汇编．第十四册 / 首都图书馆北京地方文献中心〔编〕．—〔影印本〕．— 北京：首都图书馆北京地方文献中心，2009

1册：图；30cm

什刹海地区历史文化积淀深厚，为世人留下了很多珍贵的文献。本套书分134册，通过影印的方式，记录了多个历史与人文专题。该册为第14册，记录了什刹海的街巷胡同，为研究什刹海地区的学者或对什刹海地区感兴趣的普通百姓提供了一份宝贵的历史文献。

C490/14.15　　　　　　　　0066

北京什刹海文化专题文献资料汇编．第十五册 / 首都图书馆北京地方文献中心〔编〕．—〔影印本〕．— 北京：首都图书馆北京地方文献中心，2009

1册：图；30cm

什刹海地区历史文化积淀深厚，为世人留下了很多珍贵的文献。本套书分134册，通过影印的方式，记录了多个历史与人文专题。该册为第15册，记录了什刹海的名胜古迹，为研究什刹海地区的学者或对什刹海地区感兴趣的普通百姓提供了一份宝贵的历史文献。

C490/14.16　　　　　　　　0067

北京什刹海文化专题文献资料汇编．第十六册 / 首都图书馆北京地方文献中心〔编〕．—〔影印本〕．— 北京：首都图书馆北京地方文献中心，2009

1册：图；30cm

什刹海地区历史文化积淀深厚，为世人留下了很多珍贵的文献。本套书分134册，通过影印的方式，记录了多个历史与人文专题。该册为第16册，记录了什刹海的城市建筑（鼓楼、钟楼、德胜门箭楼、地安门、桥梁等），为研究什刹海地区的学者或对什刹海地区感兴趣的普通百姓提供了一份宝贵的历史文献。

C490/14.17　　　　　　　　0068

北京什刹海文化专题文献资料汇编．第十七册/首都图书馆北京地方文献中心[编]．—[影印本]．— 北京：首都图书馆北京地方文献中心，2009

1册：图；30cm

什刹海地区历史文化积淀深厚，为世人留下了很多珍贵的文献。本套书分134册，通过影印的方式，记录了多个历史与人文专题。该册为第17册，记录了钟鼓楼，为研究什刹海地区的学者或对什刹海地区感兴趣的普通百姓提供了一份宝贵的历史文献。

C490/14.18　　　　　　　　0069

北京什刹海文化专题文献资料汇编．第十八册/首都图书馆北京地方文献中心[编]．—[影印本]．— 北京：首都图书馆北京地方文献中心，2009

1册：图；30cm

什刹海地区历史文化积淀深厚，为世人留下了很多珍贵的文献。本套书分134册，通过影印的方式，记录了多个历史与人文专题。该册为第18册，记录了德胜门，为研究什刹海地区的学者或对什刹海地区感兴趣的普通百姓提供了一份宝贵的历史文献。

C490/14.19　　　　　　　　0070

北京什刹海文化专题文献资料汇编．第十九册/首都图书馆北京地方文献中心[编]．—[影印本]．— 北京：首都图书馆北京地方文献中心，2009

1册：图；30cm

什刹海地区历史文化积淀深厚，为世人留下了很多珍贵的文献。本套书分134册，通过影印的方式，记录了多个历史与人文专题。该册为第19册，记录了地安门和桥梁，为研究什刹海地区的学者或对什刹海地区感兴趣的普通百姓提供了一份宝贵的历史文献。

C490/14.20　　　　　　　　0071

北京什刹海文化专题文献资料汇编．第二十册/首都图书馆北京地方文献中心[编]．—[影印本]．— 北京：首都图书馆北京地方文献中心，2009

1册：图；30cm

什刹海地区历史文化积淀深厚，为世人留下了很多珍贵的文献。本套书分134册，通过影印的方式，记录了多个历史与人文专题。该册为第20册，记录了什刹海地区的桥梁、贵族府邸，为研究什刹海地区的学者或对什刹海地区感兴趣的普通百姓提供了一份宝贵的历史文献。

C490/14.21　　　　　　　　0072

北京什刹海文化专题文献资料汇编．第二十一册/首都图书馆北京地方文献中心[编]．—[影印本]．— 北京：首都图书馆北京地方文献中心，2009

1册：图；30cm

什刹海地区历史文化积淀深厚，为世人留下了很多珍贵的文献。本套书分134册，通过影印的方式，记录了多个历史与人文专题。该册为第21册，记录了什刹海的贵族府邸，为研究什刹海地区的学者或对什刹海地区感兴趣的普通百姓提供了一份宝贵的历史文献。

C490/14.22　　　　　　　　0073

北京什刹海文化专题文献资料汇编．第

二十二册 / 首都图书馆北京地方文献中心［编］.—［影印本］.— 北京：首都图书馆北京地方文献中心，2009

1册：图；30cm

什刹海地区历史文化积淀深厚，为世人留下了很多珍贵的文献。本套书分134册，通过影印的方式，记录了多个历史与人文专题。该册为第22册，记录了什刹海恭王府及花园，为研究什刹海地区的学者或对什刹海地区感兴趣的普通百姓提供了一份宝贵的历史文献。

C490/14.23　　　　　　　0074

北京什刹海文化专题文献资料汇编.第二十三册 / 首都图书馆北京地方文献中心［编］.—［影印本］.— 北京：首都图书馆北京地方文献中心，2009

1册：图；30cm

什刹海地区历史文化积淀深厚，为世人留下了很多珍贵的文献。本套书分134册，通过影印的方式，记录了多个历史与人文专题。该册为第23册，记录了什刹海恭王府及花园，为研究什刹海地区的学者或对什刹海地区感兴趣的普通百姓提供了一份宝贵的历史文献。

C490/14.24　　　　　　　0075

北京什刹海文化专题文献资料汇编.第二十四册 / 首都图书馆北京地方文献中心［编］.—［影印本］.— 北京：首都图书馆北京地方文献中心，2009

1册：图；30cm

什刹海地区历史文化积淀深厚，为世人留下了很多珍贵的文献。本套书分134册，通过影印的方式，记录了多个历史与人文专题。该册为第24册，记录了什刹海恭王府及花园，为研究什刹海地区的学者或对什刹海地区感兴趣的普通百姓提供了一份宝贵的历史文献。

C490/14.25　　　　　　　0076

北京什刹海文化专题文献资料汇编.第二十五册 / 首都图书馆北京地方文献中心［编］.—［影印本］.— 北京：首都图书馆北京地方文献中心，2009

1册：图；30cm

什刹海地区历史文化积淀深厚，为世人留下了很多珍贵的文献。本套书分134册，通过影印的方式，记录了多个历史与人文专题。该册为第25册，记录了什刹海恭王府及花园，为研究什刹海地区的学者或对什刹海地区感兴趣的普通百姓提供了一份宝贵的历史文献。

C490/14.26　　　　　　　0077

北京什刹海文化专题文献资料汇编.第二十六册 / 首都图书馆北京地方文献中心［编］.—［影印本］.— 北京：首都图书馆北京地方文献中心，2009

1册：图；30cm

什刹海地区历史文化积淀深厚，为世人留下了很多珍贵的文献。本套书分134册，通过影印的方式，记录了多个历史与人文专题。该册为第26册，记录了什刹海恭王府及花园，为研究什刹海地区的学者或对什刹海地区感兴趣的普通百姓提供了一份宝贵的历史文献。

C490/14.27　　　　　　　0078

北京什刹海文化专题文献资料汇编.第

二十七册 / 首都图书馆北京地方文献中心[编].—[影印本].— 北京：首都图书馆北京地方文献中心，2009

1 册：图；30cm

什刹海地区历史文化积淀深厚，为世人留下了很多珍贵的文献。本套书分 134 册，通过影印的方式，记录了多个历史与人文专题。该册为第 27 册，记录了什刹海恭王府及花园，为研究什刹海地区的学者或对什刹海地区感兴趣的普通百姓提供了一份宝贵的历史文献。

C490/14.28   0079

北京什刹海文化专题文献资料汇编.第二十八册 / 首都图书馆北京地方文献中心[编].—[影印本].— 北京：首都图书馆北京地方文献中心，2009

1 册：图；30cm

什刹海地区历史文化积淀深厚，为世人留下了很多珍贵的文献。本套书分 134 册，通过影印的方式，记录了多个历史与人文专题。该册为第 28 册，记录了什刹海恭王府及花园，为研究什刹海地区的学者或对什刹海地区感兴趣的普通百姓提供了一份宝贵的历史文献。

C490/14.29   0080

北京什刹海文化专题文献资料汇编.第二十九册 / 首都图书馆北京地方文献中心[编].—[影印本].— 北京：首都图书馆北京地方文献中心，2009

1 册：图；30cm

什刹海地区历史文化积淀深厚，为世人留下了很多珍贵的文献。本套书分 134 册，通过影印的方式，记录了多个历史与人文专题。该册为第 29 册，记录了什刹海恭王府及花园，为研究什刹海地区的学者或对什刹海地区感兴趣的普通百姓提供了一份宝贵的历史文献。

C490/14.30   0081

北京什刹海文化专题文献资料汇编.第三十册 / 首都图书馆北京地方文献中心[编].—[影印本].— 北京：首都图书馆北京地方文献中心，2009

1 册：图；30cm

什刹海地区历史文化积淀深厚，为世人留下了很多珍贵的文献。本套书分 134 册，通过影印的方式，记录了多个历史与人文专题。该册为第 30 册，记录了什刹海恭王府及花园，为研究什刹海地区的学者或对什刹海地区感兴趣的普通百姓提供了一份宝贵的历史文献。

C490/14.31   0082

北京什刹海文化专题文献资料汇编.第三十一册 / 首都图书馆北京地方文献中心[编].—[影印本].— 北京：首都图书馆北京地方文献中心，2009

1 册：图；30cm

什刹海地区历史文化积淀深厚，为世人留下了很多珍贵的文献。本套书分 134 册，通过影印的方式，记录了多个历史与人文专题。该册为第 31 册，记录了什刹海恭王府及花园、醇亲王府，为研究什刹海地区的学者或对什刹海地区感兴趣的普通百姓提供了一份宝贵的历史文献。

C490/14.32   0083

北京什刹海文化专题文献资料汇编.第

三十二册 / 首都图书馆北京地方文献中心［编］. —［影印本］. — 北京：首都图书馆北京地方文献中心，2009

1册：图；30cm

什刹海地区历史文化积淀深厚，为世人留下了很多珍贵的文献。本套书分134册，通过影印的方式，记录了多个历史与人文专题。该册为第32册，记录了什刹海醇亲王府，为研究什刹海地区的学者或对什刹海地区感兴趣的普通百姓提供了一份宝贵的历史文献。

C490/14.33　　　　　0084

北京什刹海文化专题文献资料汇编. 第三十三册 / 首都图书馆北京地方文献中心［编］. —［影印本］. — 北京：首都图书馆北京地方文献中心，2009

1册：图；30cm

什刹海地区历史文化积淀深厚，为世人留下了很多珍贵的文献。本套书分134册，通过影印的方式，记录了多个历史与人文专题。该册为第33册，记录了什刹海醇亲王府，为研究什刹海地区的学者或对什刹海地区感兴趣的普通百姓提供了一份宝贵的历史文献。

C490/14.34　　　　　0085

北京什刹海文化专题文献资料汇编. 第三十四册 / 首都图书馆北京地方文献中心［编］. —［影印本］. — 北京：首都图书馆北京地方文献中心，2009

1册：图；30cm

什刹海地区历史文化积淀深厚，为世人留下了很多珍贵的文献。本套书分134册，通过影印的方式，记录了多个历史与人文专题。该册为第34册，记录了什刹海庆王府，为研究什刹海地区的学者或对什刹海地区感兴趣的普通百姓提供了一份宝贵的历史文献。

C490/14.35　　　　　0086

北京什刹海文化专题文献资料汇编. 第三十五册 / 首都图书馆北京地方文献中心［编］. —［影印本］. — 北京：首都图书馆北京地方文献中心，2009

1册：图；30cm

什刹海地区历史文化积淀深厚，为世人留下了很多珍贵的文献。本套书分134册，通过影印的方式，记录了多个历史与人文专题。该册为第35册，记录了什刹海阿拉善王府、一等武艺谋勇公兆惠府，为研究什刹海地区的学者或对什刹海地区感兴趣的普通百姓提供了一份宝贵的历史文献。

C490/14.36　　　　　0087

北京什刹海文化专题文献资料汇编. 第三十六册 / 首都图书馆北京地方文献中心［编］. —［影印本］. — 北京：首都图书馆北京地方文献中心，2009

1册：图；30cm

什刹海地区历史文化积淀深厚，为世人留下了很多珍贵的文献。本套书分134册，通过影印的方式，记录了多个历史与人文专题。该册为第36册，记录了什刹海成亲王府、宋庆龄故居，为研究什刹海地区的学者或对什刹海地区感兴趣的普通百姓提供了一份宝贵的历史文献。

C490/14.37　　　　　0088

北京什刹海文化专题文献资料汇编. 第三十七册 / 首都图书馆北京地方文献中心

［编］． —［影印本］． — 北京：首都图书馆北京地方文献中心，2009

1册：图；30cm

什刹海地区历史文化积淀深厚，为世人留下了很多珍贵的文献。本套书分134册，通过影印的方式，记录了多个历史与人文专题。该册为第37册，记录了什刹海宋庆龄故居、郭沫若故居，为研究什刹海地区的学者或对什刹海地区感兴趣的普通百姓提供了一份宝贵的历史文献。

C490/14.38　　　　　0089

北京什刹海文化专题文献资料汇编．第三十八册/首都图书馆北京地方文献中心［编］． —［影印本］． — 北京：首都图书馆北京地方文献中心，2009

1册：图；30cm

什刹海地区历史文化积淀深厚，为世人留下了很多珍贵的文献。本套书分134册，通过影印的方式，记录了多个历史与人文专题。该册为第38册，记录了什刹海郭沫若故居、溥杰故居、周怀民故居、马海德故居、田间故居，为研究什刹海地区的学者或对什刹海地区感兴趣的普通百姓提供了一份宝贵的历史文献。

C490/14.39　　　　　0090

北京什刹海文化专题文献资料汇编．第三十九册/首都图书馆北京地方文献中心［编］． —［影印本］． — 北京：首都图书馆北京地方文献中心，2009

1册：图；30cm

什刹海地区历史文化积淀深厚，为世人留下了很多珍贵的文献。本套书分134册，通过影印的方式，记录了多个历史与人文专题。该册为第39册，记录了梅兰芳纪念馆，为研究什刹海地区的学者或对什刹海地区感兴趣的普通百姓提供了一份宝贵的历史文献。

C490/14.40　　　　　0091

北京什刹海文化专题文献资料汇编．第四十册/首都图书馆北京地方文献中心［编］． —［影印本］． — 北京：首都图书馆北京地方文献中心，2009

1册：图；30cm

什刹海地区历史文化积淀深厚，为世人留下了很多珍贵的文献。本套书分134册，通过影印的方式，记录了多个历史与人文专题。该册为第40册，记录了张之洞故居、梁巨川故居、陈垣故居、蔡锷故居，为研究什刹海地区的学者或对什刹海地区感兴趣的普通百姓提供了一份宝贵的历史文献。

C490/14.41　　　　　0092

北京什刹海文化专题文献资料汇编．第四十一册/首都图书馆北京地方文献中心［编］． —［影印本］． — 北京：首都图书馆北京地方文献中心，2009

1册：图；30cm

什刹海地区历史文化积淀深厚，为世人留下了很多珍贵的文献。本套书分134册，通过影印的方式，记录了多个历史与人文专题。该册为第41册，记录了张伯驹故居、老舍故居、萧军故居等，为研究什刹海地区的学者或对什刹海地区感兴趣的普通百姓提供了一份宝贵的历史文献。

C490/14.42　　　　　0093

北京什刹海文化专题文献资料汇编．第

四十二册 / 首都图书馆北京地方文献中心[编].—[影印本].— 北京：首都图书馆北京地方文献中心，2009

1 册：图；30cm

什刹海地区历史文化积淀深厚，为世人留下了很多珍贵的文献。本套书分134册，通过影印的方式，记录了多个历史与人文专题。该册为第42册，记录了定国公园、漫园、镜园、刘茂才园、英国公新园、渌水亭、鉴园、盛园、望湖亭，为研究什刹海地区的学者或对什刹海地区感兴趣的普通百姓提供了一份宝贵的历史文献。

C490/14.43   0094

北京什刹海文化专题文献资料汇编.第四十三册 / 首都图书馆北京地方文献中心[编].—[影印本].— 北京：首都图书馆北京地方文献中心，2009

1 册：图；30cm

什刹海地区历史文化积淀深厚，为世人留下了很多珍贵的文献。本套书分134册，通过影印的方式，记录了多个历史与人文专题。该册为第43册，记录了佛道寺观、护国寺，为研究什刹海地区的学者或对什刹海地区感兴趣的普通百姓提供了一份宝贵的历史文献。

C490/14.44   0095

北京什刹海文化专题文献资料汇编.第四十四册 / 首都图书馆北京地方文献中心[编].—[影印本].— 北京：首都图书馆北京地方文献中心，2009

1 册：图；30cm

什刹海地区历史文化积淀深厚，为世人留下了很多珍贵的文献。本套书分134册，通过影印的方式，记录了多个历史与人文专题。该册为第44册，记录了佛道寺观、护国寺，为研究什刹海地区的学者或对什刹海地区感兴趣的普通百姓提供了一份宝贵的历史文献。

C490/14.45   0096

北京什刹海文化专题文献资料汇编.第四十五册 / 首都图书馆北京地方文献中心[编].—[影印本].— 北京：首都图书馆北京地方文献中心，2009

1 册：图；30cm

什刹海地区历史文化积淀深厚，为世人留下了很多珍贵的文献。本套书分134册，通过影印的方式，记录了多个历史与人文专题。该册为第45册，记录了护国寺、广化寺，为研究什刹海地区的学者或对什刹海地区感兴趣的普通百姓提供了一份宝贵的历史文献。

C490/14.46   0097

北京什刹海文化专题文献资料汇编.第四十六册 / 首都图书馆北京地方文献中心[编].—[影印本].— 北京：首都图书馆北京地方文献中心，2009

1 册：图；30cm

什刹海地区历史文化积淀深厚，为世人留下了很多珍贵的文献。本套书分134册，通过影印的方式，记录了多个历史与人文专题。该册为第46册，记录了广化寺、关岳庙、保安寺、广福观、寿明寺、双寺、正觉寺、普济寺，为研究什刹海地区的学者或对什刹海地区感兴趣的普通百姓提供了一份宝贵的历史文献。

C490/14.47   0098

北京什刹海文化专题文献资料汇编．第四十七册／首都图书馆北京地方文献中心[编]．—[影印本]．— 北京：首都图书馆北京地方文献中心，2009

1册：图；30cm

什刹海地区历史文化积淀深厚，为世人留下了很多珍贵的文献。本套书分134册，通过影印的方式，记录了多个历史与人文专题。该册为第47册，记录了普济寺、净业寺、拈花寺、大藏龙华寺、天寿庵、三官庙、真武庙，为研究什刹海地区的学者或对什刹海地区感兴趣的普通百姓提供了一份宝贵的历史文献。

C490/14.48   0099

北京什刹海文化专题文献资料汇编．第四十八册／首都图书馆北京地方文献中心[编]．—[影印本]．— 北京：首都图书馆北京地方文献中心，2009

1册：图；30cm

什刹海地区历史文化积淀深厚，为世人留下了很多珍贵的文献。本套书分134册，通过影印的方式，记录了多个历史与人文专题。该册为第48册，记录了涌泉庵、丰泰庵、白马关帝庙、佑胜寺、万严寺、石湖寺、汇通祠、海印寺、妙缘观、通明庵，为研究什刹海地区的学者或对什刹海地区感兴趣的普通百姓提供了一份宝贵的历史文献。

C490/14.49   0100

北京什刹海文化专题文献资料汇编．第四十九册／首都图书馆北京地方文献中心[编]．—[影印本]．— 北京：首都图书馆北京地方文献中心，2009

1册：图；30cm

什刹海地区历史文化积淀深厚，为世人留下了很多珍贵的文献。本套书分134册，通过影印的方式，记录了多个历史与人文专题。该册为第49册，记录了清虚观、瑞应寺、弘善寺、心华寺、嘉兴寺、普庆寺、祝寿寺、太平庵、娘娘庙、大觉寺、北药王庙、护国德胜庵、马灵官庙、海潮庵、玉皇庙、普济药王庙、什刹海寺，为研究什刹海地区的学者或对什刹海地区感兴趣的普通百姓提供了一份宝贵的历史文献。

C490/14.50   0101

北京什刹海文化专题文献资料汇编．第五十册／首都图书馆北京地方文献中心[编]．—[影印本]．— 北京：首都图书馆北京地方文献中心，2009

1册：图；30cm

什刹海地区历史文化积淀深厚，为世人留下了很多珍贵的文献。本套书分134册，通过影印的方式，记录了多个历史与人文专题。该册为第50册，记录了广仁寺、真武庙、金刚慈觉寺、金炉圣母铸钟娘娘庙、无量寺、弥陀寺、观音庵、五圣庙、白衣庵、吉祥庵、重兴寺等，为研究什刹海地区的学者或对什刹海地区感兴趣的普通百姓提供了一份宝贵的历史文献。

C490/14.51   0102

北京什刹海文化专题文献资料汇编．第五十一册／首都图书馆北京地方文献中心[编]．—[影印本]．— 北京：首都图书馆北京地方文献中心，2009

1册：图；30cm

什刹海地区历史文化积淀深厚，为世人

留下了很多珍贵的文献。本套书分134册，通过影印的方式，记录了多个历史与人文专题。该册为第51册，记录了一些其他寺庙，为研究什刹海地区的学者或对什刹海地区感兴趣的普通百姓提供了一份宝贵的历史文献。

C490/14.52　　　　0103

北京什刹海文化专题文献资料汇编．第五十二册／首都图书馆北京地方文献中心［编］．—［影印本］．—北京：首都图书馆北京地方文献中心，2009

1册：图；30cm

什刹海地区历史文化积淀深厚，为世人留下了很多珍贵的文献。本套书分134册，通过影印的方式，记录了多个历史与人文专题。该册为第52册，记录了祠堂、家庙、纪念馆，为研究什刹海地区的学者或对什刹海地区感兴趣的普通百姓提供了一份宝贵的历史文献。

C490/14.53　　　　0104

北京什刹海文化专题文献资料汇编．第五十三册／首都图书馆北京地方文献中心［编］．—［影印本］．—北京：首都图书馆北京地方文献中心，2009

1册：图；30cm

什刹海地区历史文化积淀深厚，为世人留下了很多珍贵的文献。本套书分134册，通过影印的方式，记录了多个历史与人文专题。该册为第53册，记录了衙署、铺面房、宛平县文庙，为研究什刹海地区的学者或对什刹海地区感兴趣的普通百姓提供了一份宝贵的历史文献。

C490/14.54　　　　0105

北京什刹海文化专题文献资料汇编．第五十四册／首都图书馆北京地方文献中心［编］．—［影印本］．—北京：首都图书馆北京地方文献中心，2009

1册：图；30cm

什刹海地区历史文化积淀深厚，为世人留下了很多珍贵的文献。本套书分134册，通过影印的方式，记录了多个历史与人文专题。该册为第54册，记录了民俗活动，为研究什刹海地区的学者或对什刹海地区感兴趣的普通百姓提供了一份宝贵的历史文献。

C490/14.55　　　　0106

北京什刹海文化专题文献资料汇编．第五十五册／首都图书馆北京地方文献中心［编］．—［影印本］．—北京：首都图书馆北京地方文献中心，2009

1册：图；30cm

什刹海地区历史文化积淀深厚，为世人留下了很多珍贵的文献。本套书分134册，通过影印的方式，记录了多个历史与人文专题。该册为第55册，记录了票房活动和其他活动，为研究什刹海地区的学者或对什刹海地区感兴趣的普通百姓提供了一份宝贵的历史文献。

C490/14.56　　　　0107

北京什刹海文化专题文献资料汇编．第五十六册／首都图书馆北京地方文献中心［编］．—［影印本］．—北京：首都图书馆北京地方文献中心，2009

1册：图；30cm

什刹海地区历史文化积淀深厚，为世人

留下了很多珍贵的文献。本套书分134册，通过影印的方式，记录了多个历史与人文专题。该册为第56册，记录了交通运输、商业、服务业，为研究什刹海地区的学者或对什刹海地区感兴趣的普通百姓提供了一份宝贵的历史文献。

C490/14.57   0108

北京什刹海文化专题文献资料汇编．第五十七册 / 首都图书馆北京地方文献中心[编]．—[影印本]．— 北京：首都图书馆北京地方文献中心，2009

1册：图；30cm

什刹海地区历史文化积淀深厚，为世人留下了很多珍贵的文献。本套书分134册，通过影印的方式，记录了多个历史与人文专题。该册为第57册，记录了商业、服务业，为研究什刹海地区的学者或对什刹海地区感兴趣的普通百姓提供了一份宝贵的历史文献。

C490/14.58   0109

北京什刹海文化专题文献资料汇编．第五十八册 / 首都图书馆北京地方文献中心[编]．—[影印本]．— 北京：首都图书馆北京地方文献中心，2009

1册：图；30cm

什刹海地区历史文化积淀深厚，为世人留下了很多珍贵的文献。本套书分134册，通过影印的方式，记录了多个历史与人文专题。该册为第58册，记录了商业、服务业，为研究什刹海地区的学者或对什刹海地区感兴趣的普通百姓提供了一份宝贵的历史文献。

C490/14.59   0110

北京什刹海文化专题文献资料汇编．第五十九册 / 首都图书馆北京地方文献中心[编]．—[影印本]．— 北京：首都图书馆北京地方文献中心，2009

1册：图；30cm

什刹海地区历史文化积淀深厚，为世人留下了很多珍贵的文献。本套书分134册，通过影印的方式，记录了多个历史与人文专题。该册为第59册，记录了商业、服务业，为研究什刹海地区的学者或对什刹海地区感兴趣的普通百姓提供了一份宝贵的历史文献。

C490/14.60   0111

北京什刹海文化专题文献资料汇编．第六十册 / 首都图书馆北京地方文献中心[编]．—[影印本]．— 北京：首都图书馆北京地方文献中心，2009

1册：图；30cm

什刹海地区历史文化积淀深厚，为世人留下了很多珍贵的文献。本套书分134册，通过影印的方式，记录了多个历史与人文专题。该册为第60册，记录了商业、服务业，为研究什刹海地区的学者或对什刹海地区感兴趣的普通百姓提供了一份宝贵的历史文献。

C490/14.61   0112

北京什刹海文化专题文献资料汇编．第六十一册 / 首都图书馆北京地方文献中心[编]．—[影印本]．— 北京：首都图书馆北京地方文献中心，2009

1册：图；30cm

什刹海地区历史文化积淀深厚,为世人留下了很多珍贵的文献。本套书分134册,通过影印的方式,记录了多个历史与人文专题。该册为第61册,记录了商业、服务业,为研究什刹海地区的学者或对什刹海地区感兴趣的普通百姓提供了一份宝贵的历史文献。

C490/14.62   0113

北京什刹海文化专题文献资料汇编.第六十二册/首都图书馆北京地方文献中心[编].—[影印本].— 北京:首都图书馆北京地方文献中心,2009

1册:图;30cm

什刹海地区历史文化积淀深厚,为世人留下了很多珍贵的文献。本套书分134册,通过影印的方式,记录了多个历史与人文专题。该册为第62册,记录了商业、服务业,为研究什刹海地区的学者或对什刹海地区感兴趣的普通百姓提供了一份宝贵的历史文献。

C490/14.63   0114

北京什刹海文化专题文献资料汇编.第六十三册/首都图书馆北京地方文献中心[编].—[影印本].— 北京:首都图书馆北京地方文献中心,2009

1册:图;30cm

什刹海地区历史文化积淀深厚,为世人留下了很多珍贵的文献。本套书分134册,通过影印的方式,记录了多个历史与人文专题。该册为第63册,记录了商业、服务业,为研究什刹海地区的学者或对什刹海地区感兴趣的普通百姓提供了一份宝贵的历史文献。

C490/14.64   0115

北京什刹海文化专题文献资料汇编.第六十四册/首都图书馆北京地方文献中心[编].—[影印本].— 北京:首都图书馆北京地方文献中心,2009

1册:图;30cm

什刹海地区历史文化积淀深厚,为世人留下了很多珍贵的文献。本套书分134册,通过影印的方式,记录了多个历史与人文专题。该册为第64册,记录了商业、服务业,为研究什刹海地区的学者或对什刹海地区感兴趣的普通百姓提供了一份宝贵的历史文献。

C490/14.65   0116

北京什刹海文化专题文献资料汇编.第六十五册/首都图书馆北京地方文献中心[编].—[影印本].— 北京:首都图书馆北京地方文献中心,2009

1册:图;30cm

什刹海地区历史文化积淀深厚,为世人留下了很多珍贵的文献。本套书分134册,通过影印的方式,记录了多个历史与人文专题。该册为第65册,记录了商业、服务业、市场,为研究什刹海地区的学者或对什刹海地区感兴趣的普通百姓提供了一份宝贵的历史文献。

C490/14.66   0117

北京什刹海文化专题文献资料汇编.第六十六册/首都图书馆北京地方文献中心[编].—[影印本].— 北京:首都图书馆北京地方文献中心,2009

1册:图;30cm

什刹海地区历史文化积淀深厚,为世人

留下了很多珍贵的文献。本套书分134册，通过影印的方式，记录了多个历史与人文专题。该册为第66册，记录了市场，为研究什刹海地区的学者或对什刹海地区感兴趣的普通百姓提供了一份宝贵的历史文献。

C490/14.67　　　　0118

北京什刹海文化专题文献资料汇编．第六十七册/首都图书馆北京地方文献中心[编]．—[影印本]．—北京：首都图书馆北京地方文献中心，2009

1册：图；30cm

什刹海地区历史文化积淀深厚，为世人留下了很多珍贵的文献。本套书分134册，通过影印的方式，记录了多个历史与人文专题。该册为第67册，记录了市场交通运输、其他行业、元明清的学校、民国时期的中小学，为研究什刹海地区的学者或对什刹海地区感兴趣的普通百姓提供了一份宝贵的历史文献。

C490/14.68　　　　0119

北京什刹海文化专题文献资料汇编．第六十八册/首都图书馆北京地方文献中心[编]．—[影印本]．—北京：首都图书馆北京地方文献中心，2009

1册：图；30cm

什刹海地区历史文化积淀深厚，为世人留下了很多珍贵的文献。本套书分134册，通过影印的方式，记录了多个历史与人文专题。该册为第68册，记录了民国时期的中小学，为研究什刹海地区的学者或对什刹海地区感兴趣的普通百姓提供了一份宝贵的历史文献。

C490/14.69　　　　0120

北京什刹海文化专题文献资料汇编．第六十九册/首都图书馆北京地方文献中心[编]．—[影印本]．—北京：首都图书馆北京地方文献中心，2009

1册：图；30cm

什刹海地区历史文化积淀深厚，为世人留下了很多珍贵的文献。本套书分134册，通过影印的方式，记录了多个历史与人文专题。该册为第69册，记录了民国时期的中小学，为研究什刹海地区的学者或对什刹海地区感兴趣的普通百姓提供了一份宝贵的历史文献。

C490/14.70　　　　0121

北京什刹海文化专题文献资料汇编．第七十册/首都图书馆北京地方文献中心[编]．—[影印本]．—北京：首都图书馆北京地方文献中心，2009

1册：图；30cm

什刹海地区历史文化积淀深厚，为世人留下了很多珍贵的文献。本套书分134册，通过影印的方式，记录了多个历史与人文专题。该册为第70册，记录了民国时期的中小学、中华人民共和国成立以后的中小学及幼儿园、高等院校，为研究什刹海地区的学者或对什刹海地区感兴趣的普通百姓提供了一份宝贵的历史文献。

C490/14.71　　　　0122

北京什刹海文化专题文献资料汇编．第七十一册/首都图书馆北京地方文献中心[编]．—[影印本]．—北京：首都图书馆北京地方文献中心，2009

1册：图；30cm

什刹海地区历史文化积淀深厚，为世人留下了很多珍贵的文献。本套书分134册，通过影印的方式，记录了多个历史与人文专题。该册为第71册，记录了高等院校，为研究什刹海地区的学者或对什刹海地区感兴趣的普通百姓提供了一份宝贵的历史文献。

C490/14.72　　　　　　　　0123

北京什刹海文化专题文献资料汇编. 第七十二册 / 首都图书馆北京地方文献中心[编].—[影印本].— 北京：首都图书馆北京地方文献中心，2009

1册：图；30cm

什刹海地区历史文化积淀深厚，为世人留下了很多珍贵的文献。本套书分134册，通过影印的方式，记录了多个历史与人文专题。该册为第72册，记录了高等院校，为研究什刹海地区的学者或对什刹海地区感兴趣的普通百姓提供了一份宝贵的历史文献。

C490/14.73　　　　　　　　0124

北京什刹海文化专题文献资料汇编. 第七十三册 / 首都图书馆北京地方文献中心[编].—[影印本].— 北京：首都图书馆北京地方文献中心，2009

1册：图；30cm

什刹海地区历史文化积淀深厚，为世人留下了很多珍贵的文献。本套书分134册，通过影印的方式，记录了多个历史与人文专题。该册为第73册，记录了高等院校，为研究什刹海地区的学者或对什刹海地区感兴趣的普通百姓提供了一份宝贵的历史文献。

C490/14.74　　　　　　　　0125

北京什刹海文化专题文献资料汇编. 第七十四册 / 首都图书馆北京地方文献中心[编].—[影印本].— 北京：首都图书馆北京地方文献中心，2009

1册：图；30cm

什刹海地区历史文化积淀深厚，为世人留下了很多珍贵的文献。本套书分134册，通过影印的方式，记录了多个历史与人文专题。该册为第74册，记录了高等院校，为研究什刹海地区的学者或对什刹海地区感兴趣的普通百姓提供了一份宝贵的历史文献。

C490/14.75　　　　　　　　0126

北京什刹海文化专题文献资料汇编. 第七十五册 / 首都图书馆北京地方文献中心[编].—[影印本].— 北京：首都图书馆北京地方文献中心，2009

1册：图；30cm

什刹海地区历史文化积淀深厚，为世人留下了很多珍贵的文献。本套书分134册，通过影印的方式，记录了多个历史与人文专题。该册为第75册，记录了高等院校，为研究什刹海地区的学者或对什刹海地区感兴趣的普通百姓提供了一份宝贵的历史文献。

C490/14.76　　　　　　　　0127

北京什刹海文化专题文献资料汇编. 第七十六册 / 首都图书馆北京地方文献中心[编].—[影印本].— 北京：首都图书馆北京地方文献中心，2009

1册：图；30cm

什刹海地区历史文化积淀深厚，为世人留下了很多珍贵的文献。本套书分134册，通过影印的方式，记录了多个历史与人文专题。该册为第76册，记录了高等院校，为研究什刹海地区的学者或对什刹海地区感兴趣的普通百姓提供了一份宝贵的历史文献。

C490/14.77　　　　　　　　0128

北京什刹海文化专题文献资料汇编. 第七十七册 / 首都图书馆北京地方文献中心[编]. —[影印本]. — 北京：首都图书馆北京地方文献中心，2009

1册：图；30cm

什刹海地区历史文化积淀深厚，为世人留下了很多珍贵的文献。本套书分134册，通过影印的方式，记录了多个历史与人文专题。该册为第77册，记录了高等院校，为研究什刹海地区的学者或对什刹海地区感兴趣的普通百姓提供了一份宝贵的历史文献。

C490/14.78　　　　　　　　0129

北京什刹海文化专题文献资料汇编. 第七十八册 / 首都图书馆北京地方文献中心[编]. —[影印本]. — 北京：首都图书馆北京地方文献中心，2009

1册：图；30cm

什刹海地区历史文化积淀深厚，为世人留下了很多珍贵的文献。本套书分134册，通过影印的方式，记录了多个历史与人文专题。该册为第78册，记录了高等院校，为研究什刹海地区的学者或对什刹海地区感兴趣的普通百姓提供了一份宝贵的历史文献。

C490/14.79　　　　　　　　0130

北京什刹海文化专题文献资料汇编. 第七十九册 / 首都图书馆北京地方文献中心[编]. —[影印本]. — 北京：首都图书馆北京地方文献中心，2009

1册：图；30cm

什刹海地区历史文化积淀深厚，为世人留下了很多珍贵的文献。本套书分134册，通过影印的方式，记录了多个历史与人文专题。该册为第79册，记录了高等院校、科研机构、学术团体、社团，为研究什刹海地区的学者或对什刹海地区感兴趣的普通百姓提供了一份宝贵的历史文献。

C490/14.80　　　　　　　　0131

北京什刹海文化专题文献资料汇编. 第八十册 / 首都图书馆北京地方文献中心[编]. —[影印本]. — 北京：首都图书馆北京地方文献中心，2009

1册：图；30cm

什刹海地区历史文化积淀深厚，为世人留下了很多珍贵的文献。本套书分134册，通过影印的方式，记录了多个历史与人文专题。该册为第80册，记录了科研机构、学术团体、社团，为研究什刹海地区的学者或对什刹海地区感兴趣的普通百姓提供了一份宝贵的历史文献。

C490/14.81　　　　　　　　0132

北京什刹海文化专题文献资料汇编. 第八十一册 / 首都图书馆北京地方文献中心[编]. —[影印本]. — 北京：首都图书馆北京地方文献中心，2009

1册：图；30cm

什刹海地区历史文化积淀深厚，为世人留下了很多珍贵的文献。本套书分134册，通过影印的方式，记录了多个历史与人文专题。该册为第81册，记录了科研机构、学术团体、社团，为研究什刹海地区的学者或对什刹海地区感兴趣的普通百姓提供了一份宝贵的历史文献。

C490/14.82 0133

北京什刹海文化专题文献资料汇编.第八十二册/首都图书馆北京地方文献中心[编].—[影印本].—北京：首都图书馆北京地方文献中心，2009

1册：图；30cm

什刹海地区历史文化积淀深厚，为世人留下了很多珍贵的文献。本套书分134册，通过影印的方式，记录了多个历史与人文专题。该册为第82册，记录了科研机构、学术团体、社团，为研究什刹海地区的学者或对什刹海地区感兴趣的普通百姓提供了一份宝贵的历史文献。

C490/14.83 0134

北京什刹海文化专题文献资料汇编.第八十三册/首都图书馆北京地方文献中心[编].—[影印本].—北京：首都图书馆北京地方文献中心，2009

1册：图；30cm

什刹海地区历史文化积淀深厚，为世人留下了很多珍贵的文献。本套书分134册，通过影印的方式，记录了多个历史与人文专题。该册为第83册，记录了科研机构、学术团体、社团，为研究什刹海地区的学者或对什刹海地区感兴趣的普通百姓提供了一份宝贵的历史文献。

C490/14.84 0135

北京什刹海文化专题文献资料汇编.第八十四册/首都图书馆北京地方文献中心[编].—[影印本].—北京：首都图书馆北京地方文献中心，2009

1册：图；30cm

什刹海地区历史文化积淀深厚，为世人留下了很多珍贵的文献。本套书分134册，通过影印的方式，记录了多个历史与人文专题。该册为第84册，记录了科研机构、学术团体、社团，为研究什刹海地区的学者或对什刹海地区感兴趣的普通百姓提供了一份宝贵的历史文献。

C490/14.85 0136

北京什刹海文化专题文献资料汇编.第八十五册/首都图书馆北京地方文献中心[编].—[影印本].—北京：首都图书馆北京地方文献中心，2009

1册：图；30cm

什刹海地区历史文化积淀深厚，为世人留下了很多珍贵的文献。本套书分134册，通过影印的方式，记录了多个历史与人文专题。该册为第85册，记录了科研机构、学术团体、社团、卫生机构、社会团体、国家机关，为研究什刹海地区的学者或对什刹海地区感兴趣的普通百姓提供了一份宝贵的历史文献。

C490/14.86 0137

北京什刹海文化专题文献资料汇编.第八十六册/首都图书馆北京地方文献中心[编].—[影印本].—北京：首都图书馆北京地方文献中心，2009

1册：图；30cm

什刹海地区历史文化积淀深厚，为世人留下了很多珍贵的文献。本套书分134册，通过影印的方式，记录了多个历史与人文专题。该册为第86册，记录了什刹海的规划，为研究什刹海地区的学者或对什刹海地区感兴趣的普通百姓提供了一份宝贵的历史文献。

C490/14.87　　　　　　　　　0138

北京什刹海文化专题文献资料汇编.第八十七册/首都图书馆北京地方文献中心[编].—[影印本].— 北京：首都图书馆北京地方文献中心，2009

1册：图；30cm

什刹海地区历史文化积淀深厚，为世人留下了很多珍贵的文献。本套书分134册，通过影印的方式，记录了多个历史与人文专题。该册为第87册，记录了什刹海的规划、建设，为研究什刹海地区的学者或对什刹海地区感兴趣的普通百姓提供了一份宝贵的历史文献。

C490/14.88　　　　　　　　　0139

北京什刹海文化专题文献资料汇编.第八十八册/首都图书馆北京地方文献中心[编].—[影印本].— 北京：首都图书馆北京地方文献中心，2009

1册：图；30cm

什刹海地区历史文化积淀深厚，为世人留下了很多珍贵的文献。本套书分134册，通过影印的方式，记录了多个历史与人文专题。该册为第88册，记录了什刹海的建设，为研究什刹海地区的学者或对什刹海地区感兴趣的普通百姓提供了一份宝贵的历史文献。

C490/14.89　　　　　　　　　0140

北京什刹海文化专题文献资料汇编.第八十九册/首都图书馆北京地方文献中心[编].—[影印本].— 北京：首都图书馆北京地方文献中心，2009

1册：图；30cm

什刹海地区历史文化积淀深厚，为世人留下了很多珍贵的文献。本套书分134册，通过影印的方式，记录了多个历史与人文专题。该册为第89册，记录了什刹海的建设，为研究什刹海地区的学者或对什刹海地区感兴趣的普通百姓提供了一份宝贵的历史文献。

C490/14.90　　　　　　　　　0141

北京什刹海文化专题文献资料汇编.第九十册/首都图书馆北京地方文献中心[编].—[影印本].— 北京：首都图书馆北京地方文献中心，2009

1册：图；30cm

什刹海地区历史文化积淀深厚，为世人留下了很多珍贵的文献。本套书分134册，通过影印的方式，记录了多个历史与人文专题。该册为第90册，记录了什刹海的建设，为研究什刹海地区的学者或对什刹海地区感兴趣的普通百姓提供了一份宝贵的历史文献。

C490/14.91　　　　　　　　　0142

北京什刹海文化专题文献资料汇编.第九十一册/首都图书馆北京地方文献中心[编].—[影印本].— 北京：首都图书馆北京地方文献中心，2009

1册：图；30cm

什刹海地区历史文化积淀深厚，为世人留下了很多珍贵的文献。本套书分134册，通过影印的方式，记录了多个历史与人文专题。该册为第91册，记录了什刹海的建设，为研究什刹海地区的学者或对什刹海地区感兴趣的普通百姓提供了一份宝贵的历史文献。

C490/14.92　　　　　　　　0143

北京什刹海文化专题文献资料汇编.第九十二册/首都图书馆北京地方文献中心[编].—[影印本].—北京：首都图书馆北京地方文献中心，2009

1册：图；30cm

什刹海地区历史文化积淀深厚，为世人留下了很多珍贵的文献。本套书分134册，通过影印的方式，记录了多个历史与人文专题。该册为第92册，记录了什刹海的建设，为研究什刹海地区的学者或对什刹海地区感兴趣的普通百姓提供了一份宝贵的历史文献。

C490/14.93　　　　　　　　0144

北京什刹海文化专题文献资料汇编.第九十三册/首都图书馆北京地方文献中心[编].—[影印本].—北京：首都图书馆北京地方文献中心，2009

1册：图；30cm

什刹海地区历史文化积淀深厚，为世人留下了很多珍贵的文献。本套书分134册，通过影印的方式，记录了多个历史与人文专题。该册为第93册，记录了什刹海的建设，为研究什刹海地区的学者或对什刹海地区感兴趣的普通百姓提供了一份宝贵的历史文献。

C490/14.94　　　　　　　　0145

北京什刹海文化专题文献资料汇编.第九十四册/首都图书馆北京地方文献中心[编].—[影印本].—北京：首都图书馆北京地方文献中心，2009

1册：图；30cm

什刹海地区历史文化积淀深厚，为世人留下了很多珍贵的文献。本套书分134册，通过影印的方式，记录了多个历史与人文专题。该册为第94册，记录了什刹海的建设、管理，为研究什刹海地区的学者或对什刹海地区感兴趣的普通百姓提供了一份宝贵的历史文献。

C490/14.95　　　　　　　　0146

北京什刹海文化专题文献资料汇编.第九十五册/首都图书馆北京地方文献中心[编].—[影印本].—北京：首都图书馆北京地方文献中心，2009

1册：图；30cm

什刹海地区历史文化积淀深厚，为世人留下了很多珍贵的文献。本套书分134册，通过影印的方式，记录了多个历史与人文专题。该册为第95册，记录了什刹海的管理，为研究什刹海地区的学者或对什刹海地区感兴趣的普通百姓提供了一份宝贵的历史文献。

C490/14.96　　　　　　　　0147

北京什刹海文化专题文献资料汇编.第九十六册/首都图书馆北京地方文献中心[编].—[影印本].—北京：首都图书馆北京地方文献中心，2009

1册：图；30cm

什刹海地区历史文化积淀深厚，为世人留下了很多珍贵的文献。本套书分134册，通过影印的方式，记录了多个历史与人文专题。该册为第96册，记录了什刹海的事件（地区案件、事件、百姓生活等），为研究什刹海地区的学者或对什刹海地区感兴趣的普通百姓提供了一份宝贵的历史文献。

C490/14.97　　　　　　　　0148

北京什刹海文化专题文献资料汇编.第九十七册/首都图书馆北京地方文献中心[编].—[影印本].— 北京：首都图书馆北京地方文献中心，2009

1册：图；30cm

什刹海地区历史文化积淀深厚，为世人留下了很多珍贵的文献。本套书分134册，通过影印的方式，记录了多个历史与人文专题。该册为第97册，记录了什刹海的街道沿革（厂桥街道、新街口街道、什刹海街道成立、发展等）、街道活动，为研究什刹海地区的学者或对什刹海地区感兴趣的普通百姓提供了一份宝贵的历史文献。

C490/14.98　　　　　　　　0149

北京什刹海文化专题文献资料汇编.第九十八册/首都图书馆北京地方文献中心[编].—[影印本].— 北京：首都图书馆北京地方文献中心，2009

1册：图；30cm

什刹海地区历史文化积淀深厚，为世人留下了很多珍贵的文献。本套书分134册，通过影印的方式，记录了多个历史与人文专题。该册为第98册，记录了什刹海的街道活动，为研究什刹海地区的学者或对什刹海地区感兴趣的普通百姓提供了一份宝贵的历史文献。

C490/14.99　　　　　　　　0150

北京什刹海文化专题文献资料汇编.第九十九册/首都图书馆北京地方文献中心[编].—[影印本].— 北京：首都图书馆北京地方文献中心，2009

1册：图；30cm

什刹海地区历史文化积淀深厚，为世人留下了很多珍贵的文献。本套书分134册，通过影印的方式，记录了多个历史与人文专题。该册为第99册，记录了什刹海的街道活动，为研究什刹海地区的学者或对什刹海地区感兴趣的普通百姓提供了一份宝贵的历史文献。

C490/14.100　　　　　　　　0151

北京什刹海文化专题文献资料汇编.第一百册/首都图书馆北京地方文献中心[编].—[影印本].— 北京：首都图书馆北京地方文献中心，2009

1册：图；30cm

什刹海地区历史文化积淀深厚，为世人留下了很多珍贵的文献。本套书分134册，通过影印的方式，记录了多个历史与人文专题。该册为第100册，记录了什刹海的街道活动、精神文明建设（出版、研讨等）、社区建设，为研究什刹海地区的学者或对什刹海地区感兴趣的普通百姓提供了一份宝贵的历史文献。

C490/14.101　　　　　　　　0152

北京什刹海文化专题文献资料汇编.第一百零一册/首都图书馆北京地方文献中心[编].—[影印本].— 北京：首都图书馆北京地方文献中心，2009

1册：图；30cm

什刹海地区历史文化积淀深厚，为世人留下了很多珍贵的文献。本套书分134册，通过影印的方式，记录了多个历史与人文专题。该册为第101册，记录了什刹海的人物，为研究什刹海地区的学者或对什刹海地区感兴趣的普通百姓提供了一份宝贵的历史文献。

C490/14.102　　　　　0153

北京什刹海文化专题文献资料汇编. 第一百零二册 / 首都图书馆北京地方文献中心[编]. —[影印本]. — 北京：首都图书馆北京地方文献中心，2009

1册：图；30cm

什刹海地区历史文化积淀深厚，为世人留下了很多珍贵的文献。本套书分134册，通过影印的方式，记录了多个历史与人文专题。该册为第102册，记录了什刹海的人物，为研究什刹海地区的学者或对什刹海地区感兴趣的普通百姓提供了一份宝贵的历史文献。

C490/14.103　　　　　0154

北京什刹海文化专题文献资料汇编. 第一百零三册 / 首都图书馆北京地方文献中心[编]. —[影印本]. — 北京：首都图书馆北京地方文献中心，2009

1册：图；30cm

什刹海地区历史文化积淀深厚，为世人留下了很多珍贵的文献。本套书分134册，通过影印的方式，记录了多个历史与人文专题。该册为第103册，记录了什刹海的人物，为研究什刹海地区的学者或对什刹海地区感兴趣的普通百姓提供了一份宝贵的历史文献。

C490/14.104　　　　　0155

北京什刹海文化专题文献资料汇编. 第一百零四册 / 首都图书馆北京地方文献中心[编]. —[影印本]. — 北京：首都图书馆北京地方文献中心，2009

1册：图；30cm

什刹海地区历史文化积淀深厚，为世人留下了很多珍贵的文献。本套书分134册，通过影印的方式，记录了多个历史与人文专题。该册为第104册，记录了什刹海的人物，为研究什刹海地区的学者或对什刹海地区感兴趣的普通百姓提供了一份宝贵的历史文献。

C490/14.105　　　　　0156

北京什刹海文化专题文献资料汇编. 第一百零五册 / 首都图书馆北京地方文献中心[编]. —[影印本]. — 北京：首都图书馆北京地方文献中心，2009

1册：图；30cm

什刹海地区历史文化积淀深厚，为世人留下了很多珍贵的文献。本套书分134册，通过影印的方式，记录了多个历史与人文专题。该册为第105册，记录了什刹海的人物，为研究什刹海地区的学者或对什刹海地区感兴趣的普通百姓提供了一份宝贵的历史文献。

C490/14.106　　　　　0157

北京什刹海文化专题文献资料汇编. 第一百零六册 / 首都图书馆北京地方文献中心[编]. —[影印本]. — 北京：首都图书馆北京地方文献中心，2009

1册：图；30cm

什刹海地区历史文化积淀深厚，为世人留下了很多珍贵的文献。本套书分134册，通过影印的方式，记录了多个历史与人文专题。该册为第106册，记录了什刹海的人物，为研究什刹海地区的学者或对什刹海地区感兴趣的普通百姓提供了一份宝贵的历史文献。

C490/14.107　　　　　　0158

北京什刹海文化专题文献资料汇编. 第一百零七册 / 首都图书馆北京地方文献中心[编].—[影印本].— 北京：首都图书馆北京地方文献中心，2009

1 册：图；30cm

什刹海地区历史文化积淀深厚，为世人留下了很多珍贵的文献。本套书分 134 册，通过影印的方式，记录了多个历史与人文专题。该册为第 107 册，记录了什刹海的人物，为研究什刹海地区的学者或对什刹海地区感兴趣的普通百姓提供了一份宝贵的历史文献。

C490/14.108　　　　　　0159

北京什刹海文化专题文献资料汇编. 第一百零八册 / 首都图书馆北京地方文献中心[编].—[影印本].— 北京：首都图书馆北京地方文献中心，2009

1 册：图；30cm

什刹海地区历史文化积淀深厚，为世人留下了很多珍贵的文献。本套书分 134 册，通过影印的方式，记录了多个历史与人文专题。该册为第 108 册，记录了什刹海的人物，为研究什刹海地区的学者或对什刹海地区感兴趣的普通百姓提供了一份宝贵的历史文献。

C490/14.109　　　　　　0160

北京什刹海文化专题文献资料汇编. 第一百零九册 / 首都图书馆北京地方文献中心[编].—[影印本].— 北京：首都图书馆北京地方文献中心，2009

1 册：图；30cm

什刹海地区历史文化积淀深厚，为世人留下了很多珍贵的文献。本套书分 134 册，通过影印的方式，记录了多个历史与人文专题。该册为第 109 册，记录了什刹海的人物，为研究什刹海地区的学者或对什刹海地区感兴趣的普通百姓提供了一份宝贵的历史文献。

C490/14.110　　　　　　0161

北京什刹海文化专题文献资料汇编. 第一百一十册 / 首都图书馆北京地方文献中心[编].—[影印本].— 北京：首都图书馆北京地方文献中心，2009

1 册：图；30cm

什刹海地区历史文化积淀深厚，为世人留下了很多珍贵的文献。本套书分 134 册，通过影印的方式，记录了多个历史与人文专题。该册为第 110 册，记录了什刹海的人物，为研究什刹海地区的学者或对什刹海地区感兴趣的普通百姓提供了一份宝贵的历史文献。

C490/14.111　　　　　　0162

北京什刹海文化专题文献资料汇编. 第一百一十一册 / 首都图书馆北京地方文献中心[编].—[影印本].— 北京：首都图书馆北京地方文献中心，2009

1 册：图；30cm

什刹海地区历史文化积淀深厚，为世人留下了很多珍贵的文献。本套书分 134 册，通过影印的方式，记录了多个历史与人文专题。该册为第 111 册，记录了什刹海的人物，为研究什刹海地区的学者或对什刹海地区感兴趣的普通百姓提供了一份宝贵的历史文献。

C490/14.112　　　　　0163

北京什刹海文化专题文献资料汇编. 第一百一十二册 / 首都图书馆北京地方文献中心 [编]. —[影印本]. — 北京：首都图书馆北京地方文献中心, 2009

1 册：图；30cm

什刹海地区历史文化积淀深厚，为世人留下了很多珍贵的文献。本套书分 134 册，通过影印的方式，记录了多个历史与人文专题。该册为第 112 册，记录了什刹海的人物，为研究什刹海地区的学者或对什刹海地区感兴趣的普通百姓提供了一份宝贵的历史文献。

C490/14.113　　　　　0164

北京什刹海文化专题文献资料汇编. 第一百一十三册 / 首都图书馆北京地方文献中心 [编]. —[影印本]. — 北京：首都图书馆北京地方文献中心, 2009

1 册：图；30cm

什刹海地区历史文化积淀深厚，为世人留下了很多珍贵的文献。本套书分 134 册，通过影印的方式，记录了多个历史与人文专题。该册为第 113 册，记录了什刹海的人物，为研究什刹海地区的学者或对什刹海地区感兴趣的普通百姓提供了一份宝贵的历史文献。

C490/14.114　　　　　0165

北京什刹海文化专题文献资料汇编. 第一百一十四册 / 首都图书馆北京地方文献中心 [编]. —[影印本]. — 北京：首都图书馆北京地方文献中心, 2009

1 册：图；30cm

什刹海地区历史文化积淀深厚，为世人留下了很多珍贵的文献。本套书分 134 册，通过影印的方式，记录了多个历史与人文专题。该册为第 114 册，记录了什刹海的人物，为研究什刹海地区的学者或对什刹海地区感兴趣的普通百姓提供了一份宝贵的历史文献。

C490/14.115　　　　　0166

北京什刹海文化专题文献资料汇编. 第一百一十五册 / 首都图书馆北京地方文献中心 [编]. —[影印本]. — 北京：首都图书馆北京地方文献中心, 2009

1 册：图；30cm

什刹海地区历史文化积淀深厚，为世人留下了很多珍贵的文献。本套书分 134 册，通过影印的方式，记录了多个历史与人文专题。该册为第 115 册，记录了什刹海的人物，为研究什刹海地区的学者或对什刹海地区感兴趣的普通百姓提供了一份宝贵的历史文献。

C490/14.116　　　　　0167

北京什刹海文化专题文献资料汇编. 第一百一十六册 / 首都图书馆北京地方文献中心 [编]. —[影印本]. — 北京：首都图书馆北京地方文献中心, 2009

1 册：图；30cm

什刹海地区历史文化积淀深厚，为世人留下了很多珍贵的文献。本套书分 134 册，通过影印的方式，记录了多个历史与人文专题。该册为第 116 册，记录了什刹海的人物，为研究什刹海地区的学者或对什刹海地区感兴趣的普通百姓提供了一份宝贵的历史文献。

C490/14.117　　　　0168

北京什刹海文化专题文献资料汇编．第一百一十七册／首都图书馆北京地方文献中心［编］．—［影印本］．— 北京：首都图书馆北京地方文献中心，2009

1册：图；30cm

什刹海地区历史文化积淀深厚，为世人留下了很多珍贵的文献。本套书分134册，通过影印的方式，记录了多个历史与人文专题。该册为第117册，记录了什刹海的人物，为研究什刹海地区的学者或对什刹海地区感兴趣的普通百姓提供了一份宝贵的历史文献。

C490/14.118　　　　0169

北京什刹海文化专题文献资料汇编．第一百一十八册／首都图书馆北京地方文献中心［编］．—［影印本］．— 北京：首都图书馆北京地方文献中心，2009

1册：图；30cm

什刹海地区历史文化积淀深厚，为世人留下了很多珍贵的文献。本套书分134册，通过影印的方式，记录了多个历史与人文专题。该册为第118册，记录了什刹海的人物、诗词，为研究什刹海地区的学者或对什刹海地区感兴趣的普通百姓提供了一份宝贵的历史文献。

C490/14.119　　　　0170

北京什刹海文化专题文献资料汇编．第一百一十九册／首都图书馆北京地方文献中心［编］．—［影印本］．— 北京：首都图书馆北京地方文献中心，2009

1册：图；30cm

什刹海地区历史文化积淀深厚，为世人留下了很多珍贵的文献。本套书分134册，通过影印的方式，记录了多个历史与人文专题。该册为第119册，记录了什刹海的诗词，为研究什刹海地区的学者或对什刹海地区感兴趣的普通百姓提供了一份宝贵的历史文献。

C490/14.120　　　　0171

北京什刹海文化专题文献资料汇编．第一百二十册／首都图书馆北京地方文献中心［编］．—［影印本］．— 北京：首都图书馆北京地方文献中心，2009

1册：图；30cm

什刹海地区历史文化积淀深厚，为世人留下了很多珍贵的文献。本套书分134册，通过影印的方式，记录了多个历史与人文专题。该册为第120册，记录了什刹海的诗词，为研究什刹海地区的学者或对什刹海地区感兴趣的普通百姓提供了一份宝贵的历史文献。

C490/14.121　　　　0172

北京什刹海文化专题文献资料汇编．第一百二十一册／首都图书馆北京地方文献中心［编］．—［影印本］．— 北京：首都图书馆北京地方文献中心，2009

1册：图；30cm

什刹海地区历史文化积淀深厚，为世人留下了很多珍贵的文献。本套书分134册，通过影印的方式，记录了多个历史与人文专题。该册为第121册，记录了什刹海的诗词，为研究什刹海地区的学者或对什刹海地区感兴趣的普通百姓提供了一份宝贵的历史文献。

C490/14.122　　　0173

北京什刹海文化专题文献资料汇编.第一百二十二册/首都图书馆北京地方文献中心[编].—[影印本].—北京：首都图书馆北京地方文献中心，2009

1册：图；30cm

什刹海地区历史文化积淀深厚，为世人留下了很多珍贵的文献。本套书分134册，通过影印的方式，记录了多个历史与人文专题。该册为第122册，记录了什刹海的诗词，为研究什刹海地区的学者或对什刹海地区感兴趣的普通百姓提供了一份宝贵的历史文献。

C490/14.123　　　0174

北京什刹海文化专题文献资料汇编.第一百二十三册/首都图书馆北京地方文献中心[编].—[影印本].—北京：首都图书馆北京地方文献中心，2009

1册：图；30cm

什刹海地区历史文化积淀深厚，为世人留下了很多珍贵的文献。本套书分134册，通过影印的方式，记录了多个历史与人文专题。该册为第123册，记录了什刹海的诗词，为研究什刹海地区的学者或对什刹海地区感兴趣的普通百姓提供了一份宝贵的历史文献。

C490/14.124　　　0175

北京什刹海文化专题文献资料汇编.第一百二十四册/首都图书馆北京地方文献中心[编].—[影印本].—北京：首都图书馆北京地方文献中心，2009

1册：图；30cm

什刹海地区历史文化积淀深厚，为世人留下了很多珍贵的文献。本套书分134册，通过影印的方式，记录了多个历史与人文专题。该册为第124册，记录了什刹海的诗词，为研究什刹海地区的学者或对什刹海地区感兴趣的普通百姓提供了一份宝贵的历史文献。

C490/14.125　　　0176

北京什刹海文化专题文献资料汇编.第一百二十五册/首都图书馆北京地方文献中心[编].—[影印本].—北京：首都图书馆北京地方文献中心，2009

1册：图；30cm

什刹海地区历史文化积淀深厚，为世人留下了很多珍贵的文献。本套书分134册，通过影印的方式，记录了多个历史与人文专题。该册为第125册，记录了什刹海的诗词，为研究什刹海地区的学者或对什刹海地区感兴趣的普通百姓提供了一份宝贵的历史文献。

C490/14.126　　　0177

北京什刹海文化专题文献资料汇编.第一百二十六册/首都图书馆北京地方文献中心[编].—[影印本].—北京：首都图书馆北京地方文献中心，2009

1册：图；30cm

什刹海地区历史文化积淀深厚，为世人留下了很多珍贵的文献。本套书分134册，通过影印的方式，记录了多个历史与人文专题。该册为第126册，记录了什刹海的诗词，为研究什刹海地区的学者或对什刹海地区感兴趣的普通百姓提供了一份宝贵的历史文献。

C490/14.127　　　　　0178

北京什刹海文化专题文献资料汇编 . 第一百二十七册 / 首都图书馆北京地方文献中心［编］. —［影印本］. — 北京：首都图书馆北京地方文献中心，2009

1 册：图；30cm

什刹海地区历史文化积淀深厚，为世人留下了很多珍贵的文献。本套书分 134 册，通过影印的方式，记录了多个历史与人文专题。该册为第 127 册，记录了什刹海的诗词，为研究什刹海地区的学者或对什刹海地区感兴趣的普通百姓提供了一份宝贵的历史文献。

C490/14.128　　　　　0179

北京什刹海文化专题文献资料汇编 . 第一百二十八册 / 首都图书馆北京地方文献中心［编］. —［影印本］. — 北京：首都图书馆北京地方文献中心，2009

1 册：图；30cm

什刹海地区历史文化积淀深厚，为世人留下了很多珍贵的文献。本套书分 134 册，通过影印的方式，记录了多个历史与人文专题。该册为第 128 册，记录了什刹海的诗词，为研究什刹海地区的学者或对什刹海地区感兴趣的普通百姓提供了一份宝贵的历史文献。

C490/14.129　　　　　0180

北京什刹海文化专题文献资料汇编 . 第一百二十九册 / 首都图书馆北京地方文献中心［编］. —［影印本］. — 北京：首都图书馆北京地方文献中心，2009

1 册：图；30cm

什刹海地区历史文化积淀深厚，为世人留下了很多珍贵的文献。本套书分 134 册，通过影印的方式，记录了多个历史与人文专题。该册为第 129 册，记录了什刹海的小说、纪实文学，为研究什刹海地区的学者或对什刹海地区感兴趣的普通百姓提供了一份宝贵的历史文献。

C490/14.130　　　　　0181

北京什刹海文化专题文献资料汇编 . 第一百三十册 / 首都图书馆北京地方文献中心［编］. —［影印本］. — 北京：首都图书馆北京地方文献中心，2009

1 册：图；30cm

什刹海地区历史文化积淀深厚，为世人留下了很多珍贵的文献。本套书分 134 册，通过影印的方式，记录了多个历史与人文专题。该册为第 130 册，记录了什刹海的小说、纪实文学、散文，为研究什刹海地区的学者或对什刹海地区感兴趣的普通百姓提供了一份宝贵的历史文献。

C490/14.131　　　　　0182

北京什刹海文化专题文献资料汇编 . 第一百三十一册 / 首都图书馆北京地方文献中心［编］. —［影印本］. — 北京：首都图书馆北京地方文献中心，2009

1 册：图；30cm

什刹海地区历史文化积淀深厚，为世人留下了很多珍贵的文献。本套书分 134 册，通过影印的方式，记录了多个历史与人文专题。该册为第 131 册，记录了什刹海的散文，为研究什刹海地区的学者或对什刹海地区感兴趣的普通百姓提供了一份宝贵的历史文献。

C490/14.132　　　　　　　0183

北京什刹海文化专题文献资料汇编. 第一百三十二册 / 首都图书馆北京地方文献中心［编］.—［影印本］.— 北京：首都图书馆北京地方文献中心，2009

1册：图；30cm

什刹海地区历史文化积淀深厚，为世人留下了很多珍贵的文献。本套书分134册，通过影印的方式，记录了多个历史与人文专题。该册为第132册，记录了什刹海的散文、传说、俗谚、儿歌，为研究什刹海地区的学者或对什刹海地区感兴趣的普通百姓提供了一份宝贵的历史文献。

C490/14.133　　　　　　　0184

北京什刹海文化专题文献资料汇编. 第一百三十三册 / 首都图书馆北京地方文献中心［编］.—［影印本］.— 北京：首都图书馆北京地方文献中心，2009

1册：图；30cm

什刹海地区历史文化积淀深厚，为世人留下了很多珍贵的文献。本套书分134册，通过影印的方式，记录了多个历史与人文专题。该册为第133册，记录了什刹海的传说、俗谚、儿歌、文学机构、社团、书法、绘画、雕塑，为研究什刹海地区的学者或对什刹海地区感兴趣的普通百姓提供了一份宝贵的历史文献。

C490/14.134　　　　　　　0185

北京什刹海文化专题文献资料汇编. 第一百三十四册 / 首都图书馆北京地方文献中心［编］.—［影印本］.— 北京：首都图书馆北京地方文献中心，2009

134册：图；30cm

什刹海地区历史文化积淀深厚，为世人留下了很多珍贵的文献。本套书分134册，通过影印的方式，记录了多个历史与人文专题。该册为第134册，记录了什刹海的戏曲、音乐、舞蹈，为研究什刹海地区的学者或对什刹海地区感兴趣的普通百姓提供了一份宝贵的历史文献。

C490/35　　　　　　　0186

什刹海九记 / 什刹海研究会《什刹海九记》编辑部编.— 北京：当代中国出版社，2014

358页：图，照片，地图；24cm

978-7-5154-0353-3；CNY 72.00

该书分为9记，从整体上对什刹海地区的历史文化进行了全角度的梳理和勾勒，是对什刹海地区研究和保护的系统总结。

C490/37.1　　　　　　　0187

北京什刹海文化专题档案资料汇编. 第一册 / 首都图书馆北京地方文献中心［编］.［影印本］.—北京：首都图书馆北京地方文献中心，2009

1册；30cm

什刹海地区历史文化积淀深厚，为世人留下了很多珍贵的文献。本套书分15册，通过影印的方式，记录了什刹海地区或与什刹海地区有关的珍贵的档案资料，该书为第1册，收录了《接管通知什刹海游船及环境管理业务》等档案，为研究什刹海地区的学者或对什刹海地区感兴趣的普通百姓提供了一份有参考价值的历史资料。

C490/37.2　　　　　　　　0188

北京什刹海文化专题档案资料汇编. 第二册/首都图书馆北京地方文献中心［编］.［影印本］. —北京：首都图书馆北京地方文献中心，2009

1册；30cm

什刹海地区历史文化积淀深厚，为世人留下了很多珍贵的文献。本套书分15册，通过影印的方式，记录了什刹海地区或与什刹海地区有关的珍贵的档案资料，该书为第2册，收录了《为疏浚本市积水潭什刹海之工程预算书、报请核示由》等档案，为研究什刹海地区的学者或对什刹海地区感兴趣的普通百姓提供了一份有参考价值的历史资料。

C490/37.3　　　　　　　　0189

北京什刹海文化专题档案资料汇编. 第三册/首都图书馆北京地方文献中心［编］.［影印本］. —北京：首都图书馆北京地方文献中心，2009

1册；30cm

什刹海地区历史文化积淀深厚，为世人留下了很多珍贵的文献。本套书分15册，通过影印的方式，记录了什刹海地区或与什刹海地区有关的珍贵的档案资料，该书为第3册，收录了《关于城楼保养问题给市政府办公厅的函》等档案，为研究什刹海地区的学者或对什刹海地区感兴趣的普通百姓提供了一份有参考价值的历史资料。

C490/37.4　　　　　　　　0190

北京什刹海文化专题档案资料汇编. 第四册/首都图书馆北京地方文献中心［编］.［影印本］. —北京：首都图书馆北京地方文献中心，2009

1册；30cm

什刹海地区历史文化积淀深厚，为世人留下了很多珍贵的文献。本套书分15册，通过影印的方式，记录了什刹海地区或与什刹海地区有关的珍贵的档案资料，该书为第4册，收录了《中和木厂、文整处、天顺建筑厂关于修缮西安门、地安门工程所需工料公款等的呈及北平市工务局的批》等档案，为研究什刹海地区的学者或对什刹海地区感兴趣的普通百姓提供了一份有参考价值的历史资料。

C490/37.5　　　　　　　　0191

北京什刹海文化专题档案资料汇编. 第五册/首都图书馆北京地方文献中心［编］.［影印本］. —北京：首都图书馆北京地方文献中心，2009

1册；30cm

什刹海地区历史文化积淀深厚，为世人留下了很多珍贵的文献。本套书分15册，通过影印的方式，记录了什刹海地区或与什刹海地区有关的珍贵的档案资料，该书为第5册，收录了《北平市公安局关于内五区署呈报开办什刹海河岸临时营业商场的来函及工务局的复函》等档案，为研究什刹海地区的学者或对什刹海地区感兴趣的普通百姓提供了一份有参考价值的历史资料。

C490/37.6　　　　　　　　0192

北京什刹海文化专题档案资料汇编. 第六册/首都图书馆北京地方文献中心［编］.［影印本］. —北京：首都图书馆北京地方文献中心，2009

1册；30cm

什刹海地区历史文化积淀深厚，为世

人留下了很多珍贵的文献。本套书分15册，通过影印的方式，记录了什刹海地区或与什刹海地区有关的珍贵的档案资料，该书为第6册，收录了《北平普济寺佛学会关于开设粥场等情况的呈报》等档案，为研究什刹海地区的学者或对什刹海地区感兴趣的普通百姓提供了一份有参考价值的历史资料。

C490/37.7　　　　　　　　0193

北京什刹海文化专题档案资料汇编.第七册/首都图书馆北京地方文献中心［编］.［影印本］.—北京：首都图书馆北京地方文献中心，2009

1册；30cm

什刹海地区历史文化积淀深厚，为世人留下了很多珍贵的文献。本套书分15册，通过影印的方式，记录了什刹海地区或与什刹海地区有关的珍贵的档案资料，该书为第7册，收录了《内五区旧鼓楼大街四十七号住户潘毓森呈报伐树情形相关文件》等档案，为研究什刹海地区的学者或对什刹海地区感兴趣的普通百姓提供了一份有参考价值的历史资料。

C490/37.8　　　　　　　　0194

北京什刹海文化专题档案资料汇编.第八册/首都图书馆北京地方文献中心［编］.［影印本］.—北京：首都图书馆北京地方文献中心，2009

1册；30cm

什刹海地区历史文化积淀深厚，为世人留下了很多珍贵的文献。本套书分15册，通过影印的方式，记录了什刹海地区或与什刹海地区有关的珍贵的档案资料，该书为第8册，收录了《辅仁大学建筑学生宿舍施工说明及图纸》等档案，为研究什刹海地区的学者或对什刹海地区感兴趣的普通百姓提供了一份有参考价值的历史资料。

C490/37.9　　　　　　　　0195

北京什刹海文化专题档案资料汇编.第九册/首都图书馆北京地方文献中心［编］.［影印本］.—北京：首都图书馆北京地方文献中心，2009

1册；30cm

什刹海地区历史文化积淀深厚，为世人留下了很多珍贵的文献。本套书分15册，通过影印的方式，记录了什刹海地区或与什刹海地区有关的珍贵的档案资料，该书为第9册，收录了《辅仁大学等学校请修沟池与北京特别市工务局的来往函》等档案，为研究什刹海地区的学者或对什刹海地区感兴趣的普通百姓提供了一份有参考价值的历史资料。

C490/37.10　　　　　　　　0196

北京什刹海文化专题档案资料汇编.第十册/首都图书馆北京地方文献中心［编］.［影印本］.—北京：首都图书馆北京地方文献中心，2009

1册；30cm

什刹海地区历史文化积淀深厚，为世人留下了很多珍贵的文献。本套书分15册，通过影印的方式，记录了什刹海地区或与什刹海地区有关的珍贵的档案资料，该书为第10册，收录了《京都市政公所为改修德胜桥、绒线胡同和宣武门大街马路两旁水沟至营造局的函》等档案，为研究什刹海地区的学者或对什刹海地区感兴趣的普通百姓提供了一份有参考价值的历史资料。

C490/37.11　　　　　　　0197

北京什刹海文化专题档案资料汇编．第十一册／首都图书馆北京地方文献中心［编］．—［影印本］．—北京：首都图书馆北京地方文献中心，2009

1册；30cm

什刹海地区历史文化积淀深厚，为世人留下了很多珍贵的文献。本套书分15册，通过影印的方式，记录了什刹海地区或与什刹海地区有关的珍贵的档案资料，该书为第11册，收录了《北京市财政局关于高玉路请租前海南河沿东口工地与工务局的来往函》等档案，为研究什刹海地区的学者或对什刹海地区感兴趣的普通百姓提供了一份有参考价值的历史资料。

C490/37.12　　　　　　　0198

北京什刹海文化专题档案资料汇编．第十二册／首都图书馆北京地方文献中心［编］．—［影印本］．—北京：首都图书馆北京地方文献中心，2009

1册；30cm

什刹海地区历史文化积淀深厚，为世人留下了很多珍贵的文献。本套书分15册，通过影印的方式，记录了什刹海地区或与什刹海地区有关的珍贵的档案资料，该书为第12册，收录了《北平市工务局、社会局关于拆修护国寺工程与拆存楠木市价情形的会呈及市政府的指令、训令以及与蒙藏委员会驻平办事处的来往函（附：拆存楠松杉木估价表）等》等档案，为研究什刹海地区的学者或对什刹海地区感兴趣的普通百姓提供了一份有参考价值的历史资料。

C490/37.13　　　　　　　0199

北京什刹海文化专题档案资料汇编．第十三册／首都图书馆北京地方文献中心［编］．—［影印本］．—北京：首都图书馆北京地方文献中心，2009

1册；30cm

什刹海地区历史文化积淀深厚，为世人留下了很多珍贵的文献。本套书分15册，通过影印的方式，记录了什刹海地区或与什刹海地区有关的珍贵的档案资料，该书为第13册，收录了《内四区警察局关于查禁护国寺庙会摆设违禁小人书的训令》等档案，为研究什刹海地区的学者或对什刹海地区感兴趣的普通百姓提供了一份有参考价值的历史资料。

C490/37.14　　　　　　　0200

北京什刹海文化专题档案资料汇编．第十四册／首都图书馆北京地方文献中心［编］．—［影印本］．—北京：首都图书馆北京地方文献中心，2009

1册；30cm

什刹海地区历史文化积淀深厚，为世人留下了很多珍贵的文献。本套书分15册，通过影印的方式，记录了什刹海地区或与什刹海地区有关的珍贵的档案资料，该书为第14册，收录了《北平市警察局关于北京佛教会称拈花寺启建讲经传戒道场的训令及呈报》等档案，为研究什刹海地区的学者或对什刹海地区感兴趣的普通百姓提供了一份有参考价值的历史资料。

C490/37.15　　　　　　　0201

北京什刹海文化专题档案资料汇编．第十五册／首都图书馆北京地方文献中心

[编]. — [影印本]. — 北京：首都图书馆北京地方文献中心，2009

1册；30cm

什刹海地区历史文化积淀深厚，为世人留下了很多珍贵的文献。本套书分15册，通过影印的方式，记录了什刹海地区或与什刹海地区有关的珍贵的档案资料，该书为第15册，收录了《北平市公安局关于鼓楼民众电影院经营不善问题的训令》等档案，为研究什刹海地区的学者或对什刹海地区感兴趣的普通百姓提供了一份有参考价值的历史资料。

C490/38.1　　　　　　　　0202

照片档案：北京什刹海文化专题资料汇编. 第一册 / 首都图书馆北京地方文献中心[编]. — 北京：首都图书馆北京地方文献中心，[2009]

1册；31cm

什刹海地区历史文化积淀深厚，为世人留下了很多珍贵的文献。本套书分8册，以活页本的装帧形式，收录了什刹海地区或与什刹海有关的珍贵的照片档案资料，该册为第1册，图1—图120，收录了鼓楼大街、金丝胡同等地的照片，为研究什刹海地区的学者或对什刹海地区感兴趣的普通百姓提供了一份宝贵的历史影像资料。

C490/38.2　　　　　　　　0203

照片档案：北京什刹海文化专题资料汇编. 第二册 / 首都图书馆北京地方文献中心[编]. — 北京：首都图书馆北京地方文献中心，[2009]

1册；31cm

什刹海地区历史文化积淀深厚，为世人留下了很多珍贵的文献。本套书分8册，以活页本的装帧形式，收录了什刹海地区或与什刹海有关的珍贵的照片档案资料，该册为第2册，图121—图240，收录了银锭观山、通惠河等地的照片，为研究什刹海地区的学者或对什刹海地区感兴趣的普通百姓提供了一份宝贵的历史影像资料。

C490/38.3　　　　　　　　0204

照片档案：北京什刹海文化专题资料汇编. 第三册 / 首都图书馆北京地方文献中心[编]. — 北京：首都图书馆北京地方文献中心，[2009]

1册；31cm

什刹海地区历史文化积淀深厚，为世人留下了很多珍贵的文献。本套书分8册，以活页本的装帧形式，收录了什刹海地区或与什刹海有关的珍贵的照片档案资料，该册为第3册，图241—图360，收录了辅仁大学的照片，为研究什刹海地区的学者或对什刹海地区感兴趣的普通百姓提供了一份宝贵的历史影像资料。

C490/38.4　　　　　　　　0205

照片档案：北京什刹海文化专题资料汇编. 第四册 / 首都图书馆北京地方文献中心[编]. — 北京：首都图书馆北京地方文献中心，[2009]

1册；31cm

什刹海地区历史文化积淀深厚，为世人留下了很多珍贵的文献。本套书分8册，以活页本的装帧形式，收录了什刹海地区或与什刹海有关的珍贵的照片档案资料，该册为第4册，图361—图481，收录了辅仁大学和一些名人等地的照片，为研究什刹海地区的学者或对什刹海地区感兴趣的普通百姓提供了一份宝贵的历史影像资料。

C490/38.5 0206

照片档案：北京什刹海文化专题资料汇编．第五册/首都图书馆北京地方文献中心［编］．— 北京：首都图书馆北京地方文献中心，［2009］

1 册；31cm

什刹海地区历史文化积淀深厚，为世人留下了很多珍贵的文献。本套书分 8 册，以活页本的装帧形式，收录了什刹海地区或与什刹海有关的珍贵的照片档案资料，该册为第 5 册，图 482—图 601，收录了一些名人和荷花市场等地的照片，为研究什刹海地区的学者或对什刹海地区感兴趣的普通百姓提供了一份宝贵的历史影像资料。

C490/38.6 0207

照片档案：北京什刹海文化专题资料汇编．第六册/首都图书馆北京地方文献中心［编］．— 北京：首都图书馆北京地方文献中心，［2009］

1 册；31cm

什刹海地区历史文化积淀深厚，为世人留下了很多珍贵的文献。本套书分 8 册，以活页本的装帧形式，收录了什刹海地区或与什刹海有关的珍贵的照片档案资料，该册为第 6 册，图 602—图 723，收录了护国寺、火神庙等地的照片，为研究什刹海地区的学者或对什刹海地区感兴趣的普通百姓提供了一份宝贵的历史影像资料。

C490/38.7 0208

照片档案：北京什刹海文化专题资料汇编．第七册/首都图书馆北京地方文献中心［编］．— 北京：首都图书馆北京地方文献中心，［2009］

1 册；31cm

什刹海地区历史文化积淀深厚，为世人留下了很多珍贵的文献。本套书分 8 册，以活页本的装帧形式，收录了什刹海地区或与什刹海有关的珍贵的照片档案资料，该册为第 7 册，图 724—图 843，收录了恭王府、锡晋斋等地的照片，为研究什刹海地区的学者或对什刹海地区感兴趣的普通百姓提供了一份宝贵的历史影像资料。

C490/38.8 0209

照片档案：北京什刹海文化专题资料汇编．第八册/首都图书馆北京地方文献中心［编］．— 北京：首都图书馆北京地方文献中心，［2009］

1 册；31cm

什刹海地区历史文化积淀深厚，为世人留下了很多珍贵的文献。本套书分 8 册，以活页本的装帧形式，收录了什刹海地区或与什刹海有关的珍贵的照片档案资料，该册为第 8 册，图 844—图 1017，收录了地安门、地图等照片，为研究什刹海地区的学者或对什刹海地区感兴趣的普通百姓提供了一份宝贵的历史影像资料。

C8/10 0210

新街口老故事/中共北京市西城区委新街口街道工作委员会，北京市西城区人民政府新街口街道办事处［编］．— 北京：中共北京市西城区委新街口街道工作委员会：北京市西城区人民政府新街口街道办事处，［出版年不详］

258页：图，照片；26cm

该书对西城区新街口地区及白塔寺周边街巷、王府、四合院、寺庙、古迹遗址、名人故居历史变迁的地理位置由来、命名、发生过的历史事件进行详细叙述和介绍。内涵生动地呈现了老北京西城人们的文化生活及历史记载。

C93：P/2　　　　　　　　0211

书香西城阅读地图 . 2015. 典藏版 / 西城区文化委员会［编］. —［北京］：［西城区文化委员会］,［2014］

1张；80×44cm 折成 19×21cm

该地图正面是西城区图书馆及街道分馆、特色阅读空间、书店、24小时自助图书馆服务点的分布地图，背面是图书馆及街道分馆、24小时自助图书馆服务点、书店、文化活动非遗中心、博物馆、电影院、剧场、特色阅读空间的地址电话。

D 历史

D1/9（英） 0212

北京西城文化史 / 傅华主编 . — 北京：北京燕山出版社，2007

360 页：图，地图；23cm

ISBN 978-7-5402-1978-9

CNY 36.00

该书主要从文化特征与历史脉络的内在联系上，选取了西城文化中的典型元素如文化地理、皇家文化、缙绅文化等，充分挖掘了西城历史文化资源，全方位展示了地区文化底蕴。

D33/2 0213

北京抗战图史 / 中共北京市委党史研究室，北京市档案馆，北京市政协文史资料委员会编著 . — 北京：北京出版社，2005

213 页：地图；29cm

ISBN 7-200-06121-2

精装：CNY150.00

该书收录了中国抗战14年之间关于北京的一部分珍贵照片，其中包括了九·一八事变、中国军队的武装抵抗、"一二·九"运动、七七事变、全面抗战局面的形成、北平各界的反抗斗争、抗日根据地包围北平城、欢庆抗战胜利等重大事件。

D33/5 0214

北京市纪念抗日战争胜利60周年论文集 . — 北京：北京燕山出版社，2005

442 页；23cm

ISBN 7-5402-1724-3

CNY 30.00

该书包括：抗日战争的历史地位及抗战胜利的伟大意义；论敌后战场的历史地位；抗战时期党的建设的历史经验及其启示；略论抗日战争时期中共对领导制度的探索等。

D33/7 0215

北平抗战简史 / 中共北京市委党史研究室编 . — 北京：北京出版社，2015

160 页：图，照片；24cm. —（北平抗战实录）

ISBN 978-7-200-11511-6

CNY 26.00

该书记述了北平人民用血汗铸就的光辉历史，内容包括：用我们的血肉筑起我们新的长城、打响全民族抗战的第一枪、古都涌动抗日怒潮、模范的平西抗日根据地率先崛起、平北抗日根据地的艰难开拓、八路军包围北平城、抗战胜利古都光复等。该书上限自1931年日军发动九·一八事变后北平学生南下请愿开始，下限至1945年10月太和殿受降大典结束。以北京现行行政区划为研究空间范围。该书是北京市党史研究室在以往研究成果上凝练而成的。

D34/2.1　　　　　　　　0216

华北解放战争实录，北京卷 / 许赤瑜撰稿 .— 北京：中共党史出版社，2009

284 页：照片，图；23cm.—（华北五省市区党史研究系列丛书）

ISBN 978-7-5098-0489-6

CNY 268.00（全 5 册）

该书全景式地展开了解放战争时期，北京市军民谱写的波澜壮阔的历史画卷，充满了浴血奋战、动人心魄的历史故事，记录了在北平新旧交替的历史转折点上，为了崇高的理想不懈奋斗的共产党人。

D34/2.2　　　　　　　　0217

华北解放战争实录，天津卷 / 孟宪龄，李俐撰稿 .— 北京：中共党史出版社，2009

400 页：照片，图；23cm.—（华北五省市区党史研究系列丛书）

ISBN 978-7-5098-0489-6

CNY 268.00（全 5 册）

该书主要从战略决策、组织领导、第二条战线、武装斗争、解放天津、建设天津、重要人物等方面，回顾抗战胜利以后至新中国诞生这段时间中国共产党人领导天津人民开展革命斗争所经历的风风雨雨。

D34/2.3　　　　　　　　0218

华北解放战争实录，河北卷 / 宋学民［等］撰稿 .— 北京：中共党史出版社，2009

338 页：照片；23cm.—（华北五省市区党史研究系列丛书）

ISBN 978-7-5098-0489-6

CNY 268.00（全 5 册）

该书全景式地展开了解放战争时期，河北省军民谱写的波澜壮阔的历史画卷，内容包括：重要战役和历史事件、著名烈士和战斗英雄两部分。

D34/2.4　　　　　　　　0219

华北解放战争实录，山西卷 / 冯林平撰稿 .— 北京：中共党史出版社，2009

546 页：照片，图；23cm.—（华北五省市区党史研究系列丛书）

ISBN 978-7-5098-0489-6

CNY 268.00（全 5 册）

该书主要以纪事本末体与编年体相结合的方式，记述了解放战争时期发生在山西的重大历史事件、重大历史活动和重要历史人物，展现了山西解放战争的基本历史脉络和概貌。

D34/2.5　　　　　　　　0220

华北解放战争实录，内蒙古卷 / 申屠宁，王艳君撰稿 .— 北京：中共党史出版社，2009

512 页：照片，图；23cm.—（华北五省市区党史研究系列丛书）

ISBN 978-7-5098-0489-6

CNY 268.00（全 5 册）

该书全景式地展开了解放战争时期，内蒙古地区军民谱写的波澜壮阔的历史画卷，充满了浴血奋战、动人心魄的历史故事，记录了战争中的重大历史事件、战役和著名烈士、战斗英雄。

D41/1　　　　　　　　0221

见证：老报人镜头下的中国进步史 / 贺家宝，郝致柔著 .— 南昌：江西高校出版社，2009

180 页：照片，图；24cm

ISBN 978-7-81132-772-4

CNY 25.00

该书作者通过自己的相机和笔，记录了中国国民生活变化的60年，表现了不同时代人们的精神面貌和生活情趣。

D6/1　　　　　　　　　　0222

北京史诗历史读本 / 北京市文史研究馆编著. — 北京：北京出版社，2018

334 页：彩图；29cm

ISBN 978-7-200-13908-2

精装：CNY128.00

该书叙述了北京城市特别是作为古都的兴起、演变和发展进程，在北京历史上留下丰功伟绩的古代英雄人物以及一些重大的历史事件。

D7/15　　　　　　　　　　0223

北京历史文化漫谈 / 中共北京市委党史研究室，北京史研究会编著. — 北京：中共党史出版社，2009

306 页：照片；24cm

ISBN 978-7-5098-0165-9

CNY 38.00

该书收录文稿23篇，主要有北京的古代建筑、园林、自然环境、文化、社会生活等层面的内容，视野宽泛，内容扎实，笔触生动活泼，反映了北京文化的博大与精深。

D7：22/5（2014）.1　　　　0224

北京文史 .2014 年第 1 期. — 1996，No.1（1996，2）- = 总 6-. — 北京：北京市文史研究馆，1996—

26cm

季刊，2011—

半年刊，1996—2010

该刊内容涉及文史研究心得、书画艺术创作经验等，并着重介绍北京文史名人和著名的人文景观。本期为总第48期，内容包括关于中国传统文化的几个问题、梅贻琦与清华大学、百年烤肉的魅力等内容。

D7：22/5（2014）.2　　　　0225

北京文史 .2014 年第 2 期. — 1996，No.1（1996，2）- = 总 6-. — 北京：北京市文史研究馆，1996—

26cm

季刊，2011—

半年刊，1996—2010

该刊内容涉及文史研究心得、书画艺术创作经验等，并着重介绍北京文史名人和著名的人文景观。本期为总第49期，内容包括金中都之历史地位与特殊贡献、循着金章宗的足迹、胡适其人等内容。

D7：22/5（2014）.3　　　　0226

北京文史 .2014 年第 3 期. — 1996，No.1（1996，2）- = 总 6-. — 北京：北京市文史研究馆，1996—

26cm

季刊，2011—

半年刊，1996—2010

该刊内容涉及文史研究心得、书画艺术创作经验等，并着重介绍北京文史名人和著名的人文景观。本期为总第50期，内容包括京津冀三地的历史关系、现代工笔画的精工精神、我和我们的北京工人老作家群体等内容。

D7：22/5（2015）.1　　　　0227

北京文史 .2015 年第 1 期. — 1996，

No.1（1996，2）- = 总 6-. — 北京：北京市文史研究馆，1996—

26cm

季刊，2011—

半年刊，1996—2010

该刊内容涉及文史研究心得、书画艺术创作经验等，并着重介绍北京文史名人和著名的人文景观。本期为总第 52 期，内容包括蒙古族的崛起和蒙古汗国的建立、北海公园轶事、京城鲁菜第一家——丰泽园等内容。

D7：22/5（2015）.3　　　　0228

北京文史.2015 年第 3 期. — 1996，No.1（1996，2）- = 总 6-. — 北京：北京市文史研究馆，1996—

26cm

季刊，2011—

半年刊，1996—2010

该刊内容涉及文史研究心得、书画艺术创作经验等，并着重介绍北京文史名人和著名的人文景观。本期为总第 54 期，内容包括元大都的皇家佛寺、丘处机与白云观、欧洲近代喜剧奠基人莫里哀等内容。

D7：22/5（2015）.4　　　　0229

北京文史.2015 年第 4 期. — 1996，No.1（1996，2）- = 总 6-. — 北京：北京市文史研究馆，1996—

26cm

季刊，2011—

半年刊，1996—2010

该刊内容涉及文史研究心得、书画艺术创作经验等，并着重介绍北京文史名人和著名的人文景观。本期为总第 55 期，内容包括元大都宫殿与宫廷生活、中国古陶瓷美的鉴赏、京师大学堂总监督"关防"探源等内容。

D7：22/5（2016）.1　　　　0230

北京文史.2016 年第 1 期. — 1996，No.1（1996，2）- = 总 6-. — 北京：北京市文史研究馆，1996—

26cm

季刊，2011—

半年刊，1996—2010

该刊内容涉及文史研究心得、书画艺术创作经验等，并着重介绍北京文史名人和著名的人文景观。本期为总第 56 期，内容包括享誉中外的明十三陵、一代京剧名宿李万春的演艺生涯、星火闪耀映红楼等内容。

D7：22/5（2016）.2　　　　0231

北京文史.2016 年第 2 期. — 1996，No.1（1996，2）- = 总 6-. — 北京：北京市文史研究馆，1996—

26cm

季刊，2011-

半年刊，1996-2010

该刊内容涉及文史研究心得、书画艺术创作经验等，并着重介绍北京文史名人和著名的人文景观。本期为总第 57 期，内容包括京剧《赵氏孤儿》的创作经过、曹文轩的文学世界、岁月如歌——致美斋的变迁等内容。

D7：22/5（2016）.3　　　　0232

北京文史.2016 年第 3 期. — 1996，No.1（1996，2）- = 总 6-. — 北京：北京市文史研究馆，1996—

26cm

季刊，2011—

半年刊，199—2010

该刊内容涉及文史研究心得、书画艺术创作经验等，并着重介绍北京文史名人和著名的人文景观。本期为总第 58 期，内容包括火药火器与西学东渐视野下的明清社会变革、"庆祝中国共产党成立 95 周年美术作品展览"巡礼、谈谈北京私营工商业社会主义改造情况等内容。

  D7：22/5（2016）.4   0233

北京文史.2016 年第 4 期.— 1996，No.1（1996，2）- = 总 6-.— 北京：北京市文史研究馆，1996—

26cm

季刊，2011-

半年刊，1996-2010

该刊内容涉及文史研究心得、书画艺术创作经验等，并着重介绍北京文史名人和著名的人文景观。本期为总第 59 期，内容包括"土木之变"与于谦指挥的北京保卫战、明代北京金山的皇室墓葬、熊希龄石驸马故宅小考等内容。

  D7：22/5（2017）.1   0234

北京文史.2017 年第 1 期.— 1996，No.1（1996，2）- = 总 6-.— 北京：北京市文史研究馆，1996—

26cm

季刊，2011—

半年刊，1996—2010

该刊内容涉及文史研究心得、书画艺术创作经验等，并着重介绍北京文史名人和著名的人文景观。本期为总第 60 期，内容包括清朝的奠基人努尔哈赤、新中国成立初期北京地铁的苏联渊源、马球运动——中外体育文化交流的新名片等内容。

  D7：22/5（2017）.2   0235

北京文史.2017 年第 2 期.— 1996，No.1（1996，2）- = 总 6-.— 北京：北京市文史研究馆，1996—

26cm

季刊，2011—

半年刊，1996—2010

该刊内容涉及文史研究心得、书画艺术创作经验等，并着重介绍北京文史名人和著名的人文景观。本期为总第 61 期，内容包括怀柔古刹红螺寺与清代名臣范文程、文化史中的画家潘天寿、刘震云与他的"刘氏幽默"等内容。

  D7：22/5（2018）.4   0236

北京文史.2018 年第 1 期.— 1996，No.1（1996，2）- = 总 6-.— 北京：北京市文史研究馆，1996—

26cm

季刊，2011—

半年刊，1996—2010

该刊内容涉及文史研究心得、书画艺术创作经验等，并着重介绍北京文史名人和著名的人文景观。本期为总第 67 期，内容包括清代北京中轴线及其历史文化价值、通州运河城市发展述略、故都食物百咏等内容。

  D7：22/5（2019）.2   0237

北京文史.2019 年第 2 期.— 1996，No.1（1996，2）- = 总 6-.— 北京：北京市文史研究馆，1996—

26cm

季刊，2011—

半年刊，1996—2010

该刊内容涉及文史研究心得、书画艺术

创作经验等，并着重介绍北京文史名人和著名的人文景观。本期为总第69期，内容包括清末民初北京城市化进程的初步启动、曹汝霖离开大陆之前二三事、一支实力不俗的工厂篮球队的故事等内容。

D7：22/5（2019）.3　　　　0238

北京文史 .2019 年第 3 期 . — 1996,No.1（1996, 2）- = 总 6-. — 北京：北京市文史研究馆, 1996—

26cm

季刊, 2011—

半年刊, 1996—2010

该刊内容涉及文史研究心得、书画艺术创作经验等，并着重介绍北京文史名人和著名的人文景观。本期为总第70期，内容包括京津冀地缘关系的变迁历程、京派文人山水画家刘松岩、记忆中的地安门外大街等内容。

D7：22/7.8：2　　　　0239

北京西城往事 . 8 / 李茂福主编；北京市西城区档案局（馆）编 . — 北京：[北京市西城区档案局（馆）], 2015

279 页：照片，图；25cm

该书是《西城追忆》总第55—58期的精粹，收录文章44篇。包括抗战记忆、西城人物、西城胡同、西城旧景、西城文萃、往事追踪等栏目，内容广泛，叙述翔实，真实地反映了西城区的历史面貌。

D7：22/7.11：2　　　　0240

北京西城往事 . 11 / 北京市西城区档案局（馆）[编] . — 北京：[北京市西城区档案局（馆）], [2018]

315 页：图，照片；25cm

该书是《西城追忆》总第67—70期的精粹，分为红色记忆、专稿：纪念改革开放四十周年、档案记忆西城、口述纪实、西城故事和老城名片6个章节。以档案史料和口述档案为内容，反映西城厚重的文化积淀。

D7：22/13（2011）.3　　　　0241

西城追忆 .2011 年第 3 期 . *Looking Back to Xicheng District, Beijing.*— 2001, No.1（2001, 9）- = 总 1-. — 北京：北京市西城区档案局（馆）, 2001—

26cm

季刊

该刊创于2001年9月，季刊。是西城区档案馆以馆藏档案、口述史料、回忆文章为主体创办的内部刊物。设置的主要栏目有往事追踪、胡同漫谈、人海撷英、西城旧景、西城文萃等。本期为总第41期，内容包括王宁同志在"纪念辛亥革命100周年座谈会"上讲话、纪念辛亥百年的西城文物史迹、邓颖超的陶然情等内容。

D7：22/13（2014）.1　　　　0242

西城追忆 .2014 年第 1 期 . *Looking Back to Xicheng District, Beijing.*— 2001, No.1（2001, 9）- = 总 1-. — 北京：北京市西城区档案局（馆）, 2001—

26cm

季刊

该刊创于2001年9月，季刊。是西城区档案馆以馆藏档案、口述史料、回忆文章为主体创办的内部刊物。设置的主要栏目有往事追踪、胡同漫谈、人海撷英、西城旧景、西城文萃等。本期为总第51期，内容包括何鲁丽住官园胡同5号楼期间与晓玲先生的二三事、地安门雁翅楼、阜成门外的关厢地理等内容。

D7：22/13（2014）.2　　　0243

西城追忆.2014 年第 2 期.*Looking Back to Xicheng District, Beijing*.— 2001，No.1（2001，9）- = 总 1-.— 北京：北京市西城区档案局（馆），2001—

26cm

季刊

该刊创于 2001 年 9 月，季刊。是西城区档案馆以馆藏档案、口述史料、回忆文章为主体创办的内部刊物。设置的主要栏目有往事追踪、胡同漫谈、人海撷英、西城旧景、西城文萃等。本期为总第 52 期，内容包括西城区档案局召开《西城追忆》座谈会、西城区档案局举办 2014 年"档案馆日"活动、海子——京杭大运河的北端码头。

D7：22/13（2014）.3　　　0244

西城追忆.2014 年第 3 期.*Looking Back to Xicheng District, Beijing*.— 2001，No.1（2001，9）- = 总 1-.— 北京：北京市西城区档案局（馆），2001—

26cm

季刊

该刊创于 2001 年 9 月，季刊。是西城区档案馆以馆藏档案、口述史料、回忆文章为主体创办的内部刊物。设置的主要栏目有往事追踪、胡同漫谈、人海撷英、西城旧景、西城文萃等。本期为总第 53 期，内容包括西城区档案局举行抗战胜利 69 周年纪念活动、抗战初期活跃在西城的中共党人——张希尧、国庆节往事回忆等内容。

D7：22/13（2014）.4　　　0245

西城追忆.2014 年第 4 期.*Looking Back to Xicheng District, Beijing*.— 2001，No.1（2001，9）- = 总 1-.— 北京：北京市西城区档案局（馆），2001—

26cm

季刊

该刊创于 2001 年 9 月，季刊。是西城区档案馆以馆藏档案、口述史料、回忆文章为主体创办的内部刊物。设置的主要栏目有往事追踪、胡同漫谈、人海撷英、西城旧景、西城文萃等。本期为总第 54 期，内容包括一场别致的清唱会、恭王府的变迁、"雕花儿匠"邓久安老人访问记等内容。

D7：22/13（2015）.3　　　0246

西城追忆.2015 年第 3 期.*Looking Back to Xicheng District, Beijing*.— 2001，No.1（2001，9）- = 总 1-.— 北京：北京市西城区档案局（馆），2001—

26cm

季刊

该刊创于 2001 年 9 月，季刊。是西城区档案馆以馆藏档案、口述史料、回忆文章为主体创办的内部刊物。设置的主要栏目有往事追踪、胡同漫谈、人海撷英、西城旧景、西城文萃等。本期为总第 57 期，内容包括毛泽东与陶然亭、从北海的皇家冰嬉到公园开放后的冰上赛会、漫话北京胡同老门联（二）等内容。

D7：22/13（2015）.4　　　0247

西城追忆.2015 年第 4 期.*Looking Back to Xicheng District, Beijing*.— 2001，No.1（2001，9）- = 总 1-.— 北京：北京市西城区档案局（馆），2001—

26cm

季刊

该刊创于 2001 年 9 月，季刊。是西城区档案馆以馆藏档案、口述史料、回忆文章为主体创办的内部刊物。设置的主要栏目有往事追踪、胡同漫谈、人海撷英、西城旧景、西城文萃等。本期为总第 58 期，内容包括伟人的后事、旧京庙会一瞥、追忆冯其利先生等内容。

D7：22/13（2016）.1   0248

西城追忆.2016 年第 1 期.*Looking Back to Xicheng District, Beijing*.— 2001，No.1（2001，9）- = 总 1-.— 北京：北京市西城区档案局（馆），2001—

26cm

季刊

该刊创于 2001 年 9 月，季刊。是西城区档案馆以馆藏档案、口述史料、回忆文章为主体创办的内部刊物。设置的主要栏目有往事追踪、胡同漫谈、人海撷英、西城旧景、西城文萃等。本期为总第 59 期，内容包括舒了先生的"胡同"情怀、学人荟萃的永基贝勒府、话说高梁桥等内容。

D7：22/13（2016）.2   0249

西城追忆.2016 年第 2 期.*Looking Back to Xicheng District, Beijing*.— 2001，No.1（2001，9）- = 总 1-.— 北京：北京市西城区档案局（馆），2001—

26cm

季刊

该刊创于 2001 年 9 月，季刊。是西城区档案馆以馆藏档案、口述史料、回忆文章为主体创办的内部刊物。设置的主要栏目有往事追踪、胡同漫谈、人海撷英、西城旧景、西城文萃等。本期为总第 60 期，内容包括那些年，我们开展的党员教育、永远怀念葆玖先生、鲁迅先生在绍兴会馆的日子等内容。

D7：22/13（2016）.3   0250

西城追忆.2016 年第 3 期.*Looking Back to Xicheng District, Beijing*.— 2001，No.1（2001，9）- = 总 1-.— 北京：北京市西城区档案局（馆），2001—

26cm

季刊

该刊创于 2001 年 9 月，季刊。是西城区档案馆以馆藏档案、口述史料、回忆文章为主体创办的内部刊物。设置的主要栏目有往事追踪、胡同漫谈、人海撷英、西城旧景、西城文萃等。本期为总第 61 期，包括孙中山与湖广会馆、几张孙中山先生的老照片、国图分馆门前石狮的由来等内容。

D7：22/13（2016）.4   0251

西城追忆.2016 年第 4 期.*Looking Back to Xicheng District, Beijing*.— 2001，No.1（2001，9）- = 总 1-.— 北京：北京市西城区档案局（馆），2001—

26cm

季刊

该刊创于 2001 年 9 月，季刊。是西城区档案馆以馆藏档案、口述史料、回忆文章为主体创办的内部刊物。设置的主要栏目有往事追踪、胡同漫谈、人海撷英、西城旧景、西城文萃等。本期为总第 62 期，包括北京的下层寺庙与城市街区"灰色花砖墙"的记忆、老北京会馆密集西城、燕情艮意真淳等内容。

D7：22/13（2017）.1　　　　0252

西城追忆.2017年第1期.Looking Back to Xicheng District, Beijing.— 2001, No.1（2001, 9）-= 总1-. — 北京：北京市西城区档案局（馆），2001—

26cm

季刊

该刊创于2001年9月，季刊。是西城区档案馆以馆藏档案、口述史料、回忆文章为主体创办的内部刊物。设置的主要栏目有往事追踪、胡同漫谈、人海撷英、西城旧景、西城文萃等。本期为总第63期，包括浅谈建国初期的城市人口疏解、我在中国大学的革命经历、人民抗日在宣南等内容。

D7：22/13（2017）.2　　　　0253

西城追忆.2017年第2期.Looking Back to Xicheng District, Beijing.— 2001, No.1（2001, 9）-= 总1-. — 北京：北京市西城区档案局（馆），2001—

26cm

季刊

该刊创于2001年9月，季刊。是西城区档案馆以馆藏档案、口述史料、回忆文章为主体创办的内部刊物。设置的主要栏目有往事追踪、胡同漫谈、人海撷英、西城旧景、西城文萃等。本期为总第64期，内容包括红色档案——信仰中的永恒、隐蔽战线上的斗争、香港回归"一国两制"日月同辉等内容。

D7：22/13（2019）.2　　　　0254

西城追忆.2019年第2期.Looking Back to Xicheng District, Beijing.— 2001, No.1（2001, 9）-= 总1-. — 北京：北京市西城区档案局（馆），2001-

26cm

季刊

该刊创于2001年9月，季刊。是西城区档案馆以馆藏档案、口述史料、回忆文章为主体创办的内部刊物。设置的主要栏目有往事追踪、胡同漫谈、人海撷英、西城旧景、西城文萃等。本期为总第72期，内容包括已故华裔建筑大师贝聿铭留在西城的杰作、"年轻"的白广路、我与什刹海等内容。

D7：24/2.15　　　　0255

宣武文史.第十五辑/张文华主编；[中国人民政治协商会议北京市宣武区委员会文化文史委员会编].— 北京：[中国人民政治协商会议北京市宣武区委员会文化文史委员会]，2009

234页；24cm

宣武区的发展变化是中国改革开放和建设发展30年成果的生动写照。该书为纪念改革开放30周年而作，是对宣武区改革开放和现代化建设进程的见证，从不同角度、不同方面反映了宣武区30年来改革开放和现代化建设的情况。

D81/2　　　　0256

蕴真堂石刻资料集成/北京市西城区文物管理处编.— 北京：文物出版社，2016

355页；29cm

ISBN 978-7-5010-4849-6

CNY 220.00

该书主要内容分为三大部分：第一部分拓片原文，第二部分拓片释文，第三部分，拓片印章释读。

D81/3　　　　　　　　0257

北京市朝阳区图书馆馆藏石刻拓片汇编 / 北京市朝阳区图书馆编 . — 北京：中国书店，2018

283 页：图；37cm

ISBN　978-7-5149-1624-9

精装：CNY360.00

该书是对朝阳区自唐代至今的所有存世石刻的完备系统的整理，是迄今为止最能反映朝阳区石刻全貌的著作。不仅是对珍贵文物的保护与利用，将馆藏文物以一化百，提供给大众欣赏，呈现石刻文物所承载的艺术魅力；还能为学术研究者提供更多的研究素材，石刻资料是研究朝阳区政治、经济、历史、地理、宗教、风土、人情和社会状况等领域情况的第一手材料，具有极高的史料价值，可作为历史研究者的参考资料。

D81/10　　　　　　　　0258

普查藏品登录操作手册 / 国家文物局第一次全国可移动文物普查工作办公室编 . — 北京：文物出版社，2014

156 页：图；19cm

ISBN　978-7-5010-4082-7

CNY 25.00

该书是国家文物局第一次可移动文物普查办公室根据可移动文物普查信息采集和登录过程中诸多具体操作问题，从藏品编号、名称、年代、文物类别、质地、数量、尺寸、质量、文物级别、文物来源、完残状况、入藏时间到图片与摄影，逐一梳理，以问答形式，一问一答，并辅以图版，解决了实际普查工作中的重点、难点问题。

D81/11　　　　　　　　0259

"我与中华古籍"摄影大赛优秀作品选 / 国家古籍保护中心办公室，中国图书馆学会秘书处编 . — 杭州：浙江摄影出版社，2015

190 页；26×24cm

ISBN　978-7-5514-1212-4

CNY 79.00

该书摘录了国家古籍保护中心和中国图书馆学会联合推出"我与中华古籍"摄影大赛活动中获奖的优秀作品。展出的作品从不同角度定格感动瞬间，展现古籍推广魅力，具有强烈的时代气息。

D81/12　　　　　　　　0260

张若澄画燕山八景 / 紫禁城天地［编］. 北京：紫禁城天地，［出版年不详］

［10］页：图；26×26cm

精装：CNY200.00

该画集以北京城著名的燕京八景为题。展现了张若澄笔下"居庸叠翠""金台夕照""卢沟晓月""蓟门烟树"等 8 处风景名胜。

E 人物

E1/2　　　　　　　　　　**0261**

"中山人在京津唐"资料索引 / 中共中山市委宣传部编印. — 北京：[中共中山市委宣传部]，2011

66 页；29cm

该册介绍了孙中山先生 3 次光临北京的事迹，以及著名的京津唐中山人们。资料意义深远，记录了时代的发展与变迁，记录了一条艰辛的求进长路。

E17/5　　　　　　　　　　**0262**

光荣与梦想：西城劳模事迹回顾展 / 北京市西城区总工会[编]. — 北京：[北京市西城区总工会]，2016

92 页：照片；29cm

该书通过火红年代、改革初兴、时代绽放、劳模就在我们身边等章节记录、回顾了西城百余位劳动模范的事迹。

E17/8　　　　　　　　　　**0263**

与时代同行：雷锋精神在身边 / 该书编写组编. — 北京：人民出版社，2012

180 页：照片；23cm

ISBN 978-7-01-010724-0

CNY 25.00

该书从雷锋的生平事迹入手，以翔实的史料配以部分插图介绍雷锋的光荣事迹和雷锋精神的主要内容，深入剖析开展学雷锋活动的历史背景和发展历程，介绍历学次雷锋活动高潮中发生的重大事件，以及 21 世纪以来的学雷锋活动和在学雷锋活动的历史过程中涌现出来的无数模范人物和他们的感人事迹。

E21/2　　　　　　　　　　**0264**

在百姓中间离群众最近：北京市西城区人民法院社区巡回法官赵海事迹宣传册 / 北京市西城区人民法院[编]. — 北京：[北京市西城区人民法院]，[2012]

47 页：照片；29cm

该书以图文并茂的形式宣传了北京市西城区人民法院巡回法官赵海，讲述巡回法官走出法院、走进社区，把审判台搬到街道社区，把矛盾解决在萌芽状态的事迹。

E21/3　　　　　　　　　　**0265**

石崑宾 / 北京市宣武区档案馆编. — [出版地不详]：[出版者不详]，2007

46 页：照片；29cm

该书汇集了石崑宾在工作中形成的手稿、证书、照片及社会各界采访和纪念他的有关资料等，分为"爱国爱教，甘为桥梁""对外交往，尽显风采""音容常驻，风范永在"3 部分。

E216/7.3　　　　　　　　　　**0266**

李大钊北京十年，学会篇 / 刘维薇主编；

北京李大钊故居研究室编著. — 北京：中央编译出版社, 2018

453 页：图；23cm

ISBN 978-7-5117-3606-2

CNY 86.00

该书是李大钊故居研究室根据掌握的有关资料进行编写整理的。对李大钊在北京10年中发起和组织学会的资料进行讲述，目的是让读者能够更具体、更深入、更全面地了解李大钊。

E216/8　　　　　　　　　　0267

孙中山文化 / 丘树宏［编］. —［出版地不详］：［出版者不详］，［2010］

24 页；27cm

该书为孙中山文化工程的课题研究，分为相关城市建设名人文化品牌的经验启迪、孙中山文化工程的现状与反思、着力实施六大项目，提升孙中山文化工程的品牌影响力以及充实三大支撑力量，推动孙中山文化工程长足发展四部分组成。

E217/7　　　　　　　　　　0268

孝星集锦. 2012 / 管建峰主编. — 北京：［北京市西城区老龄工作委员会］：［北京市西城区民政局］，［2012］

73 页：图；28cm

该画册为北京市西城区老龄工作委员会编辑。记录了西城区2012年评选的2000名孝星的名单以及31名孝星的先进事迹。诠释了中华民族"百善孝为先"的孝老爱亲的精神。

E237/1　　　　　　　　　　0269

感动西城 / 傅华主编；北京市西城区文学艺术界联合会，北京市西城区作家协会编. — 北京：团结出版社, 2007

410 页：照片；23cm

978-7-80214-331-9

CNY46.00

该书分为"功德之星篇""平凡之光篇""群星璀璨篇"等三篇。记录了西城普通劳动者工作、生活的片段和侧面。

E24/5　　　　　　　　　　0270

百年启孮：金启孮先生百年诞辰纪念 / 内蒙古大学［编］. — 呼和浩特：［内蒙古大学］, 2018

1 册：照片；29cm

金启孮先生是女真语言文学研究的奠基人、清代蒙古史研究的开创者、满学研究领域的一面旗帜。该书为金启孮先生百年诞辰而作，记录了金启孮先生的生平、论著代表作等。

E24/6　　　　　　　　　　0271

金启孮先生逝世十周年纪念. —［出版地不详］：［出版者不详］，［2014］

95 页：照片；29cm

金启孮先生是国际著名的学者。治学严谨、根底深厚、学术界自成一家。该书基于金启孮先生十周年纪念会，讲述了金启孮先生的历史贡献以及其他学者对金启孮先生的评价。

E24/7　　　　　　　　　　0272

一个文化工作者的自述 / 侯廉儒［著］；西城区文物保护研究所［编］. — 北京：［西城区文物保护研究所］，［出版年不详］

163 页：图，照片；19cm

该书由西城区文物保护研究所编著,以侯廉儒为第一人称的口吻,介绍他的生平与作品。第一章为访谈录,第二章介绍他的作品集。

E247/6　　　　　　　　　　　0273

教师风采录 / [北京市育才学校校友会编]. — 北京:北京市育才学校校友会,[2012]

410 页:照片,图;29cm

CNY 80.00

该书编写于北京育才学校 75 华诞之际,对建校 75 年来的教师队伍进行了介绍。这是继《校友风采录》之后,对育才学校历史的又一次抢救、挖掘及补充。

E247/7.6　　　　　　　　　　0274

钱德慈文集. 第六卷. — [出版地不详]:[出版者不详],[2015]

286 页:照片;21cm

该书共有 215 篇小文,其中有 93 封是书信,共分为旅游随笔、观察笔记、护理点滴、人生感悟、资料留存、书信选编、成长足迹 7 个部分,记录了钱德慈 8 小时之外的生活、学习、交往与思考。

E247/8　　　　　　　　　　　0275

一代名师:纪念刘景昆 张子锷先生 / 禹启中编. — 北京:北京四中,1992

185 页:肖像,照片;20cm

CNY 5.00

该纪念册记录了刘景昆先生和张子锷先生过去发表过的文章;两位老教师优秀的教学经验;以及同仁、校友回忆的关于二人教育思想、师德、人品等方面内容。

E256/1　　　　　　　　　　　0276

诗人学者　民主斗士闻一多:[摄影集] / 闻立雕等编. — 北京:中国摄影出版社,1996

135 页;27×24cm

ISBN　7-80007-210-X

精装:CNY180.00

闻一多是我国著名诗人、学者、民主斗士。本图册记录了关于闻一多的生平事迹,为读者提供了较丰富的图片资料。

E26/1.6　　　　　　　　　　　0277

中国国际艺术名人 China Artistic Celebrity. 总第 6 期. — 2006,7 = 总 6-. — 香港:中国国际艺术名人杂志社,2006-

29cm

ISSN1815-512X

该书介绍了娄师白、陈克永、王梦湖等 16 位中国艺术名人,并附有其艺术作品照片。

E267/8　　　　　　　　　　　0278

王展云从艺画集. — 北京:[出版者不详],[2018]

150 页;21×29cm

王展云,著名京剧表演艺术家,王金璐之长子。该书收录了王展云先生的字画、演出照片、家庭合影等。记录了王展云先生的生活以及从艺以来的经历。

E43/2.1　　　　　　　　　　　0279

吴氏经历:一个北京人的生命周期 The Adventures of Wu: The Life Cycle a Peking Man / 罗信耀著;吴蕴豪译. — 北京:北京市方志馆,[1940]

2 册（636 页）:图;23cm

该书分上下两卷,从吴氏本身的个人角度出发,记述了在北京所看所想的简短故事,包括作者理解的关于北京人风俗、习惯的事情,该书不是虚构的小说,每个章节无论长短,都可以被抽出单独阅读。

上卷包括吴氏家族概况、满月礼、茶馆说书人等内容。

E43/2.2   **0280**

吴氏经历:一个北京人的生命周期 The Adventures of Wu: The Life Cycle a Peking Man / 罗信耀著;吴蕴豪译 . — 北京:北京市方志馆,[出版年不详]

2 册(636 页):图;23cm

该书分上下两卷,从吴氏本身的个人角度出发,记述了在北京所看所想的简短故事,包括作者理解的关于北京人风俗、习惯的事情,该书不是虚构的小说,每个章节无论长短,都可以被抽出单独阅读。

下卷包括中秋节、重阳节、农历新年等内容。

E52/1   **0281**

北京四中校友通讯录:1907—1987/ 北京四中校友会[编]. — 北京:四中校友会,1987

258 页;20cm

该书共收录 1907—1987 年近 6000 名北京四中(西城区境内)校友的通讯地址和工作情况,同时还编辑了在校教职工和学生 1700 人的名单。

E52/2   **0282**

国立北平大学附属高级中学第一级毕业同学录 / 国立北平大学附属高级中学[编].[北京]:[国立北平大学附属高级中学],[出版年不详]

1 册:图;25cm

该同学录为纪念这难能可贵的历史以及甜蜜的回忆,内容包括北平大学附属高级中学校史、校景、职员、教员、毕业同学、未毕业同学、生活照片等内容。

F 社会生活

F1/30   0283

北京年鉴2010 市民生活年鉴.2010/北京年鉴社［编］.—［北京］:［北京年鉴社］,［2011］

263页；21cm

该年鉴是一本关注百姓衣、食、住、行、游、购等生活信息的资料性用书,包括日常生活、公共服务、教育培训、劳动就业、投资理财、旅游休闲、社会保障、医疗健康、文化娱乐、网络通讯等10篇,为市民提供最新、最实用的生活资讯。该书反映的信息内容自2009年8月至2010年8月。

F1/40   0284

全响应网格化社会服务管理政策文件汇编/西城区社会建设工作领导小组办公室［编］.—北京：西城区社会建设工作领导小组办公室,2013

186页；25cm

CNY 45.00

该书汇集了"全响应"体系建设推进过程中形成的一系列文件,进一步诠释了"响应谁""响应什么""怎么响应"的问题,同时,为"全响应"全面落地提供了制度保障。

F1/41（2006）-5   0285

新北京人手册.2006/北京天利经济文化发展公司,北京环球视线广告有限公司编.—5版.—拉萨：西藏人民出版社,2005

393页：图,地图；22cm

ISBN 7-223-01323-0

精装：CNY33.00

该书收录了与生活和办公紧密相关的实用信息,包括地图、公交线路、列车时刻表、医疗保健机构、办事指南、旅游景点等。

F1/42   0286

来京人员工作生活服务指南/李万钧主编；北京市流动人口和出租房屋管理委员会办公室编.—北京：北京出版社,2008

97页：图,地图；21cm

ISBN 978-7-200-07276-1

CNY 10.00

该书主要内容包括流动人口在京生活居住、劳动就业、子女教育、计划生育、社会保障、权益保护等诸多方面信息,详细解读提示了本市流动人口服务管理相关政策,对流动人口在京工作生活具有一定的指导作用。

F1/43   0287

芝麻开花节节高：西城区百姓生活60年变迁图片展资料册/中共北京市西城区委宣传部编.—［北京］：［中共北京市西城区委宣传部］,［2009］

59页：照片；29cm

该手册由中共北京市西城区委宣传部编印，从百姓生活之服饰、百姓生活之饮食、百姓生活之居住环境、百姓生活之出行、百姓生活方式变迁五个方面展示了西城区百姓60年的生活变迁。

F1/44　　　　　　　　　　0288

北京市西城区文化体验地图. —[北京]：[出版者不详]，[出版年不详]

3张：地图

该体验地图共分3张，正面均为北京城区图，右下角附北京市地铁交通图，背面分别是天桥大栅栏琉璃厂休闲街区导览、休闲娱乐天堂西单、中国最美的城区——京城明珠什刹海三幅文化休闲体验地图。

F2/1　　　　　　　　　　0289

社会民生需求调查动态 / 西城区社会建设工作领导小组办公室［编］. —北京：西城区社会建设工作领导小组办公室，2013

125页：图；25cm

CNY 50.00

该书汇集了"全响应"体系建设推进过程中定期发布的"社情民意调查分析季报""访民情、听民意、解民难工作分析报告"，以及2013年度区街两级办实事计划，真实地反映了民生需求和政府的响应的过程，充分体现了西城区需求导向的工作思路和以人为本的工作理念。

F2/26（2013）.9　　　　　0290

西城调研与决策.2013年第9期 / 西城区委区政府研究室主办. —创刊号（2011，2）- = 总1 No.2（2011，3）- = 总2-. —北京：西城区委区政府研究室，2011—

29cm

半月刊，2011—

该刊由西城区委区政府研究室主办。设置的主要栏目有政策解读、重要言论、重点关注、实践探索、前沿观点等。本期为总第54期，关键词包括统战工作服务文化之都、文创产业与金融业融合、金融界文化发展等。

F2/26（2013）.10　　　　0291

西城调研与决策.2013年第10期 / 西城区委区政府研究室主办. —创刊号（2011，2）- = 总1 No.2（2011，3）- = 总2-. —北京：西城区委区政府研究室，2011—

29cm

半月刊，2011-

该刊由西城区委区政府研究室主办。设置的主要栏目有政策解读、重要言论、重点关注、实践探索、前沿观点等。本期为总第55期，关键词包括环境管控和拆违建设、历史文化保护区保护复兴、环境建设体现城市文化等。

F2/26（2013）.12　　　　0292

西城调研与决策.2013年第12期 / 西城区委区政府研究室主办. —创刊号（2011，2）- = 总1 No.2（2011，3）- = 总2-. —北京：西城区委区政府研究室，2011—

29cm

半月刊，2011—

该刊由西城区委区政府研究室主办。设置的主要栏目有政策解读、重要言论、重点关注、实践探索、前沿观点等。本期为总第57期，关键词包括生活性服务业、"菜篮子"和早餐工程、天桥演艺区可持续发展等。

F2/26（2013）.15　　　　　0293

西城调研与决策.2013 年第 15 期/西城区委区政府研究室主办.— 创刊号（2011，2）- = 总 1 No.2（2011，3）- = 总 2-.— 北京：西城区委区政府研究室，2011—

29cm

半月刊，2011—

该刊由西城区委区政府研究室主办。设置的主要栏目有政策解读、重要言论、重点关注、实践探索、前沿观点等。本期为总第 60 期，关键词包括党的群众路线教育实践活动、群众工作力、在创新社会管理中贯彻群众路线等。

F2/26（2013）.17　　　　　0294

西城调研与决策.2013 年第 17 期/西城区委区政府研究室主办.— 创刊号（2011，2）- = 总 1 No.2（2011，3）- = 总 2-.— 北京：西城区委区政府研究室，2011—

29cm

半月刊，2011—

该刊由西城区委区政府研究室主办。设置的主要栏目有政策解读、重要言论、重点关注、实践探索、前沿观点等。本期为总第 62 期，关键词包括习近平总书记重要讲话：反腐、党建、经济、生态文明；习近平总书记在各地调研：党建、生态；专家解读及媒体评论：群众路线、反四风、党建等。

F2/26（2013）.19　　　　　0295

西城调研与决策.2013 年第 19 期/西城区委区政府研究室主办.— 创刊号（2011，2）- = 总 1 No.2（2011，3）- = 总 2-.— 北京：西城区委区政府研究室，2011—

29cm

半月刊，2011—

该刊由西城区委区政府研究室主办。设置的主要栏目有政策解读、重要言论、重点关注、实践探索、前沿观点等。本期为总第 64 期，关键词包括浅析"老字号"保护和发展、西城区老字号保护和发展、国有老字号企业创新等。

F2/26（2014）.10　　　　　0296

西城调研与决策.2014 年第 10 期/西城区委区政府研究室主办.— 创刊号（2011，2）- = 总 1 No.2（2011，3）- = 总 2-.— 北京：西城区委区政府研究室，2011—

29cm

半月刊，2011—

该刊由西城区委区政府研究室主办。设置的主要栏目有政策解读、重要言论、重点关注、实践探索、前沿观点等。本期为总第 76 期，关键词包括编外用工、高技能人才、专业技术人才等。

F2/26（2014）.11　　　　　0297

西城调研与决策.2014 年第 11 期/西城区委区政府研究室主办.— 创刊号（2011，2）- = 总 1 No.2（2011，3）- = 总 2-.— 北京：西城区委区政府研究室，2011—

29cm

半月刊，2011—

该刊由西城区委区政府研究室主办。设置的主要栏目有政策解读、重要言论、重点关注、实践探索、前沿观点等。本期为总第 77 期，关键词包括民生情怀、社会单位资源开放、便民服务圈等。

F2/26（2014）.12　　　　　0298

西城调研与决策.2014年第12期/西城区委区政府研究室主办. — 创刊号（2011,2）- = 总1 No.2（2011, 3）- = 总2-. — 北京：西城区委区政府研究室, 2011—

29cm

半月刊, 2011—

该刊由西城区委区政府研究室主办。设置的主要栏目有政策解读、重要言论、重点关注、实践探索、前沿观点等。本期为总第78期，关键词包括政府购买服务、服务满意度外部评估体系、公共服务大厅运行机制等。

F2/26（2014）.13　　　　　0299

西城调研与决策.2014年第13期/西城区委区政府研究室主办. — 创刊号（2011,2）- = 总1 No.2（2011, 3）- = 总2-. — 北京：西城区委区政府研究室, 2011—

29cm

半月刊, 2011—

该刊由西城区委区政府研究室主办。设置的主要栏目有政策解读、重要言论、重点关注、实践探索、前沿观点等。本期为总第79期，关键词包括总体国家安全观、舌尖上的安全、安全生产等。

F2/26（2014）.16　　　　　0300

西城调研与决策.2014年第16期/西城区委区政府研究室主办. — 创刊号（2011,2）- = 总1 No.2（2011, 3）- = 总2-. — 北京：西城区委区政府研究室, 2011—

29cm

半月刊, 2011—

该刊由西城区委区政府研究室主办。设置的主要栏目有政策解读、重要言论、重点关注、实践探索、前沿观点等。本期为总第82期，关键词包括街道社区党员干部队伍建设、律师行业党建、社会组织党建等。

F2/26（2014）.17　　　　　0301

西城调研与决策.2014年第17期/西城区委区政府研究室主办. — 创刊号（2011,2）- = 总1 No.2（2011, 3）- = 总2-. — 北京：西城区委区政府研究室, 2011—

29cm

半月刊, 2011-

该刊由西城区委区政府研究室主办。设置的主要栏目有政策解读、重要言论、重点关注、实践探索、前沿观点等。本期为总第83期，关键词包括房产遗留问题、保障性住房的行政法保护机制、整治群租房等。

F2/26（2014）.18　　　　　0302

西城调研与决策.2014年第18期/西城区委区政府研究室主办. — 创刊号（2011,2）- = 总1 No.2（2011, 3）- = 总2-. — 北京：西城区委区政府研究室, 2011—

29cm

半月刊, 2011—

该刊由西城区委区政府研究室主办。设置的主要栏目有政策解读、重要言论、重点关注、实践探索、前沿观点等。本期为总第84期，关键词包括旧城改造与文化保护、文保区的保护与发展、城市文化建设与文化遗产保护等。

F2/26（2014）.19　　　　　0303

西城调研与决策.2014年第19期/西城区委区政府研究室主办. — 创刊号（2011,2）- = 总1 No.2（2011, 3）- = 总2-. — 北京：西城区委区政府研究室，2011—

29cm

半月刊，2011—

该刊由西城区委区政府研究室主办。设置的主要栏目有政策解读、重要言论、重点关注、实践探索、前沿观点等。本期为总第85期，关键词包括首都治理现代化、智慧城市、公众参与城市管理等。

F2/26（2014）.20　　　　0304

西城调研与决策.2014年第20期/西城区委区政府研究室主办. — 创刊号（2011，2）- = 总1 No.2（2011，3）- = 总2-. — 北京：西城区委区政府研究室，2011—

29cm

半月刊，2011—

该刊由西城区委区政府研究室主办。设置的主要栏目有政策解读、重要言论、重点关注、实践探索、前沿观点等。本期为总第86期，关键词包括经济体制改革、信用红利时代、生产性服务业等。

F2/26（2014）.21　　　　0305

西城调研与决策.2014年第21期/西城区委区政府研究室主办. — 创刊号（2011，2）- = 总1 No.2（2011，3）- = 总2-. — 北京：西城区委区政府研究室，2011—

29cm

半月刊，2011—

该刊由西城区委区政府研究室主办。设置的主要栏目有政策解读、重要言论、重点关注、实践探索、前沿观点等。本期为总第87期，关键词包括十八届四中全会、简政放权、社会主义市场经济法律制度等。

F2/26（2014）.22　　　　0306

西城调研与决策.2014年第22期/西城区委区政府研究室主办. — 创刊号（2011，2）- = 总1 No.2（2011，3）- = 总2-. — 北京：西城区委区政府研究室，2011—

29cm

半月刊，2011—

该刊由西城区委区政府研究室主办。设置的主要栏目有政策解读、重要言论、重点关注、实践探索、前沿观点等。本期为总第88期，关键词包括"八点要求"、反腐败有效机制、从严治党路线图等。

F2/26（2014）.23　　　　0307

西城调研与决策.2014年第23期/西城区委区政府研究室主办. — 创刊号（2011，2）- = 总1 No.2（2011，3）- = 总2-. — 北京：西城区委区政府研究室，2011—

29cm

半月刊，2011—

该刊由西城区委区政府研究室主办。设置的主要栏目有政策解读、重要言论、重点关注、实践探索、前沿观点等。本期为总第89期，关键词包括城市规模划分标准、智慧城市、科技创新等。

F2/26（2014）.24　　　　0308

西城调研与决策.2014年第24期/西城区委区政府研究室主办. — 创刊号（2011，2）- = 总1 No.2（2011，3）- = 总2-. — 北京：西城区委区政府研究室，2011—

29cm

半月刊，2011—

该刊由西城区委区政府研究室主办。设置的主要栏目有政策解读、重要言论、重点关注、实践探索、前沿观点等。本期为总第 90 期，关键词包括盘点 2014 政治、盘点 2014 经济、盘点 2014 民生等。

F2/26（2015）.1　　　　　　0309

西城调研与决策 .2015 年第 1 期 / 西城区委区政府研究室主办 . — 创刊号（2011，2）- = 总 1 No.2（2011，3）- = 总 2-. — 北京：西城区委区政府研究室，2011—

29cm

半月刊，2011—

该刊由西城区委区政府研究室主办。设置的主要栏目有政策解读、重要言论、重点关注、实践探索、前沿观点等。本期为总第 91 期，关键词包括"十三五"规划进入预热期、规划编制的五大突出问题、"十三五"规划建议等。

F32/6　　　　　　0310

奋斗的足迹：西城区青年就业创业案例集 /［共青团西城区委员会编］. — 北京：共青团西城区委员会，2010

129 页：照片；24cm

CNY 42.00

该案例集由西城区团委联手西城区青少年联合会、西城区志愿者联合会，汇集了区域近 30 名青年就业创业的经历和体会。这些青年职业不同，具有广泛代表性，可以为读者的职业生涯提供给参考与借鉴。

F35/1　　　　　　0311

2008 年西城区老龄工作发展报告 / 朱建民，郝嫔主编 . — 北京：北京市西城区老龄工作委员会办公室，［2009］

104 页：图；29cm

CNY 20.00

该报告由区老龄工作委员会办公室主编，分为工作报告、中期评估、主题汇报、实践与思考、理念与创新、媒体报道、重要文件及附录等 8 个章节，从不同的观察和思考界面记录老龄工作发展中的有价值的活动。

F35/1　　　　　　0312

2009 年西城区老龄工作发展报告 / 朱建民，郝嫔主编 . — 北京：［北京市西城区老龄工作委员会办公室］，［2010］

93 页：图；29cm

该报告由区老龄工作委员会办公室主编，分为工作报告、为老人办实事工程、学习实践科学发展观活动、实践与思考、项目运作、老龄工作落实在社区、媒体报道、重要文件及附录等 9 个章节，从不同的观察和思考界面记录老龄工作发展中的有价值的活动。

F35/6　　　　　　0313

发展老龄事业　构建和谐社会：西城区养老服务情况简介 / 西城区民政局，西城区老龄工作委员会办公室［编］. — 北京：［西城区民政局］：［西城区老龄工作委员会办公室］，［2015］

1 册：照片；19×25cm

该书内容包括西城区养老服务体系、社会保障制度、医养结合模式、政策体系和老龄体制机制等。

F35/7　　　　　　0314

北京市西城区居家养老服务单位目录 / 西城区居家养老服务中心［编］. — 北京：

西城区居家养老服务中心，2013

88 页；19×26cm

CNY 40.00

该书包括高龄老人补贴服务解答和服务单位目录等内容，以方便广大老年人对补贴服务相关规定的了解和政策把握，更好地选择服务和监督服务。

F35/8　　　　　　　　　　　　0315

西城区居家养老服务工作资料汇编／陈艳主编．— 北京：北京市西城区民政局，2006

93 页：照片；29cm

CNY［50.00］

该书包括四部分内容：第一部分是西城区居家养老服务工作文件汇编，第二部分是西城区居家养老服务工作相关制度、方案与工作流程，第三部分是西城区居家养老服务工作的探索与实践，第四部分是各级领导亲切关怀和新闻报道摘要。

F39/1　　　　　　　　　　　　0316

快乐法则：战胜抑郁／边宝生主编．—［北京］：［出版者不详］，［2007］

57 页：图；21cm

该书册作为心理健康的科普读物，并非是抑郁症的治疗手册，而是强调了对抑郁这种精神心理状态的预防与转化，在文章中以通俗的生活事例说明，人们应该如何做好自己情绪管理的智者，如何积极思维创造快乐，如何培养快乐的习惯，让读者了解抑郁障碍、抑郁症，获得如何避免产生抑郁的方法。

F411（6）/2/.22　　　　　　　0317

北京市西城区2010年人口普查文件资料／北京市西城区第六次全国人口普查领导小组办公室，北京市西城区统计局，北京市西城区经济社会调查队［编］．— 北京：北京市西城区第六次全国人口普查领导小组办公室：北京市西城区统计局：北京市西城区经济社会调查队，2010

505 页；30cm＋1 光盘

精装：CNY［220.00］

该书包括四部分内容：第一部分是人口普查重要文件资料，第二部分是人口普查技术业务总结，第三部分是人口普查工作解答，第四部分是人口普查大事记。

F411（6）/3/.22　　　　　　　0318

西城区第六次全国人口普查光荣册／西城区第六次全国人口普查领导小组办公室［编］．— 北京：西城区第六次全国人口普查领导小组办公室，［2011］

56 页；26cm

该册由西城区第六次全国人口普查领导小组办公室编辑制作，记载了 2010 年西城区第六次全国人口普查先进集体和个人的名单。

F42/11.1　　　　　　　　　　0319

西城区社区健康生育全程服务工程调研成果／西城区人口和计划生育委员会［编］．— 北京：西城区人口和计划生育委员会，［2007］

103 页；28cm

CNY 40.00

该书包括北京市西城区社区健康生育全程监控服务模式研究、西城区"健康生育快乐园"互动式培训课前课后问卷分析报告、0—3 岁早期教育普及型服务调查统计分析等 9 份调查报告。

F42/11.2　　　　　　　　　0320

西城区社区健康生育全程服务工程. 指导手册 / 西城区人口和计划生育委员会 [编] . — 北京：西城区人口和计划生育委员会，[2007]

118 页；29cm

该书包括社区健康生育全程服务实施方案、实施细则，加强社区计划生育优质服务工作的实施意见的通知、社区家庭生殖健康干预工程的通知等6份文件。

F42/11.3　　　　　　　　　0321

西城区社区健康生育全程服务工程. 工作成果 / [西城区人口和计划生育委员会编] . — 北京：西城区人口和计划生育委员会，2007

82 页：图；29cm

CNY 25.00

该书包括0—3岁社区早期儿童教育的探索与实践、认真履行职责，发挥联动作用，努力实现生育文明关口前移、发挥自身优势，引导健康生育等15项工作成果展示。

F42/5　　　　　　　　　　0322

北京市西城区《社区健康生育全程服务》工程实施细则 / [北京市西城区《社区健康生育全程服务》工程领导小组，北京市西城区人口和计划生育委员会编] . — 北京：北京市西城区《社区健康生育全程服务》工程领导小组：北京市西城区人口和计划生育委员会，2006

66 页：图；29cm

CNY 15.00

该书为参与北京市西城区《社区健康生育全程服务》工程的各单位和工作人员在实际工作中提供了规范化、科学化的实施细则。全书包括五部分内容：第一部分是背景，第二部分是工作模式与策略，第三部分是组织管理机构及职责，第四部分是经费预算，第五部分是实施细则附件。

F42/12　　　　　　　　　　0323

情思飞扬：新街口街道计生工作民间艺术展 / 李云英，王占荣主编 . — 北京：[北京市西城区新街口街道办事处]：[北京市西城区新街口街道计生办]，[出版年不详]

31 页；22×24cm

该画册收录新街口街道举办的"首届人口与计生民间文化艺术展"参展作品140余幅，作品涉及摄影、书画、手工艺编织、布贴、剪纸等10余个种类，以新颖的形式，广泛传播婚育新风尚，有效地宣传了计划生育知识和文化。

F7/7　　　　　　　　　　　0324

西城区民族政策监督员工作手册 / 西城区人民政府民族宗教侨务办公室 [编] . [北京]：[西城区人民政府民族宗教侨务办公室]，[2013]

12 页；21cm

该手册由西城区人民政府民族宗教侨务办公室编，包括西城区民族政策监督员工作职责、北京市少数民族权益保障条例两部分。

F8/6　　　　　　　　　　　0325

北京市西城区宗教工作手册 / 西城区民族宗教侨务办公室 [编] . — 北京：[西城区民族宗教侨务办公室]，[2014]

92 页：彩照；22cm

该书对西城区19个宗教活动场所分别

进行了简要介绍，汇编了宗教团体信息、宗教政策法规选编、五大宗教知识简介以及宗教知识问答等。

F82/4.1　　　　　　　　　　0326

雲析道人讲道集．一 / 楼嘉咏编著．— 北京：[中国道家文化研究会]：[北京白云观管委会]，[2009]

80 页：图；21cm. —（中国道家文化系列丛书）

全书为中国道家文化系列丛书，该书为第 1 辑，记叙了云析道人讲述的与信徒有关的道教常识，包括开示缘起、斋戒沐浴、请诸品供、烧香叩拜、皈依三宝等 16 部分内容以及白云观道场简介、主要道场日期、朝拜礼仪等。

F82/4.2　　　　　　　　　　0327

雲析道人讲道集．二 / 楼嘉咏编著．— 北京：[中国道家文化研究会]：[北京白云观管委会]，[2009]

88 页：图；21cm. —（中国道家文化系列丛书）

全书为中国道家文化系列丛书，该书为第 2 辑，记叙了云析道人讲述的与信徒有关的道教常识，包括道教源流、玄门宗派、道教神仙、白云观道场简介主要道场日期、朝拜礼仪等。

F82/5.1　　　　　　　　　　0328

中华道学百问．上 / 李信军编著．— 北京：北京白云观，[2009]

200 页：图；26cm

全书分上中下 3 册，该书为上册，分有 3 个章节，即道教历史、中华道文化、道教基本教义，共 120 多个问答题。采用图文并茂、通俗易懂的方式，力求读者能在较短的时间直接、全面的了解和掌握，什么是中华"本位"文化及道教的历史、人物、教义等。

F82/5.2　　　　　　　　　　0329

中华道学百问．中 / 李信军编著．— 北京：北京白云观，[2011]

170 页：图；26cm

全书分上中下 3 册，该书为中册，共 3 章组成，分别为道教炼丹与科学科技、道教医学和道教与养生。采用图文并茂、通俗易懂的方式，阐述了道教与炼丹、医学、养生之间的相关研究。

F82/5.3　　　　　　　　　　0330

中华道学百问．下 / 李信军编著．— 北京：北京白云观，[2012]

172 页：图；26cm

全书分上中下 3 册，该书为下册，共 3 章（即第七、八、九章）组成，分别为道教日用经典、道教与传统文化及艺术和道教信仰与民俗。采用图文并茂、通俗易懂的方式，向人们展现了道教的经典、文化、艺术、信仰与民俗。

F84/7　　　　　　　　　　　0331

北京基督教会缸瓦市堂复堂二十周年纪念：1980—2000/[北京基督教会缸瓦市堂编]．北京：[北京基督教会缸瓦市堂]，[2000]

20 页：照片；29cm

该册为纪念册，讲述了基督教的基本活动、义务服侍、爱国爱教、友好往来和教会今昔。展现了基督教的宽广博爱和独特魅力。

G 政治·法律

G0/2　　　　　　　　　　0332

北京市宣武区重要会议资料汇编：1949—2010/中共北京市西城区委党史工作办公室编.—北京：中共北京市西城区委党史工作办公室，2013

639页：图；27cm

精装：CNY［220.00］

《北京市宣武区重要会议资料汇编（1949—2010）》记录了1949年10月新中国成立至2010年6月期间宣武区历次（届）党代会、人代会、政协会的重要会议史料，客观反映了原宣武地方党组织领导全区人民进行社会主义革命、建设和改革开放的历史。

G0/3　　　　　　　　　　0333

放歌60年：纪念新中国和人民政协成立六十周年/中国人民政治协商会议北京市西城区委员会［编］.—北京：［中国人民政治协商会议北京市西城区委员会］，［2009］

70页；26cm

该书收录了西城区政协委员和有关人士纪念新中国和人民政协成立60周年的文稿32篇，讴歌了60年来全国各族人民在中国共产党带领下艰苦奋斗、勇于奉献的精神风貌和国家、首都、西城区发生的翻天覆地变化。

G1/4.2（1）　　　　　　　0334

科学发展　和谐发展　率先发展，处级领导调研报告选编.一/［中共北京市西城区委深入学习实践科学发展观活动领导小组办公室编］.—北京：中共北京市西城区委深入学习实践科学发展观活动领导小组办公室，2009

392页：图；30cm

CNY 60.00

该书由中共北京市西城区委深入学习实践科学发展观活动领导小组办公室编辑，围绕经济发展这一主题，选编了西城区处级领导调研报告共计41篇。

G1/4.2（2）　　　　　　　0335

科学发展　和谐发展　率先发展，处级领导调研报告选编.二/［中共北京市西城区委深入学习实践科学发展观活动领导小组办公室编］.—北京：中共北京市西城区委深入学习实践科学发展观活动领导小组办公室，2009

489页：图；30cm

CNY 60.00

该书由中共北京市西城区委深入学习实践科学发展观活动领导小组办公室编辑，围绕社会事业与精神文明建设这一主题，选编了西城区处级领导调研报告共计47篇。

G1/4.2（3）　　　　　　　0336

科学发展　和谐发展　率先发展，处级领导调研报告选编.三/中共北京市西城区委深入学习实践科学发展观活动领导小组办

公室［编］. —［北京］：［中共北京市西城区委深入学习实践科学发展观活动领导小组办公室］,［2009］

277页：图；29cm

该书由中共北京市西城区委深入学习实践科学发展观活动领导小组办公室编辑，围绕民主政治与党的建设这一主题，选编了西城区处级领导调研报告共计27篇。

G1/5 0337

科学发展在北京 / 中共北京市委宣传部编. —北京：北京出版社，2009

258页：照片；24cm

ISBN 978-7-200-07815-2

CNY 30.00

该书以举案说理的形式，从经济、政治、文化、社会、生态和党的建设等不同领域，选取首都近年来贯彻落实科学发展观的80个典型案例，通俗阐释科学发展观的科学内涵和精神实质。

G1/6 0338

以案为鉴警钟长鸣：西城区社区党员违纪典型案例及点评 / 中共北京市西城区纪律检查委员会［编］. —［北京］：［中共北京市西城区纪律检查委员会］,［2014］

1册；21cm

该手册由中共北京市西城区纪律检查委员会编辑，记录了8个社区党员违纪典型案例，分别是违法发放福利案、违反财经记录案、公款吃喝案、公款私存案、贪污案、行贿案、散播谣言案、治安和刑事案件。

G12/19.58 0339

西城论坛. 第58期. —2001，No.4（2001，12）-=总11-. —北京：《西城论坛》编辑部，2001—

26cm

双月刊

该刊是由中共北京市西城区委党校主办的双月刊，一般包括专家论点、理论经纬、区域工作、社区风采等栏目。本期为总第58期，内容包括坚持中国特色社会主义文化发展道路、回顾与思考："西化"与"中化"的百年论争、传统文化对中国现代化社会影响的几点思索等内容。

G12/19 .61 0340

西城论坛. 第61期. —2001，No.4（2001，12）-=总11-. —北京：《西城论坛》编辑部，2001—

26cm

双月刊

该刊是由中共北京市西城区委党校主办的双月刊，一般包括专家论点、理论经纬、区域工作、社区风采等栏目。本期为总第61期，内容包括论改革顶层设计的使命、中国改革的权力——权利逻辑、科学发展观与我国生态伦理的构建等内容。

G12/19 .63 0341

西城论坛. 第63期. —2001，No.4（2001，12）-=总11-. —北京：《西城论坛》编辑部，2001—

26cm

双月刊

该刊是由中共北京市西城区委党校主办的双月刊，一般包括专家论点、理论经纬、区域工作、社区风采等栏目。本期为总第63期，内容包括紧紧抓住密切联系群众这个根本、推进"四步走战略"实现中华民族伟大复兴中国梦、我区推进中医药事业发展取得成效等内容。

G12/19 .64　　　　　　0342

西城论坛 . 第 64 期 . — 2001，No.4（2001，12）-= 总 11-. — 北京：《西城论坛》编辑部，2001—

26cm

双月刊

该刊是由中共北京市西城区委党校主办的双月刊，一般包括专家论点、理论经纬、区域工作、社区风采等栏目。本期为总第 64 期，内容包括大力推进实践基础上的制度创新、试论新时期党的群众工作绩效评价体系的构建、浅论文化改革发展的顶层设计等内容。

G12/27　　　　　　0343

凝聚·服务·创新·和谐：[画册]：宣武区基层党建工作示范点建设经验集萃 / 杨素荣主编；中共北京市宣武区委组织部编 . — 北京：[中共北京市宣武区委组织部]，2008

87 页；25×26cm

CNY 45.00

该书将宣武区基层党建的阶段性工作情况和 10 个区级示范点的特色、亮点和基本经验汇集成册。分为：求索篇、创新篇、实践篇。

G12/51.16　　　　　　0344

西城宣传 . 第 16 期 . — 2010，No.1（2010，9）-= 总 1-. — 北京：中共北京市西城区委宣传部，2010—

29cm

半月刊

该刊由中共北京市西城区委宣传部主办。本期内容包括刘关山：科学发展观的历史地位和指导意义、群众急需的就是我们要做的、把文化的种子播撒到百姓身边等内容。

G12/51.17　　　　　　0345

西城宣传 . 第 17 期 . — 2010，No.1（2010，9）-= 总 1-. — 北京：中共北京市西城区委宣传部，2010—

29cm

半月刊

该刊由中共北京市西城区委宣传部主办，一般包括主题阅读、重点关注、宣传在线、西城讲坛等栏目。本期内容包括树立五种崇高情感、文风体现作风、雷锋战友乔安山走进天桥等内容。

G12/51.41　　　　　　0346

西城宣传 . 第 41 期 . — 2010，No.1（2010，9）-= 总 1-. — 北京：中共北京市西城区委宣传部，2010—

29cm

半月刊

该刊由中共北京市西城区委宣传部主办，一般包括主题阅读、重点关注、宣传在线、西城讲坛等栏目。本期内容包括习近平在北京考察工作时强调——立足提高治理能力抓好城市规划建设，着眼精彩非凡卓越筹办好北京冬奥会、如何更好适应把握引领我国经济发展新常态、开展"五比五看五强化"活动的实践与思考等内容。

G12/51.42　　　　　　0347

西城宣传 . 第 42 期 . — 2010，No.1

(2010,9)-=总1-. — 北京：中共北京市西城区委宣传部，2010—

29cm

半月刊

该刊由中共北京市西城区委宣传部主办，一般包括主题阅读、重点关注、宣传在线、西城讲坛等栏目。本期内容包括习近平关于从严治党的重要论述、增强党内政治生活的政治性时代性原则性战斗性、中华文化的当代价值与意义等内容。

G12/51.46　　　　　　　　　0348

西城宣传. 第46期. — 2010, No.1 (2010,9)-=总1-. — 北京：中共北京市西城区委宣传部，2010—

29cm

半月刊

该刊由中共北京市西城区委宣传部主办，一般包括主题阅读、重点关注、宣传在线、西城讲坛等栏目。本期内容包括习近平关于生态文明建设的重要论述、习近平在第十三届全国人民代表大会第一次会议上的讲话、加强现代化经济体系的理论和实证研究等内容。

G12/51.50　　　　　　　　　0349

西城宣传. 第50期. — 2010, No.1 (2010,9)-=总1-. — 北京：中共北京市西城区委宣传部，2010—

29cm

半月刊

该刊由中共北京市西城区委宣传部主办，一般包括主题阅读、重点关注、宣传在线、西城讲坛等栏目。本期内容包括习近平关于创新的重要论述、习近平在首届中国国际进口博览会开幕式上的主旨演讲、"两创"：建设社会主义文化强国的重要方针等内容。

G12/51.51　　　　　　　　　0350

西城宣传. 第51期. — 2010, No.1 (2010,9)-=总1-. — 北京：中共北京市西城区委宣传部，2010—

29cm

半月刊

该刊由中共北京市西城区委宣传部主办，一般包括主题阅读、重点关注、宣传在线、西城讲坛等栏目。本期内容包括习近平在庆祝改革开放40周年大会上的讲话、新时代继续推进改革开放的纲领性文献、以制度创新巩固和发展西城改革成果等内容。

G12/51.53　　　　　　　　　0351

西城宣传. 第53期. — 2010, No.1 (2010,9)-=总1-. — 北京：中共北京市西城区委宣传部，2010—

29cm

半月刊

该刊由中共北京市西城区委宣传部主办，一般包括主题阅读、重点关注、宣传在线、西城讲坛等栏目。本期内容包括深入践行"红墙意识"全力推进新时代教育高质量发展、五四的启示：思想者的责任、切实把握媒体融合发展的战略机遇等内容。

G12/51.54　　　　　　　　　0352

西城宣传. 第54期. — 2010, No.1 (2010,9)-=总1-. — 北京：中共北京市西城区委宣传部，2010—

29cm

半月刊

该刊由中共北京市西城区委宣传部主办,一般包括主题阅读、重点关注、宣传在线、西城讲坛等栏目。本期内容包括习近平在"不忘初心、牢记使命"主题教育工作会议上的讲话、"两个维护"是新时代共产党人的试金石、如何学好党史新中国史等内容。

G12/59　　　　　　　　　　0353

走在时代前列 / 中共北京市委组织部编 . —北京:红旗出版社,2012

506 页:照片;26cm

ISBN　978-7-5051-2177-5

CNY 56.00

在"创先争优"活动中,北京市涌现出了一批先进基层党组织优秀共产党员和优秀党务工作者。书中汇编了他们的先进事迹,集中体现了北京市基层党组织、广大党员和党务工作者的先进性和时代风貌。通过学习先进集体、模范人物的事迹,促进北京市的经济工作更好、更快地发展。

G12/61　　　　　　　　　　0354

2013 年西城区纪检监察系统优秀调研报告汇编 / 北京市西城区纪委研究室编 . —北京:[北京市西城区纪委研究室],[2013]

185 页;24cm

汇编收录了 2013 年西城区纪检监察系统优秀调研报告 22 篇。

G12/61　　　　　　　　　　0355

2014 年西城区纪检监察系统优秀调研报告汇编 / 北京市西城区纪委研究室编 . —[出版地不详]:[出版者不详],2014

202 页;24cm

该书收录了西城区纪检监察系统 2014 年调研报告 24 篇,包括反腐倡廉建设、党风廉政建设、党风党纪教育、落实中央八项规定等方面的内容。

G12/62　　　　　　　　　　0356

党建研究课题成果选编 Reaserch Results Compilation on the Building of Chinese Communist Party / 西城区社会建设工作领导小组办公室[编] . —北京:[西城区社会建设工作领导小组办公室],[2013]

243 页;25cm

该书收录了西城区社工委开展的 2012 年社会领域党建研究课题调研报告 30 篇,分为区域化党建、社区党建和"两新"组织党建 3 部分,内容涵盖社区党建、非公经济组织和社会组织党建、楼宇党建及流动党员教育服务管理等方面。

G12/63(2015).4　　　　　　0357

非公党建 .2015 年第 4 期 / 西城区非公经济组织党员服务中心[编] . —[2015,No.1(2015,3)]-. —北京:西城区非公经济组织党员服务中心,2015-

29cm

季刊

该书由西城区非公经济组织党员服务中心编著,包括西城区部分街道优秀党建工作案例、短篇荟萃等内容。

G12/64　　　　　　　　　　0358

中共北京市西城区委深入学习实践科学发展观活动文件资料选 / 中共北京市西城区委深入学习实践科学发展观活动领导小组办公室[编] . —北京:[中共北京市西城区

委深入学习实践科学发展观活动领导小组办公室］，［2009］

161 页；29cm

该材料记录西城区委开展深入学习实践科学发展观活动时的部分资料，记录这一部分资料旨在增强党的先进性，提高党的执政能力，把党的政治优势和组织优势转化成为推动经济社会又快又好发展的强大力量。

G12/65　　　　　　　　　　0359

弘扬机关精神　争做西城先锋：西城区直机关演讲比赛作品汇编 / 西城区直机关工委［编］. — 北京：［西城区直机关工委］，［出版年不详］

93 页：图，照片；21cm

该书由西城区直机关工委编著，摘录西城区直机关演讲作品获奖名单和演讲作品内容，并附有演讲者演讲照片。

G12/66　　　　　　　　　　0360

宣武区 2010 年组织工作会议交流材料汇编 /［中共北京市宣武区组织部编］. — 北京：中共北京市宣武区组织部，2010

374 页；30cm

CNY 18.00

该书收录了宣武区委组织部 2010 年组织工作会议交流材料 123 篇，分为上级精神、领导讲话、总结要点、工作文件、实践活动、调研报告和信息选编 7 部分。

G12/67　　　　　　　　　　0361

2016 年西城区纪检监察系统优秀调研报告汇编 / 北京市西城区纪委研究室编. — 北京：北京市西城区纪委研究室，［2017］

200 页；25cm

CNY 52.00

该书收录了西城区纪检监察系统 2016 年调研报告 24 篇，包括反腐倡廉建设、党风廉政建设、党风党纪教育等方面的内容。

G12/68　　　　　　　　　　0362

大兴学习之风：北京市西城区第二批建设学习型党组织工作示范点和品牌活动经验汇编 / 中共北京市西城区委宣传部，北京市西城区推进学习型党组织建设领导小组办公室［编］. — 北京：［中共北京市西城区委宣传部］：［北京市西城区推进学习型党组织建设领导小组办公室］，2013

156 页；24cm

为充分反映全区各有关单位在学习型党组织建设中创造的鲜活经验，在全区范围内形成示范引领、整体推进的良好氛围，区委宣传部、区推进学习型党组织建设领导小组办公室对 25 个示范点和品牌活动的经验材料予以汇编成册，供全区各级党组织和党员干部学习参考。

G12/69　　　　　　　　　　0363

北京市西城区环境保护局党的群众路线教育实践活动：材料汇编 / 西城区环保局党的群众路线教育实践活动领导小组［编］. 北京：［西城区环保局党的群众路线教育实践活动领导小组］，［2014］

432 页；29cm

该书从党的群众路线教育实践活动出发，从准备阶段，学习教育、听取意见环节，到查摆问题、开展批评环节，最后进行整改落实、建章立制环节，不仅记录了环保局群众路线教育实践活动的全过程，还体现了环保局党组班子和党员领导干部大力弘扬求真务实和艰苦奋斗的工作作风。

G12/70　　　　　　　　　　0364

理论研究与学习成果汇编 / 李会增，张丁主编 . — 北京：[西长安街街道工委]：[西长安街街道办事处]，2015

194 页；24cm

《理论研究与学习成果汇编》是由西长安街街道工委、西长安街街道办事处联合汇编，成果汇编将街道干部在 2015 年撰写的理论调研文章、"三严三实"专题教育学习体会、读书心得进行了整理，汇编成册，供大家学习参考。

G12/71　　　　　　　　　　0365

春华秋实：2011 年社会领域党建工作案例选编：西城区精品楼宇工作站工作纪实 / 中共北京市西城区委社会工作委员会[编]. 北京：[中共北京市西城区委社会工作委员会]，2011

65 页：照片；26cm

该书通过对具体实例的背景、主要做法、运行成效和经验体会的展现，邀请社会领域党建工作专家对社会领域党建工作经验、模式进行点评、提炼，以期给广大社会领域党组织、党员以及从事社会领域党建工作的党务工作者以借鉴和启发。

G19/6　　　　　　　　　　0366

旗帜：马克思主义中国化的光辉历程主题展览 / 中共中央编译局，中共北京市委宣传部，中共北京市西城区委员会[编].—[北京]：[中共中央编译局]：[中共北京市委宣传部]：[中共北京市西城区委员会]，[2016]

148 页：图，照片；32cm

该画册共分六部分，系统展示了中国共产党 95 年历程中马克思主义中国化的伟大成就，回顾中国共产党在各个历史阶段对马克思主义科学理论的深入把握和不断创新，总结马克思主义理论建设的历史经验。

G19/7　　　　　　　　　　0367

中国共产党北京历史大事记 . 1919—1949 / 中共北京市委党史研究室编著 . — 北京：北京出版社，2001

511 页；20cm

ISBN　7-200-03945-4

CNY 24.00

该书如实记录共产党组织成立以来，领导北京地区人民进行革命和建设的历史，包括政治、经济、军事、文化、教育等方面的内容。

G19/8　　　　　　　　　　0368

中国共产党北京市东城区历史大事记：2001—2010 / 中共北京市委党史研究室，中共北京市东城区委党史工作办公室编 . — 北京：中央文献出版社，2015

314 页；24cm. —（中国共产党北京市区县历史大事记丛书）

ISBN　978-7-5073-4431-8

CNY 66.00

该书重点记述了 2001 年 1 月至 2010 年 6 月东城区委带领全区广大干部群众在经济建设、政治建设、文化建设、社会建设、生态文明建设和党的自身建设等各个领域的实践中所发生的重大事件和取得的重大成就。

G19/9　　　　　　　　　　0369

中国共产党北京市崇文区历史大事记：

2001—2010 / 中共北京市委党史研究室，中共北京市东城区委党史工作办公室编 . — 北京：中央文献出版社，2015

275 页；24cm. —（中国共产党北京市区县历史大事记丛书）

ISBN 978-7-5073-4433-2

CNY 66.00

该书真实、客观地记述了中国共产党带领崇文人民进行革命、建设和改革的光辉历程，既有取得成功的经验，也有经受挫折的教训，是了解和研究崇文区革命和建设历史的十分珍贵的历史资料，也是进行区情教育和革命传统教育的难得教材。

G19/10　　　　　　　　　　0370

北京党史研究的拓展与深化 / 谢荫明主编 . — 北京：中国党史出版社，2015

376 页：图；24cm

ISBN 978-7-5098-3026-0

CNY 45.00

该书以北京党史研究 90 多年，尤其是改革开放 30 多年以来的研究成果为对象，以北京市委党史研究室成立 30 多年来不断累积的综述文章为基础，按照北京党史研究发展的具体脉络和过程予以编排、修改和完善，共分 30 章。

G21/4　　　　　　　　　　0371

西城区直机关共青团"学习总书记讲话　做合格共青团员"教育实践学习资料 / 共青团北京市西城区直属机关工作委员会[编] . — 北京：[共青团北京市西城区直属机关工作委员会]，[2017]

331 页；24cm

该书由西城区市直机关工作委员会编著，整理十八大以来习近平总书记重要活动报道、重要讲话内容等。全书分为重要活动报道、重要讲话原文、重要回信原稿 3 部分内容。

G24/3　　　　　　　　　　0372

烽火中的青春：抗日战争时期北平女学生口述 / 中共北京市委党史研究室编 . — 北京：中共党史出版社，2015

278 页：照片，图；24cm. —（北京口述历史丛书）

ISBN 978-7-5098-3025-3

CNY 39.00

该书寻访了 16 位抗战时期的女学生，通过她们讲述的人生故事，从个人视角、生活细节始，生动而非标签、深刻而非刻板地诠释中国共产党及其领导的进步组织对青年学生的感召作用，诠释革命与进步的时代潮流与历史必然。

G24/11　　　　　　　　　　0373

爱的奉献：西城区关心下一代工作先进经验特色活动汇编 / 西城区关心下一代工作委员会，西城区精神文明建设委员会办公室[编] . — [北京]：[西城区关心下一代工作委员会]：[西城区精神文明建设委员会办公室]，[2016]

58 页；29cm

该材料由西城区关心下一代工作委员会、西城区精神文明建设委员会办公室联合编辑，汇编了 12 篇关心下一代先进经验特色活动，包括让革命精神和传统文化根植于孩子们心中、学生的健康成长是学校最大的成就、以雷锋精神建校育人等。

G24/12　　　　　　　　0374

《西城区"十一五"时期儿童发展规划》目标任务分解书/西城区妇女儿童工作委员会[编]. — 北京：[西城区妇女儿童工作委员会],[2006]

8页；22×30cm

该材料将《西城区"十一五"时期儿童发展规划》的目标分解为各委员单位的共同目标、目标任务及责任单位两部分，明确了各责任单位主要目标和支持性指标。

G25/4(2013).3　　　　　　0375

西城女性.2013年第3期. — 2012,No.3(2012,3)- = 总18-. — 北京：北京市西城区妇女联合会,2012—

29cm

双月刊,2012—

该刊是由西城区妇女联合会主办的双月刊，一般包括妇工经纬、活动集锦、经验交流、基层动态等栏目，是妇联组织凝聚妇女、服务妇女的重要平台。本期内容包括区妇联评出百名好婆婆和好媳妇、六一前夕西城区妇联慰问特困家庭儿童、"我的梦·中国梦"梦想寄语选登等内容。

G25/4(2013).4　　　　　　0376

西城女性.2013年第4期. — 2012,No.3(2012,3)- = 总18-. — 北京：北京市西城区妇女联合会,2012—

29cm

双月刊,2012—

该刊是由西城区妇女联合会主办的双月刊，一般包括妇工经纬、活动集锦、经验交流、基层动态等栏目，是妇联组织凝聚妇女、服务妇女的重要平台。本期内容包括"我的梦·中国梦"西城妇联系统宣讲活动启动、西城区妇联举办暑期"家庭教育"系列讲座、西城区开通妇女儿童维权咨询绿色通道等内容。

G25/4(2013).5　　　　　　0377

西城女性.2013年第5期. — 2012,No.3(2012,3)- = 总18-. — 北京：北京市西城区妇女联合会,2012—

29cm

双月刊,2012—

该刊是由西城区妇女联合会主办的双月刊，一般包括妇工经纬、活动集锦、经验交流、基层动态等栏目，是妇联组织凝聚妇女、服务妇女的重要平台。本期内容包括用"半边天"的智慧同心共筑中国梦、巧手粘贴美好的生活等内容。

G25/4(2013).6　　　　　　0378

西城女性.2013年第6期. — 2012,No.3(2012,3)- = 总18-. — 北京：北京市西城区妇女联合会,2012—

29cm

双月刊,2012—

该刊是由西城区妇女联合会主办的双月刊，一般包括妇工经纬、活动集锦、经验交流、基层动态等栏目，是妇联组织凝聚妇女、服务妇女的重要平台。本期内容包括区妇联机关干部认真学习全国第十一次妇代会精神、西城区妇联与重庆市开县妇联携手建立"巾帼共建"机制、奔放四季的铿锵玫瑰等内容。

G25/4(2015).5　　　　　　0379

西城女性.2015年第5期. — 2012,

No.3（2012，3）- = 总 18-. — 北京：北京市西城区妇女联合会，2012—

29cm

双月刊，2012—

该刊是由西城区妇女联合会主办的双月刊，一般包括妇工经纬、活动集锦、经验交流、基层动态等栏目，是妇联组织凝聚妇女、服务妇女的重要平台。本期内容包括"西城最美家庭"留住最美瞬间、西城各界女性为"九三"阅兵"点赞"、抗战精神的延续——从妇救会主任讲起等内容。

G25/4（2015）.6　　　　0380

西城女性.2015年第6期. — 2012，No.3（2012，3）- = 总 18-. — 北京：北京市西城区妇女联合会，2012—

29cm

双月刊，2012—

该刊是由西城区妇女联合会主办的双月刊，一般包括妇工经纬、活动集锦、经验交流、基层动态等栏目，是妇联组织凝聚妇女、服务妇女的重要平台。本期内容包括百户西城"最美家庭"揭晓、她创业圆梦想、2016最好的感恩是将爱传递等内容。

G25/4（2016）.1　　　　0381

西城女性.2016年第1期. — 2012，No.3（2012，3）- = 总 18-. — 北京：北京市西城区妇女联合会，2012—

29cm

双月刊，2012—

该刊是由西城区妇女联合会主办的双月刊，一般包括妇工经纬、活动集锦、经验交流、基层动态等栏目，是妇联组织凝聚妇女、服务妇女的重要平台。本期内容包括区妇联启动"三八妇女节"纪念活动、听，她力量在春天生长、有一种团圆叫远方的守望等内容。

G25/4（2016）.2　　　　0382

西城女性.2016年第2期. — 2012，No.3（2012，3）- = 总 18-. — 北京：北京市西城区妇女联合会，2012—

29cm

双月刊，2012—

该刊是由西城区妇女联合会主办的双月刊，一般包括妇工经纬、活动集锦、经验交流、基层动态等栏目，是妇联组织凝聚妇女、服务妇女的重要平台。本期内容包括西城"妇女之家项目化运作初获成效"、大栅栏石头社区打造"助老服务圈"、家庭阅读汇成书香中国等内容。

G25/4（2016）.3　　　　0383

西城女性.2016年第3期. — 2012，No.3（2012，3）- = 总 18-. — 北京：北京市西城区妇女联合会，2012—

29cm

双月刊，2012—

该刊是由西城区妇女联合会主办的双月刊，一般包括妇工经纬、活动集锦、经验交流、基层动态等栏目，是妇联组织凝聚妇女、服务妇女的重要平台。本期内容包括让孩子成为最美的传承、宣扬良好家风传递和谐之声、用歌声温暖"失独"家庭等内容。

G25/4（2016）.4　　　　0384

西城女性.2016年第4期. — 2012，No.3（2012，3）- = 总 18-. — 北京：北京市西城区妇女联合会，2012—

29cm

双月刊,2012—

该刊是由西城区妇女联合会主办的双月刊,一般包括妇工经纬、活动集锦、经验交流、基层动态等栏目,是妇联组织凝聚妇女、服务妇女的重要平台。本期内容包括西城区第二次妇女代表大会开幕、区妇联多种方式庆祝党的生日、小微信讲好妇联大故事等内容。

G25/4(2016).5　　　　0385

西城女性.2016年第5期. — 2012,No.3(2012,3)- = 总18-. — 北京:北京市西城区妇女联合会,2012—

29cm

双月刊,2012—

该刊是由西城区妇女联合会主办的双月刊,一般包括妇工经纬、活动集锦、经验交流、基层动态等栏目,是妇联组织凝聚妇女、服务妇女的重要平台。本期内容包括图说我的节日、2016年中韩女性"花艺技能创新应用项目"启动、有爱的陪伴等内容。

G25/4(2016).6　　　　0386

西城女性.2016年第6期. — 2012,No.3(2012,3)- = 总18-. — 北京:北京市西城区妇女联合会,2012—

29cm

双月刊,2012—

该刊是由西城区妇女联合会主办的双月刊,一般包括妇工经纬、活动集锦、经验交流、基层动态等栏目,是妇联组织凝聚妇女、服务妇女的重要平台。本期内容包括2016年最美家庭揭晓、2016年西城区妇联亮点工作大盘点、中央国家机关妇工委深入西城交流座谈等内容。

G25/4(2017).1　　　　0387

西城女性.2017年第1期. — 2012,No.3(2012,3)- = 总18-. — 北京:北京市西城区妇女联合会,2012—

29cm

双月刊,2012—

该刊是由西城区妇女联合会主办的双月刊,一般包括妇工经纬、活动集锦、经验交流、基层动态等栏目,是妇联组织凝聚妇女、服务妇女的重要平台。本期内容包括西城妇联2017年工作展望、西城各界女性温暖欢乐迎春、2017去发现每个人的精神力量等内容。

G25/4(2017).3　　　　0388

西城女性.2017年第3期. — 2012,No.3(2012,3)- = 总18-. — 北京:北京市西城区妇女联合会,2012—

29cm

双月刊,2012—

该刊是由西城区妇女联合会主办的双月刊,一般包括妇工经纬、活动集锦、经验交流、基层动态等栏目,是妇联组织凝聚妇女、服务妇女的重要平台。本期内容包括西城11名女性党代表出席北京市第十二次党代会、好家风贵在传承、"红墙意识"诞生记等内容。

G25/4(2019).3　　　　0389

西城女性.2019年第3期. — 2012,No.3(2012,3)- = 总18-. — 北京:北京市西城区妇女联合会,2012—

29cm

双月刊，2012—

该刊是由西城区妇女联合会主办的双月刊，一般包括妇工经纬、活动集锦、经验交流、基层动态等栏目，是妇联组织凝聚妇女、服务妇女的重要平台。本期内容包括北京市第十四次妇女代表大会胜利召开、我们都是追梦人、樱花与霓虹等内容。

G25/5   0390

5年光景梦想花开：西城区第二次妇女代表大会专刊/北京市西城区妇女联合会［编］.—北京：北京市西城区妇女联合会，［2016］

42页：彩照；28cm

该刊为西城区第二次妇女代表大会专刊，共分五章：巾帼建功榜样引领，文化凝心家庭践行，关爱扶弱服务援助，维权保障法律护航，强根固本团队创新。

G25/6   0391

《西城区"十一五"时期妇女发展规划》目标任务分解书/西城区妇女儿童工作委员会［编］.—北京：西城区妇女儿童工作委员会，［2006］

9页；22×30cm

该材料将《西城区"十一五"时期妇女发展规划》的目标分解为各委员单位的共同目标、目标任务及责任单位两部分，明确了各责任单位主要目标和支持性指标。

G29/2.2   0392

西城区社会组织名录 Xicheng Distridtsociai Organization List. 月坛街道—北京：西城区月坛街道，［2013］

222页：彩照；24cm

该书图文并茂地介绍了西城区月坛街道7家街道注册类组织名称及其简介，详细记载了月坛街道26个社区215个社会组织名称及其简介，包括地址、电话等详细内容。

G29/3   0393

西城区社会组织名录/西城区社会建设工作领导小组办公室［编］.—北京：西城区社会建设工作领导小组办公室，［2013］

138页：照片；25cm

该书收录了西城区登记注册类社会组织名录459个，包括组织的名称、法人、地址、电话等详细信息，并详细介绍了部分优秀社会组织，有较强的实用性。

G29/4   0394

携手同行共建家园：西城知联会五年风采回顾 2010—2015/北京西城党外知识分子联谊会［编］.—北京：北京西城党外知识分子联谊会，［2015］

138页：照片；28cm

画册通过建言献策篇、特色活动篇、自身建设篇、理事感言篇，记录了西城知联会五年的历史、展现了知联会的风采。

G32：22/3   0395

教科文卫工作委员会资料汇编.2012年/[北京市西城区人大常委会编].—北京：北京市西城区人大常委会，2013

148页：照片；30cm

该书记录了教科文卫委员会的议题、调研报告和计划总结，是2012年度教科文卫委员会工作资料的整合与梳理。

G32：22/8（2011）.1   0396

西城人大.2011年第1期.—2000，No.1

（2008，8）-= 总 1-.— —北京：北京市西城区人大常委会，2000-

26cm

2011年1月14日，西城区人民代表大会（临时）第二次会议在圆满完成各项议程后胜利闭幕。大会充分肯定区域经济社会发展取得的成就，审议通过了《北京市西城区国民经济和社会发展第十二个五年规划纲要》，为我区下一个五年发展勾画了宏伟蓝图，明确了未来奋斗目标和主要任务。

"十二五"期间，我区将牢牢把握区域融合的新优势、新机遇，坚持以科学发展为主题，坚持以加快转变经济发展方式为主线，坚持以改革创新为动力，坚持以改善民生为目的，全面实施"服务立区、金融强区、文化兴区"战略，努力把西城区建设成为"四个服务"的示范区、高端服务业发展示范区、"人文北京、科技北京、绿色北京"示范区和社会和谐示范区。

刊中有重要活动、常委会报道、大会报道、报告解读、研究探索、议案建议、代表专访、代表在线等多个板块内容。

G32：22/12　　　　　　0397

西城区人大常委会关于区"十二五"规划纲要中期评估监督工作资料汇编/西城区人大常委会财政经济工作委员会［编］.—北京：西城区人大常委会财政经济工作委员会，［2013］

99页；30cm

该书总结了西城区"十二五"规划纲要中期评估监督工作专题会座谈发言汇编，工作内容总结，评估工作的指导意见，指出其存在的问题和薄弱环节，提出纲要指导意见和建议。

G32：22/13　　　　　　0398

北京市西城区人大常委会调研报告汇编：2012—2014/北京市西城区人大常委会研究室［编］.—北京：北京市西城区人大常委会研究室，［2015］

434页；23cm

汇编中收录2012-2014年度西城区人大常委会成员所写的调研报告，报告内容涉及重大事项决策、"十二五"规划实施、金融强区战略实施、财政体制、优化教育资源配置、选举工作、少数民族权益保障、社区卫生服务、精神卫生、养老服务、残疾人就业保障、食品安全执法检查、城市管理突发事件、保障性住房建设等多个方面。

G32：22/14　　　　　　0399

推动服务立区、金融强区、文化兴区战略实施/西城区人民代表大会（临时）常务委员会［编］.—北京：西城区人民代表大会临时常务委员会，2011

129页；30cm

该书共收录28篇关于推动服务立区、金融强区、文化兴区战略实施的文章。

G32：22/19（2008）.4　　0400

北京市西城区人民代表大会常务委员会公报.2008年第4号—北京：［出版者不详］，2008

71页；30cm

该刊介绍了西城区人民代表大会的日常工作情况和工作动态。

G32：22/19（2012）.1　　0401

北京市西城区人民代表大会常务委员会公报.2012年第1号—北京：［出版者不详］

, 2012

46 页；30cm

该刊介绍了西城区人民代表大会的日常工作情况和工作动态。

G32：22/19（2014）.4　　　0402

北京市西城区人民代表大会常务委员会公报.2014年第4号（总期30号）—北京：[出版者不详]，2014

77 页；29cm

该刊介绍了西城区人民代表大会的日常工作情况和工作动态，包括相关报告、会议纪要、决议等。

G32：22/19（2014）.5　　　0403

北京市西城区人民代表大会常务委员会公报.2014年第5号（总期31号）—北京：[出版者不详]，2014

85 页；30cm

该刊介绍了西城区人民代表大会的日常工作情况和工作动态，包括相关报告、会议纪要、决议等。

G32：22/19（2014）.6　　　0404

北京市西城区人民代表大会常务委员会公报.2014年第6号（总期32号）—北京：[出版者不详]，2014

46 页；30cm

该刊介绍了西城区人民代表大会的日常工作情况和工作动态，包括相关报告、会议纪要、决议等。

G32：22/19（2014）.8　　　0405

北京市西城区人民代表大会常务委员会公报.2014年第8号（总期34号）—北京：[出版者不详]，2014

30 页；30cm

该刊介绍了西城区人民代表大会的日常工作情况和工作动态，包括相关报告、会议纪要、决议等。

G32：22/20　　　0406

学习贯彻科学发展观调研报告汇编.2008—2009 / 北京市西城区人大常委会研究室编.—北京：北京市西城区人大常委会研究室，2009

285 页；24cm

该汇编是西城区人大常委会将2008年以来学习贯彻科学发展观形成的27篇调研报告整理汇编，旨在加强学习交流，促进调研成果的转化和运用，为巩固和扩大学习实践成果、进一步推动人大工作的创新和发展提供参考。

G32：22/24　　　0407

十四届以来区人大工作制度汇编—北京：[出版者不详]，2011

174 页；21cm

该书汇编原宣武区、原西城区及合并后新西城区的第14届人民代表大会及常务委员会各项工作制度，包括常务委员会议事规则、党组工作规则、审议意见书办法、联系选民办法等内容。

G4/1（2014）.4　　　0408

西城残疾人.2014年第4期（总第22期）/ 刘少华，孙晓临主编.—北京：《西城区残疾人》编辑部，2014

45 页：照片；29cm

该刊由西城区残疾人联合会主办，是观

察、了解、记载西城区残疾人事业发展进程的一个平台。本期设有工作、观点、生活、文化、专栏、健康等栏目。

G417/1　　　　　　　　　　0409

建立健全协商民主制度创新促进政协民主协商 / 政协北京市西城区理论与实践研究会 [编] . —北京：政协北京市西城区理论与实践研究会，[2015]

153页；24cm

该文集是近两年西城区政协贯彻落实中共十八大以及十八届三中、四中、五中全会精神，贯彻落实中共中央"关于加强社会主义协商民主建设的意见"，着力加强协商民主制度建设，推进健全协商民主机制，践行人民政协为推进国家治理体制和治理能力现代化服务，积极开展理论研究和学习研讨，结合西城实际不断进行改革创新和实践探索的摘萃总结。

区政协理论与实践研究会对系列理论学习研究及实践成果进行汇编，其用收集有两任主要领导在政协重要刊物发表的文章、有关研讨会的发言、区政协理论与实践研究会承接市政协课题的成果、政协委员对如何推进协商民主广泛多层制度化发展的真知灼见，同时还收录了两篇对人民政协法治化建设方面的前瞻性理论思考文章，方便大家做进一步深入思考和研究。

G417/5（2015）　　　　　　0410

北京市西城区人民政府公报 . 2015年度 / [北京市西城区人民政府编] . —北京：北京市西城区人民政府，2015

288页；30cm

《北京市西城区人民政府公报》是北京市西城区人民政府深入贯彻落实科学发展观，大力推进依法行政建设，全面推进政府信息公开的一项重要措施。及时、集中、全面、准确地刊载发布区政府指定的重要文件，更好地满足全区各级行政机关、企业事业单位和人民群众的需求。

《北京市西城区人民政府公报》主要刊载内容为：区政府及各工作部门发布的重要文件；区政府重大事项决定；区人民代表大会审议通过的区政府工作报告、区国民经济和社会发展规划及执行情况报告、财政预算及执行情况报告；区政府大事记；区政府领导批准刊载的其他文件。

其中包括2014年政府绩效管理年中考评情况通报、西城区空气重污染应急预案、行政审批事项目录、法律顾问工作管理、安全生产隐患排查治理体系建设、加强区政府有关部门安全监管职责、区域性火灾隐患整治实施方案等内容。

G417/8（2016）.33　　　　　0411

北京市人民政府公报 . 2016第33期（总第475期）. 北京市住房和城乡建设系统行政处罚裁量基准 / 北京市人民政府公报编辑室编辑编辑 . —北京：北京市人民政府办公厅，[2016]

88页；30cm

ISSN1009-2862

《北京市人民政府公报》是北京市人民政府决定创办，经国家新闻出版总署批准，由北京市人民政府办公厅主办编辑出版并公开发行的政府出版物，是《中华人民共和国立宪法》规定的刊登政府规章的标准文本，是公开政府规范性文件等政策信息的重要载体。

《北京市人民政府公报》主要刊载内容为：北京市人民代表大会及其常务委员会通过的地方性法规和有关法规的决定；市政府发布的行政规章和决议、决定、命令、政策；市政府批准的有关机构调整、行政区划变动和人事任免的决定；市政度各工作部门发布的规范性文件；各区人民政府发布的可供全市参考的重要文件；市政府领导同志批准刊载的其他文件。

该期公报中收录关于进一步优化提升生产性服务业、加快构建高精尖经济结构意见，"十三五"时期水务发展规划、全民科学素质行动计划纲要、统计材料发布管理办法、北京市人民政府人事任免等内容。

G417/6　　　　　　　　　　0412

北京改革开放大事记/中共北京市委党史研究室编.—北京：中央文献出版社，2008

451页；24cm

ISBN 978-7-5073-2657-4

该书分"改革开放的起步""改革开放的全面展开""改革开放的系统推进""改革开放新的历史起点"4部分，对北京改革开放以来的主要事件进行回顾。

G417：22/9　　　　　　　　0413

西城区行政服务体系2013年度窗口工作总结汇编/西城区综合行政服务中心[编].—北京：[西城区综合行政服务中心]，[2014]

264页：照片；24cm

该书分为5个部分，辑录了西城区行政服务体系建设、西城区综合行政服务中心进驻窗口单位、西城区专业服务大厅及街道公共服务大厅2013年度的工作总结及2014年工作思路。

G417：22/18　　　　　　　0414

北京市西城区二〇〇七年度优秀调研成果选编/北京市西城区委区政府研究室[编].—出版地不详：北京市西城区委区政府研究室，[2008]

584页；24cm

该书选编西城区2007年度优秀调研成果共计60篇，以局级领导主持课题和一、二、三等奖进行分编。内容涉及文化保护区开发与利用、强化政府城市管理职能、房地产业发展的制约因素等。

G417：22/18　　　　　　　0415

北京市西城区二〇一四年度优秀调研成果选编/中共北京市西城区委人民政府研究室[编].—北京：中共北京市西城区委人民政府研究室，2015

596页；24cm

该书收集了2014年度优秀调研成果一等奖5篇、二等奖15篇、三等奖15篇、优秀奖18篇。

G417：22/18　　　　　　　0416

北京市西城区二〇一五年度优秀调研成果选编/北京市西城区委人民政府研究室[编].—北京：北京市西城区委人民政府研究室，[2016]

597页；24cm

该书为西城区各单位为谋划"十三五"蓝图进行调查研究形成的调研成果。全书收录2015年度优秀调研成果一等奖4篇、二等奖15篇、三等奖15篇、优秀奖28篇。

G417：22/24（2016）.4　　0417

北京西城画苑.2016.4（总第17期）.Xicheng Pictorial—2015.No.4（2015，03）-=总13—.—北京：北京市西城区文学艺术界联合会，2015—

31cm

刊中包括专题报道、特别推荐、图片故事、京味儿连载、行摄天下、西城掠影六个板块。

收录《西城区文联第二次代表大会召开》《180幅书法作品弘扬长征精神》《厚今而不薄古，基中可以融洋——画家苏海河》《摄影师沈新生》《曲园酒楼：北京最早的湘菜老字号》《西城摄影家自驾重走长征路》《"爆肚满"的"火候"人生》《塞罕坝之美》《赏秋》等多篇新闻、文章及照片。

G417：22/24（2017）.1　　0418

北京西城画苑Xicheng Pictorial.2017.1（总第18期）.—北京：北京市西城区文学艺术界联合会，2015-

31cm

刊中包括专题报道、特别推荐、图片故事、京味儿连载、行摄天下、西城掠影6个板块。

收录《白云驿站：让读者在花园里看书休憩》《齐白石与齐慧娟》《画家李东川》《柳泉居：阔别11载重回百姓身边》《每一点小改善都是一次大突破北京曲艺团首推"章回古书"——〈古城暗战〉》《他和墨汁打了三十年交道，用双手让墨汁散发清香——一得阁第三代制墨大师尹志强的故事》《北京百姓的众神相》《摄影在东南亚百花齐放——第二届清迈摄影节》《守望幸福》等多篇新闻报道、文章及照片。

G417：22/24（2017）.2　　0419

北京西城画苑Xicheng Pictorial.2017.2（总第19期）.—北京：北京市西城区文学艺术界联合会，2015-

31cm

刊中包括专题报道、特别推荐、图片故事、京味儿连载、行摄天下、西城掠影6个板块。

收录《"回顾与发现"——西城区文联"一带一路"摄影展》《2017非物质文化遗产演出季》《"北京坊"建筑集群复活拜年老建筑续写商脉新传奇》《书法篆刻艺术家——郭源》《人道主义画家蒋兆和》《政协中的师生缘》《棚拍人像小议》《走进深蓝，感受美丽——"海豚湾"的水下摄影》《北京钓鱼台春韵》等多篇新闻报道、文章及照片。

G417：22/24（2019）.2　　0420

北京西城画苑Xicheng Pictorial.2019.2（总第27期）.—北京：北京市西城区文学艺术界联合会，2015-

31cm

刊中包括专题报道、特别推荐、友好交流、光影荟萃、行摄天下、学习交流、光影西城6个板块。

收录《京韵剧源——西城2019京剧发祥地艺术季》《画家刘溯——成长与追求》《鸟类拍摄的基本技巧》《书法家孔令广》《京剧〈秦香莲〉》《老张拍黄山》《纪实摄影的艺术性与尖锐性》《我眼中的京剧发祥地》等多篇新闻报道、文章及照片。

G417：22/26.26　　0421

西城行政服务.2015年8月（总第26期）Administrative Services.—试刊号（2010）

= 总 1- 总 10No.3（2012，3）— = 总 11—. — 北京：北京市西城区综合行政服务中心，2010-

26cm

刊中包含热点聚焦、特别报道、工作动态、政策速递、体系建设、团队建设6个板块。

收录《加强行政服务大厅建设是深化简政放权改革重要抓手》《全国行政服务大厅首次评比中心荣获"十佳百优"殊荣》《西城区通过行政服务标准化落实简政放权》《标准化有利于进一步简政放权》《行政服务大厅是简政放权中的有效载体》《专题讲座提升能力集思广益共谋发展》《探究行政文化内修外化提升服务》《建立廉政监督微信群实时监测及时反馈》《全国妇联主席沈跃跃来区行政服务中心调研》《符合条件的小微企业免征"残保金"》《超比例安排残疾人就业可获万元奖励》《践行"三严三实"要求加强行政服务体系党建》《缅怀革命先烈传承奉献精神》等多篇新闻报道。

G417：22/31　　　　0422

西长安街中心组理论调研文章汇编 / 李会增，张丁主编. — 北京：[西长安街街道工委]：[西长安街街道办事处]，2011

150页；24cm

为展示和交流学习成果，将街道中心组成员撰写的理论文章以及在《时事报告》《西城报》《西城论坛》等报纸、杂志上发表的文章汇编成册。

G417：22/32　　　　0423

北京市西城区民主党派二〇一五年度调研成果汇编 / 中共北京市西城区委统一战线工作部[编]. — 北京：中共北京市西城区委统一战线工作部，2016

540页：图；24cm

CNY[135.00]

汇编收录各民主党派调研成果一等8篇、二等10篇、三等15篇。

包含《西城区住宅区业主委员会建设存在问题及应对建议》《北京市西城区教育集团化办学运行情况调研报告》《关于北京西城区四合院人居环境的调研报告》《充分挖掘西城区文化资源建设全国文化中心示范区——论西城区全国文化中心示范区建设》《关于西城区社区居委会组织居民开展参与型协商机制创新的调研报告》《西城区媒介传播普法宣传有效性的调查和分析》《强化什刹海管理是亮好"西城金名片"的保障》《健康养老之路任重而道远——北京市西城区养老调查报告》等成果文章。

G417：22/38　　　　0424

北京市西城区二〇一五年度调查研究重点课题汇编 /[北京市西城区委人民政府研究室编]. — [北京]：[北京市西城区委人民政府研究室]，[2016]

297页；24cm

该书将2015年度由西城区委、区人大、区政府、区政协四套领导班子领导及相关局级领导主持的重点课题研究成果汇编成册。旨在供大家学习交流和推动调研成果转化。

G417：22/40　　　　0425

西城区行政服务事项办事攻略 / 西城区综合行政服务中心[编]. — 北京：[西城区综合行政服务中心]，[2015]

134页；20cm

该书以通俗易懂的语言、简洁明了的

流程和直观多样的图例作为展现形式，使企业法人和公众更加直接、快速、准确地掌握办事流程、材料、时限、费用、注意事项等方面的信息，可作为企业和公众办事的参考读本。

G417：22/41　　　　　　　　0426

西城区行政服务用语妙语手册 / 西城区综合行政服务中心 [编] . — 北京：[西城区综合行政服务中心]，[2015]

190 页；20cm

该手册是西城行政服务标准化系列丛书之一，分"前台服务语言""窗口服务用语"及"投诉服务用语"三部分。每部分根据办事逻辑和问题种类进行分类，汇集 40 个办事情景，每个情景设置背景追溯、沟通回放、妙语示范、妙语点评、知识百科、妙语嘻哈六个板块。

G417：22/42　　　　　　　　0427

我与新西城征文汇编 . 2015 / 区直机关工委 [编] . — 北京：区直机关工委，[2015]

275 页；23cm

CNY 65.00

2015 年 7 月 1 日，首都功能核心区行政区划调整已满 5 年。根据区委宣传部开展"新西城新变化""新西城新发展"主题宣传活动的安排，区直机关工委于 2015 年 7 月 7 日至 8 月 30 日，在区直机关干部职工中广泛开展了"我与新西城"主题征文活动。

区直机关工委所属党组织高度重视，广大机关干部职工广泛参与，在忙碌工作之余，围绕"我与新西城""我为西城发展献一计""我与西城共成长"的主题，结合区划调整以来，新西城的变化、与西城共同成长及工作经历中的各种精彩感悟，包含着浓烈的爱岗敬业之情和对机关单位的感恩之心，充满激情发自内心的深刻体会，为建设美好的新西城献计献策，用手中的笔描绘出大美新西城、抒发对新西城的热爱之情。

整个活动共收到征文 180 篇，从中精选 100 篇编印《我与新西城征文汇编》一书，供大家学习交流。

G417：22/43　　　　　　　　0428

西城区委、区政府领导班子述职述廉报告　西城区区级领导干部述职述廉报告汇编 . 北京：[中共北京市西城区委]：[北京市西城区人民政府]，2012

321 页；29cm

该汇编收集了西城区委、区政府领导班子述职述廉报告及西城区区级领导干部述职述廉报告共 40 篇。总结了 2010 年至 2012 年的各项工作。

G417：22/44.4　　　　　　　0429

西城区政务能力建设年学习资料 . 四 / 西城区政务能力建设年活动领导小组办公室 [编] . — 北京：[西城区政务能力建设年活动领导小组办公室]，[2012]

66 页；29cm

该资料收录了西城区"政务能力建设年"专题座谈会上区领导讲话及活动情况通报、统战系统各界人士的意见建议等稿件 13 篇，以供学习落实，推动工作。

G417：22/45　　　　　　　　0430

西城区综合行政服务中心服务手册 / [西城区综合行政服务中心编] . — 北京：[西城区综合行政服务中心]，[出版年不详]

22页：图；26cm

该手册从中心服务体系的组织构成、业务流程、功能设置等方面，介绍了服务理念、服务事项、服务内容等信息，包括建设规划和目标、主要任务和工作、办事指南、服务功能区介绍、智慧服务、便民服务。

G417：22/46　　　0431

区委、区政府有关部门和各街道工委、办事处2012年工作总结和2013年工作重点汇编.一.—[北京]：[出版者不详]，[2013]

196页；30cm

该书为中共北京市西城区委十一届五次全会参阅文集，汇编了49个部门、各街道办事处2012年工作总结和2013年工作重点。

G417：22/47　　　0432

西城区调查研究工作会议学习交流材料汇编/中共北京市西城区委研究室，北京市西城区人民政府研究室[编].—北京：中共北京市西城区委研究室：北京市西城区人民政府研究室，2013

98页；30cm

CNY 28.00

汇编分为工作文件、典型案例、重要言论三部分内容。包含《习近平：谈谈调查研究》《习近平：没有调查就没有决策权》《中共北京市西城区委北京市西城区人民政府关于进一步加强和改进调查研究工作的意见》《中共北京市西城区委办公室北京市西城区人民政府办公室印发〈北京市西城区优秀调查研究成果评选办法〉的通知》《西城区2010—2012年调查研究工作总结》等文章。

G417：22/48　　　0433

媒体眼中的西城——《政府工作报告》解读/北京市西城区融媒体中心[编].—北京：[北京市西城区融媒体中心]，[2019]

122页；30cm

资料分为"回顾篇·2018年工作成果"和"展望篇·2019年工作思路和重点任务"。既回顾了2018年的工作成绩以及市政府坚强领导的结果，又展望2019全力做好各项工作，彰显了首都功能核心区的良好形象。

G417：22/49　　　0434

关于区政协议政会、专题协商会议题和区政协建议案落实情况的报告/区政府办公室[编].—北京：[政协北京市西城区委员会]，[2018]

8页；30cm

"政协北京市西城区委员会十四届三次会议文件之六"资料是对区政协议政会、专题协商会议题和区政协建议案落实情况的报告。

G417：22/50　　　0435

北京市西城区全面深化改革报告/连玉明主编.—北京：当代中国出版社，2016

329页；24cm

ISBN 978-7-5154-0709-8；CNY 48.00

该书阐述了全面深化改革是落实"四个全面"的强大动力。西城区以在北京建设国际一流的和谐宜居之都中走在前列为目标，以破解体制机制问题和制度建设为出发点，以重点领域和关键环节为着力点，将顶层设计和基层实践相结合，形成了一套推进改革的制度和经验，在首都新一轮改革发展中走在前列。

G417：22/51　　　　　　　　0436

北京市西城区社会治理研究报告/连玉明主编． —北京：当代中国出版社，2016

321页；24cm． —（首都智库报告）

ISBN 978-7-5154-0708-1；CNY 48.00

该书全面梳理西城区社会治理创新：一套模式、三个突破、100个亮点；"四化并联"推动治理体系和治理能力建设；"五治并举"完善社会治理格局。西城区是首都核心功能区之一，是全国政治、文化和对外交往中心等职能的重要承载地，经济发展水平高，城市环境标准高，安全稳定压力大，承担着"四个服务"的职能。

G417：22/52　　　　　　　　0437

西城区法治政府评估报告/中国政法大学法治政府研究院［编］． —北京：［中国政法大学法治政府研究院］，2017

293页；30cm

报告包括：依法全面履行政府职能、法治政府建设的组织领导、依法行政制度体系、行政决策、行政执法、政务公开、监督与问责、社会矛盾化解与行政争议解决等。

G417：22/53　　　　　　　　0438

专家建言西城区"十三五"发展资料汇编/中共北京市西城区委区政府研究室［编］． —北京：［中共北京市西城区委区政府研究室］，2015

132页；24cm

该书由中共北京市西城区委区政府研究室整理汇总了专家顾问的建言献策，供大家学习。内容包括宏观决策专委会、法治政府建设专委会、党的建设专委会等10个部分。

G417：22/54　　　　　　　　0439

重大行政决策合法性审查和法律顾问工作文件汇编/北京市西城区人民政府法制办公室［编］． —北京：［北京市西城区人民政府法制办公室］，2017

155页；30cm

该书是北京市西城区人民政府法制办公室编，包括通知、决定、意见、工作条例、决策办法、管理规定等文件。

G417：24/5　　　　　　　　0440

宣武区推进依法行政工作调研文集/［宣武区依法行政工作协调领导小组办公室，宣武区人民政府法制办公室编］． —北京：宣武区依法行政工作协调领导小组办公室：宣武区人民政府法制办公室，［2009］

247页；26cm

CNY 20.00

2004年3月，国务院颁布实施《全面推进依法行政实施纲要》，确立了建设法治政府的目标，明确提出了今后十年全面推进依法行政的指导思想和具体目标、基本原则和要求、主要任务和措施，对于进一步推进社会主义政治文明建设，全面落实科学发展观，加强政府自身建设具有重要意义。《纲要》实施五年来，在市委、市政府、区委正确领导下，全区各级行政机关精心组织，狠抓落实，推进依法行政工作取得了明显成效。

值此全区深入开展学习实践科学发展观活动之际，适逢《纲要》颁布实施五周年，我们组织编写了这本《宣武区推进依法行政工作调研文集》。文集收录的40多篇调研文章，多位近年来基层工作人员在依法行政工作实践中的切身体会和研究成果，具有一定的针对性和现实意义。

G417:24/6　　0441

北京市宣武区依法行政工作文件汇编 / 北京市宣武区人民政府法制办公室 [编]. — 北京：北京市宣武区人民政府法制办公室，[2002]

469页；20cm

CNY 26.00

为了使广大行政执法人员更加深入的理解依法行政的内涵，更加深入的贯彻依法行政的思想，我们编辑了《宣武区依法行政工作文件汇编》。其中收集了国家、北京市有关民主法制建设和依法行政的重要文件和工作要求，收集了行政执法日常工作中经常使用的有关法律、法规和规范性文件，具有较强的可读性、实用性和指导性，有助于广大行政执法人员在实践中准确理解和运用。

G427/12　　0442

街道社区基本情况 / 西城区社会建设工作领导小组办公室 [编]. — 北京：[西城区社会建设工作领导小组办公室]，[2013]

270页：地图；25cm

该书汇集了西城区15个街道、255个社区的基础信息，为社会各界进一步了解街道社区情况，建立沟通联系提供参考。

G427/24.1　　0443

西城区社区参与型协商工作，社区实践探索. — 北京：[出版者不详]，[2015]

120页；27cm

该书收录了西城区22个社区推进社区参与型协商工作的经验做法、工作创新和问题建议等。

G427/24.2　　0444

西城区社区参与型协商工作，街道实践探索. — 北京：[出版者不详]，[2015]

84页；27cm

该书收录了西城区15个街道推进社区参与型协商工作的经验做法、工作创新和问题建议等。

G427/25　　0445

北京市西城区优秀社区社会组织经验汇编 *Case Study Book of the Best Practice Community Social Service and Social Organization in Xicheng District, Beijing*. — 北京：[出版者不详]，[出版年不详]

64页：照片；28cm

该书收录了西城区委社会工委从西城区数百家社区社会组织中选出的最优秀的15家社区社会组织的经验做法，包括组织基本情况、组织特点和组织成果。

G427/32.1　　0446

北京市西城区规章制度汇编. 一 / 西城区建章立制工作领导小组办公室 [编]. — 北京：[西城区建章立制工作领导小组办公室]，2011

111页；25cm

CNY [98.00]（全2册）

自2010年9月始，区委、区政府在全区全面开展建章立制工作。在区委、区政府的领导下，在区建章立制工作领导小组的具体指导下，全区各单位坚持以加强机关制度建设、提高工作效能为主题，按照"规范、高效、精细、创新"的原则，结合各自工作职能和工作实际，全面梳理了原西城区、宣武区内部运行的各项规章制度，取长补短、整合创新，初步构建起了一套具备实操性、规范性、系统性、创新性的西城区内部运行工作制度体系，建章立制工作取得了阶段性成果。

按照全区建章立制工作的整体安排，工作小组向全区各单位编辑印发《北京市西城区规章制度汇编》（一）（二）。本套制度丛书共收录了64项工作制度，主要包括区级领导班子工作规则和部分具有全局性、根本性、比较成熟的全区性专项工作规则。基于建章立制工作的长期性特点，工作小组还将根据制度建设的进展情况，适时续编制度汇编丛书，以不断完善全区工作制度体系，确保全区各项工作规范有序、各机构各部门高效运转。

汇编（一）中包括西城区区委、区人大会议、纪检委的会议议事规则，西城区人民政府工作规则。

G427/32.2　　　　　　　　0447

北京市西城区规章制度汇编.二/西城区建章立制工作领导小组办公室［编］.—北京：［西城区建章立制工作领导小组办公室］，2011

296页；25cm

CNY［98.00］（全2册）

自2010年9月始，区委、区政府在全区全面开展建章立制工作。在区委、区政府的领导下，在区建章立制工作领导小组的具体指导下，全区各单位坚持以加强机关制度建设、提高工作效能为主题，按照"规范、高效、精细、创新"的原则，结合各自工作职能和工作实际，全面梳理了原西城区、宣武区内部运行的各项规章制度，取长补短、整合创新，初步构建起了一套具备实操性、规范性、系统性、创新性的西城区内部运行工作制度体系，建章立制工作取得了阶段性成果。

按照全区建章立制工作的整体安排，工作小组向全区各单位编辑印发《北京市西城区规章制度汇编》（一）、（二）。本套制度丛书共收录了64项工作制度，主要包括区级领导班子工作规则和部分具有全局性、根本性、比较成熟的全区性专项工作规则。基于建章立制工作的长期性特点，工作小组还将根据制度建设的进展情况，适时续编制度汇编丛书，以不断完善全区工作制度体系，确保全区各项工作规范有序、各机构各部门高效运转。

汇编（二）中包括组织人事、党建工作、政府公开、财经纪律、政法维稳、廉政监督等方面的规则办法。

G427/35.3　　　　　　　　0448

穿过幸福时差.Ⅲ，小巷总理/王奇，马红萍主编.—北京：新华出版社，2012

178页：照片；24cm

ISBN　978-7-5166-0183-9

CNY 38.00

该书是月坛街道办事处组织编写的《穿越幸福时光》系列丛书第3册，记录了月坛社区工作者们的故事和感悟，展现了老一辈社区工作者怎样在坚守中彰显价值，在奉献中担当责任。

G427/35.4　　　　　　　　0449

穿过幸福时差.Ⅳ，志愿者之歌/王奇，孟红伟主编.—北京：新华出版社，2013

222页：照片；25cm

ISBN　978-7-5166-0785-5

CNY29.00

该书是月坛街道办事处组织编写的《穿过幸福时差》系列丛书第4册。书中辑录40位志愿者的先进事迹，讲述月坛居民身边的公益律师、一元理发师、公益环保达人……一个个简短的故事，汇聚成"赠人玫瑰，手有余香"的志愿精神。

G427/35.5：3　　　　　　　　**0450**

穿过幸福时差．V，月坛好人 / 王奇，孟红伟主编．— 北京：团结出版社，2015

224 页：照片；24cm

ISBN 978-7-5126-2743-7

CNY 30.00

该书是月坛街道办事处组织编写的《穿过幸福时差》系列丛书，分4个部分讲述了生活在月坛街道的革命前辈的革命足迹，内容包括：敬业奉献、孝老爱亲、守望邻里、热心社区。

G427/36　　　　　　　　　　**0451**

创一流公共服务 建一流金融街区 Create first-class Public Services Establish First-class financial street area / [中共北京市西城区委金融街街道工作委员会，北京市西城区人民政府金融街街道办事处编]．— 北京：[中共北京市西城区委金融街街道工作委员会]：[北京市西城区人民政府金融街街道办事处]]，[2010]

41 页：照片；24×25cm

该画册反映了金融街的公共服务建设情况，包括5个方面：公共服务之我们的家园；公共服务之文化行；公共服务之与祖国同乐；公共服务之温暖；公共服务之管理与创建。

G427/37　　　　　　　　　　**0452**

学海撷趣：大栅栏街道2010年工作经验交流材料汇编 / 中共北京市西城区委大栅栏街道工委，北京市西城区人民政府大栅栏街道办事处 [编]．— 北京：[中共北京市西城区委大栅栏街道工委]：[北京市西城区人民政府大栅栏街道办事处]，2010

238 页；30cm

该书收录大栅栏街道2010年工作经验交流材料63篇，包括领导讲话、调研报告、工作交流、信息选编、竞职笔试、青年视野6个部分，涉及流动人口管理、再就业工作、区域文化品牌建设、环境管理等内容。

G427/38（1—25）　　　　　　**0453**

展望．2012年1月—2012年12月（1—25期）/ 寇艳华，种亚图主编．— 北京：[展览路街道工委]：[展览路街道办事处]，2012

1 册：照片；29cm

《展望》是由西城区展览路街道办事处创办的周报，2012年1月创刊。该报以"关注身边分享美好"为宗旨，设时政、社区、聚焦、人物、服务、生活、地标等栏目，是一份展览路人自己的报纸。该册是第1至25期的合订本。

G427/38（26-38）　　　　　　**0454**

展望．2013年1月—2013年6月（26—38期）/ 寇艳华，陈炎君主编．— 北京：[展览路街道工委]：[展览路街道办事处]，2013

1 册：照片；29cm

《展望》是由西城区展览路街道办事处创办的周报，2012年1月创刊。该报以"关注身边分享美好"为宗旨，设时政、社区、聚焦、人物、服务、生活、地标等栏目，是一份展览路人自己的报纸。该册是第 26 至 38 期的合订本。

G427/38（39—50） 0455

展望 . 2013 年 7 月—2013 年 12 月（39—50 期）/ 刘淑华，王会芬主编 . — 北京：[展览路街道工委]：[展览路街道办事处]，2013

1 册：照片；29cm

《展望》是由西城区展览路街道办事处创办的周报，2012 年 1 月创刊。该报以"关注身边分享美好"为宗旨，设时政、社区、聚焦、人物、服务、生活、地标等栏目，是一份展览路人自己的报纸。该册是第 39 至 50 期的合订本。

G427/38（52—74） 0456

展望 . 2014 年 1 月—2014 年 12 月（52—74 期）/ 刘淑华，王会芬主编 . — 北京：[展览路街道工委]：[展览路街道办事处]，2014

1 册：照片；29cm

《展望》是由西城区展览路街道办事处创办的周报，2012 年 1 月创刊。该报以"关注身边分享美好"为宗旨，设时政、社区、聚焦、人物、服务、生活、地标等栏目，是一份展览路人自己的报纸。该册是第 52 至 74 期的合订本。

G427/39 0457

全响应社会服务管理创新研究：以北京市西城区德胜街道为例 Complete Response Social Services Management Innovation Research / 陈献森主编 . — 北京：北京出版社，2013

216 页：图；24cm

ISBN 978-7-200-09666-8

CNY 48.00

该书对德胜街道社会服务管理创新工作进行了梳理与展现，忠实记录了德胜街道在发展道路上的不断创新，汇聚了无数专家学者的智慧，对所有参与社会服务管理创新工作的实践者是很好的借鉴与启迪。

G427/40 0458

西城区"践为民宗旨 兴务实之风 促社区和谐"实践活动调研成果选编 . — 北京：[出版者不详]，2014

446 页；26cm

CNY 100.00

该书从党建工作、服务民生、社会治理、社区建设、文化建设 5 个方面汇编了干部进社区实践活动部分调研报告，一方面汇报展示挂职干部工作成果，另一方面希望能为全区各相关单位加强和改进社区工作提供借鉴，启发思路。

G427/41 0459

光明的岁月 / 北京市西城区光明社区党委 [编] . — [北京]：[北京市西城区光明社区党委]，[2016]

297 页：照片；21cm

该书记录了光明社区的百年往事，以平实的视角带领读者走进一个平凡的小社区、小胡同，见证百年来的时代变迁和沧桑变化。该书的编辑人员都是社区的普通居民，第三部分重点讲述了他们身边发生的事和不为人知的故事。

G427/42　　　　　　　　　　0460

文明社区：西城区精神文明创建工作优秀案例选编 / 谢静主编；北京市西城区精神文明建设委员会办公室编 . — 北京：[北京市西城区精神文明建设委员会办公室]，[2016]

302 页：照片；24cm

CNY 72.00

近年来，西城区群众性精神文明的创建工作，按照中央文明委和首都文明委的总体部署，在区委、区政府和区文明委的领导下，深入学习贯彻习近平总书记系列重要讲话精神，以培育和践行社会主义核心价值观为根本，立足首都功能核心区定位，坚持首善标准，广泛开展文明社区创建活动，涌现出一批成绩突出、影响广泛的文明社区先进典型。

为持续推进西城区文明社区创建工作，充分展示文明社区创建成果，进一步发挥先进典型的示范引领作用，西城区文明办在各街道积极培育推荐的基础上，将全区各级各类文明社区典型创建经验材料汇总整理、编印成册，以供大家在开展创建活动中学习与借鉴。

G427/43　　　　　　　　　　0461

同新同行　共融共建：新街口街道区域化党建工作手册 . — 北京：[中共北京市西城区委新街口街道工作委员会]，[出版年不详]

33 页：照片，表格；25cm

该手册共分为新街口街道区域化党建协调委员会成员名单、党建资源清单、党建需求清单、党建项目清单、党建工作章程、党建七联工作机制、党建共建单位区域划分及名称共计7大部分，以图表的形式整理罗列。

G427/44　　　　　　　　　　0462

奉献友爱互助进步：[画册]：西城区"关爱农民工、关爱空巢老人"志愿服务活动巡礼：2011年6月—2013年7月 / 谢静主编 . — 北京：北京市西城区精神文明建设委员会办公室，2013

59 页；29cm + 1DVD

CNY 50.00（含1光盘）

该画册呈现的是西城区2011年以来，依托中国志愿服务基金，开拓发展的部分"关爱农民工、关爱空巢老人"（简称"两关爱"）志愿服务活动项目，是区域内社会单位和广大志愿者积极参与"两关爱"志愿服务活动的基本情况、经验总结和成果展示，是进一步推动学雷锋志愿服务活动，弘扬"奉献、友爱、互助、进步"志愿服务精神的交流平台。

该画册记载了区域单位开展志愿服务活动的丰硕成果和广大志愿者朋友的无私奉献，在此，对广大志愿者朋友付出的辛勤劳动表示衷心感谢。同时，号召驻区单位广大干部职工和居民，积极参与西城区正在开展的"关爱他人、关爱社会、关爱自然"（简称"三关爱"）志愿服务活动。2014年，西城区将继续扶持有发展潜力的志愿服务项目，重点推动和加强学雷锋志愿服务站（岗）建设，努力提升西城区的志愿服务活动整体水平，为西城全国文明城区建设和区域经济社会和谐发展做出积极贡献。

G427/45　　　　　　　　　　0463

大栅栏街道工委办事处2011年科室大事记 / 中共北京市西城区委大栅栏街道工委，北京市西城区人民政府大栅栏街道办事处[编]. — 北京：中共北京市西城区委大栅栏

街道工委：北京市西城区人民政府大栅栏街道办事处，[2012]

289页：照片，地图；29cm

CNY 80.00

书中内容主要有2011年大栅栏街道概况、街道工委办事处2011年工作计划和工作总结。以及工委各办公科室（工委办公室、组织部、宣传部、综治办、纪工委、监察科、人大办、工会、团工委、妇联）和办事处各办公科室（办事处办公室、人事科、财政科、计生办、社会办、民政科、城管科、安全生产办、街区办、统计所、武装部、民防办、残联、社区中心、社保所、文教科）在2011年全年的工作重点及工作情况。

G427/46　　　　　　　　　0464

新街口街道内控手册/中共北京市西城区委新街口街道工作委员会，北京市西城区人民政府新街口街道办事处[编].—北京：[中共北京市西城区委新街口街道工作委员会]：[北京市西城区人民政府新街口街道办事处]，2017

196页；30cm

手册包括五个部分，分别是内控管理制度、风险控制文档、单位层面、业务层面管理制度、业务流程及流程说明。

G427：22/1.1（1）　　　　　0465

北京街道发展报告.No.1，新街口篇 The Development of Beijing's Sub-district Offices. No.1, Xinjiekou Chapter / 连玉明主编.—北京：社会科学文献出版社皮书出版分社，2016

251页；24cm.—（皮书系列）

ISBN　978-7-5097-9276-6

精装：CNY198.00

该书在分析新街口地区发展和治理成就的基础上，对推进社区资源共享、社区共同体构建、平房区准物业管理、老旧小区自治管理等方面进行了分析，总结了"1+5"社区为老服务平台、综合包户志愿服务、基层党组织质量管理体系认证等典型经验。

G427：22/1.1（2）　　　　　0466

北京街道发展报告.No.1，什刹海篇 The Development of Beijing's Sub-district Offices. No.1, Xinjiekou Chapter / 连玉明主编.—北京：社会科学文献出版社，2016

253页；24cm.—（皮书系列）

ISBN　978-7-5097-9213-1

精装：CNY198.00

该书在客观分析什刹海地区近年来发展和治理成就的基础上，对什刹海地区社会单位资源开放共享、智慧景区建设、安全防灾减灾救助体系建设等问题进行了综合分析，总结了"一居一特"打造品牌社区、打造特色精品文化胡同等经验。

G427：22/1.1（3）　　　　　0467

北京街道发展报告.No.1，西长安街篇 The Development of Beijing's Sub-district Offices. No.1, West Chang'an Avenue Chapter / 连玉明主编.—北京：社会科学文献出版社皮书出版分社，2016

242页；24cm.—（皮书系列）

ISBN　978-7-5097-9250-6

精装：CNY198.00

该书立足于西长安街作为"京城第一街道"的特殊街情，提出了推动安全稳定长效化、城市管理精细化、公共服务品牌化、商业发展现代化、社区治理特色化和基层党建科学化的街道发展思路。同时，以破解发展难题、创新发展思路为导向，对社区教育体系建设、生命全周期服务体系、社区工作体制机制改革等进行了分析。

G427：22/1.1（4）　　　　0468

北京街道发展报告.No.1,德胜篇 The Development of Beijing's Sub-district Offices. No.1, Desheng Chapter/ 连玉明主编.—北京：社会科学文献出版社,2016

268 页；24cm.—（皮书系列）

ISBN　978-7-5097-9207-0

精装：CNY198.00

该书以破解发展难题、创新发展思路为导向，对城市管理精细化、智慧社区建设、社区归属感营造与社区参与、社区工作者队伍建设等问题进行综合分析；总结了德胜街道基层服务型政府建设"三化"模式、打造民族工作重点街道品牌等典型经验。

G427：22/1.1（5）　　　　0469

北京街道发展报告.No.1,月坛篇 The Development of Beijing's Sub-district Offices. No.1, Yuetan Chapter/ 连玉明主编.—北京：社会科学文献出版社,2016

260 页；24cm.—（皮书系列）

ISBN　978-7-5097-9316-9

精装：CNY198.00

该书围绕和谐社区建设、数字化学习型社区建设等内容展开理论研究。同时，立足月坛区域发展实际，针对工作人口、社区居民进行公共服务情况问卷调查，对月坛街道的社区自治体系、社会治理体系、社会服务体系等重点领域进行深入调查研究，总结了"大部制"工作法、"无围墙"养老模式等经验。

G427：22/1.1（6）　　　　0470

北京街道发展报告.No.1,金融街篇 The Development of Beijing's Sub-district Offices. No.1, Financial Street Chapter/ 连玉明主编.—北京：社会科学文献出版社,2016

255 页；24cm.—（皮书系列）

ISBN　978-7-5097-9313-8

精装：CNY198.00

该书重点对金融街地区的功能完善、服务提升、产业发展等问题做了较为深入地思考。同时，立足金融街区域发展实际，针对工作人口、社区居民对公共服务需求情况进行问卷调查，对拆除违建、文化发展、城市垃圾分类处理等领域进行调查研究，梳理总结了"三网融合"网格化治理模式、"新市民之家"流动人口管理模式等经验。

G427：22/1.1（7）　　　　0471

北京街道发展报告.No.1,展览路篇 The Development of Beijing's Sub-district Offices. No.1, Zhanlan Road Chapter/ 连玉明主编.—北京：社会科学文献出版社皮书出版分社,2016

257 页；24cm.—（皮书系列）

ISBN　978-7-5097-9217-9

精装：CNY198.00

该书在对近年来展览路地区发展和治理成就进行全面客观分析的基础上，有针对性地对社区地下空间安全管理、动物园批发市场搬迁、街区产业升级、"三位一体"社会动员体系建设、社区矫正对象融入社会等方面进行综合分析；总结了楼院自治、群租房整治、全科服务社区建设等经验。

G427：22/1.1（8）　　　0472

北京街道发展报告.No.1，大栅栏篇 The Development of Beijing's Sub-district Offices. No.1, Dashilanr Chapter / 连玉明主编．— 北京：社会科学文献出版社，2016

259页；24cm．—（皮书系列）

ISBN　978-7-5097-9205-6

精装：CNY198.00

该书从理论和实践两个方面，对统筹视域下的大栅栏地区基层区域化党建、志愿服务的可持续发展、琉璃厂历史文化街区保护创新等问题展开研究。对大栅栏地区内的工作人口、社区居民进行公共服务情况问卷调查，总结出维稳"1+6+X"模式、大栅栏文保区养老服务模式等经验模式。

G427：22/1.1（9）　　　0473

北京街道发展报告.No.1，白纸坊篇 The Development of Beijing's Sub-district Offices. No.1, Baizhifang Chapter / 连玉明主编．— 北京：社会科学文献出版社·皮书出版分社，2016

270页；24cm．—（皮书系列）

ISBN　978-7-5097-9201-8

精装：CNY198.00

该书立足白纸坊区域发展实际，对白纸坊地区工作人口、社区居民区域公共服务情况的评价进行问卷调查，对城市管理精细化、社工队伍建设、就业援助网络构建、居家养老服务等重点问题进行研究，梳理总结了以服务型党组建设引领基层党建创新、现代城市治理方式创新等经验。

G427：22/1.1（10）　　　0474

北京街道发展报告.No.1，陶然亭篇 The Development of Beijing's Sub-district Offices. No.1, Taoranting Chapter / 连玉明主编．— 北京：社会科学文献出版社·皮书出版分社，2016

268页：图；24cm．—（皮书系列）

ISBN　978-7-5097-9248-3

精装：CNY198.00

该书论述了陶然亭街道"五治并举"的发展路径，针对工作人口、社区居民进行公共服务情况的问卷调查，对青少年道德教育、党的群众路线践行、为老服务体系建设、社区民主自治等重点问题进行调查研究，总结出以居民生活共同体为中心的社区建设模式、网格议事的社区自治模式、"家庭医生"式公共卫生服务模式等先进经验与做法。

G427：22/1.1（11）　　　0475

北京街道发展报告.No.1，椿树篇 The Development of Beijing's Sub-district Offices. No.1, Chunshu Chapter / 连玉明主编．— 北京：社会科学文献出版社，2016

275页；24cm．—（皮书系列）

ISBN　978-7-5097-9203-2

精装：CNY198.00

该书立足椿树街道辖区面积小、人口密度较大的特点，对椿树街道的发展进行理论探索与实践研究，重点就社会养老服务体系建设、社区教育功能实现途径、本土文化价值回归与社会认同的实现等主题展开讨论，并梳理总结了"乐龄幸福吧"养老服务新模式、"手拉手"信访工作法等经验。

G427：22/1.1（12） 0476

北京街道发展报告.No.1，天桥篇 *The Development of Beijing's Sub-district Offices. No.1, Tianqiao Chapter* / 连玉明主编.— 北京：社会科学文献出版社，2016

259 页；24cm.—（皮书系列）

ISBN 978-7-5097-9215-5

精装：CNY198.00

该书基于天桥的区位特色和发展基础，围绕"传统文化与现代文化融合发展的价值提升"主题，就天桥演艺区建设、社区自治能力、网格化社会服务管理等进行理论研究，对社区"活动党建"、城市精细化治理、民主自治模式、社会救助体系建设、地下空间治理等领域进行精细调研，梳理总结网格管理"客座主任"制、"多居一站"治理模式等经验。

G427：22/1.1（13） 0477

北京街道发展报告.No.1，牛街篇 *The Development of Beijing's Sub-district Offices. No.1, Niujie Chapter* / 连玉明主编.— 北京：社会科学文献出版社，2016

276 页；24cm.—（皮书系列）

ISBN 978-7-5097-9211-7

精装：CNY198.00

该书立足牛街自身特点，以民族和民生为两条主线，围绕牛街地区加强区域党建、落实公共服务、统筹辖区治理、组织联合执法、指导社区建设、促进社会和谐等进行综合分析；总结了社区社会组织公益服务发展园区、社区工作者协会的社工自治模式、从"九养"到"十三养"的养老服务体系建设、"自助菜单式"主题党日活动模式等经验。

G427：22/1.1（14） 0478

北京街道发展报告.No.1，广安门外篇 *The Development of Beijing's Sub-district Offices. No.1, Gang'anmenwai Chapter* / 连玉明主编.— 北京：社会科学文献出版社·皮书出版分社，2016

256 页；24cm.—（皮书系列）

ISBN 978-7-5097-9209-4

精装：CNY198.00

该书在梳理广安门外地区近年来发展和治理成绩的基础上，对广安门外街道推进城市精细化管理、引导马连道街区发展转型、流动人口服务管理、老旧小区物业管理、社区规范化建设等方面进行分析，总结了"网格化社会服务管理体系""联合党支部'四联工作法'"等典型经验。

G427：22/1.1（15） 0479

北京街道发展报告.No.1，广安门内篇 *The Development of Beijing's Sub-district Offices. No.1, Guang'anmennei Chapter* / 连玉明主编.— 北京：社会科学文献出版社，2016

268 页；24cm.—（皮书系列）

ISBN 978-7-5097-9274-2

精装：CNY198.00

该书重点对广安门内地区现代城市精细化管理路径、"智慧广内"基层治理模式、社会领域党建工作等内容展开理论研究。同时，立足广安门内区域发展实际，对辖区内工作人口、社区居民进行公共服务情况的问卷调查，总结了"百姓论坛"学校品牌、综治维稳"五联"工作机制等先进经验。

G427：22/1.2（1） 0480

北京街道发展报告. No.2, 新街口篇 The Development of Beijing's Sub-district Offices. No.2, Xinjiekou Chapter / 连玉明主编. —北京：社会科学文献出版社·皮书出版分社, 2018

235 页；24cm. —（皮书系列）

ISBN 978-7-5201-3067-7；CNY 128.00

该书重点介绍了新街口街道发挥基层党建统筹引领作用，打通提升城市品质最后一公里的探索实践，结合街道实际对居规民约与基层治理创新、老年福利发展与社区居家养老服务模式、平房区准物业管理模式进行理论探讨，对学校、社会、家庭"三位一体"素质教育、社区社会组织发展、西四北地区胡同精细化管理、玉桃园学习型社区创建、白塔寺历史风貌保护等专题调研情况做了梳理，对赵登禹路"开墙打洞"治理、垃圾分类管理、"多居一站"社区服务和"书香驿站"文化互助共享等典型经验做了总结，展现了街道在实现"党工委领导下推进政府治理与社会调节、居民自治良性互动"上的基层治理实践成果。

G427：22/1.2（2） 0481

北京街道发展报告. No.2, 什刹海篇 The Development of Beijing's Sub-district Offices. No.2, Shichahai Chapter / 连玉明主编. —北京：社会科学文献出版社, 2018

262 页；24cm. —（皮书系列）

ISBN 978-7-5201-2345-7；CNY 128.00

该书深刻把握什刹海地区功能叠加的特点，紧扣治理、服务、文化三大主题，围绕街区制改革以及传统院落更新、社会化养老、开放式景区管理等进行理论研究；重点对残疾人就业服务、"互联网＋社会治理"、智慧景区建设、学区制改革、社区社会组织参与治理等开展调研；系统总结了社区综合减灾能力建设、疏解整治促提升"四步走"模式、全面从严治党背景下党建工作创新、广福观有机更新等重要经验。

G427：22/1.2（3） 0482

北京街道发展报告. No.2, 西长安街篇 The Development of Beijing's Sub-district Offices. No.2, Xichang'anjie Chapter / 连玉明主编. —北京：社会科学文献出版社, 2018

228 页；24cm. —（皮书系列）

ISBN 978-7-5201-2192-7；CNY 128.00

该书共 5 部分，总报告、数据报告、理论报告、调研报告、案例报告。主要内容包括：西长安街：大数据思维下基层社会治理模式创新；西长安街街道基于常住人口的地区公共服务调查报告；西长安街街道基于工作人口的地区公共服务调查报告等。

G427：22/1.2（4） 0483

北京街道发展报告. No.2, 德胜篇 The Development of Beijing's Sub-district Offices. No.2, Desheng Chapter / 连玉明主编. —北京：社会科学文献出版社, 2018

233 页；24cm. —（皮书系列）

ISBN 978-7-5201-3241-1；CNY 128.00

该书立足街区基本特性和发展实际，创新性地提出了"德邻"治理理念，在城市"元治理"、重构熟人社会、社区体制改革、街区规划设计、"七小"业态治理、街区自治等方面进行了理论研究和实践探索，逐渐形成了具有德胜特色的社会治理模式，显著提升了区域社会管理服务能力和治理水平。

G427：22/1.2（5） 0484

北京街道发展报告 . No.2, 月坛篇 The Development of Beijing's Sub-district Offices. No.2, Yuetan Chapter / 连玉明主编 . —北京：社会科学文献出版社, 2018

250 页；24cm. —（皮书系列）

ISBN 978-7-5201-3968-7；CNY 128.00

该书以落实新版总规和和谐宜居示范区建设为背景，重点对月坛街道在全市街道层面率先开展全方位的城市体检，并通过落实西城区街区整理部署解决"城市病症"的实践进行了分析和探讨。

G427：22/1.2（6） 0485

北京街道发展报告 . No.2, 金融街篇 The Development of Beijing's Sub-district Offices. No.2, Jinrongjie Chapter / 连玉明主编 . —北京：社会科学文献出版社, 2018

245 页；24cm. —（皮书系列）

ISBN 978-7-5201-2679-3；CNY 128.00

该书立足金融街的功能街区特性，以提升区域发展品质来打造和谐宜居示范街为主线，紧紧围绕疏解整治促提升、功能街区融合发展、社区分类治理和社区精准化服务等进行综合分析和研究；总结繁星戏剧村公共服务社会化供给、西斜街背街小巷整治、威斯汀酒店"党工团一体化"党建模式、社会组织参与商务楼宇管理、社会救助"精准化""社会化"等典型经验和做法。

G427：22/1.2（7） 0486

北京街道发展报告 . No.2, 展览路篇 The Development of Beijing's Sub-district Offices. No.2, Zhanlanlu Chapter / 连玉明主编 . —北京：社会科学文献出版社·皮书出版分社, 2018

237 页；24cm. —（皮书系列）

ISBN 978-7-5201-2357-0；CNY 128.00

该书共 5 部分，总报告、数据报告、理论报告、调研报告、案例报告。共 16 卷，主要内容包括：展览路："一核多元、合作共治"提升区域城市品质；展览路街道基于常住人口的地区公共服务调查报告；展览路街道基于工作人口的地区公共服务调查报告等。

G427：22/1.2（8） 0487

北京街道发展报告 . No.2, 大栅栏篇 The Development of Beijing's Sub-district Offices. No.2, Dashilar Chapter / 连玉明主编 . —北京：社会科学文献出版社·皮书出版分社, 2018

255 页；24cm. —（皮书系列）

ISBN 978-7-5201-3299-2；CNY 128.00

该书立足于大栅栏历史文化街区特性、传统老字号聚集的优势，以历史文化街区治理为主线，紧紧围绕城市有机更新、文化与城市可持续发展关系进行综合分析；总结项目制推进区域化党建、小微博物馆群助力公共文化供给、社区故事汇推动社区宣传、北京坊构建多元主体参与的融合发展模式等典型经验。

G427：22/1.2（9） 0488

北京街道发展报告 . No.2, 白纸坊篇 The Development of Beijing's Sub-district offices. No.2, Baizhifang Chapter / 连玉明主编 . —北京：社会科学文献出版社·皮书出版分社, 2018

243 页；24cm. —（皮书系列）

"十二五""十三五"国家重点图书出版

规划项目街道蓝皮书2018版

ISBN 978-7-5201-2713-4；CNY 128.00

该书立足白纸坊街道老城区发展的特点，以提升老旧小区城市功能和居民生活品质为主线，紧紧围绕棚户区改造创新模式、社区社会组织建设、城市社区居民自治路径等内容开展了理论研究；并立足白纸坊区域的发展实际，对街道创新党员管理模式、残疾人事业发展、街巷环境整治、疏解非首都功能背景下辖区内流动人口服务与管理等情况进行深入调查与研究；总结了推进老旧小区物业管理、推进群众性精神文明创建、构建城市社区邻里互助新模式、构建区域化团建新格局、加强地区空中作业安全等先进经验和做法。

G427：22/1.2（10） 0489

北京街道发展报告. No.1，陶然亭篇 The Development of Beijing's Sub-district Offices. No.1, Taoranting Chapter / 连玉明主编. —北京：社会科学文献出版社·皮书出版分社，2016

268页；图；24cm. —（皮书系列）

ISBN 978-7-5097-9248-3

精装：CNY198.00

该书论述了陶然亭街道"五治并举"的发展路径，针对工作人口、社区居民进行公共服务情况的问卷调查，对青少年道德教育、党的群众路线践行、为老服务体系建设、社区民主自治等重点问题进行调查研究，总结出以居民生活共同体为中心的社区建设模式、网格议事的社区自治模式、"家庭医生"式公共卫生服务模式等先进经验与做法。

G427：22/1.2（11） 0490

北京街道发展报告. No.2，椿树篇 The Development of Beijing's Sub-district Offices. No.2, Chunshu Chapter / 连玉明主编. —北京：社会科学文献出版社，2018

228页；24cm. —（皮书系列）

ISBN 978-7-5201-3895-6；CNY 128.00

该书以推进街区整理、不断提升核心区品质为主线，通过理论研究与实践探索相结合方式，对社区社会组织建设、基层党组织领导基层社会治理、市民素质教育发展等主题进行理论研究。同时，立足街道工作实际，对街道廉政宣传教育、在职党员到社区报到、非公企业党组织作用机制、平房区街巷准物业化服务等重点问题进行深入调查研究，总结梨园文化传承保护、区域性细颗粒物污染防治、基层协商模式、背街小巷治理等先进经验和做法。

G427：22/1.2（12） 0491

北京街道发展报告. No.2，天桥篇 Development of Beijing's Sub-district Offices. No.2, Tianqiao Chapter / 连玉明主编. —北京：社会科学文献出版社，2018

229页；24cm. —（皮书系列）

ISBN 978-7-5201-3685-3；CNY 128.00

该书分析了街道按照市、区要求，以深入推进科学治理、全面提升发展品质为主线，推动城市精细化治理的一系列举措；总结了天桥街道试点"多居一站"、创新社区治理、培育社会组织等典型经验。

G427：22/1.2（13） 0492

北京街道发展报告. No.2，牛街篇 The Development of Beijing's Sub-district Offices.

No.2, Niujie Chapter / 连玉明主编 . — 北京：社会科学文献出版社，2018

259 页；24cm. —（皮书系列）

ISBN 978-7-5201-2023-4；CNY 128.00

该书立足牛街的民族特性，以民族团结和民族特色文化为主线，紧紧围绕社区治理体制改革、提升公共服务水平、推进社区自治与协商民主、历史文化保护与传承等进行综合分析；总结多元化养老服务体系建设、打造社区未成年人教育品牌等典型经验。

G427：22/1.2（14） 0493

北京街道发展报告 . No.2, 广安门外篇 The Development of Beijing's Sub-district Offices. No.2, Guang'anmenwai Chapter / 连玉明主编 . — 北京：社会科学文献出版社·皮书出版分社，2018

256 页：图；24cm. —（皮书系列）

ISBN 978-7-5201-2235-1；CNY 128.00

该书以"推进区域科学治理，提升城市品质"为主线，对广安门外街道推进区域化党建、社会治理体系建设、社区自治体系建设、薄弱地块更新整治等方面进行了综合分析，总结了"4+4"违法建设治理模式，"全响应"网络化社会服务管理、社会保障服务标准化、居民环境分类分级管理标准化等典型经验。

G427：22/1.2（15） 0494

北京街道发展报告 . No.2, 广安门内篇 The Development of Beijing's Sub-district Offices. No.2, Guang'anmennei Chapter / 连玉明主编 . — 北京：社会科学文献出版社·皮书出版分社，2018

223 页：图；24cm. —（皮书系列）

ISBN 978-7-5201-3044-8；CNY 128.00

该书立足提高基层社会治理水平这一主线，紧紧围绕社会治理社会化、法治化、智能化、专业化等进行综合分析；总结了广内街道社区协商民主，多元化、多层次为老服务体系，以楼院微自治为基本单元的社区治理模式，康乐里社区"邻里节"，无物业小区环境治理，背街小巷环境整治提升，宣西北棚户区改造等典型经验。

G43/12（2016）.1 0495

2016 年西城区民政局督查任务手册，区级考核 / 西城区民政局办公室［编］. — 北京：［西城区民政局办公室］,［2016］

294 页；30cm

该手册由西城区民政局办公室主编，分为 7 部分，辑录了区人民政府关于印发北京市西城区人民政府督促检查工作实施办法的通知；民政局市、区两级折子实事汇总；民政局市、区两级折子实事年度部门工作预案；区人民政府绩效管理办公室关于西城区政府 2016 年度绩效管理工作方案的通知；区政府绩效管理考评主体联络表；民政局科室重点工作；西城区民政局综合工作考核。

G43/12（2016）.2 0496

2016 年西城区民政局督查任务手册，市级考核 / 西城区民政局办公室［编］. — 北京：［西城区民政局办公室］,［2016］

245 页；30cm

该手册由西城区民政局办公室主编，分为 3 部分，辑录了 2016 年北京市民政重点工作分工方案、北京市民政局党委 2016 年民政核心工作任务（22 项）、2016 年北京市区县民政重点工作绩效考评方案及细则。

G43/15　　　　　　　　　　0497

西城区民政局2014年调研报告集 . — 北京：[出版者不详]，2014

228页；30cm

文集中收录了调研报告41篇，其中包含《北京市西城区激发社会组织活力分类管理研究》《试论新形势下做好干部教育培训工作之途径》《军休文化与文化养老》《西城区民政局纪检信访举报问题的分析与对策》《西城区养老信息化工作报告》《优抚工作精细化管理服务的探索与研究——关于建立有福工作联络员制度的调研》《西城区综合防灾减灾能力建设的研究——以什刹海街道为典型》《西城区社区工作者队伍建设现状分析》等。

G43/16　　　　　　　　　　0498

心系群众共筑和谐：西城区用群众工作统揽信访工作专刊 / 中共北京市西城区委群众工作部［编］. — 北京：[中共北京市西城区委群众工作部]，[2012]

64页；照片；26cm

该刊涵盖了西城区开展用群众工作统揽信访工作以来，各个层面开展工作的经验做法，旨在相互交流，更好地促进群众工作和信访工作。

G43/19　　　　　　　　　　0499

西城人力社保精品调研选编 / 西城区人力资源和社会保障局［编］. — 北京：[西城区人力资源和社会保障局]，[2014]

61页；29cm

该书以人民对美好生活的向往作为奋斗目标，全面协调推动小康社会建设，坚持问需于民，问计于民，进行深入调查与了解，有利于推动人力社保全面落实。

G43/20　　　　　　　　　　0500

西城区2012年社会工作优秀案例汇编 / 中共北京市西城区委社会工作委员会，北京市西城区社会工作者联合会编 . — 北京：[中共北京市西城区委社会工作委员会]：[北京市西城区社会工作者联合会]，[2014]

236页；26cm

北京市西城区委社会工作委员会委托西城区社会工作者联合会联合整理编撰《西城区2012年社会工作优秀案例汇编》。该汇编收集了一等奖、二等奖、三等奖共30篇文章。

G44/6　　　　　　　　　　0501

北京市危险化学品事故应急救援子预案，西城区 / 北京市安全生产监督管理局［编］. — 北京：[北京市安全生产监督管理局]，[出版年不详]

113页；30cm

CNY[50.00]

北京是首都，是全国的政治、文化中心和国际交往中心，同时又是人口稠密、建筑密集、经济要素高度聚集的特大型城市。一旦发生危险化学品事故特别是重大危险化学品事故，不仅会给人民生命财产造成重大损失，环境造成重大破坏，而且会造成重大国际影响。党中央、国务院、市政府对此高度重视，强调做好危险化学品事故应急救援工作，是落实科学发展观、建设和谐社会的重要举措，并多次指示要从各个环节加强对危险化学品的安全管理。

实践证明，一旦发生危险化学品事故，能够及时、正确地采取应急救援措施，是有效控制事故、防止事态扩大的关键。为了给危险化学品事故应急救援指挥和现场应急处置人员提供实用、快速、准确、有效的应急救援指南，我们在《北京市危险化学品事故应急预案》的基础上，编制了《北京市危险化学品事故应急救援子预案》。子预案立足于危险化学品事故应急预案启动以后的实际操作，针对可能发生的危险化学品事故，确定了应急救援程序，提供了危险化学品的特性、处置危险化学品事故的技术、队伍、物资及专家等内容，并涵盖了253家危险化学品生产企业的子预案、55种常见危险化学品运输事故子预案、8大类储存危险化学品事故子预案和加油站事故子预案。

G44/11　　　　　　　　　　0502

风采心声榜样：北京市公安局公安交通管理局西城交通支队 / 北京市公安局公安交通管理局西城交通支队编 . — 北京：[北京市公安局公安交通管理局西城交通支队]，[2009]

198页：照片；26cm

CNY 32.00

该书是2009年度西城交警的先进事迹汇编。

特殊的年份，庄严的使命，西城交警众志成城、誓言铿锵。面对前所未有的勤务强度，面对超乎常规的勤务周期，面对困难重重的勤务任务，他们步履匆匆、汗水涔涔，将赤胆忠诚定格在留下足迹的各个岗位中；他们目光敏锐、神情坚毅，将辛勤汗水挥洒在国庆交通保卫的征程中。金秋十月，举世瞩目，全体西城交警以最科学的勤务组织、最严密的控制措施、最优质的交通服务、最良好的精神风貌，取得了国庆交通安保任务的全面胜利。2009，见证了西城交警团队是一支精神振奋、勇挑重担、作风顽强、拼搏进取的特别能战斗的队伍。经历60华诞的洗礼，西城交警的名字闪耀光辉！

G45/8（2016）.1　　　　　0503

领导智库文选 Thinktank Anthology for Leadership. 2016.1（总第43期）.— 北京：北京国际城市发展研究院：北京市社会发展研究中心，2016

24cm

半月刊

该刊收录近期的领导重要讲话以及精选各大报刊传媒的重要报道和评论，供领导学习和借鉴。其中含领导讲话、政经大势、主题阅读、理论评论、博微世界、改革实践、外媒外参7个版块。

该期主要文章有：习近平《落实创新协调绿色开放共享发展理念，确保如期实现全面建成小康社会目标》、李克强《顶住压力振奋精神在加快新旧动能转换中开拓发展新局》、刘世锦《供给侧改革核心在要素市场》、贾康《从"新供给"研究的视角看供给侧改革》、喻国明《当前社会舆情场：结构性特点及演进趋势》

G45/8（2016）.2　　　　　0504

领导智库文选 Thinktank Anthology for Leadership.2016.2（总第44期）.—北京：北京国际城市发展研究院：北京市社会发展研究中心，2016

24cm

半月刊

该刊收录近期的领导重要讲话以及精选

各大报刊传媒的重要报道和评论，供领导学习和借鉴。其中含领导讲话、政经大势、主题阅读、理论评论、博微世界、改革实践、外媒外参共7个版块。

该期主要文章有：习近平《坚持全面从严治党创新体制机制强化党内监督》、黄新初《以"四态合一"思路引领城市发展》、沈明高《去产能：抓新才能放旧》、杨晓维《如何支持"双创"》、王永昌《云栖小镇快速崛起的特点》等。

G45/8（2016）.3　　　　　0505

领导智库文选 Thinktank Anthology for Leadership.2016.3（总第45期）.—北京：北京国际城市发展研究院：北京市社会发展研究中心，2016

24cm

半月刊

该刊收录近期的领导重要讲话以及精选各大报刊传媒的重要报道和评论，供领导学习和借鉴。其中含领导讲话、政经大势、主题阅读、理论评论、博微世界、改革实践、外媒外参、悦读共8个版块。

该期主要文章有：习近平《全面贯彻党的十八届五中全会精神落实发展理念推进经济结构性改革》、滕泰《如何让供给侧结构性改革落到实处》、厉以宁《论从供给方面发力》、刘世锦《供给侧改革需打通要素流动通道》、贾康《以供给侧结构性改革引领升级版新常态》等。

G45/8（2016）.4　　　　　0506

领导智库文选 Thinktank Anthology for Leadership.2016.4（总第46期）.—北京：北京国际城市发展研究院：北京市社会发展研究中心，2016

24cm

半月刊

该刊收录近期的领导重要讲话以及精选各大报刊传媒的重要报道和评论，供领导学习和借鉴。其中含领导讲话、政经大势、主题阅读、理论评论、博微世界、改革实践、外媒外参、悦读共8个版块。

该期主要文章有：习近平《坚持正确方向创新方法手段提高新闻舆论传播力引导力》、陈锡文《六层面促农民增收》、刘远坤《农村"三变"改革的探索与实践》、何毅亭《大调整大重组大格局中的国际局势》、夏光《绿色发展的三大动力》等。

G45/8（2016）.6　　　　　0507

领导智库文选 Thinktank Anthology for Leadership.2016.6（总第48期）.—北京：北京国际城市发展研究院：北京市社会发展研究中心，2016

24cm

半月刊

该刊收录近期的领导重要讲话以及精选各大报刊传媒的重要报道和评论，供领导学习和借鉴。其中含领导讲话、政经大势、主题阅读、理论评论、博微世界、改革实践、外媒外参、悦读共8个版块。

该期主要文章有：习近平《毫不动摇坚持我国基本经济制度推动各种所有制经济健康发展》、曹健《疫苗的国家责任》、叶剑霞《人机大战结束了，AI背后的市场争夺才开始》、仇保兴《迈向深度城镇化》、李金早《全域旅游的价值和途径》等。

G45/8（2016）.7　　　　　　0508

领导智库文选 Thinktank Anthology for Leadership.2016.7（总第 49 期）.—北京：北京国际城市发展研究院：北京市社会发展研究中心，2016

24cm

半月刊

该刊收录近期的领导重要讲话以及精选各大报刊传媒的重要报道和评论，供领导学习和借鉴。其中含领导讲话、政经大势、主题阅读、理论评论、博微世界、改革实践、外媒外参、悦读共 8 个版块。

该期主要文章有：习近平《城市工作是一个系统工程》、陈政高《改革城市执法体制改进城市管理工作》、陈刚《以创新引领发展》、黄新初《以"四态合一"思路引领城市发展》、王儒林《人地钱房是制约城市发展的四个拦路虎》等。

顾远《共生社区：多数人的理想，少数人的实践》、李军国《美国城镇化发展的经验与启示》、徐振强《德国智慧生态城区规划建设经验研究》、黄心薇《波恩—成都：绿色城市伙伴关系建设的三点经验》等。

G45/8（2016）.8　　　　　　0509

领导智库文选 Thinktank Anthology for Leadership.2016.8（总第 50 期）.—北京：北京国际城市发展研究院：北京市社会发展研究中心，2016

24cm

半月刊

该刊收录近期的领导重要讲话以及精选各大报刊传媒的重要报道和评论，供领导学习和借鉴。其中含领导讲话、政经大势、主题阅读、理论评论、博微世界、改革实践、外媒外参、悦读共 8 个版块。

该期主要文章有：习近平《在践行新发展理念上先行一步让互联网更好造福国家和人民》、邱晓华《当前中国经济形势分析与预测》、苗圩《力促制造业由大变强》、蔡昉《跨越"中等收入陷阱"唯有改革》、王东宾《工匠精神背后的文化、伦理与制度内涵》等。

G45/8（2016）.9　　　　　　0510

领导智库文选 Thinktank Anthology for Leadership.2016.9（总第 51 期）.—北京：北京国际城市发展研究院：北京市社会发展研究中心，2016

24cm

半月刊

该刊收录近期的领导重要讲话以及精选各大报刊传媒的重要报道和评论，供领导学习和借鉴。其中含领导讲话、政经大势、主题阅读、理论评论、博微世界、改革实践、外媒外参、悦读共 8 个版块。

该期为各地创新驱动政策集萃专题，主要文章有：《地方鼓励事业单位人员离岗"双创政策比较"》、《北京高校高质量就业创业计划》、《上海市天使投资风险补偿管理暂行办法》、《关于上海加快发展智能制造助推全球科技创新中心建设的实施意见》等。

G45/8（2016）.10　　　　　　0511

领导智库文选 Thinktank Anthology for Leadership.2016.10（总第 52 期）. —北京：北京国际城市发展研究院：北京市社会发展研究中心，2016

24cm

半月刊

该刊收录近期的领导重要讲话以及精选

各大报刊传媒的重要报道和评论，供领导学习和借鉴。其中含领导讲话、政经大势、主题阅读、理论评论、博微世界、改革实践、外媒外参、悦读共8个版块。

该期主要文章有：习近平《只要谁赶搞腐败，就必须付出代价》、习近平《把新发展理念落到实处》、万钢《强化科技创新引领作用实施创新驱动发展策略》、怀进鹏《从人工智能看制造业变局》、王钦《"共享管理"：管理新范式、新行动》等。

G45/8（2016）.11　　　　　0512

领导智库文选 Thinktank Anthology for Leadership.2016.11（总第53期）. —北京：北京国际城市发展研究院：北京市社会发展研究中心，2016

24cm

半月刊

该刊收录近期的领导重要讲话以及精选各大报刊传媒的重要报道和评论，供领导学习和借鉴。其中含领导讲话、重要演讲、分论坛演讲、嘉宾专访、媒体观察共5个版块。

该期是2016中国大数据产业峰会暨中国电子商务创新发展峰会专题，主要文章有：李克强《把握科技革命历史机遇抢占大数据发展先机》、孙志刚《贵州将开展七方面试验为国家实施大数据战略探索路子》、陆奇《数据智能已触手可及》、齐向东《传统安全思路无法解决大数据安全问题》、鄂维南《数据要流动起来才能产生价值》等。

G45/8（2016）.12　　　　　0513

领导智库文选 Thinktank Anthology for Leadership.2016.12（总第54期）. —北京：北京国际城市发展研究院：北京市社会发展

研究中心，2016

24cm

半月刊

该刊收录近期的领导重要讲话以及精选各大报刊传媒的重要报道和评论，供领导学习和借鉴。其中含领导讲话、政经大势、主题阅读、理论评论、博微世界、改革实践、外媒外参、悦读共8个版块。

该期主要文章有：习近平《为建设世界科技强国而奋斗》、李克强《深化简政放权放管结合优化服务推进行政体制改革转职能提效能》、辜胜祖《以制度供给引领"双创"蓬勃发展》、任正非《以创新为核心竞争力为祖国百年科技振兴而奋斗》、何传启《牢牢把握新科技革命的主动权》、万喆《去产能中的道德风险》等。

G45/8（2016）.13　　　　　0514

领导智库文选 Thinktank Anthology for Leadership.2016.13（总第55期）. —北京：北京国际城市发展研究院：北京市社会发展研究中心，2016

24cm

半月刊

该刊收录近期的领导重要讲话以及精选各大报刊传媒的重要报道和评论，供领导学习和借鉴。其中含领导讲话、政经大势、主题阅读、理论评论、博微世界、改革实践、外媒外参、悦读共8个版块。

该期主要文章有：习近平《不忘初心继续前行》、李克强《汇聚创新发展转型升级的"众力量"》、徐箐箐《欧洲：一个幻想中的共同体》、任仲平《写在中国共产党成立95周年之际》、关成平《大数据视阈下的治理创新》等。

G45/8（2016）.14　　　　0515

领导智库文选 Thinktank Anthology for Leadership.2016.14（总第56期）. —北京：北京国际城市发展研究院：北京市社会发展研究中心, 2016

24cm

半月刊

该刊收录近期的领导重要讲话以及精选各大报刊传媒的重要报道和评论，供领导学习和借鉴。其中含重要讲话、核心文件、重要演讲、分论坛演讲、媒体观察共5个版块。

该期为生态文明贵阳国际论坛2016年年会专题，主要文章有：俞正声《推动形成绿色发展方式和生活方式加快走向生态文明新时代》、孙志刚《生态文明建设的务实成果越来越多》、陈敏尔《生态文明正成为贵州大地的主旋律》、张庆伟《借鉴贵州好经验好做法加快推进生态文明建设》等。

G45/8（2016）.15　　　　0516

领导智库文选 Thinktank Anthology for Leadership.2016.15（总第57期）. —北京：北京国际城市发展研究院：北京市社会发展研究中心, 2016

24cm

半月刊

该刊收录近期的领导重要讲话以及精选各大报刊传媒的重要报道和评论，供领导学习和借鉴。其中含领导讲话、政经大势、主题阅读、理论评论、博微世界、改革实践、外媒外参、悦读共8个版块。

该期主要文章有：李克强《在经济转型中积极推动就业转型》、王岐山《用担当的行动诠释对党和人民的忠诚》、李维森《我国测绘地理信息发展的六个方向》、魏圣福《韩国智慧城市是顶层设计下的地方自治》、包心鉴《优化治国理政的大逻辑大主题大视野》等。

G45/8（2016）.16　　　　0517

领导智库文选 Thinktank Anthology for Leadership.2016.16（总第58期）. —北京：北京国际城市发展研究院：北京市社会发展研究中心, 2016

24cm

半月刊

该刊收录近期的领导重要讲话以及精选各大报刊传媒的重要报道和评论，供领导学习和借鉴。其中含领导讲话、政经大势、主题阅读、理论评论、博微世界、改革实践、外媒外参、悦读共8个版块。

该期主要文章有：习近平《把人民健康放在优先发展战略地位努力全方位全周期保障人民健康》、栗战书《继承弘扬中办优良传统和作风推动"三服务"工作再上新台阶》、刘奇葆《新发展理念蕴含的理论特质和品格》、邬贺铨《发展数字经济建设网络强国》等。

G45/8（2016）.17　　　　0518

领导智库文选 Thinktank Anthology for Leadership.2016.17（总第59期）. —北京：北京国际城市发展研究院：北京市社会发展研究中心, 2016

24cm

半月刊

该刊收录近期的领导重要讲话以及精选各大报刊传媒的重要报道和评论，供领导学习和借鉴。其中含领导讲话、政经大势、主题阅读、理论评论、博微世界、改革实践、外媒外参、悦读共8个版块。

该期主要文章有：习近平《中国发展新起点全球增长新蓝图》、习近平《构建创新、活力、联动、包容的世界经济》、马云《全球化不是对经济的威胁》、刘伟《经济新常态与供给侧结构性改革》、黄裕生《大学是练习自由与学习高贵的地方》等。

G45/8（2016）.18　　　0519

领导智库文选 Thinktank Anthology for Leadership.2016.18（总第60期）.—北京：北京国际城市发展研究院：北京市社会发展研究中心，2016

24cm

半月刊

该刊收录近期的领导重要讲话以及精选各大报刊传媒的重要报道和评论，供领导学习和借鉴。其中含领导讲话、政经大势、主题阅读、理论评论、博微世界、改革实践、外媒外参、悦读共8个版块。

该期主要文章有：刘延东《贯彻落实全国科技创新大会精神以科技创新促进我们现代农业发展》、万钢《迈向世界科技强国建设新征程》、徐绍史《国务院关于今年以来国民经济和社会发展计划执行情况的报告》、宁高宁《坚定不移做强做优做大国有企业》、王一鸣《建设质量追赶产业体系》等。

G45/8（2016）.19　　　0520

领导智库文选 Thinktank Anthology for Leadership.2016.19（总第61期）.—北京：北京国际城市发展研究院：北京市社会发展研究中心，2016

24cm

半月刊

该刊收录近期的领导重要讲话以及精选各大报刊传媒的重要报道和评论，供领导学习和借鉴。其中含领导讲话、政经大势、主题阅读、理论评论、博微世界、改革实践、外媒外参、悦读共8个版块。

该期主要文章有：习近平《牢记历史使命提升战略能力努力建设一支强大的现代化火箭军》、习近平《历代中央领导集体的传承》、刘延东《切实落实乡村教师支持计划》、陈彬《2016年就业形势解析》、陈吉宁《有序有力有效推进地方环保管理体制改革》等。

G45/8（2016）.20　　　0521

领导智库文选 Thinktank Anthology for Leadership.2016.20（总第62期）.—北京：北京国际城市发展研究院：北京市社会发展研究中心，2016

24cm

半月刊

该刊收录近期的领导重要讲话以及精选各大报刊传媒的重要报道和评论，供领导学习和借鉴。其中含领导讲话、政经大势、主题阅读、理论评论、博微世界、改革实践、外媒外参、悦读共8个版块。

该期主要文章有：习近平《坚定信心共谋发展》、刘云山《为完善全球经济治理贡献政党智慧和力量》、马云《纯电商时代很快会结束》、潘永花《阿里巴巴人工智能应用的五部曲》、聂辉华《不完全契约理论对中国改革的启迪》等。

G45/8（2016）.21　　　0522

领导智库文选 Thinktank Anthology for Leadership.2016.21（总第63期）.—北京：

北京国际城市发展研究院：北京市社会发展研究中心，2016

24cm

半月刊

该刊收录近期的领导重要讲话以及精选各大报刊传媒的重要报道和评论，供领导学习和借鉴。其中含领导讲话、政经大势、主题阅读、理论评论、博微世界、改革实践、外媒外参、悦读共 8 个版块。

该期主要文章有：习近平《弘扬伟大长征精神走好今天的长征路》、宁吉喆《如何看待我国服务业快速发展》、任仲平《筑牢从严治党的政治根基》、李景田《为全面从严治党提供行动指南》、郑永年《中国经济政策的思想根源及其错位》等。

G45/8（2016）.22   0523

领导智库文选 Thinktank Anthology for Leadership.2016.22（总第 64 期）. —北京：北京国际城市发展研究院：北京市社会发展研究中心，2016

24cm

半月刊

该刊收录近期的领导重要讲话以及精选各大报刊传媒的重要报道和评论，供领导学习和借鉴。其中含领导讲话、政经大势、主题阅读、理论评论、博微世界、改革实践、外媒外参、悦读共 8 个版块。

该期主要文章有：习近平《关于〈关于新形势下党内政治生活的若干准则〉和〈中国共产党党内监督条例〉的说明》、刘云山《严肃党内政治生活净化党内政治生态》、王岐山《全面从严治党承载起党在新时代的使命》、李希《全党必须自觉服从党中央领导》等。

G45/8（2016）.23   0524

领导智库文选 Thinktank Anthology for Leadership.2016.23（总第 65 期）. —北京：北京国际城市发展研究院：北京市社会发展研究中心，2016

24cm

半月刊

该刊收录近期的领导重要讲话以及精选各大报刊传媒的重要报道和评论，供领导学习和借鉴。其中含领导讲话、政经大势、主题阅读、理论评论、博微世界、改革实践、外媒外参、悦读共 8 个版块。

该期主要文章有：习近平《筑就中华民族伟大复兴时代文艺高峰》、李克强《可持续的健康促进》、孟建柱《深入推进社会治理创新进一步增强人民群众安全感》、赵凡《高度重视党内政治文化建设》等。

G45/8（2016）.24   0525

领导智库文选 Thinktank Anthology for Leadership.2016.24（总第 66 期）. —北京：北京国际城市发展研究院：北京市社会发展研究中心，2016

24cm

半月刊

该刊收录近期的领导重要讲话以及精选各大报刊传媒的重要报道和评论，供领导学习和借鉴。其中含领导讲话、政经大势、主题阅读、理论评论、博微世界、改革实践、外媒外参、悦读共 8 个版块。

该期主要文章有：习近平《让文明家庭成为梦想起航的地方——在会见第一届全国文明家庭代表时的讲话》、胡鞍钢《2016年中国经济发展的十大亮点》、屈宏斌《2017年中国经济发展》、王一鸣《以稳中求进巩固经济趋势向好基本面》、吴敬琏《完善产权保护制度的行动纲领》等。

G46/6　　　　　　　　　　0526

友谊长存 Eternal Friendship / 中国国际友人研究会［编］．—［北京］：［中国国际友人研究会］，［2009］

233 页：彩照；29cm

该书由中国国际友人研究会编辑，以中英双语的形式，图文并茂的记述了该研究会工作的点点滴滴，包括 2008 年 4 月 23 日与西城区图书馆联合举办了"黄华同志《亲历与见闻》座谈会"等内容。

G46/7　　　　　　　　　　0527

中国国际友人研究会．—［北京］：［中国国际友人研究会］，［2012］

52 页：彩照；29cm

该书记述了中国国际友人研究会的成立、2012 年主要工作及 2009—2012 年大事记等，记载了中国国际友人研究会书画院于 2012 年 4 月 17 日在北京西城区图书馆一层大厅成立，并举行了第一届书画展。

G46/8　　　　　　　　　　0528

西城外事：行前教育手册 / 北京市西城区人民政府外事办公室［编］．—［北京］：［北京市西城区人民政府外事办公室］，［出版年不详］

20 页；21cm

该手册由北京市西城区人民政府外事办公室编辑，围绕因公出国（境）外事纪律——"四项纪律"、服务小贴士、出国（境）常用英语、需出访人员带回材料的小清单、出访报告模板等方面，强调新形势下的出访纪律。

G46/9　　　　　　　　　　0529

北京与莫斯科的传统友谊：档案中的记忆：［中俄文本］/ 北京市档案局馆，莫斯科档案管理总局编．—北京：中国档案出版社，2006

239 页：照片；27cm

ISBN 7-80166-625-9；CNY 95.00

该书选辑了包括两国高层互访、两个首都城市政府代表团互访、北京与莫斯科互赠动物、两国青年及少年儿童友好交往，以及在城市规划、城市建设、医疗卫生、高等教育、文化体育、科技学术、工业、农业、水利、军事等方面开展援助、交流情况等 21 组档案资料。

G47/3　　　　　　　　　　0530

侨心共圆中国梦：归侨侨眷征文作品集：西城区侨联三十周年献礼 / 程军主编．北京：［北京市西城区归国华侨联合会］，［2016］

237 页；24cm

该书汇集了从近年来侨联系统开展的以"青春为祖国闪光""党旗飘飘""我的中国梦"为主题征文活动收集的近 400 篇优秀作品中精选出的 65 篇文章。

G48/13　　　　　　　　　0531

鱼水情深　共促和谐：新街口街道双拥共建工作纪实 / 新街口街道双拥共建领导小组［编］．—北京：新街口街道双拥共建领导小组，[2012]

116 页；29cm

该册由新街口街道双拥共建领导小组编

制，记录了近年来新街口地区双拥共建所取得的成就，包括双拥共建成果、国防教育征文等内容。

G48/14　　　　　　　　　　0532

强军路上，我们书写多彩青春："青春唱响·书香军营"征文选 / 梁昌新，杜黎彬主编 . — 北京：[西城区双拥办公室]：[西城区第一图书馆]，[2014]

291 页：图；25cm

该书收录了以"青春唱响书香军营"为主题的读书征文活动中甄选的 105 篇短文，撰稿者来自西城区的各个部队，用军人的热情和笔触，写出了从军的豪迈和成长的快乐。

G5：22/4　　　　　　　　　　0533

2017 年度政协北京市西城区委员会资料汇编 / 中国人民政治协商会议北京市西城区委员会［编］. — 北京：中国人民政治协商会议北京市西城区委员会，2017

248 页；26cm

CNY 60.00

该书汇集了 2017 年区政协在工作中形成的规范性文件、领导讲话、专题协商报告、调研成果等，由"文件篇""讲话篇""专题协商报告篇""调研篇"4 部分组成。文件篇摘录了 2017 年区政协履行职能的制度规定；讲话篇汇集了区政协领导的重要讲话；专题协商报告篇汇集了区政协 2017 年形成的专题协商报告；调研篇收集了常委会建议案、专委会调研报告和外出考察报告。这本文集凝结着政协委员和各界人士的智慧和心血，是一年来政协工作和政协委员积极履职的记载和反映。

G5：22/4　　　　　　　　　　0534

2018 年度政协北京市西城区委员会资料汇编 / 中国人民政治协商会议北京市西城区委员会［编］. — 北京：中国人民政治协商会议北京市西城区委员会，[2018]

187 页；26cm

该书汇集了 2018 年区政协在工作中形成的规范性文件、领导讲话、专题协商报告和调研成果。由"文件篇""讲话篇""专题协商报告篇""调研篇"4 个部分组成。

G5：22/10　　　　　　　　　　0535

发挥委员主体作用　推进协商民主建设征文选编 / 中国人民政治协商会议北京市西城区第十三届委员会［编］. — 北京：中国人民政治协商会议北京市西城区第十三届委员会，2015

312 页；24cm

CNY 76.00

为探索进一步发挥委员主体作用的方法和途径，更好地履行政治协商、民主监督和参政议政职能，更好地发挥政协作为协商民主重要渠道和专门协商机构作用，西城区政协于 2015 年 7 月底成功召开了"发挥委员主体作用，推进协商民主建设"研讨会。广大政协委员积极参加研讨会征文活动，撰写出了富有思想性、实践性的理论研讨文章，提出了一些具有前瞻性、创新性的意见建议。现将研讨文章编辑成册供大家学习交流。

G5：22/11　　　　　　　　　　0536

西城区政协关于"构建西城区高精尖经济结构"专题协商文件汇编 / 西城区政协［编］. — 北京：[西城区政协]，2018

171页；30cm

该书是西城区政协关于"构建西城区高精尖经济结构"专题协商的文件汇总。内容包括通知、指导意见、建设方案、结构意见、实施意见、政策目录等多项文件。

G5：22/12　　　　　　　　0537

如何发挥政协委员参政议政职能作用征文选编 / 中国人民政治协商会议北京市西城区第十三届委员会［编］． — 北京：［中国人民政治协商会议北京市西城区第十三届委员会］，2012

326页；24cm

该书由中国人民政治协商会议北京市西城区第十三届委员会选编。选取了富有思想性、政治性、时间性的研讨会文章。

G5：22/13　　　　　　　　0538

推进协商民主广泛多层制度化发展征文选编 / 中国人民政治协商会议北京市西城区第十三届委员会［编］． — 北京：［中国人民政治协商会议北京市西城区第十三届委员会］，2014

259页；24cm

该书由中国人民政治协商会议北京市西城区第十三届委员会选编。选取了富有思想性、政治性、时间性的研讨会文章。

G5：22（14）/1　　　　　　0539

中国人民政治协商会议北京市西城区第十四届委员会第三次会议工作手册：2019年1月7日—10日 / 大会秘书处［编］． — 北京：［政协北京市西城区委员会］，［2019］

62页：图；30cm

该书记录北京市西城区第十四届委员会第三次会议的工作安排，包括会议工作日程、会议须知、工作人员分工、组织生活会和讨论地点、交通示意图、会场分布示意图、交通示意图、工作人员办公地点、工作人员联系表等。

G5：22（14）/2　　　　　　0540

中国人民政治协商会议北京市西城区第十四届委员会常务委员会工作报告：2019年1月7日在政协北京市西城区第十四届委员会第三次会议上 / 政协北京市西城区委员会［编］． — 北京：［政协北京市西城区委员会］，［2019］

11页；30cm

该书是政协北京市西城区委员会十四届三次会议文件之一，记录了北京市西城区第十四届委员会常务委员会工作报告，总结2018年的工作回顾和2019年的工作思路。

G5：22（14）/3　　　　　　0541

中国人民政治协商会议北京市西城区第十四届委员会常务委员会提案工作报告：2019年1月7日在政协北京市西城区第十四届委员会第三次会议上 / 政协北京市西城区委员会［编］． — 北京：［政协北京市西城区委员会］，［2019］

10页；30cm

该书是政协北京市西城区委员会十四届三次会议文件之二，记录了北京市西城区第十四届委员会常务委员会第三次会议的提案工作，分为2018年提案工作回顾和2019年提案工作思路。

G5：22（14）/4　　　　　　0542

中国人民政治协商会议北京市西城区

第十四届委员会第三次会议议程、日程及相关名单（草案）/ 政协北京市西城区委员会［编］.— 北京：［政协北京市西城区委员会］,［2019］

7页；30cm

该书是政协北京市西城区委员会十四届三次会议文件之三，记录了中国人民政治协商会议北京市西城区第十四届委员会第三次会议议程、日程及相关名单。

G5：22（14）/5　　　　　　0543

中国人民政治协商会议北京市西城区第十四届委员会各专门委员会2017年工作总结和2018年工作思路 / 政协北京市西城区委员会［编］.— 北京：［政协北京市西城区委员会］,2018

91页；30cm

该书是政协北京市西城区委员会十四届二次会议文件之四，包括街道政协会委员联组、学习指导和文史资料委员会、教文卫体委员会、社会和法制委员会、经济科技委员会、城建环保委员会、民族和宗教委员会、港澳台侨委员会的2017年工作总结和2018年工作思路。

G5：22（14）/5　　　　　　0544

中国人民政治协商会议北京市西城区第十四届委员会各专门委员会2018年工作总结和2019年工作思路 / 政协北京市西城区委员会［编］.— 北京：［政协北京市西城区委员会］,［2019］

67页；30cm

该书是政协北京市西城区委员会十四届三次会议文件之四，记录了街道政协委员联组、学习指导和文史资料委员会、教文卫体委员会、社会和法制委员会、经济科技委员会、城建环保委员会、民族和宗教委员会、港澳台侨委员会2018年工作总结和2019年工作思路。

G5：22（14）/6　　　　　　0545

政协北京市西城区委员会十四届三次会议大会发言材料 / 政协北京市西城区委员会［编］.— 北京：［政协北京市西城区委员会］,［2019］

30页；30cm

该书是政协北京市西城区委员会十四届三次会议文件之五，是对政协北京市西城区委员会十四届三次会议大会发言材料进行整理，包括10名政协委员会议发言材料。

G6/3（2012）.3　　　　　　0546

西城九三.2012年第3期（总第30期）/ 徐家和主编.—北京：［九三学社北京市西城区委员会］,2012

36页：照片；19×19cm

该刊是由九三学社西城区委主办的双月刊，包括区委工作、支社活动、专题文章等栏目，及时反映九三学社西城区委的工作动态及社员文采。

G6/3（2012）.4　　　　　　0547

西城九三.2012年第4期（总第31期）/ 徐家和主编.—北京：［九三学社北京市西城区委员会］,2012

40页：照片；19×19cm

该刊是由九三学社西城区委主办的双月刊，包括区委工作、支社活动、专题文章等栏目，及时反映九三学社西城区委的工作动态及社员文采。

G6/3（2015）.3　　　　　0548

西城九三.2015年第3期（总第41期）/杨月欣主编；九三学社北京市西城区委员会编.—北京：[九三学社北京市西城区委员会]，2015

48页：照片；29cm

该刊是由九三学社西城区委主办的双月刊，包括区委工作、封面人物、支社活动、议政会发言、培训体会、社员随笔、律师讲法、专题文章等栏目，及时反映九三学社西城区委的工作动态及社员文采。

G6/3（2016）.1　　　　　0549

西城九三.2016年第1期（总第42期）/杨月欣主编；九三学社北京市西城区委员会编.—北京：[九三学社北京市西城区委员会]，2016

44页：照片；29cm

该刊是由九三学社西城区委主办的双月刊，包括区委工作、封面人物、支社活动、社员随笔、专题文章、调研报告等栏目，及时反映九三学社西城区委的工作动态及社员文采。

G6/4（2015）.10　　　　　0550

西城致公.2015年10月第3期（总第15期）/曾小丹主编.—北京：[中国致公党北京市西城区委员会]，2015

44页：照片；29cm

该刊由中国致公党北京市西城区委员会主办，包括党务工作、参政议政、致公风采、侨海之窗、随笔漫谈、历史印记、学习园地、信息往来等栏目。

G6/4（2015）.12　　　　　0551

西城致公.2015年12月第4期（总第16期）/曾小丹主编.—北京：[中国致公党北京市西城区委员会]，2015

48页：照片；29cm

该刊由中国致公党北京市西城区委员会主办，包括党务工作、参政议政、致公风采、侨海之窗、随笔漫谈、历史印记、学习园地、信息往来等栏目。

G6/4（2016）.1　　　　　0552

西城致公.2016年4月第1期（总第17期）/曾小丹主编.—北京：[中国致公党北京市西城区委员会]，2016

48页：照片；29cm

该刊由中国致公党北京市西城区委员会主办，包括党务工作、参政议政、致公风采、侨海之窗、随笔漫谈、历史印记、学习园地等栏目。

G6/5　　　　　0553

凝心·聚力·发展：西城区民主党派成员先进典型事迹汇编/中共北京市西城区委统一战线工作部编.—北京：[中共北京市西城区委统一战线工作部]，2014

106页：照片；30cm

该书收录了西城区8个民主党派区委推荐的50名先进典型的个人简介和主要事迹。内容包括：党派工作先进典型、本职工作先进典型、社会公民先进典型3部分。

G72/1（2019）.1　　　　　0554

北京宣武红旗业余大学学报/北京宣武红旗业余大学主办；中国共产党北京市宣武区委员会主管.—北京：该刊编辑部，1989

106页：照片；29cm

ISSN 1008-6668

该刊由教改论坛、管理科学、学海拾贝、习作选萃、阅读提示栏目组成。

G74/5　　　　　　　　　　　　**0555**

慈善博爱　共创和谐：救助大学生感言录/北京西城慈善协会[编].—北京：[北京西城慈善协会]，[2008]

111页：照片；26cm

该书收录了西城慈善协会、企业和社会各界人士捐资救助的贫困大学生学习思想汇报，共72篇。

G74/11　　　　　　　　　　　**0556**

[西城区精神文明创建活动先进集体和个人]光荣册.[2009]/[中共北京市西城区委，北京市西城区人民政府，北京市西城区精神文明建设委员会编].—北京：[中共北京市西城区委]：[北京市西城区人民政府]：[北京市西城区精神文明建设委员会]，2010

39页；30cm

该光荣册由西城区区委、区政府、区文明办编印。主要是2009年度西城区精神文明创建活动先进集体和个人名单。

G74/31　　　　　　　　　　　**0557**

西城区2010年精神文明建设暨双拥工作大会文件汇编/[中共北京市西城区委，北京市西城区人民政府，北京市西城区精神文明建设委员会编].—北京：中共北京市西城区委：北京市西城区人民政府：北京市西城区精神文明建设委员会，2010

44页；29cm

CNY 15.00

收集西城区2009精神文明建设和双拥工作讲话、文件等共5篇。

G74/32　　　　　　　　　　　**0558**

区直机关最美北京人宣讲事迹材料汇编/区直机关工委[编].—[北京]：[区直机关工委]，[2014]

78页：彩照；24cm

该书收录了区直机关工委宣讲员以"最美北京人"为主题的20篇宣讲事迹材料，分别从自己和身边的人、事入手，故事真实、鲜明、生动，展现了区直机关系统干部职工的良好精神风貌。

G74/34　　　　　　　　　　　**0559**

全国文明城区测评体系（2011年版）测评操作手册/北京市西城区精神文明建设委员会办公室印.—北京：[北京市西城区精神文明建设委员会办公室]，[2011]

94页；21×30cm

该手册主要分为操作说明、材料审核操作手册、实地考察操作手册、全国文明城市测评调查问卷、听取汇报网络调查操作手册和主要指标解释。详细讲述了测评过程，有利于推进城市建设。

G74/35　　　　　　　　　　　**0560**

文明铸就辉煌创建助推梦想：西城区文明单位创建活动观摩交流/北京市西城区精神文明建设委员会办公室[编].—[北京]：[出版者不详]，[2014]

132页：图，照片；28cm

该书是西城区精神文明建设委员会办公室为充分展示创建工作成果，进一步发挥先进典型的创建示范引领作用，推动区域群众性精神文明创建活动迈上新台阶，将各级文明单位的创建亮点及经验做法整理、汇编成册。

G74/36　　　　　　　　　0561

天桥榜样 / 中共北京市西城区委天桥街道工作委员会，北京市西城区人民政府天桥街道办事处［编］. — 北京：［中共北京市西城区委天桥街道工作委员会］：［北京市西城区人民政府天桥街道办事处］，［出版年不详］

246 页；照片；24cm

该书内容包括 3 部分：先进个人、优秀志愿者、优秀团队。

G8/4　　　　　　　　　0562

职务犯罪的理论与司法实践 Theory and Judicial Practice of Official Crimes / 顾军主编. 北京：法律出版社，2009

438 页；23cm

ISBN 978-7-5118-0004-6；CNY 39.00

该书共分职务犯罪理论、职务犯罪实务、职务犯罪预防、案例分析、典型案件的查办 5 部分，从法理到实践，从侦查到预防，从案件查办到案例分析，涉及职务犯罪侦查和预防的各个方面。

G8/5　　　　　　　　　0563

侵财犯罪的理论与司法实践 Theory and Judicial Practice of Official Crimes / 顾军主编. 北京：法律出版社，2008

353 页；23cm

ISBN 978-7-5036-9030-3；CNY 34.00

该书主要收录了北京市西城区人民检察院检察官自 2000 年以来撰写的刑法理论文章和案例分析，主要集中在对抢劫罪、盗窃罪、诈骗罪、侵占罪的案例分析。

G8/12　　　　　　　　　0564

北京市西城区"六五"普法回顾 / 西城区法宣办，西城区司法局［编］. — 北京：西城区法宣办：西城区司法局，［2016］

361 页；23cm

西城区"六五"普法

CNY 64.00

该书分为法制宣传教育规划、典型经验、普法金牌人物及工作总结四部分。重点收录了"六五"普法以来区法宣办整理的全区重要文稿，区法院、区检察院、区教委及各街道近 50 家成员单位上报的经验总结等材料。

G80/8　　　　　　　　　0565

重要法律法规选编 / 北京市西城区人力资源和社会保障局编. — 北京：［北京市西城区人力资源和社会保障局］，［2012］

288 页；24cm

该书由北京市西城区人力资源和社会保障局编，共分综合、劳动就业、劳动合同、劳动报酬、工时和休假、女职工和未成年工特殊保护、社会保险、劳动争议处理以及劳动监察 9 部分。

G80/9　　　　　　　　　0566

公司法典型案例与裁判解析 Typical Cases & Adjudgement Consideration of Company Law / 钱俊清主编. — 北京：法律出版社，2014

389 页；23cm

ISBN 978-7-5118-5671-5；CNY 58.00

该书汇集了公司法领域的常见法律纠纷，涵盖《民事案件案由规定》中除上市公司收购纠纷外的所有案由。作者以司法案例及裁判解析的形式对各种公司纠纷案由的思安性问题进行了讲解和探讨，并详细阐释了法院的裁判思路。

G81/7　　　　　　　　　　　　0567

北京市西城区司法局制度汇编 / 北京市西城区司法局［编］. — 北京：［北京市西城区司法局］，［2014］

267页；26cm

该书分为业务工作、内部管理、队伍建设和党风廉政建设3部分，包括工作规则、管理制度、考核办法、应急预案、学习制度、"三重一大"制度等。

G81/8（2015）　　　　　　　0568

西城区司法局2015年度调研汇编 / 西城区司法局［编］. — 北京：［西城区司法局］，［2015］

166页；24cm

该书收录了西城区司法局2015年调研报告25篇，包括普法规划实施、律师行业管理、人民调解工作、信访、社会矛盾、未成年人矫正等方面的内容。

G81/8（2016）　　　　　　　0569

西城区司法局2016年度调研汇编 / 西城区司法局［编］. — 北京：西城区司法局，［2017］

134页；24cm

该书收集了西城区司法局2016年度调研报告19篇，较为全面地反映了西城区开展法治文化建设、"七五"普法、人民调查工作和律师人才队伍建设工作的概况。

G81/9　　　　　　　　　　　　0570

公开公正公信规范司法行为：北京市检察机关规范司法行为专项整治工作掠影 / 北京市人民检察院［编］. — 北京：［北京市人民检察院］，［2015］

44页：照片；29cm

该书主要讲述了司法机关的自我监督、自我规范，分为背景回溯、聚力推动、行在基层、规范成果和历程撷顾5个部分。

G82/6　　　　　　　　　　　　0571

西城区人民调解案例选编. 2015 / 李铁，钟显林主编. — 北京：［北京市西城区司法局］：［北京市西城区人民调解员协会］，2015

111页；29cm

该书从2014—2015年全区各级人民调解组织调解的具有代表性和借鉴性的调解案件中，精选64篇优秀案例，从纠纷基本情况入手，介绍了纠纷调处过程和结果及纠纷调处依据，并配有专家点评意见，将调解经验和成果以案例形式固定下来，为今后工作提供借鉴。

G82/7（2015）.2　　　　　　　0572

西城审判. 2015/2（总第41期）/ 吴献雅主编. — 北京：［北京市西城区人民法院］，2015

80页：图；29cm

该刊是由西城区人民法院主办，原刊名为《西城法官》，包含：高层声音、调研报告、法官论坛、理论探讨、案例分析、域外法学、立法动态、判词展板、陪审之音、信息速览等，既反映审判工作的载体，又展示干警才华。

G82/8　　　　　　　　　　　　0573

看得见的公正：北京市西城区人民法院2015年新闻发布工作实录 / 北京市西城区人民法院［编］. — ［北京］：［北京市西城

人民法院］，［2015］

102页：图；26cm

该书是西城区人民法院2015年新闻发布工作纪实。既是一年来西城法院新闻发布工作的一个缩影，也是西城法院一次次向人民群众敞开心扉、真切沟通、诚挚提醒、接受监督的真实写照。

G83/7　　　　　　　　　　0574

西城未检／［北京市西城区人民检察院未成年人案件检察处］．— 北京：北京市西城区人民检察院未成年人案件检察处，2012

22页；29m

该册为西城区人民检察院未成年人案件检察处的简介。简要介绍了未检处开展未成年人普法宣传教育、开展社会调查、设立帮教中心、建立教育基地等工作概况。

G83/8　　　　　　　　　　0575

西城区"抒正气 颂清廉"反腐倡廉大赛作品集／中共北京市西城区纪律检查委员会，北京市西城区监察局［编］．— 北京：［中共北京市西城区纪律检查委员会，北京市西城区监察局］，［出版年不详］

22页：图；29m

该画册选编了"抒正气 颂清廉"反腐倡廉大赛里38个廉政公益广告以及44个廉政微小说，附各图集简介。

G84/1　　　　　　　　　　0576

北京市西城区律师公证法律服务便民手册／北京市西城区司法局编．— 北京：北京市西城区司法局，［2008］

173页；21cm．—（西城普法系列丛书）

CNY 20.00

该手册分为律师篇和公证篇两部分。包含了西城区驻区92家律师事务所和两家公证处的详细信息、聘用律师应该注意的问题、公证法律知识问答以及相关的法律、法规。

G84/3　　　　　　　　　　0577

西城区法律援助案例选编／北京市西城区司法局编．— 北京：［北京市西城区司法局］，［2008］

176页；21cm

该书从法律援助案件特点、类型等角度精选了50篇有代表性的案例汇编成册，除详细介绍案情和办理过程外，还编写了案件点评，对案件特点和办理体会进行了总结。

G84/4　　　　　　　　　　0578

构建和谐社区的公益法律服务平台：西城区公益法律服务室建设概览／北京市西城区司法局编．— 北京：北京市西城区司法局，2007

51页：照片，图；28cm

CNY 10.00

该书反映了2007年西城区公益法律服务室建设的概况。收集了公益法律服务室建设的文件、调研报告和具体案例等。

H 经济管理

H1/1　　　　　　　　　　0579

北京"十三五"时期经济和社会发展热点问题 / 中共北京市委组织部，北京市人力资源和社会保障局，北京市科学技术委员会组织编写 . — 北京：北京出版社，2016

276 页；24cm

978-7-200-12483-5；CNY 20.00

该书共分 10 讲，从经济社会发展形势分析、供给侧结构性改革、北京城市副中心建设、全国科技创新中心建设、生态文明建设等方面展开论述。

H1/2　　　　　　　　　　0580

比较与创新：京津冀与莫斯科城市群的挑战与应对 Comparisons and Innovations: Problems and Solutions of Beijing-Tianjin-Hebei and Moscow Agglomerations / 曲宏，〔俄〕德米特里·萨夫金（Dmitry Savkin）主编 . — 北京：北京科学技术出版社，2017

371 页：肖像，照片，地图；24cm

科技部"2016 年度中国亚太经合组织合作基金"资助

ISBN 978-7-5304-8576-7；CNY 90.00

该书是"2016 首都创新与协同发展国际论坛"邀请的中外专家学者的参会论文合辑。论坛首次将京津冀协同发展这一中国国内的区域发展战略，置于国际比较研究的视野下，邀请来自俄罗斯、韩国、澳大利亚的专家学者、企业代表共议首都城市创新与区域协同发展。旨在将"京津冀协同发展战略"与"大莫斯科发展战略"置于比较研究的视野下，就城市发展规律与首都发展路径、城市间跨区域融合、首都功能定位与城市副中心发展、城市科技创新驱动力研究、科技类中小微企业的现代化发展模式等 5 个议题分享在各自研究领域。

H1/3.1　　　　　　　　　　0581

西城区"十三五"规划纲要及专项规划汇编 / 西城区"十三五"规划编制工作领导小组办公室〔编〕. — 北京：西城区"十三五"规划编制工作领导小组办公室，〔出版年不详〕

2 册（427：300 页）；24cm

CNY 60.00

该书收集了西城区第"十三个"五年规划纲要及专项规划 40 余篇。分为"重点专项""经济建设""城市建设""社会建设"和"党建规划"5 部分。

H1/3.2　　　　　　　　　　0582

西城区"十三五"规划纲要及专项规划汇编 / 西城区"十三五"规划编制工作领导小组办公室〔编〕. — 北京：西城区"十三五"规划编制工作领导小组办公室，〔出版年不详〕

2 册（427：300 页）；24cm

CNY 60.00

该书收集了西城区第"十三个"五年规划纲要及专项规划 40 余篇。分为"重点专项"、"经济建设"、"城市建设"、"社会建设"和"党建规划"5 部分。

H1/47   0583

学习型城区建设科研文集 / 北京市西城区学习型城区建设领导小组办公室，北京市西城区社区教育协会［编］．—［北京］：［出版者不详］，2012

539 页；29cm

CNY［60.00］

该书包括综合报告、研究报告、研究论文、经验总结 4 部分内容。

H1：22/1（2015-2）   0584

北京市西城区 2015 年上半年经济社会发展分析材料汇编 / 西城区发展和改革委员会［编］．— 北京：［西城区发展和改革委员会］，2015

285 页；30cm

材料汇编是西城区发展和改革委员会对 2015 年上半年经济社会发展分析的汇总，包括经济专题篇、城建专题篇、社会专题篇。

H1：22/36.2（2014-3）   0585

西城区经济社会发展季报．2014．三季度 / 北京市西城区统计局，北京市西城区经济社会调查队［编］．— 北京：［北京市西城区统计局］：［北京市西城区经济社会调查队］，［2014］

40 页；21cm

该册以数据形式，介绍了 2014 年第三季度西城区的社会经济发展情况。包括社会经济（分综述、行业、产业、民生、社会各篇）、主要经济指标对比、图说西城和精彩信息等栏目。

H1：22/36.2（2014-4）   0586

西城区经济社会发展季报．2014．四季度 Seasonly Economic & Sociery Development Report / 北京市西城区统计局，北京市西城区经济社会调查队［编］．— 北京：［北京市西城区统计局］：［北京市西城区经济社会调查队］，［2014］

40 页；21cm

该册以数据形式，介绍了 2014 年第四季度西城区的社会经济发展情况。包括社会经济（分综述、行业、产业、民生、社会各篇）、主要经济指标对比、图说西城和精彩信息等栏目。

H1：22/42   0587

西城区经济社会发展统计资料．2015 / 北京市西城区统计局，北京市西城区经济社会调查队［编］．— 北京：［北京市西城区统计局］：［北京市西城区经济社会调查队］，［2015］

92 页：图；21cm

该书反映 2015 年西城区经济社会发展总体情况，包括综合、宏观经济、社会发展、区域比较 4 个篇章，用数据说话，具有较强的权威性。后附 2015 年 11 月通过的《北京市统计条例》。

H1：22/43.1   0588

传承与转型：老字号发展之路：北京西城老字号谱系研究文集 / 北京市西城区老字

号谱系研究领导小组编 .— 北京：中央文献出版社，2017

2 册（695 页）：图；24cm

978-7-5073-4562-9；CNY 100.00

该书分为"传承"与"创新"、"责任"与"形象"、"政府"与"市场"、"自身"与"他者"四个部分，收录了《传承与创新是老字号发展的永恒主题》《试论老字号的认定和分类标准——以北京西城为例》《试论西城老字号与京商儒范》等文章。

H1：22/43.2　　　　　　　0589

传承与转型：老字号发展之路：北京西城老字号谱系研究文集 / 北京市西城区老字号谱系研究领导小组编 .— 北京：中央文献出版社，2017

2 册（19，695 页）：图；24cm

978-7-5073-4562-9；CNY 100.00

该书分为"传承"与"创新"、"责任"与"形象"、"政府"与"市场"、"自身"与"他者" 4 个部分，收录了《传承与创新是老字号发展的永恒主题》《试论老字号的认定和分类标准——以北京西城为例》《试论西城老字号与京商儒范》等文章。

H1：22/44（2015）.5　　　　0590

全面深化改革研究动态 / 西城区全面深化改革领导小组办公室，北京国际城市发展研究院编 .— 2015，No.5（2015，2）-＝总48-.— 北京：西城区全面深化改革领导小组办公室：北京国际城市发展研究院，2015- ；

29cm

该书为内部刊物。由该刊特稿、高层动态、地方实践、观点新声和经验借鉴 5 个栏目组成。收录了《习近平：推动纪委双重领导体制落到实处》《武汉光谷：培育创新创业沃土》等文章。

H13/4　　　　　　　　　0591

德胜科技园 .— 北京：[出版者不详]，[2012]

30 页：图；27cm

该册主要介绍了德胜科技园的历史传承、锐意创新、商务环境以及人文环境。其中以科技创新为主线，介绍了人才、技术、特色产品与科技创新体系。

H311/8　　　　　　　　0592

北京市西城区技术市场统计年报：2012 / [北京市西城区科学技术委员会，北京市西城区生产力促进中心，北京技术市场协会编] .— 北京：[北京市西城区科学技术委员会]：[北京市西城区生产力促进中心]：[北京技术市场协会]，2013

57 页；30cm

该年报包括以下内容：输出技术；吸纳北京技术；专利技术交易现状；战略性新兴产业技术交易现状；中央单位技术转移现状；外资企业技术交易现状；西城园（中关村德胜园）技术转移现状。后附各部分内容详细表格。

H311/9 .1　　　　　　　0593

盘点：北京市西城区第二次全国经济普查资料汇编 . 上 / 颜华，许晓红主编 .— 北京：北京市西城区统计局：北京市西城区经济社会调查队，[2009]

59 页：图；26cm

该调查资料以统计的视角，展现了西城区第二、第三产业发展规模、结构分布、经济效益等方面的翔实数据，是对全区经济发展的全面、准确的盘点。在一定程度上反映了西城区应对金融危机的措施所取得的成效，见证了西城区经济发展方式的转变和经济结构的调整，记录了"十一五"规划的完成情况。

H311/9 .2   0594

盘点：北京市西城区第二次全国经济普查资料汇编．下／颜华，许晓红主编．—北京：北京市西城区统计局：北京市西城区经济社会调查队，[2009]

59页；26cm

该调查资料以统计的视角，展现了西城区第二、第三产业发展规模、结构分布、经济效益等方面的翔实数据，是对全区经济发展的全面、准确的盘点。在一定程度上反映了西城区应对金融危机的措施所取得的成效，见证了西城区经济发展方式的转变和经济结构的调整，记录了"十一五"规划的完成情况。

H311/10   0595

统计工作中您必须要了解的25件事：单位负责人统计普法学习手册／北京市西城区统计局，北京市西城区经济社会调查队[编]．—[北京]：[北京市西城区统计局]：[北京市西城区经济社会调查队]，[出版年不详]

25页：彩图；19cm

该手册由北京市西城区统计局、北京市西城区经济社会调查队联合编辑，以图文并茂的形式，卡通人物故事讲述的方式，向各单位负责人展示了统计普法学习中应知的25件事。

H311/11   0596

诚信统计／北京市西城区统计局，北京市西城区经济社会调查队[编]．—[北京]：[北京市西城区统计局]：[北京市西城区经济社会调查队]，[2011]

13页：彩图；26cm

该手册由北京市西城区统计局、北京市西城区经济社会调查队联合编辑，汇集了西城区"诚信统计单位"评选优秀的14家单位统计工作经验介绍，并附以相关图片。

H311/12   0597

纪念西城区统计学会成立20周年资料选编／[北京市西城区统计学会编]．—北京：北京市西城区统计学会，2011

76页：图，照片；29cm

CNY 25.00

该书为西城区统计学会成立20周年纪念刊物。回顾了自1991年12月西城区统计学会成立以来的发展历程。由献词献画、发展回顾、征文精选、学会大事记和学会机构五个栏目组成。

H311/13   0598

北京市西城区统计局北京市西城区经济社会调查队制度汇编／[北京市西城区统计局，北京市西城区经济社会调查队编]．—北京：[北京市西城区统计局]：[北京市西城区经济社会调查队]，2015

384页；24cm

制度汇编包括党组工作制度、机关办公制度、人事管理制度、廉政管理制度、信息化制度、业务管理制度、依法行政制度和信息公开制度。

H312/6　　　　　　　　　　0599

北京西城统计年鉴：中英文本．2013／侯玉明总编辑．— 北京：北京市西城区统计局：北京市西城区经济社会调查队，[2013]

　　408页：图，照片；30cm

　　精装：CNY 120.00

　　该年鉴是西城区统计局逐年编纂的统计信息工具书，是西城区的主要统计资料。共载有统计公报1篇，统计图21幅，统计表223张，以及主要统计指标解释。统计数据截止到2012年。

H312/6　　　　　　　　　　0600

北京西城统计年鉴：中英文对照．2014／京市西城区统计局，北京市西城区经济社会调查队[编]．— 北京：北京市西城区统计局：北京市西城区经济社会调查队，[2014]

　　408页：图；31cm

　　精装：CNY 280.00

　　该年鉴是西城区统计局逐年编纂的统计信息工具书，是西城区的主要统计资料。共载有统计公报1篇，统计图21幅，统计表223张，以及主要统计指标解释。统计数据截止到2013年。

H312/6　　　　　　　　　　0601

北京西城统计年鉴：中英文对照．2016／北京市西城区统计局，北京市西城区经济社会调查队[编]．— 北京：[北京市西城区统计局]：[北京市西城区经济社会调查队]，[2016]

　　402页：彩照，彩图；30cm

　　该年鉴包括综合、人口与就业、能源、固定资产投资、工业、建筑业、金融业、商业、服务业、分街道单位情况等内容，反映了2015年西城区国民经济和社会发展的基本情况。

H312/6　　　　　　　　　　0602

北京西城统计年鉴：中英文对照．2017／北京市西城区统计局，北京市西城区经济社会调查队[编]．— 北京：[北京市西城区统计局]：[北京市西城区经济社会调查队]，[2017]

　　410页：彩图，彩照（14页）；30cm

　　该年鉴包括综合、人口与就业、能源、固定资产投资及房地产业、工业、建筑业、金融业、商业、服务业、外贸旅游、财政税收等内容，反映了2016年西城区国民经济和社会发展的基本情况。

H312/15　　　　　　　　　0603

西城区第一次全国经济普查纪念珍藏册 *China Economic Census* ／西城区第一次全国经济普查办公室，西城区统计局[编]．— 北京：[西城区第一次全国经济普查办公室]：[西城区统计局]，[2004]

　　1册：彩照；22×29cm

　　该纪念册由西城区第一次全国经济普查办公室、西城区统计局编制，以图片及文字记录了2004年西城区第一次全国经济普查各时间节点的工作内容及工作成果。

H312/20（2013）.1　　　　0604

北京市西城区经济普查年鉴．2013，综合卷／北京市西城区第三次全国经济普查领导小组办公室，北京市西城区统计局，北京市西城区经济社会调查队[编]．— 北京：北京市西城区第三次全国经济普查领导小组

办公室：北京市西城区统计局：北京市西城区经济社会调查队，[2015]

189页；30cm + 1光盘

CNY 100.00

该年鉴是按照现行的国家统计分类标准，对北京市西城区第三次全国经济普查基础数据进行加工汇总而编辑的大型资料集。为分析西城区经济发展情况、推动京津冀协调发展和非首都功能疏解提供的强有力的数据支持。本卷由总况、第二产业情况、第三产业情况、特色经济情况和附录组成。

H312/20（2013）.2　　　　0605

北京市西城区经济普查年鉴.2013,第二产业卷/北京市西城区第三次全国经济普查领导小组办公室，北京市西城区统计局，北京市西城区经济社会调查队[编]. — 北京：北京市西城区第三次全国经济普查领导小组办公室：北京市西城区统计局：北京市西城区经济社会调查队，[2015]

192—399页；30cm

CNY 100.00

该年鉴是按照现行的国家统计分类标准，对北京市西城区第三次全国经济普查基础数据进行加工汇总而编辑的大型资料集。为分析西城区经济发展情况、推动京津冀协调发展和非首都功能疏解提供的强有力的数据支持。本卷由工业、建筑业、附录三部分组成。

H312/20（2013）.3A　　　　0606

北京市西城区经济普查年鉴.2013,第三产业卷.上/北京市西城区第三次全国经济普查领导小组办公室，北京市西城区统计局，北京市西城区经济社会调查队[编]. — 北京：北京市西城区第三次全国经济普查领导小组办公室：北京市西城区统计局：北京市西城区经济社会调查队，[2015]

402-781页；30cm

CNY 100.00

该年鉴是按照现行的国家统计分类标准，对北京市西城区第三次全国经济普查基础数据进行加工汇总而编辑的大型资料集。为分析西城区经济发展情况、推动京津冀协调发展和非首都功能疏解提供的强有力的数据支持。本卷由第三产业财务状况、批发和零售业、交通运输、仓储和邮政业、住宿和餐饮业、信息传输、软件业、信息技术服务业和附录几部分组成。

H312/20（2013）.3B　　　　0607

北京市西城区经济普查年鉴.2013,第三产业卷.下/北京市西城区第三次全国经济普查领导小组办公室，北京市西城区统计局，北京市西城区经济社会调查队[编].北京：北京市西城区第三次全国经济普查领导小组办公室：北京市西城区统计局：北京市西城区经济社会调查队，[2015]

784-1140页；30cm

CNY 100.00

该年鉴是按照现行的国家统计分类标准，对北京市西城区第三次全国经济普查基础数据进行加工汇总而编辑的大型资料集。为分析西城区经济发展情况、推动京津冀协调发展和非首都功能疏解提供的强有力的数据支持。本卷由金融业、房地产业、租赁和商务服务业、科学研究和技术服务业、水利、环境和公共设施管理业、居民服务、修理和其他服务业、教育、卫生和社会工作、文化、体育和娱乐业、公共管理、社会保障和社会组织和附录几部分组成。

H312/23　　　　　　　　　　　0608

北京市宣武区经济普查年鉴.2008 / 刘爱中主编；北京市宣武区第二次全国经济普查领导小组办公室，北京市宣武区统计局，国家统计局宣武区经济社会调查队编. —［北京］：［北京市宣武区统计局］，［2009］

1344页；30cm+1光盘

精装：CNY 480.00

该书通过大量的数据，诠释了宣武区社会发展、经济增长和科技进步的本来面貌。

H312/24　　　　　　　　　　　0609

蓄力前行 Power On / 郭启兴，许晓红主编；北京市西城区统计局，北京市西城区经济社会调查队［编］. — 北京：北京市西城区统计局：北京市西城区经济社会调查队，［2012］

89页：照片；26cm

CNY 25.00

该书为2021年西城区经济统计资料。记录了2012年西城区经济发展主要目标、行业运行特点和财政税收等情况。分为特色篇、区域篇、民生篇、公共篇和发展篇5部分。

H312/25.1　　　　　　　　　　0610

北京市西城区第三次全国经济普查街道数据汇编. 上册 / 北京市西城区第三次全国经济普查领导小组办公室，北京市西城区统计局，北京市西城区经济社会调查队［编］. 北京：北京市西城区第三次全国经济普查领导小组办公室：北京市西城区统计局：北京市西城区经济社会调查队，2015

243页；30cm

CNY［580.00］（全2册）

该汇编揭示了西城区在第三次全国经济普查期间15个街道社会发展和经济增长的全貌。分为综合卷、特色卷、分析卷3部分。

H312/25.2　　　　　　　　　　0611

北京市西城区第三次全国经济普查街道数据汇编. 下册 / 北京市西城区第三次全国经济普查领导小组办公室，北京市西城区统计局，北京市西城区经济社会调查队［编］. 北京：北京市西城区第三次全国经济普查领导小组办公室：北京市西城区统计局：北京市西城区经济社会调查队，2015

747页；30cm

CNY［580.00］（全2册）

该汇编揭示了西城区在第三次全国经济普查期间15个街道社会发展和经济增长的全貌。分为综合卷、特色卷、分析卷3部分。

H34/5　　　　　　　　　　　　0612

西城人力社保办事指南 / 郁治，彭随心主编. — 北京：西城区人力资源和社会保障局，2014

152页；24cm

CNY［50.00］

该书根据现行人力社保有关政策规定和经办办法，以一问一答的形式，收录整理了352个日常办事常遇问题，基本涵盖了区人力社保局主要服务事项。

H34/6　　　　　　　　　　　　0613

人力资源和社会保障政策法规选编 / 北京市西城区人力资源和社会保障局［编］. 北京：北京市西城区人力资源和社会保障

局，2014

338 页；24cm

CNY 90.00

该册收录的法规涉及西城区人力资源和社会保障局所有法定职责。时间跨度从1949年10月—2013年12月，包括《人力资源和社会保障法规》《人力资源和社会保障行政法规》《人力资源和社会保障地方性法规》《人力资源和社会保障政府法规》4部分。

H34/7　　　　　　　　　　0614

工作清单手册：2017版本/西城区人力资源和社会保障局［编］.—北京：［西城区人力资源和社会保障局］，2017

110 页；24cm

该书由西城区人力资源和社会保障局编著。本《手册》根据《意见》收录了西城区人力资源和社会保障局8个归口管理部门制定的工作清单，有利于全局干部职工更加了解其整体工作脉络，凝聚力量推动事业发展。

H34/8　　　　　　　　　　0615

2011年西城区人力资源和社会保障工作调研报告选编/郁治，高子忠主编.—北京：北京市西城区人力资源和社会保障局，2011

336 页：图；30cm

CNY 60.00

该报告共收集北京市西城区人力资源和社会保障局2011年调研报告56篇。分就业服务篇、社会保障篇、人事人才篇、劳动关系篇和综合篇5部分。

H34/8　　　　　　　　　　0616

2013年西城区人力资源和社会保障工作调研报告选编/郁治，彭随心主编.—北京：北京市西城区人力资源和社会保障局，2014

386 页：图；30cm

CNY 100.00

该报告共收集北京市西城区人力资源和社会保障局2013年调研报告60篇。分就业服务篇、社会保障篇、人事人才篇、劳动关系篇和综合篇5部分。

H34/8（2014）.1　　　　　0617

2014年西城区人力资源和社会保障工作调研报告选编.上册.—北京：北京市西城区人力资源和社会保障局，2015

215 页：图；30cm

CNY 50.00（全2册）

该报告共收集北京市西城区人力资源和社会保障局2014年调研报告32篇。分就业服务篇、社会保障篇两部分。

H34/8（2014）.2　　　　　0618

2014年西城区人力资源和社会保障工作调研报告选编.下册.—北京：北京市西城区人力资源和社会保障局，2015

219-367 页：图；30cm

CNY 50.00（全2册）

该报告共收集北京市西城区人力资源和社会保障局2014年调研报告32篇。分就业服务篇、社会保障篇两部分。

H34/8　　　　　　　　　　0619

2016年西城区人力资源和社会保障工作调研报告选编/郁治，彭随心主编.—北京：北京市西城区人力资源和社会保障局，2017

347 页：图；30cm

该报告共收集北京市西城区社会保障局

2016年调研报告51篇。分就业服务篇、社会保障篇、人事人才篇、劳动关系篇和综合篇五部分。

H341/7　　　　　　　　　　0620

劳动关系政策及常见问题问答/北京市西城区人力资源和社会保障局编．—北京：化学工业出版社，2013

166页；24cm

ISBN　978-7-122-16296-0

CNY 36.00

该书从实用的角度出发，针对目前社会上有关劳动关系相关政策具体实施过程经常遇到的一些问题做了精心的统计、筛选、整理。

H344/11　　　　　　　　　　0621

生产安全责任事故模拟责任追究资料汇编：西城区燃气爆燃案例/北京市西城区监察局，北京市西城区安监局［编］．—北京：北京市西城区监察局：北京市西城区安监局，［2014］

526页：图；24cm

CNY 80.00

该书以近年来北京市和中心城区易发多发的燃气爆燃事故作为模拟案例，并对其进行分析、研究，汇集成册。包括3部分：一、西城区安全生产责任事故——燃气爆燃事故案例总图及分图；二、涉及西城区责任单位细化的责任分解、检查程序、流程及问题移送表格等有关规定；三、相关法律、法规、规章政策规定等。

H344/12　　　　　　　　　　0622

安全发展神圣职责：［画册］：西城区安全生产监督管理局5周年工作纪实：2004—2009/西城区安全生产委员会办公室，西城区安全生产监督管理局［编］．—北京：［西城区安全生产委员会办公室］：［西城区安全生产监督管理局］，［2009］

63页；28×28cm

该画册以图片的形式记录了西城区安全系统5年来所承担各项任务，汇集了各个阶段的工作缩影。

H39/10　　　　　　　　　　0623

2015北京·大栅栏琉璃厂精品交易文化季集萃/精品交易文化季组委会［编］．北京：北京市西城区大栅栏琉璃厂商会，［2015］

41页；29cm

该书以图文并茂的形式，介绍了以"这里最北京，这里最南城"为主题的2015北京大栅栏琉璃厂精品交易文化季系列活动，全面向社会展现了大栅栏琉璃厂地区丰富的文化资源、优越的发展空间。

H39/11（2010）.7　　　　　　0624

和谐宣房投/北京宣房投资管理公司党委主办．—2010，No.7（2010）-＝总10-．北京：北京宣房投资管理公司党委，2010—

30cm

该刊为北京宣房投资管理公司党委主办的内部交流刊物。收录了正阳公司党支部、楼宇公司党支部、红义公司党支部等单位的工作动态、信息报道及先进事迹等。

H41/8　　　　　　　　　　0625

西城区2012年部门预算培训材料/西城区财政局［编］．—北京：［西城区财政局］，

[2011]

157页;30cm

该材料由西城区财政局于2011年8月印发,汇集了西城区2012年有关财务预算的所有相关文件、通知、暂行标准等,进行了预算编制说明,后附2012年预算单位名称。

H411/2　　　　　　　　　　0626

2017年税收数据手册/北京市西城区地方税务局[编].—北京:北京市西城区地方税务局,[2017]

145页:图;30cm

收录了西城区地方税务局工作会文件、西城区地方税务局2017年基本情况与数据解读、2017年西城区地方税务局人力资源数据统计等资料。

H411/3　　　　　　　　　　0627

发票的故事/[北京市西城区地方税务局编].—北京:北京市西城区地方税务局,2011

111页:照片;24cm

CNY 20.00

该书收录了西城区税务工作者撰写的有关"发票"故事的征文38篇。叙述了西城区的税务工作者在税收工作中的平凡而又深刻的事例,体现了较强的专业素养,从不同视角表达了税务工作者对税收事业的热爱。

H411/4　　　　　　　　　　0628

身边的人闪光的事:税务文化建设征文选/北京市西城区国家税务局[编].—北京:[北京市西城区国家税务局],2006

187页;24cm

为弘扬西城国税精神,进一步推动全局税务文化建设,在全局范围开展了"身边的人,闪光的事"征文活动,该书收录征文活动获一、二、三等奖的征文,共104篇。

H42/14　　　　　　　　　　0629

投资服务指南/北京市西城区功能街区产业发展投资促进局,北京市西城区发展服务中心[编].—[北京]:[北京市西城区功能街区产业发展投资促进局]:[北京市西城区发展服务中心],[出版年不详]

40页:图;24cm

该材料为西城区投资服务指南,内容包括西城概况、投资政策、投资环境、投资服务、商务服务5部分内容,后附西城区办公楼宇名录。

H42/15　　　　　　　　　　0630

防范和处置非法集资法律法规及相关文件汇编/北京市打击非法集资和非法证券经营活动工作协调小组办公室,北京市西城区防范金融风险和打击、处置非法集资工作领导小组办公室,北京市时代九和律所事务所[编].—北京:[北京市打击非法集资和非法证券经营活动工作协调小组办公室],2017

224页;30cm

文件汇编内容包括法律、司法解释、国务院文件、部门规章和北京市文件。

K 工业

K1/3　　　　　　　　　　0631

朝阳区老工业资源征集与利用研讨会 / 朝阳区图书馆 [编] . — 北京：[朝阳区图书馆]，2017

42 页：照片；30cm

该书记录了朝阳区老工业资源征集与利用研讨会的议程、参会人员名单、馆长发言、区内各单位发言、专家发言以及总结发言。

K91/11.1（1991—2010）　　　0632

北京市建设志资料长编系列丛书，西城区 . 1991—2010 / 北京市西城区住房和城市建设委员会，北京市西城区房屋管理局 [编] . 北京：[北京市西城区住房和城市建设委员会]：[北京市西城区房屋管理局]，[2016]

393 页：图；31cm + 光盘 1 张

该书的编撰由新的西城区住房和城市建设委员会、西城区住房管理局承担，内容以原西城区 1991—2010 年在城市建设方面所取得成就为主，从城市基础设施建设、城市各类房屋建设、高端产业功能区建设、建筑业与建筑市场、科技与节能、法制与管理体制七个方面进行呈现。

K91/11.2（1991—2010）　　　0633

北京市建设志资料长编系列丛书，宣武区 . 1991—2010 / 北京市西城区住房和城市建设委员会，北京市西城区房屋管理局 [编] . 北京：[北京市西城区住房和城市建设委员会]：[北京市西城区房屋管理局]，[2016]

347 页：图；31cm + 光盘 1

该书的编撰由新的西城区住房和城市建设委员会、西城区住房管理局承担，内容以原宣武区 1991-2010 年在城市建设方面所取得成就为主，从城市基础设施建设、城市各类房屋建设、高端产业功能区建设、建筑业与建筑市场、法制与管理体制六个方面进行呈现。

K91/12　　　　　　　　　　0634

北京高等学校建筑图集 The Architecture Picture Collections of the Colleges and Universities in Beijing：[中英文本] / 高桂芬主编；《北京高等学校建筑图集》编委会编 . 北京：航空工业出版社，1995

199 页；28cm

ISBN　7-80046-984-0

精装：CNY198.00

该书反映了北京高等学校建设发展的脉络和不同时期的建筑风格，展现了北京高等学校校园的建设风貌，是一幅反映北京高校基本建设的画卷，也是改革开放以来北京高校基本建设取得的巨大成就的体现。其中包括位于西城区的北京师范大学、北京建筑工程学院、北京农学院、中央音乐学院等。

K92/2　　　　　　　　　0635
历史上的水与北京城 / 北京市文史研究馆编著 .— 北京：北京出版社，2016
319 页：彩图，地图；24cm
978-7-200-12222-0
精装：CNY128.00

该书从历史角度给读者讲解了水与北京城的不可分割的关系。全书共分为6章，内容包括：北京小平原与历史上的盛水景观、北京城依水而建、北京城的大动脉通惠河等。

M 城镇建设与管理

M1/6 0636

行政监察工作手册 / 北京市西城区监察局 [编] . —北京：[北京市西城区监察局], [2013]

234 页；21cm

该书由北京市西城区监察局编著，共分为 5 个章节：执法监察工作、行政效能监察工作、纠风工作、政纪案件的调查处理工作和北京市西城区行政监察工作常用文书文本。并在最后附有政策法规相关文件。

M1/7 0637

北京市西城区城市创新发展报告 / 连玉明著主编 . —北京：当代中国出版社，2016

281 页；24cm

ISBN 978-7-5154-0707-4

CNY 48.00

该书回顾了西城区功能街区发展模式的理论创新和实践探索，重点剖析了 10 个功能街区以及统筹街、区发展的"7+2"领导和管理体制，揭示了在实现区域发展转型和管理转型目标下，创新功能街区发展模式的重要战略意义，为推进特大城市中心城区落实新发展理念提供了思路。

M1/19 0638

智慧城市和大数据工作资料汇编 / 北京市西城区科技和信息化委员会 [编] . —北京：[北京市西城区科技和信息化委员会], 2018

195 页；30cm

资料包括《西城区关于推进大数据建设的实施意见》的通知、"十三五"时期智慧西城建设规划、国务院关于印发促进大数据发展行动纲要的通知、北京市人民政府关于印发《北京市大数据和云计算发展行动计划（2016-2020）年》的通知、《政务信息资源目录编制指南（试行）》的通知、数据交换与整合规范、接口与服务规范等 7 部分。

M2/1.1 0639

北京市西城区"十三五"规划前期研究重大课题，一 / 北京市西城区"十三五"规划编制领导小组办公室 [编] . —北京：[北京市西城区"十三五"规划编制领导小组办公室], [2015]

731 页；24cm

该套书由西城区"十三五"规划编制领导小组办公室编写，一套四册。该书为第一册，即综合研究篇。收录区委区政府研究室、区发展改革委、区统计局、区委宣传部、区科信委、西城园管委会、区外事侨务办、西城区发展和改革委员会北京国际城市发展研究院等做出的研究报告共计 13 篇。

M2/1.2 0640

北京市西城区"十三五"规划前期研究重大课题，二 / 北京市西城区"十三五"规

划编制领导小组办公室［编］． —北京：［北京市西城区"十三五"规划编制领导小组办公室］，［2015］

443 页；24cm

该套书由西城区"十三五"规划编制领导小组办公室编写，一套四册。该书为第二册，包括经济建设篇和生态建设篇。经济建设篇收录研究报告 8 篇，生态建设篇收录研究报告 3 篇。

M2/1.3　　　　　　　　0641

北京市西城区"十三五"规划前期研究重大课题．三／北京市西城区"十三五"规划编制领导小组办公室［编］．—北京：［北京市西城区"十三五"规划编制领导小组办公室］，［2015］

586 页；24cm

该套书由西城区"十三五"规划编制领导小组办公室编写，一套四册。该书为第三册，即城市建设与管理篇。收录区委区政府研究室、区市政市容委、区发展改革委、区重大办、西城国土分局、区房管局、西城规划分局、区住建委、区环境建设办、西城交通支队、西城环卫中心、区科信委等做出的研究报告共计 16 篇。

M2/1.4　　　　　　　　0642

北京市西城区"十三五"规划前期研究重大课题．四／北京市西城区"十三五"规划编制领导小组办公室［编］．—北京：［北京市西城区"十三五"规划编制领导小组办公室］，［2015］

804 页；24cm

该套书由西城区"十三五"规划编制领导小组办公室编写，一套四册。该书为第四册，包括社会建设篇和区域协调篇。社会建设篇收录研究报告 15 篇，区域协调篇收录研究报告 2 篇。

M2/11　　　　　　　　0643

探索与实践：北京市西城区规划管理信息中心文集／李丹主编．—北京：北京市规划委员会西城分局，2007

115 页：图，照片；28cm

CNY 30.00

该书为北京市西城区规划管理信息中心文集。收录了《北京市西城区规划管理信息系统研制工作报告》《官园地区地名规划说明》《西城区地下管网数据库建设》等 10 篇文章。

M2/12　　　　　　　　0644

回顾与思考：北京市规划委员会西城分局文集／北京市规划委员会西城分局编．—北京：北京市规划委员会西城分局，2007

175 页：图；28cm

CNY［25.00］

该书为北京市规划委员会西城分局文集。反映了1987—2007 年西城区规划建设的概况。分工作回顾篇、学习交流篇和调研成果篇。

M2/18　　　　　　　　0645

2012 年度北京市西城区"智慧北京"建设专项考评附件材料．—北京：［出版者不详］，［2012］

1 册；30cm

该材料全面介绍了西城区政务信息资源共享机制、管理制度、支撑体系、基础资源、典型应用和发展思路，对本区规范政务信息资源建设，推动政务信息资源共享，促进管理创新具有较强的指导意义。

M2/27　　　　　　　　　　0646

2012年度西城区"智慧北京"建设专项考评自查自评表． — 北京：[出版者不详]，[2012]

11页；30cm

该书通过指标体系、考核细则和自查自评结果3个方面考核2012年西城区县信息化基础设施建设、区县信息化应用水平、区县信息化发展环境以及智慧北京创新创优情况。

M2/28　　　　　　　　　　0647

北京市西城区"十二五"时期历史文化保护区保护与发展规划／北京市西城区住房和城市建设委员会［编］． — 北京：[北京市西城区住房和城市建设委员会]，[出版年不详]

25页；30cm

该规划明确了西城区"十二五"时期历史文化保护区保护与发展工作的指导思想、原则与目标，提出了保护与发展工作的主要内容、保障措施和重点项目，是"十二五"时期西城区做好历史文化和保护区保护与发展工作的纲领文件和重要依据。

M2/29 .31　　　　　　　　0648

今融．第31期． — 创刊号（2009，2）No.1（2009，2）- =［总1-］． — 北京：中共西城区委金融街街道工委：西城区人民政府金融街街道办事处，2009-

26cm

月刊

该刊为中共西城区委金融街街道工委编辑的金融刊物。由专栏、图片、环保、封面故事、话题、职场等栏目组成。本期刊登了《都城隍庙掠影》《落户金融街》《打造黄金职业形象》等文章。

M2/31　　　　　　　　　　0649

北京市西城区广安门内街道街区整理计划／中共北京市西城区委广安门内街道工作委员会，北京市西城区人民政府广安门内街道办事处，北京市西城区城市复兴城市发展研究中心［编］． — 北京：中共北京市西城区委广安门内街道工作委员会：北京市西城区人民政府广安门内街道办事处：北京市西城区城市复兴城市发展研究中心，[出版年不详]

96页：图，地图，照片；27×19cm

详细记录了西城区广安门内街道街区整理的全过程。分为：背景与意义、现状与分析、愿景与目标、西城区"十三五"道路规划4部分。

M2/50　　　　　　　　　　0650

北京金融街／王功伟主编；北京金融街投资（集团）有限公司［编］． — 北京：中国建筑工业出版社，2012

203页；29×29cm

ISBN　978-7-112-14420-4

精装：CNY298.00

该图集透过镜头，展示了金融街的整体风貌、主要建筑物、道路、景观及文化古建，是一本忠实记录北京金融街建设特色的工具书。全书分成5个部分，分别是：金融街总体规划、金融街街区景观、金融街建筑景观、金融街绿化景观、金融街交通系统。

M2/51　　　　　　　　　0651

西城区大栅栏街道发展规划：2011年—2015年 / 西城区委大栅栏街道工委，西城区人民政府大栅栏街道办事处 [编]．— 北京：西城区委大栅栏街道工委：西城区人民政府大栅栏街道办事处，2011

69页；29cm

该书明确了大栅栏街道近期发展的战略目标、工作重点和支撑体系，是街道"十二五"和以后一定时期发展的行动纲领，具体包括规划背景、发展定位、发展重点、规划实施4部分内容。

M2/52　　　　　　　　　0652

西城区功能街区发展模式及战略问题研究 / 北京市西城区功能街区产业发展投资促进局 [编]．— 北京：[北京市西城区功能街区产业发展投资促进局]，2014

74页；29

该书通过功能街区的概念、发展理论、发展历程与现状、发展模式与战略问题四个部分，讲述了西城区在功能街区十几年的不断完善和发展中取得的成就，以及对这一重要模式的总结和研究所形成的成果。

M2/53　　　　　　　　　0653

感谢有你：[画册]：北京金融街建设与发展二十周年文艺晚会：1992—2012 / 北京市金融工作局，中共北京市西城区委员会，北京市西城区人民政府主办．— 北京：北京市金融工作局：中共北京市西城区委员会：北京市西城区人民政府，[2012]

83页；29×29cm

CNY 80.00

该画册为北京金融街建设与发展20周年文艺晚会专辑。以歌舞、戏曲、诗朗诵等艺术形式展示了北京金融街20年来发展建设的辉煌成就。

M2/54　　　　　　　　　0654

拓宽长安街 / [西长安街道路拓宽及特殊用地拆迁指挥部编]．— 北京：西长安街道路拓宽及特殊用地拆迁指挥部，2009

184页：地图，照片；23cm

CNY 25.00

该资料真实记录了西长安街道路拓宽及特殊用地项目拆迁这一重要事件，对今后的拆迁工作和各项经济社会事业发展建设提供了翔实的资料和借鉴经验。

M3/6（2001—2010）　　　0655

北京市宣武区园林绿化志：2001年1月—2010年6月 / 北京市宣武区园林绿化局史志编委会 [编]．— 北京：北京市宣武区园林绿化局史志编委会，2015

272页：图，照片；26cm

该书系统地、完整地、科学地记述了宣武区2001年1月—2010年6月园林绿化建设、发展过程。

M3/7（1949—2010）　　　0656

北京市西城区园林绿化志．1949.01—2010.06 / 北京市西城区园林绿化局史志编委会编．— 北京：北京市西城区园林绿化局史志编委会，2015

235页：照片；26cm

CNY 120.00

该书系统、完整、科学地记述了宣武区自有文字记载以来园林绿化建设、发展过程，着重叙述了新中国成立至2000年底宣武区园林绿化事业的宏观史。该志以宣武区域的历史沿革概述统括全书，分为"园林""绿化""管理"等数篇。

M31/7　　　　　　　　　　0657

北京市公园年鉴. 2011年 / 北京市公园管理中心，北京市公园绿地协会［编］. —北京：北京市公园管理中心：北京市公园绿地协会，2012

530页：彩照（42页）；26cm

该年鉴设有特载、专文、大事记、概况、服务管理、规划建设、安全保障、文化活动、人才教育、科技宣传、党群工作、统计资料等栏目，记载了2010年北京市公园的建设发展情况。

M31/7　　　　　　　　　　0658

北京市公园年鉴. 2013年 / 高大伟主编；北京市公园管理中心编. —北京：［北京市公园年鉴编辑部］，2013

486页：照片；27cm

CNY［260.00］

该年鉴记载了北京市公园2012年的建设发展情况，设有特载、大事记、概况、服务管理、规划建设、安全保障、文化活动、人才教育、科技宣传、统计资料、附录等11个基本栏目。

M32/6　　　　　　　　　　0659

西城区立体绿化 / ［西城区园林绿化局，西城区园林市政管理中心编］. —北京：［西城区园林绿化局］：［西城区园林市政管理中心］，［2011］

84页：图；26cm

该书记述了2005年以来西城区立体绿化建设工作的发展情况。全书分为政策文件、西城区立体绿化实景照片、国外立体绿化实例、屋顶绿化技术规程4部分。

M32/7.1　　　　　　　　　0660

北京市西城区绿地建设规划，规划文本：［图集］/ 北京中国风景园林规划设计研究中心，北京市西城区园林局［编］. —北京：［北京中国风景园林规划设计研究中心］：［北京市西城区园林局］，［2007］

70页；20×29cm

文本由目录和规划附件两部分组成。包括规划总则、目标、西城区绿地建设计划、西城区道路绿地规划图例等内容。

M42/7　　　　　　　　　　0661

金融街·二十年征文精选 / 北京金融街投资（集团）有限公司［编］. —北京：北京金融街投资（集团）有限公司，2012

303页；24cm

CNY 60.00

收录了反映金融街20年来的建设历程的文章。是金融街建设历程和金融街集团发展沿革的宝贵资料，体现了金融街人与金融街集团的深厚情谊、金融街人的敬业精神和卓越追求，展示了金融街发展的辉煌成就。

M42/8　　　　　　　　　　0662

北京的天桥　世界的舞台 Tianqiao of Beijing, Stage of the World：［中英文本］/ 北京天桥盛世文化发展有限公司［编］. —北京：［北京天桥盛世文化发展有限公司］，［出版年不详］

31页：彩照；26×30cm

该图册分为引言、品牌形象、功能规

划、招商细则4部分。介绍了北京天桥演艺区现阶段建设情况及未来发展趋向。

M42/9 0663

论语天恒/侯九义主编. —北京：中国建筑工业出版社，2006

181页：图，彩照；24cm

ISBN 7-112-07969-1

CNY 38.00

该书总结和回顾了北京天恒置业集团20年来的风雨历程，对体制改革、管理模式、经营战略、激励机制、思想创新、企业文化等进行了多方面的演绎，展现了一个从事房地产开发20年国有房地产企业的精神面貌和经验积累。

M61/11 0664

心系首都蓝天碧水保护环境服务民生/［北京市西城区环境保护局编］. —北京：［北京市西城区环境保护局］，［出版年不详］

27页：图，照片；26cm

该书记述了"十一五"期间，西城区以改善环境质量为中心，以防治大气污染为重点，在环境保护工作中取得的进步与成绩，并对"十二五"时期的环保工作做了展望。

M61/12 0665

提升城市品质引领绿色生活方式：科普学术体验研讨会/北京市西城区科学技术协会，北京市西城区图书馆管理协会［编］. 北京：［北京市西城区科学技术协会］：［北京市西城区图书馆管理协会］，［出版年不详］

187页：图；24cm

该书由西城区科学技术协会与西城区图书馆管理协会编著。分为科普论坛、心得体会、绿色科普驿站活动、他山之石和科普知识5大方面。

M63/3 0666

防灾避险知识手册：特殊人群版/李秀荣，刘志京主编；北京市西城区红十字会，北京市西城区残疾人联合会编写. —［北京］：［北京市西城区红十字会］：［北京市西城区残疾人联合会］，［出版年不详］

52页：彩图；13cm

该手册由西城区红十字会、西城区残疾人联合会编印，目的是帮助残疾人应对在日常生活中存在的不安全因素，图文并茂地介绍了面对突发事件以及意外伤害时，如何采取应对措施，从而不断强化安全和防灾避险意识，提高紧急救护和自我防护的能力，掌握生存和逃生技能。

M73/4 0667

北京西站：［画册］/肖红，刘平编辑；《北京西站》编委会编. —香港：香港中国新闻出版社，［1996］

167页；29cm

精装：CNY150.00

该画册由春风化雨、宏伟工程、历史选择、建设之歌和情系八方等几个版块组成。全面记叙了北京西站工程的建设过程，展现了大国首都的风貌。

N 商业·服务业·旅游业

N1/9　　　　　　　　　　0668

北京西城老字号传承故事集锦 / 王长征著 .— 北京：学苑出版社，2016

153 页：图；24cm

ISBN　978-7-5077-5063-8；CNY 28.00

该书由北京市西城区社会科学界联合会组织编写，搜集整理了西城区 28 家老字号的故事。故事涉及明代、清代、民国和新中国时期数百年的历史，多角度、多侧面、多层次地反映西城老字号走过的风雨历程。从不同侧面反映了老字号传承发展的艰辛与辉煌，展现了民族工商业品牌的品格与魅力。其内容经传承人审核，较为准确，对研究老字号的历史，保护和传承民族、民俗文化，具有积极意义。

N1/18　　　　　　　　　　0669

西城商务服务指南 /［北京市西城区商务局编］.— 北京：［北京市西城区商务局］，［2006］

133 页：彩照，地图；25cm

该指南由北京市西城区商务局组织编写，以中英文双语、图文并茂的形式介绍了西城区商务投资的环境。全书共分为魅力西城、西城新商机、投资西城和我们的服务以及生产经营要素价格参考 5 个部分，数据截止到 2006 年。

N1/30.1　　　　　　　　　0670

旧京食谭：北京副食品行业文化史. 上 / 张平真著；北京市方志馆主持编著 .— 北京：北京燕山出版社，2015

344 页：图；23cm

ISBN　978-7-5402-3531-4

CNY 78.00（全 2 册）

该书由"总论编"和"各论编"两部分组成，上、下两册。前者介绍旧时北京地区副食品行业的总体概况及其丰富的文化内涵；后者先介绍每个行业的演进历程，即行业发展史，再分别介绍各行业所属各种主要副食品的历史沿革和文化特色。

N1/30.2　　　　　　　　　0671

旧京食谭：北京副食品行业文化史. 下 / 张平真著；北京市方志馆主持编著 .— 北京：北京燕山出版社，2015

345-659 页：图；23cm

ISBN　978-7-5402-3531-4

CNY 78.00（全 2 册）

该书由"总论编"和"各论编"两部分组成，上、下两册。前者介绍旧时北京地区副食品行业的总体概况及其丰富的文化内涵；后者先介绍每个行业的演进历程，即行业发展史，再分别介绍各行业所属各种主要副食品的历史沿革和文化特色。

N1/31　　　　　　　　　　0672

古都京韵：京城的 50 个不可错过 / 高健，彭宇［主编］；刘金超，解伟美编 .— 北京：

[北京西城区旅游发展委员会]，[出版年不详］

139 页：图；19cm

该书分"不可错过的舌尖体验""不可错过的美梦空间""不可错过的观光胜地""不可错过的淘宝天地""不可错过的视听盛宴"5个篇章反映了西城旅游的吃、游、购、娱等旅游资讯，展现西城的旅游资源和北京城的独特魅力。

N1/32　　　　　　　　　　0673

2011·创意西城旅游商品展示会：展会会刊：2011年9月16—19日北京大观园 / 北京市西城区旅游局［编］. — 北京：[北京市西城区旅游局], [2011]

1 册：图；29cm

该画册为北京市西城区旅游局编辑的展会会刊，以"畅游北京古都乐购西城创意"为主题，记录了2011年9月16—19日北京大观园展示会的情况，包括老字号、非遗、民族、创意以及户外5个展区。

N5/2　　　　　　　　　　0674

20周年光辉的历程：庆祝北京市外事学校实习饭店建店20周年. — 北京：[北京市外事学校实习饭店], [2011]

60 页：照片；29cm

该书是北京市外事学校实习饭店建店20周年纪念册，展现了20年以来，坚持不懈的实践精神，以及取得的巨大成就。

N6/4　　　　　　　　　　0675

北京市西城区旅游公共服务设施体系研究成果 / 北京联合大学旅游发展研究院［编］.

北京：北京联合大学旅游发展研究院，2016

196 页：图；30cm

该书收集了西城区旅游公共服务设施体系的五项研究成果。包括北京市西城区旅游公共服务设施体系调研报告、北京市西城区旅游公共服务"十三五"专项规划、北京市西城区智慧景区发展调研报告、北京市西城区旅游咨询站调研报告和国际旅游公共服务案例与西城借鉴。

N69/8　　　　　　　　　　0676

北京印象 / 北京市旅游发展委员会编写. 北京：北京联合出版公司，2016

285 页；24cm

ISBN 978-7-5502-7551-5

精装：CNY69.00

该书为旅游、民俗文化类图书。全书大纲架构以人群划分：文艺青年的北京、两个人的北京、一个人的北京、亲子体验的北京、父母心中的北京、莘莘学子的北京、冒险家的北京等7大章节，每个章节都是以旅游线路展开，每个类别之下由数个故事组成。每个故事以历史背景与文化背景展开，之后再讲述故事。通过故事说明每个章节类别的文化价值，展示北京特色旅游文化。同时，搭配精选资讯，让本地居民及外地游客更多地参与在北京市的旅游活动，拉动旅游产业的消费。

N7/2　　　　　　　　　　0677

北京的天桥　世界的舞台 *Tianqiao of Beijing Stage of the World* / [北京天桥艺术中心编]. 北京：[北京天桥艺术中心], [出版年不详]

22 页：照片；24×26cm

该书为北京天桥艺术中心招商手册，书中内容从中国演艺文化溯源地介绍到北京天桥艺术中心的商业特色，再介绍其地理位置和商业参数，为其招商。

P 文化

P1/1.1　　　　　　　　　　0678

新中国北京文艺 60 年：1949—2009，文学卷 / 索谦主编；孙郁卷主编 . — 北京：中国文联出版社，2010

364 页：照片，图；26cm

ISBN　978-7-5059-6788-5

CNY 580.00（全 13 册）

该书主要分为现象史论编和作家作品编两部分，介绍了新中国成立 60 年来北京文坛，红色经典的不同形态，新时期小说创作的多元局面，新时期以来诗歌创作的流变等内容。

P1/1.2　　　　　　　　　　0679

新中国北京文艺 60 年：1949—2009，戏剧卷 / 索谦主编；傅谨卷主编 . — 北京：中国文联出版社，2010

354 页：照片；26cm

ISBN　978-7-5059-6788-5

CNY 580.00（全 13 册）

该书分为北京戏剧 60 年概览、京剧、其他剧种、话剧、小剧场话剧、戏剧教育和剧场建设等内容，介绍了北京戏剧 60 年的轨迹、剧目政策的起伏变化等内容。

P1/1.3　　　　　　　　　　0680

新中国北京文艺 60 年：1949—2009，美术卷 / 索谦主编；陈履生分卷主编 . — 北京：中国文联出版社，2010

532 页：照片；26cm

ISBN　978-7-5059-6788-5

CNY 580.00（全 13 册）

该书以北京美术 60 年发展历程为脉络，集史料整理、理性思考和经验总结于一体。该书共分为 13 章，内容包括：北京美术 60 年综述；中央美术学院、北京画院的建立和发展；北京中国画、北京油画、北京版画、北京雕塑、北京壁画、北京大众美术的起步和发展等。

P1/1.6　　　　　　　　　　0681

新中国北京文艺 60 年：1949—2009，民间文艺卷 / 索谦主编；岳永逸卷主编 . — 北京：中国文联出版社，2010

301 页：图，照片；26cm

ISBN　978-7-5059-6788-5；

CNY 580.00（全 13 册）

该书分为山花烂漫：新中国北京民间文艺 60 年述评；搜集、整理与研究：民间文学事业 60 年；手工艺、手工业与非遗：民间工艺 60 年等 8 章，介绍了民间文艺的界说，民间文学的采录及创作等内容。

P1/1.7　　　　　　　　　　0682

新中国北京文艺 60 年：1949—2009，音乐卷 / 索谦主编；谢嘉幸分卷主编 . — 北京：

中国文联出版社，2010

　　482页：照片；26cm

　　ISBN　978-7-5059-6788-5；

　　CNY 580.00（全13册）

该书以北京音乐60年发展历程为脉络，集史料整理、理性思考和经验总结于一体。内容包括：北京音乐60年发展历程综述、音乐创作、北京音乐演出60年纵览、60年北京音乐理论建树概观、音乐教育、传统音乐的保存与保护、流行音乐、社会音乐活动等。

P1/1.8　　　　　　　　0683

新中国北京文艺60年：1949—2009，舞蹈卷/索谦主编；吕艺生分卷主编．—北京：中国文联出版社，2010

　　383页：照片；26cm

　　ISBN　978-7-5059-6788-5；

　　CNY 580.00（全13册）

该书以北京舞蹈60年发展历程为脉络，集史料整理、理性思考和经验总结于一体。该书共分为10章，内容包括：北京舞蹈60年概览、新中国舞蹈的肇始、北京舞蹈创作、舞蹈人才培养、广场式大型文艺晚会、民间群众舞蹈、校园舞蹈、部队舞蹈、舞蹈家协会、舞蹈理论评论等。

P1/1.9　　　　　　　　0684

新中国北京文艺60年：1949—2009，曲艺卷/索谦主编；吴文科分卷主编．—北京：中国文联出版社，2010

　　313页：照片；26cm

　　ISBN　978-7-5059-6788-5

　　CNY 580.00（全13册）

该书以北京曲艺60年发展历程为脉络，集史料整理、理性思考和经验总结于一体。该书共分为4章，内容包括：演进轨迹、分述概观、大家剪影、要事备览等，介绍了侯宝林、连阔如、高凤山、曹宝禄、魏喜奎、关学曾、马季、王决等大师。

P1/1.10　　　　　　　0685

新中国北京文艺60年：1949—2009，杂技卷/索谦主编；傅起凤卷主编．—北京：中国文联出版社，2010

　　292页：照片，图；26cm

　　ISBN　978-7-5059-6788-5；

　　CNY 580.00（全13册）

该书包括北京杂技概述、杂技队伍迅速发展壮大和繁华似锦的杂技创作等内容，介绍了悠久历史渊源，新中国改变了杂技命运，北京杂技的初步繁荣等内容。

P1/1.11　　　　　　　0686

新中国北京文艺60年：1949—2009，电影卷/索谦主编；黄会林卷主编．—北京：中国文联出版社，2010

　　422页：照片，图；26cm

　　ISBN　978-7-5059-6788-5；

　　CNY 580.00（全13册）

该书主要分为5个部分，以图文并茂的形式描绘出北京电影60年的成就与风采。

P1/1.12　　　　　　　0687

新中国北京文艺60年：1949—2009，电视卷/索谦主编；曾庆瑞分卷主编．—北京：中国文联出版社，2010

　　571页；26cm

　　ISBN　978-7-5059-6788-5

　　CNY 580.00（全13册）

该书以北京电视文艺60年发展历程为

脉络，集史料整理、理性思考和经验总结于一体。该书内容包括：北京电视文艺51年的光辉发展历程、北京51年的电视文艺事业面面观、北京51年的电视文化产业面面观、北京电视文艺事业文化产业的重大活动、北京电视文艺事业文化产业的大家风范等。

P1/1.13　　　　　　　　　　　　**0688**

新中国北京文艺60年：1949—2009，文艺理论卷/索谦主编；孟繁华卷主编.—北京：中国文联出版社，2010

310页；26cm

ISBN　978-7-5059-6788-5

CNY 580.00（全13册）

该书包括社会主义初期文艺理论的讨论、新时期文艺理论的论争和新世纪文艺理论的重建等内容，阐述了社会主义现实讨论、"人物论""形象思维"的讨论等。

P1/6.1　　　　　　　　　　　　**0689**

文化共享十年路：共创·共建·共享，优秀服务案例选编/于群，李宏，张彦博主编.—北京：国家图书馆出版社，2012

406页：照片；24cm

ISBN　978-7-5013-4801-5；CNY 34.00

该书写于全国文化信息资源共享工程实施十周年纪念之际，按"共建""共享""榜样"3个类别汇编，按行政区划排列为序，收入来自全国文化共享工程各级分支中心和基层服务点的文化信息资源共享工程实施的优秀服务案例约100篇。

P1/6.2　　　　　　　　　　　　**0690**

文化共享十年路：共创·共建·共享，新闻媒体报道选编/于群，李宏，张彦博主编.—北京：国家图书馆出版社，2012

382页：图；24cm

ISBN　978-7-5013-4800-8

CNY 32.00

该书写于全国文化信息资源共享工程实施十周年纪念之际，汇编了2009年以来中央媒体及各地有影响力的报纸关于文化共享工程的新闻报道111篇，按照综合报道、公共电子阅览室、资源建设、技术应用、惠民服务分类，并按照刊发时间顺序编排。

P1/7　　　　　　　　　　　　**0691**

朝阳区历史文化研究工作研讨会会议纪要/朝阳区图书馆［编］.—北京：［朝阳区图书馆］，2018

67页：照片；30cm

该书记录了朝阳区历史文化研究工作研讨会的议程、参会人员名单以及部分参会人员在会议中的发言。

P1/9　　　　　　　　　　　　**0692**

中共中央编译局成立六十周年纪念册：1953—2013/［中共中央编译局编］.—北京：［中共中央编译局］，［2013］

163页：图，照片；29cm

该书为中共中央编译局成立60周年纪念册（1953—2013）。书中以文字和旧照片的形式介绍中共中央编译局的光辉历程、亲切关怀、丰硕成果、交流合作、珍贵收藏、组织机构、多彩生活和历史沿革等内容。

P1/19（2011-2012）　　　　　　**0693**

北京文化发展报告：2010—2011 *Annual Report on Cultural Development of Beijing：2010—2011*/李建盛主编.—北京：社会科

学文献出版社，2011

337页；24cm. —（皮书系列）

ISBN 978-7-5097-2241-1；CNY 59.00

该书以2010年度北京文化发展和建设、管理为基本内容，适当回顾"十一五"时期的北京文化规划与发展，从文化战略与文化政策、文化经济与创意产业、文化事业与公共文化服务、文化遗产与文化保护、文化交流与文化传播等方面，总结首都文化的现状和趋势，分析问题，提出对策和建议。

P1/19（2013-2014） 0694

2013—2014年北京文化发展报告 / 刘川生［等］主编；北京社会科学界联合会，北京市哲学社会科学规划办公室，北京市教育委员会［编］. — 北京：文化艺术出版社，2014

449页：图，地图；29cm

ISBN 978-7-5039-5929-5；CNY 80.00

该书对2013至2014年北京文化建设中的热点问题，内容涉及传统文化与现代教育、文化认同与京津冀协同发展、文化与健康城市建设、新媒体与文化传播、文化创意产业研究、教育文化、历史文化研究、京味文学研究、比较视野下的北京文化、北京各区县年度文化亮点展示等方面。

P1/33（2013）.1 0695

文化宣南.2013年第1期 / 李金龙主编. — No.1（2007，2）- = 总1-. — 北京：《文化宣南》编辑部编. —香港：中国楹联出版社，2007—

29cm

ISBN 978-988-16159-2-3

HKD20.00（2013）

该刊以传承宣南文化、展示宣南风采为宗旨，一般包括芳园大观、风流文采、潇湘滴翠、蘅芷清芬、怡红快绿、万象争辉等栏目。

P1/34 0696

中国文化亮点通俗读本 / 朱良志主编；北京市社会科学界联合会编. — 北京：北京出版社，2011

183页：图，照片；21cm. —（北京社会科学普及系列丛书）

ISBN 978-7-200-08589-1；CNY 19.00

该书以介绍中国传统的历史文明和当代丰富多彩的文化生活为主，力求用简洁平实的语言、生动活泼的内容，加深读者对中国文化的了解。

P1/35 0697

北京市西城区文化创意产业政策选编 / 北京市西城区文化创意产业领导小组办公室［编］. — 北京：北京市西城区文化创意产业领导小组办公室，2012

67页；21cm

该书是西城区文化创意产业政策的汇编，包括文化创意产业的管理措施、老字号发展意见、旅游业发展实施意见及电子商务发展意见等内容。

P1/36 0698

西城区"十二五"时期文化创意产业发展规划 / 西城区文化创意产业领导小组办公室［编］. — 北京：北京市西城区文化创意产业领导小组办公室，2011

52页；21cm

该书对西城区"十二五"时期文化创意产业发展规划进行了详细解读，包括指导思想和基本原则、发展目标、工作重点及重点实施项目、保障措施和规划评估等内容。

P1/37　　　　　　　　　　0699

中国公共文化服务发展报告. 2012 Report on Development of China's Public Services of Culture. 2012 / 于群，李国新主编. — 北京：社会科学文献出版社，2012

381 页；25cm. —（皮书系列）

ISBN　978-7-5097-3616-6

精装：CNY98.00

该书展现了 2010 年以来我国公共文化服务发展的前进步伐、主要成就和重点工作，分析研究事关我国公共文化服务体系建设全局的重大现实性问题，全书分为总报告、宏观视角、地方实践、重点扫描、他山之石、大事记等 6 个部分。

P1/38　　　　　　　　　　0700

北京市文化产业统计资料. 二〇一三年度 / 北京市文化局编. — 北京：北京市文化局，2013

77 页；19×26cm

CNY［30.00］

该资料根据北京市 2013 年度文化事业、文化市场及北京统计年鉴整理编印。反映了 2013 年度北京市文化事业发展的概况。

P1/39（2015）.1　　　　　0701

2015 北京文化消费指南 Beijing Cultural Consumption Guide 2015 /《2015 北京文化消费指南》编委会编. — 北京：北京出版社，2015

293 页：照片，图；21cm

ISBN　978-7-200-11459-1；CNY 38.00

该书力图全面展示北京城市文化品位，甄选出各类文化消费精品项目，以呈现北京文化消费全景，为市民的高品质生活提供导览。

P1/39（2015）.2　　　　　0702

2015 北京文化消费指南 Beijing Cultural Consumption Guide 2015：北京文惠卡全攻略 /《2015 北京文化消费指南》编委会编. — 北京：北京出版社，2015

75 页：照片，图；21cm

ISBN　978-7-200-11460-7；CNY 28.00

该书分为 8 部分：文化艺术、新闻出版、广播电视电影、网络及计算机服务、广告会展、艺术品交易、旅行休闲娱乐、其他辅助服务。

P1/40　　　　　　　　　　0703

全国文化信息资源共享工程 National Cultural Information Resources Sharing Project. ［北京］：［出版者不详］，［2012］

1 册：彩图；29cm

该册为"全国文化信息资源共享工程"宣传材料。由"文化共享工程电子阅览室概述"、"共享十年成果显著"、"转型跨越，再攀高峰" 3 部分组成。

P1/41　　　　　　　　　　0704

西城区文化单位基础安全法规手册 / 北京市西城区文化委员会［编］. —［北京］：［北京市西城区文化委员会］，［2009］

42 页：彩图；21cm

该手册由北京市西城区文化委员会编

辑，采用卡通动画图片的方式，宣传了西城区文化单位应注意的有关基础安全法规的注意事项，包括营业性演出注意事项、娱乐场所注意事项、出版物经营单位注意事项、广电接收单位注意事项等18篇。

P21/4　　　　　　　　　　　　0705

北岳风云:《晋察冀日报》报史图像集/陈春森主编；晋察冀日报史研究会编.—[北京]：[出版者不详],2010

102页；29cm

该图集以宝贵的历史图像资料，将老一辈新闻工作者"一手拿笔，一手拿枪"的游击办报经历记录下来，是研究革命战争时期敌后抗日根据地报史的重要资料。

P21/6　　　　　　　　　　　　0706

新闻、旧闻和趣闻：一百多年来北京报业兴衰杂谈/贺家宝著.—[出版地不详]：时代文化出版社,2015

287页：图，照片；21cm

ISBN　978-988-18455-7-3；

CNY[28.00]

该书内容覆盖了清末民初到中国当代中国新闻事业的历史，涉及了众多的报纸、报人和事件。另该书还对对报纸的消亡问题进行了专门论述。

P3/2　　　　　　　　　　　　0707

大躍進中北京地區的圖書館/北京大学图书馆学系56、57级编写.—北京：北京出版社,1959

52页；19cm

1958年8月，北京大学图书馆系对北京地区各类型图书馆的先进事迹进行了调查，一共写出59篇调查报告，该书编入14篇。

P3/3（2016）.3　　　　　　　0708

宣图工作通讯.2016年第3期（总节58期）/宣武区图书馆宣传辅导部主办.—[2002,No.1（2002）]总-1-.—北京：宣武区图书馆宣传辅导部,[2002]-

26cm

该刊物是由宣武区图书馆主办的双月刊。旨在对外交流宣武图书馆工作的创新与成果。包含支部园地、网上阅览、少儿园地、千场报告会等栏目。

P3/3（2016）.4　　　　　　　0709

宣图工作通讯/宣武区图书馆宣传辅导部主办.—2016年第4期（总第58期）.—北京：宣武区图书馆宣传辅导部,[2002]

26cm

该刊物是由宣武区图书馆主办的双月刊，旨在对外交流宣武图书馆工作的创新与成果。包括支部园地、网上阅览、少儿园地、千场报告会等栏目。

P32/13　　　　　　　　　　　0710

我们的60年：th1956—2016：西城区第一图书馆建馆六十周年/西城区第一图书馆[编].—北京：[西城区第一图书馆],[2016]

75页：照片；25×25cm

该书为纪念西城区第一图书馆建馆60周年而作，记录了基业初奠、万象更新、继往开来三个阶段，运用图片及文字展示了西城区第一图书馆的发展历程。

P32/14　　　　　　　　　　　0711

西城区图书馆年鉴.2010年/西城区图

书馆［编］.—［北京］：［西城区图书馆］，
［2010］

72 页：照片；30cm

该年鉴分基本概况、馆内文件、常规工作、业务活动、表彰奖励、媒体报道等板块全面介绍了西城区图书馆的年度工作。书后收录 2010 年度的大事记及相关附录。

P32/14　　　　　　　　　　0712

西城区图书馆年鉴.2011 年/西城区图书馆［编］.—［北京］：［西城区图书馆］，［2011］

57 页：照片；30cm

该年鉴分基本概况、馆内文件、常规工作、业务活动、表彰奖励、媒体报道等板块全面介绍了西城区图书馆的年度工作。书后收录 2011 年度的大事记及相关附录。

P32/14　　　　　　　　　　0713

西城区图书馆年鉴.2012 年/西城区图书馆［编］.—［北京］：［西城区图书馆］，［2012］

68 页：照片；30cm

该年鉴分基本概况、馆内文件、常规工作、业务活动、表彰奖励、媒体报道等板块全面介绍了西城区图书馆的年度工作。书后收录 2012 年度的大事记及相关附录。

P32/16（2014）.4　　　　　　0714

南图时空.2014 冬季号（总第 62 期）/余子牛主编；［深圳南山图书馆编］.—广东：深圳南山图书馆，2014

26 页：照片；29cm

该刊为南山图书馆主办的内部季刊，从图苑争鸣、工作随笔、艺文集粹及信息纵横等栏目讲述与南山图书馆有关的活动、资讯、信息等。

P32/17（2015）.8　　　　　　0715

首都图书馆联盟.2015 年 8 月号（总第 6 期）/张文华主编.—北京：［北京市文化局］：［首都图书馆联盟］，2015

56 页：图；29cm

该刊是由北京市委宣传部主管，委托北京市文化局、首都图书馆联盟主办的服务与交流性工作内刊，讲述与阅读体验、图书馆、书评、文化等相关的内容。

P32/18　　　　　　　　　　0716

阅读在身边/首都图书馆编.—北京：学苑出版社，2013

381 页：彩照；25cm

ISBN　978-7-5077-4240-4；CNY 60.00

该书翔实记录了北京市各级图书馆推动全民阅读活动的探索与实践，总结思考了推广全民阅读获得的得失。

P32/19　　　　　　　　　　0717

书香谱写拥军情/阎峥主编.—北京：北京市西城区第一图书馆，2013

44 页：照片；25cm

在中国人民解放军建军 86 年之际，西城区第一图书馆编撰了《书香谱写拥军情》。该书记述了西城区第一图书馆文化拥军 22 载的历程。

P32/20（2015）.2　　　　　　0718

书海拾贝.2015 第 2 期（总第 2 期）The Book Sea Ascends the Shell/史红艳主编.—［北京］：［顺义图书馆］，［2015］

64 页：彩照；29cm

该刊是由顺义区图书馆主办的季刊，为 2015 年第 2 期，一般包括文化广角、顺图信息、基层报道、管理员风采、感悟生活、顺义地名由来、新书推荐、知识窗、送书统计等内容。

P32/21　　　　　　　　　　0719

二零一一年我们这样走过：西城区青少年儿童图书馆2011年活动集锦 / 北京市西城区青少年儿童图书馆 [编]. — 北京：[北京市西城区少年儿童图书馆]，[2011]

30 页：照片；29cm

该画册是西城区青少年儿童图书馆2011年活动集锦，包括多彩活动、支部生活、职工教育、文体活动、友好往来、安全工作等。

P32/22　　　　　　　　　　0720

京籍渊薮　甲子回眸：北京地方文献中心成立六十周年纪念文集 / 首都图书馆编. — 北京：学苑出版社，2018

225 页；24cm

ISBN 978-7-5077-5542-8；CNY 60.00

该书收录了《我与首都图书馆地方文献》《我与首都图书馆地方文献部》《回忆我们与北京地方文献中心的那些往事》《工艺美术书籍收藏溯源》《我与北京地方文献事业》《地方文献采访工作中的点滴记忆》《我的精神家园》等文章。

P32/23　　　　　　　　　　0721

国际"城市记忆"与地方文献学术研讨会论文集 Proceedings of the International "City Memory" and Local Literature Symposium / 首都图书馆编. — 北京：学苑出版社，2018

513 页；26cm

ISBN 978-7-5077-5543-5；CNY 80.00

该书收录学术论文内容涉及"城市记忆"建设、口述历史、地方文献与区域建设、地方文献研究、地方文献资源建设与服务、读者服务与新技术应用等各个方面。这些内容反映了近年来地方文献和地域文化相关工作的基本面貌。

P32/24　　　　　　　　　　0722

朝阳城市书屋：新时代书香朝阳的创新实践 / 朝阳区图书馆 [编]. — 北京：[朝阳区图书馆]，2018

82 页：照片；30cm

该书说明了朝阳区城市书屋的意义、目标以及分布情况，并对梦工坊馆、宸冰书坊馆、尤伦斯馆、东亿产园馆、良阅书房馆、东区儿童医院馆、读聚时光馆、三里屯馆的情况进行了详细介绍。

P32/25（2016）.5　　　　　0723

工作简报.2016.5（总第216期）/ 北京市西城区第一图书馆 [编]. — 2016，No.5（2016，10）-= 总216-. — 北京：北京市西城区第一图书馆，2016—

27cm

该刊物是由北京市西城区第一图书馆主办的双月刊，旨在对外交流北京市西城区第一图书馆工作的创新与成果。包含书香西城、读者活动、图说西城、工作动态等栏目。

P32/25（2016）.6　　　　　0724

工作简报.2016.6（总第217期）/ 北京市西城区第一图书馆 [编]. — 2016，No.5（2016，10）-= 总216-. — 北京：北京市西城区第一图书馆，2016—

27cm

该刊物是由北京市西城区第一图书馆主办的双月刊，旨在对外交流北京市西城区第一图书馆工作的创新与成果。包含书香西城、读者活动、图说西城、工作动态等栏目。

P32/25（2018）.5　　　　0725

工作简报.2018.5（总第228期）/ 北京市西城区第一图书馆［编］. — 2016，No.5（2016，10）-=总216-. — 北京：北京市西城区第一图书馆，2016—

27cm

该刊物是由北京市西城区第一图书馆主办的双月刊，旨在对外交流北京市西城区第一图书馆工作的创新与成果。包含书香西城、读者活动、图说西城、工作动态等栏目。

P32/25（2018）.6　　　　0726

工作简报.2018.6（总第229期）/ 北京市西城区第一图书馆［编］. — 2016，No.5（2016，10）-=总216-. — 北京：北京市西城区第一图书馆，2016—

27cm

该刊物是由北京市西城区第一图书馆主办的双月刊，旨在对外交流北京市西城区第一图书馆工作的创新与成果。包含书香西城、读者活动、图说西城、工作动态等栏目。

P35/3　　　　0727

北京市西城区第一图书馆入藏地方文献目录提要：2010—2015 / 北京市西城区第一图书馆编. — 北京：学苑出版社，2016

283页；26cm

ISBN 978-7-5077-5091-1；CNY 78.00

该书是一本集综合性、实用性于一体的反映西城区第一图书馆馆藏地方文献信息，方便读者查找文献资料的工具书。该书共收录2010年初至2015年底入藏的图书、期刊、地图等文献目录，每条目录均著录版本形态描述和内容提要两部分，对了解西城区情区貌、研究西城历史文化有一定参考价值。

P41/2　　　　0728

走进博物馆：北京地区博物馆大全 / 北京市文物局，首都博物馆联盟编. — 北京：北京出版社，2013

175页：图，照片；21cm

ISBN 978-7-200-09558-6；CNY 28.00

该书全面、系统、科学地反映了北京地区博物馆文化，展现各个博物馆资源及特色，介绍展陈项目及内容，评述博物馆特色、典藏珍品及相关知识。

P42/3　　　　0729

北京宣南文化博物馆 / 北京宣南文化博物馆［编］. — 北京：北京宣南文化博物馆，［2013］

119页：彩图；27cm

该画册为纪念北京宣南文化博物馆对外开放8周年所著，共分为出尘、入世、传承3个篇章。画册收集的图片及文字较全面展示和诠释了宣南文化的起源和发展过程以及京城文化的内涵。

P43/4　　　　0730

毛主席纪念堂收藏艺术精品集萃 / 毛主席纪念堂管理局［编］. — 北京：［毛主席纪念堂管理局］，［2010］

57页：照片；26×26cm

毛主席纪念堂是党和国家的最高纪念堂，是全国爱国主义教育示范基地。本图册展示了毛主席纪念堂的藏品中精选出的40余件珍品，并对其大小规格、出处进行介绍。

P5/7（2010）.1　　　　　0731

宣档大观.2010年第1期（创刊号）.—创刊号（2010，1）No.1（2010，1）-.—北京：宣武区档案局（馆）：宣武区档案学会，2010—

29cm

该刊物是由宣武区档案局（馆）主办的季刊。包含宣武记忆、兰台考证、档案库、名人档案、档案馆指南、业务天地等栏目。

P5/7（2010）.2　　　　　0732

宣档大观.2010年第2期.—创刊号（2010，1）No.1（2010，1）-.—北京：宣武区档案局（馆）：宣武区档案学会，2010-

29cm

该刊物是由宣武区档案局（馆）主办的季刊。包含宣武记忆、兰台考证、档案库、名人档案、档案馆指南、业务天地等栏目。

P6/1　　　　　　　　　　0733

"书香朝阳"公共阅读发展智库成立暨《北京市朝阳区图书馆馆藏石刻拓片汇编》新书发布会/朝阳区图书馆［编］.—北京：朝阳区图书馆，2018

22页：照片；30cm

该书涵盖此次新闻发布会的活动安排、朝阳区图书馆在推进全民阅读推广工作中的经验做法、发布会信息内容、北京市朝阳区图书馆馆藏石刻拓片汇编。

P8/10.41　　　　　　　　0734

首都公共文化.总年第41期.—2017（2017，01-03）-=总41-.—北京：北京文化艺术活动中心：北京群众艺术馆，2017—

29cm

该刊物是由北京市文化艺术活动中心、北京群众艺术馆编印的内部刊物，双月刊印。包含群文经纬、精彩案例、热点追踪、工作研究等栏目。

P82/8　　　　　　　　　　0735

西长安街文化体育季精彩回顾.—北京：［西长安街街道工委］：［西长安街街道办事处］，［2013］

49页：照片；29cm

该书以图片的形式回顾西长安街街道文化体育季的开幕式、摄影作品、乒乓球赛、体质测试、合唱节和颁奖仪式。

P82/10　　　　　　　　　0736

西城区直机关首届文化节/西城区直机关工委［编］.—北京：［西城区直机关工委］，2013

135页：照片；29cm

该书是展现西城首届区直机关文化节活动的画册，涵盖开幕式、书画笔会、书画摄影比赛和获奖作品展、文艺汇演、公务员职业素质竞赛等活动，展示了机关文化建设的生动实践和显著成效。

P82/10.2　　　　　　　　0737

西城区直机关第二届文化节/西城区直机关［编］.—北京：［西城区直机关］，2015

108页：照片；29cm

该画册收录的是西城区直机关第二届文化节的活动内容，包括开幕式、闭幕式、联谊会、高雅艺术进机关系列活动，"西城之春"书法、摄影、绘画比赛及获奖作品巡展，公务员知识竞赛、龙舟赛等赛事活动，展现了"活力、魅力、和谐"的机关文化。

P82/11　　　　　　　　　　0738

书香西城2015活动手册．—北京：[中共北京市西城区委]：[西城区人民政府]，2015

132页；20cm

该手册对2015年西城区北京阅读季活动进行了总结与介绍，包括活动篇、空间篇、图书馆篇、媒体篇四部分，展示阅读季期间丰富多彩的读书活动，推荐西城区内特色阅读空间，营造"多读书、读好书、好读书"的良好书香氛围。

P82/12（2015）.5　　　　　0739

2015书香中国·北京阅读季活动手册．第5期．—北京：[出版社不详]，2015

115页；20cm

该手册是对"2015书香中国北京阅读季活动"的全面记录和阶段性总结，包括纪念抗日战争暨反法西斯战争胜利70周年专辑、北京阅读季记者走基层驻京媒体走进区县调研全民阅读推广先进经验专辑和16区县品阅书香活动介绍等内容。

P82/12（2015）.6　　　　　0740

2015书香中国·北京阅读季活动手册．第6期．—北京：[出版社不详]，2015

107页；20cm

该手册是对"2015书香中国北京阅读季活动"的全面记录和阶段性总结，包括纪念抗日战争暨反法西斯战争胜利70周年专辑、大兴区品阅书香·名家面对面、16区县品阅书香活动介绍和活动动态等内容。

P82/12（2015）.7　　　　　0741

2015书香中国·北京阅读季活动手册．第7期：特辑．—北京：[出版社不详]，2015

223页；20cm

该手册收集整理了2015年第五届书香中国·北京阅读季的活动成果。内容包括16区县精彩案例、41家出版机构、24家阅读空间、10大阅读季系列活动、16区县品阅书香活动介绍等内容。

P83/6　　　　　　　　　　0742

宣武邮协20年/张林侠，马党生主编．北京：北京市宣武区集邮协会，2005

95页：图；29cm

该画册是宣武区集邮协会成立20周年的纪念之作，书中含社会各界的贺词贺信，20年来邮协组织的邮展活动，出版物及协会历届理事会，大事记等内容。

P83/7　　　　　　　　　　0743

西城邮协二十年纪念册：1986—2006/北京市西城区文化馆，北京市西城区集邮协会编．—北京：北京市西城区文化馆：北京市西城区集邮协会，2005

162页：照片，图；26cm

该纪念册记载了西城邮协20年的发展历程，包括发展历程、集邮展览硕果、学术研究成果、集邮活动和月坛邮票市场的兴起与变迁等内容。

P83/8　　　　　　　　　　0744

[北京市西城区集邮协会]十年回顾专辑：1986—1996/北京市西城区集邮协会[编]．—[北京]：[北京市西城区集邮协会]，[1996]

76 页：图，照片；26cm

该书由北京市西城区集邮协会编辑，汇集了1986—1996年集邮协会的成长、发展、成绩，内容还包括西城邮协的组织机构、组织工作、集邮展览、群众活动、学术研究、联谊活动、友好往来、市场管理等，后附大事记。

P9/6   0745

当代科学技术发展前沿与趋势 Leading Edge and Trends of Contemporary Science and Technology Development / 中共北京市委组织部，北京市人力资源和社会保障局，北京市科学技术委员会组织编写．— 北京：北京出版社，2013

295 页：图；23cm

ISBN 978-7-200-09990-4；CNY 20.00

该书介绍国际科技发展趋势及各国科技政策、中国科技发展现状与前景、信息技术的发展与产业变革、物联网搜索技术及应用、新能源汽车技术与产业发展趋势、生物医药产业概况与发展趋势、科技人才跨国流动的现状与新形势等内容。

P91/3   0746

思想的力量：北京市西城区社会科学成果荟萃：西城区社会科学界庆祝改革开放四十周年 / 北京市西城区社会科学界联合会［编］．— 北京：［北京市西城区社会科学界联合会］，［2018］

90 页：照片；29cm

该画册主要展示西城区社会科学界联合会（简称"西城社科联"）、区属社会科学类社团组织以及相关部门近年来在课题研究、专项考察、学术交流、社科知识普及、社团建设等方面取得的主要成果。

P922/1（2017）.2   0747

西城社会科学 .2017年第2期 / 吴元增编．— 2017，No.2（2017，4）=总41-．— 北京：西城区社会科学界联合会，2017-

29cm

该刊由北京市西城区社会科学界联合会编撰。主要内容包括挖掘社会发展、经济建设、文化繁荣等领域的新知识、新观点。包含权威声音、理论探索、重点工作、委员要论、社团建设等栏目。

P922/1（2018）   0748

西城社会科学 .2018年合订本 / 吴元增编．— 2017，No.2（2017，4）=总41-．— 北京：西城区社会科学界联合会，2017-

29cm

该刊由北京市西城区社会科学界联合会编撰。主要内容包括挖掘社会发展、经济建设、文化繁荣等领域的新知识、新观点。包含权威声音、理论探索、重点工作、委员要论、社团建设等栏目。

P93/5   0749

2012年西城信息化简报 .1月 -3月 /［西城区信息化工作办公室编］．— 北京：［西城区信息化工作办公室编］，2012

16 页；30cm

该书记述了2011年12月—2012年2月西城区信息化工作的简要情况。包括信息化发展规划、电子政务与信息资源、电子商务与企业信息化、社会信息化、信息化发展环境等内容。

Q 教育

Q1/1　　　　　　　　　　0750

等闲识得东风面　万紫千红总是春：西城万名教工"晒"西城大型活动集萃/[北京西城教育工会编].—北京：北京西城教育工会，2009

65页：照片，图；29cm

CNY 20.00

该刊是2009年西城区教育工会开展——迎接新中国成立60周年，万人精点"晒"西城大型群众性活动的活动集萃，收录活动总结、活动文件、活动先锋、活动风景线、活动感言、活动精品在线等内容。

Q1/15　　　　　　　　　　0751

西城区教育系统党政领导干部优秀论文、案例集.—北京：[中共北京市西城区委教育工作委员会等]，2014

308页；24cm

该书为西城区教育系统党建与思想政治工作研究会编著，整理西城区教育系统党政领导干部的论文与案例。全书分为党建论文、管理论文和党建案例3大章节。

Q1/25　　　　　　　　　　0752

北京市西城区教育委员会国际合作与交流2011年报/北京市西城区教育委员会[编].—北京：北京市西城区教育委员会，2011

110页：照片；26cm

CNY 35.00

该年报收录了西城区教委2011年教育外事工作总结、西城区教育系统外事制度汇编、外籍教师（学生）名单、中外合作办学学校名单、2011年教育外事工作统计表、2011年学校外事工作交流材料汇编等资料。

Q1/40　　　　　　　　　　0753

西城区教育学会优秀论文光荣册.—北京：[出版者不详]，2012

56页；30cm

该书记载了西城区教育学会2012年优秀论文的获奖名单。获奖人员来自西城区的中小学、幼儿园、科技馆、少年宫、中小学科技中心等单位。

Q1/41　　　　　　　　　　0754

西城区校长实用手册/中共北京市西城区教育工作委员会[编].—北京：[中共北京市西城区教育工作委员会]，[出版年不详]

58页；21cm

该书由中共北京市西城区委教育工作委员会编，主要从任职管理、法律法规、学校管理3个方面讲述了办好一所学校，校长应该如何把握好引导者、管理者、经营者三重角色。

Q1/42　　　　　　　　　　0755

西城区学校党组织书记实用手册/中共北京市西城区教育工作委员会[编].—北

京：[中共北京市西城区教育工作委员会]，[出版年不详]

86页；21cm

该书分4章，从党建基础知识；学校党的工作；党组织书记；文件、文体、文本、流程4个方面，对学校党组织书记工作进行了全面总结，后附党支部日常工作流程图。

Q1/43　　　　　　　　　　0756

我与祖国共奋进：北京市西城区师生参加中华人民共和国成立60周年庆祝活动掠影/沈桂芬，田京生主编；北京市西城区委教育工委宣传部编制．—[北京]：[北京市西城区委教育工委宣传部]，[2009]

42页；28×28cm

该画册汇集了北京市西城区师生参加中华人民共和国成立60周年庆祝活动掠影，记录了80所学校、两万余名师生为庆典投身于艰苦训练中激情挥洒汗水的身影。

Q1/44　　　　　　　　　　0757

2012年西城区教育科研月程序册：2012年11月16日—12月18日/北京市西城区教育委员会，北京市西城区教育学会[编]．[北京]：[北京市西城区教育委员会]：[北京市西城区教育学会]，[2012]

45页：地图；30cm

2012年西城区教育科研月活动主题：教育创新与实践——创新促"校校精彩"、实践助"人人成功"

该手册由北京市西城区教育委员会、北京市西城区教育学会联合编辑，内容为2012年11-12月西城区教育研修学院、少年宫、幼儿园、中小学科研活动安排，包括主办单位、活动地点、活动简介、活动议程、会场位置地图以及联系方式等。

Q2/4　　　　　　　　　　0758

西城区棉花胡同幼儿园建园55周年纪念/[西城区棉花胡同幼儿园编]．—北京：[西城区棉花胡同幼儿园]，[2012]

37页：照片；25cm

该画册是西城区棉花胡同幼儿园建园55周年纪念册，包括园容园貌、办学理念、管理文化、教师文化、教研文化、课程文化等。

Q3/1　　　　　　　　　　0759

草长莺飞：少儿作文博客版/金波，马光复，李燕博主编；北京市西城区青少年儿童图书馆，青青草文学社编．—北京：[北京市西城区青少年儿童图书馆]：[青青草文学社]，[2007]

109页：图；25cm

该书收录孩子们在西城区青少年儿童图书馆网站上发表的博客文章70余篇。这些文章童稚气息浓郁、文字质朴清新，既有孩子们自己对看法、主张和观点的表达，也展现了孩子们思考、组织、表达文字的能力。

Q3/2　　　　　　　　　　0760

桃李不言：纪念许通儒老师．—北京：[出版者不详]，[2017]

127页：照片；24cm

许通儒老师为西城区自忠小学特技教师。该纪念册由许老师的同事及学生为纪念其所著，收录了许老师不同时期的照片80余张，对许老师的回忆文章22篇。

Q3/3　　　　　　　　　　0761

岁月如歌：1958—2008：北京市西城区

三里河第三小学建校五十周年/[北京市西城区三里河第三小学编].— 北京:[北京市西城区三里河第三小学],[2008]

26页:照片;21×29cm

该书是西城区三里河第三小学建校50周年纪念册,内容包括学校简介、历史回顾、桃李芬芳、友好交流、校园环境和学校荣誉等。

Q32/26 0762

北京小学.— 北京:[北京小学],[出版时间不详]

95页;25×25cm

该画册以"园"为核心要素,分成基础学园、童真乐园、成长家园、吾师荣园、秀色花园5个主题,分别展示了北京小学的教育活动、游学课程、课余生活、师资队伍、校园风景等方面内容。

Q39/8 0763

北京市西城区三里河第三小学1958—2008建校五十周年绘画作品展示/北京市西城区三里河第三小学编.— 北京:[北京市西城区三里河第三小学],[2008]

1册;29cm

该册展示了三里河第三小学以美育为育人目标的先进理念,全面面向全体同学,激发学生对美术的兴趣爱好,培养学生健康的审美情趣和良好的艺术修养。同时也展现了学校的朝气蓬勃,校园文化生活的丰富多彩。

Q4/1 0764

西城教育:合订本.2005年/西城区教育学会[编].— 北京:[西城区教育学会],[2006]

1册;26cm

该刊由西城区教育学会主办,双月刊。反映西城区教育工作情况,主要有教育管理、教学研究、德育心理、教育科研、教师研修、西城校园等栏目。

Q4/2 0765

远去的红烛/吕燕裙著,中共北京市西城区委党史工作办公室编.— 北京:北京出版社,2015

345页:图,照片;24cm

ISBN 978-7-200-11776-9;CNY 68.00

该书收录了《众志成城迎黎明》《忠诚党的教育事业》《盛新女中的一段经历》《辅仁大学男附中的斗争片忆》《难忘的一段崎岖历程》《政治课教学回顾》《政治课教学回顾》《人民中忠实的公仆》《西城区教育事业发展的点滴回顾》等文章。

Q4/3 0766

文章千古事 得失寸心知:月坛中学教师论文集:校庆专刊/北京市月坛中学[编].北京:[北京市月坛中学],[2008]

132页;26cm

该书收录了北京月坛中学教师论文34篇,其中退休教师回忆文章4篇,教师获奖论文30篇。

Q41/11 0767

足迹/[郝明编著].— 北京:[北京市鲁迅中学],[2008]

19页:照片;29cm

该书收录了北京市鲁迅中学校长郝明在校园建设、新课改、德育工作、总务工作、办学特色等方面的启示和思考。

Q41/14　　　　　　　　　0768

中学校长工作实录：龚正行教育文集/龚正行著. —北京：华夏出版社，2008

497页；29cm

ISBN　978-7-5080-4777-5；CNY 50.00

该书内容十分丰富，从教师的教育教学到师德建设；从学风建设到心理健康；从学校规划到财务管理，学校工作无所不包。但在这些纷繁的工作中却贯穿了他办学的理念。这个理念集中反映在他的《我的办学思想和实践》这篇文章中。

Q41/24　　　　　　　　　0769

北京市西城区中小学后勤管理案例/北京市西城区教育技术装备中心［编］. —北京：[北京市西城区教育技术装备中心]，[2013]

213页：图；26cm

该书由北京市西城区教育技术装备中心编著，该书分为中学部分、小学部分、幼儿园部分和直属单位，以案例结合理论的形式向总务后勤人员致敬。

Q42/4　　　　　　　　　0770

月坛中学45周年校庆纪念册：1963—2008/北京市月坛中学［编］. —北京：[北京市月坛中学]，[2008]

42页：照片；29cm

该纪念册主要介绍了月坛中学的领导干部，教师职工和优秀毕业生和优秀校友。丰富多彩的校园活动也使人影响深刻。

Q42/5　　　　　　　　　0771

中日友好世代相传：1985—2010：庆祝月坛中学与日本LABO友好交流25周年/北京市月坛中学［编］. —北京：[北京市月坛中学]，[2010]

67页：照片；30cm

该书主要记录了大会中的领导及贵宾讲话、亲历者感言、友好交流25周年活动集锦以及学生们的成长交流经理。表达了中日院校友好合作的美好愿望，寄托了对未来的美好展望。

Q421/18　　　　　　　　0772

百年回首：[画册]：记西城区百年老校/中共北京市西城区委教育工委，北京市西城区教育委员会［编］. —北京：北京市西城区委教育工委宣传部，[2007]

49页：照片；29cm

CNY 60.00

该画册集中展示了北京市西城区部分中小学及幼儿园在20世纪百年历程中（尤其是在20世纪初期）的历史风貌。

Q421/46　　　　　　　　0773

北京师范大学附属实验中学90年图志：1917—2007/袁爱俊主编. —武汉：长江文艺出版社，2007

159页；29cm

ISBN　978-7-5354-3465-4；CNY 38.00

该图志以历史代为经，用真实的历史照片和图片，展现北京师范大学附属实验中学90年的沧桑与辉煌。

Q421/49　　　　　　　　0774

北京市第十三中学：[画册]. —北京：[北京市第十三中学]，[2009]

29页；29cm

该画册为北京市第十三中学（位于西城

区）建校 80 周年纪念册。以照片为主，配以文字简介，回顾了建校 80 年的历史。

Q421/50　　　　　　　　　　0775

北京四中建校九十周年纪念册 *Beijing No.4 High School 90th Anniversary*: 1907—1997 / 禹启中主编；《北京四中建校九十周年纪念册》编辑委员会 [编] . — 北京：北京四中, 1997

168 页：照片；29cm

CNY [100.00]

该纪念册共分两部分。第一，图片画册部分，共有照片 300 幅，主要反映北京四中近几十年的变化、成绩、重大活动和悠久的历史。第二，文章资料部分，由校史概略、办学教改、学校资料、校友情怀、学习心得和活动报道等专题组成。

Q421/51　　　　　　　　　　0776

崇德百年　辉煌百年：北京市第三十一中学办学成果集 / 北京市第三十一中学 [编] . 北京：[北京市第三十一中学], [2011]

3 册（174，300，303 页）：图；26cm

该资料共三册，是该校每一位党员分别从各自的教学工作、管理工作等角度畅谈自己对教师职业的感悟，对班级建设、学校管理的想法。

Q49/3　　　　　　　　　　0777

心动西城 / 北京市西城区作家协会，北京市西城区教育委员会，北京市西城区文学艺术界联合会编 . — 北京：团结出版社, 2011

438 页：图；23cm

ISBN　978-7-5126-0287-8；CNY 35.00

"心动西城"是以校园文学为载体，向新西城的广大中小学生发起的征文活动。该书收录新西城区中小学生的美文，小作者们用他们稚嫩的笔、真挚的情，向大家展现了具体而微的西城，充满人情味和生活气息的西城。

Q49/4　　　　　　　　　　0778

156 中——我的梦想·我的路：庆 80 华诞学生优秀征文选 / 北京一五六中学 [编] . 北京：[北京一五六中学], [2012]

70 页；26cm

该书收录了 156 中学 80 周年校庆学生优秀征文 48 篇。

Q69/3　　　　　　　　　　0779

心系祖国　舞动中华：[画册]：北京市西城区教育研修学院参加六十周年国庆纪念 / 陈纪文主编 . — 北京：[西城区教育研修学院], [2009]

103 页；26cm

CNY 48.00

该画册以图片形式记录了北京市西城区教育研修学院老师参与国庆 60 周年晚会的场景，抒发了对伟大祖国的无比热爱之情。

Q72/6（2008—2009）　　　　0780

2008—2009 年西城区成人教育论文集 / 刘忠，杜文生主编 . — 北京：西城区成人教育学会：西城区职成教中心, 2009

257 页；26cm

CNY [80.00]

该论文集收录有关西城区成人教育方面的论文 33 篇。

Q72/15（2012-2013）　　　　0781

西城区成人教育论文选编 . 2012—2013 /

西城区教育委员会，西城区成人教育学会[编]．—[北京]：[西城区教育委员会]：[西城区成人教育学会]，[2013]

226页；26cm

该文由西城区教育委员会、西城区成人教育学会共同编辑，汇编了西城区成人教育2012—2013年论文共计28篇。

Q74/15　　　　　　0782

宣武老龄大学建校廿五周年纪念．—北京：[宣武老龄大学]，[2011]

90页：图；29cm

该书包括宣武老龄大学师生书画作品、篆刻作品、诗歌、教学活动和学习体会等。

Q74/31　　　　　　0783

西城区老年大学2007年至2012年记事摘选：初稿/西城区老年大学办公室[编]．—北京：[西城区老年大学办公室]，[2012]

17页；30cm

该册精确记录了自2007年至2012年来每一天的课程活动，内容丰富，主题明确。

Q74/35　　　　　　0784

西城区老年大学第六次教职工大会会议文件/[西城区老年大学编]．—北京：[西城区老年大学]，[2012]

23页；29cm

该册为会议资料，主要分为学习文件、会议文件、参阅文件。内容具体，主题鲜明，形式新颖。

Q74/46　　　　　　0785

西城区2013年未成年人思想道德建设创新案例材料汇编/西城区文明办[编]．—北京：[西城区文明办]，2013

62页：照片；30cm

材料汇编收录未成年人思想道德建设创新案例文章13篇。

Q74/52　　　　　　0786

西城老年大学建校二十五周年校庆画册/张克勤主编．—北京：[出版者不详]，2010

177页；28cm

该画册为纪念西城老年大学成立25周年而组织编印，精选近200幅老年大学学员的书画作品，融入了丰富多彩的校庆内容，展示了办学成果，表达了喜迎校庆的心情和继续办好老年大学的决心。

Q74/55　　　　　　0787

秋叶正红：纪念西城区老年大学成立30周年/李茂刚主编．—北京：北京市西城区老年大学，2015

175页；27cm

30周年1985-2015

该画册收录400余幅庆祝西城区老年大学建校的作品，包括书法、绘画、手工制作和摄影精品。全书按庆贺书画、教师作品、学员作品3大类别编排，展现出老年教育事业的无限风光和勃勃生机。

Q74/56　　　　　　0788

西城老年大学三十年/北京市西城区老年大学[编]．—北京：北京市西城区老年大学，[2015]

207页：图，照片；27cm

该书是以照片、资料、纪实文章为主要内容的校史图书，全书分庆贺篇、创建篇、发展篇、圆梦篇、硕果篇5部分，回顾了西城老年大学的创建、发展历程及取得的优秀成果,并通过学员作品及感受展示老年大学的教学特色和办学理念。

Q74/57　　　　　　　　　　0789

西城区未成年人思想道德建设工作手册 / 西城区精神文明建设委员会办公室,西城区未成年人思想道德建设工作协调委员会办公室 [编]. — 北京:[西城区精神文明建设委员会办公室]:[西城区未成年人思想道德建设工作协调委员会办公室],[2005]

135 页:图;20cm

该手册由西城区精神文明建设委员会和未成年人思想道德建设工作协调委员会联合编辑,共分重要文件、工作机构、教育基地 3 个部分,讲述了西城区在对未成年人思想道德建设方面所做的一系列工作。

Q74/58　　　　　　　　　　0790

2015 年西城区未成年人思想道德建设工作创新案例汇编 / 西城区精神文明建设委员会办公室 [编]. — 北京:[西城区精神文明建设委员会办公室],[2016]

106 页:照片;29cm

该书由西城区精神文明建设委员会办公室编,汇集了 2015 首都未成年人思想道德建设工作创新案例 1 篇,西城区教委、厂桥小学、青少年儿童图书馆等创新单位的 19 篇不同案例。

Q74/59　　　　　　　　　　0791

学习文萃 / 北京市西城区学习型城区建设领导小组办公室,北京宣武红旗业余大学 [编]. — [北京]:[北京市西城区学习型城区建设领导小组办公室]:[北京宣武红旗业余大学],[2013]

54 页;21cm

该手册由北京市西城区学习型城区建设领导小组办公室、北京宣武红旗业余大学联合编辑,汇集了 8 篇关于学习的文章,包括在第十二届全国人民代表大会第一次会议上的讲话、在中央党校建校 80 周年庆祝大会暨 2013 年春季学期开学典礼上的讲话等。

Q74/60　　　　　　　　　　0792

西城区关心下一代工作委员会成立大会材料汇编. — [北京]:[出版者不详],[2010]

34 页;30cm

该材料汇编于 2010 年 11 月,包括中共西城区委《关于成立西城区关心下一代工作委员会的通知》、西城区关心下一代工作委员会《关于街道社区成立关心下一代工作组织的几点意见》、关于西城区关心下一代工作委员会成立的几点说明等 7 部分内容。

Q8/2　　　　　　　　　　0793

北京科举地理:金榜题名的历史遗迹 / 师毅,王文慧,包纪波等编著. — 北京:世界知识出版社,2015

298 页;24cm

ISBN 978-7-5012-5096-7;CNY 48.00

该书分为考场、官学、书院、祠堂、祭坛、会馆、故居、地名、墓碑等 9 个部分,内容涉及文物古迹概况、科举名人轶闻、重大历史事件等多个方面。通过对科举文献和古迹遗存全方位的搜集整理,从不同的视角展现了北京科举的历史进程。

R 体育

R214/2　　　　　　　　0794

奥运，让我们心手相连 / 北京市西城区金融街街道，北京市西城区金融街街道奥运保障工作总指挥部 [编]. — 北京：[北京市西城区金融街街道]：[北京市西城区金融街街道奥运保障工作总指挥部]，[2008]

41 页：彩照；25×25cm

该图册由金融街街道及街道奥运保障工作总指挥部编制，运用120余张照片展示并记录了金融街地区奥运城市保障工作中做出努力的人们。分为荣耀金融街、我们的家园、时刻准备着、志愿与微笑、奥运竞技场5个篇章。

R214/7　　　　　　　　0795

奥运保障　忠诚卫士：西城卫生奥运特刊 / 田静娴，边宝生主编. — 北京：[中共西城区委卫生工委]：[西城区卫生局]，2008

108 页：照片；28cm

该刊记载了西城卫生系统2008年在抗震救灾、筹办奥运期间的难忘历史。包括奥运纪实、奥运行动、奥运志愿者、奥运人物、支援灾区、奥运集萃等内容。

R214/10　　　　　　　　0796

志愿奥运的日子：[摄影集]：记西城奥运志愿者 / 陈献森主编. — 北京：共青团北京市西城区委员会，2008

92 页；26×28cm

CNY 60.00

该摄影集用照片的形式记录了2008年北京奥运会西城区奥运志愿者的工作。包括精彩奥运、温馨残奥、团队建设、扎实演练等8个板块。

R214/11　　　　　　　　0797

百年圆梦美好记忆：[画册] / 沈桂芬，田京生主编. — 北京：中共北京市西城区委教育工委：北京市西城区教育委员会，[2008]

62 页；28×28cm

CNY50.00

该画册展现了西城教委系统全体师生为实现举办一届有特色、高水平的奥运会和残奥会目标付出的不懈努力，记录了感人点滴，再现了精彩场景。

R214/12　　　　　　　　0798

文化遗产之都——奥运北京. — 北京：[中华人民共和国文化部]：[国家文物局]：[北京市人民政府]，[2008]

20 页：照片；29cm

该书包括文化系列活动、广场展演、剧场展演、展览和讲座的介绍，描述了北京丰富的文化遗产。

R214/13　　　　　　　　　0799

记忆：西城交警的 2008 / 邱明清［等］主编 . — 北京：北京市公安局公安交通管理局西城交通支队，［2008］

232 页：照片；29cm

CNY 68.00

该书以奥运足迹、奥运情怀、奥运风采 3 个篇章，全方位、多角度地记录了西城交警不辱使命、不负重托，立足本职，扎实工作，全力以赴投身奥运交通保卫工作的精彩瞬间。

R214.1/1　　　　　　　　0800

北京奥运会残奥会西城区总结表彰光荣册 /［中共北京市西城区委，北京市西城区人民政府编］. — 北京：［中共北京市西城区委］：［北京市西城区人民政府］，［2008］

130 页；30cm

该光荣册记录了 2008 年北京奥运会西城区授表彰的先进集体、先进个人和优秀志愿者名单。名单包括"北京奥运会、残奥会先进集体"277 个、"北京奥运会、残奥会先进个人"1219 名、"北京奥运会、残奥会优秀志愿者"1525 名。

R219/1　　　　　　　　　0801

北京第二实验小学第四届体育节 /［北京第二实验小学编］. —［北京］：［北京第二实验小学］，［2008］

1 册：照片；29×21cm

该画册是北京第二实验小学 2008 年 10 月第四届体育节纪念册，包括体育节盛况、赛场、花絮、会徽设计、学生感言等。

R22/3　　　　　　　　　0802

北京女篮 *Beijing Women's Basketball Team* / 北京市文史研究馆编著 . — 北京：北京出版社，2018

274 页：图，照片；29cm. —（北京文史体育专辑）

ISBN　978-7-200-14083-5；CNY 88.00

该专辑采用图文并茂的形式，刊载了大量北京女篮的历史资料照片和精彩的体育摄影作品，包括篮坛前辈、宿将风采、辉煌新篇、巾帼英杰等内容。

R22/12　　　　　　　　　0803

中国乒乓 70 年：图片集 *Seventy Years of Table Tennis in China: Photographs Collection* / 北京市文史研究馆编著 . — 北京：人民体育出版社，2018

360 页；29cm

ISBN　978-7-5009-5383-8；CNY 100.00

该书以世乒赛、奥运会等国际重大赛事为主线，通过大量具有史料价值的精彩图片，并辅以适量文字，将中国乒乓球运动的光辉历史展现在读者面前。

R3/13　　　　　　　　　0804

2015 北京什刹海冰雪体育文化节 /［北京市西城区体育局编］. — 北京：［北京市西城区体育局］，2015

50 页：照片；23cm

该画册由北京市西城区体育局编辑，从助力申冬奥 快乐冰雪节、传统冰蹴球 再现北京城、魅力什刹海 龙舟并上行、活动花絮及精彩报道等方面全面展现了什刹海冰雪体育文化节。

R4/1　　　　　　　　　0805

社区常见健身路径锻炼方法标准化教程 /

北京市西城区体育局，北京市西城区体育科学研究所组织编写 . — 北京：北京体育大学出版社，2013

66 页：彩图；21cm + 1 光盘

ISBN 978-7-5644-1481-8；CNY 18.00

该书根据不同健身器械对人体不同部位的锻炼效果和锻炼方法，分为上肢锻炼方法、下肢锻炼法、腰腹锻炼法和综合器械锻炼法等4个部分。每一个部全面介绍了器械结构、锻炼功效、锻炼方法以及指导建议等内容。

S 医药卫生

S1/15   0806

2009年西城区卫生工作会会议交流材料汇编. — 北京：[出版者不详]，[2009]

152页；30cm

该汇编收录了西城区卫生系统2008年的工作总结、2009年的工作思路等共13篇。

S2/19   0807

漫画健康/陈蓓，边宝生主编；张骏绘画；北京市西城区卫生局[等]编写. — 北京：大众文艺出版社，2008

174页；28cm

ISBN 978-7-80240-233-1

CNY 60.00（全2册）

该书以漫画为载体，对日常生活中常见的疾病及其与生活方式有关联的健康科普知识，用图文并茂的形式，通俗易懂的文字对话，做了简单明了的分析和说明。

S2/39   0808

2013年工作要点汇编/西城区疾病预防控制中心[编]. — 北京：[西城区疾病预防控制中心]，[2013]

109页；29cm

该书收集了2013年西城区多项疾病预防管控工作要点文章，包括妇女保健、结核病、传染病、艾滋病工作要点等16文章。

S2/48   0809

北京市西城区食品安全资料汇编/[北京市西城区人民政府食品安全监督协调办公室编]. — 北京：[北京市西城区人民政府食品安全监督协调办公室]，2012

220页；30cm

该书收录各级食品安全相关法律法规，涉及食品安全、产品质量、无照经营、突发事件、监督管理等多个方面。后附西城区食品安全突发事件现场指挥部组织结构图。

S2/49   0810

北京市辅助器具便民服务手册/北京市残疾人辅助器具资源中心[编]. — 北京：[北京市残疾人辅助器具资源中心]，[出版年不详]

56页；19cm

该手册详细各种辅助器具的特点、类别、佩带方法、适用人群、保养办法、注意事项等辅具知识，后附北京市各区县辅助服务机构、联系电话等信息。

S2/50   0811

健康杂谈：公务员手册/北京市宣武区卫生局，北京市宣武区疾病预防控制中心[编]. — 北京：[北京市宣武区卫生局]：[北京市宣武区疾病预防控制中心]，[出版年不详]

101页：图；19cm

该书全面系统地介绍了常见病防治、精神卫生、心理卫生和适合办公室人员的日常保健、中医养生、体育健身等知识，有较强的针对性和实用性。

S2/51　　　　　　　　　　0812

北京市西城区公共场所健康技能手册/卢立新主编．—北京：[西城区健康教育所]，[出版年不详]

58页：彩图；18cm

该手册由西城区疾病预防控制中心、西城区健康教育所编，从理念、膳食、运动、心理等方面给予工作场所的职业人群以正确的指导，教给人们在日常工作中如何维护自己的健康。

S2/52　　　　　　　　　　0813

肛肠疾病的防治/北京市西城区科协，北京市西城区医学会，北京市西城区老卫协[编]．—[北京]：[北京市西城区科协]：[北京市西城区医学会]：[北京市西城区老卫协]，[2015]

62页：图；24cm

该书为"西城区科普知识读本"之一。围绕"便血"这个常见的肛肠病症状，介绍了与之相关的基本知识，为肛肠病患者提供了防病指南。

S2/53　　　　　　　　　　0814

骨关节病的防治/北京市西城区科协，北京市西城区医学会，北京市西城区老卫协[编]．—[北京]：[北京市西城区科协]：[北京市西城区医学会]：[北京市西城区老卫协]，[2015]

67页：图；24cm

该书为"西城区科普知识读本"之一。以常见骨关节病为例，分析了骨关节病产生的原因和骨关节病对健康的影响。告诉读者如何科学、正确的爱护和使用骨关节，为骨关节病患者提供了健康指南。

S2/54　　　　　　　　　　0815

吸烟与健康/北京市西城区科协，北京市西城区医学会，北京市西城区老卫协[编]．—[北京]：[北京市西城区科协]：[北京市西城区医学会]：[北京市西城区老卫协]，[2015]

72页：图；24cm

该书为"西城区科普知识读本"之一。从烟草的类型、烟草的危害、烟草依赖、吸烟行为和吸烟与二手烟的危害等方面介绍了吸烟与健康的关系。

S2/55　　　　　　　　　　0816

营养与健康/北京市西城区科协，北京市西城区医学会，北京市西城区老卫协[编]．—[北京]：[北京市西城区科协]：[北京市西城区医学会]：[北京市西城区老卫协]，[2015]

64页：图；24cm

该书为"西城区科普知识读本"之一。从饮食与慢性病的关系、居民饮食中的主要问题、如何合理饮食、膳食宝塔的概念及其应用和老年人膳食特点等方面介绍了营养与健康的关系。

S2/56　　　　　　　　　　0817

脑血管病的防治/北京市西城区科协，北京市西城区医学会，北京市西城区老卫协

［编］. —［北京］:［北京市西城区科协］:［北京市西城区医学会］:［北京市西城区老卫协］,［2015］

64 页: 图; 24cm

该书为"西城区科普知识读本"之一。用通俗的语言对急性脑血管病防治基本知识和常见问题给予科学、专业的解答, 以期达到尽可能降低脑卒中发病率、致残率、复发率和死亡率, 提高公众的健康知识水平。

S2/57　　　　　　　　　0818

糖尿病的防治／北京市西城区科协, 北京市西城区医学会, 北京市西城区老卫协［编］. —［北京］:［北京市西城区科协］:［北京市西城区医学会］:［北京市西城区老卫协］,［2015］

70 页: 图; 24cm

该书为"西城区科普知识读本"之一。从糖尿病的特点、糖尿病的危害、怎样早发现糖尿病、怎样早治疗糖尿病和如何预防糖尿病等方面介绍了糖尿病的相关知识。

S2/58　　　　　　　　　0819

关爱女性健康／北京市西城区科协, 北京市西城区医学会, 北京市西城区老卫协［编］. —［北京］:［北京市西城区科协］:［北京市西城区医学会］:［北京市西城区老卫协］,［2015］

67 页: 图; 24cm

该书为"西城区科普知识读本"之一。结合女性的生理特征, 分析了妇科病的致病原因、特点和危害, 并介绍了妇科病的科学防病知识。

S2/59　　　　　　　　　0820

心血管病的防治／北京市西城区科协, 北京市西城区医学会, 北京市西城区老卫协［编］. —［北京］:［北京市西城区科协］:［北京市西城区医学会］:［北京市西城区老卫协］,［2015］

65 页: 图; 24cm

该书为"西城区科普知识读本"之一。简明扼要地介绍了心血管病的基本知识点、容易混淆的常见问题、诊断治疗方法的进展和积极防护的基本要领。

S2/60　　　　　　　　　0821

中医的九种体质解析／北京市西城区科协, 北京市西城区医学会, 北京市西城区老卫协［编］. —［北京］:［北京市西城区科协］:［北京市西城区医学会］:［北京市西城区老卫协］,［2015］

68 页: 图; 24cm

该书为"西城区科普知识读本"之一。介绍了中医划分的人体九种体质类型, 指导人们如何了解自己的体质和生理特点, 并提供了中医调养指南和健康保健措施。

S2/61　　　　　　　　　0822

心理疾病的防治／北京市西城区科协, 北京市西城区医学会, 北京市西城区老卫协［编］. —［北京］:［北京市西城区科协］:［北京市西城区医学会］:［北京市西城区老卫协］,［2015］

68 页: 图; 24cm

该书为"西城区科普知识读本"之一。结合心理疾病临床案例, 介绍了心理疾病产生的原因及特征, 并提出了防治方法和应对策略。

S32/7　　　　　　　　　0823

新街口一刻钟社区服务圈服务指南/中共西城区委新街口街道工作委员会，西城区人民政府新街口街道办事处［编］.—北京：［中共西城区委新街口街道工作委员会］：［西城区人民政府新街口街道办事处］，［2011］

79，21页：彩图，地图；17cm

该手册以图文并茂的形式介绍了新街口地区与民生息息相关的生活攻略，衣食住行了然其中，现代商铺、三甲医院、社区卫生站、公共文化设施及特色政务服务均包含在内。

S4/21　　　　　　　　　0824

丰盛50周年庆典：1960—2010：北京市丰盛中医骨伤专科医院建院五十周年庆典.—北京：［北京市丰盛中医骨伤专科医院］，［2010］

83页：照片；29cm

该资料为北京市丰盛中医骨伤专科医院建院50周年纪念画册。记述了丰盛中医骨伤专科医院50年来艰难奋斗，从容面对时代的风云变迁的历程。展现了丰盛人在新的历史起点上，承继薪火、光大传统、追求卓越、永续创新，勇于拼搏的精神。

S4/30　　　　　　　　　0825

西城区展览路医院建院50周年：1960—2010/［西城区展览路医院编］.—北京：［西城区展览路医院］，［2010］

61页：照片，彩图；28cm

该资料为展览路医院（位于西城区西外大街）建院50周年纪念画册。全书共分医院概况、历届领导、创业篇、改革篇、发展篇、展望篇、院歌等篇章。记录了展览路医院50年的辉煌历史。

T 文学

T41/15　　　　　　　　　0826

抒写夕阳诗集 / 李琳主编；北京市西城区老年大学［编］. — 北京：［北京市西城区老年大学］，［2015］

99 页：图，照片；21cm

该诗集收录西城老年大学文学班学员所写古体诗 110 余首，用古体诗的体裁，描写身边的生活和内心的感受，展现了老人们丰富的生活阅历和精神体验。这些诗大多为近一二年新作，是学员们认真研习的学习成果。

T41/16　　　　　　　　　0827

社区诗歌选 / 二龙路社区党委居委会工作站［编］. — 北京：［北京西城区金融街街道工委组织部等］，［出版年不详］

34 页：图；29cm

该书作为基层党组织向党的十七大的献礼，同时也为展示社区文明成果所出版，围绕社区工作、活动及党的宣传教育等主题，收集了 40 余首诗歌，内附社区活动照片。

T7/2　　　　　　　　　0828

风雨长征号 / 李鸣生著. — 北京：人民文学出版社，2003

476 页：彩照；21cm

ISBN　7-02-004333-X；CNY 26.00

该书是关于"长征号"的报告文学，记述了中国火箭的历史、"长征号"的研制、成功发射，以及中国航天人的不懈努力。

T7/5-2　　　　　　　　　0829

我们这 30 年：一个记者眼里的中国改革开放 / 刘卫兵著. — 2 版. — 北京：外文出版社，2015

281 页：照片；24cm

ISBN　978-7-119-08480-0；CNY 38.00

该书是一部记录改革开放历程和变迁的图文著作。在这部作品中，摄影者用镜头讲述了邓小平逝世、香港回归、1998 年特大洪水、总理为农民讨工钱、中美世贸谈判、阿富汗战争等重大事件，以及北京最早选美夭折、市民告别粮票、农民工进城、正在消失的京城胡同等一系列百姓身边发生的事。

T82/4　　　　　　　　　0830

鹏程文集 / 赵程久著. — 河北：［出版者不详］，2010

70 页：照片；26cm

CNY 40.00

该书收录了赵程久（号鹏程）所写的名人事迹、文物古迹游记、古塔摄影、"我与奥运"等内容。该书图文并茂，融知识性、趣味性、故事性于一体。赵程久是原北京市西城区三建公司工程师、经理。

T83/4 0831

一封家书：征文汇编/北京市西城区环境卫生服务中心［编］. — 北京：［北京市西城区环境卫生服务中心］,［2006］

204页；21cm

为展示新时期外来务工人员的风采，丰富来京务工人员的精神文化生活，西城区环境卫生服务中心开展了"一封家书"征文活动，该书精选出其中100篇优秀文章汇编成册。

X 艺术

X1/5（2006）.6　　　　　0832

新美域.2006年第6期 New Art World / 山西画院主办. —［1992，No.1（1992）］- =［总1］-. — 太原：该刊编辑部，1992—

159页；26cm

ISSN 1009-7066

该刊为娄师白先生从艺75周年纪念专刊。包括《我的老师齐白石》《娄师白的艺术及其创新精神》《师从白石弘扬白石》等文章。

X1/6.1　　　　　0833

2012西城文化节集萃，书法分册 / 西城区文化委员会［编］. — 北京：［西城区文化委员会］，［2012］

51页；29cm

该书以图片形式收录2012年西城文化节中优秀的书法作品，在图片旁附有书法内容和作者简介。

X1/6.2　　　　　0834

2012西城文化节集萃，摄影分册 / 西城区文化委员会［编］. — 北京：［西城区文化委员会］，［2012］

61页；29cm

该书收录2012年西城文化节中的优秀摄影作品，这些摄影作品让我们更立体地认识我们所生活的北京。

X1/6.3　　　　　0835

2012西城文化节集萃，绘画分册 / 西城区文化委员会［编］. — 北京：［西城区文化委员会］，［2012］

55页；29cm

该书以图片形式收录2012年西城文化节中的优秀绘画作品，这些作品种类多样，包括国画、油画、版画等，画作旁附有作者简介。

X2/5　　　　　0836

五彩梦想学员美术书法作品集：庆祝北京市宣武少年宫成立55周年. — 北京：［北京市宣武少年宫］，［出版年不详］

108页：照片；26cm

该画册收录了宣武少年宫美术组刘然、闫会民、刘金、姜宝宏和铁燕英5位教师所教授的学生近年来的美术书法作品

X2/16　　　　　0837

铁画银钩 / 张云裳主编. —［北京］：［西城区文化委员会］，［2013］

19页：图；29cm

西城区文化委员会主办

该册收录了纪念毛泽东同志诞辰120周年《铁画银钩——毛泽东诗词》作品展的28幅作品。

X2/17　　　　　　　　　0838

翰墨谱和谐　丹青润心怀：展览路街道书画精选/西城区文化委员会［编］.—北京：［西城区文化委员会］，［出版年不详］

1册；29cm

该书收录了西城区展览路街道首届书画展的百余幅优秀作品，该活动不仅让居民们在美的熏陶下充实了精神生活，提高了生命质量，还有助于推动我区"文化兴区"战略目标的实施。

X211/8　　　　　　　　　0839

娄述德当代中国书画名家作品集：2005-10-1.—北京：［荣宝斋精品画廊］：［北京师白艺术研究会］，［2005］

1册；26cm

该书以画册形式介绍娄述德2005年10月的作品集。并在最后以文字形式介绍娄述德先生的艺术简介。

X23/2　　　　　　　　　0840

北京西城老字号印谱/北京西城老字号谱系研究领导小组编.—杭州：西泠印社出版社，2016

100页：图；29cm

ISBN 978-7-5508-1882-8

（线装）：CNY 480.00

该书收录在（含曾经在）西城注册、经营的老字号98家，原则上按照企业创业年代排序；创业年代相同的，按照企业名称音序排列；创业时间没有明确年代记载的，置于相应时期最后。

X24/5.1　　　　　　　　　0841

北京城市雕塑集：［图集］：［中英文本］.（1）/宣祥鎏主编；首都城市雕塑艺术委员会编.—北京：中国文联出版公司，1992

125页；29cm

ISBN 7-5059-1905-9；CNY 20.00

根据观众和专家的意见对1991年首届"雕塑在城市生活中"摄影艺术展览的145幅作品，进行了必要的增删和加工，编辑成册，献给广大关心热爱城市雕塑的人们。

X24/5.2：2　　　　　　　　　0842

北京城市雕塑集：［图集］：［中英文本］.（2）/宣祥鎏主编；首都城市雕塑艺术委员会编.—北京：中国建筑工业出版社，1998

110页；29cm

ISBN 7-112-02462-5；CNY 80.00

该画册收录了"第二届雕塑在城市生活中"摄影竞赛的部分作品。在封面设计、风格形式、开本大小与第一册保持一致。

X3/3.2　　　　　　　　　0843

凝固的艺术.Ⅱ：摄影集/侯九义，边群英主编.—北京：［北京市西城区科学技术协会］：［北京市西城区土木建筑学会］，［2010］

95页；29cm

该书收录了西城区土木建筑学会征集的摄影作品280余幅，展示了西城区和北京市在政治、经济、文化、社会和城市建设方面取得的巨大成就和繁荣景象。

X3/21　　　　　　　　　0844

和谐西城/陈艳，朱建民主编.—北京：北京市西城区建设和谐社区领导小组办公室，2008

205页；29×29cm

该画册由西城区建设和谐社区领导小组办公室组织编写，以大量图片展现了西城区的"和谐社会"建设工作。全书分成领导关怀、促进就业、健康使者、和谐之花、文化兴区、环境整治、平安建设、综合救助、爱的奉献、社区服务、数字社区、民主自治12个章节。

X3/22　　　　　　　　　　　　0845

祖国江山美　镜头颂党恩：[摄影集]：西城律师摄影展/西城区律师党委，西城区律师协会[编].—北京：[西城区律师党委，西城区律师协会]，2011

24页；30cm

该画册为西城区律师党委和西城区律师协会为庆祝中国共产党成立90周年主办的专题摄影展的作品集。收录了西城区律师事务所会员的摄影作品60余幅。作品从不同角度展示了祖国大好河山、法制社会的建设进程和新时代法律人的精神面貌。

X3/23　　　　　　　　　　　　0846

缤纷西城·华绽香港：西城区代表团成果册/京港洽谈会筹备组办公室编制.—[北京]：[京港洽谈会筹备组办公室]，[2012]

83页：彩照；28cm

该书汇集了西城区代表团赴第16届北京香港经济合作研讨洽谈会的成果，共分6部分：赴港参会务求实效、项目招商成果丰硕、拜会拜访畅叙友情、媒体宣传影响广泛、筹谋千里莘莘备战、既往开来再谱新章。

X3/24　　　　　　　　　　　　0847

两代摄影师　一座北京城/侯凯沅，刘锦标，赵树强图；徐家宁文；北京市西城区文物保护研究所，正阳书局编.—北京：北京联合出版公司，2018

318页；26cm

ISBN 978-7-5596-0783-6

精装：CNY298.00

20世纪六七十年代，一位摄影师以镜头为眼，为这座城市留下鲜活的印记，而后21世纪，另一位摄影师在同样的位置，同样的角度，也将快门按下。几十年的变迁，辉煌与荆棘并存，荣誉与坎坷同在，唯有镜头和深情，才能唤起人民对古老北京、现代北京、活力北京的直接感触。两个时代，两个维度，两种影像，实际上是两种思考。用"流动"的影像记录了北京城最重要的城市景观和人情风貌，更是引发集体记忆的载体。影像中间流转的对比，除了能够给人以时代的流感和人文的怀念，更能成为民族文化的宝贵资料。

X42/1　　　　　　　　　　　　0848

图案传承绣匠精神：中国刺绣图案设计研修班成果汇报/中国非物质文化遗产保护协会刺绣专业委员会，中国刺绣图案设计研修班班委会编辑.—北京：[中国非物质文化遗产保护协会刺绣专业委员会]：[中国刺绣图案设计研修班班委会]，[2016]

122页：图，照片；29cm

该书为中国刺绣图案设计研修班成果汇报，全书以图片及文字的形式记录了研修班的开班仪式、名师讲堂、专业教学、实地学习、创作集粹、学员笔记、课后花絮、月坛传艺等内容。

X5/6　　　　　　　　　　　　0849

中国民居摄影集/王程，侯九义主编；

北京市西城区土木建筑学会编 . — 北京：北京燕山出版社，2002

103 页；28cm

ISBN 7-5402-1470-8

精装：CNY75.00

该集收录了第五届中国民居摄影竞赛与十年民居摄影回顾展中的精彩摄影作品。

X5/10.2　　　　　0850

北京古建筑地图 . 中 / 王南［等］编著 . 北京：清华大学出版社，2011

504 页：图，地图；21cm. —（中国古代建筑知识普及与传承系列丛书 . 北京古建筑五书）

ISBN 978-7-302-25685-4；CNY 70.00

该书介绍了邻近二环路各区的历史建筑，精选了 118 处较为重要而完整的古建筑，图文并茂的介绍其特点和艺术成就，选择了 39 处古建筑列表注明其地址和保存状况。

X5/10.3　　　　　0851

北京古建筑地图 . 下 Historical Architectural Map of Beijing. Part 3 / 李路珂［等］编著 . 北京：清华大学出版社，2012，2014 重印）

536 页：图；21cm. —（中国古代建筑知识普及与传承系列丛书 . 北京古建筑五书）

ISBN 978-7-302-26312-8；CNY 79.00

该书介绍了门头沟、昌平、顺义、通州、大兴、房山、延庆、怀柔、密云、平谷等较远区县的历史建筑，并且还专门介绍了万里长城和京杭大运河在北京的部分。

X61/4　　　　　0852

第七届中央音乐学院音乐节：2007.12.18—2008.1.7 / 中央音乐学院［编］. — 北京：［中央音乐学院］，［2008］

88 页：图；29cm

该画册记录了第七届中央音乐学院音乐节的活动日程。包含 18 场精品音乐会和 1 场讲座。音乐节涵盖了歌剧、合唱、电子音乐、管弦乐、钢琴、民乐、讲座等多种形式，演出阵容强大、内容丰富多彩，体现了音乐节的品牌性与权威性。

X61/5　　　　　0853

北京风帆合唱团 /［北京风帆合唱团编］. 北京：［北京风帆合唱团］，［2011］

1 册：照片；29cm

该册收录了北京风帆俄语合唱团近年来的活动照片。

X61/6　　　　　0854

社区歌曲大家唱 / 金融街街道工委宣传部［等编］. — 北京：［金融街街道工委宣传部等］，［2008］

51 页：照片；26cm

该书由金融街街道工委宣传部文明办与二龙路社区居委会联合创编，收录了由二龙路社区党、居、工、团与社区广大群众创作的 50 首歌曲。

X7/5.2　　　　　0855

北京京剧特刊，2012 年第 2 期 Beijing Opera Special Issue / 北京市人民政府新闻办公室主办 . —［2012，No.1（2012，2）］-. 北京：北京月讯杂志

28cm

ISSN 1006-6640

该刊记述了京剧表演艺术家们粉墨一生、成就历史、成为传奇的故事，包括奠

基、传火、续脉等3个章节。

X7/6   0856

北京天桥艺术中心开幕演出季：2015.11.20—2016.1.31：大幕开启岂止于戏/北京天桥艺术中心［编］.—北京：［北京天桥艺术中心］，［2015］

77页：照片；26cm

该书介绍了北京天桥艺术中心2015年11月20日至2016年1月30日的演出节目预告。内容包括天桥艺术中心概况、戏剧节目预告、十大新锐导演的作品介绍以及天桥艺术中心场地设施的介绍。

X71/3   0857

龙凤呈祥/北京市文史研究馆，长安大戏院编著.—北京：北京出版社，2015

319页：图；29cm

ISBN 978-7-200-11852-0；CNY 50.00

该书总共收集了8篇介绍京剧《龙凤呈祥》的相关文章。作者有的是专门研究京剧的北京文史馆馆员，有的是文学大家、《龙凤呈祥》剧本的编剧，有的是程派艺术的传人，他们分别从不同的方面，深入而细致地介绍了名剧《龙凤呈祥》产生的原由、经过，剧本的编写及修改过程，本剧演出的盛况，以及本剧在马派艺术形成过程中的代表性作用，同时也展示了京剧大师马连良的人生经历、马派的唱腔艺术，以及马派京剧艺术的创始、发展及鼎盛过程。

X71/6   0858

尚派名家尚慧敏师生专场演唱会：纪念京剧大师尚小云诞辰115周年/李兵总导演；北京国粹艺术传承促进会，中国戏曲学院［编］.—［北京］：［北京国粹艺术传承促进会］：［中国戏曲学院］，［2015］

1册：彩照；29cm

该手册是中国戏曲学院大剧场举办的"国粹传承"百姓周末公益剧场——纪念京剧大师尚小云诞辰115周年专场演唱会宣传册，包括尚小云简介、剧照、演唱会主持人简介、演员阵容、演出剧目等内容。本活动由北京国粹艺术传承促进会中国戏曲学院主办。

X71/7   0859

锁麟囊/北京市文史研究馆，长安大戏院编著.—北京：北京出版社，2014

319页：照片；29cm

ISBN 978-7-200-11096-8；CNY 50.00

该书以核心文章为主，介绍了这个剧目，辅以专题文章，对诸如该剧的人文内涵、历史渊源、表演、音乐、服装、民俗文化等重点内容做进一步的展开和延伸。

X71/8   0860

赵氏孤儿/北京市文史研究馆，长安大戏院编著.—北京：北京美术摄影出版社，2016

319页：彩照；29cm

ISBN 978-7-200-12356-2；CNY 50.00

该书总共收集了12篇介绍京剧《赵氏孤儿》的相关文章。作者有的是专门研究京剧的北京文史馆馆员，有的是文学大家、《赵氏孤儿》剧本的编剧，有的是马派艺术的传人，他们分别从不同的方面，深入而细致地介绍了名剧《赵氏孤儿》产生的缘由、经过，剧本的编写及修改过程，本剧演出的盛况，以及本剧在马派艺术形成过程中的代表性作用，同时也展示了京剧大师马连良的人生经历、马派的唱腔艺术,以及马派京剧艺术的创始、发展及鼎盛过程。

X71/9　　　　　　　　0861

凤还巢 / 北京市文史研究馆,长安大戏院编著. — 北京:北京出版社,2018

319 页:彩照;29cm

ISBN　978-7-200-14080-4;CNY 50.00

该书内容包括:"梅派名剧《凤还巢》""梅兰芳先生编演《凤还巢》散记""谈京剧《凤还巢》的服饰造型艺术""京剧《凤还巢》历史背景""梅派剧目《凤还巢》的移植"等。

X71/10　　　　　　　　0862

四郎探母 / 北京市文史研究馆,长安大戏院编著. — 北京:北京出版社,2018

263 页:彩照;29cm

ISBN　978-7-200-14097-2;CNY 50.00

该书内容包括:"京剧《四郎探母》的音乐与表演浅析""谈京剧《四郎探母》的服饰造型艺术""京剧《四郎探母》的人文内涵""杨家将和杨家将梆子戏"等。

X71/11　　　　　　　　0863

玉堂春 / 北京市文史研究馆,长安大戏院编著. — 北京:北京出版社,2018

303 页:彩照;29cm

ISBN　978-7-200-14082-8;CNY 50.00

该书内容包括:"漫谈《玉堂春》""我演《苏三起解》""谈王(瑶卿)派《玉堂春》的表演特点""我对《玉堂春》的修改""谈京剧《玉堂春》的服饰造型艺术"等。

X71/12　　　　　　　　0864

白蛇传 / 北京市文史研究馆,长安大戏院编著. — 北京:北京出版社,2018

319 页:彩照;29cm

ISBN　978-7-200-14081-1;CNY 50.00

该书内容包括:"从《白蛇传》说起""我演《断桥》的点滴体会""谈京剧《白蛇传》的服饰造型艺术""田老写《白蛇传》始末""京剧《白蛇传》中透视出的历史信息"等。

X71/13　　　　　　　　0865

秦香莲 / 北京市文史研究馆,长安大戏院编著. — 北京:北京出版社,2018

311 页:彩照;29cm

ISBN　978-7-200-14079-8;CNY 50.00

该书内容包括:"一曲琵琶词,百年《秦香莲》——谈京剧《秦香莲》""浅谈京剧《秦香莲》的表演""谈京剧《秦香莲》的服饰造型艺术""京剧《秦香莲》的人文内涵"等。

文献题名汉语拼音索引

A

爱的奉献：西城区关心下一代工作先进经验特色活动汇编 / 291
安全发展神圣职责：［画册］：西城区安全生产监督管理局5周年工作纪实：2004—2009/ 343
案例分析选 / 142
奥运，让我们心手相连 / 374
奥运保障　忠诚卫士：西城卫生奥运特刊 / 374

B

八大胡同捌章 / 119
八大胡同——旧北京时代的"红灯区" / 193
八大胡同里的尘缘旧事 / 119
白蛇传 / 388
白塔寺地区 / 90
白纸坊街道志 / 14
百年回首：［画册］：记西城区百年老校 / 370
百年琉璃厂 / 43
百年启琮：金启琮先生百年诞辰纪念 / 272
百年师大附中：1901—2001/ 175
百年圆梦美好记忆：［画册］ / 374
报国寺 / 58
北海：［摄影集］：［中英文本］ / 226
北京 / 160
北京 / 204
北京 / 218
北京 / 29
北京 / 66
北京 / 68
北京：都市想象与文化记忆 / 88
北京"十三五"时期经济和社会发展热点问题 / 335
北京·西城：［中英文本］ / 22
北京A to Z：26个字母里的城市体验 / 24
北京安徽会馆志稿 / 63
北京奥运会残奥会西城区总结表彰光荣册 / 375
北京百科全书，昌平卷 / 17
北京百科全书，朝阳卷 / 16
北京百科全书，崇文卷 / 16
北京百科全书，大兴卷 / 18
北京百科全书，地图卷 / 18
北京百科全书，东城卷 / 16
北京百科全书，房山卷 / 17
北京百科全书，丰台卷 / 17
北京百科全书，海淀卷 / 16
北京百科全书，怀柔卷 / 18
北京百科全书，门头沟卷 / 17
北京百科全书，密云卷 / 18
北京百科全书，平谷卷 / 18
北京百科全书，石景山卷 / 17
北京百科全书，顺义卷 / 17
北京百科全书，通州卷 / 17
北京百科全书，西城卷 / 16
北京百科全书，宣武卷 / 16

北京百科全书，延庆卷 / 18
北京百科全书，总卷 / 15
北京百科全书 / 19
北京百科全书：彩图、地图集 / 19
北京殡葬史话 / 128
北京厂甸 / 129
北京厂甸庙会论证报告 / 129
北京城 / 34
北京城的明朝往事 / 83
北京城的起源与变迁 / 31
北京城的起源与变迁 / 31
北京城墙存废记：一个老地方志工作者的资料辑存 / 54
北京城区角落调查 .No.1/ 118
北京城市雕塑集：［图集］：［中英文本］.（1）/ 384
北京城市雕塑集：［图集］：［中英文本］.（2）/ 384
北京城市历史地理 / 28
北京城演进的轨迹 / 31
北京城——营国之最 / 32
北京城——营国之最 / 32
北京城与北京人：［摄影集］/ 114
北京驰名老字号 / 153
北京传统节令风俗和歌舞 / 122
北京大观园 / 159
北京大观园 / 160
北京大观园 / 160
北京大观园：［中英文本］/ 160
北京大栅栏 / 138
北京党史研究的拓展与深化 / 291
北京档案史料 .1990—1991 年：合订本 / 90
北京档案史料 .1992—1993 年：合订本 / 90
北京档案史料 .1994—1995 年：合订本 / 90
北京档案史料 .1996 年：合订本 / 90

北京档案史料 .1997 年：合订本 / 91
北京档案史料 .1998 年：合订本 / 91
北京档案史料 .1999.1/ 91
北京档案史料 .1999.2/ 91
北京档案史料 .1999.3/ 91
北京档案史料 .1999.4/ 91
北京档案史料 .2000.1/ 91
北京档案史料 .2000.2/ 92
北京档案史料 .2000.3/ 92
北京档案史料 .2000.4/ 92
北京档案史料 .2001.1/ 92
北京档案史料 .2001.2/ 92
北京档案史料 .2001.3/ 92
北京档案史料 .2001.4/ 92
北京档案史料 .2002.1/ 93
北京档案史料 .2002.2/ 93
北京档案史料 .2002.3/ 93
北京档案史料 .2002.4/ 93
北京档案史料 .2003.1/ 93
北京档案史料 .2003.2/ 93
北京档案史料 .2003.3/ 93
北京档案史料 .2003.4/ 94
北京档案史料 .2004.1/ 94
北京档案史料 .2004.2/ 94
北京档案史料 .2004.3/ 94
北京档案史料 .2004.4/ 94
北京档案史料 .2005.1/ 94
北京档案史料 .2005.2/ 94
北京档案史料 .2005.3/ 95
北京档案史料 .2005.4/ 95
北京档案史料 .2006.1/ 95
北京档案史料 .2006.2/ 95
北京档案史料 .2006.3/ 95
北京档案史料 .2006.4/ 95
北京档案史料 .2007.1/ 96

北京档案史料.2007.2/ 96
北京档案史料.2007.3/ 96
北京档案史料.2007.4/ 96
北京档案史料.2008.1/ 96
北京档案史料.2008.2/ 96
北京档案史料.2008.3/ 97
北京档案史料.2008.4/ 97
北京档案史料.2009.1/ 97
北京档案史料.2009.2，档案中的北京五四/ 97
北京档案史料.2009.3，庆祝中华人民共和国成立60周年专辑/ 97
北京档案史料.2009.4/ 97
北京档案史料.2010.2/ 97
北京档案史料.2010.4/ 98
北京档案史料.2011.2，档案中的北京党史与党建/ 98
北京档案史料.2011.4/ 98
北京档案史料.2012.1/ 98
北京档案史料.2012.3，北京文化叙事/ 98
北京档案史料目录索引：1986—1997/ 90
北京导游基础/ 67
北京地方文献报刊资料索引：历史部分/ 82
北京地方志.2015年第2期（总第76期）/ 217
北京地方志.2015年第3期（总第73期）/ 217
北京地方志.2015年第4期（总第74期）/ 217
北京地方志.2016年第1期（总第75期）/ 217
北京地理，传世字号，餐饮/ 28
北京地理，传世字号，民生/ 28
北京地理，名家宅院/ 60
北京地理：古都城门/ 46
北京地名典/ 37
北京地名漫谈/ 38
北京地名志/ 38
北京地情概览/ 218
北京地区图书馆大事记.1949—2006 / 167

北京地书作品集/ 203
北京地图：民国时期老地图/ 77
北京地图：民国时期老地图：民国初年/ 78
北京的茶馆 会馆 书院 学堂/ 158
北京的城墙和城门/ 54
北京的佛寺与佛塔/ 56
北京的宫殿、坛庙与胡同/ 30
北京的古典戏曲与戏楼/ 209
北京的古塔/ 65
北京的关厢乡镇和老字号/ 155
北京的胡同/ 36
北京的胡同四合院：展览画册/ 224
北京的会馆/ 62
北京的会馆/ 62
北京的金粉遗事/ 72
北京的老字号 *Time-honored Brands in Beijing*：[中英文本] / 156
北京的老字商号/ 153
北京的庙会民俗/ 130
北京的牌楼/ 66
北京的牌楼牌坊/ 65
北京的前世今生/ 70
北京的桥/ 66
北京的商业街和老字号/ 154
北京的塔/ 64
北京的坛庙文化/ 56
北京的天桥 世界的舞台 *Tianqiao of Beijing Stage of the World* / 354
北京的天桥 世界的舞台 *Tianqiao of Beijing, Stage of the World*：[中英文本] / 351
北京的性格/ 115
北京第二实验小学第四届体育节/ 375
北京东方饭店九十年：[1918—2008] / 159
北京抖空竹/ 214
北京法源寺/ 190

北京方言词典 / 121

北京方志概述 / 13

北京风帆合唱团 / 386

北京风光 / 51

北京风情杂谈 / 74

北京风俗：[画册] / 203

北京风俗图 / 124

北京风物散记. 第二集 / 52

北京风物佚闻录 / 50

北京风物志 / 71

北京改革开放大事记 / 135

北京改革开放大事记 / 299

北京改革开放简史 / 135

北京高等学校建筑图集 The Architecture Picture Collections of the Colleges and Universities in Beijing：[中英文本] / 345

北京各类型图书馆志 / 166

北京古地图集 Beijing in Ancient Maps / 78

北京古都风貌与时代气息研讨会论文集 / 148

北京古迹传闻 / 47

北京古建筑地图. 下 Historical Architectural Map of Beijing. Part 3 / 386

北京古建筑地图. 中 / 386

北京古建筑掠影 / 51

北京古桥 / 64

北京古狮 Old Stone Lions of Beijing / 64

北京逛街地图 / 69

北京逛街地图：2007—2008 最新全彩版 / 69

北京规划建设五十年 / 148

北京红色旅游故事 Beijing Red Tourism Story / 226

北京乎. 上 / 194

北京乎. 下 / 194

北京胡同 Hutong of Beijing / 40

北京胡同保护方案：[中英文本] / 149

北京胡同旅游手册：[中英文本] / 36

北京胡同志. 上册 / 41

北京胡同志. 下册 / 41

北京湖广会馆志稿 / 63

北京话初探 / 120

北京话词语 / 120

北京话旧 / 123

北京话语词汇释 / 121

北京回民教育史略 / 172

北京会馆档案史料 / 61

北京会馆资料集成. 上册 / 59

北京会馆资料集成. 下册 / 59

北京会馆资料集成. 中册 / 59

北京婚庆行业地图 / 159

北京基督教会缸瓦市堂复堂二十周年纪念：1980—2000 / 283

北京建筑图说：北京 20 世纪的 100 座建筑 / 206

北京街道发展报告. No.1, 白纸坊篇 The Development of Beijing's Sub-district Offices. No.1, Baizhifang Chapter / 312

北京街道发展报告. No.1, 椿树篇 The Development of Beijing's Sub-district Offices. No.1, Chunshu Chapter / 312

北京街道发展报告. No.1, 大栅栏篇 The Development of Beijing's Sub-district Offices. No.1, Dashilanr Chapter / 312

北京街道发展报告. No.1, 德胜篇 The Development of Beijing's Sub-district Offices. No.1, Desheng Chapter / 311

北京街道发展报告. No.1, 广安门内篇 The Development of Beijing's Sub-district Offices. No.1, Guang'anmennei Chapter / 313

北京街道发展报告. No.1, 广安门外篇 The Development of Beijing's Sub-district Offices. No.1, Gang'anmenwai Chapter / 313

北京街道发展报告. No.1, 金融街篇 The

Development of Beijing's Sub-district Offices. No.1, Financial Street Chapter / 311

北京街道发展报告.No.1，牛街篇 The Development of Beijing's Sub-district Offices. No.1, Niujie Chapter / 313

北京街道发展报告.No.1，什刹海篇 The Development of Beijing's Sub-district Offices. No.1, Xinjiekou Chapter / 310

北京街道发展报告.No.1，陶然亭篇 The Development of Beijing's Sub-district Offices. No.1, Taoranting Chapter / 312

北京街道发展报告.No.1，陶然亭篇 The Development of Beijing's Sub-district Offices. No.1, Taoranting Chapter / 316

北京街道发展报告.No.1，天桥篇 The Development of Beijing's Sub-district Offices. No.1, Tianqiao Chapter / 313

北京街道发展报告.No.1，西长安街篇 The Development of Beijing's Sub-district Offices. No.1, West Chang'an Avenue Chapter / 310

北京街道发展报告.No.1，新街口篇 The Development of Beijing's Sub-district Offices. No.1, Xinjiekou Chapter / 310

北京街道发展报告.No.1，月坛篇 The Development of Beijing's Sub-district Offices. No.1, Yuetan Chapter / 311

北京街道发展报告.No.1，展览路篇 The Development of Beijing's Sub-district Offices. No.1, Zhanlan Road Chapter / 311

北京街道发展报告.No.2，白纸坊篇 The Development of Beijing's Sub-district offices. No.2, Baizhifang Chapter / 315

北京街道发展报告.No.2，椿树篇 The Development of Beijing's Sub-district Offices. No.2, Chunshu Chapter / 316

北京街道发展报告.No.2，大栅栏篇 The Development of Beijing's Sub-district Offices. No.2, Dashilar Chapter / 315

北京街道发展报告.No.2，德胜篇 The Development of Beijing's Sub-district Offices. No.2, Desheng Chapter / 314

北京街道发展报告.No.2，广安门内篇 The Development of Beijing's Sub-district Offices. No.2, Guang'anmennei Chapter / 317

北京街道发展报告.No.2，广安门外篇 The Development of Beijing's Sub-district Offices. No.2, Guang'anmenwai Chapter / 317

北京街道发展报告.No.2，金融街篇 The Development of Beijing's Sub-district Offices. No.2, Jinrongjie Chapter / 315

北京街道发展报告.No.2，牛街篇 The Development of Beijing's Sub-district Offices. No.2, Niujie Chapter / 316

北京街道发展报告.No.2，什刹海篇 The Development of Beijing's Sub-district Offices. No.2, Shichahai Chapter / 314

北京街道发展报告.No.2，天桥篇 Development of Beijing's Sub-district Offices. No.2, Tianqiao Chapte / 316

北京街道发展报告.No.2，西长安街篇 The Development of Beijing's Sub-district Offices. No.2, Xichang'anjie Chapter / 314

北京街道发展报告.No.2，新街口篇 The Development of Beijing's Sub-district Offices. No.2, Xinjiekou Chapter / 314

北京街道发展报告.No.2，月坛篇 The Development of Beijing's Sub-district Offices. No.2, Yuetan Chapte r/ 315

北京街道发展报告.No.2，展览路篇 The Development of Beijing's Sub-district Offices.

No.2, Zhanlanlu Chapter / 315
北京街巷地名趣谈 / 37
北京街巷胡同分类图志 / 36
北京街巷名称史话 / 37
北京街巷图志 / 37
北京金融街 / 349
北京京剧特刊，2012 年第 2 期 Beijing Opera Special Issue / 386
北京精神新民谣 / 198
北京九门深处 / 76
北京旧城胡同实录 / 44
北京旧城胡同现状与历史变迁调查研究. 上册 / 43
北京旧城胡同现状与历史变迁调查研究. 下册 / 44
北京旧影：[中英日文本] / 204
北京抗战图史 / 261
北京考古四十年 / 106
北京科举地理：金榜题名的历史遗迹 / 373
北京口语语法：词法卷 / 121
北京老城门：[中英文本] / 54
北京老街 Old Streets in Beijing：中英对照彩绘本 / 36
北京老街巷 / 40
北京老门联：[图集] / 198
北京老天桥：[摄影集] / 114
北京老戏园子 / 168
北京老戏园子 / 168
北京老宅院门楼 / 127
北京老字号 / 153
北京老字号传奇 / 190
北京俚语俗谚趣谈 / 120
北京历史地图. 明，明代北京城：万历至崇祯年间 / 77
北京历史地图. 清，清代北京城：乾隆十五年 / 78

北京历史地图. 元，元大都城：至正年间 / 77
北京历史地图集. 二集 / 75
北京历史纪年 / 79
北京历史上的今天 / 89
北京历史文化 / 79
北京历史文化漫谈 / 263
北京历史文化名城的保护与发展 / 148
北京历史舆图集. 第二卷 / 76
北京历史舆图集. 第三卷 / 76
北京历史舆图集. 第四卷 / 76
北京历史舆图集. 第一卷 / 75
北京历史灾荒灾害纪年：公元前 80 年—公元 1948 年 / 152
北京立交桥行车图册 / 152
北京辽金史迹图志：幽燕千古帝王州. 上册 / 104
北京辽金史迹图志：幽燕千古帝王州. 下册 / 104
北京辽金文物研究 / 104
北京烈士传. 第一辑 / 108
北京琉璃厂 / 36
北京旅游百科全书 / 69
北京秘境 Inside Beijing Ⅰ：52 段重新发现北京的旅程 / 52
北京秘境 Inside Beijing Ⅱ：52 段重新发现北京的旅程 / 52
北京庙会旧俗 / 130
北京庙会史料通考 / 130
北京民间生活百图：[画册] / 124
北京名匾 / 46
北京名居：[摄影集]：[中英文本] / 62
北京名人故居 / 58
北京名人故居 / 63
北京名胜古迹辞典 / 47
北京名胜趣闻 / 50
北京名医 / 183
北京名医 / 183

北京名园趣谈 / 54

北京年鉴 2010 市民生活年鉴 .2010/ 275

北京牛街：[摄影集]：民族团结进步工作纪实 / 130

北京女篮 Beijing Women's Basketball Team / 375

北京前事今声 / 23

北京区域统计年鉴 .2002/ 144

北京区域统计年鉴 .2003/ 144

北京区域统计年鉴 .2004/ 144

北京区域统计年鉴 .2005—2006/ 144

北京趣闻 1000 题 / 71

北京人什么样 / 118

北京商业纪事 / 154

北京什刹海：中国最美的城区之一 / 65

北京什刹海文化专题档案资料汇编 . 第八册 / 256

北京什刹海文化专题档案资料汇编 . 第二册 / 255

北京什刹海文化专题档案资料汇编 . 第九册 / 256

北京什刹海文化专题档案资料汇编 . 第六册 / 255

北京什刹海文化专题档案资料汇编 . 第七册 / 256

北京什刹海文化专题档案资料汇编 . 第三册 / 255

北京什刹海文化专题档案资料汇编 . 第十册 / 256

北京什刹海文化专题档案资料汇编 . 第十二册 / 257

北京什刹海文化专题档案资料汇编 . 第十三册 / 257

北京什刹海文化专题档案资料汇编 . 第十四册 / 257

北京什刹海文化专题档案资料汇编 . 第十五册 / 257

北京什刹海文化专题档案资料汇编 . 第十一册 / 257

北京什刹海文化专题档案资料汇编 . 第四册 / 255

北京什刹海文化专题档案资料汇编 . 第五册 / 255

北京什刹海文化专题档案资料汇编 . 第一册 / 254

北京什刹海文化专题文献资料汇编 . 第八册 / 229

北京什刹海文化专题文献资料汇编 . 第八十八册 / 245

北京什刹海文化专题文献资料汇编 . 第八十册 / 243

北京什刹海文化专题文献资料汇编 . 第八十二册 / 244

北京什刹海文化专题文献资料汇编 . 第八十九册 / 245

北京什刹海文化专题文献资料汇编 . 第八十六册 / 244

北京什刹海文化专题文献资料汇编 . 第八十七册 / 245

北京什刹海文化专题文献资料汇编 . 第八十三册 / 244

北京什刹海文化专题文献资料汇编 . 第八十四册 / 244

北京什刹海文化专题文献资料汇编 . 第八十五册 / 244

北京什刹海文化专题文献资料汇编 . 第八十一册 / 243

北京什刹海文化专题文献资料汇编 . 第二册 / 227

北京什刹海文化专题文献资料汇编 . 第二十八册 / 233

北京什刹海文化专题文献资料汇编 . 第二十册 / 231

北京什刹海文化专题文献资料汇编 . 第二十二册 / 231

北京什刹海文化专题文献资料汇编 . 第二十九册 / 233

北京什刹海文化专题文献资料汇编 . 第二十六册 / 232

北京什刹海文化专题文献资料汇编 . 第二十七册 / 232

北京什刹海文化专题文献资料汇编 . 第

二十三册 / 232
北京什刹海文化专题文献资料汇编.第二十四册 / 232
北京什刹海文化专题文献资料汇编.第二十五册 / 232
北京什刹海文化专题文献资料汇编.第二十一册 / 231
北京什刹海文化专题文献资料汇编.第九册 / 229
北京什刹海文化专题文献资料汇编.第九十八册 / 247
北京什刹海文化专题文献资料汇编.第九十册 / 245
北京什刹海文化专题文献资料汇编.第九十二册 / 246
北京什刹海文化专题文献资料汇编.第九十九册 / 247
北京什刹海文化专题文献资料汇编.第九十六册 / 246
北京什刹海文化专题文献资料汇编.第九十七册 / 247
北京什刹海文化专题文献资料汇编.第九十三册 / 246
北京什刹海文化专题文献资料汇编.第九十四册 / 246
北京什刹海文化专题文献资料汇编.第九十五册 / 246
北京什刹海文化专题文献资料汇编.第九十一册 / 245
北京什刹海文化专题文献资料汇编.第六册 / 228
北京什刹海文化专题文献资料汇编.第六十八册 / 241
北京什刹海文化专题文献资料汇编.第六十册 / 239
北京什刹海文化专题文献资料汇编.第六十二册 / 240
北京什刹海文化专题文献资料汇编.第六十九册 / 241
北京什刹海文化专题文献资料汇编.第六十六册 / 240
北京什刹海文化专题文献资料汇编.第六十七册 / 241
北京什刹海文化专题文献资料汇编.第六十三册 / 240
北京什刹海文化专题文献资料汇编.第六十四册 / 240
北京什刹海文化专题文献资料汇编.第六十五册 / 240
北京什刹海文化专题文献资料汇编.第六十一册 / 239
北京什刹海文化专题文献资料汇编.第七册 / 228
北京什刹海文化专题文献资料汇编.第七十八册 / 243
北京什刹海文化专题文献资料汇编.第七十册 / 241
北京什刹海文化专题文献资料汇编.第七十二册 / 242
北京什刹海文化专题文献资料汇编.第七十九册 / 243
北京什刹海文化专题文献资料汇编.第七十六册 / 242
北京什刹海文化专题文献资料汇编.第七十七册 / 243
北京什刹海文化专题文献资料汇编.第七十三册 / 242
北京什刹海文化专题文献资料汇编.第七十四册 / 242
北京什刹海文化专题文献资料汇编.第

七十五册 / 242
北京什刹海文化专题文献资料汇编. 第七十一册 / 241
北京什刹海文化专题文献资料汇编. 第三册 / 228
北京什刹海文化专题文献资料汇编. 第三十八册 / 235
北京什刹海文化专题文献资料汇编. 第三十册 / 233
北京什刹海文化专题文献资料汇编. 第三十二册 / 233
北京什刹海文化专题文献资料汇编. 第三十九册 / 235
北京什刹海文化专题文献资料汇编. 第三十六册 / 234
北京什刹海文化专题文献资料汇编. 第三十七册 / 234
北京什刹海文化专题文献资料汇编. 第三十三册 / 234
北京什刹海文化专题文献资料汇编. 第三十四册 / 234
北京什刹海文化专题文献资料汇编. 第三十五册 / 234
北京什刹海文化专题文献资料汇编. 第三十一册 / 233
北京什刹海文化专题文献资料汇编. 第十八册 / 231
北京什刹海文化专题文献资料汇编. 第十二册 / 230
北京什刹海文化专题文献资料汇编. 第十九册 / 231
北京什刹海文化专题文献资料汇编. 第十六册 / 230
北京什刹海文化专题文献资料汇编. 第十七册 / 231
北京什刹海文化专题文献资料汇编. 第十三册 / 230
北京什刹海文化专题文献资料汇编. 第十四册 / 230
北京什刹海文化专题文献资料汇编. 第十五册 / 230
北京什刹海文化专题文献资料汇编. 第十一册 / 229
北京什刹海文化专题文献资料汇编. 第十一册 / 229
北京什刹海文化专题文献资料汇编. 第四册 / 228
北京什刹海文化专题文献资料汇编. 第四十八册 / 237
北京什刹海文化专题文献资料汇编. 第四十册 / 235
北京什刹海文化专题文献资料汇编. 第四十二册 / 235
北京什刹海文化专题文献资料汇编. 第四十九册 / 237
北京什刹海文化专题文献资料汇编. 第四十六册 / 236
北京什刹海文化专题文献资料汇编. 第四十七册 / 237
北京什刹海文化专题文献资料汇编. 第四十三册 / 236
北京什刹海文化专题文献资料汇编. 第四十四册 / 236
北京什刹海文化专题文献资料汇编. 第四十五册 / 236
北京什刹海文化专题文献资料汇编. 第四十一册 / 235
北京什刹海文化专题文献资料汇编. 第五册 / 228
北京什刹海文化专题文献资料汇编. 第

五十八册 / 239
北京什刹海文化专题文献资料汇编. 第五十册 / 237
北京什刹海文化专题文献资料汇编. 第五十二册 / 238
北京什刹海文化专题文献资料汇编. 第五十九册 / 239
北京什刹海文化专题文献资料汇编. 第五十六册 / 238
北京什刹海文化专题文献资料汇编. 第五十七册 / 239
北京什刹海文化专题文献资料汇编. 第五十三册 / 238
北京什刹海文化专题文献资料汇编. 第五十四册 / 238
北京什刹海文化专题文献资料汇编. 第五十五册 / 238
北京什刹海文化专题文献资料汇编. 第五十一册 / 237
北京什刹海文化专题文献资料汇编. 第一百册 / 247
北京什刹海文化专题文献资料汇编. 第一百二十八册 / 253
北京什刹海文化专题文献资料汇编. 第一百二十册 / 251
北京什刹海文化专题文献资料汇编. 第一百二十二册 / 252
北京什刹海文化专题文献资料汇编. 第一百二十九册 / 253
北京什刹海文化专题文献资料汇编. 第一百二十六册 / 252
北京什刹海文化专题文献资料汇编. 第一百二十七册 / 253
北京什刹海文化专题文献资料汇编. 第一百二十三册 / 252
北京什刹海文化专题文献资料汇编. 第一百二十四册 / 252
北京什刹海文化专题文献资料汇编. 第一百二十五册 / 252
北京什刹海文化专题文献资料汇编. 第一百二十一册 / 251
北京什刹海文化专题文献资料汇编. 第一百零八册 / 249
北京什刹海文化专题文献资料汇编. 第一百零二册 / 248
北京什刹海文化专题文献资料汇编. 第一百零九册 / 249
北京什刹海文化专题文献资料汇编. 第一百零六册 / 248
北京什刹海文化专题文献资料汇编. 第一百零七册 / 249
北京什刹海文化专题文献资料汇编. 第一百零三册 / 248
北京什刹海文化专题文献资料汇编. 第一百零四册 / 248
北京什刹海文化专题文献资料汇编. 第一百零五册 / 248
北京什刹海文化专题文献资料汇编. 第一百零一册 / 247
北京什刹海文化专题文献资料汇编. 第一百三十册 / 253
北京什刹海文化专题文献资料汇编. 第一百三十二册 / 254
北京什刹海文化专题文献资料汇编. 第一百三十三册 / 254
北京什刹海文化专题文献资料汇编. 第一百三十四册 / 254
北京什刹海文化专题文献资料汇编. 第一百三十一册 / 253
北京什刹海文化专题文献资料汇编. 第

北京什刹海文化专题文献资料汇编.第一百一十八册 / 251
北京什刹海文化专题文献资料汇编.第一百一十册 / 249
北京什刹海文化专题文献资料汇编.第一百一十二册 / 250
北京什刹海文化专题文献资料汇编.第一百一十九册 / 251
北京什刹海文化专题文献资料汇编.第一百一十六册 / 250
北京什刹海文化专题文献资料汇编.第一百一十七册 / 251
北京什刹海文化专题文献资料汇编.第一百一十三册 / 250
北京什刹海文化专题文献资料汇编.第一百一十四册 / 250
北京什刹海文化专题文献资料汇编.第一百一十五册 / 250
北京什刹海文化专题文献资料汇编.第一百一十一册 / 249
北京什刹海文化专题文献资料汇编.第一册 / 227
北京什刹海文化专题文献资料汇编：总目录.第二册 / 227
北京什刹海文化专题文献资料汇编：总目录.第三册 / 227
北京什刹海文化专题文献资料汇编：总目录.第一册 / 227
北京师大附中 / 177
北京师范大学附属实验中学90年图志：1917—2007 / 370
北京石刻撷英 / 104
北京实用导游 Beijing Practical Tourist Guied / 66
北京实用资料大全 / 14
北京史 / 80
北京史 / 80

北京史地风物书录 / 87
北京史话 / 79
北京史诗历史读本 / 263
北京史苑.（第一辑）/ 101
北京史苑.第四辑 / 101
北京史资料长编：辽金部分 / 83
北京市北海公园管理处安全生产标准化文件汇编 / 226
北京市朝阳区图书馆馆藏石刻拓片汇编 / 270
北京市崇文区地名录：1982 / 42
北京市崇文区志 / 13
北京市档案馆指南 / 168
北京市第十三中学：［画册］/ 370
北京市第十四中学 / 175
北京市非物质文化遗产普查项目汇编：宣武卷 / 24
北京市丰台区街乡概况 / 220
北京市丰台区志 / 14
北京市辅助器具便民服务手册 / 377
北京市各区县旅游发展规划汇编 / 159
北京市公园年鉴.2011年 / 351
北京市公园年鉴.2013年 / 351
北京市回民学校简史：1925—2005 / 175
北京市回民学校简史：1949—1999 / 177
北京市回民学校建校五十周年纪念：1949—1999 / 175
北京市建设志资料长编系列丛书，西城区.1991—2010 / 345
北京市建设志资料长编系列丛书，宣武区.1991—2010 / 345
北京市街巷名称录 / 38
北京市民生活年鉴.2005（创刊号）/ 115
北京市情数据手册.2016 / 218
北京市情研究与地方志文献资料整理与研究.上卷.北京地方志文献综录 / 218

北京市情研究与地方志文献资料整理与研究.下卷.北京地方志文献综录 / 218

北京市人口和计划生育工作成就与展望，宣武卷 / 120

北京市人民政府公报.2016第33期（总第475期）.北京市住房和城乡建设系统行政处罚裁量基准 / 298

北京市危险化学品事故应急救援子预案，西城区 / 318

北京市文化产业统计资料.二〇一三年度 / 359

北京市西城区"六五"普法回顾 / 332

北京市西城区"十二五"时期历史文化保护区保护与发展规划 / 349

北京市西城区"十三五"规划前期研究重大课题，二 / 347

北京市西城区"十三五"规划前期研究重大课题，三 / 348

北京市西城区"十三五"规划前期研究重大课题，四 / 348

北京市西城区"十三五"规划前期研究重大课题，一 / 347

北京市西城区《社区健康生育全程服务》工程实施细则 / 282

北京市西城区2010年人口普查文件资料 / 281

北京市西城区2015年上半年经济社会发展分析材料汇编 / 336

北京市西城区城市创新发展报告 / 347

北京市西城区第三次全国经济普查街道数据汇编.上册 / 341

北京市西城区第三次全国经济普查街道数据汇编.下册 / 341

北京市西城区第一图书馆入藏地方文献目录提要：2010—2015 / 363

北京市西城区二〇一四年度优秀调研成果选编 / 299

北京市西城区二〇一五年度调查研究重点课题汇编 / 301

北京市西城区二〇一五年度优秀调研成果选编 / 299

北京市西城区二〇〇七年度优秀调研成果选编 / 299

北京市西城区公共场所健康技能手册 / 378

北京市西城区广安门内街道街区整理计划 / 349

北京市西城区规章制度汇编.二 / 306

北京市西城区规章制度汇编.一 / 305

北京市西城区环境保护局党的群众路线教育实践活动：材料汇编 / 289

［北京市西城区集邮协会］十年回顾专辑：1986—1996 / 365

北京市西城区集邮协会年鉴.2014 / 170

北京市西城区技术市场统计年报：2012 / 337

北京市西城区教育委员会国际合作与交流2011年报 / 367

北京市西城区经济普查年鉴.2013，第二产业卷 / 340

北京市西城区经济普查年鉴.2013，第三产业卷.上 / 340

北京市西城区经济普查年鉴.2013，第三产业卷.下 / 340

北京市西城区经济普查年鉴.2013，综合卷 / 339

北京市西城区居家养老服务单位目录 / 280

北京市西城区旅游公共服务设施体系研究成果 / 354

北京市西城区律师公证法律服务便民手册 / 334

北京市西城区绿地建设规划，规划文本：［图集］/ 351

北京市西城区民主党派二〇一二年度调研成果汇编 / 137

北京市西城区民主党派二〇一五年度调研成果汇编 / 301

北京市西城区全面深化改革报告 / 303
北京市西城区人大常委会调研报告汇编：2012—2014 / 296
北京市西城区人民代表大会常务委员会公报. 2008 年第 4 号 / 296
北京市西城区人民代表大会常务委员会公报. 2012 年第 1 号 / 296
北京市西城区人民代表大会常务委员会公报. 2014 年第 4 号（总期 30 号）/ 297
北京市西城区人民代表大会常务委员会公报. 2014 年第 5 号（总期 31 号）/ 297
北京市西城区人民代表大会常务委员会公报. 2014 年第 6 号（总期 32 号）/ 297
北京市西城区人民代表大会常务委员会公报. 2014 年第 8 号（总期 34 号）/ 297
北京市西城区人民政府公报. 2015 年度 / 298
北京市西城区三里河第三小学 1958—2008 建校五十周年绘画作品展示 / 369
北京市西城区社会治理研究报告 / 304
北京市西城区食品安全资料汇编 / 377
北京市西城区司法局制度汇编 / 333
北京市西城区统计局北京市西城区经济社会调查队制度汇编 / 338
北京市西城区图书馆藏地方文献目录提要 / 167
北京市西城区文化创意产业政策选编 / 358
北京市西城区文化体验地图 / 276
北京市西城区宣武图书馆馆藏文献辛亥革命资料选编 / 84
北京市西城区优秀社区社会组织经验汇编
Case Study Book of the Best Practice Community Social Service and Social Organization in Xicheng District, Beijing / 305
北京市西城区园林绿化志. 1949.01—2010.06 / 350
北京市西城区园林绿化志. 1949.01—2010.06 / 150
北京市西城区中小学后勤管理案例 / 370
北京市西城区宗教工作手册 / 282
北京市宣武区"十五"期间国民经济和社会发展规划汇编 / 144
北京市宣武区"十一五"期间国民经济和社会发展规划汇编 / 143
北京市宣武区"十一五"期间节能规划 / 152
北京市宣武区"十一五"时期文化创意产业发展规划 / 164
北京市宣武区大事记. 第一卷 / 135
北京市宣武区地名录：1982 / 42
北京市宣武区地名志 / 42
北京市宣武区广外街道社区建设资料汇编 / 139
北京市宣武区经济普查年鉴. 2008 / 341
北京市宣武区一九九六年度优秀调研成果汇编：1996 / 135
北京市宣武区依法行政工作文件汇编 / 305
北京市宣武区园林绿化年鉴：1991 / 151
北京市宣武区园林绿化志. 2001.01—2010.06 / 150
北京市宣武区园林绿化志 / 151
北京市宣武区园林绿化志：2001 年 1 月—2010 年 6 月 / 350
北京市宣武区园林市政管理局养路队 / 150
北京市宣武区志 / 6
北京市宣武区中医医院院志：1968—1996 / 183
北京市宣武区重要会议资料汇编：1949—2010 / 132
北京市宣武区重要会议资料汇编：1949—2010 / 284
北京市宣武区重要会议资料集：1949—1994 / 132
北京市宣武少年宫建宫 45 周年纪念册：1956—

2001 / 179

北京市志稿，金石志 . 九 / 5

北京市志稿，十三，职官表 / 6

北京市志稿 . 八，宗教志 名跡志 / 5

北京市志稿 . 二，民政志 / 3

北京市志稿 . 二，民政志 / 4

北京市志稿 . 六，文教志 . 下 / 5

北京市志稿 . 七，礼俗志 / 5

北京市志稿 . 三，度支志 货殖志 / 3

北京市志稿 . 三，度支志 货殖志 / 4

北京市志稿 . 十，艺文志 艺文志补 / 5

北京市志稿 . 十二，人物志 . 下册 / 6

北京市志稿 . 十四，选举表 . 上 / 6

北京市志稿 . 十五，选举表 . 下 / 6

北京市志稿 . 十一，人物志 . 上册 / 5

北京市志稿 . 四，文教志 . 上 / 4

北京市志稿 . 四，文教志 . 上册 / 3

北京市志稿 . 五，文教志 . 中 / 4

北京市志稿 . 一，前事志 建置志 / 3

北京市志稿 . 一，前事志 建置志 / 4

北京四合院 / 127

北京四合院 / 128

北京四中建校九十周年纪念册 Beijing No.4 High School 90th Anniversary:1907—1997 / 371

北京寺庙历史资料 / 57

北京特产风味指南 / 160

北京特味食品老店 / 156

北京天桥艺术中心开幕演出季：2015.11.20—2016.1.31：大幕开启岂止于戏 / 387

北京通 / 115

北京通史 .1，远古至魏晋北朝卷 / 82

北京通史 .3，辽代卷 / 82

北京通史 . 第八卷 / 81

北京通史 . 第二卷 / 80

北京通史 . 第九卷 / 81

北京通史 . 第六卷 / 81

北京通史 . 第七卷 / 81

北京通史 . 第三卷 / 80

北京通史 . 第十卷 / 81

北京通史 . 第四卷 / 80

北京通史 . 第五卷 / 81

北京通史 . 第一卷 / 80

北京同仁堂史 / 156

北京土语辞典 / 121

北京往事谈 / 116

北京文化发展报告：2010—2011 Annual Report on Cultural Development of Beijing：2010—2011/ 357

北京文化艺术年鉴 .2005/ 162

北京文化艺术年鉴 .2006/ 162

北京文化艺术年鉴 .2007/ 163

北京文化艺术年鉴 .2008/ 163

北京文化综览 / 162

北京文史 .2014 年第 1 期 / 263

北京文史 .2014 年第 2 期 / 263

北京文史 .2014 年第 3 期 / 263

北京文史 .2015 年第 1 期 / 263

北京文史 .2015 年第 3 期 / 264

北京文史 .2015 年第 4 期 / 264

北京文史 .2016 年第 1 期 / 264

北京文史 .2016 年第 2 期 / 264

北京文史 .2016 年第 3 期 / 264

北京文史 .2016 年第 4 期 / 265

北京文史 .2017 年第 1 期 / 265

北京文史 .2017 年第 2 期 / 265

北京文史 .2018 年第 1 期 / 265

北京文史 .2019 年第 2 期 / 265

北京文史 .2019 年第 3 期 / 266

北京文史：宣南文化研究专刊 / 102

北京文史资料 . 第 57 辑 / 89

北京文史资料精华，商海沉浮 / 87
北京文史资料精华，文苑撷英 / 88
北京文史资料精华，杏坛忆旧 / 88
北京文史资料精华，艺林沧桑 / 87
北京文史资料精华丛书，风俗趣闻 / 87
北京文史资料精华丛书，府园名址 / 88
北京文史资料精华丛书，梨园往事 / 88
北京文史资料精选，崇文卷 / 102
北京文史资料精选，丰台卷 / 102
北京文史资料精选，宣武卷 / 102
北京文物旅游景点大观 / 49
北京文学地域特色研究 / 184
北京五十年纪实 / 143
北京西城：中英文本 / 21
北京西城：中英文本 / 220
北京西城革命史词典 / 85
北京西城画苑 .2016.4（总第 17 期）*Xicheng Pictorial* / 300
北京西城画苑 *Xicheng Pictorial*.2017.1（总第 18 期）/ 300
北京西城画苑 *Xicheng Pictorial*.2017.2（总第 19 期）/ 300
北京西城画苑 *Xicheng Pictorial*.2019.2（总第 27 期）/ 300
北京西城老字号传承故事集锦 / 156
北京西城老字号传承故事集锦 / 353
北京西城老字号印谱 / 384
北京西城历史文化概要 / 21
北京西城旅游一册通 *A Tour of Beijing, A Discovery of Xicheng*：2010 年版 / 70
北京西城年鉴 .2015/ 219
北京西城年鉴 .2016/ 219
北京西城年鉴 .2017/ 219
北京西城年鉴 .2011/ 22
北京西城年鉴 .2012/ 22

北京西城年鉴 .2013/ 22
北京西城年鉴 .2014/ 22
北京西城史话 / 87
北京西城统计年鉴：中英文本 .2013/ 339
北京西城统计年鉴：中英文对照 .2014/ 339
北京西城统计年鉴：中英文对照 .2016/ 339
北京西城统计年鉴：中英文对照 .2017/ 339
北京西城往事 .11/ 266
北京西城往事 .8/ 266
北京西城往事 .7/ 103
北京西城文化史 / 261
北京西城文化史 / 82
北京西城文物史迹 . 第一辑 . 上 / 53
北京西城文物史迹 . 第一辑 . 下 / 53
北京西站：［画册］/ 352
北京戏剧文化史 / 208
北京先蚕坛 / 226
北京先农坛 / 58
北京先农坛史料选编 / 55
北京小吃 / 127
北京新老字号名匾荟萃 / 161
北京新名胜 / 50
北京宣南会馆拾遗 / 64
北京宣南历史地图集 / 77
北京宣南寺庙文化通考 . 上 / 57
北京宣南寺庙文化通考 . 下 / 58
北京宣南文化博物馆 / 363
北京宣南文化游 / 68
北京宣武 / 15
北京宣武 / 204
北京宣武·广外 / 138
北京宣武百科全书 / 21
北京宣武改革开放 30 年专题文集 . 上卷 / 136
北京宣武改革开放 30 年专题文集 . 下卷 / 136
北京宣武红旗业余大学学报 / 330

北京宣武年鉴 .2002/ 19
北京宣武年鉴 .2003/ 19
北京宣武年鉴 .2004/ 19
北京宣武年鉴 .2005/ 19
北京宣武年鉴 .2006/ 20
北京宣武年鉴 .2007/ 20
北京宣武年鉴 .2008/ 20
北京宣武年鉴 .2009/ 20
北京宣武年鉴 .2010/ 20
北京印钞厂：图集 / 146
北京印钞厂志：1991—2000/ 146
北京印刷志 / 146
北京印象 / 354
北京与莫斯科的传统友谊：档案中的记忆：[中俄文本] / 326
北京园林名胜 / 50
北京园林史话 / 149
北京园林优秀设计集锦 / 150
北京志，新闻出版广播电视卷，出版志 / 11
北京志 .101，新闻出版广播电视卷，出版志 / 217
北京志 .84，旅游卷，旅游志 / 11
北京中轴线城市设计：创造北京未来的城市形象：[图集] / 149
北京中轴线建筑实测图典：故宫前朝左祖右社钟鼓楼 / 206
北京主要景点介绍 / 49
北京宗教 文物 古迹 / 55
北平风俗类徵 .上 / 125
北平风俗类徵 .下 / 125
北平怀旧 / 195
北平抗战简史 / 261
北平市城郊地图：民国时期老地图 / 76
北平市全图：民国时期老地图 / 77
北平市全图：民国时期老地图·民国三十年 / 78
北平俗曲略 / 214

北岳风云：《晋察冀日报》报史图像集 / 360
比较与创新：京津冀与莫斯科城市群的挑战与应对 Comparisons and Innovations: Problems and Solutions of Beijing-Tianjin-Hebei and Moscow Agglomerations / 335
便宜坊六十个故事 / 158
缤纷西城·华绽香港：西城区代表团成果册 / 385

C

餐饮奇才陈连生：跟您聊聊买卖经 / 109
藏宝絮语 / 170
草长莺飞：少儿作文博客版 / 368
茶余饭后话北京 .2006 年版 / 23
超越禁城的神圣：原始宗教 道教 佛教 基督教 伊斯兰教 / 131
朝阳城市书屋：新时代书香朝阳的创新实践 / 362
朝阳区老工业资源征集与利用研讨会 / 345
朝阳区历史文化研究工作研讨会会议纪要 / 357
陈连生——经营餐饮事业的一生 / 109
陈志农画说老北京 / 201
宸垣识略 / 29
诚信统计 / 338
城记 / 148
城南工艺美术 / 205
城南旧事 / 190
城南老字号 / 155
城南史缀 / 21
城南医药业 / 183
城区财政 / 145
城市及其周边：旧日中国影像 / 42
城市记忆：镜头中的老北京 / 35
城市季风：北京和上海的文化精神 / 163
城市主题：寻找老北京城 / 149

乘公交游北京 Enjoy Beijing by Bus / 68
程砚秋全传 / 112
吃茶去：京城特色茶馆掠影：［画册］/ 158
吃喝玩乐 / 125
吃在北京 / 158
驰名京华的老字号 / 155
崇德百年　辉煌百年：北京市第三十一中学办学成果集 / 371
崇宣旧迹：南城 / 44
穿过幸福时差．Ⅲ，小巷总理 / 306
穿过幸福时差．Ⅳ，志愿者之歌 / 306
穿过幸福时差．Ⅴ，月坛好人 / 307
传承与发展：第四届中国京剧艺术节研讨会论文集 / 213
传承与转型：老字号发展之路：北京西城老字号谱系研究文集 / 336
传承与转型：老字号发展之路：北京西城老字号谱系研究文集 / 337
创一流公共服务　建一流金融街区 Create first-class Public Services Establish First-class financial street area / 307
春花·秋实：宣武区实施《"九五"妇女发展规划》剪影：［摄影集］/ 135
春华秋实：2011年社会领域党建工作案例选编：西城区精品楼宇工作站工作纪实 / 290
春明叙旧 / 72
椿树街道 / 138
椿树医院抗击非典纪实 / 183
瓷器春秋 / 106
慈善博爱　共创和谐：救助大学生感言录 / 331
从传统消遣到现代娱乐 / 169
从大碗茶到老舍茶馆：1979—1998年改革风云 / 191
从大碗茶到老舍茶馆：1979—1998年改革风云 / 192

寸舞天心：邢冬方篆刻选 / 203

D

大观园 / 63
大前门：王永斌口述老北京生活 / 118
大前门外：中英文对照 / 117
"大碗茶"传奇 / 159
大武生：侯少奎昆曲五十年 / 111
大兴学习之风：北京市西城区第二批建设学习型党组织工作示范点和品牌活动经验汇编 / 289
大躍進中北京地區的圖書館 / 360
大栅栏 / 188
大栅栏：长篇小说 / 189
大栅栏故事——红色足迹 / 45
大栅栏胡同记忆 / 225
大栅栏街道工委办事处2011年科室大事记 / 309
大栅栏街道志 / 13
大栅栏历史文化辞典 / 224
大栅栏演义 / 188
带您逛北京：新世纪旅游景观指南 / 67
带一本书去北京 / 24
当代北京胡同史话 / 225
当代北京简史 / 86
当代北京长安街史话 / 225
当代科学技术发展前沿与趋势 Leading Edge and Trends of Contemporary Science and Technology Development / 366
党建研究课题成果选编 Reaserch Results Compilation on the Building of Chinese Communist Party / 288
档案与北京史国际学术讨论会论文集．上册 / 79
档案与北京史国际学术讨论会论文集．下册 / 79
德胜科技园 / 337

地上北京：彩图版 / 49

地下北京 / 106

等闲识得东风面　万紫千红总是春：西城万名教工"晒"西城大型活动集萃 / 367

邓云乡讲北京 / 73

帝都赫赫人神居：宫殿　坛庙　胡同　王府　四合院 / 51

帝京景物略 / 48

帝京景物略 / 48

帝京旧影 / 54

帝京岁时纪胜 / 126

第七届中央音乐学院音乐节：2007.12.18—2008.1.7/ 386

典身 / 189

丁香四月天 / 188

东交民巷 / 32

都市里的杂巴地：中国传统闹市扫描 / 117

独步中国，北京：［画册］/ 160

读城：大师眼中的北京 / 195

多彩的风景线：北京市宣武区少年宫学员艺术作品集 / 200

多彩的青春：北京市回民学校学生教育活动集 / 178

多少风物烟雨中：北京的古迹与风俗 / 74

E

二零一一年我们这样走过：西城区青少年儿童图书馆 2011 年活动集锦 / 362

F

发挥委员主体作用　推进协商民主建设征文选编 / 327

发票的故事 / 344

发展构想 / 176

发展构想 / 179

发展老龄事业　构建和谐社会：西城区养老服务情况简介 / 280

发展学生主体性　提高课堂教学效益，实践篇 / 173

发展学生主体性　提高课堂教学效益，求索篇 / 173

发展学生主体性　提高课堂教学效益，探索篇 / 173

发展学生主体性　提高课堂教学效益，研究篇 / 173

发展中的白纸坊社区 / 138

法源寺 / 56

法制新闻作品精选 / 142

方志北京：京华讲坛文集（2013—2014）/ 221

方志北京：京华讲坛文集（2015）/ 221

坊间珍闻：什刹海访谈录 / 45

防范和处置非法集资法律法规及相关文件汇编 / 344

防灾避险知识手册：特殊人群版 / 352

访问北京 / 168

放歌 60 年：纪念新中国和人民政协成立六十周年 / 284

非常考验：宣武区 2003 年高考纪实 / 173

非常考验：宣武区教育系统共产党员抗击非典记事 / 172

非常考验：宣武区教育系统基层党组织抗击非典记事 / 172

非常考验：宣武区教育系统抗击非典记事 / 172

非公党建 .2015 年第 4 期 / 288

粉墨生涯六十年 / 111

奋斗的足迹：西城区青年就业创业案例集 / 280

丰盛 50 周年庆典：1960—2010：北京市丰盛中医骨伤专科医院建院五十周年庆典 / 380

风采心声榜样：北京市公安局公安交通管理局西城交通支队 / 319
风景：京城名人故居与轶事 .1/ 60
风景：京城名人故居与轶事 .2/ 60
风景：京城名人故居与轶事 .3/ 60
风景：京城名人故居与轶事 .4/ 61
风景：京城名人故居与轶事 .5/ 61
风景：京城名人故居与轶事 .6/ 61
风景：京城名人故居与轶事 .7/ 61
风景：京城名人故居与轶事 .8/ 61
风流不见使人愁：北京的名人与往事 / 107
风流大前门 / 190
风雨心路：抗击 SARS 论文集 / 182
风雨长征号 / 381
烽火中的青春：抗日战争时期北平女学生口述 / 291
凤还巢 / 388
奉献友爱互助进步：［画册］：西城区"关爱农民工、关爱空巢老人"志愿服务活动巡礼：2011 年 6 月—2013 年 7 月 / 309
抚摸北京：当代作家笔下的北京 / 193
富连成三十年史 / 210

G

感动西城 / 272
感谢有你：［画册］：北京金融街建设与发展二十周年文艺晚会：1992—2012/ 350
肛肠疾病的防治 / 378
告诉你一个真实的同仁堂 / 156
革命摇篮育英才：与新中国同龄的一所少数民族学校的创建与发展：北京回民中学简史 .1949—1984/ 178
格调·北京 / 68
跟着大使看世界 / 223

耕耘者的探索：北京市回民学校建校八十周年 / 176
工作简报 .2016.5（总第 216 期）/ 362
工作简报 .2016.6（总第 217 期）/ 362
工作简报 .2018.5（总第 228 期）/ 363
工作简报 .2018.6（总第 229 期）/ 363
工作清单手册：2017 版本 / 342
公开公正公信规范司法行为：北京市检察机关规范司法行为专项整治工作掠影 / 333
公司法典型案例与裁判解析 Typical Cases & Adjudgement Consideration of Company Law / 332
恭王府 / 64
构建和谐社区的公益法律服务平台：西城区公益法律服务室建设概览 / 334
觳外谭屑：近五十年闻见撷忆 / 194
古代北京城市管理 / 148
古都北京 / 47
古都北京的民俗与旅游 / 67
古都变迁说北京：北京蓟辽金元明清古都发展轨迹扫描 / 224
古都京韵：京城的 50 个不可错过 / 353
古都旧景精品集：［画册］：［中英日文本］/ 202
古都艺海撷英 / 116
古街：首届老舍文学奖获奖作品 / 189
古街：最新修订版 / 189
古今北京 / 27
古刹寻踪 / 55
古韵今风新西城：［中英文本］/ 22
古中国的歌：叶秀山论京剧 / 211
骨董说奇珍 / 105
骨关节病的防治 / 378
鼓妞 / 190
故都变迁记略 / 34
故都尘梦 / 194
故纸堆金：旧书报刊的收藏投资 / 169

故纸遗音：早期报刊收藏 / 169
关爱女性健康 / 379
关于区政协议政会、专题协商会议题和区政协建议案落实情况的报告 / 303
光明的岁月 / 308
光荣册 / 162
光荣与梦想：西城劳模事迹回顾展 / 271
光绪顺天府志 . 八 / 11
光绪顺天府志 . 第八册 / 8
光绪顺天府志 . 第二册 / 7
光绪顺天府志 . 第九册 / 8
光绪顺天府志 . 第六册 / 7
光绪顺天府志 . 第七册 / 8
光绪顺天府志 . 第三册 / 7
光绪顺天府志 . 第十册 / 8
光绪顺天府志 . 第十二册 / 9
光绪顺天府志 . 第十三册 / 9
光绪顺天府志 . 第十四册 / 9
光绪顺天府志 . 第十五册 / 9
光绪顺天府志 . 第十一册 / 8
光绪顺天府志 . 第四册 / 7
光绪顺天府志 . 第五册 / 7
光绪顺天府志 . 第一册 / 6
光绪顺天府志 . 二 / 9
光绪顺天府志 . 六 / 10
光绪顺天府志 . 七 / 10
光绪顺天府志 . 三 / 10
光绪顺天府志 . 四 / 10
光绪顺天府志 . 五 / 10
光绪顺天府志 . 一 / 9
广安门外街道志 / 14
广安门站志：1906—1991 / 152
广内街志 / 13
广外街道发展区域经济专刊 / 143
郭德纲话说北京 / 188

国宝同仁堂 / 157
国际 "城市记忆" 与地方文献学术研讨会论文集 Proceedings of the International "City Memory" and Local Literature Symposium / 362
国立北平大学附属高级中学第一级毕业同学录 / 274
国子监・雍和宫・白塔寺 / 33

H

翰墨谱和谐　丹青润心怀：展览路街道书画精选 / 384
和谐西城 / 384
和谐宣房投 / 343
弘扬机关精神　争做西城先锋：西城区直机关演讲比赛作品汇编 / 289
红橙黄绿 / 176
红色寻踪：北京革命纪念地指南 / 53
红色足迹 Red Foot Print：纪念中国共产党建党 90 周年 / 134
胡同・四合院 / 33
胡同春秋 / 44
胡同的记忆 / 40
胡同及其他 / 38
胡同记忆 / 225
胡同九十九 / 194
胡同面孔：古都北京的人文旅行地图 / 43
胡同寻故 / 44
胡同壹佰零壹像［中英文本］/ 36
胡同与门楼 / 39
虎坊桥随笔 / 195
花落的声音：法源寺散记 / 57
花雨纷披老字号 / 154
华北解放战争实录，北京卷 / 262
华北解放战争实录，河北卷 / 262

华北解放战争实录, 内蒙古卷 / 262
华北解放战争实录, 山西卷 / 262
华北解放战争实录, 天津卷 / 262
华彩宣武 / 14
华彩宣武六十年 / 136
画说北京风情 / 122
话说北京 / 199
话说前门 / 39
皇城根儿, 胡同从这里出发：游走北京的 111 个古老地标 / 39
皇城古道：北京前门大街 / 42
皇城遗韵：西城 / 45
皇都京韵：走进北京城 / 37
皇都市井：刘一达京味作品选 / 193
皇都与市井 / 32
皇天后土 / 191
皇天后土 / 191
皇裔沉浮：北京的完颜氏 / 113
辉煌的北京：中国在七个世纪里的景观 / 30
回顾与思考：北京市规划委员会西城分局文集 / 348
回望老北京 / 74
回忆京华印书局 / 146
《回忆京华印书局》读后集锦 / 147
回忆旧北京 / 117
回忆中华书局 / 166
回族知识概要 / 131
会馆 / 63

J

激情宣武：凝眸 2009 / 21
计生卫生相联手　优质服务在社区 / 182
记忆：西城交警的 2008 / 375
纪连海新解乾隆朝三大名臣 / 108

纪念西城区统计学会成立 20 周年资料选编 / 338
祭坛 / 56
家居北京五十年 / 192
见闻北京七十年琐记 / 86
见证：老报人镜头下的中国进步史 / 262
见证北京：1919—2004 / 85
建国以来的北京城市建设 / 149
建立健全协商民主制度创新促进政协民主协商 / 298
健康的童年——在红莲 / 174
健康杂谈：公务员手册 / 377
鉴赏述往事 / 105
江湖丛谈, 江湖黑幕 / 214
江湖行当 / 214
教科文卫工作委员会资料汇编 . 2012 年 / 295
教师风采录 / 273
教育教学论文集 / 177
街道社区基本情况 / 305
街巷·戏园 / 40
街巷雅趣 / 36
今日宣武 / 21
今融 . 第 31 期 / 349
金牌跤师教柔道 / 181
金启孮先生逝世十周年纪念 / 272
金融街·二十年征文精选 / 351
金石谈旧 / 105
金中都 / 224
近代北京的市民生活 / 84
京城镖行 / 140
京城古玩行 / 105
京城故事 / 191
京城憾事 / 73
京城胡同留真：[摄影集]：[中英文本] / 41
京城景观：[中英文本] / 51
京城旧影 . 上册 / 116

京城看望 / 197
京城老行当：[中英文本] / 202
京城玩家 / 110
京城玩主——张伯驹 / 109
京城幸事 / 73
京城杂吃 / 126
京都古迹大观：北京市全国重点文物保护单位 / 104
京都叫卖图 / 124
京都礼俗 / 123
京都奇叟：京味文化的发现与收藏 / 113
京都胜迹 / 50
京都香会话春秋 / 130
京都忆往：北京文史集萃 / 88
京华古迹寻踪 / 48
京华红色游 / 69
京华集 / 34
京华漫忆 / 71
京华名人踪迹录：与女儿一道寻访：[摄影集] / 59
京华谭史录 / 15
京华遗韵：[图册] / 206
京华园林丛考 / 150
京华园林寻踪 / 150
京籍渊薮　甲子回眸：北京地方文献中心成立六十周年纪念文集 / 362
京跤史话 / 181
京剧：京城戏曲文化的整合 / 211
京剧常识手册. 上册 / 212
京剧常识手册. 下册 / 212
京剧大师裘盛戎 / 111
京剧老生流派综说 / 213
京剧谈往录续编 / 213
京剧与中国文化 / 212
京派海派综论：图志本 / 184

京清真菜点集锦 / 157
京师梨园故居 / 59
京师梨园世家. 上册 / 111
京师梨园世家. 下册 / 111
京师梨园轶事 / 110
京师五城坊巷胡同集 /（明）张爵著. 京师坊巷志稿 / 39
京味文学散论 / 184
京韵西风：北京历史文化与法国人笔下的中国 / 48
京韵杂述 / 71
景山：皇城宫苑 / 55
景山寿皇殿历史文化研究 / 55
敬礼，五星红旗！国旗下的讲话百篇：1996 / 178
敬礼，五星红旗！国旗下的讲话百篇：1999 / 178
九门深处轶闻多：同祯博客文集 / 197
旧北京风情：陈志农旧京街头速写集 / 203
旧都百行 / 119
旧都三百六十行 / 119
旧都文物略 / 27
旧都文物略 / 27
旧都文物略 / 27
旧京百影：速写剪纸 / 203
旧京残片：沈继光摄影集 / 205
旧京大观：[中英文本] / 204
旧京返照集 / 203
旧京鸿影：百年珍稀影集《北京大观》选萃 / 31
旧京环顾图 / 202
旧京街巷 / 43
旧京老戏单：从宣统到民国 / 210
旧京人物与风情 / 116
旧京散记 / 196
旧京食谭：北京副食品行业文化史. 上 / 353

旧京食谭：北京副食品行业文化史．下 / 353
旧京史照：中英文对照 / 30
旧京述闻 / 74
旧京醒世画报：晚清市井百态 / 115
旧京遗事 / 74
旧时明月：老北京的风土人情 / 123
旧时书坊 / 196
旧时宣武门前燕 / 195
旧戏新谈 / 209
旧中国的下九流 / 119
绝版天桥 / 116
军民共建文明社区漫画集 / 203

K

开发建设中的国际传媒大道 / 165
看北京 / 67
看得见的公正：北京市西城区人民法院 2015 年新闻发布工作实录 / 333
康乾时期北京人的社会生活 / 84
康熙顺天府志 / 11
抗击非典 / 200
科学发展　和谐发展　率先发展，处级领导调研报告选编．二 / 284
科学发展　和谐发展　率先发展，处级领导调研报告选编．三 / 284
科学发展　和谐发展　率先发展，处级领导调研报告选编．一 / 284
科学发展在北京 / 285
课程改革案例专集 / 174
跨世纪的北京，城建卷 / 143
快乐法则：战胜抑郁 / 281
窥视紫禁城 / 68

L

来京人员工作生活服务指南 / 275
兰汀回声：宣武区回民小学校长米君兰办学思想与实践文集 / 174
劳动关系政策及常见问题问答 / 343
老北京，皇城民风 / 115
老北京：帝都遗韵 / 115
老北京·市井风情画：［德汉对照］/ 201
老北京城城门水彩画集 / 201
老北京的出行 / 152
老北京的穿戴 / 128
老北京的风情 / 122
老北京的风俗 / 122
老北京的风俗 / 123
老北京的街头巷尾 / 118
老北京的居住 / 128
老北京的庙会：［画册］：［中英文本］，隆福寺庙会　护国寺庙会　财神庙庙会 / 129
老北京的庙会：［画册］：［中英文本］：东岳庙庙会　蟠桃宫庙会　白云观庙会 / 129
老北京的三百六十行 360 Jobs in Old Beijing / 119
老北京的商市 / 155
老北京的生活 / 122
老北京的玩乐 / 122
老北京的小胡同 / 195
老北京的招幌：［画册］：［中英文本］/ 161
老北京方言土语 / 121
老北京风俗地图：1936：［中英文本］/ 77
老北京皇都风貌 / 74
老北京街巷图志 / 39
老北京旅行指南 / 66
老北京庙会 / 129
老北京民风习俗 / 126
老北京民俗风情画 / 146

老北京那些事儿 / 146
老北京人的生活 / 118
老北京人的生活 / 118
老北京写照 / 197
老北京遗韵 / 187
老北京轶闻趣事 / 86
老北京与满族 / 130
老北京杂吧地：天桥的记忆与诠释 / 117
老地图老北京 / 75
老房子：北京四合院：［摄影集］/ 128
老根儿人家 / 192
老古董 / 194
老街漫步·北京 / 28
老京城建筑，门窗 / 205
老铺底子 / 192
老舍茶馆 / 157
老舍茶馆 / 157
老舍茶馆 / 159
老舍的北京：［摄影集］/ 194
老舍画说北京 / 124
老树新花 / 187
老饕说吃 / 127
老天桥说杂技人生 / 112
老戏台 / 64
老行当　老规矩 / 193
老字号 / 153
老字号 / 154
老字号财智传奇 / 155
老字号的文化底蕴 / 155
梨园旧影：［图集］/ 211
梨园快语 / 213
梨园外纪 / 211
梨园轶闻 / 213
李大钊北京十年，学会篇 / 271
李大钊遗文补编 / 185

李金龙作品选 / 190
理论研究与学习成果汇编 / 290
历代帝王庙 100 问 / 227
历代咏北京诗词选 / 186
历史的对接：同仁堂传统文化与现代文明相融合的实践 / 157
历史的记忆　难忘的春天：北京市抗击"非典"群众文艺作品集 / 200
历史上的水与北京城 / 346
两代摄影师　一座北京城 / 385
林白水文集．上册 / 185
林白水文集．下册 / 185
伶人往事：写给不看戏的人看 / 110
领导智库文选 Thinktank Anthology for Leadership. 2016.6（总第 48 期）/ 320
领导智库文选 Thinktank Anthology for Leadership. 2016.10（总第 52 期）/ 321
领导智库文选 Thinktank Anthology for Leadership. 2016.11（总第 53 期）/ 322
领导智库文选 Thinktank Anthology for Leadership. 2016.12（总第 54 期）/ 322
领导智库文选 Thinktank Anthology for Leadership. 2016.13 322（总第 55 期）/ 322
领导智库文选 Thinktank Anthology for Leadership. 2016.14（总第 56 期）/ 323
领导智库文选 Thinktank Anthology for Leadership. 2016.15（总第 57 期）/ 323
领导智库文选 Thinktank Anthology for Leadership. 2016.16（总第 58 期）/ 323
领导智库文选 Thinktank Anthology for Leadership. 2016.17（总第 59 期）/ 323
领导智库文选 Thinktank Anthology for Leadership. 2016.18（总第 60 期）/ 324
领导智库文选 Thinktank Anthology for Leadership. 2016.19（总第 61 期）/ 324

领导智库文选 Thinktank Anthology for Leadership. 2016.2（总第 44 期）/ 319
领导智库文选 Thinktank Anthology for Leadership. 2016.20（总第 62 期）/ 324
领导智库文选 Thinktank Anthology for Leadership. 2016.21（总第 63 期）/ 324
领导智库文选 Thinktank Anthology for Leadership. 2016.22（总第 64 期）/ 325
领导智库文选 Thinktank Anthology for Leadership. 2016.23（总第 65 期）/ 325
领导智库文选 Thinktank Anthology for Leadership. 2016.24（总第 66 期）/ 325
领导智库文选 Thinktank Anthology for Leadership. 2016.1（总第 43 期）/ 319
领导智库文选 Thinktank Anthology for Leadership. 2016.3（总第 45 期）/ 320
领导智库文选 Thinktank Anthology for Leadership. 2016.4（总第 46 期）/ 320
领导智库文选 Thinktank Anthology for Leadership. 2016.7（总第 49 期）/ 321
领导智库文选 Thinktank Anthology for Leadership. 2016.8（总第 50 期）/ 321
领导智库文选 Thinktank Anthology for Leadership. 2016.9（总第 51 期）/ 321
刘叶秋讲北京 / 73
流年 No.1，古城，不能忘却的纪念 / 40
流年 No.2，帝都，行将消失的古韵 / 40
流年影像 No.1，绝版古城记忆 / 40
琉璃厂 / 43
琉璃厂：［中英文本］/ 32
琉璃厂老掌柜 / 170
琉璃厂史画 / 41
琉璃厂史话 / 46
琉璃厂文物地图 / 105
琉璃厂小志 / 35

琉璃厂小志 / 35
遛弯儿 / 185
龙凤呈祥 / 387
龙树寺与宣南诗社 / 185
娄述德当代中国书画名家作品集：2005-10-1 / 384
陋巷人物志：旧北京民俗诗画 / 126
卢沟桥 / 65
卢沟桥的传说 / 66
鲁迅与北京风土 / 110
乱世飘萍：邵飘萍和他的时代 / 109
论语天恒 / 352
闾巷话蔬食：老北京民俗饮食大观 / 127
绿了芭蕉 / 196
绿满京城：北京的园林绿化 / 152

M

马连良艺术评论集 / 212
马明道阿訇纪念文集 / 113
漫步北京 / 68
漫步北京历史长河：首图讲坛·北京历史文化科普讲座 / 24
漫画健康 / 377
漫话北京城 / 32
漫谈清真寺 / 58
漫谈寺院文化：游览寺庙指南 / 55
毛主席纪念堂收藏艺术精品集萃 / 363
梅兰芳表演艺术图影 / 211
梅兰芳画传：［摄影集］/ 111
梅兰芳艺术谭 / 214
媒体眼中的西城——《政府工作报告》解读 / 303
媒体眼中的宣武：2006 / 15
美韵清风 / 174

魅力北京中轴线 / 35

魅力前门 Charm of Qianmen / 43

魅力西城［画册］：［中英文本］/ 23

觅踪之旅，北京篇 / 48

庙会 / 129

民国社会群像 / 114

民国时期北平市工商税收：档案史料选编 / 145

民间瑰宝耀京华，西城区非物质文化遗产保护项目西城区家庭艺术馆简介：［中英文本］/ 220

民间瑰宝耀京华：西城区非物质文化遗产保护成果概览 / 24

民俗北京 / 123

民谣中的城市 / 195

民族教育的一朵奇葩：北京回民学校的办学特色 / 176

名城史话．上 / 53

名城史话．下 / 53

名家眼中的大观园 / 184

名家斋号趣谈 / 62

名家斋号趣谈：续编 / 62

名街踏迹 / 39

名人与故居：北京的老房子 / 63

名人与老房子 / 62

明清北京城图 / 76

明清北京城垣和城门：［摄影集］/ 54

明清皇城 / 33

明实录北京史料．二 / 83

明实录北京史料．三 / 84

明实录北京史料．四 / 84

明实录北京史料．一 / 83

蓦然回首，北京街巷胡同趣闻 / 44

沐浴书香·品鉴西城：2011 年读者主题征文活动征文集 / 75

暮鼓晨钟：西城历史文化述要 / 82

N

那城：文化名人眼中的中国名城 / 197

南图时空．2014 冬季号（总第 62 期）/ 361

难忘的岁月：宣武区老干部回忆录 / 86

难忘的岁月：宣武区老干部庆祝建国 50 周年征文选．二 / 86

脑血管病的防治 / 378

霓裳新步丽宣南：［画册］/ 169

年 / 387

年画 / 201

凝固的艺术．Ⅱ：摄影集 / 384

凝聚·服务·创新·和谐：［画册］：宣武区基层党建工作示范点建设经验集萃 / 286

凝心·聚力·发展：西城区民主党派成员先进典型事迹汇编 / 330

牛街故事的背后：北京市公安局牛街派出所优良作风传承启示 / 140

牛街街道政务服务大厅工作手册 / 140

牛街礼拜寺：［摄影集］：北京牛街礼拜寺创建一千年纪念：996—1996/ 131

牛街双拥共建掠影 / 139

牛街琐忆 / 46

农民工肖像摄影集：向伟大的城市志愿者致敬．第二集 / 205

农民工肖像摄影集：向伟大的城市志愿者致敬．第三集 / 205

农民工肖像摄影集：向伟大的城市志愿者致敬．第一集 / 204

P

盘点：北京市西城区第二次全国经济普查资料汇编．上 / 337

盘点：北京市西城区第二次全国经济普查资

料汇编. 下 / 338
蓬勃发展的北京回民学校 / 176
鹏程文集 / 381
捧读胡同儿：[英汉对照] / 202
品四十载改革芳华 鉴新西城辉煌巨变 / 219
品味北京西城 / 78
品味什刹海：第三届什刹海文化旅游节 / 227
平凡的奉献者 / 139
凭市临风 / 192
普查藏品登录操作手册 / 270

Q

七字经趣谈老北京 / 48
旗帜：马克思主义中国化的光辉历程主题展览 / 290
启功杂忆 / 112
千年古都话沧桑：北京城的演进 桥梁 长城 / 34
前门·大栅栏 / 34
前门·大栅栏 / 37
前门传说 / 45
前门和前门的传说 / 45
前门街道简志 / 13
前门史话 / 38
前行者的足迹：北京市回民学校建校八十周年 / 176
钱德慈文集. 第六卷 / 273
强军路上，我们书写多彩青春："青春唱响·书香军营"征文选 / 327
侨心共圆中国梦：归侨侨眷征文作品集：西城区侨联三十周年献礼 / 326
侵财犯罪的理论与司法实践 Theory and Judicial Practice of Official Crimes / 332
秦香莲 / 388
青春的力量城市的记忆：宣武共青团抗击"非典"纪实 / 134
青年宣武：[画册]：跨越世纪的宣武共青团 / 134
清代内廷演剧始末考 / 209
清代内廷演戏史话 / 209
清代戏剧文化史论 / 208
清代宣南人物事略初编 / 107
清代宣南诗词选 / 186
清代燕都梨园史料：正续编. 上册 / 208
清代燕都梨园史料：正续编. 下册 / 208
清代以来的北京剧场 / 169
清末北京城市管理法规 / 148
清末北京志资料 / 11
清末杂相 / 116
清真菜谱 / 157
情思飞扬：新街口街道计生工作民间艺术展 / 282
秋叶正红：纪念西城区老年大学成立 30 周年 / 372
求知者的篇章：北京市回民学校建校八十周年 / 176
区委、区政府有关部门和各街道工委、办事处 2012 年工作总结和 2013 年工作重点汇编 / 303
区直机关最美北京人宣讲事迹材料汇编 / 331
曲苑杂谈 / 214
趣画北京 / 201
趣谈老北京 / 71
趣谈老北京 / 72
趣谈老北京古建筑 / 48
趣谈老北京文化 / 126
全国文化信息资源共享工程 National Cultural Information Resources Sharing Project / 359
全国文明城区测评体系（2011 年版）测评操作手册 / 331
全聚德史话 / 158
全面深化改革研究动态 / 337

全响应社会服务管理创新研究：以北京市西城区德胜街道为例 Complete Response Social Services Management Innovation Research / 308

全响应网格化社会服务管理政策文件汇编 / 275

泉源：大栅栏街道"综合包户"志愿服务 30 年 / 225

R

让我们远离烟草 / 174

人海栖迟 / 193

人力资源和社会保障政策法规选编 / 341

人文北京 Cultural Beijing：千年古都的城市地图 / 30

人文宣武现代青年 / 135

日下回眸：老北京的史地民俗 / 71

日下旧闻考．二 / 29

日下旧闻考．三 / 29

日下旧闻考．四 / 29

日下旧闻考．一 / 29

荣宝斋：大型艺术双月刊．2001.3 第 2 期总第 9 期 / 200

如何发挥政协委员参政议政职能作用征文选编 / 328

如梦如烟恭王府 / 64

S

赛金花本事 / 113

桑榆诗情：闪世昌诗集 / 186

山水中国，北京卷．上 / 50

山水中国，北京卷．下 / 50

商贾北京 / 154

商业 / 145

尚派名家尚慧敏师生专场演唱会：纪念京剧大师尚小云诞辰 115 周 387

邵飘萍新闻学论集 / 166

邵飘萍与《京报》/ 110

社会民生需求调查动态 / 276

社区常见健身路径锻炼方法标准化教程 / 375

社区歌曲大家唱 / 386

社区诗歌选 / 381

身边的人闪光的事：税务文化建设征文选 / 344

什刹海 / 33

什刹海的变迁 / 35

什刹海的寺庙 / 58

什刹海的学校 医院 文化场所 / 165

什刹海九记 / 254

什刹海与北京城的中轴线 / 66

什刹海与京杭大运河 / 65

生产安全责任事故模拟责任追究资料汇编：西城区燃气爆燃案例 / 343

生命的赞歌 / 200

诗人学者　民主斗士闻一多：［摄影集］/ 273

诗行皇城根：诗人眼中的北京西城 / 187

十个人的北京城 / 107

十全大净金少山 / 111

十四届以来区人大工作制度汇编 / 297

石崑宾 / 271

时代先锋：宣武区保持共产党员先进性教育活动辅助读本 / 132

实录北京：八十年代印象 / 114

实用北京街巷地图集 / 75

实用北京街巷指南 / 37

食为天：北京饮食指南：［画册］/ 158

史苑．第二辑 / 102

史苑．第一辑 / 101

士林交游与风气变迁：19 世纪宣南的文人群体研究 / 184

世纪留念：北京·名人·故居·旧宅院．上

册 / 60

世纪留念：北京·名人·故居·旧宅院.下册 / 60

市井 / 74

市井风情：京城庙会与厂甸 / 128

收藏讲史话 / 169

收藏逸话 / 170

首都公共文化.总年第 41 期 / 364

首都图书馆联盟.2015 年 8 月号（总第 6 期）/ 361

首都图书馆同人文选 / 167

书海拾贝.2015 第 2 期（总第 2 期）The Book Sea Ascends the Shell / 361

"书香朝阳"公共阅读发展智库成立暨《北京市朝阳区图书馆馆藏石刻拓片汇编》新书发布会 / 364

书香谱写拥军情 / 361

书香西城 2015 活动手册 / 365

书香西城阅读地图.2015.典藏版 / 260

书院北京 / 180

抒写夕阳诗集 / 381

双拥共建情深民族团结进步：[摄影集] / 139

水乡北京 / 25

私人行走 / 196

思想的力量：北京市西城区社会科学成果荟萃：西城区社会科学界庆祝改革开放四十周年 / 366

四合院：砖瓦建成的北京文化 / 206

四郎探母 / 388

松风聆韵：赵文山诗文集 / 185

随笔 / 197

岁时节令·传说 / 126

岁月如歌：1958—2008：北京市西城区三里河第三小学建校五十周年 / 368

孙中山文化 / 272

孙中山与北京 / 108

锁麟囊 / 387

T

拓宽长安街 / 350

坛根儿 / 191

探索与实践：北京市西城区规划管理信息中心文集 / 348

唐辽宋金北京地区韵部演变研究 / 120

棠阴坞撷华：孙幼铭先生纪念文集 / 109

棠阴坞撷华续编.一，孙幼铭先生纪念文集 / 109

糖尿病的防治 / 379

桃李不言：纪念许通儒老师 / 368

陶然记忆 / 108

陶然亭端午诗歌.[3] / 187

陶然亭端午诗歌.[4] / 187

陶然亭端午诗歌.[5] / 187

陶然亭公园志 / 151

藤阴杂记 / 197

提升城市品质引领绿色生活方式：科普学术体验研讨会 / 352

天府广记 / 11

天桥 / 114

天桥榜样 / 332

天桥丛谈 / 116

天桥街道资料汇编 / 14

天桥旧话 / 117

天桥往事录 / 117

天桥演义 / 188

天衢丹阙：老北京风物图卷 / 202

天坛广记 / 57

天咫偶闻 / 28

甜蜜：我说我家优秀征文选编 / 120

铁画银钩 / 383
通往首都的历程 / 82
同新同行　共融共建：新街口街道区域化党建工作手册 / 309
统计工作中您必须要了解的 25 件事：单位负责人统计普法学习手册 / 338
投资服务指南 / 344
图案传承绣匠精神：中国刺绣图案设计研修班成果汇报 / 385
图说北京皇家文化 / 53
推动服务立区、金融强区、文化兴区战略实施 / 296
推进协商民主广泛多层制度化发展征文选编 / 328

W

晚清京师南城政治文化研究 / 85
晚清民风百俗：图文本 / 125
汪曾祺说戏 / 196
王展云从艺画集 / 273
往事悠悠 / 196
巍巍帝都：北京历代建筑 / 205
味蕾的舞蹈：[画册]：北京餐饮印象 / 158
文才驰天下：纪晓岚的"风流"人生 / 108
文化大视野：全国群众文化、图书、博物论文集. 第八卷 / 164
文化共享十年路：共创·共建·共享，新闻媒体报道选编 / 357
文化共享十年路：共创·共建·共享，优秀服务案例选编 / 357
文化古城旧事 / 197
文化古城旧事 / 198
文化西城创意之都 / 165
文化宣南 .2013 年第 1 期 / 358
文化遗产之都——奥运北京 / 374

文明社区：西城区精神文明创建工作优秀案例选编 / 309
文明铸就辉煌　创建助推梦想：西城区文明单位创建活动观摩交流 / 142
文明铸就辉煌创建助推梦想：西城区文明单位创建活动观摩交流 / 331
文人笔下的旧京风情 / 71
文物古迹览胜：西城区各级文物保护单位名录 / 226
文物古迹览胜：西城区各级文物保护单位名录 / 51
文物话春秋，琉璃厂 / 104
文章千古事　得失寸心知：月坛中学教师论文集：校庆专刊 / 369
我爱北京 / 69
我爱北京：大栅栏地区第二届我爱北京国际影展 / 225
我的父亲梅兰芳，续集 / 110
我的上世纪：一个北京平民的私人生活绘本：[画册] / 86
我的先祖纪晓岚：长篇纪实历史小说 / 189
我们播种希望：宣武区实施《儿童工作"九五"发展规划》剪影：[摄影集] / 135
我们的 60 年：th1956—2016：西城区第一图书馆建馆六十周年 / 360
我们的牛街：网络文章下载集萃 / 46
我们这 30 年：一个记者眼里的中国改革开放 / 381
我们走过三十年：北京市西城区集邮协会建会 30 周年纪念 / 170
我与"西城之最"读书征文活动获奖文集 / 23
我与新西城征文汇编 .2015/ 302
我与中国书店 / 166
"我与中华古籍"摄影大赛优秀作品选 / 270
我与中轴线 / 35

我与祖国共奋进：北京市西城区师生参加中华人民共和国成立60周年庆祝活动掠影 / 368
我在街头等你：北京时尚逛街地图 / 69
吴氏经历：一个北京人的生命周期 The Adventures of Wu: The Life Cycle a Peking Man / 273
吴氏经历：一个北京人的生命周期 The Adventures of Wu: The Life Cycle a Peking Man / 274
五彩梦想学员美术书法作品集：庆祝北京市宣武少年宫成立55周年 / 383
勿忘草 / 187

X

西城残疾人 .2014年第4期（总第22期）/ 297
西城调研与决策 .2013年第10期 / 276
西城调研与决策 .2013年第12期 / 276
西城调研与决策 .2013年第15期 / 277
西城调研与决策 .2013年第17期 / 277
西城调研与决策 .2013年第19期 / 277
西城调研与决策 .2013年第9期 / 276
西城调研与决策 .2014年第10期 / 277
西城调研与决策 .2014年第11期 / 277
西城调研与决策 .2014年第12期 / 278
西城调研与决策 .2014年第13期 / 278
西城调研与决策 .2014年第16期 / 278
西城调研与决策 .2014年第17期 / 278
西城调研与决策 .2014年第18期 / 278
西城调研与决策 .2014年第19期 / 278
西城调研与决策 .2014年第20期 / 279
西城调研与决策 .2014年第21期 / 279
西城调研与决策 .2014年第22期 / 279
西城调研与决策 .2014年第23期 / 279
西城调研与决策 .2014年第24期 / 279
西城调研与决策 .2015年第1期 / 280
西城改革开放30年 / 137

西城概况：[中英文本] / 22
西城故事与中国梦 / 103
西城故事与中国梦 / 103
西城回眸：北京西城老同志回忆 / 102
西城教育：合订本 .2005年 / 369
西城九三 .2012年第4期（总第31期）/ 329
西城九三 .2015年第3期（总第41期）/ 330
西城九三 .2016年第1期（总第42期）/ 330
西城老年大学建校二十五周年校庆画册 / 372
西城老年大学三十年 / 372
西城论坛 .第58期 / 285
西城论坛 .第61期 / 285
西城论坛 .第63期 / 285
西城论坛 .第64期 / 286
西城女性 .2013年第3期 / 292
西城女性 .2013年第4期 / 292
西城女性 .2013年第5期 / 292
西城女性 .2013年第6期 / 292
西城女性 .2015年第5期 / 292
西城女性 .2015年第6期 / 293
西城女性 .2016年第1期 / 293
西城女性 .2016年第2期 / 293
西城女性 .2016年第3期 / 293
西城女性 .2016年第4期 / 293
西城女性 .2016年第5期 / 294
西城女性 .2016年第6期 / 294
西城女性 .2017年第1期 / 294
西城女性 .2017年第3期 / 294
西城女性 .2019年第3期 / 294
西城区"践为民宗旨　兴务实之风　促社区和谐"实践活动调研成果选编 / 308
西城区"十二五"时期文化创意产业发展规划 / 358
西城区"十三五"规划纲要及专项规划汇编 / 335

西城区"十三五"规划纲要及专项规划汇编 / 335

《西城区"十一五"时期儿童发展规划》目标任务分解书 / 292

《西城区"十一五"时期妇女发展规划》目标任务分解书 / 295

西城区"抒正气 颂清廉"反腐倡廉大赛作品集 / 334

西城区 2010 年精神文明建设暨双拥工作大会文件汇编 / 331

西城区 2012 年部门预算培训材料 / 343

西城区 2012 年社会工作优秀案例汇编 / 318

西城区 2013 年未成年人思想道德建设创新案例材料汇编 / 372

西城区成人教育论文选编 . 2012—2013/ 371

西城区大栅栏街道发展规划：2011 年—2015 年 / 350

西城区第六次全国人口普查光荣册 / 281

西城区第一次全国经济普查纪念珍藏册 China Economic Census/ 339

西城区调查研究工作会议学习交流材料汇编 / 303

西城区法律援助案例选编 / 334

西城区法治政府评估报告 / 304

西城区非物质文化遗产保护项目概览 / 220

西城区功能街区发展模式及战略问题研究 / 350

西城区关心下一代工作委员会成立大会材料汇编 / 373

西城区教育系统党政领导干部优秀论文、案例集 / 367

西城区教育学会优秀论文光荣册 / 367

西城区经济社会发展季报 . 2014. 三季度 / 336

西城区经济社会发展季报 . 2014. 四季度 Seasonly Economic & Sociery Development Report / 336

西城区经济社会发展统计资料 . 2015/ 336

［西城区精神文明创建活动先进集体和个人］光荣册 .［2009］/ 331

西城区居家养老服务工作资料汇编 / 281

西城区老年大学 2007 年至 2012 年记事摘选：初稿 / 372

西城区老年大学第六次教职工大会会议文件 / 372

西城区立体绿化 / 351

西城区棉花胡同幼儿园建园 55 周年纪念 / 368

西城区民政局 2014 年调研报告集 / 318

西城区民族政策监督员工作手册 / 282

西城区情 . 2012/ 219

西城区人大常委会关于区"十二五"规划纲要中期评估监督工作资料汇编 / 296

西城区人民调解案例选编 . 2015/ 333

西城区社会组织名录 Xicheng Distridtsociai Organization List / 295

西城区社会组织名录 / 295

西城区社区参与型协商工作, 社区实践探索 / 305

西城区社区健康生育全程服务工程, 工作成果 / 282

西城区社区健康生育全程服务工程, 指导手册 / 282

西城区社区健康生育全程服务工程调研成果 / 281

西城区司法局 2015 年度调研汇编 / 333

西城区司法局 2016 年度调研汇编 / 333

西城区特色功能区经济社会发展解析 / 143

西城区图书馆年鉴 . 2010 年 / 360

西城区图书馆年鉴 . 2011 年 / 361

西城区图书馆年鉴 . 2012 年 / 361

西城区委、区政府领导班子述职述廉报告　西城区区级领导干部述职述廉报告汇编 / 302

西城区未成年人思想道德建设工作手册 / 373

西城区文化单位基础安全法规手册 / 359

西城区校长实用手册 / 367

西城区行政服务事项办事攻略 / 301

西城区行政服务体系 2013 年度窗口工作总结汇编 / 299

西城区行政服务用语妙语手册 / 302

西城区学校党组织书记实用手册 / 367

西城区展览路医院建院 50 周年：1960—2010/ 380

西城区政务能力建设年学习资料 . 四 / 302

西城区政协关于"构建西城区高精尖经济结构"专题协商文件汇编 / 327

西城区直机关第二届文化节 / 364

西城区直机关共青团"学习总书记讲话　做合格共青团员"教育实践学习资料 / 291

西城区直机关首届文化节 / 364

西城区直机关首届文化节：[画册] / 137

西城区综合行政服务中心服务手册 / 302

西城人大 .2011 年第 1 期 / 295

西城人力社保办事指南 / 341

西城人力社保精品调研选编 / 318

西城商务服务指南 / 353

西城社会科学 .2017 年第 2 期 / 366

西城社会科学 .2018 年合订本 / 366

西城审判 .2015/ 2（总第 41 期）/ 333

西城史迹：辛亥前后 30 年 / 84

西城外事：行前教育手册 / 326

西城未检 / 334

西城行政服务 .2015 年 8 月（总第 26 期）*Administrative Service* / 300

西城宣传 . 第 16 期 / 286

西城宣传 . 第 17 期 / 286

西城宣传 . 第 41 期 / 286

西城宣传 . 第 42 期 / 286

西城宣传 . 第 46 期 / 287

西城宣传 . 第 50 期 / 287

西城宣传 . 第 51 期 / 287

西城宣传 . 第 53 期 / 287

西城宣传 . 第 54 期 / 287

西城邮协二十年纪念册：1986—2006/ 北京市西城区文化馆，北京市西城区集邮协会编 / 365

西城致公 .2015 年 10 月第 3 期（总第 15 期）/ 330

西城致公 .2015 年 12 月第 4 期（总第 16 期）/ 330

西城致公 .2016 年 4 月第 1 期（总第 17 期）/ 330

西城追忆 .2011 年第 3 期 .*Looking Back to Xicheng District,Beijing* / 266

西城追忆 .2014 年第 1 期 .*Looking Back to Xicheng District ,Beijing*/ 266

西城追忆 .2014 年第 2 期 .*Looking Back to Xicheng District,Beijing* / 267

西城追忆 .2014 年第 3 期 .*Looking Back to Xicheng District,Beijing* / 267

西城追忆 .2014 年第 4 期 .*Looking Back to Xicheng District,Beijing* / 267

西城追忆 .2015 年第 3 期 .*Looking Back to Xicheng District,Beijing* / 267

西城追忆 .2015 年第 4 期 .*Looking Back to Xicheng District,Beijing* / 267

西城追忆 .2016 年第 1 期 .*Looking Back to Xicheng District,Beijing* / 268

西城追忆 .2016 年第 2 期 .*Looking Back to Xicheng District,Beijing* / 268

西城追忆 .2016 年第 3 期 .*Looking Back to Xicheng District,Beijing* / 268

西城追忆 .2016 年第 4 期 .*Looking Back to Xicheng District,Beijing* / 268

西城追忆 .2017 年第 1 期 .*Looking Back to Xicheng District,Beijing* / 269

西城追忆 .2017 年第 2 期 .*Looking Back to Xicheng District,Beijing* / 269

西城追忆 .2019 年第 2 期 .*Looking Back to*

Xicheng District,Beijing /269
西城追忆：文物保护专辑 / 105
西城追忆·抗战西城 / 85
西单 / 156
西长安街文化体育季精彩回顾 / 364
西长安街中心组理论调研文章汇编 / 301
吸烟与健康 / 378
析津志辑佚 / 3
析津志辑佚 / 3
戏剧北京 / 208
戏院聆赏 / 208
细说北京街巷地名 / 42
细说北京往事 / 70
先农神坛 / 226
先农神坛 / 57
先农坛史话 / 57
相声名家张寿臣传 / 112
小说杂拌 / 196
孝星集锦 . 2012/ 272
携手共进：国家统计局直属北京三支调查队发展回顾：[画册] / 145
携手同行共建家园：西城知联会五年风采回顾 2010—2015/ 295
心动西城 / 371
心理疾病的防治 / 379
心灵牧场：摄影镜头下的心感意动 / 204
心系群众共筑和谐：西城区用群众工作统揽信访工作专刊 / 318
心系首都蓝天碧水保护环境服务民生 / 352
心系祖国　舞动中华：[画册]：北京市西城区教育研修学院参加六十周年国庆纪念 / 371
心血管病的防治 / 379
心育的旋律 / 174
辛亥革命与北京西城：[画册] / 85
新北京人手册 . 2006/ 275

新测北京内外城全图：民国时期老地图 76
新国风诗丛：2004.9/ 186
新华诗：2005.5/ 186
新街口街道内控手册 / 310
新街口老故事 / 259
新街口一刻钟社区服务圈服务指南 / 380
新乐府：2004.11/ 186
新美域 .2006 年第 6 期 New Art World / 383
新牛街 / 139
新闻、旧闻和趣闻：一百多年来北京报业兴衰杂谈 / 360
新西城·新气象·新发展：西城区重点功能区发展情况：2006—2010 年 / 144
新中国北京文艺 60 年：1949—2009，电视卷 / 356
新中国北京文艺 60 年：1949—2009，电影卷 / 356
新中国北京文艺 60 年：1949—2009，美术卷 / 355
新中国北京文艺 60 年：1949—2009，民间文艺卷 / 355
新中国北京文艺 60 年：1949—2009，曲艺卷 / 356
新中国北京文艺 60 年：1949—2009，文学卷 / 355
新中国北京文艺 60 年：1949—2009，文艺理论卷 / 357
新中国北京文艺 60 年：1949—2009，舞蹈卷 / 356
新中国北京文艺 60 年：1949—2009，戏剧卷 / 355
新中国北京文艺 60 年：1949—2009，音乐卷 / 355
新中国北京文艺 60 年：1949—2009，杂技卷 / 356

星河放歌：北京十五中优秀作文集 / 178
行政监察工作手册 / 347
醒俗画报精选：清末民初社会风情 / 124
蓄力前行 Power On / 341
宣档大观 .2010 年第 1 期（创刊号）/ 364
宣档大观 .2010 年第 2 期 / 364
宣南：清代京师士人聚居区研究 / 85
宣南·法源寺：［图集］/ 33
宣南秉烛谭 / 198
宣南鸿雪图志 . 第二卷 / 223
宣南鸿雪图志 . 第三卷 / 223
宣南鸿雪图志 . 第一卷 / 223
宣南鸿雪图志 / 30
宣南老字号：摄影集 / 156
宣南士乡 / 98
宣南寺庙志略 / 56
宣南文化 / 165
宣南文化 / 25
宣南文化便览 / 164
宣南文脉：一个街道主任眼中的城市性格 / 21
宣南艺苑三人行：［画册］/ 201
宣南忆旧 . 续集 / 103
宣南忆旧 / 103
宣南饮食文化 / 127
宣南之旅：［中英文本］/ 31
宣图工作通讯 .2016 年第 3 期（总节 58 期）/ 360
宣图工作通讯 / 360
宣文动态：2003/ 164
宣文动态：2005/ 164
宣武报：缩印汇编 / 137
宣武党史 . 第九期 / 133
宣武党史 . 第十期 / 133
宣武党史通讯 / 133
宣武党史专题文选 / 133
宣武党政干部论坛 / 141

宣武改革开放 30 年 / 136
宣武改革开放二十年 / 136
宣武广内：摄影集 / 140
宣武广外区域经济发展指南 / 143
宣武集邮年鉴 .2011—2012/ 170
宣武教育 / 172
宣武老龄大学建校廿五周年纪念 / 372
宣武区 2010 年组织工作会议交流材料汇编 / 289
宣武区成人教育志 / 179
宣武区档案学术论文汇编 . 二 / 168
宣武区教育系统优秀党支部书记 / 132
宣武区教育系统优秀共产党员 / 132
宣武区教育系统优秀基层党组织 / 132
宣武区名校长办学思想与实践 . 第一集 . 上册 / 175
宣武区名校长办学思想与实践 . 第一集 . 下册 / 175
宣武区牛街街道公民道德先进人物事迹材料 / 138
宣武区普通教育志 / 172
宣武区情我知道 . 二 / 15
宣武区情我知道 / 15
宣武区人民满意的公务员事迹汇编 / 108
宣武区图书馆读者征文集 / 167
宣武区图书馆论文集 / 167
宣武区推进依法行政工作调研文集 / 304
宣武区文化创意产业高级研修班论文集 / 165
宣武区文化馆抗击非典文艺作品创作征文选辑 / 200
宣武区文化基础数据手册 .2007/ 164
宣武少年宫论文集 / 179
宣武社区教育 / 179
宣武文史 . 第十五辑 / 269
宣武文史 . 第八辑，庆祝中华人民共和国成立五十周年专辑：1949—1999/ 100
宣武文史 . 第二辑 / 99

宣武文史．第九辑，宣南文化专辑——宝地宣南 / 100

宣武文史．第六辑，梨园专辑 / 99

宣武文史．第七辑，纪念戊戌变法 100 周年专辑：1898—1998/ 100

宣武文史．第三辑 / 99

宣武文史．第十二辑 / 100

宣武文史．第十辑，宣南园林 / 100

宣武文史．第十三辑 / 101

宣武文史．第十四辑 / 101

宣武文史．第十五辑，纪念改革开放三十周年 / 101

宣武文史．第十一辑，菊坛拾零 / 100

宣武文史．第四辑，纪念中国人民抗日战争胜利五十周年专辑：1945—1995/ 99

宣武文史．第五辑 / 99

宣武文史．第一辑 / 99

宣武文史集萃 / 103

宣武邮协 20 年 / 365

宣武园林．第二期 / 151

宣武园林．第三期 / 151

宣武园林．第四辑 / 151

宣武园林年鉴：1990 年园林大事记 / 151

宣武之最 / 14

学海溯源：北京第十五中教师优秀论文集 / 179

学海撷趣：大栅栏街道 2010 年工作经验交流材料汇编 / 307

学习贯彻科学发展观调研报告汇编．2008—2009 / 297

学习文萃 / 373

学习型城区建设科研文集 / 336

学习与探索：宣武区局处级党委（党组）理论学习中心组学习文章汇编 / 141

寻梦古都北京 / 70

寻梦老北京 / 123

寻思集 / 89

寻找风景 / 211

寻找老北京城：［画册］/ 41

循踪喻怀：古诗文名篇选读 / 188

讯海撷英：宣武报创刊八周年作品精选 / 166

Y

烟袋斜街：老北京风情典藏：［中英文本］/ 46

燕都丛考 / 31

燕都梨园 / 210

燕都说故 / 28

燕国风云八百年 / 83

燕国简史 / 83

燕京八景 / 49

燕京传说 / 198

燕京风土录．上 / 70

燕京风土录．下 / 70

燕京画旧 / 202

吆喝与招幌 / 161

叶祖孚讲北京 / 72

一代名师：纪念刘景昆 张子锷先生 / 273

一代相声名师王长友 / 112

一封家书：征文汇编 / 382

一个文化工作者的自述 / 272

一九四九年前北京城市发展史上的重大建设项目 / 224

一九四九年前北京城市发展史上的重大建设项目：图集 / 224

以案为鉴警钟长鸣：西城区社区党员违纪典型案例及点评 / 285

艺术盛宴：北京艺术生活地图 / 169

印象西城：庆祝《北京西城报》创刊 1000 期 / 220

英雄的女儿非凡的壮举：2003：厂桥医院抗击"非典"征文选编 / 183

营国匠意：古都北京的规划建设及其文化渊源 / 149
营养与健康 / 378
永诀的建筑：[摄影集] / 51
永远的北京 / 72
永远的青春年华：宣武青年运动文史资料辑 / 134
幽燕都会 / 83
游北京逛西城．上卷，漫步 / 52
游北京逛西城．下卷，发现 / 52
友谊长存 Eternal Friendship / 326
有鼻子有眼儿 / 192
鱼水情深　共促和谐：新街口街道双拥共建工作纪实 / 326
鱼水情深：北京宣武广外地区双拥共建工作掠影 / 139
与时代同行：[画册]：北京市佛教协会成立30周年纪念册 / 193
与时代同行：雷锋精神在身边 / 271
与时俱进　乘势而上　开创21世纪首都校外教育工作新局面 / 141
玉堂春 / 388
浴火重生：透视中华老字号的经营之道 / 145
袁世海全传：1916—1949 / 112
原来他们这样做校长：北京西城智慧校长访谈录 / 173
远去的红烛 / 369
远去的乡情：正在消失的民俗 / 124
月坛中学45周年校庆纪念册：1963—2008 / 370
阅读在身边 / 361
阅微草堂笔记 / 190
阅微草堂笔记 / 191
阅微草堂笔记 / 191
雲析道人讲道集．二 / 283
雲析道人讲道集．一 / 283
蕴真堂石刻资料集成 / 269

Z

杂谈老北京 / 23
杂谈老北京 / 23
在百姓中间离群众最近：北京市西城区人民法院社区巡回法官赵海事迹宣传册 / 271
在北京生存的100个理由 / 27
在附中的日子：校友回忆录．上册 / 177
在附中的日子：校友回忆录．下册 / 177
增补燕京乡土记．上册 / 125
增补燕京乡土记．下册 / 125
展览路记忆 / 220
展望．2012年1月—2012年12月（1—25期） / 307
展望．2013年1月—2013年6月（26—38期） / 307
展望．2013年7月—2013年12月（39—50期） / 308
展望．2014年1月—2014年12月（52—74期） / 308
张弛大栅栏胡同摄影集 / 205
张恨水·北京 / 49
张若澄画燕山八景 / 270
张中行讲北京 / 73
长安客话 /（明）蒋一葵．酌中志 / 30
掌故北京 / 72
赵洛讲北京 / 73
赵氏孤儿 / 387
照片档案：北京什刹海文化专题资料汇编．第八册 / 259
照片档案：北京什刹海文化专题资料汇编．第二册 / 258
照片档案：北京什刹海文化专题资料汇编．第六册 / 259
照片档案：北京什刹海文化专题资料汇编．第七册 / 259
照片档案：北京什刹海文化专题资料汇

编.第三册 / 258
照片档案：北京什刹海文化专题资料汇编.第四册 / 258
照片档案：北京什刹海文化专题资料汇编.第五册 / 259
照片档案：北京什刹海文化专题资料汇编.第一册 / 258
这里是北京.第二辑 / 24
这里是北京.第一辑 / 24
真情共育民族花：第八届民族团结进步表彰会先进事迹摘编 / 137
峥嵘岁月：北京西城老同志的回忆 / 87
政协北京市西城区委员会十四届三次会议大会发言材料 / 329
芝麻开花节节高：西城区百姓生活60年变迁图片展资料册 / 275
职务犯罪的理论与司法实践 Theory and Judicial Practice of Official Crimes / 332
志愿奥运的日子：[摄影集]：记西城奥运志愿者 / 374
智汇西城：西城"百名英才"建言区域科学发展文集 / 137
智汇宣武·博士论坛：暨高校博士、青年干部挂职工作总结会议调研成果汇编 / 136
智慧城市和大数据工作资料汇编 / 347
中共北京党史人物传.第二卷 / 107
中共北京党史人物传.第一卷 / 107
中共北京市西城区委深入学习实践科学发展观活动文件资料选编 / 288
中共宣武地区地下组织和革命活动 / 133
中共中央编译局成立六十周年纪念册：1953—2013 / 357
中国报刊图史 / 165
中国导游十万个为什么，北京.二 / 67
中国导游十万个为什么，北京.一 / 67

中国地方志集成：北京府县志辑.第二册 / 12
中国地方志集成：北京府县志辑.第六册 / 12
中国地方志集成：北京府县志辑.第七册 / 13
中国地方志集成：北京府县志辑.第三册 / 12
中国地方志集成：北京府县志辑.第四册 / 12
中国地方志集成：北京府县志辑.第五册 / 12
中国地方志集成：北京府县志辑.第一册 / 12
中国的老字号.上册 / 154
中国的老字号.下册 / 154
中国非物质文化遗产.2006 / 164
中国非物质文化遗产.第十辑 / 162
中国公共文化服务发展报告.2012 Report on Development of China's Public Services of Culture. 2012 / 359
中国共产党北京历史大事记.1919—1949 / 290
中国共产党北京市崇文区历史大事记：2001—2010 / 290
中国共产党北京市东城区历史大事记：2001—2010 / 290
中国共产党北京市宣武区组织史资料：1949—1987 / 133
中国共产党北京市组织史资料，宣武卷：1987—2010 / 134
中国古代建筑精华 / 47
中国古代建筑史.第五卷，清代建筑 / 47
中国古建筑图典：珍本.第二卷 / 207
中国古建筑图典：珍本.第三卷 / 207
中国古建筑图典：珍本.第四卷 / 207
中国古建筑图典：珍本.第一卷 / 206
中国国际艺术名人 China Artistic Celebrity. 总第6期 / 273
中国国际友人研究会 / 326
中国京剧 / 210
中国京剧编年史.上册 / 212
中国京剧编年史.下册 / 212

中国京剧艺术 / 213
中国旧书业百年 / 166
中国庙会：[图集]：[英文版] / 129
中国民间故事集成，北京卷 / 198
中国民居摄影集 / 385
中国民居与传统文化 / 128
中国民俗史话 / 122
中国民俗文化志，北京·宣武区卷 / 121
中国民族民间舞蹈集成，北京卷 / 207
中国名人地图 / 107
中国名人故居游学馆，北京卷：胡同氤氲 / 62
中国名胜词典：精编本 / 47
中国名胜古迹概览．上 / 52
中国名胜——寺塔桥亭 / 49
中国名寺观赏 / 55
中国名园．下卷 / 57
中国乒乓 70 年：图片集 Seventy Years of Table Tennis in China: Photographs Collection / 375
中国人民政治协商会议北京市西城区第十四届委员会常务委员会工作报告：2019 年 1 月 7 日在政协北京市西城区第十四届委员会第三次会议上 / 328
中国人民政治协商会议北京市西城区第十四届委员会常务委员会提案工作报告：2019 年 1 月 7 日在政协北京市西城区第十四届委员会第三次会议上 / 328
中国人民政治协商会议北京市西城区第十四届委员会第三次会议工作手册：2019 年 1 月 7 日—10 日 / 328
中国人民政治协商会议北京市西城区第十四届委员会第三次会议议程、日程及相关名单（草案）/ 328
中国人民政治协商会议北京市西城区第十四届委员会各专门委员会 2017 年工作总结和 2018 年工作思路 / 329
中国人民政治协商会议北京市西城区第十四届委员会各专门委员会 2018 年工作总结和 2019 年工作思路 / 329
中国人民政治协商会议北京市宣武区第八届委员会第三次会议以来有关材料汇编 / 140
中国人民政治协商会议北京市宣武区第九届委员会第二次会议以来有关材料汇编 / 140
中国人民政治协商会议北京市宣武区第九届委员会第一次会议以来有关材料汇编 / 140
中国人民政治协商会议北京市宣武区第十二届委员会第二次会议大会发言材料汇编 / 141
中国人民政治协商会议北京市宣武区第十届委员会资料汇编．上册 / 141
中国人民政治协商会议北京市宣武区第十届委员会资料汇编．下册 / 141
中国文化亮点通俗读本 / 358
中国文化与自然遗产精华 / 46
中国文化杂说．八，艺术文化卷 / 89
中国文化杂说．六，宗教文化卷 / 89
中国文化杂说．四，北京文化卷 / 89
中国戏曲音乐集成，北京卷．上册 / 210
中国戏曲音乐集成，北京卷．下册 / 210
中国戏曲志，北京卷．上册 / 209
中国戏曲志，北京卷．下册 / 209
中国招幌与招徕市声：传统广告艺术史略 / 161
中华道学百问．上 / 283
中华道学百问．下 / 283
中华道学百问．中 / 283
中华古庙：名人庙·祖宗庙·神灵庙 / 56
中华回族 / 131
中华老字号．第二册 / 153
中华老字号．第一册 / 155
中华民间歌曲集成：北京卷 / 207
中华人民共和国地名大词典．第一卷 / 41
中华神相张铁嘴 / 189

中华寺庙 / 56
中日友好世代相传：1985—2010：庆祝月坛中学与日本 LABO 友好交流 25 周年 / 370
"中山人在京津唐"资料索引 / 271
中学校长工作实录：龚正行教育文集 / 370
中医的九种体质解析 / 379
众志成城：[画册] / 182
重大行政决策合法性审查和法律顾问工作文件汇编 / 304
重要法律法规选编 / 332
主渠道育新集：宣武区回民小学"个性发展"模式教学研究文集 / 175
祝福 / 186
祝勇文化笔记：北京：中轴线上的都城 / 32
专家建言西城区"十三五"发展资料汇编 / 304
追思改敬礼：来自北京、来自牛街、来自海内外 / 113
紫禁城内外：皇朝·关帝·驴窝子 / 72
紫气东来筑辉煌：皇家园林 文化遗址帝王陵墓 / 51
宗教·北京 / 131
走读京城角落 / 75
走街串巷品文化：大栅栏胡同游 / 45
走进博物馆：北京地区博物馆大全 / 363
走进西城：北京市西城区地方实验教材 / 226
走进新牛街 / 138
走进知识殿堂：北京百家博物馆 / 167
走在时代前列 / 288
足迹 / 369
祖国江山美　镜头颂党恩：[摄影集]：西城律师摄影展 / 385
最新北京实用导游 / 67
坐在台阶上看戏 / 211

其他

156 中——我的梦想·我的路：庆 80 华诞学生优秀征文选 / 371
1950·北京市街道详图：复制版 / 38
1958—2008 首都医科大学宣武医院 50 华诞感言录 / 182
1958—2008 首都医科大学宣武医院 50 年简史 / 182
1958—2008 首都医科大学宣武医院 50 周年论文题录集 / 182
2003—2004 年北京文化发展报告 / 163
2005 年北京文化发展报告 / 163
2007—2008 年北京文化发展报告 / 163
2008—2009 年西城区成人教育论文集 / 371
2008 北京地区博物馆展讯 Exhibition Information of Museums in Beijing / 168
2008 年西城区老龄工作发展报告 / 280
2009 年西城区老龄工作发展报告 / 280
2009 年西城区卫生工作会会议交流材料汇编 / 377
2010—2011 年度徐悲鸿中学初中部宣传报道集锦 / 131
2011·创意西城旅游商品展示会：展会会刊：2011 年 9 月 16—19 日北京大观园 / 354
2011 年西城区人力资源和社会保障工作调研报告选编 / 342
2011 徐悲鸿中学初中部宣传报道集锦 / 193
2012 年度北京市西城区"智慧北京"建设专项考评附件材料 / 348
2012 年度西城区"智慧北京"建设专项考评自查自评表 / 349
2012 年西城区教育科研月程序册：2012 年 11 月 16 日—12 月 18 日 / 368
2012 年西城信息化简报．1 月 -3 月 / 366

2012西城文化节集萃. 绘画分册 / 383
2012西城文化节集萃. 摄影分册 / 383
2012西城文化节集萃. 书法分册 / 383
2013—2014年北京文化发展报告 / 358
2013年工作要点汇编 / 377
2013年西城区纪检监察系统优秀调研报告汇编 / 288
2013年西城区人力资源和社会保障工作调研报告选编 / 342
2014年西城区纪检监察系统优秀调研报告汇编 / 288
2014年西城区人力资源和社会保障工作调研报告选编. 上册 / 342
2014年西城区人力资源和社会保障工作调研报告选编. 下册 / 342
2015北京·大栅栏琉璃厂精品交易文化季集萃 / 343
2015北京什刹海冰雪体育文化节 / 375
2015北京文化消费指南Beijing Cultural Consumption Guide 2015 / 359
2015北京文化消费指南Beijing Cultural Consumption Guide 2015：北京文惠卡全攻略 / 359
2015年西城区未成年人思想道德建设工作创新案例汇编 / 373

2015书香中国·北京阅读季活动手册. 第5期 / 365
2015书香中国·北京阅读季活动手册. 第6期 / 365
2015书香中国·北京阅读季活动手册. 第7期：特辑 / 365
2016年西城区纪检监察系统优秀调研报告汇编 / 289
2016年西城区民政局督查任务手册. 区级考核 / 317
2016年西城区民政局督查任务手册. 市级考核 / 317
2016年西城区人力资源和社会保障工作调研报告选编 / 342
2017年度政协北京市西城区委员会资料汇编 / 327
2017年税收数据手册 / 344
2018年度政协北京市西城区委员会资料汇编 / 327
20周年光辉的历程：庆祝北京市外事学校实习饭店建店20周年 / 354
40年辉煌历程：北京市和平门中学建校四十周年.1963—2003/ 178
5年光景梦想花开：西城区第二次妇女代表大会专刊 / 295

文献题名汉语笔画索引

一画

一九四九年前北京城市发展史上的重大建设项目 / 224

一九四九年前北京城市发展史上的重大建设项目：图集 / 224

一个文化工作者的自述 / 272

一代名师：纪念刘景昆 张子锷先生 / 273

一代相声名师王长友 / 112

一封家书：征文汇编 / 382

二画

二零一一年我们这样走过：西城区青少年儿童图书馆 2011 年活动集锦 / 362

丁香四月天 / 188

十个人的北京城 / 107

十四届以来区人大工作制度汇编 / 297

十全大净金少山 / 111

七字经趣谈老北京 / 48

人力资源和社会保障政策法规选编 / 341

人文北京 Cultural Beijing：千年古都的城市地图 / 30

人文宣武现代青年 / 135

人海栖迟 / 193

八大胡同——旧北京时代的"红灯区" / 193

八大胡同里的尘缘旧事 / 119

八大胡同捌章 / 119

九门深处轶闻多：同祯博客文集 / 197

三画

士林交游与风气变迁：19 世纪宣南的文人群体研究 / 184

工作清单手册：2017 版本 / 342

工作简报 .2016.5（总第 216 期）/ 362

工作简报 .2016.6（总第 217 期）/ 362

工作简报 .2018.5（总第 228 期）/ 363

工作简报 .2018.6（总第 229 期）/ 363

寸舞天心：邢冬方篆刻选 / 203

大兴学习之风：北京市西城区第二批建设学习型党组织工作示范点和品牌活动经验汇编 / 289

大观园 / 63

大武生：侯少奎昆曲五十年 / 111

大栅栏 / 188

大栅栏：长篇小说 / 189

大栅栏历史文化辞典 / 224

大栅栏故事——红色足迹 / 45

大栅栏胡同记忆 / 225

大栅栏街道工委办事处 2011 年科室大事记 / 309

大栅栏街道志 / 13

大栅栏演义 / 188

大前门：王永斌口述老北京生活 / 118

大前门外：中英文对照 / 117

"大碗茶"传奇 / 159

大躍進中北京地區的圖書館 / 360

与时代同行：[画册]：北京市佛教协会成立30周年纪念册 / 193
与时代同行：雷锋精神在身边 / 271
与时俱进 乘势而上 开创21世纪首都校外教育工作新局面 / 141
小说杂拌 / 196
山水中国，北京卷．下 / 50
山水中国，北京卷．上 / 50
千年古都话沧桑：北京城的演进 桥梁长城 / 34
广内街志 / 13
广外街道发展区域经济专刊 / 143
广安门外街道志 / 14
广安门站志：1906—1991 / 152
马连良艺术评论集 / 212
马明道阿訇纪念文集 / 113

四画

丰盛50周年庆典：1960—2010：北京市丰盛中医骨伤专科医院建院五十周年庆典 / 380
王展云从艺画集 / 273
开发建设中的国际传媒大道 / 165
天坛广记 / 57
天府广记 / 11
天咫偶闻 / 28
天桥 / 114
天桥旧话 / 117
天桥丛谈 / 116
天桥往事录 / 117
天桥街道资料汇编 / 14
天桥榜样 / 332
天桥演义 / 188
天衢丹阙：老北京风物图卷 / 202
专家建言西城区"十三五"发展资料汇编 / 304
艺术盛宴：北京艺术生活地图 / 169

五彩梦想学员美术书法作品集：庆祝北京市宣武少年宫成立55周年 / 383
区直机关最美北京人宣讲事迹材料汇编 / 331
区委、区政府有关部门和各街道工委、办事处2012年工作总结和2013年工作重点汇编 / 303
历史上的水与北京城 / 346
历史的记忆 难忘的春天：北京市抗击"非典"群众文艺作品集 / 200
历史的对接：同仁堂传统文化与现代文明相融合的实践 / 157
历代咏北京诗词选 / 186
历代帝王庙100问 / 227
友谊长存 Eternal Friendship / 326
比较与创新：京津冀与莫斯科城市群的挑战与应对 Comparisons and Innovations: Problems and Solutions of Beijing-Tianjin-Hebei and Moscow Agglomerations / 335
日下旧闻考．一 / 29
日下旧闻考．二 / 29
日下旧闻考．三 / 29
日下旧闻考．四 / 29
日下回眸：老北京的史地民俗 / 71
"中山人在京津唐"资料索引 / 271
中日友好世代相传：1985—2010：庆祝月坛中学与日本LABO友好交流25周年 / 370
中共中央编译局成立六十周年纪念册：1953—2013 / 357
中共北京市西城区委深入学习实践科学发展观活动文件资料选编 / 288
中共北京党史人物传．第一卷 / 107
中共北京党史人物传．第二卷 / 107
中共宣武地区地下组织和革命活动 / 133
中华人民共和国地名大词典．第一卷 / 41
中华古庙：名人庙・祖宗庙・神灵庙 / 56
中华民间歌曲集成：北京卷 / 207

中华寺庙 / 56
中华老字号 . 第一册 / 155
中华老字号 . 第二册 / 153
中华回族 / 131
中华神相张铁嘴 / 189
中华道学百问 . 下 / 283
中华道学百问 . 上 / 283
中华道学百问 . 中 / 283
中医的九种体质解析 / 379
中国人民政治协商会议北京市西城区第十四届委员会各专门委员会 2017 年工作总结和 2018 年工作思路 / 329
中国人民政治协商会议北京市西城区第十四届委员会各专门委员会 2018 年工作总结和 2019 年工作思路 / 329
中国人民政治协商会议北京市西城区第十四届委员会常务委员会工作报告：2019 年 1 月 7 日在政协北京市西城区第十四届委员会第三次会议上 / 328
中国人民政治协商会议北京市西城区第十四届委员会常务委员会提案工作报告：2019 年 1 月 7 日在政协北京市西城区第十四届委员会第三次会议上 / 328
中国人民政治协商会议北京市西城区第十四届委员会第三次会议工作手册：2019 年 1 月 7 日—10 日 / 328
中国人民政治协商会议北京市西城区第十四届委员会第三次会议议程、日程及相关名单（草案）/ 328
中国人民政治协商会议北京市宣武区第十二届委员会第二次会议大会发言材料汇编 / 141
中国人民政治协商会议北京市宣武区第十届委员会资料汇编 . 下册 / 141
中国人民政治协商会议北京市宣武区第十届委员会资料汇编 . 上册 / 141
中国人民政治协商会议北京市宣武区第八届委员会第三次会议以来有关材料汇编 / 140
中国人民政治协商会议北京市宣武区第九届委员会第一次会议以来有关材料汇编 / 140
中国人民政治协商会议北京市宣武区第九届委员会第二次会议以来有关材料汇编 / 140
中国公共文化服务发展报告 . 2012 Report on Development of China's Public Services of Culture. 2012 / 359
中国文化与自然遗产精华 / 46
中国文化杂说 . 八，艺术文化卷 / 89
中国文化杂说 . 六，宗教文化卷 / 89
中国文化杂说 . 四，北京文化卷 / 89
中国文化亮点通俗读本 / 358
中国古代建筑史 . 第五卷，清代建筑 / 47
中国古代建筑精华 / 47
中国古建筑图典：珍本 . 第一卷 / 206
中国古建筑图典：珍本 . 第二卷 / 207
中国古建筑图典：珍本 . 第三卷 / 207
中国古建筑图典：珍本 . 第四卷 / 207
中国旧书业百年 / 166
中国民间故事集成，北京卷 / 198
中国民居与传统文化 / 128
中国民居摄影集 / 385
中国民俗文化志，北京·宣武区卷 / 121
中国民俗史话 / 122
中国民族民间舞蹈集成，北京卷 / 207
中国地方志集成：北京府县志辑 . 第一册 / 12
中国地方志集成：北京府县志辑 . 第二册 / 12
中国地方志集成：北京府县志辑 . 第七册 / 13
中国地方志集成：北京府县志辑 . 第三册 / 12
中国地方志集成：北京府县志辑 . 第五册 / 12
中国地方志集成：北京府县志辑 . 第六册 / 12
中国地方志集成：北京府县志辑 . 第四册 / 12
中国共产党北京历史大事记 . 1919—1949 / 290

中国共产党北京市东城区历史大事记：2001—2010 / 290

中国共产党北京市组织史资料，宣武卷：1987—2010 / 134

中国共产党北京市宣武区组织史资料：1949—1987 / 133

中国共产党北京市崇文区历史大事记：2001—2010 / 290

中国乒乓 70 年：图片集 Seventy Years of Table Tennis in China: Photographs Collection / 375

中国名人地图 / 107

中国名人故居游学馆，北京卷：胡同氤氲 / 62

中国名寺观赏 / 55

中国名园 . 下卷 / 57

中国名胜古迹概览 . 上 / 52

中国名胜——寺塔桥亭 / 49

中国名胜词典：精编本 / 47

中国导游十万个为什么，北京 . 一 / 67

中国导游十万个为什么，北京 . 二 / 67

中国戏曲志，北京卷 . 下册 / 209

中国戏曲志，北京卷 . 上册 / 209

中国戏曲音乐集成，北京卷 . 下册 / 210

中国戏曲音乐集成，北京卷 . 上册 / 210

中国报刊图史 / 165

中国招幌与招徕市声：传统广告艺术史略 / 161

中国非物质文化遗产 .2006/ 164

中国非物质文化遗产 . 第十辑 / 162

中国国际艺术名人 China Artistic Celebrity. 总第 6 期 / 273

中国国际友人研究会 / 326

中国的老字号 . 下册 / 154

中国的老字号 . 上册 / 154

中国京剧 / 210

中国京剧艺术 / 213

中国京剧编年史 . 下册 / 212

中国京剧编年史 . 上册 / 212

中国庙会：［图集］：［英文版］/ 129

中学校长工作实录：龚正行教育文集 / 370

水乡北京 / 25

见证：老报人镜头下的中国进步史 / 262

见证北京：1919—2004/ 85

见闻北京七十年琐记 / 86

牛街双拥共建掠影 / 139

牛街礼拜寺：［摄影集］：北京牛街礼拜寺创建一千年纪念：996—1996/ 131

牛街故事的背后：北京市公安局牛街派出所优良作风传承启示 / 140

牛街琐忆 / 46

牛街街道政务服务大厅工作手册 / 140

毛主席纪念堂收藏艺术精品集萃 / 363

长安客话 /（明）蒋一葵 . 酌中志 / 30

什刹海 / 33

什刹海九记 / 254

什刹海与北京城的中轴线 / 66

什刹海与京杭大运河 / 65

什刹海的寺庙 / 58

什刹海的变迁 / 35

什刹海的学校 医院 文化场所 / 165

从大碗茶到老舍茶馆：1979—1998 年改革风云 / 191

从大碗茶到老舍茶馆：1979—1998 年改革风云 / 192

从传统消遣到现代娱乐 / 169

今日宣武 / 21

今融 . 第 31 期 / 349

公开公正公信规范司法行为：北京市检察机关规范司法行为专项整治工作掠影 / 333

公司法典型案例与裁判解析 Typical Cases & Adjudgement Consideration of Company Law / 332

月坛中学 45 周年校庆纪念册：1963—2008 / 370

勿忘草 / 187

风雨长征号 / 381

风雨心路：抗击 SARS 论文集 / 182

风采心声榜样：北京市公安局公安交通管理局西城交通支队 / 319

风流大前门 / 190

风流不见使人愁：北京的名人与往事 / 107

风景：京城名人故居与轶事 .1/ 60

风景：京城名人故居与轶事 .2/ 60

风景：京城名人故居与轶事 .3/ 60

风景：京城名人故居与轶事 .4/ 61

风景：京城名人故居与轶事 .5/ 61

风景：京城名人故居与轶事 .6/ 61

风景：京城名人故居与轶事 .7/ 61

风景：京城名人故居与轶事 .8/ 61

凤还巢 / 388

文人笔下的旧京风情 / 71

文才驰天下：纪晓岚的"风流"人生 / 108

文化大视野：全国群众文化、图书、博物论文集 . 第八卷 / 164

文化古城旧事 / 197

文化古城旧事 / 198

文化共享十年路：共创·共建·共享，优秀服务案例选编 / 357

文化共享十年路：共创·共建·共享，新闻媒体报道选编 / 357

文化西城创意之都 / 165

文化宣南 .2013 年第 1 期 / 358

文化遗产之都——奥运北京 / 374

文明社区：西城区精神文明创建工作优秀案例选编 / 309

文明铸就辉煌　创建助推梦想：西城区文明单位创建活动观摩交流 / 142

文明铸就辉煌创建助推梦想：西城区文明单位创建活动观摩交流 / 331

文物古迹览胜：西城区各级文物保护单位名录 / 226

文物古迹览胜：西城区各级文物保护单位名录 / 51

文物话春秋，琉璃厂 / 104

文章千古事　得失寸心知：月坛中学教师论文集：校庆专刊 / 369

方志北京：京华讲坛文集（2013—2014）/ 221

方志北京：京华讲坛文集（2015）/ 221

计生卫生相联手　优质服务在社区 / 182

心动西城 / 371

心血管病的防治 / 379

心系首都蓝天碧水保护环境服务民生 / 352

心系祖国　舞动中华：[画册]：北京市西城区教育研修学院参加六十周年国庆纪念 / 371

心系群众共筑和谐：西城区用群众工作统揽信访工作专刊 / 318

心灵牧场：摄影镜头下的心感意动 / 204

心育的旋律 / 174

心理疾病的防治 / 379

以案为鉴警钟长鸣：西城区社区党员违纪典型案例及点评 / 285

邓云乡讲北京 / 73

双拥共建情深民族团结进步：[摄影集] / 139

书香西城 2015 活动手册 / 365

书香西城阅读地图 .2015. 典藏版 / 260

"书香朝阳"公共阅读发展智库成立暨《北京市朝阳区图书馆馆藏石刻拓片汇编》新书发布会 / 364

书香谱写拥军情 / 361

书院北京 / 180

书海拾贝 .2015 第 2 期（总第 2 期）The Book Sea Ascends the Shell / 361

五画

玉堂春 / 388
世纪留念：北京·名人·故居·旧宅院 . 下册 / 60
世纪留念：北京·名人·故居·旧宅院 . 上册 / 60
古中国的歌：叶秀山论京剧 / 211
古今北京 / 27
古代北京城市管理 / 148
古刹寻踪 / 55
古都艺海撷英 / 116
古都北京 / 47
古都北京的民俗与旅游 / 67
古都旧景精品集：[画册]：[中英日文本] / 202
古都变迁说北京：北京蓟辽金元明清古都发展轨迹扫描 / 224
古都京韵：京城的 50 个不可错过 / 353
古街：首届老舍文学奖获奖作品 / 189
古街：最新修订版 / 189
古韵今风新西城：[中英文本] / 22
石崑宾 / 271
龙凤呈祥 / 387
龙树寺与宣南诗社 / 185
平凡的奉献者 / 139
东交民巷 / 32
北平风俗类徵 . 下 / 125
北平风俗类徵 . 上 / 125
北平市全图：民国时期老地图 / 77
北平市全图：民国时期老地图·民国三十年 / 78
北平市城郊地图：民国时期老地图 / 76
北平抗战简史 / 261
北平怀旧 / 195
北平俗曲略 / 214
北岳风云：《晋察冀日报》报史图像集 / 360

北京 / 160
北京 / 204
北京 / 218
北京 / 29
北京 / 66
北京 / 68
北京：都市想象与文化记忆 / 88
北京"十三五"时期经济和社会发展热点问题 / 335
北京·西城：[中英文本] / 22
北京 A to Z：26 个字母里的城市体验 / 24
北京厂甸 / 129
北京厂甸庙会论证报告 / 129
北京人什么样 / 118
北京九门深处 / 76
北京土语辞典 / 121
北京大观园 / 159
北京大观园 / 160
北京大观园 / 160
北京大观园：[中英文本] / 160
北京大栅栏 / 138
北京与莫斯科的传统友谊：档案中的记忆：[中俄文本] / 326
北京小吃 / 127
北京口语语法：词法卷 / 121
北京女篮 Beijing Women's Basketball Team / 375
北京天桥艺术中心开幕演出季：2015.11.20—2016.1.31：大幕开启岂止于戏 / 387
北京五十年纪实 / 143
北京区域统计年鉴 .2002/ 144
北京区域统计年鉴 .2003/ 144
北京区域统计年鉴 .2004/ 144
北京区域统计年鉴 .2005—2006/ 144
北京历史上的今天 / 89
北京历史文化 / 79

北京历史文化名城的保护与发展 / 148
北京历史文化漫谈 / 263
北京历史地图.元,元大都城:至正年间 / 77
北京历史地图.明,明代北京城:万历至崇祯年间 / 77
北京历史地图.清,清代北京城:乾隆十五年 / 78
北京历史地图集.二集 / 75
北京历史纪年 / 79
北京历史灾荒灾害纪年:公元前80年—公元1948年 / 152
北京历史舆图集.第一卷 / 75
北京历史舆图集.第二卷 / 76
北京历史舆图集.第三卷 / 76
北京历史舆图集.第四卷 / 76
北京中轴线建筑实测图典:故宫前朝左祖右社钟鼓楼 / 206
北京中轴线城市设计:创造北京未来的城市形象:[图集] / 149
北京牛街:[摄影集]:民族团结进步工作纪实 / 130
北京什刹海:中国最美的城区之一 / 65
北京什刹海文化专题文献资料汇编.第一册 / 227
北京什刹海文化专题文献资料汇编.第一百一十一册 / 249
北京什刹海文化专题文献资料汇编.第一百一十二册 / 250
北京什刹海文化专题文献资料汇编.第一百一十七册 / 251
北京什刹海文化专题文献资料汇编.第一百一十八册 / 251
北京什刹海文化专题文献资料汇编.第一百一十九册 / 251
北京什刹海文化专题文献资料汇编.第一百一十三册 / 250

北京什刹海文化专题文献资料汇编.第一百一十五册 / 250
北京什刹海文化专题文献资料汇编.第一百一十六册 / 250
北京什刹海文化专题文献资料汇编.第一百一十四册 / 250
北京什刹海文化专题文献资料汇编.第一百一十册 / 249
北京什刹海文化专题文献资料汇编.第一百二十一册 / 251
北京什刹海文化专题文献资料汇编.第一百二十二册 / 252
北京什刹海文化专题文献资料汇编.第一百二十七册 / 253
北京什刹海文化专题文献资料汇编.第一百二十八册 / 253
北京什刹海文化专题文献资料汇编.第一百二十九册 / 253
北京什刹海文化专题文献资料汇编.第一百二十三册 / 252
北京什刹海文化专题文献资料汇编.第一百二十五册 / 252
北京什刹海文化专题文献资料汇编.第一百二十六册 / 252
北京什刹海文化专题文献资料汇编.第一百二十四册 / 252
北京什刹海文化专题文献资料汇编.第一百二十册 / 251
北京什刹海文化专题文献资料汇编.第一百三十一册 / 253
北京什刹海文化专题文献资料汇编.第一百三十二册 / 254
北京什刹海文化专题文献资料汇编.第一百三十三册 / 254
北京什刹海文化专题文献资料汇编.第

一百三十四册 / 254
北京什刹海文化专题文献资料汇编.第一百三十册 / 253
北京什刹海文化专题文献资料汇编.第一百册 / 247
北京什刹海文化专题文献资料汇编.第一百零一册 / 247
北京什刹海文化专题文献资料汇编.第一百零二册 / 248
北京什刹海文化专题文献资料汇编.第一百零七册 / 249
北京什刹海文化专题文献资料汇编.第一百零八册 / 249
北京什刹海文化专题文献资料汇编.第一百零九册 / 249
北京什刹海文化专题文献资料汇编.第一百零三册 / 248
北京什刹海文化专题文献资料汇编.第一百零五册 / 248
北京什刹海文化专题文献资料汇编.第一百零六册 / 248
北京什刹海文化专题文献资料汇编.第一百零四册 / 248
北京什刹海文化专题文献资料汇编.第二十一册 / 231
北京什刹海文化专题文献资料汇编.第二十二册 / 231
北京什刹海文化专题文献资料汇编.第二十七册 / 232
北京什刹海文化专题文献资料汇编.第二十八册 / 233
北京什刹海文化专题文献资料汇编.第二十九册 / 233
北京什刹海文化专题文献资料汇编.第二十三册 / 232

北京什刹海文化专题文献资料汇编.第二十五册 / 232
北京什刹海文化专题文献资料汇编.第二十六册 / 232
北京什刹海文化专题文献资料汇编.第二十四册 / 232
北京什刹海文化专题文献资料汇编.第二十册 / 231
北京什刹海文化专题文献资料汇编.第二册 / 227
北京什刹海文化专题文献资料汇编.第十一册 / 229
北京什刹海文化专题文献资料汇编.第十一册 / 229
北京什刹海文化专题文献资料汇编.第十二册 / 230
北京什刹海文化专题文献资料汇编.第十七册 / 231
北京什刹海文化专题文献资料汇编.第十八册 / 231
北京什刹海文化专题文献资料汇编.第十九册 / 231
北京什刹海文化专题文献资料汇编.第十三册 / 230
北京什刹海文化专题文献资料汇编.第十五册 / 230
北京什刹海文化专题文献资料汇编.第十六册 / 230
北京什刹海文化专题文献资料汇编.第十四册 / 230
北京什刹海文化专题文献资料汇编.第七十一册 / 241
北京什刹海文化专题文献资料汇编.第七十二册 / 242
北京什刹海文化专题文献资料汇编.第

七十七册 / 243

北京什刹海文化专题文献资料汇编.第七十八册 / 243

北京什刹海文化专题文献资料汇编.第七十九册 / 243

北京什刹海文化专题文献资料汇编.第七十三册 / 242

北京什刹海文化专题文献资料汇编.第七十五册 / 242

北京什刹海文化专题文献资料汇编.第七十六册 / 242

北京什刹海文化专题文献资料汇编.第七十四册 / 242

北京什刹海文化专题文献资料汇编.第七十册 / 241

北京什刹海文化专题文献资料汇编.第七册 / 228

北京什刹海文化专题文献资料汇编.第八十一册 / 243

北京什刹海文化专题文献资料汇编.第八十二册 / 244

北京什刹海文化专题文献资料汇编.第八十七册 / 245

北京什刹海文化专题文献资料汇编.第八十八册 / 245

北京什刹海文化专题文献资料汇编.第八十九册 / 245

北京什刹海文化专题文献资料汇编.第八十三册 / 244

北京什刹海文化专题文献资料汇编.第八十五册 / 244

北京什刹海文化专题文献资料汇编.第八十六册 / 244

北京什刹海文化专题文献资料汇编.第八十四册 / 244

北京什刹海文化专题文献资料汇编.第八十册 / 243

北京什刹海文化专题文献资料汇编.第八册 / 229

北京什刹海文化专题文献资料汇编.第九十一册 / 245

北京什刹海文化专题文献资料汇编.第九十二册 / 246

北京什刹海文化专题文献资料汇编.第九十七册 / 247

北京什刹海文化专题文献资料汇编.第九十八册 / 247

北京什刹海文化专题文献资料汇编.第九十九册 / 247

北京什刹海文化专题文献资料汇编.第九十三册 / 246

北京什刹海文化专题文献资料汇编.第九十五册 / 246

北京什刹海文化专题文献资料汇编.第九十六册 / 246

北京什刹海文化专题文献资料汇编.第九十四册 / 246

北京什刹海文化专题文献资料汇编.第九十册 / 245

北京什刹海文化专题文献资料汇编.第九册 / 229

北京什刹海文化专题文献资料汇编.第三十一册 / 233

北京什刹海文化专题文献资料汇编.第三十二册 / 233

北京什刹海文化专题文献资料汇编.第三十七册 / 234

北京什刹海文化专题文献资料汇编.第三十八册 / 235

北京什刹海文化专题文献资料汇编.第

三十九册 / 235
北京什刹海文化专题文献资料汇编. 第三十三册 / 234
北京什刹海文化专题文献资料汇编. 第三十五册 / 234
北京什刹海文化专题文献资料汇编. 第三十六册 / 234
北京什刹海文化专题文献资料汇编. 第三十四册 / 234
北京什刹海文化专题文献资料汇编. 第三十册 / 233
北京什刹海文化专题文献资料汇编. 第三册 / 228
北京什刹海文化专题文献资料汇编. 第五十一册 / 237
北京什刹海文化专题文献资料汇编. 第五十二册 / 238
北京什刹海文化专题文献资料汇编. 第五十七册 / 239
北京什刹海文化专题文献资料汇编. 第五十八册 / 239
北京什刹海文化专题文献资料汇编. 第五十九册 / 239
北京什刹海文化专题文献资料汇编. 第五十三册 / 238
北京什刹海文化专题文献资料汇编. 第五十五册 / 238
北京什刹海文化专题文献资料汇编. 第五十六册 / 238
北京什刹海文化专题文献资料汇编. 第五十四册 / 238
北京什刹海文化专题文献资料汇编. 第五十册 / 237
北京什刹海文化专题文献资料汇编. 第五册 / 228
北京什刹海文化专题文献资料汇编. 第六十一册 / 239
北京什刹海文化专题文献资料汇编. 第六十二册 / 240
北京什刹海文化专题文献资料汇编. 第六十七册 / 241
北京什刹海文化专题文献资料汇编. 第六十八册 / 241
北京什刹海文化专题文献资料汇编. 第六十九册 / 241
北京什刹海文化专题文献资料汇编. 第六十三册 / 240
北京什刹海文化专题文献资料汇编. 第六十五册 / 240
北京什刹海文化专题文献资料汇编. 第六十六册 / 240
北京什刹海文化专题文献资料汇编. 第六十四册 / 240
北京什刹海文化专题文献资料汇编. 第六十册 / 239
北京什刹海文化专题文献资料汇编. 第六册 / 228
北京什刹海文化专题文献资料汇编. 第四十一册 / 235
北京什刹海文化专题文献资料汇编. 第四十二册 / 235
北京什刹海文化专题文献资料汇编. 第四十七册 / 237
北京什刹海文化专题文献资料汇编. 第四十八册 / 237
北京什刹海文化专题文献资料汇编. 第四十九册 / 237
北京什刹海文化专题文献资料汇编. 第四十三册 / 236
北京什刹海文化专题文献资料汇编. 第

四十五册 / 236
北京什刹海文化专题文献资料汇编.第四十六册 / 236
北京什刹海文化专题文献资料汇编.第四十四册 / 236
北京什刹海文化专题文献资料汇编.第四十册 / 235
北京什刹海文化专题文献资料汇编.第四册 / 228
北京什刹海文化专题文献资料汇编：总目录.第一册 / 227
北京什刹海文化专题文献资料汇编：总目录.第二册 / 227
北京什刹海文化专题文献资料汇编：总目录.第三册 / 227
北京什刹海文化专题档案资料汇编.第一册 / 254
北京什刹海文化专题档案资料汇编.第二册 / 255
北京什刹海文化专题档案资料汇编.第十一册 / 257
北京什刹海文化专题档案资料汇编.第十二册 / 257
北京什刹海文化专题档案资料汇编.第十三册 / 257
北京什刹海文化专题档案资料汇编.第十五册 / 257
北京什刹海文化专题档案资料汇编.第十四册 / 257
北京什刹海文化专题档案资料汇编.第十册 / 256
北京什刹海文化专题档案资料汇编.第七册 / 256
北京什刹海文化专题档案资料汇编.第八册 / 256

北京什刹海文化专题档案资料汇编.第九册 / 256
北京什刹海文化专题档案资料汇编.第三册 / 255
北京什刹海文化专题档案资料汇编.第五册 / 255
北京什刹海文化专题档案资料汇编.第六册 / 255
北京什刹海文化专题档案资料汇编.第四册 / 255
北京风光 / 51
北京风帆合唱团 / 386
北京风物志 / 71
北京风物佚闻录 / 50
北京风物散记.第二集 / 52
北京风俗：［画册］/ 203
北京风俗图 / 124
北京风情杂谈 / 74
北京文化艺术年鉴.2005/ 162
北京文化艺术年鉴.2006/ 162
北京文化艺术年鉴.2007/ 163
北京文化艺术年鉴.2008/ 163
北京文化发展报告：2010—2011 Annual Report on Cultural Development of Beijing：2010—2011/ 357
北京文化综览 / 162
北京文史.2014 年第 1 期 / 263
北京文史.2014 年第 2 期 / 263
北京文史.2014 年第 3 期 / 263
北京文史.2015 年第 1 期 / 263
北京文史.2015 年第 3 期 / 264
北京文史.2015 年第 4 期 / 264
北京文史.2016 年第 1 期 / 264
北京文史.2016 年第 2 期 / 264
北京文史.2016 年第 3 期 / 264

北京文史 .2016 年第 4 期 / 265
北京文史 .2017 年第 1 期 / 265
北京文史 .2017 年第 2 期 / 265
北京文史 .2018 年第 1 期 / 265
北京文史 .2019 年第 2 期 / 265
北京文史 .2019 年第 3 期 / 266
北京文史：宣南文化研究专刊 / 102
北京文史资料 . 第 57 辑 / 89
北京文史资料精华，艺林沧桑 / 87
北京文史资料精华，文苑撷英 / 88
北京文史资料精华，杏坛忆旧 / 88
北京文史资料精华，商海沉浮 / 87
北京文史资料精华丛书，风俗趣闻 / 87
北京文史资料精华丛书，府园名址 / 88
北京文史资料精华丛书，梨园往事 / 88
北京文史资料精选，丰台卷 / 102
北京文史资料精选，宣武卷 / 102
北京文史资料精选，崇文卷 / 102
北京文物旅游景点大观 / 49
北京文学地域特色研究 / 184
北京方志概述 / 13
北京方言词典 / 121
北京古地图集 Beijing in Ancient Maps/ 78
北京古建筑地图 . 下 Historical Architectural Map of Beijing. Part 3 / 386
北京古建筑地图 . 中 / 386
北京古建筑掠影 / 51
北京古狮 Old Stone Lions of Beijing / 64
北京古迹传闻 / 47
北京古都风貌与时代气息研讨会论文集 / 148
北京古桥 / 64
北京石刻撷英 / 104
北京东方饭店九十年：［1918—2008］/ 159
北京旧城胡同现状与历史变迁调查研究 . 下册 / 44

北京旧城胡同现状与历史变迁调查研究 . 上册 / 43
北京旧城胡同实录 / 44
北京旧影：［中英日文本］/ 204
北京史 / 80
北京史 / 80
北京史地风物书录 / 87
北京史苑 .（第一辑）/ 101
北京史苑 . 第四辑 / 101
北京史诗历史读本 / 263
北京史话 / 79
北京史资料长编：辽金部分 / 83
北京四中建校九十周年纪念册 Beijing No.4 High School 90th Anniversary:1907—1997 / 371
北京四合院 / 127
北京四合院 / 128
北京乎 . 下 / 194
北京乎 . 上 / 194
北京印刷志 / 146
北京印钞厂：图集 / 146
北京印钞厂志：1991—2000/ 146
北京印象 / 354
北京主要景点介绍 / 49
北京市人口和计划生育工作成就与展望，宣武卷 / 120
北京市人民政府公报 .2016 第 33 期（总第 475 期）. 北京市住房和城乡建设系统行政处罚裁量基准 / 298
北京市丰台区志 / 14
北京市丰台区街乡概况 / 220
北京市公园年鉴 .2011 年 / 351
北京市公园年鉴 .2013 年 / 351
北京市文化产业统计资料 . 二〇一三年度 / 359
北京市北海公园管理处安全生产标准化文件汇编 / 226

北京市民生活年鉴.2005（创刊号）/ 115

北京市西城区"十二五"时期历史文化保护区保护与发展规划 / 349

北京市西城区"十三五"规划前期研究重大课题，一 / 347

北京市西城区"十三五"规划前期研究重大课题，二 / 347

北京市西城区"十三五"规划前期研究重大课题，三 / 348

北京市西城区"十三五"规划前期研究重大课题，四 / 348

北京市西城区"六五"普法回顾 / 332

北京市西城区《社区健康生育全程服务》工程实施细则 / 282

北京市西城区 2010 年人口普查文件资料 / 281

北京市西城区 2015 年上半年经济社会发展分析材料汇编 / 336

北京市西城区二〇一五年度优秀调研成果选编 / 299

北京市西城区二〇一五年度调查研究重点课题汇编 / 301

北京市西城区二〇一四年度优秀调研成果选编 / 299

北京市西城区二〇〇七年度优秀调研成果选编 / 299

北京市西城区人大常委会调研报告汇编：2012—2014/ 296

北京市西城区人民代表大会常务委员会公报.2008 年第 4 号 / 296

北京市西城区人民代表大会常务委员会公报.2012 年第 1 号 / 296

北京市西城区人民代表大会常务委员会公报.2014 年第 4 号（总期 30 号）/ 297

北京市西城区人民代表大会常务委员会公报.2014 年第 5 号（总期 31 号）/ 297

北京市西城区人民代表大会常务委员会公报.2014 年第 6 号（总期 32 号）/ 297

北京市西城区人民代表大会常务委员会公报.2014 年第 8 号（总期 34 号）/ 297

北京市西城区人民政府公报.2015 年度 / 298

北京市西城区三里河第三小学 1958—2008 建校五十周年绘画作品展示 / 369

北京市西城区广安门内街道街区整理计划 / 349

北京市西城区中小学后勤管理案例 / 370

北京市西城区公共场所健康技能手册 / 378

北京市西城区文化创意产业政策选编 / 358

北京市西城区文化体验地图 / 276

北京市西城区司法局制度汇编 / 333

北京市西城区民主党派二〇一二年度调研成果汇编 / 137

北京市西城区民主党派二〇一五年度调研成果汇编 / 301

北京市西城区优秀社区社会组织经验汇编 Case Study Book of the Best Practice Community Social Service and Social Organization in Xicheng District, Beijing / 305

北京市西城区全面深化改革报告 / 303

北京市西城区技术市场统计年报：2012/ 337

北京市西城区园林绿化志.1949.01—2010.06 / 350

北京市西城区园林绿化志.1949.01—2010.06/ 150

北京市西城区社会治理研究报告 / 304

北京市西城区环境保护局党的群众路线教育实践活动：材料汇编 / 289

北京市西城区规章制度汇编.一 / 305

北京市西城区规章制度汇编.二 / 306

北京市西城区图书馆藏地方文献目录提要 / 167

北京市西城区宗教工作手册 / 282

北京市西城区居家养老服务单位目录 / 280

北京市西城区经济普查年鉴.2013,第二产业卷/340
北京市西城区经济普查年鉴.2013,第三产业卷.下/340
北京市西城区经济普查年鉴.2013,第三产业卷.上/340
北京市西城区经济普查年鉴.2013,综合卷/339
北京市西城区城市创新发展报告/347
北京市西城区律师公证法律服务便民手册/334
北京市西城区食品安全资料汇编/377
北京市西城区宣武图书馆馆藏文献辛亥革命资料选编/84
北京市西城区统计局北京市西城区经济社会调查队制度汇编/338
北京市西城区旅游公共服务设施体系研究成果/354
北京市西城区教育委员会国际合作与交流2011年报/367
北京市西城区第一图书馆入藏地方文献目录提要：2010—2015/363
北京市西城区第三次全国经济普查街道数据汇编.下册/341
北京市西城区第三次全国经济普查街道数据汇编.上册/341
北京市西城区绿地建设规划,规划文本：［图集］/351
［北京市西城区集邮协会］十年回顾专辑：1986—1996/365
北京市西城区集邮协会年鉴.2014/170
北京市回民学校建校五十周年纪念：1949—1999/175
北京市回民学校简史：1925—2005/175
北京市回民学校简史：1949—1999/177
北京市危险化学品事故应急救援子预案,西城区/318

北京市各区县旅游发展规划汇编/159
北京市志稿,十三,职官表/6
北京市志稿,金石志.九/5
北京市志稿.一,前事志 建置志/3
北京市志稿.一,前事志 建置志/4
北京市志稿.二,民政志/3
北京市志稿.二,民政志/4
北京市志稿.十,艺文志 艺文志补/5
北京市志稿.十一,人物志.上册/5
北京市志稿.十二,人物志.下册/6
北京市志稿.十五,选举表.下/6
北京市志稿.十四,选举表.上/6
北京市志稿.七,礼俗志/5
北京市志稿.八,宗教志 名跡志/5
北京市志稿.三,度支志 货殖志/3
北京市志稿.三,度支志 货殖志/4
北京市志稿.五,文教志.中/4
北京市志稿.六,文教志.下/5
北京市志稿.四,文教志.上/4
北京市志稿.四,文教志.上册/3
北京市非物质文化遗产普查项目汇编：宣武卷/24
北京市建设志资料长编系列丛书,西城区.1991—2010/345
北京市建设志资料长编系列丛书,宣武区.1991—2010/345
北京市宣武区"十一五"时期文化创意产业发展规划/164
北京市宣武区"十一五"期间节能规划/152
北京市宣武区"十一五"期间国民经济和社会发展规划汇编/143
北京市宣武区"十五"期间国民经济和社会发展规划汇编/144
北京市宣武区一九九六年度优秀调研成果汇编：1996/135

北京市宣武区大事记.第一卷 / 135

北京市宣武区广外街道社区建设资料汇编 / 139

北京市宣武区中医医院院志：1968—1996/ 183

北京市宣武区地名志 / 42

北京市宣武区地名录：1982/ 42

北京市宣武区志 / 6

北京市宣武区园林市政管理局养路队 / 150

北京市宣武区园林绿化年鉴：1991/ 151

北京市宣武区园林绿化志.2001.01—2010.06/ 150

北京市宣武区园林绿化志 / 151

北京市宣武区园林绿化志：2001年1月—2010年6月 / 350

北京市宣武区依法行政工作文件汇编 / 305

北京市宣武区经济普查年鉴.2008/ 341

北京市宣武区重要会议资料汇编：1949—2010/ 132

北京市宣武区重要会议资料汇编：1949—2010/ 284

北京市宣武区重要会议资料集：1949—1994/ 132

北京市宣武少年宫建宫45周年纪念册：1956—2001/ 179

北京市档案馆指南 / 168

北京市辅助器具便民服务手册 / 377

北京市崇文区地名录：1982/ 42

北京市崇文区志 / 13

北京市第十三中学：［画册］/ 370

北京市第十四中学 / 175

北京市情研究与地方志文献资料整理与研究.下卷.北京地方志文献综录 / 218

北京市情研究与地方志文献资料整理与研究.上卷.北京地方志文献综录 / 218

北京市情数据手册.2016/ 218

北京市朝阳区图书馆馆藏石刻拓片汇编 / 270

北京市街巷名称录 / 38

北京立交桥行车图册 / 152

北京民间生活百图：［画册］/ 124

北京辽金文物研究 / 104

北京辽金史迹图志：幽燕千古帝王州.下册 / 104

北京辽金史迹图志：幽燕千古帝王州.上册 / 104

北京寺庙历史资料 / 57

北京考古四十年 / 106

北京老门联：［图集］/ 198

北京老天桥：［摄影集］/ 114

北京老宅院门楼 / 127

北京老字号 / 153

北京老字号传奇 / 190

北京老戏园子 / 168

北京老戏园子 / 168

北京老城门：［中英文本］/ 54

北京老街 Old Streets in Beijing：中英对照彩绘本 / 36

北京老街巷 / 40

北京地区图书馆大事记.1949—2006/ 167

北京地方文献报刊资料索引：历史部分 / 82

北京地方志.2015年第2期（总第76期）/ 217

北京地方志.2015年第3期（总第73期）/ 217

北京地方志.2015年第4期（总第74期）/ 217

北京地方志.2016年第1期（总第75期）/ 217

北京地书作品集 / 203

北京地名志 / 38

北京地名典 / 37

北京地名漫谈 / 38

北京地图：民国时期老地图 / 77

北京地图：民国时期老地图：民国初年 / 78

北京地理，传世字号，民生 / 28

北京地理，传世字号，餐饮 / 28
北京地理，名家宅院 / 60
北京地理：古都城门 / 46
北京地情概览 / 218
北京西城：中英文本 / 21
北京西城：中英文本 / 220
北京西城历史文化概要 / 21
北京西城文化史 / 261
北京西城文化史 / 82
北京西城文物史迹 . 第一辑 . 下 / 53
北京西城文物史迹 . 第一辑 . 上 / 53
北京西城史话 / 87
北京西城老字号印谱 / 384
北京西城老字号传承故事集锦 / 156
北京西城老字号传承故事集锦 / 353
北京西城年鉴 . 2015/ 219
北京西城年鉴 . 2016/ 219
北京西城年鉴 . 2017/ 219
北京西城年鉴 .2011/ 22
北京西城年鉴 .2012/ 22
北京西城年鉴 .2013/ 22
北京西城年鉴 .2014/ 22
北京西城画苑 .2016.4（总第 17 期）*Xicheng Pictorial* / 300
北京西城画苑 *Xicheng Pictorial*.2017.1（总第 18 期）/ 300
北京西城画苑 *Xicheng Pictorial*.2017.2（总第 19 期）/ 300
北京西城画苑 *Xicheng Pictorial*.2019.2（总第 27 期）/ 300
北京西城往事 . 11/ 266
北京西城往事 . 8/ 266
北京西城往事 .7/ 103
北京西城革命史词典 / 85
北京西城统计年鉴：中英文本 . 2013/ 339

北京西城统计年鉴：中英文对照 . 2014/ 339
北京西城统计年鉴：中英文对照 . 2016/ 339
北京西城统计年鉴：中英文对照 . 2017/ 339
北京西城旅游一册通 *A Tour of Beijing, A Discovery of Xicheng*：2010 年版 / 70
北京西站：[画册] / 352
北京百科全书，大兴卷 / 18
北京百科全书，门头沟卷 / 17
北京百科全书，丰台卷 / 17
北京百科全书，石景山卷 / 17
北京百科全书，平谷卷 / 18
北京百科全书，东城卷 / 16
北京百科全书，地图卷 / 18
北京百科全书，西城卷 / 16
北京百科全书，延庆卷 / 18
北京百科全书，怀柔卷 / 18
北京百科全书，昌平卷 / 17
北京百科全书，房山卷 / 17
北京百科全书，顺义卷 / 17
北京百科全书，总卷 / 15
北京百科全书，宣武卷 / 16
北京百科全书，海淀卷 / 16
北京百科全书，通州卷 / 17
北京百科全书，崇文卷 / 16
北京百科全书，密云卷 / 18
北京百科全书，朝阳卷 / 16
北京百科全书 / 19
北京百科全书：彩图、地图集 / 19
北京师大附中 / 177
北京师范大学附属实验中学 90 年图志：1917—2007 / 370
北京同仁堂史 / 156
北京回民教育史略 / 172
北京年鉴 2010 市民生活年鉴 . 2010/ 275
北京先农坛 / 58

北京先农坛史料选编 / 55
北京先蚕坛 / 226
北京传统节令风俗和歌舞 / 122
北京会馆档案史料 / 61
北京会馆资料集成.下册 / 59
北京会馆资料集成.上册 / 59
北京会馆资料集成.中册 / 59
北京各类型图书馆志 / 166
北京名人故居 / 58
北京名人故居 / 63
北京名医 / 183
北京名医 / 183
北京名园趣谈 / 54
北京名居：［摄影集］：［中英文本］/ 62
北京名胜古迹辞典 / 47
北京名胜趣闻 / 50
北京名匾 / 46
北京安徽会馆志稿 / 63
北京导游基础 / 67
北京戏剧文化史 / 208
北京红色旅游故事 Beijing Red Tourism Story / 226
北京驰名老字号 / 153
北京抗战图史 / 261
北京抖空竹 / 214
北京志，新闻出版广播电视卷，出版志 / 11
北京志.101，新闻出版广播电视卷，出版志 / 217
北京志.84，旅游卷，旅游志 / 11
北京园林史话 / 149
北京园林优秀设计集锦 / 150
北京园林名胜 / 50
北京改革开放大事记 / 135
北京改革开放大事记 / 299
北京改革开放简史 / 135

北京规划建设五十年 / 148
北京的天桥　世界的舞台 Tianqiao of Beijing Stage of the World / 354
北京的天桥　世界的舞台 Tianqiao of Beijing, Stage of the World：［中英文本］/ 351
北京的古典戏曲与戏楼 / 209
北京的古塔 / 65
北京的老字号 Time-honored Brands in Beijing：［中英文本］/ 156
北京的老字商号 / 153
北京的会馆 / 62
北京的会馆 / 62
北京的关厢乡镇和老字号 / 155
北京的坛庙文化 / 56
北京的佛寺与佛塔 / 56
北京的金粉遗事 / 72
北京的庙会民俗 / 130
北京的性格 / 115
北京的城墙和城门 / 54
北京的茶馆 会馆 书院 学堂 / 158
北京的胡同 / 36
北京的胡同四合院：展览画册 / 224
北京的前世今生 / 70
北京的宫殿、坛庙与胡同 / 30
北京的桥 / 66
北京的商业街和老字号 / 154
北京的塔 / 64
北京的牌楼 / 66
北京的牌楼牌坊 / 65
北京往事谈 / 116
北京金融街 / 349
北京京剧特刊，2012年第2期 Beijing Opera Special Issue / 386
北京庙会旧俗 / 130
北京庙会史料通考 / 130

北京法源寺 / 190
北京宗教 文物 古迹 / 55
北京实用导游 Beijing Practical Tourist Guied / 66
北京实用资料大全 / 14
北京话旧 / 123
北京话初探 / 120
北京话词语 / 120
北京话语词汇释 / 121
北京建筑图说：北京 20 世纪的 100 座建筑 / 206
北京城 / 34
北京城与北京人：［摄影集］/ 114
北京城区角落调查 .No.1/ 118
北京城市历史地理 / 28
北京城市雕塑集：［图集］：［中英文本］.（1）/ 384
北京城市雕塑集：［图集］：［中英文本］.（2）/ 384
北京城的明朝往事 / 83
北京城的起源与变迁 / 31
北京城的起源与变迁 / 31
北京城——营国之最 / 32
北京城——营国之最 / 32
北京城墙存废记：一个老地方志工作者的资料辑存 / 54
北京城演进的轨迹 / 31
北京胡同 Hutong of Beijing / 40
北京胡同志 . 下册 / 41
北京胡同志 . 上册 / 41
北京胡同保护方案：［中英文本］/ 149
北京胡同旅游手册：［中英文本］/ 36
北京科举地理：金榜题名的历史遗迹 / 373
北京俚语俗谚趣谈 / 120
北京前事今声 / 23
北京宣武 / 15
北京宣武 / 204

北京宣武·广外 / 138
北京宣武百科全书 / 21
北京宣武年鉴 .2002/ 19
北京宣武年鉴 .2003/ 19
北京宣武年鉴 .2004/ 19
北京宣武年鉴 .2005/ 19
北京宣武年鉴 .2006/ 20
北京宣武年鉴 .2007/ 20
北京宣武年鉴 .2008/ 20
北京宣武年鉴 .2009/ 20
北京宣武年鉴 .2010/ 20
北京宣武红旗业余大学学报 / 330
北京宣武改革开放 30 年专题文集 . 下卷 / 136
北京宣武改革开放 30 年专题文集 . 上卷 / 136
北京宣南历史地图集 / 77
北京宣南文化博物馆 / 363
北京宣南文化游 / 68
北京宣南寺庙文化通考 . 下 / 58
北京宣南寺庙文化通考 . 上 / 57
北京宣南会馆拾遗 / 64
北京档案史料 .1990—1991 年：合订本 / 90
北京档案史料 .1992—1993 年：合订本 / 90
北京档案史料 .1994—1995 年：合订本 / 90
北京档案史料 .1996 年：合订本 / 90
北京档案史料 .1997 年：合订本 / 91
北京档案史料 .1998 年：合订本 / 91
北京档案史料 .1999.1/ 91
北京档案史料 .1999.2/ 91
北京档案史料 .1999.3/ 91
北京档案史料 .1999.4/ 91
北京档案史料 .2000.1/ 91
北京档案史料 .2000.2/ 92
北京档案史料 .2000.3/ 92
北京档案史料 .2000.4/ 92
北京档案史料 .2001.1/ 92

北京档案史料 .2001.2/ 92
北京档案史料 .2001.3/ 92
北京档案史料 .2001.4/ 92
北京档案史料 .2002.1/ 93
北京档案史料 .2002.2/ 93
北京档案史料 .2002.3/ 93
北京档案史料 .2002.4/ 93
北京档案史料 .2003.1/ 93
北京档案史料 .2003.2/ 93
北京档案史料 .2003.3/ 93
北京档案史料 .2003.4/ 94
北京档案史料 .2004.1/ 94
北京档案史料 .2004.2/ 94
北京档案史料 .2004.3/ 94
北京档案史料 .2004.4/ 94
北京档案史料 .2005.1/ 94
北京档案史料 .2005.2/ 94
北京档案史料 .2005.3/ 95
北京档案史料 .2005.4/ 95
北京档案史料 .2006.1/ 95
北京档案史料 .2006.2/ 95
北京档案史料 .2006.3/ 95
北京档案史料 .2006.4/ 95
北京档案史料 .2007.1/ 96
北京档案史料 .2007.2/ 96
北京档案史料 .2007.3/ 96
北京档案史料 .2007.4/ 96
北京档案史料 .2008.1/ 96
北京档案史料 .2008.2/ 96
北京档案史料 .2008.3/ 97
北京档案史料 .2008.4/ 97
北京档案史料 .2009.1/ 97
北京档案史料 .2009.2，档案中的北京五四 / 97
北京档案史料 .2009.3，庆祝中华人民共和国成立 60 周年专辑 / 97
北京档案史料 .2009.4/ 97
北京档案史料 .2010.2/ 97
北京档案史料 .2010.4/ 98
北京档案史料 .2011.2，档案中的北京党史与党建 / 98
北京档案史料 .2011.4/ 98
北京档案史料 .2012.1/ 98
北京档案史料 .2012.3，北京文化叙事 / 98
北京档案史料目录索引：1986—1997/ 90
北京烈士传 . 第一辑 / 108
北京党史研究的拓展与深化 / 291
北京特产风味指南 / 160
北京特味食品老店 / 156
北京秘境 Inside Beijing Ⅰ：52 段重新发现北京的旅程 / 52
北京秘境 Inside Beijing Ⅱ：52 段重新发现北京的旅程 / 52
北京逛街地图 / 69
北京逛街地图：2007—2008 最新全彩版 / 69
北京高等学校建筑图集 The Architecture Picture Collections of the Colleges and Universities in Beijing：[中英文本] / 345
北京旅游百科全书 / 69
北京通 / 115
北京通史 .1，远古至魏晋北朝卷 / 82
北京通史 .3，辽代卷 / 82
北京通史 . 第一卷 / 80
北京通史 . 第二卷 / 80
北京通史 . 第十卷 / 81
北京通史 . 第七卷 / 81
北京通史 . 第八卷 / 81
北京通史 . 第九卷 / 81
北京通史 . 第三卷 / 80
北京通史 . 第五卷 / 81
北京通史 . 第六卷 / 81

北京通史.第四卷 / 80
北京琉璃厂 / 36
北京基督教会缸瓦市堂复堂二十周年纪念：1980—2000/ 283
北京第二实验小学第四届体育节 / 375
北京商业纪事 / 154
北京婚庆行业地图 / 159
北京奥运会残奥会西城区总结表彰光荣册 / 375
北京街巷地名趣谈 / 37
北京街巷名称史话 / 37
北京街巷图志 / 37
北京街巷胡同分类图志 / 36
北京街道发展报告.No.1, 大栅栏篇 *The Development of Beijing's Sub-district Offices. No.1, Dashilanr Chapter* / 312
北京街道发展报告.No.1, 广安门内篇 *The Development of Beijing's Sub-district Offices. No.1, Guang'anmennei Chapter* / 313
北京街道发展报告.No.1, 广安门外篇 *The Development of Beijing's Sub-district Offices. No.1, Gang'anmenwai Chapter* / 313
北京街道发展报告.No.1, 天桥篇 *The Development of Beijing's Sub-district Offices. No.1, Tianqiao Chapter* / 313
北京街道发展报告.No.1, 牛街篇 *The Development of Beijing's Sub-district Offices. No.1, Niujie Chapter/* 313
北京街道发展报告.No.1, 什刹海篇 *The Development of Beijing's Sub-district Offices. No.1, Xinjiekou Chapter* / 310
北京街道发展报告.No.1, 月坛篇 *The Development of Beijing's Sub-district Offices. No.1, Yuetan Chapter* / 311
北京街道发展报告.No.1, 白纸坊篇 *The Development of Beijing's Sub-district Offices. No.1, Baizhifang Chapter* / 312
北京街道发展报告.No.1, 西长安街篇 *The Development of Beijing's Sub-district Offices. No.1, West Chang'an Avenue Chapter* / 310
北京街道发展报告.No.1, 金融街篇 *The Development of Beijing's Sub-district Offices. No.1, Financial Street Chapter* / 311
北京街道发展报告.No.1, 展览路篇 *The Development of Beijing's Sub-district Offices. No.1, Zhanlan Road Chapter* / 311
北京街道发展报告.No.1, 陶然亭篇 *The Development of Beijing's Sub-district Offices. No.1, Taoranting Chapter* / 312
北京街道发展报告.No.1, 陶然亭篇 *The Development of Beijing's Sub-district Offices. No.1, Taoranting Chapter* / 316
北京街道发展报告.No.1, 椿树篇 *The Development of Beijing's Sub-district Offices. No.1, Chunshu Chapter* / 312
北京街道发展报告.No.1, 新街口篇 *The Development of Beijing's Sub-district Offices. No.1, Xinjiekou Chapter* / 310
北京街道发展报告.No.1, 德胜篇 *The Development of Beijing's Sub-district Offices. No.1, Desheng Chapter* / 311
北京街道发展报告.No.2, 大栅栏篇 *The Development of Beijing's Sub-district Offices. No.2, Dashilar Chapter* / 315
北京街道发展报告.No.2, 广安门内篇 *The Development of Beijing's Sub-district Offices. No.2, Guang'anmennei Chapter* / 317
北京街道发展报告.No.2, 广安门外篇 *The Development of Beijing's Sub-district Offices. No.2, Guang'anmenwai Chapter* / 317
北京街道发展报告.No.2, 天桥篇

Development of Beijing's Sub-district Offices. *No.2, Tianqiao Chapte* / 316

北京街道发展报告. No.2, 牛街篇 The Development of Beijing's Sub-district Offices. *No.2, Niujie Chapter* / 316

北京街道发展报告. No.2, 什刹海篇 The Development of Beijing's Sub-district Offices. *No.2, Shichahai Chapter* / 314

北京街道发展报告. No.2, 月坛篇 The Development of Beijing's Sub-district Offices. *No.2, Yuetan Chapter* / 315

北京街道发展报告. No.2, 白纸坊篇 The Development of Beijing's Sub-district offices. *No.2, Baizhifang Chapter* / 315

北京街道发展报告. No.2, 西长安街篇 The Development of Beijing's Sub-district Offices. *No.2, Xichang'anjie Chapter* / 314

北京街道发展报告. No.2, 金融街篇 The Development of Beijing's Sub-district Offices. *No.2, Jinrongjie Chapter* / 315

北京街道发展报告. No.2, 展览路篇 The Development of Beijing's Sub-district Offices. *No.2, Zhanlanlu Chapter* / 315

北京街道发展报告. No.2, 椿树篇 The Development of Beijing's Sub-district Offices. *No.2, Chunshu Chapter* / 316

北京街道发展报告. No.2, 新街口篇 The Development of Beijing's Sub-district Offices. *No.2, Xinjiekou Chapter* / 314

北京街道发展报告. No.2, 德胜篇 The Development of Beijing's Sub-district Offices. *No.2, Desheng Chapter* / 314

北京湖广会馆志稿 / 63

北京新老字号名匾荟萃 / 161

北京新名胜 / 50

北京殡葬史话 / 128

北京精神新民谣 / 198

北京趣闻1000题 / 71

北海：[摄影集]：[中英文本] / 226

卢沟桥 / 65

卢沟桥的传说 / 66

旧中国的下九流 / 119

旧北京风情：陈志农旧京街头速写集 / 203

旧戏新谈 / 209

旧时书坊 / 196

旧时明月：老北京的风土人情 / 123

旧时宣武门前燕 / 195

旧京人物与风情 / 116

旧京大观：[中英文本] / 204

旧京史照：中英文对照 / 30

旧京老戏单：从宣统到民国 / 210

旧京百影：速写剪纸 / 203

旧京返照集 / 203

旧京环顾图 / 202

旧京述闻 / 74

旧京残片：沈继光摄影集 / 205

旧京食谭：北京副食品行业文化史. 下 / 353

旧京食谭：北京副食品行业文化史. 上 / 353

旧京鸿影：百年珍稀影集《北京大观》选萃 / 31

旧京散记 / 196

旧京遗事 / 74

旧京街巷 / 43

旧京醒世画报：晚清市井百态 / 115

旧都三百六十行 / 119

旧都文物略 / 27

旧都文物略 / 27

旧都文物略 / 27

旧都百行 / 119

叶祖孚讲北京 / 72

史苑. 第一辑 / 101

史苑 . 第二辑 / 102
四合院：砖瓦建成的北京文化 / 206
四郎探母 / 388
生产安全责任事故模拟责任追究资料汇编：西城区燃气爆燃案例 / 343
生命的赞歌 / 200
白纸坊街道志 / 14
白蛇传 / 388
白塔寺地区 / 90
印象西城：庆祝《北京西城报》创刊 1000 期 / 220
主渠道育新集：宣武区回民小学"个性发展"模式教学研究文集 / 175
市井 / 74
市井风情：京城庙会与厂甸 / 128
兰汀回声：宣武区回民小学校长米君兰办学思想与实践文集 / 174
让我们远离烟草 / 174
讯海撷英：宣武报创刊八周年作品精选 / 166
记忆：西城交警的 2008/ 375
永诀的建筑：[摄影集] / 51
永远的北京 / 72
永远的青春年华：宣武青年运动文史资料辑 / 134
民间瑰宝耀京华，西城区非物质文化遗产保护项目西城区家庭艺术馆简介：[中英文本] / 220
民间瑰宝耀京华：西城区非物质文化遗产保护成果概览 / 24
民国时期北平市工商税收：档案史料选编 / 145
民国社会群像 / 114
民俗北京 / 123
民族教育的一朵奇葩：北京回民学校的办学特色 / 176
民谣中的城市 / 195
弘扬机关精神　争做西城先锋：西城区直机关演讲比赛作品汇编 / 289
发挥委员主体作用　推进协商民主建设征文选编 / 327
发展中的白纸坊社区 / 138
发展老龄事业　构建和谐社会：西城区养老服务情况简介 / 280
发展构想 / 176
发展构想 / 179
发展学生主体性　提高课堂教学效益，实践篇 / 173
发展学生主体性　提高课堂教学效益，求索篇 / 173
发展学生主体性　提高课堂教学效益，研究篇 / 173
发展学生主体性　提高课堂教学效益，探索篇 / 173
发票的故事 / 344

六画

老天桥说杂技人生 / 112
老古董 / 194
老北京，皇城民风 / 115
老北京：帝都遗韵 / 115
老北京·市井风情画：[德汉对照] / 201
老北京人的生活 / 118
老北京人的生活 / 118
老北京与满族 / 130
老北京风俗地图：1936：[中英文本] / 77
老北京方言土语 / 121
老北京写照 / 197
老北京民风习俗 / 126
老北京民俗风情画 / 146
老北京杂吧地：天桥的记忆与诠释 / 117
老北京那些事儿 / 146

老北京的三百六十行 360 Jobs in Old Beijing / 119
老北京的小胡同 / 195
老北京的风俗 / 122
老北京的风俗 / 123
老北京的风情 / 122
老北京的生活 / 122
老北京的出行 / 152
老北京的玩乐 / 122
老北京的招幌：［画册］：［中英文本］/ 161
老北京的庙会：［画册］：［中英文本］，隆福寺庙会 护国寺庙会 财神庙庙会 / 129
老北京的庙会：［画册］：［中英文本］：东岳庙庙会 蟠桃宫庙会 白云观庙会 / 129
老北京的居住 / 128
老北京的穿戴 / 128
老北京的商市 / 155
老北京的街头巷尾 / 118
老北京庙会 / 129
老北京城城门水彩画集 / 201
老北京轶闻趣事 / 86
老北京皇都风貌 / 74
老北京旅行指南 / 66
老北京遗韵 / 187
老北京街巷图志 / 39
老地图老北京 / 75
老行当 老规矩 / 193
老字号 / 153
老字号 / 154
老字号财智传奇 / 155
老字号的文化底蕴 / 155
老戏台 / 64
老舍画说北京 / 124
老舍的北京：［摄影集］/ 194
老舍茶馆 / 157
老舍茶馆 / 157

老舍茶馆 / 159
老京城建筑，门窗 / 205
老房子：北京四合院：［摄影集］/ 128
老树新花 / 187
老根儿人家 / 192
老铺底子 / 192
老街漫步·北京 / 28
老饕说吃 / 127
地下北京 / 106
地上北京：彩图版 / 49
芝麻开花节节高：西城区百姓生活60年变迁图片展资料册 / 275
西长安街中心组理论调研文章汇编 / 301
西长安街文化体育季精彩回顾 / 364
西单 / 156
西城人力社保办事指南 / 341
西城人力社保精品调研选编 / 318
西城人大 .2011年第1期 / 295
西城九三 .2012年第4期（总第31期）/ 329
西城九三 .2015年第3期（总第41期）/ 330
西城九三 .2016年第1期（总第42期）/ 330
西城女性 .2013年第3期 / 292
西城女性 .2013年第4期 / 292
西城女性 .2013年第5期 / 292
西城女性 .2013年第6期 / 292
西城女性 .2015年第5期 / 292
西城女性 .2015年第6期 / 293
西城女性 .2016年第1期 / 293
西城女性 .2016年第2期 / 293
西城女性 .2016年第3期 / 293
西城女性 .2016年第4期 / 293
西城女性 .2016年第5期 / 294
西城女性 .2016年第6期 / 294
西城女性 .2017年第1期 / 294
西城女性 .2017年第3期 / 294

西城女性 .2019 年第 3 期 / 294

《西城区"十一五"时期儿童发展规划》目标任务分解书 / 292

《西城区"十一五"时期妇女发展规划》目标任务分解书 / 295

西城区"十二五"时期文化创意产业发展规划 / 358

西城区"十三五"规划纲要及专项规划汇编 / 335

西城区"十三五"规划纲要及专项规划汇编 / 335

西城区"抒正气 颂清廉"反腐倡廉大赛作品集 / 334

西城区"践为民宗旨 兴务实之风 促社区和谐"实践活动调研成果选编 / 308

西城区 2010 年精神文明建设暨双拥工作大会文件汇编 / 331

西城区 2012 年社会工作优秀案例汇编 / 318

西城区 2012 年部门预算培训材料 / 343

西城区 2013 年未成年人思想道德建设创新案例材料汇编 / 372

西城区人大常委会关于区"十二五"规划纲要中期评估监督工作资料汇编 / 296

西城区人民调解案例选编 .2015/ 333

西城区大栅栏街道发展规划：2011 年—2015 年 / 350

西城区文化单位基础安全法规手册 / 359

西城区未成年人思想道德建设工作手册 / 373

西城区功能街区发展模式及战略问题研究 / 350

西城区立体绿化 / 351

西城区司法局 2015 年度调研汇编 / 333

西城区司法局 2016 年度调研汇编 / 333

西城区民政局 2014 年调研报告集 / 318

西城区民族政策监督员工作手册 / 282

西城区老年大学 2007 年至 2012 年记事摘选：初稿 / 372

西城区老年大学第六次教职工大会会议文件 / 372

西城区成人教育论文选编 .2012—2013/ 371

西城区行政服务用语妙语手册 / 302

西城区行政服务体系 2013 年度窗口工作总结汇编 / 299

西城区行政服务事项办事攻略 / 301

西城区关心下一代工作委员会成立大会材料汇编 / 373

西城区社区参与型协商工作 , 社区实践探索 / 305

西城区社区健康生育全程服务工程 , 工作成果 / 282

西城区社区健康生育全程服务工程 , 指导手册 / 282

西城区社区健康生育全程服务工程调研成果 / 281

西城区社会组织名录 Xicheng Distridtsociai Organization List / 295

西城区社会组织名录 / 295

西城区直机关共青团"学习总书记讲话 做合格共青团员"教育实践学习资料 / 291

西城区直机关首届文化节 / 364

西城区直机关首届文化节：[画册] / 137

西城区直机关第二届文化节 / 364

西城区非物质文化遗产保护项目概览 / 220

西城区图书馆年鉴 .2010 年 / 360

西城区图书馆年鉴 .2011 年 / 361

西城区图书馆年鉴 .2012 年 / 361

西城区委、区政府领导班子述职述廉报告 西城区区级领导干部述职述廉报告汇编 / 302

西城区法治政府评估报告 / 304

西城区法律援助案例选编 / 334

西城区学校党组织书记实用手册 / 367

西城区居家养老服务工作资料汇编 / 281

西城区经济社会发展季报 . 2014. 三季度 / 336

西城区经济社会发展季报 . 2014. 四季度 Seasonly Economic & Sociery Development Report / 336

西城区经济社会发展统计资料 . 2015/ 336

西城区政务能力建设年学习资料 . 四 / 302

西城区政协关于"构建西城区高精尖经济结构"专题协商文件汇编 / 327

西城区校长实用手册 / 367

西城区特色功能区经济社会发展解析 / 143

西城区调查研究工作会议学习交流材料汇编 / 303

西城区展览路医院建院 50 周年：1960—2010 / 380

西城区教育系统党政领导干部优秀论文、案例集 / 367

西城区教育学会优秀论文光荣册 / 367

西城区第一次全国经济普查纪念珍藏册 China Economic Census / 339

西城区第六次全国人口普查光荣册 / 281

西城区情 . 2012/ 219

西城区综合行政服务中心服务手册 / 302

西城区棉花胡同幼儿园建园 55 周年纪念 / 368

[西城区精神文明创建活动先进集体和个人] 光荣册 . [2009] / 331

西城未检 / 334

西城史迹：辛亥前后 30 年 / 84

西城外事：行前教育手册 / 326

西城老年大学三十年 / 372

西城老年大学建校二十五周年校庆画册 / 372

西城回眸：北京西城老同志回忆 / 102

西城行政服务 .2015 年 8 月（总第 26 期） Administrative Service / 300

西城论坛 . 第 58 期 / 285

西城论坛 . 第 61 期 / 285

西城论坛 . 第 63 期 / 285

西城论坛 . 第 64 期 / 286

西城邮协二十年纪念册：1986—2006/ 北京市西城区文化馆，北京市西城区集邮协会编 / 365

西城社会科学 .2017 年第 2 期 / 366

西城社会科学 .2018 年合订本 / 366

西城改革开放 30 年 / 137

西城审判 . 2015/ 2（总第 41 期）/ 333

西城故事与中国梦 / 103

西城故事与中国梦 / 103

西城残疾人 .2014 年第 4 期（总第 22 期）/ 297

西城追忆 .2011 年第 3 期 .Looking Back to Xicheng District,Beijing / 266

西城追忆 .2014 年第 1 期 .Looking Back to Xicheng District, Beijing / 266

西城追忆 .2014 年第 2 期 .Looking Back to Xicheng District,Beijing / 267

西城追忆 .2014 年第 3 期 .Looking Back to Xicheng District,Beijing / 267

西城追忆 .2014 年第 4 期 .Looking Back to Xicheng District,Beijing / 267

西城追忆 .2015 年第 3 期 .Looking Back to Xicheng District,Beijing / 267

西城追忆 .2015 年第 4 期 .Looking Back to Xicheng District,Beijing / 267

西城追忆 .2016 年第 1 期 .Looking Back to Xicheng District,Beijing / 268

西城追忆 .2016 年第 2 期 .Looking Back to Xicheng District,Beijing / 268

西城追忆 .2016 年第 3 期 .Looking Back to Xicheng District,Beijing / 268

西城追忆 .2016 年第 4 期 .Looking Back to Xicheng District,Beijing / 268

西城追忆 .2017 年第 1 期 .Looking Back to Xicheng District,Beijing / 269

西城追忆.2017年第2期.Looking Back to Xicheng District,Beijing / 269

西城追忆.2019年第2期.Looking Back to Xicheng District,Beijing / 269

西城追忆：文物保护专辑 / 105

西城追忆·抗战西城 / 85

西城宣传.第16期 / 286

西城宣传.第17期 / 286

西城宣传.第41期 / 286

西城宣传.第42期 / 286

西城宣传.第46期 / 287

西城宣传.第50期 / 287

西城宣传.第51期 / 287

西城宣传.第53期 / 287

西城宣传.第54期 / 287

西城致公.2015年10月第3期（总第15期）/ 330

西城致公.2015年12月第4期（总第16期）/ 330

西城致公.2016年4月第1期（总第17期）/ 330

西城调研与决策.2013年第10期 / 276

西城调研与决策.2013年第12期 / 276

西城调研与决策.2013年第15期 / 277

西城调研与决策.2013年第17期 / 277

西城调研与决策.2013年第19期 / 277

西城调研与决策.2013年第9期 / 276

西城调研与决策.2014年第10期 / 277

西城调研与决策.2014年第11期 / 277

西城调研与决策.2014年第12期 / 278

西城调研与决策.2014年第13期 / 278

西城调研与决策.2014年第16期 / 278

西城调研与决策.2014年第17期 / 278

西城调研与决策.2014年第18期 / 278

西城调研与决策.2014年第19期 / 278

西城调研与决策.2014年第20期 / 279

西城调研与决策.2014年第21期 / 279

西城调研与决策.2014年第22期 / 279

西城调研与决策.2014年第23期 / 279

西城调研与决策.2014年第24期 / 279

西城调研与决策.2015年第1期 / 280

西城教育：合订本.2005年 / 369

西城商务服务指南 / 353

西城概况：[中英文本] / 22

在北京生存的100个理由 / 27

在百姓中间离群众最近：北京市西城区人民法院社区巡回法官赵海事迹宣传册 / 271

在附中的日子：校友回忆录.下册 / 177

在附中的日子：校友回忆录.上册 / 177

有鼻子有眼儿 / 192

百年师大附中：1901—2001/ 175

百年回首：[画册]：记西城区百年老校 / 370

百年启孮：金启孮先生百年诞辰纪念 / 272

百年圆梦美好记忆：[画册] / 374

百年琉璃厂 / 43

光明的岁月 / 308

光荣与梦想：西城劳模事迹回顾展 / 271

光荣册 / 162

光绪顺天府志.一 / 9

光绪顺天府志.二 / 9

光绪顺天府志.七 / 10

光绪顺天府志.八 / 11

光绪顺天府志.三 / 10

光绪顺天府志.五 / 10

光绪顺天府志.六 / 10

光绪顺天府志.四 / 10

光绪顺天府志.第一册 / 6

光绪顺天府志.第二册 / 7

光绪顺天府志.第十一册 / 8

光绪顺天府志.第十二册 / 9

光绪顺天府志.第十三册 / 9

光绪顺天府志.第十五册 / 9

光绪顺天府志.第十四册 / 9

光绪顺天府志 . 第十册 / 8

光绪顺天府志 . 第七册 / 8

光绪顺天府志 . 第八册 / 8

光绪顺天府志 . 第九册 / 8

光绪顺天府志 . 第三册 / 7

光绪顺天府志 . 第五册 / 7

光绪顺天府志 . 第六册 / 7

光绪顺天府志 . 第四册 / 7

当代北京长安街史话 / 225

当代北京胡同史话 / 225

当代北京简史 / 86

当代科学技术发展前沿与趋势 Leading Edge and Trends of Contemporary Science and Technology Development / 366

曲苑杂谈 / 214

同新同行 共融共建：新街口街道区域化党建工作手册 / 309

吃在北京 / 158

吃茶去：京城特色茶馆掠影：［画册］/ 158

吃喝玩乐 / 125

吸烟与健康 / 378

吆喝与招幌 / 161

岁月如歌：1958—2008：北京市西城区三里河第三小学建校五十周年 / 368

岁时节令·传说 / 126

回忆中华书局 / 166

回忆旧北京 / 117

回忆京华印书局 / 146

《回忆京华印书局》读后集锦 / 147

回顾与思考：北京市规划委员会西城分局文集 / 348

回族知识概要 / 131

回望老北京 / 74

年 / 387

年画 / 201

先农坛史话 / 57

先农神坛 / 226

先农神坛 / 57

传承与发展：第四届中国京剧艺术节研讨会论文集 / 213

传承与转型：老字号发展之路：北京西城老字号谱系研究文集 / 336

传承与转型：老字号发展之路：北京西城老字号谱系研究文集 / 337

华北解放战争实录, 山西卷 / 262

华北解放战争实录, 天津卷 / 262

华北解放战争实录, 内蒙古卷 / 262

华北解放战争实录, 北京卷 / 262

华北解放战争实录, 河北卷 / 262

华彩宣武 / 14

华彩宣武六十年 / 136

行政监察工作手册 / 347

全国文化信息资源共享工程 National Cultural Information Resources Sharing Project / 359

全国文明城区测评体系（2011年版）测评操作手册 / 331

全面深化改革研究动态 / 337

全响应网格化社会服务管理政策文件汇编 / 275

全响应社会服务管理创新研究：以北京市西城区德胜街道为例 Complete Response Social Services Management Innovation Research / 308

全聚德史话 / 158

会馆 / 63

众志成城：［画册］/ 182

创一流公共服务 建一流金融街区 Create first-class Public Services Establish First-class financial street area / 307

杂谈老北京 / 23

杂谈老北京 / 23

名人与老房子 / 62

名人与故居：北京的老房子 / 63

名城史话．下 / 53

名城史话．上 / 53

名家斋号趣谈 / 62

名家斋号趣谈：续编 / 62

名家眼中的大观园 / 184

名街踏迹 / 39

多少风物烟雨中：北京的古迹与风俗 / 74

多彩的风景线：北京市宣武区少年宫学员艺术作品集 / 200

多彩的青春：北京市回民学校学生教育活动集 / 178

刘叶秋讲北京 / 73

关于区政协议政会、专题协商会议题和区政协建议案落实情况的报告 / 303

关爱女性健康 / 379

江湖丛谈，江湖黑幕 / 214

江湖行当 / 214

安全发展神圣职责：［画册］：西城区安全生产监督管理局5周年工作纪实：2004—2009 / 343

军民共建文明社区漫画集 / 203

论语天恒 / 352

农民工肖像摄影集：向伟大的城市志愿者致敬．第一集 / 204

农民工肖像摄影集：向伟大的城市志愿者致敬．第二集 / 205

农民工肖像摄影集：向伟大的城市志愿者致敬．第三集 / 205

访问北京 / 168

寻找风景 / 211

寻找老北京城：［画册］/ 41

寻思集 / 89

寻梦古都北京 / 70

寻梦老北京 / 123

那城：文化名人眼中的中国名城 / 197

孙中山与北京 / 108

孙中山文化 / 272

收藏讲史话 / 169

收藏逸话 / 170

防灾避险知识手册：特殊人群版 / 352

防范和处置非法集资法律法规及相关文件汇编 / 344

如何发挥政协委员参政议政职能作用征文选编 / 328

如梦如烟恭王府 / 64

戏院聆赏 / 208

戏剧北京 / 208

红色寻踪：北京革命纪念地指南 / 53

红色足迹 Red Foot Print：纪念中国共产党建党90周年 / 134

红橙黄绿 / 176

纪连海新解乾隆朝三大名臣 / 108

纪念西城区统计学会成立20周年资料选编 / 338

驰名京华的老字号 / 155

远去的乡情：正在消失的民俗 / 124

远去的红烛 / 369

抚摸北京：当代作家笔下的北京 / 193

坛根儿 / 191

走在时代前列 / 288

走进西城：北京市西城区地方实验教材 / 226

走进知识殿堂：北京百家博物馆 / 167

走进博物馆：北京地区博物馆大全 / 363

走进新牛街 / 138

走读京城角落 / 75

走街串巷品文化：大栅栏胡同游 / 45

孝星集锦．2012 / 272

七画

投资服务指南 / 344

抗击非典 / 200

坊间珍闻：什刹海访谈录 / 45

志愿奥运的日子：[摄影集]：记西城奥运志愿者 / 374

报国寺 / 58

抒写夕阳诗集 / 381

花雨纷披老字号 / 154

花落的声音：法源寺散记 / 57

劳动关系政策及常见问题问答 / 343

李大钊北京十年．学会篇 / 271

李大钊遗文补编 / 185

李金龙作品选 / 190

求知者的篇章：北京市回民学校建校八十周年 / 176

两代摄影师　一座北京城 / 385

来京人员工作生活服务指南 / 275

时代先锋：宣武区保持共产党员先进性教育活动辅助读本 / 132

吴氏经历：一个北京人的生命周期 The Adventures of Wu: The Life Cycle a Peking Man / 273

吴氏经历：一个北京人的生命周期 The Adventures of Wu: The Life Cycle a Peking Man / 274

足迹 / 369

告诉你一个真实的同仁堂 / 156

我与"西城之最"读书征文活动获奖文集 / 23

"我与中华古籍"摄影大赛优秀作品选 / 270

我与中国书店 / 166

我与中轴线 / 35

我与祖国共奋进：北京市西城区师生参加中华人民共和国成立 60 周年庆祝活动掠影 / 368

我与新西城征文汇编．2015 / 302

我们走过三十年：北京市西城区集邮协会建会 30 周年纪念 / 170

我们这 30 年：一个记者眼里的中国改革开放 / 381

我们的 60 年：th1956—2016：西城区第一图书馆建馆六十周年 / 360

我们的牛街：网络文章下载集萃 / 46

我们播种希望：宣武区实施《儿童工作"九五"发展规划》剪影：[摄影集] / 135

我在街头等你：北京时尚逛街地图 / 69

我的上世纪：一个北京平民的私人生活绘本：[画册] / 86

我的父亲梅兰芳．续集 / 110

我的先祖纪晓岚：长篇纪实历史小说 / 189

我爱北京 / 69

我爱北京：大栅栏地区第二届我爱北京国际影展 / 225

乱世飘萍：邵飘萍和他的时代 / 109

私人行走 / 196

伶人往事：写给不看戏的人看 / 110

身边的人闪光的事：税务文化建设征文选 / 344

近代北京的市民生活 / 84

坐在台阶上看戏 / 211

肛肠疾病的防治 / 378

这里是北京．第一辑 / 24

这里是北京．第二辑 / 24

辛亥革命与北京西城：[画册] / 85

汪曾祺说戏 / 196

沐浴书香·品鉴西城：2011 年读者主题征文活动征文集 / 75

快乐法则：战胜抑郁 / 281

启功杂忆 / 112

社区诗歌选 / 381

社区常见健身路径锻炼方法标准化教程 / 375

社区歌曲大家唱 / 386

社会民生需求调查动态 / 276

张中行讲北京 / 73

张弛大栅栏胡同摄影集 / 205
张若澄画燕山八景 / 270
张恨水·北京 / 49
陈志农画说老北京 / 201
陈连生——经营餐饮事业的一生 / 109
邵飘萍与《京报》/ 110
邵飘萍新闻学论集 / 166

八画

奉献友爱互助进步：[画册]：西城区"关爱农民工、关爱空巢老人"志愿服务活动巡礼：2011年6月—2013年7月 / 309
青年宣武：[画册]：跨越世纪的宣武共青团 / 134
青春的力量城市的记忆：宣武共青团抗击"非典"纪实 / 134
拓宽长安街 / 350
英雄的女儿非凡的壮举：2003：厂桥医院抗击"非典"征文选编 / 183
林白水文集.下册 / 185
林白水文集.上册 / 185
析津志辑佚 / 3
析津志辑佚 / 3
松风聆韵：赵文山诗文集 / 185
构建和谐社区的公益法律服务平台：西城区公益法律服务室建设概览 / 334
画说北京风情 / 122
奋斗的足迹：西城区青年就业创业案例集 / 280
非公党建.2015年第4期 / 288
非常考验：宣武区2003年高考纪实 / 173
非常考验：宣武区教育系统共产党员抗击非典记事 / 172
非常考验：宣武区教育系统抗击非典记事 / 172
非常考验：宣武区教育系统基层党组织抗击非典记事 / 172
虎坊桥随笔 / 195
尚派名家尚慧敏师生专场演唱会：纪念京剧大师尚小云诞辰115周 387
味蕾的舞蹈：[画册]：北京餐饮印象 / 158
国子监·雍和宫·白塔寺 / 33
国立北平大学附属高级中学第一级毕业同学录 / 274
国际"城市记忆"与地方文献学术研讨会论文集 Proceedings of the International "City Memory" and Local Literature Symposium / 362
国宝同仁堂 / 157
明实录北京史料.一 / 83
明实录北京史料.二 / 83
明实录北京史料.三 / 84
明实录北京史料.四 / 84
明清北京城图 / 76
明清北京城垣和城门：[摄影集] / 54
明清皇城 / 33
典身 / 189
图说北京皇家文化 / 53
图案传承绣匠精神：中国刺绣图案设计研修班成果汇报 / 385
和谐西城 / 384
和谐宣房投 / 343
凭市临风 / 192
侨心共圆中国梦：归侨侨眷征文作品集：西城区侨联三十周年献礼 / 326
往事悠悠 / 196
金中都 / 224
金石谈旧 / 105
金启孮先生逝世十周年纪念 / 272
金牌跤师教柔道 / 181
金融街·二十年征文精选 / 351
觅踪之旅，北京篇 / 48

鱼水情深　共促和谐：新街口街道双拥共建工作纪实 / 326

鱼水情深：北京宣武广外地区双拥共建工作掠影 / 139

京师五城坊巷胡同集 /（明）张爵著．京师坊巷志稿 / 39

京师梨园世家．下册 / 111

京师梨园世家．上册 / 111

京师梨园故居 / 59

京师梨园轶事 / 110

京华古迹寻踪 / 48

京华名人踪迹录：与女儿一道寻访：[摄影集] / 59

京华红色游 / 69

京华园林丛考 / 150

京华园林寻踪 / 150

京华遗韵：[图册] / 206

京华集 / 34

京华漫忆 / 71

京华谭史录 / 15

京味文学散论 / 184

京城古玩行 / 105

京城旧影．上册 / 116

京城老行当：[中英文本] / 202

京城杂吃 / 126

京城玩主——张伯驹 / 109

京城玩家 / 110

京城幸事 / 73

京城故事 / 191

京城胡同留真：[摄影集]：[中英文本] / 41

京城看望 / 197

京城景观：[中英文本] / 51

京城镖行 / 140

京城憾事 / 73

京派海派综论：图志本 / 184

京都忆往：北京文史集萃 / 88

京都古迹大观：北京市全国重点文物保护单位 / 104

京都叫卖图 / 124

京都礼俗 / 123

京都奇叟：京味文化的发现与收藏 / 113

京都香会话春秋 / 130

京都胜迹 / 50

京剧：京城戏曲文化的整合 / 211

京剧大师裘盛戎 / 111

京剧与中国文化 / 212

京剧老生流派综说 / 213

京剧谈往录续编 / 213

京剧常识手册．下册 / 212

京剧常识手册．上册 / 212

京清真菜点集锦 / 157

京跤史话 / 181

京韵西风：北京历史文化与法国人笔下的中国 / 48

京韵杂述 / 71

京籍渊薮　甲子回眸：北京地方文献中心成立六十周年纪念文集 / 362

庙会 / 129

放歌 60 年：纪念新中国和人民政协成立六十周年 / 284

法制新闻作品精选 / 142

法源寺 / 56

学习与探索：宣武区局处级党委（党组）理论学习中心组学习文章汇编 / 141

学习文萃 / 373

学习贯彻科学发展观调研报告汇编．2008—2009 / 297

学习型城区建设科研文集 / 336

学海溯源：北京第十五中教师优秀论文集 / 179

学海撷趣：大栅栏街道 2010 年工作经验交

流材料汇编 / 307
宗教·北京 / 131
实用北京街巷地图集 / 75
实用北京街巷指南 / 37
实录北京：八十年代印象 / 114
诗人学者　民主斗士闻一多：[摄影集] / 273
诗行皇城根：诗人眼中的北京西城 / 187
诚信统计 / 338
话说北京 / 199
话说前门 / 39
建立健全协商民主制度创新促进政协民主协商 / 298
建国以来的北京城市建设 / 149
陋巷人物志：旧北京民俗诗画 / 126
细说北京往事 / 70
细说北京街巷地名 / 42

九画

春华秋实：2011年社会领域党建工作案例选编：西城区精品楼宇工作站工作纪实 / 290
春花·秋实：宣武区实施《"九五"妇女发展规划》剪影：[摄影集] / 135
春明叙旧 / 72
城区财政 / 145
城市及其周边：旧日中国影像 / 42
城市主题：寻找老北京城 / 149
城市记忆：镜头中的老北京 / 35
城市季风：北京和上海的文化精神 / 163
城记 / 148
城南工艺美术 / 205
城南旧事 / 190
城南史缀 / 21
城南老字号 / 155
城南医药业 / 183

政协北京市西城区委员会十四届三次会议大会发言材料 / 329
赵氏孤儿 / 387
赵洛讲北京 / 73
革命摇篮育英才：与新中国同龄的一所少数民族学校的创建与发展：北京回民中学简史.1949—1984 / 178
带一本书去北京 / 24
带您逛北京：新世纪旅游景观指南 / 67
草长莺飞：少儿作文博客版 / 368
茶余饭后话北京.2006年版 / 23
荣宝斋：大型艺术双月刊.2001.3第2期总第9期 / 200
故纸堆金：旧书报刊的收藏投资 / 169
故纸遗音：早期报刊收藏 / 169
故都尘梦 / 194
故都变迁记略 / 34
胡同·四合院 / 33
胡同九十九 / 194
胡同与门楼 / 39
胡同及其他 / 38
胡同记忆 / 225
胡同寻故 / 44
胡同的记忆 / 40
胡同春秋 / 44
胡同面孔：古都北京的人文旅行地图 / 43
胡同壹佰零壹像[中英文本] / 36
南图时空.2014冬季号（总第62期）/ 361
相声名家张寿臣传 / 112
星河放歌：北京十五中优秀作文集 / 178
思想的力量：北京市西城区社会科学成果荟萃：西城区社会科学界庆祝改革开放四十周年 / 366
品四十载改革芳华　鉴新西城辉煌巨变 / 219
品味什刹海：第三届什刹海文化旅游节 / 227
品味北京西城 / 78

峥嵘岁月：北京西城老同志的回忆 / 87
骨关节病的防治 / 378
骨董说奇珍 / 105
幽燕都会 / 83
看北京 / 67
看得见的公正：北京市西城区人民法院 2015 年新闻发布工作实录 / 333
秋叶正红：纪念西城区老年大学成立 30 周年 / 372
科学发展　和谐发展　率先发展，处级领导调研报告选编．一 / 284
科学发展　和谐发展　率先发展，处级领导调研报告选编．二 / 284
科学发展　和谐发展　率先发展，处级领导调研报告选编．三 / 284
科学发展在北京 / 285
重大行政决策合法性审查和法律顾问工作文件汇编 / 304
重要法律法规选编 / 332
便宜坊六十个故事 / 158
皇天后土 / 191
皇天后土 / 191
皇城古道：北京前门大街 / 42
皇城根儿，胡同从这里出发：游走北京的 111 个古老地标 / 39
皇城遗韵：西城 / 45
皇都与市井 / 32
皇都市井：刘一达京味作品选 / 193
皇都京韵：走进北京城 / 37
皇裔沉浮：北京的完颜氏 / 113
泉源：大栅栏街道"综合包户"志愿服务 30 年 / 225
侵财犯罪的理论与司法实践 Theory and Judicial Practice of Official Crimes / 332
追思改敬礼：来自北京、来自牛街、来自海内外 / 113
食为天：北京饮食指南：［画册］/ 158
独步中国，北京：［画册］/ 160
帝京旧影 / 54
帝京岁时纪胜 / 126
帝京景物略 / 48
帝京景物略 / 48
帝都赫赫人神居：宫殿　坛庙　胡同　王府　四合院 / 51
闾巷话蔬食：老北京民俗饮食大观 / 127
美韵清风 / 174
娄述德当代中国书画名家作品集：2005-10-1 / 384
前门·大栅栏 / 34
前门·大栅栏 / 37
前门史话 / 38
前门传说 / 45
前门和前门的传说 / 45
前门街道简志 / 13
前行者的足迹：北京市回民学校建校八十周年 / 176
首都公共文化．总年第 41 期 / 364
首都图书馆同人文选 / 167
首都图书馆联盟．2015 年 8 月号（总第 6 期）/ 361
宣文动态：2003 / 164
宣文动态：2005 / 164
宣武广内：摄影集 / 140
宣武广外区域经济发展指南 / 143
宣武之最 / 14
宣武区 2010 年组织工作会议交流材料汇编 / 289
宣武区人民满意的公务员事迹汇编 / 108
宣武区牛街街道公民道德先进人物事迹材料 / 138

宣武区文化创意产业高级研修班论文集 / 165
宣武区文化基础数据手册 .2007/ 164
宣武区文化馆抗击非典文艺作品创作征文选辑 / 200
宣武区成人教育志 / 179
宣武区名校长办学思想与实践 . 第一集 . 下册 / 175
宣武区名校长办学思想与实践 . 第一集 . 上册 / 175
宣武区图书馆论文集 / 167
宣武区图书馆读者征文集 / 167
宣武区档案学术论文汇编 . 二 / 168
宣武区推进依法行政工作调研文集 / 304
宣武区教育系统优秀共产党员 / 132
宣武区教育系统优秀党支部书记 / 132
宣武区教育系统优秀基层党组织 / 132
宣武区情我知道 . 二 / 15
宣武区情我知道 / 15
宣武区普通教育志 / 172
宣武少年宫论文集 / 179
宣武文史 . 第十五辑 / 269
宣武文史 . 第一辑 / 99
宣武文史 . 第二辑 / 99
宣武文史 . 第十一辑，菊坛拾零 / 100
宣武文史 . 第十二辑 / 100
宣武文史 . 第十三辑 / 101
宣武文史 . 第十五辑，纪念改革开放三十周年 / 101
宣武文史 . 第十四辑 / 101
宣武文史 . 第十辑，宣南园林 / 100
宣武文史 . 第七辑，纪念戊戌变法 100 周年专辑：1898—1998/ 100
宣武文史 . 第八辑，庆祝中华人民共和国成立五十周年专辑：1949—1999/ 100
宣武文史 . 第九辑，宣南文化专辑——宝地

宣南 / 100
宣武文史 . 第三辑 / 99
宣武文史 . 第五辑 / 99
宣武文史 . 第六辑，梨园专辑 / 99
宣武文史 . 第四辑，纪念中国人民抗日战争胜利五十周年专辑：1945—1995/ 99
宣武文史集萃 / 103
宣武老龄大学建校廿五周年纪念 / 372
宣武报：缩印汇编 / 137
宣武园林 . 第二期 / 151
宣武园林 . 第三期 / 151
宣武园林 . 第四辑 / 151
宣武园林年鉴：1990 年园林大事记 / 151
宣武邮协 20 年 / 365
宣武社区教育 / 179
宣武改革开放 30 年 / 136
宣武改革开放二十年 / 136
宣武党史 . 第十期 / 133
宣武党史 . 第九期 / 133
宣武党史专题文选 / 133
宣武党史通讯 / 133
宣武党政干部论坛 / 141
宣武教育 / 172
宣武集邮年鉴 .2011—2012/ 170
宣图工作通讯 .2016 年第 3 期（总节 58 期）/ 360
宣图工作通讯 / 360
宣南：清代京师士人聚居区研究 / 85
宣南 · 法源寺：［图集］/ 33
宣南士乡 / 98
宣南之旅：［中英文本］/ 31
宣南艺苑三人行：［画册］/ 201
宣南文化 / 165
宣南文化 / 25
宣南文化便览 / 164
宣南文脉：一个街道主任眼中的城市性格 / 21

宣南忆旧．续集 / 103

宣南忆旧 / 103

宣南寺庙志略 / 56

宣南老字号：摄影集 / 156

宣南饮食文化 / 127

宣南秉烛谭 / 198

宣南鸿雪图志．第一卷 / 223

宣南鸿雪图志．第二卷 / 223

宣南鸿雪图志．第三卷 / 223

宣南鸿雪图志 / 30

宣档大观．2010 年第 1 期（创刊号）/ 364

宣档大观．2010 年第 2 期 / 364

穿过幸福时差．Ⅲ，小巷总理 / 306

穿过幸福时差．Ⅳ，志愿者之歌 / 306

穿过幸福时差．Ⅴ，月坛好人 / 307

祖国江山美　镜头颂党恩：[摄影集]：西城律师摄影展 / 385

祝勇文化笔记：北京：中轴线上的都城 / 32

祝福 / 186

绝版天桥 / 116

统计工作中您必须要了解的 25 件事：单位负责人统计普法学习手册 / 338

十画

耕耘者的探索：北京市回民学校建校八十周年 / 176

秦香莲 / 388

袁世海全传：1916—1949 / 112

都市里的杂巴地：中国传统闹市扫描 / 117

恭王府 / 64

真情共育民族花：第八届民族团结进步表彰会先进事迹摘编 / 137

档案与北京史国际学术讨论会论文集．下册 / 79

档案与北京史国际学术讨论会论文集．上册 / 79

桃李不言：纪念许通儒老师 / 368

格调·北京 / 68

原来他们这样做校长：北京西城智慧校长访谈录 / 173

党建研究课题成果选编 Reaserch Results Compilation on the Building of Chinese Communist Party / 288

钱德慈文集．第六卷 / 273

铁画银钩 / 383

乘公交游北京 Enjoy Beijing by Bus / 68

健康杂谈：公务员手册 / 377

健康的童年——在红莲 / 174

爱的奉献：西城区关心下一代工作先进经验特色活动汇编 / 291

脑血管病的防治 / 378

郭德纲话说北京 / 188

唐辽宋金北京地区韵部演变研究 / 120

瓷器春秋 / 106

阅读在身边 / 361

阅微草堂笔记 / 190

阅微草堂笔记 / 191

阅微草堂笔记 / 191

粉墨生涯六十年 / 111

烟袋斜街：老北京风情典藏：[中英文本] / 46

浴火重生：透视中华老字号的经营之道 / 145

流年 No.1，古城，不能忘却的纪念 / 40

流年 No.2，帝都，行将消失的古韵 / 40

流年影像 No.1，绝版古城记忆 / 40

宸垣识略 / 29

家居北京五十年 / 192

案例分析选 / 142

读城：大师眼中的北京 / 195

课程改革案例专集 / 174

展览路记忆 / 220

展望 . 2012 年 1 月—2012 年 12 月（1—25 期）/ 307

展望 . 2013 年 1 月—2013 年 6 月（26—38 期）/ 307

展望 . 2013 年 7 月—2013 年 12 月（39—50 期）/ 308

展望 . 2014 年 1 月—2014 年 12 月（52—74 期）/ 308

陶然记忆 / 108

陶然亭公园志 / 151

陶然亭端午诗歌 . [3] / 187

陶然亭端午诗歌 . [4] / 187

陶然亭端午诗歌 . [5] / 187

通往首都的历程 / 82

难忘的岁月：宣武区老干部回忆录 / 86

难忘的岁月：宣武区老干部庆祝建国 50 周年征文选 . 二 / 86

桑榆诗情：闪世昌诗集 / 186

十一画

理论研究与学习成果汇编 / 290

琉璃厂 / 43

琉璃厂：[中英文本] / 32

琉璃厂小志 / 35

琉璃厂小志 / 35

琉璃厂文物地图 / 105

琉璃厂史画 / 41

琉璃厂史话 / 46

琉璃厂老掌柜 / 170

捧读胡同儿：[英汉对照] / 202

推动服务立区、金融强区、文化兴区战略实施 / 296

推进协商民主广泛多层制度化发展征文选编 / 328

教师风采录 / 273

教育教学论文集 / 177

教科文卫工作委员会资料汇编 . 2012 年 / 295

探索与实践：北京市西城区规划管理信息中心文集 / 348

职务犯罪的理论与司法实践 Theory and Judicial Practice of Official Crimes / 332

营国匠意：古都北京的规划建设及其文化渊源 / 149

营养与健康 / 378

梅兰芳艺术谭 / 214

梅兰芳表演艺术图影 / 211

梅兰芳画传：[摄影集] / 111

晚清民风百俗：图文本 / 125

晚清京师南城政治文化研究 / 85

崇宣旧迹：南城 / 44

崇德百年　辉煌百年：北京市第三十一中学办学成果集 / 371

甜蜜：我说我家优秀征文选编 / 120

梨园旧影：[图集] / 211

梨园外纪 / 211

梨园快语 / 213

梨园轶闻 / 213

第七届中央音乐学院音乐节：2007.12.18—2008.1.7 / 386

盘点：北京市西城区第二次全国经济普查资料汇编 . 下 / 338

盘点：北京市西城区第二次全国经济普查资料汇编 . 上 / 337

领导智库文选 Thinktank Anthology for Leadership. 2016.6（总第 48 期）/ 320

领导智库文选 Thinktank Anthology for Leadership . 2016.1（总第 43 期）/ 319

领导智库文选 Thinktank Anthology for Leadership. 2016.10（总第 52 期）/ 321

领导智库文选 Thinktank Anthology for Leadership.

2016.11（总第 53 期）/ 322
领导智库文选 *Thinktank Anthology for Leadership*.
2016.12（总第 54 期）/ 322
领导智库文选 *Thinktank Anthology for Leadership*.
2016.13 322（总第 55 期）/ 322
领导智库文选 *Thinktank Anthology for Leadership*.
2016.14（总第 56 期）/ 323
领导智库文选 *Thinktank Anthology for Leadership*.
2016.15（总第 57 期）/ 323
领导智库文选 *Thinktank Anthology for Leadership*.
2016.16（总第 58 期）/ 323
领导智库文选 *Thinktank Anthology for Leadership*.
2016.17（总第 59 期）/ 323
领导智库文选 *Thinktank Anthology for Leadership*.
2016.18（总第 60 期）/ 324
领导智库文选 *Thinktank Anthology for Leadership*.
2016.19（总第 61 期）/ 324
领导智库文选 *Thinktank Anthology for Leadership*.
2016.2（总第 44 期）/ 319
领导智库文选 *Thinktank Anthology for Leadership*.
2016.20（总第 62 期）/ 324
领导智库文选 *Thinktank Anthology for Leadership*.
2016.21（总第 63 期）/ 324
领导智库文选 *Thinktank Anthology for Leadership*.
2016.22（总第 64 期）/ 325
领导智库文选 *Thinktank Anthology for Leadership*.
2016.23（总第 65 期）/ 325
领导智库文选 *Thinktank Anthology for Leadership*.
2016.24（总第 66 期）/ 325
领导智库文选 *Thinktank Anthology for Leadership*.
2016.3（总第 45 期）/ 320
领导智库文选 *Thinktank Anthology for Leadership*.
2016.4（总第 46 期）/ 320
领导智库文选 *Thinktank Anthology for Leadership*.
2016.7（总第 49 期）/ 321

领导智库文选 *Thinktank Anthology for Leadership*.
2016.8（总第 50 期）/ 321
领导智库文选 *Thinktank Anthology for Leadership*.
2016.9（总第 51 期）/ 321
祭坛 / 56
康乾时期北京人的社会生活 / 84
康熙顺天府志 / 11
商业 / 145
商贾北京 / 154
烽火中的青春：抗日战争时期北平女学生口述 / 291
清末北京志资料 / 11
清末北京城市管理法规 / 148
清末杂相 / 116
清代内廷演戏史话 / 209
清代内廷演剧始末考 / 209
清代以来的北京剧场 / 169
清代戏剧文化史论 / 208
清代宣南人物事略初编 / 107
清代宣南诗词选 / 186
清代燕都梨园史料：正续编．下册 / 208
清代燕都梨园史料：正续编．上册 / 208
清真菜谱 / 157
情思飞扬：新街口街道计生工作民间艺术展 / 282
随笔 / 197
绿了芭蕉 / 196
绿满京城：北京的园林绿化 / 152

十二画

超越禁城的神圣：原始宗教 道教 佛教 基督教 伊斯兰教 / 131
提升城市品质引领绿色生活方式：科普学术体验研讨会 / 352
敬礼，五星红旗！国旗下的讲话百篇：1996/

178

敬礼，五星红旗！国旗下的讲话百篇：1999/ 178

朝阳区历史文化研究工作研讨会会议纪要 / 357

朝阳区老工业资源征集与利用研讨会 / 345

朝阳城市书屋：新时代书香朝阳的创新实践 / 362

雲析道人讲道集.一 / 283

雲析道人讲道集.二 / 283

紫气东来筑辉煌：皇家园林 文化遗址帝王陵墓 / 51

紫禁城内外：皇朝·关帝·驴窝子 / 72

辉煌的北京：中国在七个世纪里的景观 / 30

棠阴坞撷华：孙幼铭先生纪念文集 / 109

棠阴坞撷华续编.一，孙幼铭先生纪念文集 / 109

掌故北京 / 72

最新北京实用导游 / 67

景山：皇城宫苑 / 55

景山寿皇殿历史文化研究 / 55

锁麟囊 / 387

智汇西城：西城"百名英才"建言区域科学发展文集 / 137

智汇宣武·博士论坛：暨高校博士、青年干部挂职工作总结会议调研成果汇编 / 136

智慧城市和大数据工作资料汇编 / 347

程砚秋全传 / 112

等闲识得东风面 万紫千红总是春：西城万名教工"晒"西城大型活动集萃 / 367

奥运，让我们心手相连 / 374

奥运保障 忠诚卫士：西城卫生奥运特刊 / 374

街巷·戏园 / 40

街巷雅趣 / 36

街道社区基本情况 / 305

循踪喻怀：古诗文名篇选读 / 188

鲁迅与北京风土 / 110

普查藏品登录操作手册 / 270

游北京逛西城.下卷，发现 / 52

游北京逛西城.上卷，漫步 / 52

富连成三十年史 / 210

强军路上，我们书写多彩青春："青春唱响·书香军营"征文选 / 327

媒体眼中的西城——《政府工作报告》解读 / 303

媒体眼中的宣武：2006/ 15

鼓妞 / 190

携手共进：国家统计局直属北京三支调查队发展回顾：[画册] / 145

携手同行共建家园：西城知联会五年风采回顾 2010—2015/ 295

彀外谭屑：近五十年闻见摭忆 / 194

蓦然回首，北京街巷胡同趣闻 / 44

蓬勃发展的北京回民学校 / 176

蓄力前行 Power On / 341

十三画

椿树医院抗击非典纪实 / 183

椿树街道 / 138

感动西城 / 272

感谢有你：[画册]：北京金融街建设与发展二十周年文艺晚会：1992—2012/ 350

鉴赏述往事 / 105

照片档案：北京什刹海文化专题资料汇编.第一册 / 258

照片档案：北京什刹海文化专题资料汇编.第二册 / 258

照片档案：北京什刹海文化专题资料汇编.第七册 / 259

照片档案：北京什刹海文化专题资料汇

编. 第八册 / 259

照片档案：北京什刹海文化专题资料汇编. 第三册 / 258

照片档案：北京什刹海文化专题资料汇编. 第五册 / 259

照片档案：北京什刹海文化专题资料汇编. 第六册 / 259

照片档案：北京什刹海文化专题资料汇编. 第四册 / 258

跨世纪的北京，城建卷 / 143

跟着大使看世界 / 223

鹏程文集 / 381

遛弯儿 / 185

新中国北京文艺 60 年：1949—2009，文艺理论卷 / 357

新中国北京文艺 60 年：1949—2009，文学卷 / 355

新中国北京文艺 60 年：1949—2009，电视卷 / 356

新中国北京文艺 60 年：1949—2009，电影卷 / 356

新中国北京文艺 60 年：1949—2009，民间文艺卷 / 355

新中国北京文艺 60 年：1949—2009，曲艺卷 / 356

新中国北京文艺 60 年：1949—2009，杂技卷 / 356

新中国北京文艺 60 年：1949—2009，戏剧卷 / 355

新中国北京文艺 60 年：1949—2009，音乐卷 / 355

新中国北京文艺 60 年：1949—2009，美术卷 / 355

新中国北京文艺 60 年：1949—2009，舞蹈卷 / 356

新牛街 / 139

新北京人手册. 2006/ 275

新乐府：2004.11/ 186

新西城·新气象·新发展：西城区重点功能区发展情况：2006—2010 年 / 144

新华诗：2005.5/ 186

新国风诗丛：2004.9/ 186

新闻、旧闻和趣闻：一百多年来北京报业兴衰杂谈 / 360

新美域 .2006 年第 6 期 *New Art World* / 383

新测北京内外城全图：民国时期老地图 76

新街口一刻钟社区服务圈服务指南 / 380

新街口老故事 / 259

新街口街道内控手册 / 310

慈善博爱　共创和谐：救助大学生感言录 / 331

窥视紫禁城 / 68

缤纷西城·华绽香港：西城区代表团成果册 / 385

十四画

暮鼓晨钟：西城历史文化述要 / 82

魅力北京中轴线 / 35

魅力西城［画册］：［中英文本］/ 23

魅力前门 *Charm of Qianmen* / 43

旗帜：马克思主义中国化的光辉历程主题展览 / 290

漫步北京 / 68

漫步北京历史长河：首图讲坛·北京历史文化科普讲座 / 24

漫画健康 / 377

漫话北京城 / 32

漫谈寺院文化：游览寺庙指南 / 55

漫谈清真寺 / 58

赛金花本事 / 113

十五画

趣画北京 / 201
趣谈老北京 / 71
趣谈老北京 / 72
趣谈老北京文化 / 126
趣谈老北京古建筑 / 48
增补燕京乡土记.下册 / 125
增补燕京乡土记.上册 / 125
蕴真堂石刻资料集成 / 269
德胜科技园 / 337

十六画

燕国风云八百年 / 83
燕国简史 / 83
燕京八景 / 49
燕京风土录.下 / 70
燕京风土录.上 / 70
燕京传说 / 198
燕京画旧 / 202
燕都丛考 / 31
燕都说故 / 28
燕都梨园 / 210
翰墨谱和谐　丹青润心怀：展览路街道书画精选 / 384
醒俗画报精选：清末民初社会风情 / 124
霓裳新步丽宣南：[画册] / 169
餐饮奇才陈连生：跟您聊聊买卖经 / 109
凝心·聚力·发展：西城区民主党派成员先进典型事迹汇编 / 330
凝固的艺术.Ⅱ：摄影集 / 384
凝聚·服务·创新·和谐：[画册]：宣武区基层党建工作示范点建设经验集萃 / 286
糖尿病的防治 / 379

激情宣武：凝眸 2009/ 21

十七画

藏宝絮语 / 170

十八画

藤阴杂记 / 197

二十画

巍巍帝都：北京历代建筑 / 205

其他

156 中——我的梦想·我的路：庆 80 华诞学生优秀征文选 / 371
1950·北京市街道详图：复制版 / 38
1958—2008 首都医科大学宣武医院 50 年简史 / 182
1958—2008 首都医科大学宣武医院 50 华诞感言录 / 182
1958—2008 首都医科大学宣武医院 50 周年论文题录集 / 182
2003—2004 年北京文化发展报告 / 163
2005 年北京文化发展报告 / 163
2007—2008 年北京文化发展报告 / 163
2008—2009 年西城区成人教育论文集 / 371
2008 北京地区博物馆展讯 Exhibition Information of Museums in Beijing / 168
2008 年西城区老龄工作发展报告 / 280
2009 年西城区卫生工作会会议交流材料汇编 / 377
2009 年西城区老龄工作发展报告 / 280

2010—2011年度徐悲鸿中学初中部宣传报道集锦 / 131

2011·创意西城旅游商品展示会：展会会刊：2011年9月16—19日北京大观园 / 354

2011年西城区人力资源和社会保障工作调研报告选编 / 342

2011徐悲鸿中学初中部宣传报道集锦 / 193

2012西城文化节集萃，书法分册 / 383

2012西城文化节集萃，绘画分册 / 383

2012西城文化节集萃，摄影分册 / 383

2012年西城区教育科研月程序册：2012年11月16日—12月18日 / 368

2012年西城信息化简报.1月-3月 / 366

2012年度北京市西城区"智慧北京"建设专项考评附件材料 / 348

2012年度西城区"智慧北京"建设专项考评自查自评表 / 349

2013—2014年北京文化发展报告 / 358

2013年工作要点汇编 / 377

2013年西城区人力资源和社会保障工作调研报告选编 / 342

2013年西城区纪检监察系统优秀调研报告汇编 / 288

2014年西城区人力资源和社会保障工作调研报告选编.下册 / 342

2014年西城区人力资源和社会保障工作调研报告选编.上册 / 342

2014年西城区纪检监察系统优秀调研报告汇编 / 288

2015书香中国·北京阅读季活动手册.第5期 / 365

2015书香中国·北京阅读季活动手册.第6期 / 365

2015书香中国·北京阅读季活动手册.第7期：特辑 / 365

2015北京·大栅栏琉璃厂精品交易文化季集萃 / 343

2015北京什刹海冰雪体育文化节 / 375

2015北京文化消费指南 Beijing Cultural Consumption Guide 2015 / 359

2015北京文化消费指南 Beijing Cultural Consumption Guide 2015：北京文惠卡全攻略 / 359

2015年西城区未成年人思想道德建设工作创新案例汇编 / 373

2016年西城区人力资源和社会保障工作调研报告选编 / 342

2016年西城区民政局督查任务手册，区级考核 / 317

2016年西城区民政局督查任务手册，市级考核 / 317

2016年西城区纪检监察系统优秀调研报告汇编 / 289

2017年度政协北京市西城区委员会资料汇编 / 327

2017年税收数据手册 / 344

2018年度政协北京市西城区委员会资料汇编 / 327

20周年光辉的历程：庆祝北京市外事学校实习饭店建店20周年 / 354

40年辉煌历程：北京市和平门中学建校四十周年.1963—2003/ 178

5年光景梦想花开：西城区第二次妇女代表大会专刊 / 295

后　记

中国地方文献门类及数量众多、史料价值极高、应用功能广泛，得到社会普遍认同。北京市西城区图书馆是首都功能核心区重要的区级公共图书馆，是西城地方文献的集中收藏地和展示地。为了深入挖掘西城地方文献资源，拓展优质西城地方文献资源的应用场景，更好地履行自身职能，为读者提供多层次的优质服务，助力"书香西城"建设，在以往工作基础上，从2021年开始，北京市西城区图书馆启动《北京市西城区图书馆入藏地方文献目录提要（2016—2020）》的编写工作。

北京市西城区图书馆领导高度重视本书的编辑工作，责成专人牵头，以信息咨询部人员为骨干，组织各方面力量，认真落实相关任务。在全馆人员共同努力下，历经近1年，编辑出版了《北京市西城区图书馆入藏地方文献目录提要（2016—2020）》，为各界读者奉上了这本反映馆藏文献信息、方便查找相关地方文献资料的最新工具书。

《北京市西城区图书馆藏地方文献目录提要（2016—2020）》以《北京地方文献分类表》为基础，按照17个大类进行编排，共收入2016年初至2020年底之前入藏北馆和南馆的相关文献目录1739种、2131条。

不断加大地方文献的整理、开发和利用，是公共图书馆的重要工作之一，也是公共图书馆的一个重要特色。北京市西城区图书馆将一如既往努力促进地方文献的活化利用，为"书香西城"建设作出新的贡献。

全区各单位及各部门、社会各界人士为我们提供了宝贵的地方文献，这是我们编好本书的基础和前提。在北京市西城区图书馆领导的高度重视、图书馆众多同仁的大力支持和全体编撰人员的倾情付出下，我们如期完成了本书编辑出版工作。

本书的编辑出版，得到了区文旅局、区史志办、区档案局、区社科联等单位及有关人士的热情鼓励与帮助，还有学苑出版社鼎力支持。在此一并表示感谢！也向一贯支持和帮助西城区图书馆的各个部门和各界人士表示衷心感谢！

由于水平所限，纰漏之处在所难免，恳请广大读者批评指正。

编者

2022 年 5 月